L'ONTARIO FRANÇAIS
AU JOUR LE JOUR

DU MÊME AUTEUR

ROMANS

Obéissance ou résistance
Montréal, Bellarmin, 1986

Des œufs frappés...
Sudbury, Éditions Prise de parole, 1986

Anne, ma sœur Anne
Sudbury, Éditions Prise de parole, 1988

Terre natale
Ottawa, Éditions L'Interligne, 1990

Le Mal aimé
Ottawa, Éditions du Nordir, 1994

Homosecret
Ottawa, Éditions du Nordir, 1997

Sissy ou Une adolescence singulière
Toronto, Éditions du Gref, 2000

69, rue de la Luxure
Toronto, Éditions du Gref, 2004

CONTES ET NOUVELLES

Amour, Délice et Orgie, nouvelles
Montréal, Éditions Homeureux, 1980

Le Père Noël en difficulté, conte
Vanier, Centre franco-ontarien
de ressources pédagogiques, 1985

Une jeunesse envolée, nouvelles
Ottawa, Éditions L'Interligne, 1987

L'Homme au regard à la fois serein et craintif, nouvelle,
dans *Moebius* (Montréal), automne 1999

(Suite en fin de volume.)

Paul-François Sylvestre
avec la collaboration de Jean Yves Pelletier

L'ONTARIO FRANÇAIS AU JOUR LE JOUR

1 384 éphémérides
de 1610 à nos jours

Toronto
Éditions du Gref
Collection Inventaire no 4
2005

*Photos de couverture : (de haut en bas, 1ʳᵉ de couverture) Lionel Chevrier,
Élisabeth Bruyère, Phil Marchildon, André Paiement, Jeanne Lajoie ;
(4ᵉ de couverture) Gustave Lacasse, Gilbert-Adélard LaBine, Jeannine Séguin,
Alfred Évanturel, Mᵍʳ Armand-François-Marie de Charbonnel.*

❖

Catalogage avant publication de Bibliothèque et Archives Canada

SYLVESTRE, Paul-François, 1947-
   L'Ontario français au jour le jour : 1 384 éphémérides de 1610 à nos jours /
Paul-François Sylvestre avec la collaboration de Jean Yves Pelletier.
(Collection Inventaire ; nᵒ 4)
Comprend des réf. bibliogr. et des index.
ISBN 1-897018-14-2

   1. Canadiens français – Ontario – Histoire – Chronologie.
2. Ontario – Histoire – Chronologie. I. Pelletier, Jean Yves, 1965-
II. Titre. III. Collection : Collection Inventaire (Toronto, Ont.) ; nᵒ 4
FC3100.5.S944 2005   971.3'004114   C2005-905023-3

❖

Préparation de la copie : Alain Baudot, en collaboration avec Renée Sieburth
      et Diane Gagné.
Maquette : Paul-François Sylvestre et Alain Baudot.
Composition typographique et mise en page : Alain Baudot.
Impression et reliure : AGMV Marquis imprimeur, Cap-Saint-Ignace (Québec).

 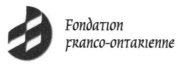

ONTARIO ARTS COUNCIL
CONSEIL DES ARTS DE L'ONTARIO

Fondation
franco-ontarienne

Nous remercions de leur appui le Conseil des arts de l'Ontario, la Société
d'histoire de Toronto et la Fondation franco-ontarienne.

© ÉDITIONS DU GREF, septembre 2005.
Département d'études pluridisciplinaires
Collège universitaire Glendon, Université York
2275, avenue Bayview
Toronto (Ontario) M4N 3M6
Canada

On ne peut jamais peindre l'Histoire pure,
c'est toujours soi-même et son temps
que l'on représente. On n'y échappe pas.

DANIEL POLIQUIN
L'Obomsawin

INTRODUCTION

L'Ontario français au jour le jour présente près de 1 400 éphémérides, c'est-à-dire divers événements qui ont eu lieu le même jour de l'année à différentes époques. Une recherche a été effectuée en vue de trouver au moins un événement pour chacun des 366 jours de l'année. Il y a souvent deux ou trois événements le même jour, parfois jusqu'à sept ou huit, voire neuf.

Les éphémérides tentent de rappeler un fait saillant concernant la francophonie ontarienne. Dans la majorité des cas, il s'agit de la naissance de quelque 950 personnalités franco-ontariennes : députés, sénateurs, juges, évêques, entrepreneurs, athlètes, artistes, écrivains, éducateurs ou autres leaders de la scène franco-ontarienne. Certaines éphémérides soulignent des dates importantes dans l'exploration et la colonisation de l'Ontario. D'autres rappellent la fondation d'une trentaine d'organismes provinciaux, la parution d'environ 85 journaux franco-ontariens et l'entrée en ondes d'une dizaine de postes de radio ou de télévision. L'érection canonique des 12 diocèses ayant eu un évêque francophone figure également dans ce panorama, de même que l'arrivée de 18 communautés religieuses en Ontario français. Sont aussi incluses les dates des 34 élections provinciales et des 36 scrutins fédéraux où des candidats franco-ontariens ont été élus. Il va de soi que nombre d'éphémérides notent des événements ayant marqué la vie franco-ontarienne, tels que le Règlement XVII, le Concours provincial de français, la promulgation de certaines lois et la lutte pour sauvegarder l'Hôpital Montfort. Il arrive parfois que des éphémérides soulignent l'immense contribution de certains Franco-Ontariens et Franco-Ontariennes dans leur domaine d'activité, et ce à l'extérieur de leur province.

C'est la première fois qu'une entreprise d'une telle envergure est réalisée. Malgré tous les efforts menés pour ratisser le plus largement possible la petite et la grande histoire de l'Ontario français, le présent ouvrage ne prétend pas être complet ou exhaustif. Il s'agit d'un premier panorama et, naturellement, certains noms manquent au tableau. Des appels ont été lancés, mais n'ont pas toujours été entendus ; des recherches ont été effectuées pour combler cette lacune, sans qu'il ait été toujours possible de trouver les données requises. En revanche, une approche inclusive a constamment présidé au choix des personnalités et des événements à retenir pour ce premier survol.

Chaque éphéméride fait l'objet d'une notice qui est présentée au jour le jour selon la date (jour, mois, année) de l'événement, qu'il s'agisse d'une naissance, d'une fondation, d'une élection, d'une activité marquante, etc. Les notices figurent en ordre, de la plus ancienne à la plus récente. Lorsque les données concernant un événement n'incluaient que le mois et l'année (mais pas le jour précis), la notice figure au début du mois en question. Dans environ une demi-douzaine de cas seulement, une notice de ce genre a été arbitrairement placée sous un jour libre dudit mois, et ce en vue de couvrir toutes les journées de l'année (le texte de la notice en fait alors mention).

L'importance d'une notice ne se mesure pas à sa longueur. Bien que la majorité des notices compte de 150 à 200 mots, plusieurs sont beaucoup plus courtes, voire plus longues (on retrouvera une notice de 15 mots seulement et une autre de plus de 300 mots). C'est simplement par souci de variété et d'efficacité que des notices de diverses longueurs sont présentées. Elles revêtent toutes la même importance.

Tout au long de l'ouvrage, le nom de plusieurs villes et villages est mentionné, le plus souvent pour indiquer le lieu de naissance d'une personne. Si le nom de la province n'est pas indiqué, c'est qu'il s'agit d'un endroit en Ontario ; autrement, le nom de la province ou du pays figure entre parenthèses. À noter également qu'une notice renvoie parfois à une autre éphéméride dans le but de compléter l'information fournie. Avec quelque 1 400 éphémérides, il est possible que des erreurs se soient glissées dans le texte. Tous les efforts ont cependant été menés pour fournir des données exactes, mais il arrive que certaines publications se contredisent au sujet d'une date de naissance, par exemple. L'auteur assume seul la responsabilité des erreurs et s'en excuse, le cas échéant.

À la fin du présent ouvrage, on trouvera une bibliographie des principaux titres consultés en vue de dresser ce premier panorama de l'Ontario français au jour le jour. La recherche s'est également effectuée en naviguant sur nombre de sites Internet qui ont fourni des renseignements fort utiles ; c'est notamment le cas des sites d'organismes franco-ontariens provinciaux, de compagnies professionnelles de théâtre et de maisons d'édition. Certains sites ont été particulièrement précieux et méritent d'être mentionnés : il s'agit des sites Internet de la Chambre des communes et du Sénat, du ministère du Procureur général du Canada, du ministère du Procureur général de l'Ontario, du Centre de recherche en civilisation canadienne-française de l'Université d'Ottawa, du Regroupement des organismes du patrimoine franco-ontarien, du Réseau d'information archivistique de l'Ontario et de TFO, la télévision éducative de l'Ontario. Le Barreau du Haut-Canada a aussi fourni de précieuses données sur plusieurs juges franco-ontariens.

De par sa nature, *L'Ontario français au jour le jour* demeure d'abord un document historique qui, en raison de son vaste nombre de notices, saura alimenter maintes recherches. Il se veut aussi un instrument de fierté franco-ontarienne, donc un ouvrage qui peut servir dans les salles de classe, notamment dans les cours d'histoire et les quiz sur l'Ontario français. Un tel livre sera sans doute utile aux animateurs d'émissions de radio ou de télévision, aux rédacteurs de chroniques, aux bibliothécaires, aux historiens, aux archivistes, aux généalogistes, aux sociétés d'histoire et de généalogie et aux centres d'archives. Pour faciliter la consultation, un index par domaines d'activités et un index onomastique et ont été dressés ; le lecteur les trouvera à la fin de l'ouvrage (p. 311-333).

QUELQUES ANECDOTES

Il est inévitable qu'un survol reposant sur près de 1 400 éphémérides donne lieu à certaines observations anecdotiques. Il est intéressant de noter, par exemple, que la chef de file Gisèle Lalonde, le journaliste Adrien Cantin et le dramaturge André Paiement sont tous nés un 28 juin, respectivement en 1933, 1948 et 1950. C'est le cas aussi du poète Robert Dickson (1944) et de l'homme de théâtre Guy Mignault (1947), qui célèbrent tous deux leur anniversaire de naissance le 23 juillet, ou encore du poète Patrice Desbiens (1948) et du chanteur Jean-Guy Labelle (1954), nés tous deux un 18 mars. Les artistes Stéphane Paquette et Véronic DiCaire naissent tous deux un 18 décembre, le premier en 1973, la seconde en 1976. Autre anecdote : deux postes décident d'entrer en ondes un 24 juin, soit CHNO-Sudbury (1947) et CBOFT-Ottawa (1955). Étonnante coïncidence, c'est le 4 septembre 1913 que le Collège du Sacré-Cœur de Sudbury ouvre ses portes et que la nouvelle version du Règlement XVII entre en vigueur.

Les éphémérides permettent de retracer des gens nés et le même jour, et la même année. En voici quelques exemples : l'entrepreneur Conrad Lavigne et le député Marcel Léger voient tous deux le jour le 2 novembre 1916 ; l'écrivain Pierre Karch et l'administrateur Claude Lajeunesse naissent tous deux le 20 juin 1941 ; les athlètes Jean-Paul Parisé et Jean Rochon sont tous deux nés le 11 décembre 1941 ; la juge Louisette Duchesneau-McLachlan et l'artiste Pierre Raphaël Pelletier voient tous deux le jour le 13 décembre 1946 ; la chanteuse Rosemarie Landry et l'écrivaine Nancy Vickers sont toutes deux nées le 25 avril 1946 ; le député Don Boudria et l'écrivain Gaston Tremblay voient tous deux le jour le 30 août 1949 ; la journaliste Chantal Hébert et le dramaturge Robert Marinier sont tous deux nés le 24 avril 1954.

En dressant l'index, il a été possible de constater que certains noms de famille reviennent plus souvent que d'autres. Le patronyme le plus populaire est Lalonde (11 fois), suivi de Gauthier, Lamoureux, Roy et Séguin (9 fois) ; les patronymes Bélanger, Dionne et Landry reviennent à 7 reprises (dont 5 fois pour les célèbres quintuplées). Dans quelques rares occurrences, il arrive que deux personnes portent le même prénom et le même nom de famille. C'est le cas d'Albert Bélanger (l'un athlète, l'autre député), d'Adélard Lafrance (l'un athlète, l'autre entrepreneur), de Maurice Mantha (l'un athlète, l'autre député), de Paul Rouleau (tous deux juges) et de Robert Maranger (tous deux juges également).

On notera que c'est durant le mois de juin que se sont tenues le plus grand nombre d'élections, soit 8 au niveau fédéral et 13 au palier provincial. C'est au mois de novembre que le plus grand nombre de journaux (13) ont vu le jour. Les 24 juin et 19 septembre sont les dates où l'on trouve le plus grand nombre d'éphémérides, soit 9. C'est le mois de juin qui renferme le plus grand nombre d'éphémérides (137) ; le mois de mai en a le moins (98). Dans un autre ordre d'idées, et sans qu'il faille s'en étonner, l'index permet de constater que le Règlement XVII fait l'objet du plus grand nombre de notices (22), suivi de l'Association canadienne-française de l'Ontario, devenue l'Assemblée des communautés franco-ontariennes (10 notices) et de l'Hôpital Montfort (6 notices).

Dans la majorité des cas, les éphémérides présentent une brève note biographique d'une personnalité franco-ontarienne qui a œuvré dans une sphère précise d'activités : politique, éducation, religion, justice, affaires, sports, arts et culture. Mais il y a aussi des éphémérides qui se distinguent en quelque sorte du courant général. Deux exemples méritent d'être cités. À la date du 24 mai (1749), par exemple, on apprend que le commandant de la Nouvelle-France a proclamé que « chaque homme qui s'établira au Détroit recevra gratuitement une pioche, une hache, un soc de charrue [...] une truie, six poules et un coq ». À la date du 14 août (1792), on voit comment la première campagne électorale dans le Haut-Canada a été colorée ; un candidat se présentant dans le comté d'Essex donne des instructions à son organisateur de servir du rhum à volonté : « Plus il y aura de têtes fracassées et de nez saignants, mieux ce sera ! »

Les notes techniques et les observations anecdotiques présentées ci-dessus illustrent, à elles seules, à quel point les éphémérides de ce premier survol de *L'Ontario français au jour le jour* se logent à l'enseigne de la variété. Couvrant une période qui s'étend de 1610 à nos jours, ces quelque 1400 notices retracent l'histoire du fait français en Ontario d'une manière unique et originale ; elles permettent de découvrir quotidiennement une ou plusieurs facettes de la francophonie ontarienne et, surtout, d'en apprécier la vitalité.

La rédaction de ces éphémérides a nécessité une longue et minutieuse recherche que je n'aurais pu mener à terme sans la collaboration éclairée et diligente de Jean Yves Pelletier. Je remercie ce collègue écrivain et chercheur infatigable qui m'a maintes fois suggéré des ajouts et fourni des données indispensables. Je tiens à remercier aussi la Fondation franco-ontarienne de son appui financier et le directeur des Éditions du Gref, Alain Baudot, qui a su présenter notre travail avec son professionnalisme habituel.

PAUL-FRANÇOIS SYLVESTRE
Toronto, le 24 juin 2005

SIGLES

ACCO – Assemblée des centres culturels de l'Ontario

ACDI – Agence canadienne de développement international

ACELF – Association canadienne d'éducation de langue française

ACFEO – Association canadienne-française d'éducation d'Ontario

ACFO – Association canadienne-française de l'Ontario

AEFO – Association des enseignantes et enseignants franco-ontariens

AFCSO – Association française des conseils scolaires de l'Ontario

AFFEF – Association des fonctionnaires fédéraux d'expression française

AFMO – Association française des municipalités de l'Ontario

APCM – Association des professionnels de la chanson et de la musique

APMJOF – Assemblée provinciale des mouvements de jeunes de l'Ontario français

ATIO - Association des traducteurs et interprètes de l'Ontario

BRAVO – Bureau des regroupements des artistes visuels de l'Ontario

CANO – Coopérative des artistes du Nouvel-Ontario

CBC – Canadian Broadcasting Corporation

CENTRE FORA– Centre franco-ontarien de ressources en alphabétisation

CEO – Chambre économique de l'Ontario

CPR – Canadian Pacific Railway

CRCCF – Centre de recherche en civilisation canadienne-française

C.S.B. – Congrégation de Saint-Basile (Basiliens)

C.S.SP. – Congregatio Sancti Spiritus (Spiritains)

FCCF – Fédération culturelle canadienne-française

FCSFO – Fédération des clubs sociaux franco-ontariens

FESFO – Fédération des élèves du secondaire franco-ontarien

GREF – Groupe de recherche en études francophones

LNH – Ligue nationale de hockey

MICRO – Mouvement des intervenants et des intervenantes en communication radio de l'Ontario

NPD – Nouveau Parti démocratique

O.F.M. – Ordre des Frères mineurs (Franciscains)

O.M.I. – Oblat de Marie-Immaculée

ONF – Office national du film

O.P. – Ordre des prêcheurs (Dominicains)

O.SS.T. – Ordre de la Très-Sainte-Trinité (Trinitaires)

P.M.E. – Prêtre des missions étrangères

RCFO – Regroupement culturel franco-ontarien

RDEE – Regroupement franco-ontarien de développement économique et d'employabilité

RIFSSSO – Regroupement des intervenantes et intervenants francophones en santé et services sociaux de l'Ontario

ROPFO – Regroupement des organismes du patrimoine franco-ontarien

S.C.O. – Sœurs de la Charité d'Ottawa (Sœurs Grises de la Croix)

SFOHG – Société franco-ontarienne d'histoire et de généalogie

S.J. – Société de Jésus (Jésuites)

S.M.M. – Société de Marie et de Montfort (Montfortains)

SRC – Société Radio-Canada

TFO – Télévision française de l'Ontario (chaîne francophone de TVOntario)

TNO – Théâtre du Nouvel-Ontario

UCFO – Union culturelle des Franco-Ontariennes

UCFO – Union des cultivateurs franco-ontariens

JANVIER

FÉVRIER

MARS

AVRIL

MAI

JUIN

JUILLET

AOÛT

SEPTEMBRE

OCTOBRE

NOVEMBRE

DÉCEMBRE

JANVIER

1844   ARRIVÉE DES PÈRES OBLATS EN ONTARIO ❖
L'arrivée du père Adrien Telmon, O.M.I., à Bytown
(Ottawa), en janvier 1844, marque le début de
l'œuvre d'éducation et de pastorale que les Oblats
de Marie-Immaculée mèneront en Ontario pendant 160 ans. On leur doit, entre autres, la fondation de l'Université d'Ottawa, du journal *Le Droit*
et de l'Université Saint-Paul. On les retrouve dans
des missions et des paroisses à Ottawa, Saint-
Isidore, L'Orignal, Embrun, Mattawa, Timmins,
Kapuskasing, Moonbeam, Hearst et Oshawa.

1894   FONDATION DU JOURNAL *LA COLONISATION*
❖ Cet hebdomadaire voit le jour à Sturgeon Falls,
sous l'instigation de J. M. E. Lavallée. Il s'agit
d'une publication bilingue qui paraît régulièrement
jusque vers 1901.

**1969   RAPPORT DU COMITÉ FRANCO-ONTARIEN
D'ENQUÊTE CULTURELLE** ❖ Créé par le premier
ministre de l'Ontario, John P. Robarts (v. 8 mai), le
Comité franco-ontarien d'enquête culturelle a été
le premier à faire le point sur la participation des
francophones à la vie artistique et culturelle de la
province. Présidé par Roger Saint-Denis (v. 2 mars),
ce comité publie un rapport intitulé « La vie culturelle des Franco-Ontariens » mieux connu sous le
nom de *Rapport Saint-Denis*. Il constate des faibles-
ses, déplore des carences, relève des incuries et imagine des solutions pour remédier à la situation.
Ses recommandations forment un plan d'ensemble
propre à assurer à la communauté francophone un
statut d'égalité et les moyens de jouir pleinement
de ce statut ; elles s'adressent à la fois aux institutions publiques et privées. La principale recommandation porte sur la création d'un Conseil
franco-ontarien d'orientation culturelle ayant le
même statut juridique que le Conseil des arts de
l'Ontario, sa propre administration et son propre
budget. Le gouvernement choisira plutôt de créer
un Bureau franco-ontarien au sein du Conseil des
arts de l'Ontario.

1984   FONDATION DU MENSUEL *ACADIANITÉ* ❖
Sous-titré *La Voix acadienne en Ontario*, le journal
Acadianité tire à 6 000 exemplaires pour desservir
ceux et celles qui élisent domicile ailleurs, « comme
l'hirondelle rebâtit son nid après l'orage ». Le
directeur-fondateur est Roger Léger, de Toronto. Il
estime que 40 % des francophones dans la ville-
reine sont d'origine acadienne.

1er janvier

**1853   LE PREMIER MAIRE FRANCOPHONE DE
L'ONTARIO** ❖ Probablement né à Lachenaye
(Québec) vers 1810, Joseph-Balsura Turgeon arrive à
Bytown (Ottawa) vers 1840 pour y exercer le métier
de forgeron. Devenu conseiller municipal quatre ans
plus tard, il est impliqué dans un affrontement vio-
lent entre les *Tories* et les *Reformers*, connu sous le
nom de *Stony Monday* (1849). Président fondateur
de l'Institut canadien-français (v. 19 septembre),
Turgeon est successivement échevin, puis maire
d'Ottawa de 1853 à 1854. Il est le premier francophone à occuper le poste de maire en Ontario.
Turgeon promeut une série de réformes et propose
que la désignation de Bytown soit remplacée par
Ottawa. Nommé syndic des écoles en 1855, il
obtient, six ans plus tard, un système d'écoles
séparées. Figure dominante de la communauté
canadienne-française d'Ottawa, Joseph-Balsura
Turgeon représente bien les secteurs stratégiques
privilégiés par les élites au milieu du XIXe siècle. Il
meurt à Hull (Québec) le 17 septembre 1897.

1922   PREMIER NUMÉRO DE LA REVUE *LES ANNALES*
❖ Revue littéraire et scientifique publiée par
l'Institut canadien-français d'Ottawa, *Les Annales*
est d'abord dirigée par Maurice Morisset, puis par
Arthur Beauchesne. La revue compte une trentaine
de collaborateurs et traducteurs de la capitale
nationale. Elle paraît de 1922 à 1925.

**1948   NAISSANCE DE NICOLE V. CHAMPEAU,
ÉCRIVAINE** ❖ Née à Cornwall, Nicole V. Champeau
est poète, dramaturge, essayiste et musicienne. On
lui doit plusieurs recueils de poésie, dont *Le Temps*

volé (1991, Prix de poésie de l'Alliance française d'Ottawa-Hull), *Tendre capture* (1993), *Ô Sirènes, libérez-moi* (1996), *Dans les pas de la louve* (1999, Prix du livre d'Ottawa 2001), *La Cicatrice du cerf* (2002) et *Ô Saint-Laurent : le fleuve à son commencement* (2002). Elle est aussi l'auteure de la pièce *Moulinette* (2001), qui a remporté le prix O'Neill-Karch en 1999, et de l'essai intitulé *Mémoires des villages engloutis* (1999 et 2004).

1957   NAISSANCE DE LA CHANTEUSE LOUISE PITRE ❖ Née à Smooth Rock Falls, Louise Pitre grandit à Montréal et Welland, obtient un diplôme en musique de l'Université Western Ontario (London) et s'établit à Toronto en 1980 pour entamer une carrière en théâtre et en musique. Elle joue successivement dans *Blood Brothers* (1989, prix Dora Mavor Moore), *Tartuffe*, *Jacques Brel is Alive and Well and Living in Paris*, *Little Shop of Horrors*, *And the World Goes 'Round* et *I Love You, You're Perfect, Now Change*. Elle incarne le rôle de Fantine dans *Les Misérables*, à Toronto, Montréal et Paris, aussi bien en anglais qu'en français. En 1994, Louise Pitre crée le rôle d'Edith Piaf dans *Piaf* et remporte le prix Dora pour sa prestation. En 2001, elle décroche son plus grand rôle : celui de Donna Sheridan dans *Mamma Mia !* Elle incarne ce personnage sur scène dans une tournée nord-américaine qui embrasse Toronto, Chicago, San Francisco et Los Angeles pour enfin s'arrêter à Broadway, où Louise Pitre tient le premier rôle de 2001 à 2003. L'année suivante, elle joue dans l'opéra *Sweeney Todd*. En 2002, elle lance le disque *All of my life has led to this*, sur lequel elle chante en anglais et en français ; elle récidive en 2004 avec le disque *Shattered*. La production *Mamma Mia !* obtient cinq nominations aux Tony Awards et Louise Pitre reçoit son troisième prix Dora, ainsi que le National Broadway Touring Award et un prix spécial du San Francisco Theatre Critics Circle pour sa prestation dans cette production. En 2004, elle coanime le 25ᵉ gala des prix Dora, à Toronto.

1987   ENTRÉE EN ONDES DE LA CHAÎNE FRANÇAISE DE TVONTARIO ❖ Le ministère des Affaires civiques et culturelles de l'Ontario et le ministère des Communications du Canada annoncent conjointement, en 1985, leur intention de cofinancer la création d'un réseau distinct de langue française sous l'égide de TVOntario. Appelé La Chaîne, ce réseau sera rebaptisé TFO en juin 1995. Il est le seul télédiffuseur francophone canadien dont les activités principales se situent à l'extérieur du Québec. Quinze ans après sa création, TFO est accessible à 75 % des foyers francophones de l'Ontario. Il est offert dans le service de base de câblodistribution au Nouveau-Brunswick depuis septembre 1996 et dans près de 320 000 foyers au Québec via la câblodistribution et les systèmes de distribution par satellite.

1991   RECONNAISSANCE DE L'ÉGALITÉ DES TEXTES FRANÇAIS ET ANGLAIS À L'ASSEMBLÉE LÉGISLATIVE ❖ À partir de 1970, toutes les lois ontariennes sont traduites de l'anglais au français, mais la version française ne constitue jamais le texte officiel, car elle demeure une simple traduction. Cependant, depuis le 1ᵉʳ janvier 1991, le texte français est réputé avoir une valeur égale à celle de l'anglais.

2 janvier

1912   UN SIGNE AVANT-COUREUR DU RÈGLEMENT XVII ❖ C'est dans une lettre de l'évêque de London, Mgʳ Michael Francis Fallon, adressée le 2 janvier 1912 au ministre de l'Éducation de l'Ontario, Robert Allan Pyne, que l'on retrouve tous les éléments problématiques du futur Règlement XVII, édicté en juin 1912 pour limiter l'usage du français dans les écoles primaires de l'Ontario. La missive épiscopale soutient que le français doit être considéré comme une langue étrangère, que les inspecteurs d'écoles bilingues sont incompétents et que le pouvoir de décision des conseils scolaires locaux doit être transféré aux autorités provinciales. Fallon écrit que « les plus grands ennemis de l'instruction primaire dans cette province sont les inspecteurs des écoles bilingues ». Plus tard, l'évêque de London déclarera n'avoir jamais vu le Règlement XVII avant sa publication.

Selon l'historien Robert Choquette, « Fallon mentait tout en disant techniquement la vérité ».

1915   LE QUÉBEC DOIT APPUYER LES FRANCO-ONTARIENS ❖ Le cardinal Louis Nazaire Bégin, archevêque de Québec, publie une lettre ouverte rappelant aux Québécois, dans des termes à peine voilés, leur devoir d'aider les Franco-Ontariens qui luttent contre le Règlement XVII. Il souligne « le noble devoir de la province française et catholique de Québec d'aider de toute son influence et de toutes ses ressources ceux qui souffrent et qui luttent jusqu'à ce qu'ils aient obtenu entière justice ».

1923   NAISSANCE DU DÉPUTÉ CARL LEGAULT ❖ Fils du député provincial Théodore Legault (Sturgeon Falls), Carl Legault est un marchand de meubles et d'appareils ménagers qui se fait d'abord élire commissaire d'écoles (1953-1959), puis échevin (1982-1963). Lors d'une élection complémentaire tenue le 22 juin 1964, il est élu député fédéral de Nipissing. Réélu en 1965 et 1968.

1944   NAISSANCE DE L'ENTREPRENEUR PIERRE PARADIS ❖ La compagnie C. A. Paradis a été créée à Ottawa, vers 1920, par Charles-Auguste Paradis, mais c'est son neveu Pierre Paradis qui transformera ce commerce de vaisselle en une entreprise de services alimentaires qui agit comme fournisseur pour de nombreux hôpitaux, hôtels, restaurants et ambassades. Dans les années 1980 et 1990, la compagnie C. A. Paradis est la troisième plus importante entreprise canadienne de service dans le domaine de l'alimentation. À la fin des années 1990, elle réalise un chiffre d'affaires qui s'élève à plus de sept millions de dollars.

1950   NAISSANCE DU JUGE MICHEL CHARBONNEAU ❖ Né à Montréal (Québec), Michel Z. Charbonneau est admis au barreau de l'Ontario en 1976. Il est nommé juge à la Cour de justice de l'Ontario, à Ottawa, en 1997.

1958   NAISSANCE DE L'ARTISTE CLAUDE GUILMAIN ❖ Originaire de La Prairie (Québec), Claude Guilmain est un dramaturge, metteur en scène et scénographe qui s'établit en Ontario dès 1966. Directeur artistique de Press Theatre à St. Catharines, de 1988 à 1990, il enseigne l'art dramatique à l'Université Brock, puis au Collège universitaire Glendon de l'Université York, à Toronto. En 1994, il cofonde le Théâtre Les Klektiks, devenu le Théâtre La Tangente (v. 22 avril). Claude Guilmain a publié deux pièces de théâtre : L'Égoïste (1999) et La Passagère (2002). Il a aussi écrit des épisodes de FranCœur et de Sciences point com pour TFO.

3 janvier

1911   NAISSANCE DU PROFESSEUR, ÉCRIVAIN ET CRITIQUE PAUL GAY, C.S.SP. ❖ Natif de Bourg-en-Bresse (Ain, France), Paul Gay est membre de la Congrégation des Pères du Saint-Esprit. Il est professeur au Collège Saint-Alexandre de Limbour (Gatineau, Québec) de 1937 à 1970 et recteur de l'institution de 1951 à 1961. Il enseigne les littératures française, québécoise et ontaroise à l'Université d'Ottawa de 1970 à 1987. Critique littéraire pendant près d'une quarantaine d'années au journal Le Droit, Paul Gay est l'auteur, entre autres, de Survol de la littérature canadienne-française (1969), Notre littérature (1972), Notre roman (1973), Notre poésie (1974), La Vitalité littéraire de l'Ontario français (1986) et Séraphin Marion : la vie et l'œuvre (1991). Décédé le 18 février 2005.

1938   NAISSANCE DU PROFESSEUR, ÉCRIVAIN ET TRADUCTEUR CLAUDE TATILON ❖ Originaire de Marseille (France), Claude Tatilon est linguiste de formation. Établi à Toronto depuis 1972, ce professeur émérite du Collège Glendon de l'Université York a fondé en 1979 le Programme de baccalauréat en traduction et a été successivement directeur du Programme de maîtrise en traduction et du Département d'études françaises. Il est l'auteur de deux romans : Helena (1991) et Les Portugaises ensablées (2001), et de plusieurs ouvrages spécialisés, dont Sonorités et Texte poétique (1976), Traduire : pour une pédagogie de la traduction (1987) et Écrire le paragraphe (1997). Cotraducteur avec Alain

Baudot de *Jungle canadienne : la période méconnue d'Arthur Lismer* (1991), Claude Tatilon a publié de nombreuses traductions dans des domaines aussi variés que les beaux-arts, la littérature, la publicité, la pédagogie et les jeux de société.

1961 NAISSANCE DE RICHARD LAFERRIÈRE, ATHLÈTE ❖ Originaire de Hawkesbury, le hockeyeur Richard Laferrière entre dans la Ligue nationale dès l'âge de 20 ans, à titre de gardien de but chez les Rockies du Colorado. Il n'y demeure que pour la saison de 1981-1982, retournant par la suite dans la ligue mineure. Laferrière se retire en 1984.

4 janvier

1785 NAISSANCE DE L'ENTREPRENEUR LOUIS-THÉODORE BESSERER ❖ Notaire, capitaine lors de la guerre de 1812, député à la Chambre d'assemblée du Québec, homme d'affaires, Louis-Théodore Besserer se retire à Bytown (Ottawa) en 1845, sur une terre spacieuse achetée en 1828. Il subdivise cette terre en lots et gagne une fortune en créant le quartier aujourd'hui connu sous le nom de Côte-de-Sable, où une rue porte son nom. L.-T. Besserer donne le terrain nécessaire à la construction de la future Université d'Ottawa. Il meurt à Ottawa le 3 février 1861.

1836 NAISSANCE DE L'ENTREPRENEUR OLIVIER DAUNAIS ❖ Originaire de Saint-Ours (Bas-Canada), Olivier Daunais s'établit dans le nord-ouest ontarien, près de Thunder Bay, vers 1870. Il entre en relation avec les Objibwés qui lui signalent la présence de mines d'argent sur le mont Rabbit. Daunais enregistre les droits à son nom en 1882 et ses découvertes lui valent le sobriquet de *Silver King*. Il découvre aussi du minerai de fer et de l'or dans le district de Kenora. Il vend ses terrains au fur et à mesure de nouvelles découvertes et devient l'homme le plus riche de la région. Il meurt à Kenora en février 1916.

1927 NAISSANCE DE PAUL DESMARAIS, ENTREPRENEUR ❖ Originaire de Sudbury, Paul Desmarais

convainc son père, l'avocat et homme d'affaires Jean-Noël Desmarais (v. 11 avril), de lui confier la gestion de l'entreprise familiale de transport qui est en difficulté vers 1950. Il la remet à flot, la vend et achète une compagnie d'autobus d'Ottawa, qu'il vend quelques années plus tard pour acheter la compagnie Provincial Transport (devenue Voyageur). En 1965, Desmarais fait l'acquisition de Trans-Canada Corp. Fund et devient ainsi propriétaire de *La Presse* de Montréal. En 1968, il acquiert Power Corporation qui, au fil des ans, absorbe de nombreuses entreprises, dont Canada Steamship Lines, Davie Shipbuilding, Consolidated Bathurst, Investors' Syndicate et Great West Life. Passé maître dans les stratégies d'acquisition, Paul Desmarais devient le plus grand actionnaire du Canadien Pacifique. Ses affaires le conduisent aussi en Europe et en Asie. À la fin des années 1990, le conglomérat Power Corporation disposait d'un actif de 32 milliards de dollars, avec des bénéfices nets consolidés annuels de 186 millions de dollars.

1945 NAISSANCE DU PEINTRE BERNARD POULIN ❖ Natif de Windsor, Bernard Aimé Poulin est un portraitiste qui commence sa carrière professionnelle en 1978. Ses clients proviennent principalement du Canada, des États Unis, des Bermudes et de l'Europe. Il a brossé le portrait de plusieurs sommités de la royauté, de la politique, de la magistrature, du haut clergé et du monde des affaires. On lui doit, entre autres, les portraits du cardinal Paul-Émile Léger, du photographe Yousuf Karsh, du prince William, du gouverneur général Jules Léger, du caricaturiste Ben Wicks et du baron José de Vinck (écrivain belge). Bernard Poulin a publié *Le Crayon de couleur* (1995), *The Complete Colored Pencil Book* (1992), *Colored Pencil: Basic Skills* (1989), *Colored Pencil: Blending Colors* (1989), *Colored pencil: Special Effects* (1989), *Colored Pencil: Creative Illustration* (1989), *MiG, A Compendium of Cartoons* (1981) et *Io e Firenze, An Italian Odyssey* (1976).

1967 NAISSANCE DE KADER MANSOUR, COMÉDIEN ❖ Né à Tunis (Tunisie), Kader Mansour est diplômé de l'Institut supérieur d'art dramatique de Tunis et détenteur d'un doctorat en art dramatique de l'Université de Nice Sophia-Antipolis. Il arrive au Canada en 1996 et obtient un poste au Département de théâtre de l'Université de Guelph. Membre du Centre d'essai des auteurs dramatiques de Montréal, Kader Mansour est l'auteur de deux pièces : *Sous l'empire de Iago* (2002) et *La Colombe et le Vautour* (2004). Il a assisté à trois reprises le metteur en scène Richard Rose dans des productions du Festival de Stratford : *La Mégère apprivoisée*, *Coriolan* et *Titus Andronicus*. En 2004, il joue au Théâtre français de Toronto dans la production du *Collier d'Hélène*.

5 janvier

1870   FONDATION DU JOURNAL *LE COURRIER D'OUTAOUAIS / THE OTTAWA COURIER* ❖ D'abord de facture bilingue, ce quotidien fondé par Napoléon Bureau paraît sous le nom *Le Courrier d'Ottawa / The Ottawa Courier*. Son objectif est de « travailler à l'entente cordiale des deux peuples ». Le titre *Le Courrier d'Outaouais* apparaît le 22 janvier 1870. Le 15 août de la même année, la rédaction annonce que le journal ne paraîtra qu'en français et l'anglais disparaît graduellement dans l'espace de quinze jours. Tour à tour conservateur et libéral, le journal change cinq fois d'allégeance politique au cours de ses six années de publication. Il cesse de paraître le 1er avril 1876.

1914   NAISSANCE DU FOLKLORISTE ET ETHNO-LOGUE GERMAIN LEMIEUX, S.J. ❖ Né à Cap-Chat (Québec), Germain Lemieux est ordonné prêtre jésuite en 1947 et devient par la suite professeur au Collège du Sacré-Cœur et à l'Université de Sudbury. De 1948 à 1958, il entreprend l'étude du folklore dans la région du Nouvel-Ontario, puis fonde en 1959 l'Institut de folklore de l'Université de Sudbury, qui deviendra le Centre franco-ontarien de folklore en 1972 (v. 5 février). Le père Lemieux continue de parcourir le nord de l'Ontario à la recherche des contes et des chansons populaires qu'il publie dans une collection de

33 volumes, intitulée *Les Vieux m'ont conté* (1973-1993). Auteur de nombreux ouvrages sur le folklore, dont *La Vie paysanne (1860-1900)*, paru en 1982, le père Lemieux a reçu plusieurs honneurs : prix Champlain (1972), médaille Luc Lacourcière (1979), Prix du Nouvel-Ontario (1983), Ordre du Canada (1984), médaille Marius Barbeau (1986), Ordre de l'Ontario (1992).

1970   NAISSANCE DE FRANÇOIS LAMOUREUX, CHANTEUR ET MUSICIEN ❖ Né à Sudbury, François Lamoureux fonde le groupe Brasse Camarade, avec son frère Pierre Lamoureux (v. 13 juillet) et donne plus de 500 spectacles au Canada, au Portugal, en Louisiane, en Alabama et en France, de 1991 à 2001. Chantant principalement en français, mais également en portugais et en anglais, François Lamoureux enregistre, avec Brasse Camarade, une dizaine de disques, dont *Fonce* (1994), *Princesse des Bayous* (1996), *Les Étrangers* (1997), *Mille Raisons* (1997) et *Tard/Éternel* (1998). Le groupe Brasse Camarade remporte le Prix de la Nuit sur l'étang à trois reprises. Musicien accompli, François Lamoureux réalise plusieurs trames sonores pour des courts et longs métrages, des publicités et des films corporatifs. Il décroche un prix Gémeaux en 1994 dans la catégorie de la meilleure trame sonore. Il remporte aussi le Outstanding Soloist Award au Music Fest Canada lors d'Expo 86 à Vancouver. Au fil des ans, François Lamoureux travaille avec The Who, Deep Purple, Willie Nelson et Peter Townshend.

6 janvier

1958   NAISSANCE DE L'ATHLÈTE LOUISE-MARIE LEBLANC ❖ Originaire d'Ottawa, Louise-Marie Leblanc est championne junior canadienne au fleuret, de 1974 à 1978, et championne senior en 1976, 1978 et 1981. Elle remporte une médaille d'argent aux Jeux panaméricains de 1975 et de 1979, en équipe. Lors des Jeux du Common-wealth, en 1978, elle décroche une médaille d'ar-gent, toujours en équipe. Fleuret d'argent aux championnats du Commonwealth en 1983,

Leblanc est récipiendaire de la Coupe du Gouverneur général à quatre reprises (1979, 1982, 1983 et 1984). Elle reçoit aussi le trophée Jean-Charles-Daoust en 1976.

7 janvier

1948   NAISSANCE DU JUGE RICHARD LAJOIE ❖ Admis au barreau de l'Ontario en 1974, Richard Lajoie devient associé au cabinet Paris, Mercier et Sirois, de 1974 à 1982, puis associé à l'étude Vincent, Choquette, Dagenais, Marks et Lajoie, de 1982 à 1987. Il est nommé juge de la Cour provinciale, division criminelle et de la famille, à Timmins, en 1987. Ce tribunal a la responsabilité des cours à Chapleau et à Iroquois Falls.

1957   NAISSANCE DE L'ÉCRIVAIN MICHEL DALLAIRE ❖ Natif de Hawkesbury, Michel Dallaire est poète, romancier, nouvelliste et parolier. Il publie un premier recueil de poésie, *Regards dans l'eau* (1981), et signe par la suite plusieurs poèmes et nouvelles dans diverses revues ontariennes et québécoises. Un roman, *L'Œil interrompu*, paraît en 1985. Un autre roman, *Terrains vagues*, lui vaut le prix littéraire Jacques-Poirier du Salon du livre de l'Outaouais en 1992. Son recueil de nouvelles *Dans ma grande maison folle* paraît en 1995, suivi de deux recueils de poésie : *Ponts brûlés et Appartenances* (1998) et *Le Pays intime* (1999). Parmi ses plus récentes publications, on trouve le roman *L'Enfant de tout à l'heure* (2000), ainsi que les recueils de poésie *à l'écart du troupeau* (2003) et *l'écho des ombres* (2004). En 1998, Michel Dallaire est finaliste du prix Trillium pour *Ponts brûlés et Appartenances*. En 2001, c'est à titre de parolier qu'il reçoit le Trille Or de l'Association des professionnels de la chanson et de la musique. Son travail de parolier l'amène à collaborer avec Robert Paquette, Jean-Guy *Chuck* Labelle, Serge Monette et Stéphane Paquette.

1974   FONDATION DU CENTRE FRANCO-ONTARIEN DE RESSOURCES PÉDAGOGIQUES ❖ Au service des conseils scolaires catholiques et publics de langue française de l'Ontario, le Centre franco-ontarien de ressources pédagogiques (CFORP) contribue au développement, à l'épanouissement et à l'amélioration continue de l'éducation franco-ontarienne. Son premier président fut Henri Gratton et sa première directrice générale Gisèle Lalonde. Le CFORP est à la fois éditeur et diffuseur de ressources pertinentes, prestataire de services, partenaire stratégique, et courtier en matière de recherche et de développement. Il demeure aussi un centre de concertation, de leadership et d'innovation en éducation.

8 janvier

1915   LE QUÉBEC À LA DÉFENSE DES FRANCO-ONTARIENS ❖ En plein cœur de la crise entourant le Règlement XVII, l'Assemblée législative du Québec adopte unanimement la résolution suivante, présentée par les députés anglo-protestants Bullock et Finnie : « Cette Chambre est d'avis que, sans déroger au principe de l'autonomie provinciale et sans aucune intention quelconque de conseiller ou de contre-carrer en rien quelque province de la Confédération que ce soit, les divisions qui semblent exister au sein de la population de la province d'Ontario sur la question des écoles bilingues sont regrettables et elle croit qu'il y va de l'intérêt commun du Dominion qu'on envisage toutes ces questions avec un esprit ouvert, généreux et patriotique, se rappelant sans cesse que l'un des principes souverains de la liberté britannique dans tout l'Empire a été le respect des droits et des privilèges des minorités. »

9 janvier

1938   NAISSANCE DE LA DÉPUTÉE CLAUDETTE BOYER ❖ Enseignante et directrice adjointe à la Commission des écoles séparées catholiques d'Ottawa de 1956 à 1962, puis de 1971 à 1997, Claudette Boyer est élue députée provinciale d'Ottawa-Vanier en juin 1999, sous la bannière libérale, et réélue en novembre 2001. Avant de devenir politicienne, elle joue un rôle actif au sein de plusieurs organismes, siégeant au bureau de direction ou au conseil d'administration, entre autres, de la Fédération des enseignantes et enseignants de l'Ontario, de l'Association canadienne d'éducation de langue française, de l'Association française des conseils scolaires de l'Ontario, de l'Association canadienne-française de l'Ontario, de l'Hôpital général d'Ottawa, du Festival franco-ontarien et de la Concentration Arts de l'École secondaire De La Salle. Claudette Boyer devient membre émérite de la Fédération des enseignantes et enseignants de l'Ontario, en 1995, et chevalière de l'Ordre de la Pléiade en 1997.

1968   NAISSANCE DE L'ATHLÈTE RICHARD LESSARD ❖ Originaire de Timmins, Richard Lessard est un joueur de hockey qui évolue d'abord dans la Ligue ontarienne, avec le club d'Ottawa, de 1985 à 1988. Il fait son entrée dans la Ligue nationale de hockey, jouant d'abord avec les Flames de Calgary (1988-1989 et 1990-1991), puis avec les Sharks de San Jose (1991-1992). Lessard a joué dans les ligues amateur et internationale et s'est retiré en 1994.

10 janvier

1907   NAISSANCE DE L'ARTISTE HENRI MASSON ❖ Né à Namur (Belgique), Henri Masson arrive à Ottawa en 1921. Il devient maître-graveur en 1932, mais sa découverte du Groupe des sept le tourne vers la peinture. L'artiste privilégie les scènes et paysages canadiens, surtout ceux de la campagne outaouaise. Officier de l'Ordre du Canada (1994), Henri Masson expose dans des galeries partout dans le monde. Décédé à Ottawa le 9 février 1996.

1946   FONDATION DE LA FÉDÉRATION DES CAISSES POPULAIRES DE L'ONTARIO ❖ Le premier regroupement de caisses populaires en Ontario s'effectue à Ottawa en 1946, avec la création d'une Fédération des caisses populaires d'Ottawa et districts, qui réunit une dizaine de caisses. En 1950, la Fédération des caisses populaires de l'Ontario regroupe 35 caisses ; en 1992, on compte pas moins de 45 caisses. Par la suite, certaines caisses se fusionnent, avec le résultat qu'en 2003, la Fédération se compose de 36 caisses affiliées. Le réseau comprend plus de 800 employés et gère un actif de près de

1,8 milliard de dollars. Les objectifs de la Fédération sont de consolider les liens qui unissent les caisses, de défendre leurs intérêts communs, de promouvoir la diffusion de la doctrine coopérative touchant le développement des caisses populaires et d'agir comme porte-parole de ses membres.

11 janvier

1946   NAISSANCE DE L'ÉCRIVAIN PAUL SAVOIE ❖ Originaire de Saint-Boniface (Manitoba), Paul Savoie vit en Ontario depuis plus de vingt-cinq ans. Poète, romancier et nouvelliste, il a publié une vingtaine d'ouvrages. Son premier livre est le recueil de poésie *Salamandre*, paru en 1974. Paul Savoie écrit en français et en anglais ; parmi ses nombreuses publications, on trouve les recueils de poésie *Amour flou* (1993) et *Oasis* (1995), ainsi que les romans *Dead Matter* (1994) et *À tue-tête* (1999). Il est également parolier et pianiste, interprétant parfois ses propres chansons. En 1997, Paul Savoie reçoit dans le cadre du Salon du livre de Toronto le Prix du Consulat général de France pour l'ensemble de son œuvre poétique.

1958   NAISSANCE DU JUGE DAVID NADEAU ❖ Né à Kapuskasing, David J. Nadeau est admis au barreau de l'Ontario en 1985. Il est nommé juge à la Cour supérieure de justice de l'Ontario, à Cochrane, en 2001.

12 janvier

1835   NAISSANCE D'HONORÉ ROBILLARD, DÉPUTÉ ❖ Originaire de Saint-Eustache (Bas-Canada), Honoré Robillard étudie au Collège Saint-Joseph de Bytown (Ottawa) et s'installe en Ontario après avoir participé à la ruée vers l'or en Colombie-Britannique. Il se lance en politique à tous les niveaux : préfet du canton de Gloucester (1873), député provincial de Russell (1883), député fédéral d'Ottawa (1887 et 1891). D'allégeance conservatrice, Honoré Robillard est le premier Franco-Ontarien à siéger à l'Assemblée législative de l'Ontario. Il meurt le 13 juin 1914.

1887 LE PREMIER FRANCO-ONTARIEN NOMMÉ AU SÉNAT ❖ Médecin à Windsor, Charles-Eusèbe Casgrain est nommé au sénat canadien le 12 janvier 1887 ; il est le premier francophone de la province d'Ontario à siéger à la Chambre rouge (v. 3 août).

1915 NAISSANCE DE MGR JOSEPH-AURÈLE PLOURDE ❖ Né à Saint-François-de-Madawaska (Nouveau-Brunswick), Joseph-Aurèle Plourde est ordonné prêtre le 7 mai 1944. Professeur de philosophie au Collège Saint-Louis d'Edmundston, il est élu évêque auxiliaire d'Alexandria le 30 juillet 1964. Joseph-Aurèle Plourde est sacré évêque le 26 août suivant. Il est promu archevêque d'Ottawa le 2 janvier 1967. Il joue un rôle de premier plan dans l'obtention d'un système d'écoles secondaires de langue française en Ontario, d'abord publiques, puis catholiques.

1965 NAISSANCE DE L'OMBUDSMAN ANDRÉ MARIN ❖ Natif de La Salle (Québec), André Marin grandit à Ottawa et étudie à Rigaud (Québec). Diplômé en droit de l'Université d'Ottawa, il devient procureur adjoint de la Couronne au ministère fédéral de la Justice, puis dirige l'Unité des enquêtes spéciales au ministère du Procureur de l'Ontario (1996-1998). Le 9 juin 1998, il est nommé premier ombudsman du ministère de la Défense nationale et des Forces canadiennes. En 2001, son mandat est reconduit pour une période de cinq ans. En avril 2005, il devient ombudsman de l'Ontario, le second francophone à occuper ce poste, après Donald Morand.

13 janvier

1878 NAISSANCE DU CHANOINE LIONEL GROULX ❖ Originaire de Vaudreuil (Québec), Lionel Groulx est surtout connu pour sa défense de l'idéal canadien-français durant les années 1920 à 1960. Réputé historien et idéologue francophone du Canada, le chanoine Groulx fonde en 1946 l'Institut d'histoire de l'Amérique française. En 1922, il publie un roman intitulé *L'Appel de la race*, sous le pseudonyme d'Alonié de Lestres (nom d'un compagnon de Dollard des Ormeaux). L'ouvrage, réédité à neuf reprises, est une œuvre de propagande patriotique, un livre-événement qui appelle à la lutte contre l'assimilation. L'action se déroule à Ottawa, à l'heure du Règlement XVII qui bannissait le français des écoles ontariennes. Le personnage principal est Jules de Lantagnac, un Franco-Ontarien marié à une Anglo-Ontarienne ; il s'anglicise pour ensuite se reconvertir au français, devenir député et mener la lutte scolaire jusqu'au parquet de la Chambre des communes. Selon l'historien Robert Choquette, Lionel Groulx s'est vraisemblablement inspiré du député Napoléon-Antoine Belcourt (v. 15 septembre) pour créer le personnage central de ce roman.

1912 NAISSANCE D'ADÉLARD LAFRANCE, ATHLÈTE ❖ Né à Chapleau, Adélard Henry Lafrance étudie au Collège du Sacré-Cœur de Sudbury et entreprend sa carrière de hockeyeur dans cette ville, avec l'équipe des Sudbury Wolves qui remporte la Coupe Memorial en 1932. Cet ailier gauche joue pendant une seule saison au sein de la Ligue nationale de hockey, soit en 1933-1934 avec les Canadiens de Montréal. Âgé de 21 ans, Adie Lafrance compte alors trois buts, dont deux lors des séries éliminatoires. Il joue ensuite dans la Ligue internationale avec les Springfield Indians et se retire en 1939.

1943 NAISSANCE DE PAUL PRUD'HOMME, ÉCRIVAIN ❖ Originaire de Cornwall, Paul Prud'homme publie d'abord un recueil de poésie intitulé *Vernissages de mes saisons* (1986). Enseignant à l'École secondaire La Citadelle, de Cornwall, il s'intéresse à la littérature jeunesse et publie de nombreux romans destinés aux ados : *Aventures au Restovite* (1988), *M'épouseras-tu si... ?* (1994), *Le Suicide de Michelle* (1996), *Premier amour* (1998), *S.O.S. Jeunesse* (2000) et *Hockey* (2002).

14 janvier

1952 PREMIER POSTE DE RADIO DE LANGUE FRANÇAISE EN ONTARIO ❖ « Aujourd'hui, une voix nouvelle se fait entendre ; une voix chère à des milliers de Canadiens français qui en étaient privés ; une voix française, celle du nouveau poste CFCL de Timmins. » Voilà ce que publie le journal *Le Droit* au lendemain de l'inauguration du premier poste de radio de langue française en Ontario. Cette initiative est l'œuvre de l'entrepreneur J. Conrad Lavigne (v. 2 novembre). Diffusé sur la fréquence 580 de la bande MA, le nouveau-né de la radio canadienne porte fièrement les lettres CFCL, soit Canadien Français Conrad Lavigne. Sa programmation inclut des nouvelles locales, des concerts, des radio-romans, ainsi que des émissions populaires de Radio-Canada, notamment *Chez Miville, La Soirée du hockey, Le Chapelet en famille* et *Les Joyeux Troubadours.*

1978 FONDATION DU JOURNAL *L'OBSERVATEUR CANADIEN* ❖ Publié par *L'Express* de Toronto, l'hebdomadaire *L'Observateur canadien* paraît à Hamilton, mais offre peu de nouvelles locales. Les articles proviennent surtout de la Presse canadienne et de l'Agence France-Presse. Le journal devient bimensuel six mois après sa fondation et cesse de paraître en avril 1979.

15 janvier

1846 NAISSANCE DU SÉNATEUR PHILIPPE LANDRY ❖ Originaire de la ville de Québec, l'agronome Philippe Landry est tour à tour député provincial, député fédéral et sénateur. Il est président du Sénat de 1911 à 1916, puis démissionne afin de se consacrer entièrement à la lutte contre le Règlement XVII (v. 22 mai). À l'âge de 69 ans, il devient président de l'Association canadienne-française d'éducation d'Ontario, de 1915 à 1919, c'est-à-dire pendant la période la plus intense de la résistance au Règlement XVII. Ce grand patriote meurt le 20 décembre 1919.

1870 NAISSANCE DU DÉPUTÉ JOSEPH ST-DENIS ❖ Né à Saint-Eugène-de-Prescott, Joseph St-Denis est conseiller municipal pendant neuf ans et conseiller scolaire pendant trois ans. En 1929, il se présente

sous la bannière conservatrice dans le comté provincial de Prescott et est élu. Il remplit un seul mandat, le libéral Aurélien Bélanger étant élu dans Prescott de 1934 à 1948.

1905 NAISSANCE DE LOUIS PIERRE CÉCILE, DÉPUTÉ, MINISTRE ET JUGE ❖ Originaire de Tecumseh, Louis Cécile s'installe à Hawkesbury pour pratiquer le droit. Défait aux élections fédérales de 1945, ce candidat conservateur est élu député provincial de Prescott en 1948 et aussitôt nommé ministre du Tourisme et de la Publicité. Réélu en 1951, 1955, 1959 et 1962, il se voit confier le ministère du Bien-être en 1955. Louis Cécile est nommé juge à la Cour provinciale, division criminelle, en 1967 ; il occupe ce poste jusqu'en 1980. Décédé le 19 février 1995.

1929 NAISSANCE D'EUGÈNE ROBILLARD, ATHLÈTE ❖ Né à Ottawa, Eugène Robillard est un athlète pluridisciplinaire qui pratique aussi bien le football et le hockey que le lancer du poids et le tennis. Il entre dans la Ligue professionnelle canadienne de football en 1954 lorsqu'il est embauché par les Lions de la Colombie-Britannique. Au tennis, Gene Robillard remporte deux fois les doubles intermédiaires, aux côtés de Rick Marshall et Jacques Tamaro.

1942 NAISSANCE DU JUGE ROBERT BOISSONNEAULT ❖ Originaire de Rouyn (Québec), Robert Paul Boissonneault est admis au barreau de l'Ontario en 1969. Avocat à Kirkland Lake de 1969 à 1988, il est procureur attitré du gouvernement de l'Ontario pendant huit ans. Maître Boissonneault est nommé juge à la Cour de district de Cochrane le 7 juin 1988.

1955 NAISSANCE DE JEAN-YVES THÉRIAULT, ATHLÈTE ❖ Originaire de Paquetville (Nouveau-Brunswick), Jean-Yves Thériault arrive très jeune dans la région de la capitale canadienne. Champion du monde au kick-boxing, sport apparenté aux arts martiaux, il livre 63 combats et en gagne 59, dont 54 par knock-out. Admis au Temple de la renommée française des ceintures noires, en 1983, il reçoit l'année suivante un certificat de mérite du gouvernement canadien en reconnaissance de sa contribution à la condition physique. Le Centre ontarois de l'Office national du film a produit un documentaire sur Thériault qui est présenté comme un être timide se métamorphosant en un être légendaire habité par l'unique obsession de vaincre.

16 janvier

1848 FONDATION DES SŒURS DE MISÉRICORDE ❖ C'est l'archevêque de Montréal, Mgr Ignace Bourget, qui préside à la fondation des Sœurs de Miséricorde, une communauté religieuse vouée au relèvement moral des femmes et des filles-mères, de même qu'au soin des enfants abandonnés. À la demande de l'archevêque d'Ottawa, Mgr Joseph-Thomas Duhamel, la communauté s'établit en Ottawa le 19 mai 1879 en ouvrant une maternité et une pouponnière, puis un hôpital en 1900. Les religieuses fondent par la suite l'Hôpital Misericordia à Haileybury, qu'elles dirigent de 1929 à 1971. Elles ouvrent aussi un sanatorium pour tuberculeux (1932-1950). Les Sœurs de Miséricorde exercent également à Chatham, Toronto et Scarborough, dans des institutions anglophones.

17 janvier

1903 NAISSANCE DE L'ATHLÈTE LÉO BOURGEAULT ❖ Natif de Sturgeon Falls, Léo Bourgeault est un défenseur de hockey qui lance de la gauche. Sa carrière débute dans les clubs amateurs de Guelph et d'Ottawa, puis il entre dans la Ligue nationale, évoluant avec les Maple Leafs de Toronto (1926-1927), puis avec les Rangers de New York (1927-1931), les Sénateurs d'Ottawa (1931-1933) et les Canadiens de Montréal (1932-1935). Au total, Bourgeault dispute 367 joutes, marque 24 buts et réussit 20 passes décisives. Il participe aux éliminatoires pour la Coupe Stanley en 1933 et 1934.

1918 NAISSANCE DU JUGE DONALD MORAND ❖ Né à Windsor, Donald Morand est admis au barreau de l'Ontario en 1941. Conseiller juridique pour la ville de LaSalle, directeur de l'Institut des affaires internationales de Windsor, il se porte candidat dans le comté d'Essex lors des élections fédérales de 1953, mais il mord la poussière. Donald Morand est nommé juge à la Cour suprême de l'Ontario le 16 août 1960. Il démissionne le 29 décembre 1978 et devient le deuxième ombudsman de l'Ontario.

1934 NAISSANCE DE L'ÉCRIVAIN ET PROFESSEUR PAUL BOUISSAC ❖ Originaire de Périgueux (France), Paul Antoine Bouissac est diplômé de la Sorbonne en linguistique et sémiotique. Il arrive à Toronto en 1962 pour enseigner à l'Université Victoria, puis devient professeur au Département de linguistique de l'Université de Toronto en 1971. Paul Bouissac est professeur invité de New York University à Buffalo, puis de University of South Florida. Au cours de sa carrière, il reçoit des bourses de l'Université de Toronto, du Conseil des Arts du Canada, de la Fondation Wenner Gren, de l'Institut des Études supérieures des Pays-Bas et de la Fondation Guggenheim. Il obtient aussi des subventions Connaught et Killam. On lui doit plusieurs essais, dont *La Mesure des gestes : prolégomènes à la sémiotique gestuelle* (1973), *Circus and Culture: A Semiotic Approach* (1976), *Iconicity: Essays on the Nature of Culture* et *Encyclopedia of Semiotics* (1998). Paul Bouissac est l'auteur des romans *Les Demoiselles* (1970) et *Strip-tease de Madame Bovary* (2004).

1950 NAISSANCE DU DÉPUTÉ JEAN POIRIER ❖ Originaire d'Orléans, Jean Poirier est agent de développement de l'ACFO lorsqu'il décide de se lancer en politique. Il est élu député libéral du comté provincial de Prescott-Russell au cours d'une élection complémentaire en décembre 1984. Réélu en 1985, 1987 et 1990, Jean Poirier demeure un des artisans de l'adoption de la *Loi sur les services en français* (Loi 8). Durant son mandat de député, il remplit la fonction de président pour

Joseph-Balsura Turgeon
1er janvier 1853

Paul Desmarais
4 janvier 1927

Germain Lemieux, S.J.
5 janvier 1914

Honoré Robillard
12 janvier 1835

L'hôpital Misericordia fondé par les Sœurs de Miséricorde à Haileybury
16 janvier 1848

Louise Naubert
23 janvier 1953

René Dionne
29 janvier 1929

Andrée Lacelle
30 janvier 1947

l'Ontario, et de chargé de mission pour les Amériques, de l'Assemblée parlementaire de la Francophonie. Lorsqu'il quitte Queen's Park, Jean Poirier devient président de l'ACFO de Prescott et Russell et s'engage dans un combat vif et direct avec le gouvernement Chrétien sur le sous-financement des communautés francophones et acadienne. En 2001, la Société Saint-Jean-Baptiste de Montréal lui remet le Grand prix Séraphin-Marion et en 2003, il est fait chevalier de l'Ordre national du mérite (France). Le 25 septembre 2004, il devient président de l'Assemblée des communautés franco-ontariennes.

1952   NAISSANCE DE L'ÉCRIVAINE LOUISE THIBAULT ❖ Native de Saint-Marc-des-Carrières (Québec), Louise Thibault s'installe à Toronto comme thérapeute. En 1977, elle écrit une pièce pour enfants, *Magicien malgré lui*, à l'intention du Théâtre du P'tit Bonheur (Toronto). *Mythologie domestique* est son premier recueil de poésie (1984).

1959   NAISSANCE DU JUGE ROBERT L. MARANGER ❖ Né à Ottawa, Robert L. Maranger est admis au barreau de l'Ontario en 1986. Il est nommé juge à la Cour supérieure de justice de l'Ontario, à Ottawa, en 2001.

1962   NAISSANCE DE GLENN BEAUCHAMP, ATHLÈTE ❖ Originaire d'Ottawa, Glenn Beauchamp est un adepte du judo. De 1981 à 1988, il remporte la médaille d'or à cinq reprises au championnat national du Canada, plus une médaille de bronze en 1986. Beauchamp participe aux Jeux olympiques de 1984 et se classe cinquième ; on le retrouve aussi aux Jeux de Séoul en 1988. Au championnat du monde de 1985, il se classe premier.

2002   LANCEMENT DE LA REVUE *TALOUA* ❖ Dans le dialecte agni, parlé en Côte-d'Ivoire, le mot *taloua* signifie jeune femme. La revue *Taloua* est fondée par Léonie Tchatat. Il s'agit d'un magazine féminin et multiculturel francophone pour la jeune femme engagée et ouverte sur le monde. Cette publication semestrielle traite des réalités sociales, politiques, culturelles et multiculturelles du monde contemporain. Depuis sa fondation, *Taloua* a traité de dossiers tels que Les femmes albinos, Les femmes dans le cinéma, Les femmes autochtones au Canada et Le trafic sexuel au Canada. La revue est produite à Toronto et est distribuée au Canada, aux États-Unis et au Cameroun.

18 janvier

1910   CONGRÈS D'ÉDUCATION DES CANADIENS FRANÇAIS DE L'ONTARIO ❖ Quelque 1 200 délégués, représentants attitrés des 210 000 francophones de l'Ontario, se réunissent au Monument national d'Ottawa pour une convention qui fera date dans l'histoire des Franco-Ontariens. Il y a mobilisation des forces vives pour souder ensemble les groupes dispersés dans tous les coins de la province, pour étudier l'état de l'éducation en langue française, pour donner une direction sage, ferme et uniforme aux efforts de toute une communauté et pour former bloc devant l'opinion publique (v. 19 et 20 janvier).

1920   NAISSANCE DE MGR RENÉ AUDET ❖ Né à Montréal (Québec), René Audet est ordonné prêtre le 30 mai 1948 et incardiné dans le diocèse de Timmins. Il est élu évêque auxiliaire d'Ottawa le 21 mai 1963, puis sacré par Mgr Marie-Joseph Lemieux, O.P. Le 3 janvier 1968, Mgr Audet est promu au siège épiscopal de Joliette.

1950   NAISSANCE DE PIERRE LAFRAMBOISE, ATHLÈTE ❖ Originaire d'Ottawa, Pierre Alfred Laframboise débute dans la Ligue nationale de hockey avec les Golden Seals de Californie en 1971. Au cours de la saison 1974-1975, il évolue tour à tour chez les Capitals de Washington et les Penguins de Pittsburgh. En 1976, on le retrouve à Edmonton avec les Oilers. Ce joueur de centre, qui lance de la gauche, dispute 227 joutes dans la Ligue nationale, marque 33 buts et réussit 55 passes décisives. Laframboise se retire en 1979.

19 janvier

1910 APPEL LANCÉ AUX CHEFS DE FILE FRANCO-ONTARIENS ❖ « Convaincus de l'excellence de notre cause et de la légitimité de nos réclamations, ayant pleine confiance dans la sagesse et l'esprit de justice de la majorité dans cette province, nous allons nous mettre à l'œuvre, pour démontrer les lacunes évidentes dont souffre la méthode d'éducation et d'enseignement destinée à nos enfants, et pour indiquer les réformes dont elle est susceptible.» Tel est le mot d'ordre lancé par le sénateur Napoléon-Antoine Belcourt aux 1 200 délégués qui participent au congrès d'éducation des Canadiens français d'Ontario (v. 18 et 20 janvier).

20 janvier

1910 FONDATION DE L'ASSOCIATION CANADIENNE-FRANÇAISE D'ÉDUCATION D'ONTARIO ❖ Les représentants attitrés des 210 000 francophones de l'Ontario jettent les bases du premier organisme provincial de défense des droits de la minorité d'expression française dans cette province. Les statuts du nouvel organisme précisent que ce dernier s'appellera Association canadienne-française d'éducation d'Ontario (ACFEO), que son objectif sera « la juste revendication de tous les droits des Canadiens français d'Ontario et l'infatigable surveillance de leurs intérêts », et que ses membres seront « toute personne d'origine française, résidant dans la province d'Ontario » (v. 18 et 19 janvier). L'Association canadienne-française d'éducation d'Ontario deviendra l'Association canadienne-française de l'Ontario (ACFO) en 1968, puis s'appellera l'Assemblée des communautés franco-ontariennes (ACFO) en 2004.

1932 NAISSANCE DE JEAN-CLAUDE GAUTHIER, ENTREPRENEUR ❖ Natif d'Amos (Québec), Jean-Claude Gauthier s'installe à Ottawa en 1961 et, sept ans plus tard, lance sa compagnie de courtage en assurances générales : J. C. Gauthier et Associés. En 1989, le Regroupement des gens d'affaires le nomme entrepreneur de l'année. En 1990, le volume total de ventes annuelles de l'entreprise dépasse les 17 millions de dollars. Décédé le 7 mai 2003 à Gatineau (Québec).

1939 NAISSANCE DE L'ÉCRIVAIN YVES BRETON ❖ Originaire de Saint-Hyacinthe (Québec), Yves Breton a œuvré pendant plus de vingt ans au Commissariat aux langues officielles du Canada, à Ottawa. Auteur d'essais et de fiction, il signe trois romans historiques : *Qui verra vivra : l'initiation à la vie et les fabuleuses découvertes de Martin Talbot en Nouvelle-France* (1998), *Les Chasseurs de continents : La Vérendrye et fils* (1999) et *Duluth, ce pionnier au destin sans pareil* (2005). Un essai intitulé *Grandeur et décadence : le développement dans tous ses états* paraît en 2001.

1963 NAISSANCE DE RICHARD LÉGER, HOMME DE THÉÂTRE ❖ Né à Elliott Lake, Richard Léger œuvre comme comédien, dramaturge et metteur en scène. Au théâtre, il joue, entre autres, dans *Les anciennes odeurs* de Michel Tremblay au Théâtre de l'Île, dans *La Place royale* de Corneille pour Histrions et dans presque toutes les lectures-spectacles du Centre national des Arts entre 1997 et 2000. Il signe l'adaptation de *À la recherche de signes d'intelligence dans l'univers*, que le Théâtre du Trillium produit. Richard Léger écrit la pièce *Faust : chroniques de la démesure*, présentée par le Théâtre la Catapulte à Ottawa. Après avoir travaillé pendant dix ans avec la compagnie Dramamuse du Musée canadien des civilisations, à titre de directeur artistique, il enseigne le théâtre à l'Université Laurentienne.

21 janvier

1914 LES TROUBLES SCOLAIRES À GREEN VALLEY ❖ L'école primaire catholique de Green Valley, près de Cornwall, compte 41 élèves de langue française et 15 de langue anglaise, mais l'enseignement est offert en anglais seulement. Le 21 janvier 1914, lors d'une réunion de la commission scolaire locale, en présence de l'inspecteur irlandais Jones, il est décidé d'engager Léontine Senécal, institutrice francophone qui entre aussitôt en fonction. Des parents écossais émettent une injonction contre la commission scolaire, ce qui donne lieu à un procès où les francophones sont forcés de battre en retraite. Ils ouvrent alors une école libre soutenue par des contributions qui s'ajoutent à leur impôt scolaire.

1938 NAISSANCE DE GILLES PROVOST, HOMME DE THÉÂTRE ❖ Originaire de Moncerf (Québec), Gilles Provost grandit dans la basse-ville d'Ottawa et passe toute sa vie dans la région de la capitale canadienne, dans le domaine du théâtre. Comédien et metteur en scène, il est directeur artistique du Théâtre de l'Île (Gatineau) depuis plus de vingt-cinq ans. Au fil des ans, il tient divers rôles dans des productions de compagnies de théâtre à Montréal, notamment pour le Théâtre du Rideau Vert, la Nouvelle Compagnie théâtrale et la Compagnie Jean Duceppe. De plus, le Théâtre français du Centre national des Arts lui confie régulièrement des rôles.

1961 NAISSANCE DE L'ATHLÈTE MAURICE *MOE* MANTHA ❖ Né à Lakewood (Ohio) d'un père originaire de Sturgeon Falls, Maurice *Moe* Mantha est un hockeyeur (joueur de défense) qui évolue tour à tour avec les Jets de Winnipeg, les Penguins de Pittsburgh, les Oilers d'Edmonton, les North Stars du Minnesota et les Flyers de Philadelphie. De 1980 à 1990, il dispute 519 parties dans la Ligue nationale de hockey, marque 74 buts et réussit 249 passes décisives.

22 janvier

1874 ÉLECTION DU PREMIER DÉPUTÉ FRANCO-ONTARIEN À LA CHAMBRE DES COMMUNES ❖ C'est lors du scrutin fédéral tenu le 22 janvier 1874 qu'un premier Franco-Ontarien fait son entrée à la Chambre des communes. Il s'agit du député libéral de la circonscription d'Ottawa, Pierre St-Jean (v. 22 septembre).

1920 NAISSANCE DU DÉPUTÉ ET MINISTRE RENÉ BRUNELLE ❖ Né à Penetanguishene, René Joseph

Napoléon Brunelle s'installe à Moonbeam en 1956 pour diriger une entreprise de tourisme. C'est le 12 mai 1958, lors d'une élection complémentaire dans le comté de Cochrane-Nord, qu'il se fait élire député provincial, sous la bannière des conservateurs. Il conserve la faveur des électeurs aux scrutins de 1959, 1963, 1967, 1971, 1975 et 1977. Tour à tour ministre des Terres et Forêts, ministre des Mines, ministre des Services sociaux, puis secrétaire provincial au Développement des ressources, René Brunelle quitte la vie politique en 1981.

1949 NAISSANCE DU *KYOSHI* JOHN THERIEN ❖ Natif d'Eastview (Vanier), John Therien est un adepte des arts martiaux, qui détient le titre de *kyoshi* ou enseignant des maîtres. Il fonde l'École John Therien de jiu-jitsu et kick-boxing, la plus importante du genre au Canada ; cette institution d'Ottawa rayonne dans divers pays et compte quatre succursales en Espagne. Les centres de formation établis par John Therien ont formé une centaine d'enseignants et plus de mille pratiquants ont remporté la ceinture noire en jiu-jitsu. Ce *kyoshi* franco-ontarien a forgé un grand champion du monde et professeur de kick-boxing, Jean-Yves Thériault, qui a été champion du monde à vingt-trois reprises (v. 15 janvier). Therien est nommé *Man of the Decade 1980's* et promoteur de l'année 1982 par la Professional Karate Association. Il est membre du Temple de la renommée de la Canadian Jiu-Jitsu Federation (1996) et de la World Kobudo Federation (1997).

23 janvier

1890 ÉRECTION CANONIQUE DU DIOCÈSE D'ALEXANDRIA ❖ C'est le pape Léon XIII qui érige le diocèse d'Alexandria ; ce dernier devient le diocèse d'Alexandria-Cornwall le 17 septembre 1976 ; il est suffragant de l'archidiocèse de Kingston. Les évêques francophones qui ont dirigé ce diocèse sont : Félix Couturier, O.P. (1921-1941), Rosario Brodeur (1941-1966), Jacques Landriault (auxiliaire 1962-1964), Joseph-Aurèle Plourde (auxiliaire, 1964-1966), Adolphe Proulx (1967-1974), Eugène LaRocque (1974-2002) et Paul-André Durocher (depuis 2002).

1953 NAISSANCE DE LA COMÉDIENNE LOUISE NAUBERT ❖ Originaire d'Ottawa, Louise Naubert interprète divers rôles, tant au théâtre qu'à la télévision et au cinéma. On la retrouve, entre autres, au Théâtre de l'Île de Hull dans *La Ménagerie de verre* (l984), au Théâtre français de Toronto dans *C'était un p'tit bonheu*r (l998), au Théâtre du Trillium dans *La Grande Nébuleuse* et *Albertine en cinq temps*, ainsi qu'au Théâtre français du Centre national des Arts pour diverses productions sous la direction d'André Brassard, dont *Les Bonnes* (1985) et *Les Fridolinades* (l986-1987). Au Théâtre La Tangente, Louise Naubert signe la scénographie et la mise en scène des *Cascadeurs de l'amour* (l998, 1999, Masque 2000) et interprète le rôle principal dans *La Passagère* (2001, 2003). Durant la saison 2003-2004, elle revient au Théâtre français du Centre national des Arts, dans *Le Moine noir* sous la direction de Denis Marleau. Au cinéma, elle tient un rôle aux côtés de Jean-Claude Van Damme dans *Maximum Risk*. Louise Naubert est codirectrice artistique du Théâtre La Tangente (v. 22 avril).

1978 MORT D'ANDRÉ PAIEMENT, HOMME DE THÉÂTRE ❖ Comédien, dramaturge, metteur en scène, auteur-compositeur-interprète, cofondateur du Théâtre du Nouvel-Ontario et de CANO-musique, André Paiement (v. 28 juin) met dramatiquement fin à ses jours le 23 janvier 1978.

24 janvier

1887 NAISSANCE DE MGR UBALD LANGLOIS, O.M.I. ❖ Natif de Bourget, Ubald Langlois est ordonné prêtre oblat le 6 juin 1914 et envoyé dans l'Ouest canadien, où il devient provincial des Oblats de la Saskatchewan et de l'Alberta en 1930. Il est élu vicaire apostolique de Grouard le 30 mars 1938, puis sacré le 20 juin suivant. Son épiscopat s'étend sur une période de quinze ans. Il meurt le 18 septembre 1953.

1906 NAISSANCE DE L'ATHLÈTE JOSEPH PRIMEAU ❖ Originaire de Lindsay, Joseph Primeau fait son entrée dans la Ligue nationale de hockey en 1927 et évolue avec les Maple Leafs de Toronto pendant neuf ans. Ce joueur de centre (de 153 livres seulement) dispute 348 parties au cours de sa carrière, dont 38 joutes éliminatoires. Il compte à son actif 71 buts et 195 passes décisives. Au cours de la saison 1931-1932, Joe Primeau reçoit le trophée Lady Bing ; il est élevé au Temple de la renommée du hockey en 1963. Décédé en 1989.

1909 RÉUNION DÉTERMINANTE POUR L'AVENIR DES FRANCO-ONTARIENS ❖ C'est le dimanche 24 janvier 1909, dans la salle de l'Union Saint-Joseph d'Ottawa, que sont réunis les hommes qui mettent sur pied le comité qui organisera le Congrès d'éducation des Canadiens français d'Ontario (v. 18, 19 et 20 janvier). Le juge Albert Constantineau préside cette réunion à laquelle participe une trentaine de personnes, dont deux sénateurs, un député, un maire, sept prêtres, deux inspecteurs d'écoles, deux commissaires d'écoles, trois marchands, quatre médecins, un libraire et un rédacteur de journal.

1938 NAISSANCE DU DÉPUTÉ GAÉTAN SERRÉ ❖ Né à Sturgeon Falls, Gaétan Serré est un enseignant qui devient échevin de Chelmsford en 1967, puis député fédéral de Nickel Belt en 1968. Il est élu sous la bannière libérale.

1977 FONDATION DU JOURNAL *FRANCO-TEM* ❖ Issu d'un projet *Canada au travail* et créé sous l'égide de l'ACFO régionale, cet hebdomadaire de New Liskeard dessert les Franco-Ontariens du Témiscamingue, qu'ils soient mineurs, enseignants, gens d'affaires ou étudiants. En raison de difficultés financières, la publication est suspendue le 2 avril 1980.

25 janvier

1866 ❖ NAISSANCE DU DÉPUTÉ EDMOND LAPIERRE ❖ Originaire de Montréal (Québec), Edmond

Antoine Lapierre s'installe à Sudbury en 1896 et dirige la compagnie de fourrure Mattawa. Candidat libéral aux élections fédérales de 1917, il échoue, mais réussit à se faire élire député de Nipissing en 1921, devenant le premier député fédéral francophone du Nouvel-Ontario. Lapierre est réélu en 1925 et 1926. Lors du scrutin provincial de 1934, il est élu dans le comté de Sudbury, mais ne se représente pas en 1937. Décédé le 20 juin 1960.

1905   ÉLECTION PROVINCIALE ❖ Lors du scrutin ontarien tenu le 25 janvier 1905, les candidats franco-ontariens suivants sont élus : Damase Racine (Russell), Louis Labrosse (Prescott), Octave Réaume (Essex-Nord), Azaire Aubin (Nipissing Ouest) et Charles Lamarche (Nipissing-Est).

26 janvier

1923   NAISSANCE DU DOCTEUR JACQUES DUBOIS ❖ Natif de L'Orignal, Jacques Dubois complète ses études en médecine à l'Université de Montréal et s'installe à Welland en 1949. Il y joue un rôle de premier plan dans la vie francophone de cette communauté. Commissaire, puis président du conseil scolaire de Welland (1951-1971), président du Club Richelieu, du YMCA-YWCA et de la Croix-Rouge de Welland, coroner du comté de Welland (1967-1993), membre du Conseil ontarien de la Santé (1983-1985), membre du Conseil des affaires franco-ontariennes (1985-1987), Dubois publie un rapport sur les soins de santé en français en Ontario (1976) et réussit à faire augmenter de façon substantielle les services en français. Il est fait membre de l'Ordre du Canada en 2001.

1943   NAISSANCE DU DÉPUTÉ CYRIL SAMSON ❖ Né à Windsor, Cyril Samson est un homme d'affaires et un mineur qui tente de se faire élire député fédéral de Timmins-Chapleau lors des élections de 1984. Il mord la poussière et revient à la charge en 1988, avec succès cette fois. Il sera de nouveau défait lors des scrutins généraux de 1993 et 1997.

27 janvier

1957   NAISSANCE DE L'ATHLÈTE HECTOR MARINI ❖ Né à Timmins, Hector Marini est un ailier droit qui débute dans la Ligue nationale de hockey en 1978, avec les Islanders de New York. De 1982 à 1984, il évolue avec les Devils du New Jersey. Au total, Marini dispute 154 joutes dans la Ligue nationale, marque 27 buts et réussit 46 passes décisives. Il joue ensuite dans les ligues amateur et internationale, et se retire en 1985. On le surnommait « Hector The Wrecker ».

28 janvier

1872   NAISSANCE DE L'ENTREPRENEUR JULES PATRY ❖ Né à Bouchette (Québec), Jules Patry s'installe à Ottawa en 1936 pour diriger un commerce en tant que grossiste pour les articles de sport, les jouets, la papeterie et les médecines patentées. L'entreprise prend de l'ampleur, notamment avec la participation de ses fils Philippe, Jean-Pierre et Robert. En 1971, Jean-Pierre Patry fonde Audio Associés, un commerce de sonorisation commerciale et d'appareils stéréo ; cinq ans plus tard, il ouvre Audio Shop à Montréal.

1889   NAISSANCE DU DÉPUTÉ ET MINISTRE PAUL LEDUC ❖ Natif de Montréal (Québec), Paul Leduc épouse Gabrielle Belcourt en 1917 (fille du sénateur Napoléon Belcourt) et s'installe en Ontario. Élu député provincial d'Ottawa-Est en 1934, sous la bannière libérale, il est aussitôt nommé ministre des Mines, poste qu'il occupe jusqu'à sa démission, le 30 septembre 1940. Leduc est aussi procureur général d'avril à octobre 1937 (seul francophone à avoir occupé ce poste). Registraire de la Cour suprême du Canada de 1940 à 1956, il tente de nouveau sa chance en politique lors des élections fédérales de 1958, mais sans succès. Décédé à Ottawa le 17 décembre 1971.

1972   LA COOPÉRATIVE DES ARTISTES DU NOUVEL-ONTARIO ❖ C'est à l'initiative de Pierre Bélanger que des musiciens, chanteurs, photographes et potiers se rassemblent sur une terre à Earlton pour créer dans une atmosphère de radicalisme serein. Connu sous le nom de Coopérative des artistes du Nouvel-Ontario (CANO), ce regroupement sera beaucoup plus un *feeling* partagé qu'une entreprise de coopé-ration. Y participent, entre autres, Pierre Germain, Robert Paquette, André Paiement, Marcel Aymar et Michael Gallagher.

29 janvier

1929   NAISSANCE DU PROFESSEUR ET ÉCRIVAIN RENÉ DIONNE ❖ Originaire de Saint-Philippe-de-Néri (Québec), René Dionne est docteur ès lettres et tour à tour professeur au Collège Saint-Ignace, au Collège Sainte-Marie, aux universités de Montréal et de Sherbrooke et, à partir de 1970, à l'Université d'Ottawa où il devient directeur du Département des lettres françaises de 1975 à 1978. Essayiste et critique littéraire, René Dionne publie de nombreux ouvrages sur la littérature québécoise et canadienne-française. On lui doit notamment *Anthologie de la poésie franco-ontarienne des origines à nos jours* (1991), *La Littérature régionale aux confins de l'histoire et de la géographie* (1993), *Histoire de la littérature franco-ontarienne*, t. I (1997, prix Christine-Dumitriu-Van-Saanen) et t. II (2000), *Anthologie de la littérature franco-ontarienne des origines à nos jours*, t. I (1997) et t. II (2000), *Bibliographie de la littérature franco-ontarienne, 1610-1993* (2000). René Dionne a reçu le prix Champlain pour *Antoine Gérin-Lajoie, homme de lettres* (1978) et un doctorat *honoris causa* de l'Université York (Collège universitaire Glendon). Il est professeur émérite de l'Université d'Ottawa et membre émérite de la Société Charlevoix.

1931   FONDATION DE *LA FEUILLE D'ÉRABLE* ❖ Organe des Canadiens français de la péninsule des Grands Lacs, l'hebdomadaire *La Feuille d'érable* est l'œuvre du sénateur Gustave Lacasse (v. 7 février). Le journal est souvent écrit de la première à la der-nière page par ce médecin, homme politique et journaliste qui utilise jusqu'à douze pseudonymes : Civis et Perspicax (pour les questions politiques),

Jean de Fierbois (pour les sujets patriotiques), Gerald Dillon (pour les éditoriaux de langue anglaise) et Magister (pour les questions scolaires). Les causes épousées par le sénateur sont celles qu'il défend à Ottawa : chèques bilingues, radio fran-çaise pour le Sud-Ouest, affichage bilingue dans l'édifice fédéral de Windsor, etc. Les éditoriaux sont parfois virulents ou lapidaires, mais toujours encourageants lorsqu'il s'agit d'appuyer les initiati-ves de l'ACFEO, de la Société Saint-Jean-Baptiste de l'Ouest de l'Ontario et de l'Union des cultivateurs de Kent et d'Essex. Le fondateur de *La Feuille d'érable* meurt en 1953 ; le journal continuera de paraître jusqu'au 27 mars 1958.

1990   SAULT-SAINTE-MARIE DÉCLENCHE LA CRISE DU BILINGUISME ❖ Le 20 janvier 1990, le conseil municipal de Sault-Sainte-Marie adopte une réso-lution déclarant l'anglais langue commune de tra-vail et langue officielle de la municipalité. Deux semaines plus tard, la ville de Thunder Bay lui emboîte le pas. Soixante-deux petites municipali-tés, représentant 9 % de la population ontarienne, suivent ces exemples au cours des trois premiers mois de l'année 1990. Devant cette situation, la Chambre des communes adopte, le 15 février 1990, une motion spéciale déclarant que « la Chambre réaffirme son engagement à protéger, à appuyer et à promouvoir la dualité linguistique canadienne ». Aucune des 64 municipalités ne révoque sa résolution d'unilinguisme, mais leur ardeur connaît un ralentissement marqué. De plus, quelque 30 municipalités, représentant 39 % de la population ontarienne, adoptent, sans y être nulle-ment contraintes, des politiques en faveur de la prestation de services en français ou dans les deux langues officielles.

30 janvier

1887   NAISSANCE DE RAYMOND D. MORAND, DÉPUTÉ ❖ Originaire de Windsor, Raymond Ducharme Morand devient médecin et professeur de sciences politiques aux collèges Assumption et Holy Names, de Windsor. Élu député libéral d'Essex-Est lors du scrutin fédéral de 1925, il subit la défaite l'année suivante. Élu de nouveau en 1930, il mord la poussière en 1935. Nommé membre du Conseil privé le 13 juillet 1926, Raymond Morand est ministre d'État pendant quelques mois et ministre intérimaire responsable de la relocalisation civile des soldats. À la fin de son mandat, il assume brièvement la vice-présidence de la Chambre des communes. Décédé le 2 février 1952.

1947   Naissance d'Andrée Lacelle, écrivaine ❖ Native de Hawkesbury, Andrée Lacelle vit à Ottawa où elle a été tour à tour enseignante et traductrice, mais elle demeure surtout connue comme écrivaine. En 1979, elle publie son premier recueil de poésie, *Au soleil du souffle*, qui est suivi en 1985 par *Coïncidences secrètes*. Elle est la première francophone à remporter le prix Trillium du gouvernement de l'Ontario pour son recueil *Tant de vie s'égare* (1994) ; l'ouvrage reçoit aussi le Prix de poésie de l'Alliance française et est finaliste des Prix du Gouverneur général du Canada. En 1995, paraît *La Voyageuse* (finaliste du prix Trillium), suivi de *La Vie Rouge* (1998) et de *La Lumière et l'Heure* (2004). Andrée Lacelle écrit aussi pour les enfants ; en 1996, elle publie un album de poèmes comptines intitulé *Bobikoki mon chat n'aime pas...* Son radio-théâtre *Survenance*, diffusé à la chaîne culturelle de Radio-Canada, sort en 2001. Presque tous ses recueils sont accompagnés d'œuvres d'artistes, notamment de Marie-Jeanne Musiol (Gatineau), de René Derouin (Québec), de Paterson Ewen (Toronto), de Cyrill Bonnes (Paris) et de Réjine Halimi (Paris). Elle collabore à plusieurs revues, notamment *Art le Sabord*, *Éloizes*, *Envol*, *Estuaires* et *Francophonies d'Amérique*.

1956   Naissance du chanteur François Viau ❖ Né à Saint-Pascal-Baylon, François Viau est un auteur-compositeur qui œuvre dans le monde de l'éducation depuis près de vingt-cinq ans. Il a publié une quinzaine de livres et une dizaine d'albums musicaux pour le ministère de l'Éducation de l'Ontario et diverses maisons d'édition, en plus d'offrir des centaines d'ateliers et de spectacles

dans les écoles de la province. En 1997, son atelier Jeunesse en création lui vaut le Prix de la francophonie. Il remporte également le prix Aurèle-Séguin en 1983 à titre de meilleur auteur-compositeur francophone hors Québec. Il participe régulièrement au programme Artiste en milieu scolaire du Conseil des arts de l'Ontario et au programme Apprendre par les arts du Conservatoire royal de Toronto.

1986   Création de la Fondation franco-ontarienne ❖ La Fondation franco-ontarienne recueille des fonds pour les redistribuer aux francophones de la province dans le but d'appuyer financièrement la réalisation d'initiatives qui assurent la vitalité de la communauté franco-ontarienne, tant dans les domaines de l'éducation, de l'alphabétisation, de la santé et de l'économie que dans les secteurs des arts, de la culture, du patrimoine, des sports et des loisirs. Elle vise à fournir à la communauté franco-ontarienne une source permanente de revenus ne provenant pas des gouvernements. Le premier président de la Fondation franco-ontarienne fut le père Roger Guindon, O.M.I., ancien recteur de l'Université d'Ottawa (v. 26 septembre).

31 janvier

1868   Naissance de l'entrepreneur Georges Beauregard ❖ Originaire de Québec, Georges Beauregard s'établit à Ottawa vers 1887 pour travailler d'abord à l'imprimerie McLean & Rogers, puis à l'Imprimerie nationale. Actif au sein de la section outaouaise de l'Union internationale des typographes, il fonde sa propre imprimerie en 1907. Ses fils Arthur et Édouard font progresser l'Imprimerie Beauregard Printing, une entreprise prospère qui fermera ses portes en 2003. L'entrepreneur Georges Beauregard s'est éteint à Ottawa le 25 juillet 1931.

1916   Manifestation de trois mille élèves à Ottawa ❖ La crise scolaire entourant le Règlement XVII atteint son apogée lorsque 3 000 élèves des écoles séparées d'Ottawa, sous la conduite de leurs institutrices et instituteurs, défilent dans les rues de la capitale pour se rendre à l'hôtel de ville où ils demandent « de payer nos instituteurs ». Puis démission en bloc de tous les 122 enseignants des écoles bilingues (dont 107 sont des religieux ou religieuses). Résultat : 17 écoles anglo-françaises sont fermées et 4 000 élèves sont renvoyés.

1955 NAISSANCE DE JEAN MARC LARIVIÈRE, CINÉASTE ❖ Natif de Hawkesbury, Jean Marc Larivière vit à Toronto depuis 1976. Les productions cinématographiques de ce réalisateur et scénariste ont été présentées au Festival international de Toronto, à la Cinémathèque française (Paris), au National Film Theater (Londres) et à l'American Film and Video Festival (New York). Quand il n'est pas derrière la caméra, il contribue aux projets d'autres artistes, tels Peter Mettler, Marie Cadieux, Robert Dickson et Patrice Desbiens. Parmi ses films, on trouve *révolutions, d'ébats amoureux, éperdus, douloureux* (1982), *Divine Solitude* (1986), *Le Dernier des Franco-Ontariens* (1996) et *Les Chasseurs d'ombre* (2000) et, parmi ses vidéos, *Sweet Jane* (1988), *Sur le bord* (1993, d'après un poème de Robert Dickson) et *NooSphere* (1998).

JANVIER

FÉVRIER

MARS

AVRIL

MAI

JUIN

JUILLET

AOÛT

SEPTEMBRE

OCTOBRE

NOVEMBRE

DÉCEMBRE

FÉVRIER
Mois de l'histoire des Noirs

1751   CONSTRUCTION DU FORT ROUILLÉ ❖ C'est durant l'hiver 1750-1751 qu'a lieu la construction du troisième fort français sur le site actuel de Toronto. Appelé fort Rouillé en l'honneur du ministre de la Marine et des Colonies, Antoine-Louis Rouillé, cette construction a la forme d'un carré fortifié de 29 mètres de côté, flanqué de quatre bastions. On y retrouve les quartiers du commandant et du corps de garde, une forge, une boulangerie et un magasin. Bâti d'abord pour maximiser le rendement du commerce des fourrures, le fort Rouillé sert aussi à décourager les intrusions des Iroquois et des Anglais sur la rive nord du lac Ontario. (À noter que le premier fort à Toronto fut un poste ou magasin royal érigé en 1720 sur le promontoire qui surplombait l'actuelle rivière Humber. Le second fort fut érigé par le chevalier de Portneuf en 1750 à l'embouchure de la rivière Humber.)

1979   CRÉATION DU JOURNAL *LE TEMPS* ❖ Organe de l'Association canadienne-française de l'Ontario, *Le Temps* s'intéresse aux diverses facettes de la francophonie ontarienne. Sa diffusion se fait le plus souvent par l'intermédiaire des hebdomadaires franco-ontariens. Ce journal paraît pendant environ trois ans.

1987   LANCEMENT DE LA REVUE *CLIK* ❖ Revue d'information, d'opinion et de création jeunesse destinée à tous les jeunes francophones de l'Ontario, *Clik* lance son premier numéro (daté janvier-février-mars) au début de l'année 1987. Jacinthe Montreuil est la directrice, tandis que Marie-claude Petit est la rédactrice en chef. La revue *Clik* est coproduite par Direction Jeunesse, la Fédération des élèves du secondaire franco-ontarien et l'Association de la presse jeunesse ontaroise. Les bureaux de la revue sont situés à Toronto. À partir de 1988, la revue publie six numéros par année. En septembre 1990, le logotype devient *Cl!k*. Ce périodique cesse d'exister en 1993.

1988   FONDATION DES ÉDITIONS LE NORDIR ❖ Créées à Hearst par Robert Yergeau, les Éditions Le Nordir publient des ouvrages en provenance de l'Ontario français et de l'Outaouais québécois. On y retrouve huit collections : Rémanence (roman, nouvelle et récit), Résonance (poésie), Rappel (théâtre), Roger-Bernard (essai), Actes premiers (auteur de moins de 30 ans ou auteur d'un premier livre), Père Charles-Charlebois (ouvrages écrits par des journalistes ou portant sur des sujets liés aux médias), BCF (Bibliothèque canadienne-française) et Débats actuels (sujets d'actualité).

1996   FORMATION DU GROUPE MUSICAL SAIJ ❖ Martin Dessureault, Pierre-Étienne Bergeron, Michel Bénac, Ken Parlee et Éric Houlihan-Wong créent le groupe musical *a capella* SAIJ. Un premier album en langue anglaise sort en novembre 1999, puis un second en langue française, *Noël au 12e degré*, en décembre 2002. Lors du Gala de la chanson et de la musique franco-ontariennes, en 2003, SAIJ rafle le Trille Or accordé au meilleur groupe.

1998   FORMATION DU GROUPE MUSICAL SWING ❖ Michel Bénac (né le 23 juin à l'Hôpital Montfort de Vanier) et Bobby Lalonde (v. 22 mai) créent le groupe musical Swing et enregistrent la chanson « Ça va brasser ». Leur premier album, *La Chanson s@crée*, sort en avril 1999. Lors du Gala de la chanson et de la musique franco-ontariennes, en 2001, Swing remporte quatre Trilles Or : chanson primée (« Un bon matin »), révélation de l'année, meilleur spectacle et meilleur réalisateur. En 2001, Swing obtient une nomination au Gala des prix Gemini pour sa participation au spectacle *Thrill on the Hill*. En juin 2002, Jean-Philippe Goulet remplace Bobby Lalonde et le groupe sort un deuxième album, *La Vie comme ça*, en avril 2003. Swing remporte deux prix Trille Or en 2005 : meilleur spectacle et meilleur groupe.

1er février

1908   NAISSANCE DU DÉPUTÉ ALBERT PARENT ❖ Né à Windsor, Albert Alexandre Parent est un ouvrier de la compagnie Chrysler et un syndicaliste qui se porte candidat aux élections provinciales du 4 juin 1945. Il se présente sous l'étiquette libéral ouvrier et se fait élire député d'Essex-Nord. Albert Parent complète un seul mandat, siégeant à Queen's Park de 1945 à 1948.

1933 NAISSANCE DU DÉPUTÉ AURÈLE GERVAIS ❖ Né à Potter, près de Timmins, Aurèle Gervais est un conseiller en développement industriel et un homme d'affaires qui s'intéresse d'abord à la politique municipale. Il se fait élire comme échevin d'Iroquois Falls (1967-1968), puis comme maire de cette municipalité (1969-1980). Lors des élections fédérales de 1984, Aurèle Gervais se présente dans le comté de Timmins-Chapleau, sous la bannière conservatrice, et est élu. De nouveau candidat lors du scrutin de 1988, il est défait.

1977 CRÉATION DE L'INSTITUT FRANCO-ONTARIEN ❖ Établi par des chercheurs francophones de l'Université Laurentienne à Subdury, l'Institut franco-ontarien a comme objectifs d'effectuer des recherches, d'organiser des colloques et des conférences, ainsi que de recueillir une documentation sur l'Ontario français. L'Institut publie depuis 1978 la *Revue du Nouvel-Ontario,* des actes de colloque et d'autres publications dans le cadre de sa collection Fleur-de-trille. Il est responsable de la collection franco-ontarienne à la bibliothèque de l'Université Laurentienne, collection qui compte déjà plus de 1 000 titres. Près de cinquante chercheurs répartis à travers l'Ontario sont membres de l'Institut.

2 février

1899 NAISSANCE DE JEANNE LAJOIE ❖ Née à Lefaivre, Jeanne Lajoie est une institutrice engagée en 1923 à la St. John School de Pembroke pour dispenser des cours de français à la demande des parents francophones. Mais l'ambiance créée par la promulgation du Règlement XVII exacerbe les tensions au point que, peu après son arrivée, les autorités anglophones décrètent son renvoi. Dans leur indignation, les francophones et la jeune institutrice âgée de 24 ans donnent naissance à une école

libre nommée en son honneur École Jeanne d'Arc (cette école fonctionne jusqu'en 1927, soit jusqu'au dénouement de la crise du Règlement XVII). Appelée l'héroïne de Pembroke, Jeanne Lajoie incarne par son geste de défi les revendications scolaires des Franco-Ontariens. Malade, elle quitte Pembroke en 1926 et meurt de tuberculose le 2 mars 1930 à Cartierville (Québec). Aujourd'hui, une école secondaire (Pembroke), une école primaire (Toronto) et un centre de la petite enfance (Ottawa) portent son nom.

1931 NAISSANCE DU DÉPUTÉ ET PROFESSEUR JEAN-PAUL HARNEY ❖ Originaire de Québec (Québec), Jean-Paul Harney est tour à tour professeur de littérature à l'Université Queen's de Kingston, au Collège militaire de Saint-Jean, à l'Université de Guelph, à l'Université York (Toronto) et à l'Université Laval (Québec). Président du comité consultatif de langue française du Conseil scolaire de Toronto (1979-1983), membre du conseil d'administration de l'ACFO-Toronto (1981-1983), il est élu député fédéral de Scarborough-Ouest en 1972, sous la bannière du Nouveau parti démocratique. Jean-Paul Harney se présente sans succès aux scrutins fédéraux de 1962, 1963, 1965, 1968, 1974, 1979, 1980, 1984 et 1988. Il fonde le Parti NPD-Québec en 1984 et en est le président jusqu'en 1987.

1952 NAISSANCE DE LA MARIONNETTISTE DIANE BOUCHARD ❖ Née à Saint-Hyacinthe (Québec), Diane Bouchard œuvre dans la région d'Ottawa depuis les années 1980. Marionnettiste, comédienne et auteure, elle participe à plus de trente spectacles, dont huit sont ses propres créations théâtrales, notamment : *L'Enfant de l'étoile* (1977), *Barnabé-les-bottines* (1983), *Marionnettes magiciennes* (1989), *Dragon glouton* (1995) et *Le Dada de Dame Didi* (1998). En 1985, elle fonde le théâtre de marionnettes Gestes à Ottawa. En 1993, Diane Bouchard est invitée au Puppetry Carnival à Iida (Japon) et y remporte le prix des Marionnettes les plus étranges et uniques. En 1996, elle expose *Fils, sans fils et fin doigté* au Musée canadien des civilisations. Pédagogue, Diane Bouchard est artiste en résidence à l'école Gaston-Vincent, d'Ottawa, de 1986 à 1992 ; elle est aussi animatrice au Centre communautaire Franc-Ouest, d'Ottawa.

1953   NAISSANCE DU JUGE PAUL BELLEFONTAINE ❖ Né à Montréal (Québec), Paul L. Bellefontaine est admis au barreau de l'Ontario en 1981. Il est nommé juge à la Cour de justice de l'Ontario, à Oshawa, en 1998.

3 février

1874   ÉRECTION CANONIQUE DU DIOCÈSE DE PETERBOROUGH ❖ C'est le pape Pie IX qui crée le vicariat apostolique du Canada-Nord, le 3 février 1874 ; ce vicariat est érigé en diocèse de Peterborough par Léon XIII, le 11 juillet 1882 ; il est suffragant de l'archidiocèse de Kingston. Le seul évêque francophone et le premier à avoir dirigé ce diocèse est Mgr Jean-François Jamot (v. 23 juin), de 1874 à 1886.

1904   CRÉATION DE L'HEBDOMADAIRE LE PIONNIER CANADIEN ❖ Fondé par J. H. Paré et L. Moffet, le journal Le Pionnier canadien paraît à Ottawa pendant environ un an.

1955   NAISSANCE DE MELCHIOR MBONIMPA, PROFESSEUR ET ÉCRIVAIN ❖ Originaire du Zaïre, Melchior Mbonimpa détient un doctorat en philosophie et en théologie. Il est professeur à l'Université Laurentienne depuis 1991 et directeur du Département des sciences religieuses (2001-2004). Il est l'auteur de plusieurs ouvrages, dont *Idéologies de l'indépendance africaine* (1989), *Hutu, Tutsi, Twa : pour une société sans castes au Burundi* (1993), *Ethnicité et démocratie en Afrique : l'homme tribal contre l'homme citoyen ?* (1994), *Défis actuels de l'identité chrétienne : reprise de la pensée de Georges Morel et de Fabien Eboussi Boulaga* (1996), *La « Pax Americana » en Afrique des Grands Lacs* (2000) et le roman *Le Totem des Baranda* (2001). Ce dernier ouvrage a remporté le prix Jacqueline-Déry-Monchon (Société littéraire de Laval) et a été finaliste du Prix des lecteurs Radio-Canada, du prix

Trillium, du prix Christine-Dumitriu-Van-Saanen et du prix Anne-Hébert (Centre culturel canadien à Paris). En 2004, Melchior Mbonimpa a fait paraître un second roman, *Le Dernier Roi faiseur de pluie*.

4 février

2000   FONDATION DU REGROUPEMENT FRANCO-ONTARIEN DE DÉVELOPPEMENT ÉCONOMIQUE ET D'EMPLOYABILITÉ (RDEE Ontario) ❖ Organisme sans but lucratif appuyant l'élaboration d'initiatives de développement économique communautaire et d'employabilité, le RDEE Ontario coordonne et soutient le développement économique dans les communautés franco-ontariennes par le biais d'études de marché, par la recherche de financement et par l'établissement d'alliances et de partenariats stratégiques. Il assure le plein épanouissement et la vitalité des communautés francophones de la province, par le développement des capacités, le développement des ressources humaines, la croissance économique et la création d'emplois.

5 février

1952   CRÉATION DU CENTRE FRANCO-ONTARIEN DE FOLKLORE ❖ En 1948, la Société historique du Nouvel-Ontario confie au père Germain Lemieux la tâche de réaliser un sondage sur l'état du folklore franco-ontarien. Folkloriste expérimenté, Germain Lemieux effectue des enquêtes. Devant l'abondance du matériel, on décide de mettre sur pied un Centre de folklore ; le Centre sera incorporé en 1972. Des milliers de documents dans les domaines de la chanson et du conte sont ainsi recueillis. En plus de sa riche collection, le Centre franco-ontarien de folklore possède une bibliothèque (6 000 volumes, 5 000 versions de chants folkloriques, 850 récits) et un musée. Depuis 1982, le Centre publie un bulletin intitulé *Le Billochet*. Un des plus célèbres projets de recherche du Centre franco-ontarien de folklore a été la publication des 33 tomes de la série *Les Vieux m'ont conté*. De plus, son inventaire du patrimoine franco-ontarien a(1991-1994) est résumé dans *Habiter le pays* (2001).

1968 DÉCLARATION DU PREMIER MINISTRE JOHN ROBARTS ❖ Au cours de la conférence fédérale-provinciale tenue à Ottawa le 5 février 1968, le premier ministre de l'Ontario, John Robarts, déclare que le Canada est le *partnership* de deux communautés linguistiques : « En Ontario, nous allons résolument de l'avant. Nous faisons nôtre la théorie selon laquelle le Canada consiste en une alliance de deux sociétés et de deux peuples fondateurs, sans oublier l'appui de nos compatriotes d'origine indienne ou esquimaude. Nous considérons la reconnaissance plus officielle des deux communautés linguistiques du Canada comme un investissement modeste, minimum en fait, dans le nouveau Canada. »

6 février

1954 NAISSANCE DE L'ATHLÈTE ROGER LEMELIN ❖ Né à Iroquois Falls, Roger Lemelin fait son entrée dans la Ligue nationale de hockey à l'âge de 20 ans. Joueur de défense, il évolue avec les Scouts de Kansas City, de 1974 à 1976.

1960 NAISSANCE DE L'ATHLÈTE YVAN JOLY ❖ Né à Hawkesbury, Yvan Joly entame sa carrière de hockeyeur avec des clubs amateurs de la région d'Ottawa. Ailier droit, il est repêché par les Canadiens de Montréal lors des séries éliminatoires de 1980. Il évolue avec cette formation pendant trois saisons.

1962 NAISSANCE DE L'ATHLÈTE PAUL GAGNÉ ❖ Natif d'Iroquois Falls, Paul Gagné entame sa carrière dans la Ligue ontarienne de hockey, à Windsor. En 1980, il passe à la Ligue nationale avec les Rockies du Colorado. Deux ans plus tard, cet ailier gagne les rangs des Devils du New Jersey. Un accident l'empêche de jouer de 1986 à 1988. Il se joint aux Maple Leafs de Toronto en 1988. Au total, Gagné dispute 390 parties dans la Ligue nationale, marque 110 buts et réussit 101 passes décisives. Il joue aussi dans des ligues européennes, notamment deux ans en Allemagne et sept années en Suisse.

1971 NAISSANCE DE JOËL BEDDOWS, HOMME DE THÉÂTRE ❖ Originaire de Sturgeon Falls, Joël Beddows est professeur, metteur en scène, dramaturge et traducteur. Directeur artistique du Théâtre la Catapulte depuis l'été 1998, il enseigne au Département de théâtre de l'Université d'Ottawa depuis 2001. Ses textes et traductions sont lus au Théâtre du Nouvel-Ontario à Sudbury et au Graduate Centre for the Study of Drama de l'Université de Toronto. Sa traduction de la pièce *La Salle à manger* (*The Dining Room*, de A. R. Gurney) est montée au Département de théâtre de l'Université d'Ottawa en janvier 2000 et sa traduction de la pièce irlandaise *Âmes à guérir* (*Faith Healer*, de Brian Friel) est présentée dans le cadre du Festival des théâtres du monde d'Ottawa en 1998. Parmi ses productions à La Nouvelle Scène d'Ottawa, on compte *Faust : Chroniques de la démesure*, de Richard J. Léger, *Le Testament du couturier*, de Michel Ouellette, et *Safari de banlieue*, de Stephan Cloutier. Joël Beddows est coauteur, avec Hélène Beauchamp, de l'essai intitulé *Les Théâtres professionnels du Canada francophone : entre mémoire et rupture* (2001).

1975 CRÉATION DU CENTRE ONTAROIS DE L'OFFICE NATIONAL DU FILM ❖ Suite à des besoins exprimés par des personnes et des groupes représentant les créateurs des diverses régions du Canada, l'Office national du film (ONF) décide de régionaliser ses activités de production française à l'extérieur du Québec et trois bureaux sont établis : à Moncton pour l'Acadie, à Toronto pour l'Ontario et à Winnipeg pour l'Ouest. Le Centre ontarois de l'ONF voit le jour et Georges-André Prud'homme est nommé producteur délégué le 6 février 1975. Les premiers films sont réalisés par Serge Bureau (*La Différence*, 1975 ; *Viens-t-en danser*, 1977), Paul Turcotte (*T'as pas déjà vu ça quelque part, toi ?*, 1976), Diane Dauphinais (*Fignolage*, 1977 ; *Froum*, 1980), Paul Lapointe (*J'ai besoin d'un nom*, 1978), Georges-André Prud'homme (*Les P'tites Séances*, 1979) et Pierre Vallée (*Un homme à sa fenêtre*, 1980 ; *Un père Noël d'occasion*, 1981). Aujourd'hui, la production régionale de l'ONF en Ontario français est assumée par le Studio Ontario-Ouest, sous la direction de Claudette Jaïko (v. 21 février).

7 février

1890   NAISSANCE DU SÉNATEUR GUSTAVE LACASSE
❖ Natif de Sainte-Élisabeth-de-Joliette (Québec), Gustave Lacasse est un médecin qui s'installe à Tecumseh, près de Windsor, en 1913. Ardent patriote, il fonde l'hebdomadaire *La Feuille d'érable* (v. 29 janvier) et devient vice-président de l'ACFEO. Commissaire d'école et maire de Tecumseh, Gustave Lacasse est nommé au Sénat le 10 janvier 1928 ; à 37 ans seulement, il est le plus jeune membre de la Chambre rouge. Par ses discours et ses écrits, le sénateur se distingue comme champion du bilinguisme et défenseur de *Sa Majesté la Langue française*. Décédé à Windsor le 18 janvier 1953.

1934   NAISSANCE DE L'ATHLÈTE MARC RÉAUME ❖ Natif de LaSalle, près de Windsor, Marc Avellin Réaume entame sa carrière de hockeyeur dans la ligue mineure où il joue avec le Junior St. Michael's College, de Toronto. Solide défenseur qui lance de la gauche, il est embauché par les Maple Leafs de Toronto en 1954 et évolue avec cette formation jusqu'en 1960. Puis il passe chez les Red Wings de Détroit (1960-1961), les Canadiens de Montréal (1963-1964) et les Cannucks de Vancouver (1970-1971). Avec le Tricolore, Réaume remporte le trophée Prince de Galles. Il dispute 344 joutes dans la Ligue nationale, dont 21 éliminatoires ; il marque 8 buts et réussit 43 passes décisives.

1940   NAISSANCE DU PROFESSEUR ALAIN BAUDOT ❖ Né à Soissons (France), Alain Baudot est agrégé de l'Université, et ancien élève de la Rue d'Ulm et de l'École pratique des Hautes Études. Arrivé au Canada en 1966, il est l'un des pionniers du programme bilingue du Collège universitaire Glendon à Toronto, où il fonde – et dirige pendant sept ans – le Département d'études pluridisciplinaires, et crée de nombreux cours portant sur les littératures francophones (Afrique de l'Ouest, Antilles, Belgique, Liban, Suisse). Il a été professeur invité à Berkeley (1967) et à l'Université de Montréal (1970-1971). À Glendon, il dirige aussi la Maîtrise en études françaises (1997-2000) et la Maîtrise en traduction

(1998-2001). Il est l'auteur d'une centaine d'articles et de plusieurs ouvrages sur des sujets allant de la musique ancienne *(Musiciens romains de l'Antiquité)* à la littérature belge contemporaine, en passant par la chanson québécoise et l'opéra. Il coédite plusieurs recueils, notamment *Identité culturelle et francophonie dans les Amériques* (avec J.-C. Jaubert), *Exilés, Marginaux et Parias dans les littératures francophones* (avec Sandra Beckett et Leslie Boldt-Irons), et *Georges Mounin : travaux pratiques de sémiologie générale* (avec Claude Tatilon). Il remporte le Prix de l'Association des professeurs de français des universités et collèges canadiens pour sa *Bibliographie annotée d'Édouard Glissant*. Il a publié de nombreuses traductions dans les domaines des jeux de société et de l'histoire de l'art, en particulier *Influence majeure : Hart House et le Groupe des sept (1919-1953)*. Fondateur des Éditions du GREF, il assure la direction éditoriale et la production d'une centaine d'ouvrages. Pendant de nombreuses années, il joue un rôle actif sur la scène musicale : critique musical au réseau national de Radio-Canada et à CJBC-Toronto, conseiller pédagogique et animateur à TFO, il est cofondateur et chef de l'Orchestre symphonique de Glendon (1968-1976). Il est membre de la Société royale du Canada, officier de la Couronne de Belgique, officier dans l'Ordre des Palmes académiques (France) et lauréat du Prix de l'Alliance française de Toronto. Il est aussi récipiendaire de la Médaille d'Honneur des Sociétés musicales et chorales de France, de la Distinction pour services bénévoles (ministère des Affaires civiques et culturelles de l'Ontario) et de la Médaille d'honneur de la Ville de Bayeux. Il est président du Salon du livre de Toronto depuis 1998.

1945   NAISSANCE DE L'ÉCRIVAINE RACHELLE RENAUD ❖ Native de Windsor, Rachelle Renaud est poète, nouvelliste, romancière et traductrice. Lauréate du prix Jacques-Poirier-Outaouais 1996 pour son premier roman, *Le Roman d'Éléonore*, elle publie en 1998 un recueil de nouvelles intitulé *L'Amour en personne*. Elle reçoit une mention honorable pour le prix John-Glassco 2000, pour sa traduction du recueil de Gérald Tougas, *La Clef de sol et autres récits*, sous le titre *Any Mail? and Other*

Stories (2000). En 2003, elle publie un recueil de nouvelles intitulé *Chocs légers*.

8 février

1900 NAISSANCE DE THOMAS MARCHILDON ❖ Originaire de Lafontaine, dans la baie Georgienne, Thomas Marchildon est ordonné prêtre le 4 juin 1928 et affecté aux paroisses de New-Toronto, Phillipstown, Midland et, à compter du 2 décembre 1937, à la paroisse Sainte-Croix de Lafontaine où il est curé pendant 31 ans. Il favorise le mouvement coopératif et, grâce à son impulsion, la culture des pommes de terre de semence apparaît à Lafontaine et s'avère un franc succès. Thomas Marchildon est l'auteur de la célèbre fable intitulée *Le Loup de Lafontaine* (1955). Il s'agit de l'histoire d'un loup malicieux qui dévore les animaux des fermes de Lafontaine et qui sème l'inquiétude dans la région. Ses ravages mènent à la formation de liens entre les familles de la communauté jusqu'alors divisées. (N. B. Depuis juillet 2002 il se tient à Lafontaine un Festival du loup.) Thomas Marchildon est décédé le 3 décembre 1991.

1902 NAISSANCE DU FOLKLORISTE JOSEPH MÉDARD CARRIÈRE ❖ Natif de Curran, Joseph Médard Carrière enseigne la littérature française au Manitoba puis aux États-Unis. Membre de plusieurs sociétés vouées à l'épanouissement des Franco-Américains, il s'intéresse au folklore et publie *Tales from the French Folklore of Missouri* (1937). Il recueille aussi plusieurs contes du Détroit qui sont déposés au Centre de folklore de l'Université Laval (Québec). Ces textes seront publiés quelque quarante ans plus tard sous le titre *Contes du Détroit* (2005). Joseph Médard Carrière meurt le 1er décembre 1970 à Charlottesville (Virginie).

1910 NAISSANCE DU DÉPUTÉ ET MINISTRE WILFRID SPOONER ❖ Né à Massey, Wilfrid Spooner est le fils de Delphis Cuillerier. Il est conseiller municipal (1939-1944), puis maire de Timmins (1952-1955). Pendant un an, il assume la présidence de l'Association des municipalités de l'Ontario. Wilfrid Spooner se présente comme candidat conservateur dans le comté de Cochrane-Sud lors des élections provinciales de 1955. Il est élu, puis réélu en 1959 et 1963. Le premier ministre le nomme tour à tour ministre des Mines, ministre des Terres et Forêts et ministre des Affaires municipales.

1967 NAISSANCE DE L'ÉCRIVAINE ANGÈLE BASSOLÉ-OUÉDRAOGO ❖ Originaire d'Abidjan (Côte-d'Ivoire), Angèle Bassolé-Ouédraogo est diplômée de l'Université de Ouagadougou et de l'Université d'Ottawa. Établie au Canada depuis 1992, elle s'intéresse à la critique littéraire et à l'écriture poétique. En 2003, elle publie un recueil intitulé *Avec tes mots*, qui remporte le Prix de poésie Trillium. Pour créer un pont entre son continent d'origine et l'Amérique du Nord, elle fonde la maison d'édition Malaïka, située à Ottawa.

1967 NAISSANCE DE L'ATHLÈTE YVON CORRIVEAU ❖ Natif de Welland, Yvon Corriveau est un ailier gauche qui évolue tour à tour dans la ligue de hockey de l'Ontario (Welland et Toronto), dans la ligue américaine (Binghampton et Baltimore), puis dans la ligue nationale, d'abord avec les Capitals de Washington (1985-1989), ensuite avec les Whalers de Hartford (1989-1994). Au total, Corriveau dispute 280 joutes dans la LNH, dont 29 lors de séries éliminatoires : il marque 48 buts et réussit 40 passes.

1992 CRÉATION DE LA TABLE FÉMINISTE FRANCOPHONE DE CONCERTATION PROVINCIALE ❖ Créée à Sudbury au cours d'une réunion informelle des regroupements de femmes lors du Colloque sur l'intervention féministe en Ontario français, la Table féministe francophone de concertation provinciale regroupe une vingtaine d'organismes de femmes œuvrant en Ontario, ainsi que quelques membres individuels provenant de secteurs d'activités où il n'y a aucun groupe. La Table est la voie politique des groupes de femmes de l'Ontario. Grâce à elle, les groupes de femmes actifs dans des domaines aussi divers que l'éducation, le développement économique et la violence, se concertent et identifient les besoins de développement, de recherche, de revendication et de représentation.

9 février

1941 NAISSANCE DE JOCELYNE VILLENEUVE, ÉCRIVAINE ❖ Originaire de Val d'Or (Québec), Jocelyne Villeneuve vit à Sudbury à partir de 1953. Elle est l'auteure d'une quinzaine d'ouvrages dans des genres aussi différents que la poésie, le roman, le conte, la nouvelle et le récit : *Des gestes seront posés* (1977), *Contes des quatre saisons* (1978), *Le Coffre* (1979), *La Saison des papillons* (1980), *Nanna Bijou : le géant endormi* (1981), *La Princesse à la mante verte* (1983), *Feuilles volantes* (1985), *Terres des songes* (1986), *Contes de Noël* (1987), *Les Friperies* (1989) et *Vie première* (1992). Des extraits de ses ouvrages ont été diffusés sur les ondes de Radio-Canada et, dans le domaine du haïku, ses poèmes ont paru dans diverses revues et anthologies au Canada, aux États-Unis et au Japon. Elle est décédée en mai 1998.

10 février

1857 OUVERTURE DU COLLÈGE ASSOMPTION À WINDSOR ❖ C'est grâce aux efforts du curé de la paroisse de l'Assomption, le jésuite Pierre Point, que le Collège Assomption ouvre ses portes en 1857. Le premier enseignant fut Théodule Girardot. En 1858, une loi de l'Assemblée législative du Canada-Uni sanctionne l'incorporation dudit collège qui est alors dirigé par le basilien Joseph Malbos. Le Collège de l'Assomption sera dirigé, tour à tour, par les Jésuites et les Bénédictins, jusqu'au retour des Basiliens en 1870. Ce collège est l'ancêtre de l'Université de Windsor.

1890 NAISSANCE DE L'ENTREPRENEUR GILBERT LABINE ❖ Né près de Pembroke, Gilbert-Adélard LaBine fait des prospections minières à Cobalt, dès 1905, puis à Kirkland Lake, en Ungava et au Québec. Il change le cours de l'histoire mondiale lorsqu'il découvre, le 16 mai 1930, des gisements de radium et d'uranium au Grand lac de l'Ours dans les Territoires du Nord-Ouest. Il fait alors entrer le Canada dans l'âge atomique. Gilbert LaBine, qui a travaillé avec son frère Charles

(v. 11 avril), demeure le plus connu et le plus honoré. Il est fait membre de l'Ordre de l'Empire britannique et chevalier de l'Ordre de Malte, il reçoit la médaille Currie et l'Ordre du Canada. Décédé le 8 juin 1977.

1917 NAISSANCE DE JEAN-FRANÇOIS SÉGUIN, AGRONOME ❖ Natif de Rigaud (Québec), Jean-François Séguin remplit les fonctions de secrétaire général de l'Union des cultivateurs franco-ontariens, de 1953 à 1982. Cofondateur du Conseil de la coopération de l'Ontario et du Conseil canadien de la coopération, membre du comité exécutif de l'Association canadienne-française d'éducation d'Ontario, gouverneur de la Fédération ontarienne d'agriculture, administrateur de l'Institut canadien d'éducation des adultes, membre de l'Ordre de Jacques-Cartier, il œuvre toute sa vie pour l'amélioration de la condition de l'agriculteur franco-ontarien. Jean-François Séguin est décédé le 12 mars 2003.

1947 NAISSANCE DE LA JUGE LOUISE ARBOUR ❖ Originaire de Montréal (Québec), Louise Arbour est admise au Barreau du Québec en 1971 et au barreau de l'Ontario en 1977. Assistante du juge Louis-Philippe Pigeon à la Cour suprême du Canada (1971-1972), agente de recherche pour la Commission de réforme du droit (1972-1974), professeure à Osgoode Hall (1974-1987), elle est nommée juge à la Cour suprême de l'Ontario le 17 décembre 1987, puis juge à la Cour d'appel de l'Ontario en 1990. Le Conseil de sécurité de l'ONU la nomme procureur des Tribunaux pénaux internationaux pour l'ex-Yougoslavie et le Rwanda, à La Haye, en 1996. Elle devient ensuite juge à la Cour suprême du Canada en 1999. Louise Arbour est nommée Haute Commissaire des droits de l'homme aux Nations Unies en 2004.

1958 NAISSANCE DE ROBERT J. PARENT, ATHLÈTE ❖ Natif de Windsor, Robert Parent est un gardien de but qui entre dans la Ligue nationale de hockey en 1981 ; il évolue avec les Maple Leafs de Toronto pendant deux saisons seulement, à savoir jusqu'en

1983. Parent joue par la suite dans les ligues amateur et internationale, puis se retire en 1984.

1963   LA TRAGÉDIE DE REESOR SIDING ❖ Dans la nuit du 10 au 11 février 1963, le Canada vit la plus dramatique émeute syndicale de son histoire et elle met en scène des Franco-Ontariens du Nord-est ontarien. La Spruce Falls Power and Paper, papetière de Kapuskasing, a besoin de 450 000 cordes de bois par année pour fonctionner et 120 000 de ces cordes de bois proviennent de bûcherons indépendants (pour la plupart des cultivateurs). Les autres 320 000 cordes de bois sont abattues par des syndiqués qui déclarent d'abord la grève, puis la guerre aux indépendants qui continuent à alimenter la Spruce Falls. La tension monte, le conflit s'envenime, les intimidations et les menaces pleuvent, les confrontations se multiplient, jusqu'au jour où 400 syndiqués affrontent 20 bûcherons indépendants à Reesor Siding. Le drame éclate : coups de feux, huit blessés, trois morts, un procès où personne n'est trouvé coupable, une communauté qui vit dans un climat de haine, de rancune jamais assouvie. Un roman de Doric Germain, *Défenses légitimes* (2003), raconte les tenants et les aboutissants de cette histoire.

1970   NAISSANCE DE DAVID DANZON, ACTEUR ET DANSEUR ❖ Né en France, David Danzon réside au Canada depuis 1985. Diplômé de l'École de théâtre de l'Université York, il est acteur professionnel de télévision, film, théâtre et danse. Scénariste et acteur principal de plusieurs séries pour enfants pour la chaîne TVO, il joue des rôles importants dans maintes productions, notamment *La Cerisaie* (Canadian Stage Company), *Le Malade Imaginaire* (Theatre Smith-Gilmour, et *Tartuffe* (Théâtre français de Toronto). En danse, David Danzon travaille avec Serge Bennathan et Sylvie Bouchard, tant comme auteur-chorégraphe que danseur. Dans le travail du clown, du masque et du bouffon, il a été l'élève de Philippe Gaullier et de Dean Gilmour. Il est l'auteur d'une pièce de théâtre, *Betch and Stark* : il est cofondateur et codirecteur artistique de la compagnie de danse Corpus (v. 14 mars).

11 février

1915   NAISSANCE DE JEANNE D'ARC LORTIE, S.C.O. ❖ Originaire d'Alexandria, sœur Jeanne d'Arc Lortie enseigne à l'École normale de l'Université d'Ottawa (1935-1945), au Collège Bruyère d'Ottawa (1945-1962) et à l'Université Laval (1965-1971). Elle est surtout connue pour ses recherches en poésie canadienne-française. Auteure de *La Poésie nationaliste au Canada français* (1975), Jeanne d'Arc Lortie a collaboré à la publication des *Textes poétiques du Canada français 1606-1867* (plusieurs tomes depuis 1987). Elle a aussi édité les *Lettres d'Élisabeth Bruyère* (vol. 1, 1989 ; vol. 2, 1992) et collaboré au *Dictionnaire des œuvres littéraires du Québec* et au *Dictionnaire biographique du Canada*.

1987   FONDATION DES ÉDITIONS DU GREF ❖ Créées à Toronto par Alain Baudot, les Éditions du GREF ont pour mandat, d'une part, la publication d'ouvrages savants portant sur les littératures francophones et la langue française et, d'autre part, la publication d'ouvrages de création en français. La maison d'édition est issue du Groupe de recherche en études francophones (GREF, v. 1er octobre). On y retrouve les collections suivantes : Écrits torontois (auteurs exerçant à Toronto, quelle que soit leur origine), Le beau mentir (romanciers ou nouvellistes francophones du monde entier), Quatre-Routes (œuvres inédites de poètes contemporains déjà consacrés), Lieux dits, Dont actes, Cahiers de la collection Tel et Hors collection.

12 février

1735   NAISSANCE DU MILITAIRE RENÉ-AMABLE BOUCHER DE BOUCHERVILLE ❖ Né au fort Frontenac (Kingston), René-Amable Boucher de Boucherville sert dans les forces françaises jusqu'à la prise du Canada par les Britanniques (1759), puis défend la colonie pendant l'invasion américaine (1775-1776). Il s'installe ensuite dans une partie de la seigneurie héritée de son père à Boucherville (Bas-Canada) et devint plus tard grand voyer du district de Montréal (1785-1806). René-Amable

Boucher de Boucherville est nommé membre du conseil législatif du Bas-Canada en 1786 et en 1792. Décédé à Boucherville (Québec) le 31 août 1812.

1862   NAISSANCE DE MGR OVIDE CHARLEBOIS, O.M.I. ❖ Natif d'Oka (Québec), Ovide Charlebois est ordonné prêtre oblat le 17 juillet 1887 et devient missionnaire en Saskatchewan. Élu vicaire apostolique du Keewatin le 8 août 1910, Ovide Charlebois est sacré évêque le 30 novembre suivant. À l'époque, son territoire épiscopal chevauche l'Ontario-Nord et, de ce fait, le prélat porte un intérêt particulier à la lutte des Franco-Ontariens contre le Règlement XVII. Évêque pendant vingt-trois ans, Mgr Ovide Charlebois meurt à Le Pas (Manitoba) le 26 novembre 1933.

1953   NAISSANCE DE L'ÉCRIVAIN GUY LIZOTTE ❖ Né à Opasatika, Guy Lizotte est un poète attiré par la nature et la solitude. De son vivant, il publie deux recueils — *Cicatrice* (1971) et *La Dame blanche* — et écrit plusieurs poèmes inédits. Après sa mort, survenue le 21 avril 2001, les Éditions du Nordir publient une anthologie intitulée *Reprises* (2002).

13 février

1928   NAISSANCE DU SPORTIF LOUIS LEFAIVE ❖ Originaire de Windsor, Louis Lefaive consacre toute sa vie au sport. En 1968, il est nommé directeur de la Condition physique et du Sport amateur au Canada. De 1973 à 1978, il est président du Centre national du sport et des loisirs ; de 1978 à 1980, il est président de Sport Canada ; de 1980 à 1982, il est président fondateur de Hockey Canada. On le retrouve aussi au Conseil de marketing du sport, à l'Association canadienne des entraîneurs, à l'Association canadienne olympique et à la Fédération sportive du Canada.

1960   NAISSANCE DE ROBERT LEMAY, COMPOSITEUR ❖ Originaire de Montréal (Québec), Robert Lemay détient un doctorat en musique de l'Université de Montréal. Il enseigne la théorie, l'analyse et la composition à Huntington University College,

établissement fédéré à l'Université Laurentienne. Il est aussi président et codirecteur artistique du Five Penny New Music Concerts à Sudbury. Compositeur prolifique, Robert Lemay produit plusieurs œuvres jouées au Canada, aux États-Unis, au Japon, en France, au Danemark, en Allemagne, en Italie, aux Pays-Bas, en République tchèque, en Hongrie et en Argentine. Son instrument de prédilection est le saxophone qui demeure omniprésent dans son œuvre. En 2004, Robert Lemay remporte le premier prix au 2004 International Harmoniecompositiewedstrijd Harelbeke Muziekstad, un prestigieux concours international d'orchestre à vents en Belgique. Intitulée *Ramallah,* sa composition pour saxophone alto et orchestre d'harmonie lui vaut alors 10 000 euros.

2003   PREMIÈRE DE LA SÉRIE *FRANCŒUR* À TFO ❖ Événement majeur dans le paysage télévisuel canadien, *FranCœur* prend l'affiche à l'antenne de TFO et devient la première série dramatique canadienne (destinée à un auditoire adulte francophone) à être réalisée à l'extérieur du Québec. Cette première série de douze épisodes est coproduite par TFO et les Productions Robert Charbonneau, d'Ottawa. Le tournage a lieu dans la région d'Alfred et de Hawkesbury. Parmi les comédiens et comédiennes, on retrouve Marc Bélanger, Guy Mignault, Louise Nolan, Roch Castonguay, Kim Bubbs, Olivier L'Écuyer, Renaud Lacelle-Bourdon et Lina Blais. La série remporte un succès immédiat ; douze autres épisodes s'ajoutent en 2004, et huit autres en 2005. *FranCœur* est alors diffusée sur les ondes de TFO et de la Société Radio-Canada.

14 février
Jour de la Saint-Valentin

1916   MANIFESTATION CONTRE LE RÈGLEMENT XVII ❖ Forcées de quitter leurs classes de l'école Guigues, à Ottawa, parce qu'elles refusent de souscrire au Règlement XVII, les demoiselles Diane et Béatrice Desloges s'installent avec leurs élèves dans une maison désaffectée de la rue Dalhousie et dans une chapelle de la rue Murray. Au début de l'année

1916, les parents des élèves viennent en aide aux institutrices en mettant au point un système de garde, ce qui permet à tout le monde de réintégrer les locaux de l'école Guigues. En février, on organise une manifestation dans les rues devant l'école Brébeuf et on réclame l'enseignement dans les deux langues.

1937 NAISSANCE DU TÉNOR JEAN BONHOMME ❖ Né à Ottawa, Jean Bonhomme est un Franco-Ontarien qui fait carrière sur la scène internationale. Premier ténor de Covent Gardens (1965-1969), il chante le rôle principal d'Énée dans *Les Troyens* et celui de Rodolfo dans *La Bohème* lors de l'enregistrement de *Covent Garden Opera Anniversary Album* (1968). Au Canada, il chante dans plusieurs productions de la Canadian Opera Company, notamment *Faust* (1966 et 1974) et *Carmen* (1970). On le retrouve aussi sur scène avec des compagnies de Budapest, Marseille, Paris, Nouvelle-Orléans, Santa Fe et Houston. Jean Bonhomme est soliste avec les orchestres philharmoniques de Londres et de Los Angeles, avec l'Orchestre symphonique de Montréal et l'Orchestre du Centre national des Arts, ainsi qu'avec les orchestres symphoniques de Québec, Winnipeg et Vancouver. Il se distingue plus particulièrement dans le rôle de Don José (plus de 30 représentations dans des productions de Covent Garden et 12 prestations en Afrique du Sud). Décédé à Ottawa le 19 juin 1986.

15 février
Jour du drapeau national du Canada

1861 TROIS LANGUES ENSEIGNÉES EN ONTARIO ❖ Directeur du Conseil de l'Instruction publique de l'Ontario et surintendant des écoles en Ontario, Egerton Ryerson écrit que « la loi autorise l'enseignement du français et de l'allemand aussi bien que l'anglais dans les écoles ». Ryerson ajoute que la loi n'impose pas « d'employer un professeur d'anglais dans les localités où la majorité des habitants et des conseillers sont Français ou Allemands ».

1913 UN ÉVÊQUE FERMEMENT ACCROCHÉ À SON TRÔNE ❖ Lorsque les Canadiens français de Windsor soumettent des pétitions au délégué apostolique pour demander l'établissement de deux paroisses francophones dans leur ville, Rome se rend compte que l'évêque du diocèse de London, Mgr Michael Francis Fallon, est devenu un cas problème. Un cardinal écrit au prélat ontarien pour lui indiquer que le pape a décidé de le nommer à un diocèse important des États-Unis à cause des conflits linguistiques qu'il soulève constamment. Fallon refuse de se déplacer.

1915 NAISSANCE DU DÉPUTÉ ET SPORTIF JULES MORIN ❖ Natif d'Ottawa, Jules Morin est un ouvrier qui devient échevin de la Capitale de 1945 à 1955. Il se présente ensuite comme candidat conservateur aux élections provinciales de 1955, dans le comté d'Ottawa-Est, et est élu. Réélu au scrutin de 1959, il est défait en 1963, élu de nouveau en 1967, puis défait encore une fois en 1971. Ce politicien est davantage connu pour son engagement sur la scène sportive à Ottawa. On le retrouve dans diverses équipes : crosse, hockey, balle molle, rugby, quilles et raquettes. En 1963, Jules Morin est nommé sportif de l'année lors du Gala Julien-Daoust. Décédé à Ottawa le 22 décembre 1988. Un parc municipal d'Ottawa porte son nom.

1918 NAISSANCE DE L'ÉCRIVAINE MARGUERITE WHISSELL-TREGONNING ❖ Originaire de Saint-André-Avelin (Québec), Marguerite Whissell arrive à Sudbury en 1922. Tour à tour gérante et administratrice, elle se tourne vers l'écriture pour rendre hommage à sa mère et publie *Kitty le gai pinson* (1978). Plusieurs de ses articles paraissent dans *Le Voyageur* en 1983 pour souligner le centenaire de la ville de Sudbury. *Visites à la ferme* (1986) raconte des souvenirs de famille et *Mémoires d'enfance* (1996) est une autobiographie. Décédée le 11 octobre 2004 à Sudbury.

1930 NAISSANCE DE LAURA BRANCHAUD, ATHLÈTE ❖ Née à Ottawa, Laura Branchaud devient membre de l'équipe canadienne de hockey sur gazon. Son

Jeanne Lajoie
2 février 1899

Melchior Mbonimpa
3 février 1955

Gustave Lacasse
7 février 1890

Gilbert-Adélard LaBine
10 février 1890

Manifestation contre le Règlement XVII
14 février 1916

Régis Roy
16 février 1864

Jean Marc Dalpé
21 février 1957

Laure Rièse
28 février 1910

équipe décroche deux médailles de bronze, l'une aux Jeux panaméricains en 1987, l'autre à la Coupe du Monde en 1986. Elle participe à deux olympiades où le hockey sur gazon est un sport de démonstration, soit celles de Los Angeles (1984) et de Séoul (1988). Laura Branchaud reçoit le Prix d'excellence sportive en 1987.

1938   NAISSANCE D'YVES LANDRY, ENTREPRENEUR ❖ Né à Thetford Mines (Québec), G. Yves Landry s'établit à Windsor lorsqu'il est nommé président et chef de la direction de Chrysler Canada en 1990. Il s'était joint à la compagnie en 1969 comme directeur régional des ventes, domaine où il a rapidement fait preuve d'excellence. En tant qu'entrepreneur, Yves Landry se fait connaître pour ses bonnes relations avec les syndicats, ainsi que pour une saine et solide gestion. C'est lors d'un séjour en Floride qu'il meurt d'une crise cardiaque, le 15 mars 1998. Trois semaines plutôt, le premier ministre Jean Chrétien avait nommé cet ardent fédéraliste à la tête de la Fondation canadienne des bourses du millénaire. Les funérailles d'Yves Landry eurent lieu à Windsor.

1960   NAISSANCE DE L'ATHLÈTE RÉJEAN CLOUTIER ❖ Natif de Windsor, Réjean Cloutier évolue dans la Ligue nationale de hockey, chez les Red Wings de Détroit, au cours d'une seule saison, soit en 1979-1980. Joueur de défense, cet athlète de six pieds lance de la gauche.

1992   FONDATION DU MOUVEMENT DES INTERVENANTS ET DES INTERVENANTES EN COMMUNICATION RADIO DE L'ONTARIO (MICRO) ❖ Organisme qui regroupe les radios communautaires de langue française en Ontario, MICRO voit le jour à Penetanguishene. La plus ancienne station membre est Radio de l'Épinette noire (CINN-Hearst) qui émet depuis le 5 décembre 1988. Outre CINN, MICRO regroupe quatre autres stations de radio communautaires présentement en ondes : CKGN-Kapuskasing, CFRH-Penetanguishene, CHOD-Cornwall et CHOQ-Toronto. Les deux prochains postes qui entreront en ondes couvriront les régions du Nipissing et de Prescott-Russell. Grâce à l'ajout de ces nouvelles stations, le réseau des stations communautaires francophones de l'Ontario sera en mesure d'atteindre quelque 150 000 Franco-Ontariens et Franco-Ontariennes.

16 février

1864   NAISSANCE DU DRAMATURGE RÉGIS ROY ❖ Auteur de plusieurs pièces de théâtre, contes, nouvelles, romans, ainsi que d'ouvrages d'histoire et d'héraldique, Régis Roy est né à Ottawa. Membre du Cercle littéraire de l'Institut canadien-français (Ottawa), membre à vie de la Société historique franco-américaine et membre de la Société des auteurs dramatiques de Paris, il publie, entre autres, les textes suivants : *On demande un acteur* (1896), *Nous divorçons* (1897), *L'Auberge du numéro 3* (1899), *L'Épluchette* (1916), *L'Oncle de Baptiste* (1930) et *La Main de fer* (1931). Régis Roy collabore à plusieurs périodiques, dont *Le Bulletin des recherches historiques*, *Le Droit*, *Le Pays laurentien*, *La Revue canadienne*, *Le Monde illustré* et *La Revue moderne*. Décédé à Ottawa le 23 août 1944.

1893   NAISSANCE DE L'ENTREPRENEUR JOSEPH ALFRED LABERGE ❖ Homme d'affaires et politicien de Sudbury, Joseph Alfred Laberge est le fils de l'entrepreneur Jean-Baptiste Laberge qui a fondé Laberge Lumber et qui a participé à la construction du Collège du Sacré-Cœur, de l'Hôpital Saint-Joseph, de l'Hôtel Nickel Range et de l'édifice de la Cour de Sudbury. Laberge fils est maire de Sudbury en 1920-1921, président du Sudbury Board of Trade, président de la Chambre de commerce de Sudbury pendant dix ans, président de l'Hydro de Sudbury et commissaire d'écoles. Jusqu'à la fin des années 1950, sa compagnie Laberge Lumber & Supply se présente comme la plus importante maison canadienne-française de matériaux de construction de l'Ontario. En 1956, Joseph Alfred Laberge vend une large partie de ses intérêts et se retire à Montréal.

1923   NAISSANCE DE LOUIS R. DESMARAIS, ENTREPRENEUR ❖ Originaire de Sudbury, Louis Desmarais est comptable, politicien, mais surtout administrateur chevronné. Comptable à Montréal de 1945 à 1951, il revient à Sudbury pour une douzaine d'années au cours desquelles il est maire suppléant de décembre 1963 à avril 1965, ainsi que commissaire de la Régie des eaux de l'Ontario, de 1964 à 1965. De retour à Montréal, Louis Desmarais devient président de Dupuis Frères (magasin à rayons dont le propriétaire est son frère Paul Desmarais). Il assume aussi les fonctions de président des Entreprises Transport Provincial et de Canada Steamship Lines (CSL), ainsi que celles de vice-président de la Corporation de développement du Canada. En 1977-1978, Louis R. Desmarais devient président du Conseil de l'unité canadienne. De 1977 à 2001, un navire de CSL porte son nom.

1926   NAISSANCE DU JUGE WILFRED DUPONT ❖ Né à Foleyet, Wilfred Roland Dupont est admis au barreau de l'Ontario le 29 juin 1950. Associé dans l'étude Evans & Evans, de Timmins, puis avocat de la couronne pour le district de Cochrane à Timmins, il est nommé juge puîné de la Cour du district de Cochrane le 15 mars 1968. Promu à la Cour suprême de l'Ontario le 24 décembre 1977, Wilfred Dupont est assermenté le 12 janvier 1978.

1940   NAISSANCE DE MGR VINCENT CADIEUX, O.M.I. ❖ Natif d'Alfred, Vincent Cadieux est ordonné prêtre oblat le 17 décembre 1966. Il est choisi pour succéder à Mgr Jules Leguerrier, O.M.I., comme évêque de Moosonee, et est sacré évêque le 29 mars 1992.

1964   NAISSANCE DE L'ATHLÈTE CHANTAL CÔTÉ ❖ Originaire de Chibougamau (Québec), Chantal Côté est une patineuse de vitesse qui s'établit à Ottawa. En 1983, aux Jeux du Canada, elle remporte deux médailles d'or aux 1 000 et 1 500 mètres. Aux Universiades de 1985, elle décroche aussi la première place au relais 3 000 mètres. Chantal Côté participe aux Jeux olympiques de Calgary, en 1988, puis au Championnat canadien senior en 1989, où elle se classe première.

1967   NAISSANCE DE LUC COMEAU, ENTREPRENEUR ❖ Né à Sturgeon Falls, Luc Comeau est tour à tour journaliste à CBON-Sudbury, agent d'information au ministère du Développement du Nord et des Mines de l'Ontario, agent de promotion du Théâtre du Nouvel-Ontario et du Théâtre l'Escaouette (Moncton) et directeur général de Direction-Jeunesse. En 1995, il lance ELC Marketing, une entreprise qui œuvre dans le domaine de la commandite d'événements et le financement de projets spéciaux. ELC Marketing ne tarde pas à se créer une niche unique sur le marché de la recherche des partenariats. Depuis sa fondation, l'entreprise a recueilli près de 25 millions de dollars en commandites et revenus publicitaires.

17 février

1911   FONDATION DU JOURNAL *SENTINEL DE PRESCOTT* ❖ Hebdomadaire bilingue publié à Hawkesbury, le *Sentinel de Prescott* entend « travailler au triomphe de la bonne entente, et par ce moyen faire disparaître les préjugés de races ». En matière d'éducation, le journal fait siennes toutes les résolutions adoptées lors du congrès national des Canadiens français de l'Ontario (1910). Sur le plan politique, l'hebdomadaire accorde sa confiance au gouvernement libéral de Wilfrid Laurier.

1935   NAISSANCE DU JUGE GÉRALD MICHEL ❖ Originaire de Sudbury, Gérald Michel est admis au barreau de l'Ontario en 1962. Il est nommé juge en 1968, siégeant d'abord à la Cour provinciale (division criminelle) pour le district de Nipissing, puis pour le district de Sudbury.

1950   NAISSANCE DE L'ATHLÈTE GÉRARD RIOUX ❖ Natif d'Iroquois Falls, Gérard Rioux fait son entrée dans la Ligue nationale de hockey en 1979. Cet ailier droit évolue pendant une saison avec les Jets de Winnipeg. Il joue aussi dans la ligue internationale, puis se retire en 1981.

1966   PREMIER CHANCELIER LAÏC DE L'UNIVERSITÉ D'OTTAWA ❖ Épouse du gouverneur général

Georges P. Vanier, madame Pauline Vanier est la première femme et la première personne laïque à occuper le poste de chancelier de l'Université d'Ottawa. Ce poste était jusque-là réservé à l'archevêque d'Ottawa. Madame Vanier fut intronisée le 17 février 1966.

1972 DÉPÔT DU RAPPORT SYMONS ❖ Dans le but de régler la crise scolaire qui sévit à Sturgeon Falls en octobre 1971, le ministre de l'Éducation, Thomas Wells, crée une commission d'enquête dirigée par le professeur Thomas Symons. Son rapport contient 76 recommandations, dont plusieurs visent à renforcer les comités consultatifs de langue française des divers conseils scolaires ; d'autres portent sur la création d'une Commission des droits linguistiques en éducation et sur la nomination d'un Comité permanent des écoles de langue française au sein du ministère de l'Éducation, dont le président aurait le titre et le rang de sous-ministre. Symons recommande « que les écoles de langue française [...] deviennent les centres de la vie et de l'activité culturelle de toute la population francophone qu'elles desservent ».

18 février

1915 NAISSANCE DE MGR JULES LEGUERRIER, O.M.I. ❖ Né à Clarence Creek, Jules Leguerrier est ordonné prêtre oblat le 19 juin 1943 et devient missionnaire à Fort Albany. Supérieur des missions oblates de la baie James et du Labrador, de 1957 à 1964, Jules Leguerrier est élu vicaire apostolique de la baie James le 21 avril 1964, et sacré le 29 juin suivant, lors de la première cérémonie religieuse célébrée en français au Canada. Le 13 juillet 1967, Mgr Leguerrier devient le premier évêque du diocèse de Moosonee. Il prend sa retraite en 1992 et meurt à Ottawa le 8 juin 1995.

1980 TESTAMENT EN LANGUE FRANÇAISE ❖ En Ontario, c'est à partir du 18 février 1980 que le gouvernement autorise la rédaction de testaments en langue française.

1980 ÉLECTION FÉDÉRALE ❖ Lors du scrutin fédéral tenu le 18 février 1980, les candidats franco-ontariens suivants sont élus : Jean-Robert Gauthier (Ottawa-Vanier), Jean-Luc Pépin (Ottawa-Carleton), Denis Éthier (Glengarry-Prescott-Russell), Maurice Bossy (Kent), Jean-Jacques Blais (Nipissing) et Raymond Chénier (Timmins-Chapleau).

19 février

1955 NAISSANCE DE L'ARTISTE VISUEL LAURENT VAILLANCOURT ❖ Originaire de Hearst, Laurent Vaillancourt participe au mouvement d'éveil culturel de l'Ontario français du début des années soixante-dix et il est toujours un artiste engagé dans sa communauté. Le câble d'acier, les objets trouvés, la végétation et la pierre sont les éléments qui le stimulent et l'inspirent dans ses créations qui prennent la forme d'installations, d'assemblages, d'aménagements, voire de scénographies. La toponymie, l'étymologie, la botanique et la géométrie sont au cœur de l'exposition et du livre *Cent bornes* (1995) qu'il réalise en collaboration avec Michel Ouellette. En septembre 2002, le projet *Tournée mondiale de l'Ontario* le conduit dans les villages ontariens de Dublin, Vienna, Zurich, Boston, Delhi, Tunis, etc., en compagnie du cinéaste Babek Aliassa. Un globe en câble d'acier, représentant l'union entre les peuples du monde, est laissé aux habitants des lieux visités et un documentaire relatant l'expérience de création est diffusé en 2005.

1960 NAISSANCE DU CINÉASTE YVES BISAILLON ❖ Natif de Montréal (Québec), Yves Bisaillon est journaliste, scénariste, réalisateur et producteur. Il entame sa carrière à la Société Radio-Canada, d'abord comme reporter à CJBC-Toronto et CBLFT-Toronto (1986-1987) et CBOFT-Ottawa (1988). Il devient ensuite réalisateur à TFO (1988-1992), chef du bureau torontois de la Société Radio-Canada (1992-1994), producteur responsable du Studio Ontario-Ouest de l'Office national du film du Canada (1997-2000), puis producteur exécutif à l'ONF depuis 2000. Réalisateur, scénariste et producteur du *Quatuor de l'exil* (1994), il remporte le prix UNESCO lors du Festival Vues d'Afrique. Il signe ensuite le concept d'*Un siècle de musique franco-ontarienne* (1995). On lui doit, entre autres, la production des films *Mémoire moire des souvenirs*, de Lara Fitzgerald (1997), *French kiss : la génération du rêve Trudeau*, de Catherine Annau (1999), *Enfer et contre tous*, d'Andrée Cazabon (1999), *Un Everest de l'intérieur*, de Sylvie Van Brabant et Claude-André Nadon (2001), *Les Justes*, de Stéphane Thibault et Karina Goma (2002) et *Claude Jutra, portrait sur film*, de Paule Baillargeon (2002).

20 février

1845   ARRIVÉE DES SŒURS GRISES DE LA CROIX EN ONTARIO ❖ Lorsque le diocèse du Haut-Canada est à la recherche de religieuses pour diverses œuvres d'éducation et de soins hospitaliers à Bytown (Ottawa), il s'adresse aux Sœurs Grises de Montréal et la supérieure délègue six religieuses sous la direction d'Élisabeth Bruyère (v. 19 mars), alors âgée de 26 ans. Elles arrivent à Bytown le 20 février 1845 et ouvrent aussitôt une école et un hôpital. C'est le début de la nouvelle congrégation des Sœurs de la Charité d'Ottawa, mieux connue sous le vocable des Sœurs Grises de la Croix. Cette communauté fonde ou dirige pas moins de 53 écoles primaires ou secondaires de langue française dans les diocèses d'Ottawa, Cornwall, Pembroke, Hamilton, London, Sault-Sainte-Marie, Hearst et Moosonee. Elle fonde ou dirige aussi 16 hôpitaux, hospices, orphelinats et refuges dans l'est et le nord de la province. À titre d'exemple, voici quelques institutions ontariennes où les Sœurs de la Charité d'Ottawa ont laissé leur marque : Collège Bruyère d'Ottawa, Collège Notre-Dame de Sudbury, Hôpital général d'Ottawa, de Mattawa, de Hawkesbury et de Sault-Sainte-Marie, écoles Sainte-Trinité (Rockland), Saint-Antoine (Noëlville), Immaculée-Conception (Kapuskasing), Sainte-Catherine (Paincourt) et Notre-Dame (Hamilton).

1910   NAISSANCE DU DÉPUTÉ PAUL TARDIF ❖ Né à Ottawa, Paul Tardif est un homme d'affaires qui devient échevin d'Ottawa (1942-1948) puis membre du Bureau des commissaires (1949-1960). C'est lors d'une élection complémentaire, tenue le 5 octobre 1959, que Paul Tardif se fait élire député fédéral du comté de Russell, sous la bannière libérale. Il garde la confiance de ses électeurs en 1962, 1963 et 1965. Décédé le 3 août 1998.

1944   NAISSANCE DE ROBERT RENÉ DE COTRET, DÉPUTÉ ET MINISTRE ❖ Natif d'Ottawa, Robert de Cotret est tour à tour conseiller économique du président américain Richard Nixon, conseiller en question monétaire au ministère canadien des Finances, membre du Conference Board of Canada et vice-président exécutif de la Banque du Canada. Il se fait élire député fédéral d'Ottawa-Centre, sous la bannière conservatrice, lors d'une élection complémentaire le 16 octobre 1978. Il sera député francophone de l'Ontario pendant seulement six mois. Défait au scrutin de mai 1979, il est nommé au Sénat le 5 juin suivant, après avoir été assermenté ministre de l'Industrie et du Commerce dans le cabinet de Joe Clark. Robert de Cotret démissionne le 14 janvier 1980 pour se porter de nouveau candidat aux élections fédérales, dans le comté de Berthier-Maskinongé (Québec). Défait, il revient à la charge en 1984 et se fait élire, puis réélire en 1988 (de Cotret est un des rares Franco-Ontariens élus au Québec). Le Premier ministre Brian Mulroney lui confie les ministères suivants : Conseil du Trésor (1984-1987 et 1989-1990), Expansion industrielle régionale (1987-1989), Environnement (1990-1991), Secrétariat d'État (1991-1993). Décédé le 9 juillet 1999.

21 février

1944   FONDATION DU RICHELIEU INTERNATIONAL ❖ Les Clubs Richelieu ont pour objectifs de favoriser l'épanouissement de la personnalité de leurs membres et de promouvoir la langue française et la francophonie par le biais d'actions humanitaires, culturelles et sociales. La Société Richelieu devient le Richelieu international en 1955, avec son siège social à Ottawa et un bureau européen en France.

Elle compte quelque 300 clubs répartis à travers le monde, regroupant près de 6 000 membres. On les retrouve dans plusieurs pays ou régions francophones, notamment au Canada, aux États-Unis, en France, au Sénégal, en Belgique, en Bulgarie, au Burkina-Faso, en Suisse et au Luxembourg. Le nom Richelieu rappelle la Maison Richelieu du début de la colonie en Nouvelle-France, fondée à la demande et aux frais du cardinal Richelieu pour prendre soin des enfants déshérités et des orphelins. La devise retenue par les Clubs Richelieu est *paix et fraternité*.

1954   NAISSANCE DE LA CINÉASTE CLAUDETTE JAÏKO ❖ Native de Toronto, Claudette Jaïko commence sa carrière à la radio de Radio-Canada, puis se tourne vers la télévision où elle travaille sur des émissions de série anglaise et française pour les réseaux CFTO, Global Television, CBC et TVOntario. Claudette Jaïko entame sa carrière de cinéaste en réalisant et scénarisant *Deux voix comme en écho* (1987), *Franchir le silence* (1992) et *Le Gardien de la Colline* (1999). Elle réalise aussi *Simple Hearts* (1993), *Voulez-vous risquer avec moi...* (1995), *Choix de femmes, voix de femmes* (1996) et *On s'en occupe* (1996, lauréat du Award of Merit au festival AMTEC). Depuis décembre 2002, Claudette Jaïko est productrice du Studio Ontario et Ouest de l'Office national du film.

1957   NAISSANCE DE L'ÉCRIVAIN JEAN MARC DALPÉ ❖ Originaire d'Ottawa, le poète, dramaturge et romancier Jean Marc Dalpé est cofondateur du Théâtre de la Vieille 17. Il est artiste en résidence au Théâtre du Nouvel-Ontario (1981), à l'Université d'Ottawa (1987), au Festival des Francophonies à Limoges (1990) et à la Nouvelle Compagnie Théâtrale de Montréal (1993). Jean Marc Dalpé reçoit le Prix du Nouvel-Ontario en 1988 et le Prix du Gouverneur général du Canada pour sa pièce *Le Chien* (1987). Il remporte de nouveau le Prix du Gouverneur général du Canada pour son premier roman intitulé *Un vent se lève qui éparpille* (1999). Il écrit aussi les recueils de poésies *Les Murs de nos villages* (1980), *Gens d'ici* (1981),

Et d'ailleurs (1984), ainsi que les pièces *Eddy* (1994, prix *Le Droit*) et *Lucky Lady* (1995). Avec Robert Bellefeuille et Robert Marinier, Jean Marc Dalpé coécrit la pièce *Les Rogers* (1985). Avec Brigitte Haentjens, il coécrit les pièces *Hawkesbury Blues* (1982) et *Nickel* (1984). Depuis 1995, il enseigne l'écriture dramatique à l'École nationale de théâtre. En 1997, il reçoit l'Ordre des Francophones d'Amérique.

1959   NAISSANCE DE L'ATHLÈTE MARC RENAUD ❖ Né à Windsor, Marc Renaud fait son entrée dans la Ligue nationale de hockey en 1979. Ce joueur de défense, qui lance de la gauche, évolue avec les Whalers de Hartford (1979-1983), puis avec les Sabres de Buffalo (1983-1984). Au cours de ses cinq saisons dans la ligue, Renaud dispute 152 joutes, marque 6 buts et réussit 50 passes.

1962   NAISSANCE DE L'ATHLÈTE JÉRÔME DUPONT ❖ Natif d'Ottawa, Jérôme Dupont débute dans la Ligue nationale de hockey au cours de la saison 1981-1982. Joueur de défense qui lance de la gauche, il arbore les couleurs des Black Hawks de Chicago et évolue avec cette formation jusqu'en 1986. Dupont passe ensuite une saison avec les Maple Leafs de Toronto avant de quitter la ligue en 1987. Au total, il dispute 214 joutes dans la LNH, marque 7 buts et réussit 29 passes.

2001   FONDATION DE *LA TRIBUNE DE TORONTO* ❖ Mensuel indépendant fondé par Eddy Lukana, *La Tribune de Toronto* est éditée par la Corporation néo-canadienne de développement et de leadership communautaire. Le journal entend informer, sensibiliser et éduquer les francophones ethnoculturels de la ville-reine sur les enjeux de la société, tout en créant des liens avec les Franco-Ontariens de souche.

2005   LE SITE PATRIMONIAL LE PLUS MENACÉ AU CANADA ❖ C'est le jour de la Fête du Patrimoine, le 21 février 2005, que la fondation Héritage Canada choisit de faire connaître son palmarès des dix sites les plus menacés. En tête de liste figure l'église franco-ontarienne Saint-Joachim de Lakeshore, près de Windsor. L'immeuble de 121 ans est une des dernières sentinelles subsistantes de la vie canadienne-française dans le comté d'Essex, dans le Sud-Ouest de l'Ontario. Redoutant que les droits constitutionnels des francophones soient violés par la démolition projetée par le diocèse catholique de London, le comité SOS Église s'est adressé en mai 2003 à un tribunal de la Cour divisionnaire de l'Ontario. Il a remporté une victoire puisque le jugement a exigé de reporter indéfiniment la démolition de l'église Saint-Joachim et ordonné à la ville de Lakeshore de reconsidérer la demande du comité SOS Église visant à désigner l'édifice en vertu de la *Loi sur le patrimoine de l'Ontario*.

22 février

1873 NAISSANCE DE L'ENTREPRENEUR ONÉSIME LAROCQUE ❖ Originaire de Rigaud (Québec), Onésime Larocque, alors agé de 16 ans, se dirige seul vers North Bay. Il défriche une terre, achète des lots, devient marchand de bois et de légumes, ouvre une boucherie et un magasin général à North Bay, dans un édifice qu'il achète et rebaptise Édifice Larocque. Pendant de nombreuses années, Onésime Larocque s'occupe aussi d'administration municipale en tant que préfet du canton de Widdifield. Décédé à North Bay le 19 juillet 1943.

1887 ÉLECTION FÉDÉRALE ❖ Lors du scrutin fédéral tenu le 22 février 1887, deux candidats franco-ontariens sont élus : Honoré Robillard (Ottawa) et Simon Labrosse (Prescott).

1890 NAISSANCE DE L'ATHLÈTE EDDIE GÉRARD ❖ Né à Ottawa, Eddie Gérard est d'abord un joueur de football qui évolue avec les Rough Riders de 1909 à 1913. Puis il se tourne vers le hockey et devient joueur de défense pour les Sénateurs d'Ottawa, de 1913 à 1924. On le retrouve ensuite comme entraîneur des Maroons de Montréal (1926 et 1933), des Americans de New York (1930-1932) et des Eagles de St. Louis (1934). Décédé le 7 août 1937, Eddie Gérard est élevé au Temple de la renommée sportive d'Ottawa, à titre posthume, en 1966.

1901 NAISSANCE DE L'ENTREPRENEUR OSCAR DEROUIN ❖ Natif d'Ottawa, l'opticien Oscar Louis Derouin ouvre un premier magasin dans l'Hôtel Windsor, en 1935. Ses fils Normand et Maurice, tous deux diplômés du Collège d'optométrie de l'Université de Toronto, achètent l'entreprise en 1957 et ouvrent des succursales à Ottawa, Vanier et Orléans. Au cours des années 1970 et 1980, Derouin Opticiens a des magasins dans les centres commerciaux Bayshore, Billings Bridge, Merivale, Herongate et Place d'Orléans. En 1994, l'entreprise est vendue à la compagnie Gestion Guy Rouleau de Québec. Décédé à Ottawa le 1er janvier 1969.

1919 NAISSANCE DU DIPLOMATE YVON BEAULNE ❖ Né à Ottawa, Yvon Beaulne devient officier de l'armée canadienne et est mobilisé en Europe et en Afrique du Nord. Au service du ministère des Affaires extérieures, de 1947 à 1984, il est d'abord affecté en Italie, puis en Argentine. Yvon Beaulne est nommé ambassadeur du Canada au Venezuela et en République dominicaine (1961-1964), au Brésil (1967-1969), aux Nations Unies (1969-1972), à l'UNESCO (1976-1979) et près le Saint-Siège (1979-1984). Chef de la délégation canadienne à la Commission des droits de l'homme de l'ONU (1976-1984), il en assume la présidence en 1980. Yvon Beaulne reçoit l'Ordre de Malte en 1988 et l'Ordre du Canada en 1992. Décédé à Hull (Québec) le 8 juin 1999.

1939 NAISSANCE DU DÉPUTÉ ET JUGE ALBERT ROY ❖ Originaire de la Saskatchewan, Albert Roy est un avocat qui s'établit à Ottawa. Il est élu député provincial d'Ottawa-Est en 1971, sous la bannière libérale. Il garde la confiance de ses électeurs lors des scrutins de 1975, 1977 et 1981. Lorsque des élections fédérales sont déclenchées en 1984, Albert Roy tente sa chance dans la circonscription d'Ottawa-Carleton, mais la vague conservatrice de Brian Mulroney l'emporte. Albert Roy est nommé juge de la Cour supérieure de justice de l'Ontario le 26 juin 1995.

23 février

1869 NAISSANCE DU DÉPUTÉ LÉO JOHN CHABOT ❖ Originaire d'Ottawa, Léo Chabot obtient son diplôme en médecine à l'Université McGill et devient tour à tour commandant de l'hôpital militaire d'Ottawa, chirurgien en chef de l'Hôpital général et chirurgien de la Gendarmerie royale et de la Sûreté d'Ottawa. D'allégeance conservatrice, il se présente aux élections fédérales de 1908 et mord la poussière. Défait lors d'une élection complémentaire en 1910, Léo Chabot réussit à se faire élire député fédéral d'Ottawa en 1911 et 1917. Il ne se représente pas en 1921 mais revient à la charge en 1925, avec un succès de courte durée puisqu'il est défait au scrutin de 1926. Léo Chabot est nommé membre du Conseil privé le 19 juillet 1926. Décédé le 8 décembre 1936.

1906 NAISSANCE DE MGR DELPHIS DESROSIERS, O.M.I. ❖ Né à Embrun, Delphis Desrosiers est ordonné prêtre oblat le 6 juillet 1930 et devient aussitôt missionnaire au Basutoland (Afrique). Le 11 mars 1948, ce Franco-Ontarien est nommé vicaire apostolique du Basutoland et sacré évêque le 29 juin suivant. Mgr Desrosiers devient évêque de Maseru (Lesotho) en 1951. Dix ans plus tard, on lui confie le diocèse de Qach's Nek, toujours au Lesotho. Il demeure en fonction jusqu'en 1981.

1910 NAISSANCE DU JUGE LÉO A. LANDREVILLE ❖ Natif d'Ottawa, Léo A. Landreville est admis au barreau de l'Ontario en 1938. Associé dans l'étude Cooper & Landreville de 1938 à 1949, puis dans l'étude Landreville, Hawkins & Gratton de 1949 à 1956, il est juge à la Cour suprême de l'Ontario, de 1956 à 1967. Léo A. Landreville s'intéresse activement à la politique : échevin de Sudbury (1942-1945), maire suppléant, commissaire d'écoles (1941-1942 et 1945-1946), maire de Sudbury (1954-1956). Il tente aussi, sans succès, de se faire élire député provincial de Sudbury en 1951. Décédé accidentellement au lac Meech (Québec) le 4 octobre 1996.

24 février

1912 RAPPORT MERCHANT SUR LES ÉCOLES ANGLO-FRANÇAISES ❖ Le 2 novembre 1910, le gouvernement ontarien demande au Dr F. W. Merchant de faire enquête sur les écoles dites bilingues. Il soumet son rapport le 24 février 1912 et note « qu'en général les écoles anglo-françaises manquent d'efficacité. [...] une grande partie des enfants des localités en cause quittent l'école pour satisfaire aux exigences de la vie sans avoir un bagage d'instruction suffisant ». Le gouvernement se basera sur cette conclusion générale pour édicter le Règlement XVII. Pourtant, le Rapport Merchant note aussi que « de bons résultas sont possibles, dans diverses situations, en ce qui a trait aux écoles anglo-françaises ». Il donne des exemples à Windsor, Amherstburg, North Bay, Hanmer, Vankleek Hill, Ottawa, Plantagenet, Fournier et Wendover.

1931 NAISSANCE DU CONTEUR ANGE-ÉMILE MAHEU ❖ Originaire de Sainte-Germaine-de-Dorchester (Québec), Émile Maheu arrive à Sudbury au milieu des années 1940. Enseignant, il s'intéresse aux contes et légendes et développe un répertoire de plus de trois cents textes, dont une soixantaine de sa propre composition. Ces contes et légendes traitent souvent de fantômes, d'animaux, de fêtes religieuses et de politique. Émile Maheu en publie plusieurs, notamment : *Sur les rives du fleuve Saint-Jean* (1979), *Dans l'boutte du chicot* (1983) et *Les Contes d'Émile et une nuits* (1999).

1997 ANNONCE DE LA FERMETURE DE L'HÔPITAL MONTFORT ❖ La Commission de restructuration des services de santé de l'Ontario, composée uniquement d'anglophones, annonce la fermeture de l'Hôpital Montfort, situé dans l'Est ontarien. Il s'agit du seul hôpital francophone universitaire de tout l'Ontario, desservant sur son territoire immédiat quelque 200 000 Franco-Ontariens et Franco-Ontariennes. L'annonce provoque immédiatement un soulèvement sans précédent au sein de la communauté francophone (v. 13 août, 19 et 22 mars, 14 mai).

25 février

1908   NOTRE SAINT JEAN-BAPTISTE ❖ C'est le pape Pie X qui proclame, le 25 février 1908, que saint Jean-Baptiste sera le patron des Canadiens français.

1920   NAISSANCE DE GÉRARD BESSETTE, ÉCRIVAIN ❖ Natif de Sabrevois (Québec), Gérard Bessette est romancier, poète et essayiste. Il est professeur de lettres à l'Université Queen's de Kingston, de 1960 jusqu'à sa retraite dans les années 1980. L'œuvre littéraire de Gérard Bessette, où se côtoient poèmes, essais et romans, est couronnée de nombreuses distinctions : deuxième prix littéraire de poésie de la province de Québec (1947) ; Prix du Grand jury des Lettres pour *Le Libraire* (1961) ; Prix du Gouverneur général pour *L'Incubation* (1965) et pour *Le Cycle* (1971) ; prix Athanase-David pour l'ensemble de son œuvre (1980). Il est élu à la Société royale du Canada en 1966. Gérard Bessette a écrit les romans suivants : *La Bagarre* (1958), *Le Libraire* (1960). *L'Incubation* (1965), *Le Cycle* (1971), *La Commensale* (1975), *Les Anthropoïdes* (1977), *Le Semestre* (1979) et *Les Dires d'Omer Marin* (1985). On lui doit aussi *Poèmes temporels* (1954) et un recueil de nouvelles intitulé *La Garden Party de Christophine* (1980). Décédé à Kingston le 21 février 2005.

1930   NAISSANCE DE L'ARTISTE CLÉMENT BÉRINI ❖ Originaire de Timmins, Clément Bérini est un artiste visuel dont les tableaux sont exposés dans plusieurs galeries et centres culturels de l'Ontario et du Québec. Les œuvres de Bérini expriment la spiritualité par la lumière, l'intellectualité et la logique par la structure, l'émotif par la couleur et la sensualité par l'ensemble visuel du tableau. Sa création demeure en quelque sorte un équilibre des différents attributs de l'être. En 1991, Clément Bérini fait partie du Groupe de travail pour une politique culturelle des francophones de l'Ontario (v. 12 avril). Décédé le 21 juillet 1996.

1992   MANIFESTATION EN FAVEUR DES COLLÈGES FRANCOPHONES ❖ Plus d'un millier de jeunes Franco-Ontariens manifestent à Queen's Park pour l'obtention de collèges d'arts appliqués et de technologie entièrement de langue française. La manif est organisée par la Fédération des élèves du secondaire franco-ontarien. Le Collège Boréal (nord de l'Ontario) et le Collège des Grands Lacs (sud de l'Ontario) accueillent leurs premiers apprenants en septembre 1995.

26 février

1827   MORT DE LA FEMME D'AFFAIRES ELIZABETH BERTRAND ❖ Née en 1762 à l'Arbre Croche, au Michigan, Elizabeth Bertrand est la descendante d'un chef Outaouais. En juillet 1776, elle épouse David Mitchell, un chirurgien au service du 8e régiment du roi de Grande-Bretagne. Le couple fonde la Compagnie Mackinac vers 1784, mais c'est elle qui dirige cette entreprise de traite de fourrures. Sous sa gouverne, la compagnie devient la plus importante de la région des Grands Lacs. Grâce à ses relations cordiales avec les Amérindiens, elle réussit à les convaincre de se ranger derrière les Britanniques et de défendre le pays contre les forces américaines durant la guerre de 1812-1814. Considérée par certains historiens comme la première femme d'affaires francophone en Ontario, Elizabeth Bertrand meurt à Mackinac le 26 février 1827.

1966   NAISSANCE DE L'ATHLÈTE MARC FORTIER ❖ Originaire de Windsor, Marc Fortier entre dans la Ligue nationale de hockey en 1987 et évolue avec les Nordiques de Québec. En deux années, il dispute 84 parties, marque 24 buts et réussit 29 passes décisives. Joueur de centre, Marc Fortier joue aussi dans la Ligue américaine de hockey, d'abord à Fredericton puis à Halifax.

1976   FONDATION DE L'ASSOCIATION DE LA PRESSE FRANCOPHONE ❖ Créée pour promouvoir la vitalité d'une presse communautaire francophone d'un bout à l'autre du pays, l'Association de la presse francophone regroupe vingt-quatre hebdomadaires et bimensuels canadiens de langue française à l'extérieur du Québec. Ce réseau comprend six journaux dans les provinces de l'Atlantique, douze en Ontario et six dans les provinces et territoires de l'Ouest. De par son mandat, l'Association veille, entre autres, à la bonne application de la *Loi sur les langues officielles*, notamment en matière de publicité. Elle entretient des liens privilégiés avec les autres médias de langue française au pays et avec la Fédération des communautés francophones et acadienne du Canada.

2003   PREMIER FESTIVAL DE LA CHANSON EN MILIEU SCOLAIRE ❖ C'est sous l'égide de l'Association des professionnels de la chanson et de la musique franco-ontariennes, du Conseil scolaire de district catholique Centre-Sud et du Cercle de l'Amitié de Mississauga qu'a lieu le premier Festival de la chanson en milieu scolaire. Il se déroule à l'École secondaire Sainte-Famille, de Mississauga.

27 février

1883   ÉLECTION DU PREMIER FRANCOPHONE À QUEEN'S PARK ❖ L'élection provinciale de 1883 est témoin de l'arrivée du premier francophone à l'Assemblée législative de l'Ontario. Avant même le scrutin, il est certain que ce sera Robillard. Mais lequel ? Les frères Alexandre et Honoré se présentent tous les deux dans le comté de Russell (Est ontarien), le premier sous l'étiquette libérale, le second sous la bannière conservatrice. Honoré Robillard l'emporte (v. 12 janvier).

1940   NAISSANCE DE BERTHOLD CARRIÈRE, MUSICIEN ❖ Né à Ottawa, J. A. Berthold Carrière fait de brillantes études en musique à Montréal et à London. Il dirige des comédies musicales pour l'Orpheus d'Ottawa au début des années 1970, puis est nommé directeur musical du Festival de Stratford en 1976. Il occupe ce poste jusqu'en 1983, puis de nouveau en 1985. Sur une période d'une trentaine d'années, il participe à plus de 60 productions du fameux festival. En plus de son travail d'arrangeur, de compositeur et de chef d'orchestre à Stratford, Carrière travaille avec le Manitoba Theatre Centre, le St. Lawrence Centre et le CentreStage de Toronto. Deux fois récipiendaire du prix Tyrone Guthrie, il se voit attribuer en 2000 le Professional Achievement Award de l'Université Western Ontario et, en 2002, il est fait membre de l'Ordre du Canada.

1965   FONDATION DE L'ORDRE FRANCO-ONTARIEN ❖ Société secrète issue de la dissolution de l'Ordre de Jacques-Cartier (v. 22 octobre), l'Ordre franco-ontarien a vraisemblablement les mêmes objectifs, soit assurer le bien commun des catholiques de langue française en Ontario par la formation d'une élite militante en mesure de promouvoir leurs intérêts, tant dans la fonction publique que dans l'entreprise privée. Cette société aurait été active de 1965 à 1973.

1974   NAISSANCE DE L'ATHLÈTE MARC LAMOTHE ❖ Natif de New Liskeard, Marc Lamothe est un gardien de but qui, de 1991 à 1999, évolue tour à tour dans l'American Hockey League et l'Independant Hockey League ; il se retrouve tantôt avec les Kingston Frontenacs, les Wheeling Thunderbirds et les Fredericton Canadians, tantôt avec l'Indianapolis Ice, les Detroit Vipers et les Cleveland Lumberjacks. En 1999-2000, il joue dans la Ligue nationale de hockey en arborant le chandail des Black Hawks de Chicago. De 2000 à 2003, il passe successivement aux Syracuse Crunch, Hamilton Bulldogs et Grand Rapids Griffins. En 2003-2004, il revient à la Ligue nationale et joue avec les Red Wings de Détroit. Puis on le retrouve avec le Yaroslavl Lokomotiv, de Russie, en 2004-2005.

1975   NAISSANCE DE GLEN CHARLES LANDRY, SCÉNOGRAPHE ❖ Originaire de Saint-François (Nouveau-Brunswick), Glen Charles Landry est diplômé de l'École nationale de théâtre du Canada. Il s'installe à Toronto en 2000 et devient scénographe, éclairagiste, costumier et accessoiriste pour une foule de productions de diverses compagnies : Théâtre français de Toronto, Théâtre la Catapulte, Théâtre du Nouvel-Ontario, Theatre Direct, Tarragon Theatre, Stratford Theatre Festival et Theatre New Brunswick. Glen Charles Landry signe la scénographie de trois pièces qui remportent le Masque de la meilleure production franco-canadienne : *Du pépin à la fissure* (Théâtre du Nouvel-Ontario, 2001), *Univers* (Théâtre du Nouvel-Ontario, 2003) et *Le Testament du couturier* (Théâtre la Catapulte, 2004). Théâtre Action le nomme artiste de l'année 2002 et lui remet son prix d'excellence. Le cercle des critiques de la capitale (Ottawa) lui décerne la palme de la meilleure scénographie pour *L'Hôtel* d'Alex Poch-Goldin (Théâtre la Catapulte, 2004).

28 février

1891   FONDATION DU JOURNAL *LE DRAPEAU NATIONAL* ❖ Seulement quatre numéros de ce quotidien éphémère paraissent à Ottawa entre le 28 février et le 4 mars 1891. Rédigé par Joseph Bouchard, le journal existe dans le but avoué de soutenir la candidature d'Honoré Robillard, candidat conservateur lors des élections fédérales du 5 mars 1891. Le jour du scrutin, Robillard est élu.

1910   NAISSANCE DE LA PROFESSEURE LAURE RIÈSE ❖ Originaire de Neuchâtel (Suisse), Laure Rièse arrive au Canada en 1928 et passe plus de soixante ans au service de la francophonie de Toronto. Elle est professeure de français pendant quarante-cinq ans au Collège Victoria de l'Université de Toronto. Tant par ses cours que par sa plume, elle contribue à mieux faire connaître la culture française au Canada anglais. Elle est l'auteure d'une centaine d'articles et de trois ouvrages : *L'Âme de la poésie canadienne-française* (1955), *Les Salons littéraires parisiens, du Second Empire à nos jours* (1962) et une anthologie de littérature française intitulée *Un peu de nouveau* (1962). Au cours de sa carrière, Laure Rièse fait partie de nombreux organismes, tels l'Alliance française de Toronto, la Société canadienne de recherche littéraire, le Salon français, l'Académie de l'art de vivre de Paris et la Société culturelle Canada-Suisse. Elle reçoit l'Ordre des palmes académiques (1960), l'Ordre de la Société des gens de lettres (1964), l'Ordre de l'Ontario et l'Ordre du Canada (1986). L'ONF réalise un documentaire sur sa vie en 1994. Décédée le 27 mars 1996, Laure Rièse a légué sa collection unique de lettres, de dessins et d'œuvres littéraires autographiées au Collège Victoria. Une école primaire de Toronto porte son nom.

29 février

1856   ÉRECTION CANONIQUE DU DIOCÈSE DE LONDON ❖ C'est le pape Pie IX qui érige le diocèse de London ; ce dernier devient le diocèse de Sandwich le 2 février 1859, puis est rétabli au titre de diocèse de London le 3 octobre 1869 ; il est suffragant de l'archidiocèse de Toronto. Ce diocèse a connu deux évêques francophones : Pierre-Adolphe Pinsoneault, de 1856 à 1866, et Marcel Gervais, évêque auxiliaire de 1980 à 1985.

1960   NAISSANCE DE L'ATHLÈTE DANIEL DAOUST ❖ Originaire de Windsor, Daniel Daoust est un hockeyeur surnommé *Dan Dangerous*. Ce joueur de centre fait son entrée dans la Ligue nationale de hockey en 1982, d'abord avec les Canadiens de Montréal, puis avec les Maple Leafs de Toronto.

JANVIER

FÉVRIER

MARS

AVRIL

MAI

JUIN

JUILLET

AOÛT

SEPTEMBRE

OCTOBRE

NOVEMBRE

DÉCEMBRE

MARS

1755   Naissance du comte de Puisaye ❖ Né à Mortagne-au-Perche (France), Joseph-Geneviève, comte de Puisaye, est un chef de la résistance royaliste en France. Déclaré hors-la-loi, il cherche refuge en Angleterre pendant un certain temps avant de se diriger vers le Haut-Canada en 1798. Avec quelque quarante royalistes français, il crée une colonie au nord de York (Toronto), mais cette dernière est de courte durée. Le comte de Puisaye s'établit ensuite dans la région de Niagara. Lui, ses gentilshommes et leurs serviteurs s'adaptent difficilement aux rigueurs de la vie de pionniers et, en 1806, la plupart d'entre eux retournent en Europe. Joseph-Geneviève, comte de Puisaye, est décédé en 1827.

1907   Premier congrès pédagogique ❖ Inspecteur d'écoles à Ottawa, Télesphore Rochon organise un congrès pédagogique en mars 1907, auquel participent surtout des inspecteurs et des commissaires d'écoles de tous les coins de la province. Appelée Convention des instituteurs bilingues d'Ontario, cette assemblée demande au gouvernement de placer les écoles bilingues sous la direction d'inspecteurs bilingues et propose le nom de candidats pour le poste d'inspecteur dans le Nouvel-Ontario et à Ottawa. Il est également recommandé de créer des écoles modèles bilingues à Ottawa et dans le Nipissing. Un conseil d'administration est élu, mais cette première initiative reste caduque. Il faudra attendre le Congrès d'éducation d'Ontario de 1910 (v. 18, 19 et 20 janvier) pour assister à un véritable front commun.

1976   Fondation de L'Express de Toronto ❖ « Journal canadien d'information pour les francophones de toutes origines », le Toronto Express est créé par Jean Mazaré, François Taisne et Edouard Apanaszewksi. Le nom change à L'Express et il devient un hebdomadaire en juillet 1977. Pour mieux pénétrer le marché francophone et francophile de la ville-reine, L'Express utilise, pendant une certaine période, des boîtes distributrices semblables à celles du Globe and Mail et du Toronto Star. Seul journal francophone à paraître en grand format en Ontario, cet hebdomadaire présente non seulement des nouvelles locales et régionales, mais également des informations nationales et internationales.

1976   Fondation du journal Bonjour chez-nous ❖ Créé par Carole Auger et Suzanne Sarazin, le journal Bonjour chez-nous est d'abord un mensuel, puis un bimensuel et finalement un hebdomadaire. À l'origine sous-titré le journal du canton de Clarence, il s'étend petit à petit au canton voisin de Cumberland. Il sera plus tard remplacé par L'Express d'Orléans (v. décembre).

1991   Lancement de la revue Francophonies d'Amérique ❖ Destinée à servir de lieu de rencontre pour mettre en commun le résultat des études et des travaux portant sur différents aspects de la vie française à l'extérieur du Québec, dans des perspectives multiples offertes par les disciplines groupées sous la double appellation des sciences humaines et sociales, la revue Francophonies d'Amérique sert aussi à relayer l'information concernant les projets de recherche et d'édition, sans négliger les nouvelles parutions et les événements liés à la vie universitaire. Le fondateur de la revue est le professeur Jules Tessier, de l'Université d'Ottawa. Les autres universités participant à cette publication sont : l'Université Laurentienne de Sudbury, l'Université de Moncton, l'Université de l'Alberta à Edmonton et l'Université de Lethbridge. Francophonies d'Amérique publie un numéro par année jusqu'en 2000 et deux numéros par la suite. Les articles de fond sont groupés dans quatre sections identifiant les grandes régions de la francophonie nord-américaine hors Québec : l'Ontario, l'Acadie, l'Ouest et les États-Unis. Parmi les thèmes abordés dans cette revue, on retrouve : le français, langue maternelle, en milieu minoritaire ; traditions orales de l'Amérique française ; la problématique de l'assimilation ; les relations entre le Québec et la francophonie nord-américaine ; les enjeux de la francophonie canadienne en milieu urbain.

1ᵉʳ mars

1895 FONDATION DU JOURNAL *LA SENTINELLE* ❖ « Organe français de la région du Nipissing et du Témiscamingue », *La Sentinelle* de Mattawa adopte une double devise : *Dieu et mon droit* ainsi que *Aime Dieu et va ton chemin*. J. A. Lévesque en est le premier directeur-gérant et V. P. Aubin assume les fonctions de rédacteur. *La Sentinelle* offre un intérêt particulier en raison de la publication de « L'histoire de Mattawa », dans les numéros d'avril à octobre 1895, et de « L'histoire du Témiscamingue », dans les éditions de novembre et décembre 1895. On y trouve aussi un guide des institutions, corporations et sociétés établies à Mattawa à la fin du siècle. *La Sentinelle* cesse de publier le 27 décembre 1895.

1898 ÉLECTION PROVINCIALE ❖ Lors du scrutin ontarien tenu le 1ᵉʳ mars 1898, deux candidats franco-ontariens sont élus : Onésime Guibord (Russell) et Alfred Évanturel (Prescott).

1913 FONDATION DE L'INSTITUT JEANNE D'ARC ❖ Avec l'aide de l'abbé François-Xavier Brunet, futur évêque de Mont-Laurier (Québec), Albina Aubry et Laura Chartrand fondent un foyer pour jeunes filles à Ottawa, en novembre 1910. Au début, il s'agit d'une succursale du Foyer Notre-Dame, ouvert à Montréal en 1903, mais il s'en détache le 1ᵉʳ mars 1913 et prend le nom d'Institut Jeanne d'Arc. Sœur Marie-Thomas d'Aquin fonde la congrégation des Sœurs de l'Institut Jeanne d'Arc d'Ottawa. Érigé canoniquement le 7 octobre 1919 par Mᵍʳ Charles H. Gauthier, archevêque d'Ottawa, l'Institut se voue à la protection des jeunes filles en offrant diverses formes d'aide, dont le cours commercial dispensé de 1920 à 1957. En Ontario, l'Institut Jeanne-d'Arc n'a œuvré qu'à Ottawa.

1932 NAISSANCE DE L'ARTISTE EDGARD DEMERS ❖ Natif d'Ottawa, Edgard Demers est un journaliste, un dramaturge et un metteur en scène qui travaille pendant plus de quarante-cinq ans au quotidien *Le Droit* et qui joue un rôle-clef dans la promotion des arts en Ontario. Cofondateur et directeur artistique de la Compagnie des Trouvères, il monte plus de cent vingt-cinq spectacles pour la jeunesse. Parmi ses pièces de théâtre pour enfants, publiées aux Éditions Trouvères, on trouve *Aladin et la lampe merveilleuse* (1993), *De Disney à Demers : Blanche-Neige et les nains* (1995) et *Princesse Cendrillon* (1998). Il publie aussi un conte intitulé *Le Gros Cadeau du petit Adam* (2003) et un récit autobiographique ayant pour titre *Les Obsessions d'un ex-obèse* (2001). Edgard Demers est invité, en 1967, à faire partie du Comité franco-ontarien d'enquête culturelle qui mena la première étude complète sur la situation des arts en Ontario français (v. janvier). Décédé à Ottawa le 21 janvier 2004.

2 mars

1901 NAISSANCE DE ROGER SAINT-DENIS, PÉDAGOGUE ET ARTISTE ❖ Né à Ottawa, Roger Saint-Denis est un artiste visuel qui enseigne à l'École normale de l'Université d'Ottawa, de 1927 à 1966. En 1958, il devient le premier Canadien français à occuper le poste de président de l'Ontario Educational Association. En 1967, il prend la tête du Comité franco-ontarien d'enquête culturelle (v. 8 mai), mis sur pied par le gouvernement provincial, et dépose un rapport (v. janvier) qui aura un impact considérable sur la vitalité culturelle et artistique en Ontario français. Roger Saint-Denis est le premier francophone à siéger au Conseil d'administration du Conseil des arts de l'Ontario (1965-1974). Il est décédé le 3 mars 1976. Une école primaire d'Ottawa et le foyer du centre de théâtre francophone d'Ottawa, La Nouvelle Scène, portent aujourd'hui son nom.

1914 NAISSANCE DE CLARENCE DROUILLARD, ATHLÈTE ❖ Originaire de Windsor, le hockeyeur Clarence Drouillard fait son entrée dans la Ligue nationale au cours de la saison 1937-1938. Ce joueur de centre, qui lance de la gauche, évolue avec les Red Wings de Détroit pendant dix joutes. En 1934, il fait partie de l'équipe du Collège St. Michael's, qui remporte la Coupe Memorial.

1942   NAISSANCE DE L'ATHLÈTE CLAUDE LAROSE ❖
Natif de Hearst, Claude David Larose est recruté par
les Canadiens de Montréal en 1962 et demeure dans
la Ligue nationale de hockey jusqu'en 1978. Au
total, il dispute 943 joutes, marque 226 buts, dont
14 durant des parties éliminatoires, et 257 passes.
Larose évolue avec les Canadiens de 1962 à 1967,
puis de 1970 à 1975. On le retrouve avec les Apollos
de Houston en 1967-1968, avec les North Stars du
Minnesota de 1968 à 1970 et avec les Blues de
St. Louis de 1975 à 1978. Son équipe remporte la
Coupe Stanley en 1965, 1966, 1968, 1971 et 1973.
Claude Larose se retire de la Ligue nationale en
1978.

1951   NAISSANCE DE LA JUGE LOUISE CHARRON ❖
Née à Sturgeon Falls, Louise Viviane Charron est
admise au barreau de l'Ontario en 1977. Procureure
adjointe de la Couronne à Ottawa, de 1980 à 1985,
professeure adjointe à la Faculté de droit de
l'Université d'Ottawa, de 1985 à 1988, Louise
Charron est nommée juge à la Cour de district de
l'Ontario, à Ottawa, le 30 septembre 1988. Directrice adjointe de l'Institut national de la magistrature (1994-1996), juge suppléante de la Cour de
Nunavut (1999-2004), elle est promue juge de la
Cour d'appel de l'Ontario en 1995, puis devient
juge à la Cour suprême du Canada en 2004.

1960   NAISSANCE D'ANDRÉ PERRIER, HOMME DE
THÉÂTRE ❖ Originaire de Timmins, André Perrier
est diplômé du Conservatoire d'art dramatique de
Québec. Dramaturge, comédien et directeur artistique, il est membre fondateur du Théâtre Triangle
vital qu'il dirige de 1989 à 1997. Perrier assume la
direction artistique du Théâtre du Nouvel-Ontario
(TNO) de 1998 à 2004. Il conçoit et met en scène
Du pépin à la fissure, de Patrice Desbiens, spectacle
qui vaut au TNO le Masque de la meilleure production franco-canadienne en 2001. Il signe la mise en
scène d'*Univers*, d'Herménégilde Chiasson, Robert
Marinier et Dominique Parenteau-Lebeuf, et cette
production remporte le Masque de la meilleure production franco-canadienne en 2003. André Perrier
est l'auteur de plusieurs pièces, notamment *Du coq*

à l'âme et *Signal d'alarme*. Interprète, il tient divers
rôles, dont Malcom dans *Macbeth* (production du
Centre national des Arts, 1992) et Marcel dans
Marcel poursuivi par les chiens, de Michel Tremblay
(production du Théâtre du Trillium, 1994).

1968   NAISSANCE DE DARREN TURCOTTE, ATHLÈTE
❖ Né à Boston (Mass.) mais établi à North Bay dès
son enfance, Darren Turcotte s'adonne au hockey
très jeune et fait partie de l'équipe championne du
tournoi midget Air Canada en 1984. Lors de la saison 1987-1988, il entre dans la Ligue américaine
de hockey. Après des séances d'haltérophilie (pour
passer de 160 à 185 livres), Turcotte réussit à faire
son entrée dans la Ligue nationale, en arborant le
chandail des Rangers de New York. En 21 parties,
il compte à son actif 7 buts et 3 passes.

1973   PREMIÈRE NUIT SUR L'ÉTANG ❖ C'est pour
clôturer le congrès Franco-Parole, qui réunissait des
étudiants et des professeurs de l'Université Laurentienne, qu'un groupe de Sudburois décide d'organiser un spectacle. Fernand Dorais, Yvan Rancourt,
Laurent Alie, Gaston Tremblay, Réjean et Françoise
Grenier optent pour une nuit d'activités, selon le
populaire modèle de La Nuit de la poésie. L'idée est
d'offrir une rampe de lancement à de jeunes artistes franco-ontariens, contrairement à un simple
arrêt à Sudbury d'artistes québécois. C'est Réjean
Grenier qui a l'idée du nom de l'événement : Une
nuit sur l'étang (l'article indéfini sera abandonné
l'année suivante en faveur d'un *la* définitif). À l'origine, cette première Nuit sur l'étang devait être
l'occasion de lancer le recueil de poésie *Lignes-
Signes,* mais l'imprimeur ne respecta pas son
échéancier et le livre fut lancé plus tard. Un récital
de poésie a néanmoins eu lieu dès la première édition et cette activité figure au programme de plusieurs Nuits subséquentes. Robert Paquette et
André Paiement sont de la partie dès ce 2 mars
1973 et, au fil des ans, nombre d'artistes défilent
sur la scène de La Nuit sur l'étang : CANO, Marcel
Aymar, Paul Demers, Brasse Camarade, en bref...,
Kif-Kif, Cormoran, Les Hardis moussaillons, Yvan
et les voyous, pour n'en nommer que quelques-uns.

André Paiement a décrit l'événement comme « la folie collective d'un peuple en party ».

3 mars

1894   NAISSANCE D'ÉLIE OSCAR BERTRAND, DÉPUTÉ ❖ Originaire de L'Orignal, Élie Oscar Bertrand est un marchand général qui devient registraire (1916-1921), puis maire de L'Orignal (1922-1929). Il se lance en politique fédérale lors de l'élection complémentaire du 29 juillet 1929 et est élu dans le comté de Prescott, sous la bannière libérale. Réélu en 1930, 1935, 1940 et 1945, il mord la poussière en 1949. Bertrand assume la vice-présidence de l'Association canadienne-française d'éducation de l'Ontario pendant plus de vingt ans, soit de 1928 à 1949.

1897   NAISSANCE D'EDGAR BOUTET, JOURNALISTE ❖ Natif d'Ottawa, Edgar Boutet est membre fondateur du cercle littéraire et scientifique de l'Institut canadien-français d'Ottawa et de la Société des conférences de l'Université d'Ottawa dont il a été trois ans le secrétaire. Après deux ans d'études de droit à Osgoode Hall (Toronto), il entre au journal *Le Droit* en octobre 1919. Un an plus tard, il est nommé chef des nouvelles. L'année suivante, il devient courriériste parlementaire. En 1924, il fonde, avec J.-Eugène Labelle, l'hebdomadaire *Le Canadien,* tout en demeurant au service du *Droit.* En 1925, il quitte *Le Droit* et devient courriériste parlementaire de plusieurs journaux dont *Le Canada, La Presse, La Patrie, Le Matin* et le *Journal de Québec.* En 1931, avec Aimé Guertin et Alexandre Taché, il fonde *L'Observateur,* un hebdomadaire qui paraît pendant deux ans. De 1933 à 1935, il quitte le journalisme pour devenir successivement secrétaire de l'honorable Arthur Sauvé, ministre des Postes, et de l'honorable Maurice Dupré, solliciteur général du Canada. Après la défaite du gouvernement Bennett, il retourne au journalisme et collabore pendant vingt ans au *Progrès de Hull.* En 1945, Edgar Boutet devient secrétaire de l'honorable Alexandre Taché, député de Hull et président de l'Assemblée législative du Québec. En 1948, il est nommé greffier adjoint de l'Assemblée législative, poste qu'il occupe pendant plus d'une dizaine d'années. En 1957-1958 il signe dans *Le Droit* de longs reportages sur le bon vieux temps à Hull et sur les cent ans de la presse franco-ontarienne. Il est l'auteur de deux ouvrages : *85 ans de théâtre à Hull* (1969) et *Le Bon Vieux temps à Hull : notes historiques sur l'Outaouais* (1971). Edgar Boutet est décédé le 24 février 1971.

1952   NAISSANCE DE L'ÉCRIVAIN ALAIN CAVENNE ❖ Natif de Hearst, Alain Cavenne, pseudonyme d'Alain Gagnon, est tour à tour professeur de philosophie, scénariste, traducteur et romancier. Premier lauréat du Concours provincial de français de l'Ontario en 1967 (10e année) et 1969 (12e année), Alain Gagnon est scénariste de nombreux films, dont : *L'Amour volé* (1990), *Le Gardien de l'île* (1985), *8400 skis* (1984), *Un père Noël d'occasion* (1982), *Un homme à sa fenêtre* (1980) et *La Séquestration* (1978). Il est l'auteur de cinq romans parus sous le pseudonyme d'Alain Cavenne : *L'Art discret de la filature* (1994), *Un mariage à trois* (1997), *La Petite Marie-Louise* (2001, finaliste du Prix des lecteurs Radio-Canada), *Cavoure tapi* (2003, finaliste du Prix des lecteurs Radio-Canada) et *Platebandes* (2004).

4 mars

1910   ÉRECTION CANONIQUE DU VICARIAT APOSTOLIQUE DU KEEWATIN ❖ Lorsque le pape Pie X érige le vicariat apostolique du Keewatin, ce dernier a alors juridiction sur une portion de l'Ontario et son premier évêque est Mgr Ovide Charlebois, O.M.I. (v. 12 février), frère du fondateur du quotidien *Le Droit,* d'Ottawa, Charles Charlebois, O.M.I.

1930   NAISSANCE DU JUGE ALBAN GARON ❖ Natif de Saint-Lambert (Québec), Alban Garon est admis au Barreau du Québec en 1955. Pendant environ 27 ans, Garon est chargé de cours à la Faculté de droit (section du droit civil) de l'Université d'Ottawa ; il se spécialise dans les domaines du droit administratif, du droit civil et du droit fiscal. Nommé juge en chef adjoint de la Cour canadienne de l'impôt le 11 février 1999, il en devient juge en chef le 9 février 2000.

5 mars

1658   NAISSANCE DE L'EXPLORATEUR CADILLAC ❖ Originaire de Laumont, près de Saint-Nicolas-de-la-Grave (Gascogne, France), Antoine Laumet se donne un titre de noblesse en ajoutant sieur de Lamothe Cadillac à son nom. Il arrive au Canada en 1684, s'installe à Québec en 1688, est nommé capitaine en 1693 et reçoit, l'année suivante, le commandement du fort Michillimakinac où il s'adonne au commerce de la fourrure jusqu'en 1697. Sa plus grande contribution demeure sans doute la fondation du fort Pontchartrain (v. 24 juillet) et la création d'une colonie française permanente sur les bords de ce qui est aujourd'hui la rivière Détroit. Ce fort et cette colonie sont respectivement l'ancêtre des villes de Détroit et de Windsor. Nommé gouverneur de la Louisiane en 1710, Cadillac rentre en France en 1717 et meurt à Castelsarrasin (France) le 15 octobre 1730.

1883   NAISSANCE DE L'ETHNOLOGUE MARIUS BARBEAU ❖ Né à Sainte-Marie-de-Beauce (Québec), Marius Barbeau étudie l'anthropologie à Oxford et s'installe à Ottawa en 1911, à titre d'ethnologue au Musée national (ancêtre du Musée canadien de la civilisation). Il s'intéresse avant tout aux Amérindiens, à leurs chansons, coutumes, légendes, à leur art et à leur organisation sociale. Ses recherches sur le Canada français englobent contes et légendes, chansons, art populaire et art traditionnel et elles donnent naissance à des ouvrages de vulgarisation. Il travaille avec des artistes tels que A. Y. Jackson, Emily Carr et Ernest MacMillan. Qu'il s'agisse de cultures amérindiennes, canadienne-française ou d'œuvres artistiques, Marius Barbeau demeure un collectionneur invétéré qui rassemble 2 000 objets de musée et recueille, entre autres, 400 contes et 7 000 chansons du Canada français. Auteur prolifique, il publie plus de cinquante volumes et près de mille articles. Ses ouvrages comprennent *Contes*

populaires canadiens (1916), *Les Chansons du Saint-Laurent* (1927) *Les Rêves des chasseurs* (1942), *Trésors des anciens jésuites* (1957) et *Peaux-Rouges d'Amérique* (1965). Marius Barbeau est considéré comme le père de l'ethnologie au Canada français. Décédé à Ottawa le 27 février 1969.

1891   ÉLECTION FÉDÉRALE ❖ Lors du scrutin général tenu le 5 mars 1891, deux candidats franco-ontariens sont élus : Honoré Robillard (Ottawa) et Isidore Proulx (Prescott).

1990   INCORPORATION DE L'ASSOCIATION DES PROFESSIONNELS DE LA CHANSON ET DE LA MUSIQUE (APCM) ❖ Regroupant des artistes et artisans de tous les domaines de l'industrie musicale en Ontario français et dans l'Ouest canadien francophone, l'APCM est créée pour promouvoir les artistes membres et la diffusion de leurs produits et pour donner de solides assises à l'industrie musicale franco-ontarienne. Le service Distribution APCM est accrédité auprès de Musicaction et le réseau de points de vente, qui s'étend partout au Canada, comprend notamment les magasins HMV, les commerces francophones indépendants et les écoles secondaires de l'Ontario. En 1998, l'APCM met sur pied Réseau Ontario, en partenariat avec Théâtre Action, l'Assemblée des centres culturels de l'Ontario et le Conseil des arts de l'Ontario. En 2001, l'APCM tient un premier Gala de la chanson et de la musique franco-ontariennes et remet les trophées Trille Or. En partenariat avec le Conseil scolaire de district catholique Centre-Sud, l'Association organise du 26 février au 1er mars 2003, le premier Festival franco-ontarien de la chanson et de la musique en milieu scolaire. Du 31 octobre au 2 novembre 2003, l'APCM convoque les états généraux de la chanson et de la musique franco-ontariennes.

6 mars

1906   NAISSANCE DE LIONEL CHOQUETTE, SÉNA-TEUR ❖ Natif d'Ottawa, Lionel Choquette est un avocat qui brigue les suffrages dans le comté fédéral d'Ottawa-Est lors des élections générales de 1935, sous la bannière conservatrice. Défait, il se présente de nouveau en 1939 et mord une fois de plus la poussière. Nommé sénateur le 31 janvier 1958, Choquette demeure en poste jusqu'à l'âge limite de 75 ans, démissionnant le 6 mars 1981. Il meurt à Ottawa le 27 septembre 1983.

1946 NAISSANCE DE L'ÉCRIVAIN ROGER LEVAC ❖ Originaire de Cornwall, Roger Levac enseigne à l'École secondaire La Citadelle. Son premier ouvrage est un roman intitulé *L'Hiver dans les os* (1983), suivi de *Le Registre* (1991). Auteur du recueil de réflexions satiriques *L'Anglistrose* (1994), Roger Levac reçoit le Prix littéraire *Le Droit* pour le roman *Petite Crapaude* (1997), qui remporte aussi le prestigieux prix Trillium 1998. Il sort en 2005 un autre roman, *L'Affaire Pluche*.

1951 NAISSANCE DE L'ARTISTE COLETTE JACQUES ❖ Originaire de Matachewan, Colette Jacques est une artiste visuelle multidisciplinaire qui est membre du groupe Perspectives 8 (v. 8 novembre). Ses peintures, sculptures et installations sont présentées dans plusieurs écoles et centres culturels du Nord ontarien, de même que dans des galeries à Toronto, Orléans et Ville-Marie (Québec). Elle participe à des projets d'intégration artistique à l'architecture dans des écoles de Windsor, Welland, Chapleau et Larder Lake, ainsi que dans des mines à Timmins et Virginia Town. Colette Jacques est membre active du Centre culturel La Mine d'Art (Kirkland Lake), de la Galerie du Nouvel-Ontario (Sudbury) et du Bureau des regroupements des artistes visuels de l'Ontario.

7 mars

1918 FONDATION DU JOURNAL *LA DÉFENSE* ❖ Hebdomadaire lancé par des Canadiens français patriotes de Ford City (aujourd'hui un secteur de Windsor), *La Défense* est un organe de lutte contre les visées assimilatrices de l'évêque de London, Mgr Michael Francis Fallon. Le journal soutient la lutte des paroissiens opposés à la nomination d'un curé francophone de nom seulement à la paroisse

Notre-Dame-du-Rosaire (aussi appelée Notre-Dame-du-Lac). Ces paroissiens portent leur cause devant un tribunal de Rome, qui donne raison à l'évêque et qui maintient le curé rejeté par les patriotes de l'endroit (cette bataille de Ford City fait l'objet du roman *Obéissance ou Résistance*, de Paul-François Sylvestre). Le journal paraît jusqu'en 1920 et sa devise est *Vivre pour défendre l'Église, ma race et ma langue* ; il s'agit d'un extrait du testament spirituel de l'abbé Lucien Beaudoin (v. 19 août), prédécesseur du curé imposé par Fallon.

8 mars
Journée internationale de la femme

1870 NAISSANCE DU SCIENTIFIQUE ALPHONSE-TÉLESPHORE CHARRON ❖ Né à Pointe-Gatineau (Québec), le docteur Alphonse-Télesphore Charron passe une grande partie de sa vie dans la capitale fédérale où il est le premier chimiste à la Ferme expérimentale (1900-1914). Président de l'Institut canadien-français d'Ottawa (1901-1903), cofondateur du quotidien *Le Droit* (1913) et président de l'Association canadienne-française d'éducation d'Ontario (1914-1915), il meurt à Hull (Québec) le 4 décembre 1955.

1908 NAISSANCE DE L'ÉCRIVAIN ET PROFESSEUR ARTHUR GODBOUT ❖ Natif d'Ottawa, Arthur Godbout enseigne dans des écoles secondaires à Ottawa, Sudbury et Kirkland Lake, de 1931 à 1941, puis à l'École normale de l'Université d'Ottawa (1941-1943, 1945-1969) et à la Faculté d'éducation de l'Université d'Ottawa (1969-1973). Nommé inspecteur d'écoles bilingues dans la région de Sudbury (1943-1945), il devient le premier président francophone de l'Ontario Normal School Teachers' Association (1950). Secrétaire général du Centre d'éducation comparée de l'Université d'Ottawa (1969-1973), Arthur Godbout est nommé chef de secrétariat du Conseil mondial d'éducation comparée (1970-1973). Récipiendaire de l'Ordre du mérite scolaire (1956) et du Mérite franco-ontarien en éducation (1978), il publie les ouvrages suivants : *L'Origine des écoles françaises dans l'Ontario* (1972, prix Champlain 1976), *Historique de l'enseignement français dans l'Ontario* (1979) et *Nos Écoles franco-ontariennes* (1980). Décédé à Ottawa le 12 janvier 1985. Il est le père du député Marc Godbout (v. 8 juin).

1928   NAISSANCE DE L'ÉCRIVAIN ET PROFESSEUR FERNAND DORAIS ❖ Né à Saint-Jean d'Iberville (Québec), Fernand Dorais est ordonné prêtre jésuite en 1959 et devient professeur à l'Université Laurentienne en 1969. À la fin de l'année scolaire 1972-1973, il anime un atelier de poésie et les participants publient par la suite un recueil de leurs textes : *Lignes-Signes*. Dorais y signe un texte liminaire qui inspirera toute une génération d'écrivains et qui lancera les Éditions Prise de parole. Il fait comprendre que « ce qui n'est pas exprimé n'existe pas [...] il n'y a de culture qu'enracinée ». Observateur critique de la scène culturelle, Fernand Dorais est un animateur culturel qui appuie les jeunes créateurs, tant en littérature qu'en théâtre et en musique. Pour dénoncer l'acculturation des francophones en Ontario, il publie *Entre Montréal... et Sudbury : prétexte pour une francophonie ontarienne* (1984). Pour résumer sa pensée, il publie aussi *Témoins d'errances en Ontario français* (1990). Cofondateur de la Société Charlevoix, il contribue aux *Cahiers Charlevoix* en 1995 et 1997. Décédé à Saint-Jérôme (Québec) le 16 janvier 2003.

1956   NAISSANCE DE L'ARTISTE SHAHLA BAHRAMI ❖ Originaire de Téhéran (Iran), Shahla Bahrami arrive au Canada en 1983 et vit à Ottawa depuis 1997. Diplômée en arts plastiques de l'Université du Québec à Hull, elle a étudié la miniature persane à l'École des beaux-arts de Shiraze (Iran) et la sculpture à l'École des beaux-arts de Téhéran. Ses expositions solos sont accueillies, entre autres, à la Maison de la culture Marie-Uguay de Montréal (1996), à la Galerie du Nouvel-Ontario (1999), au Centre d'exposition L'Imagier à Aylmer (1994 et 2000), au Centre d'exposition d'Amos (2002), au Centre d'exposition Raymonde-Lasnier de Trois-Rivières (2003) et à la Galerie Jean-Claude-Bergeron d'Ottawa (2003). Shahla Bahrami participe à des expositions de groupe en Ontario (Toronto, North Bay, Ottawa, Hawkesbury, Hearst), au Québec (Sherbrooke, Hull, Ville-Marie, Sutton), en Irlande (Belfast) et en Corée (Séoul). Ses œuvres font partie des collections de la Banque nationale du Canada, de Loto-Québec et de la Ville d'Ottawa.

9 mars

1911   NAISSANCE D'ADÉLARD OUELETTE, ATHLÈTE ❖ Né à Ottawa, Adélard Ouellette, dit Eddie, est un joueur de centre qui lance de la gauche. Il évolue avec diverses formations de la Ligue internationale de hockey, puis est recruté par les Black Hawks de Chicago pour une seule saison dans la Ligue nationale, soit celle de 1935-1936. Ouellette y dispute 43 joutes, marque 3 buts et réussit 2 passes. Il joue ensuite pour d'autres ligues et se retire en 1942.

1956   NAISSANCE DU CHANTEUR PAUL DEMERS ❖ Natif de Gatineau (Québec), Paul Demers mène sa carrière de chanteur en Ontario. Il est membre fondateur et ancien président de l'Association des professionnels de la chanson et de la musique franco-ontariennes. Son premier album, *Paul Demers* (1990), regroupe onze chansons, dont « Zydaco pour Magali », « Grey Owl », « Mademoiselle », « En stéréo et en couleurs », ainsi que son plus grand succès : « Notre Place ». Tout en menant ses activités de création, il lutte contre la maladie de Hodgkin. De 1992 à 1998, plusieurs de ses chansons figurent sur des albums de compilation. Paul Demers fait aussi des tournées avec le groupe Paquette-Aymar-Demers. En 1998, il lance *Déjà demain*, puis *D'hier à toujours* (1999). Les Éditions L'Interligne publient une biographie de Paul Demers (1992), que signe Pierre Albert.

10 mars

1884   NAISSANCE DU DÉPUTÉ ARTHUR DESROSIERS ❖ Né à Clarence Creek, Arthur Desrosiers devient médecin et se fait élire maire d'Eastview (Vanier) en 1918. Réélu premier magistrat en 1919, 1922 et 1924, il tente sa chance en politique provinciale lors du scrutin de 1934 et est élu député libéral de Russell. Décédé le 7 juillet 1951.

1907 NAISSANCE DE L'ÉDUCATEUR HECTOR-L. BERTRAND, S.J. ❖ Originaire de Warren, Hector-Louis. Bertrand est ordonné prêtre jésuite en 1939. Aumônier dans l'armée canadienne de 1943 à 1945, il dirige l'Association des hôpitaux catholiques du Canada pendant vingt ans et, en 1955, il fonde la seule revue hospitalière de langue française en Amérique du Nord : *L'Hôpital d'aujourd'hui*. Recteur du Collège de médecine de Bangalore (Inde) de 1963 à 1965, Hector Bertrand devient vice-recteur de l'Université de Sudbury (1965-1975) et directeur du journal *Le Voyageur*, de Sudbury (1975-1986). Une bourse de l'Université de Sudbury porte son nom et le prix Réussite Hector-L.-Bertrand est décerné par l'Association des cadres supérieurs de la santé et des services sociaux. Membre de l'Ordre du Canada (1991), il meurt à Saint-Jérôme (Québec) le 8 septembre 1999.

1955 NAISSANCE DE L'ARTISTE LUC ROBERT ❖ Né à Sudbury, Luc Robert est un artiste multidisciplinaire qui fait de la peinture, du dessin, de la gravure, de la sérigraphie, de la sculpture et de l'aérographie. Il expose en solo et en groupe depuis 1976 à Sudbury, Kapuskasing, Toronto et Ottawa, de même qu'au Québec et en Europe. Artiste créateur dans les écoles de Sudbury, il donne de nombreux ateliers et de nombreux cours depuis 1979. Ses illustrations paraissent dans des revues et des livres publiés en Ontario, notamment aux Éditions Prise de parole. Caricaturiste au journal *Le Nouvel-Ontarien* (1985-1988), directeur de la Galerie du Nouvel-Ontario (1985-1987), coordonnateur de bandes dessinées au Centre franco-ontarien de folklore (1987-1990), recherchiste au même Centre (1991-1992), Luc Robert est l'instigateur du programme d'animation 2D 3D au Collège Boréal et est professeur de dessin à cette institution depuis 1998. C'est à partir du texte de Germain Lemieux qu'il illustre la bande dessinée *Ti-Jean fin voleur* (1992). En 1995, il reçoit le prix Germain-Lemieux du département de folklore de l'Université de

Sudbury ; de plus, la Fédération de la jeunesse franco-ontarienne lui rend hommage lors des Dixièmes Jeux franco-ontariens.

11 mars

1946 NAISSANCE DU DÉPUTÉ ET MINISTRE PAUL DEVILLERS ❖ Natif de Penetanguishene, Paul DeVillers est un avocat qui se fait élire député fédéral de Simcoe-Nord en 1993, sous la bannière libérale. Réélu en 1997, en 2000 et en 2004, il est membre de divers comités parlementaires, dont celui de la Justice et des droits de la personne. Secrétaire parlementaire du président du Conseil du Trésor et du ministre des Affaires intergouvernementales (1996-1997), DeVillers est nommé secrétaire d'État chargé du Sport et de l'activité physique (janvier 2002-décembre 2003).

12 mars

1891 NAISSANCE DE L'ENTREPRENEUR DONAT GRANDMAÎTRE ❖ Né à Eastview (Vanier), Donat Grandmaître exploite de nombreuses entreprises avec ses fils : bois, charbon, huile combustible, sable, pierre, gravier. Il est maire d'Eastview (Vanier) de 1933 à 1935 et de 1937 à 1948. Durant les années 1940 et 1950, la compagnie D. Grandmaître possède des carrières de sable à Rockcliffe et à Uplands. À la même époque, elle fournit sa pierre aux compagnies de papier E. B. Eddy, James McLaren, CIP et J. R. Booth. Donat Grandmaître meurt le 27 janvier 1959, mais ses fils poursuivent l'œuvre d'entreprenariat.

1926 NAISSANCE DE L'ÉCRIVAIN PIERRE LÉON ❖ Professeur et linguiste, Pierre Roger Alexandre Léon est originaire de Ligré (Touraine, France) et vit au Canada depuis plusieurs décennies. Il a enseigné la linguistique à l'Université de Toronto et publié une trentaine d'ouvrages dans le domaine de la phonétique et de la linguistique. On lui doit aussi plusieurs romans, contes, nouvelles et poèmes. Il a écrit les romans *Sur la piste des Jolicœur* (1994) et *Un Huron en Alsace* (2002) et les contes

Les Voleurs d'étoiles de Saint-Arbroussepoil (1993) et *Le Mariage politiquement correct du petit Chaperon rouge* (1996) ; avec son épouse Monique Léon, il a coécrit la pièce de théâtre *La Nuit la plus courte* (1999) ; parmi ses essais on retrouve *Précis de phonostylistique, parole et expressivité* (1993) ainsi que *L'Analyse du discours* (1976), coécrit avec Henri Mitterand. Pierre Léon a reçu de nombreux honneurs : Prix de l'Académie française (1966), prix Rabelais (1994), prix Jean-de-La-Fontaine (1995) et prix Jean-Baptiste-Rousseaux (2001). Officier dans l'Ordre français des Palmes académiques (1987), il est membre de la Société royale du Canada depuis 1989.

13 mars

1840   NAISSANCE DU DÉPUTÉ ISIDORE PROULX ❖ Natif de Saint-Hermas (Bas-Canada), Isidore Proulx suit sa famille qui s'établit à Plantagenet, dans l'Est ontarien. Cultivateur et marchand général, il remplit la fonction de secrétaire, puis celle de préfet du canton de Plantagenet. Élu député libéral lors du scrutin fédéral de 1891, Isidore Proulx voit son élection contestée, mais il est réélu l'année suivante lors d'une élection complémentaire. Il brigue de nouveau les suffrages en 1896 et en 1900, avec succès. Proulx meurt quelques mois avant la fin de son mandat, le 28 juillet 1904.

1936   NAISSANCE DE L'ENTREPRENEUR LOUIS JOSEPH REGIMBAL ❖ Né à Sudbury, Louis Regimbal est un ingénieur qui devient vice-président de la Brasserie Molson du Québec et du club de hockey Les Canadiens de Montréal.

1954   NAISSANCE DU JOURNALISTE RHÉAL SÉGUIN ❖ Originaire de Port Colborne, Rhéal Séguin détient une maîtrise en sciences politiques de l'Université du Québec à Montréal. D'abord journaliste à la radio et à la télévision de Radio-Canada (Timmins, Windsor et Toronto) de 1979 à 1988, il devient correspondant pour la radio de CBC à l'Assemblée nationale du Québec, de 1988 à 1990. Depuis 1990, Rhéal Séguin est correspondant poli-tique pour le *Globe and Mail* à l'Assemblée nationale du Québec.

14 mars

1945   NAISSANCE DE RICHARD CLÉROUX, JOUR-NALISTE ❖ Originaire d'Ottawa, Richard Cléroux travaille d'abord à l'*Ottawa Journal* (1965), puis à la Presse canadienne (1967). Il passe ensuite au *Montreal Gazette* (1969) à titre de chef de bureau de la ville de Québec. De 1971 à 1990, on le retrouve au *Globe and Mail* où il est tour à tour chef de bureau à Montréal (1974), chef de bureau à Winnipeg (1981) et chef de bureau à Ottawa (1985). De 1985 à 1990, il est assigné aux affaires nationales pour ce grand quotidien torontois. Depuis 1990, Richard Cléroux est journaliste à la pige sur la colline du Parlement. En plus de tenir une chronique régulière dans *The Hill Times*, il écrit des textes pour *Spotlight Magazine* (Munich) et agit comme correspondant canadien pour le *Times of London*. Il est aussi commentateur régulier à l'émission *Tous les matins du monde* de la Société Radio-Canada. En 1976, il reçoit le prix de la meilleure nouvelle d'actualité lors du concours national de l'Association canadienne des journaux. Membre fondateur du Centre pour le journalisme d'enquête (1979), Richard Cléroux est l'auteur de *Pleins Feux sur les services secrets canadiens : révélations sur l'espionnage au pays* (1993).

1946   NAISSANCE DE ROBBERT FORTIN, ARTISTE ET ÉCRIVAIN ❖ Né à Saint-Victor-de-Beauce (Québec), Robbert Fortin est un poète et un artiste visuel qui mène une carrière d'annonceur et d'animateur à la radio de Radio-Canada à Windsor pendant une quinzaine d'années. Auteur de plusieurs recueils de poésie, il remporte le Grand Prix du salon du livre de Toronto en 1996, pour *Peut-il rêver celui qui s'endort dans la gueule des chiens* (1995), et est finaliste du prix Trillium 1998 pour *Jour buvard d'encre* (1997). Il publie, entre autres, *La force de la terre reconnaît l'homme à sa démarche* (1994), *Je vais à la convocation de ma naissance* (1997) et *Les Nouveaux Poètes d'Amérique* (2002).

En 2003, Robbert Fortin devient directeur de la collection de poésie L'appel des mots aux Éditions de l'Hexagone. Peintre, il expose ses œuvres au Canada, à Paris, à New York, à Détroit, en Russie et au Japon.

1983 FONDATION DU JOURNAL *LE MÉTROPOLITAIN* ❖ Hebdomadaire publié dans la région de Brampton-Toronto, *Le Métropolitain* énonce sa philosophie en empruntant ces mots à Louis Hémon : « nous sommes venus il y a trois cents ans, et nous sommes restés [...] nous avons apporté avec nous notre culture, notre langue, nos vertus [...] choses sacrées, intangibles et qui devront demeurer jusqu'à la fin ». Le premier rédacteur en chef est Pierre Robitaille.

1997 FONDATION DE LA TROUPE DE DANSE CORPUS ❖ Nouvelle compagnie qui en peu de temps s'est fait une réputation toute particulière dans le domaine du spectacle, Corpus Danse est reconnue pour son humour loufoque et l'originalité de ses créations. La compagnie torontoise marie le théâtre à la danse, le comique au fantasque. Dirigée par Sylvie Bouchard (v. 23 août) et David Danzon (v. 10 février), Corpus s'est produit partout au Canada. En 2001, la compagnie représente le Canada aux IVes Jeux de la Francophonie à Ottawa-Hull, où elle remporte la médaille d'or dans la catégorie arts de la rue avec son spectacle à grand succès *Escadron volant*. En mars 2003, l'Escadron s'envole vers l'Afrique de l'Ouest pour participer au Festival international de théâtre au Bénin. En 2002, Corpus reçoit le prix Hommage 2002 de la Fédération culturelle canadienne-française. Depuis 1996, la compagnie produit le festival annuel Dusk Dances à Toronto.

15 mars

1971 CRÉATION DU COMITÉ CONSULTATIF DE LA POLITIQUE FRANCOPHONE DE L'ONTARIO ❖ Le premier ministre de l'Ontario, William Davis, crée ce Comité composé des ministres et des députés francophones de l'Assemblée législative et lui confie la tâche de conseiller le gouvernement sur les questions de langue et de culture françaises en Ontario. En font partie les ministres Fernand Guindon (président) et René Brunelle, ainsi que les députés Albert Bélanger, Gaston Demers, Jules Morin et Osie Villeneuve. (N. B. la création de ce Comité ayant eu lieu en mars 1971, la présente notice est arbitrairement fixée au 15 mars.)

16 mars

1649 MARTYRE DE JEAN DE BRÉBEUF, MISSIONNAIRE ❖ Plus de mille Iroquois attaquent les postes de Saint-Ignace et de Saint-Louis le 16 mars 1649. Jean de Brébeuf et Gabriel Lalemant sont faits prisonniers et martyrisés. Christophe Regnault, assistant laïc des missionnaires, est témoin du martyre de Brébeuf : « J'ai vu l'eau bouillante que ces barbares lui avaient versée en dérision du saint Baptême. J'ai vu et touché la plaie d'une ceinture d'écorce toute pleine de poix et de résine qui grilla tout son corps. J'ai vu et touché les brûlures du collier des haches qu'on lui mit sur les épaules et sur l'estomac ; j'ai vu et touché ses deux lèvres qu'on lui avait coupées à cause qu'il parlait toujours de Dieu pendant qu'on le faisait souffrir [...] j'ai vu et touché l'ouverture que ces barbares lui firent pour lui arracher le cœur. » Voir aussi 25 mars.

1971 NAISSANCE DE LA CHANTEUSE CORRINNE PRÉVOST ❖ Native de Montréal (Québec), Corrinne Prévost est élevée à Hearst et Ottawa. Dès 1987, elle remporte la palme du Concours Ontario pop dans la catégorie interprète. On la retrouve ensuite au Festival franco-ontarien, en 1988 et 1990, où elle partage la scène avec Claude Dubois, Laurence Jalbert, Roch Voisine et Philippe Lafontaine. En 1992, Corrinne Prévost participe à une tournée de quatre mois célébrant le 125e anniversaire du Canada. Elle fait alors partie d'une compagnie regroupant 125 jeunes de toutes les provinces et territoires, qui donne des spectacles, des ateliers dans des écoles et des entrevues de radio et de télévision partout au pays. À l'été 1993, elle offre un spectacle au Centre des arts de la confédération de

Louise Charron
2 mars 1951

Antoine Laumet, dit Lamothe
Cadillac • 5 mars 1658

Marius Barbeau
5 mars 1883

Martyre de Jean de Brébeuf, s.J.
16 mars 1649

Patrice Desbiens
18 mars 1948

Élisabeth Bruyère
19 mars 1818

Atelier de la clicherie du journal *Le Droit*
27 mars 1913 (voir au dos le nom des trois personnes figurant sur la photo)

Charlottetown. Avec un répertoire voué principalement au jazz, elle est invitée aux célébrations du 150e anniversaire de l'Université d'Ottawa, en 1998, et au Festival de jazz de Hearst en 2000. Corrinne Prévost interprète le rôle d'Adèle dans l'opéra blues *Capitaine*, de Joëlle Roy, en 2002 à Penetanguishene. Elle chante les classiques du répertoire jazz, tant en italien et portugais qu'en français et en anglais.

17 mars

1924 NAISSANCE DE JEAN-MARC POLIQUIN, JOURNALISTE ❖ Originaire de Sainte-Angèle-de-Laval (Québec), Jean-Marc Poliquin étudie à l'Université d'Ottawa, puis devient traducteur au Sénat et à la Chambre des communes, de 1948 à 1958. Pendant deux ans, il assume les fonctions de journaliste et de rédacteur au quotidien *Le Droit*, d'Ottawa. Sa carrière journalistique le conduit brièvement au *Nouveau Journal* de Montréal, puis à la Société Radio-Canada pendant une douzaine d'années (1964-1976). Jean-Marc Poliquin est ensuite rédacteur pour *Le Soleil* de Québec, puis pigiste et professeur à l'Université d'Ottawa, avant de revenir à Radio-Canada. De 1978 à 1982, il anime l'émission télévisée *La Semaine parlementaire*. Sa mort subite et inattendue survient le 12 novembre 1982, peu après l'enregistrement de son émission hebdomadaire. Au moment de sa disparition, Jean-Marc Poliquin était le doyen des journalistes francophones affectés à la colline du Parlement. Il est le père du romancier Daniel Poliquin (v. 18 décembre).

1923 NAISSANCE DE L'ATHLÈTE ALBERT PICARD ❖ Natif de Kapuskasing, Albert Picard est un gardien de but qui grandit à Sudbury. Il entre dans la Ligue américaine de hockey en 1943 et évolue avec les Bisons de Buffalo. Picard passe à la Ligue de hockey de la Côte du Pacifique en 1946, avec les Oaks d'Oakland, mais ne peut terminer la saison en raison d'une fracture à la clavicule. Il rejoint les Canucks de Vancouver en 1947-1948 et remporte le championnat. Al Picard représente le Canada au championnat du monde de hockey, en 1949, avec les Loups de Sudbury qui terminent en deuxième place en battant la Tchécoslovaquie (2 à 1) et la Norvège (49 à 0). Ce dernier pointage est tellement célèbre qu'il fait l'objet d'une question du jeu *Trivial Pursuits*.

1933 NAISSANCE DE L'ATHLÈTE ROBERT SABOURIN ❖ Originaire de Sudbury, Robert Sabourin est un ailier droit qui lance de la gauche. Il joue pour les St. Michael's Majors lorsque les Maple Leafs de Toronto l'invitent à se joindre à eux pour la saison 1951-1952. Ce sera sa seule année dans la Ligue nationale de hockey. Sabourin évoluera ensuite avec diverses formations amateurs à Ottawa, Québec, Trois-Rivières, Sudbury, North Bay, Calgary, Seattle, Springfield, Long Island, Jacksonville et Pittsburgh. Il se retire en 1968.

1952 NAISSANCE DE L'ÉCRIVAIN MARC SCOTT ❖ Né à Ottawa, Marc Scott est le fondateur des Éditions Le Chardon bleu, de Plantagenet. En 1996, il publie *Contes et Récits de l'Outaouais*, ainsi que trois pièces de théâtre pour le Centre franco-ontarien de ressources pédagogiques : *Terreur dans l'église*, *La Fille prodigue* et *Les Petits Pois de Pierre Pommerleau*. Marc Scott est aussi coauteur de deux recueils de poésie : *Miscellanées* (1994) et *Effervescences* (2001).

18 mars

1850 NAISSANCE DE LOUIS-ADOLPHE OLIVIER, JUGE ❖ Natif de Saint-Joseph (Québec), Louis-Adolphe Olivier est admis au barreau de l'Ontario en 1879. Il établit son bureau à Ottawa, où il est échevin pendant un an. Nommé juge des comtés-unis de Prescott et de Russell le 4 avril 1888, Olivier est alors le premier Franco-Ontarien à occuper ce poste. Il est aussi le premier récipiendaire d'un doctorat honorifique de l'Université d'Ottawa ; après avoir prononcé un discours lors d'un banquet offert par l'Université d'Ottawa, Louis-Adolphe Olivier ressent un malaise et meurt subitement dans un bureau de l'université, le 10 octobre 1888.

1878 NAISSANCE D'AURÉLIEN BÉLANGER, DÉPUTÉ ❖ Originaire de Sainte-Scholastique (Québec), Aurélien Bélanger obtient un doctorat en pédagogie de l'Université Laval, enseigne à l'Université d'Ottawa et est nommé inspecteur des écoles bilingues de l'Est de l'Ontario. Il quitte ce poste en 1912, lors de l'entrée en vigueur du Règlement XVII, et organise la première assemblée de résistance à Hawkesbury. Afin de mieux défendre les intérêts des Franco-Ontariens et leurs droits scolaires, Bélanger se fait élire député provincial de Russell en 1923, sous la bannière libérale. Il se révèle le plus brillant orateur de l'Assemble législative, gagnant la confiance des membres des deux partis. Réélu en 1926, il passe dans le comté voisin de Prescott lors des élections de 1934 et maintient la confiance de ses électeurs aux scrutins de 1937, 1943 et 1945. Il est décédé à Ottawa le 12 février 1953.

1918 NAISSANCE DE L'ENTREPRENEUR LAURENT BÉLANGER ❖ Figure marquante du mouvement coopératif à Earlton et à Timmins, Laurent Bélanger cofonde la Compagnie de développement d'Earlton en 1962. Cette entreprise fait construire des maisons, un centre récréatif, une piscine municipale et un foyer pour personnes âgées. Laurent Bélanger acquiert une franchise de roulottes et en fait construire plus de trois milles à partir d'Earlton ; elles sont vendues un peu partout en Amérique. Avec deux associés, il dirige la Northern Milk Transportation qui distribue le lait dans tout le Nord de l'Ontario. M. Bélanger ouvre ensuite un terrain de camping, achète un zoo situé près de Kirkland Lake pour le déménager à Earlton et se lance dans l'élevage de bisons. Ces entreprises sont aujourd'hui dirigées par son fils Pierre. Laurent Bélanger reçoit l'Ordre de l'Ontario en 1995.

1948 NAISSANCE DU POÈTE PATRICE DESBIENS ❖ Originaire de Timmins, Patrice Desbiens est un poète qui vit tour à tour à Toronto, Sudbury, Québec et Montréal. Quel que soit le lieu d'écriture, la création est toujours enracinée en Ontario. Desbiens excelle dans l'évocation d'une réalité où il se passe toujours quelque chose d'intimiste. Cela est manifeste dans des recueils tels que *Les Conséquences de la vie* (1977), *L'Homme invisible / The Invisible Man* (1982), *L'Après-midi cardiaque* (1985), *Les Cascadeurs de l'amour* (1987), *Un pépin de pomme sur un poêle à bois* (1995), *La Fissure de la fiction* (1997) et *Rouleaux de printemps* (1999). Le poète, qui est aussi percussionniste, enregistre deux albums avec René Lussier : *Patrice Desbiens et les moyens du bord, La Grosse Guitare rouge* (1999). Patrice Desbiens figure parmi les cinq finalistes pour le Prix du Gouverneur général en 1985 avec son recueil *Dans l'Après-midi cardiaque* ; la même année, il obtient le Prix du Nouvel-Ontario pour l'ensemble de son œuvre et pour sa contribution à la culture franco-ontarienne. En 1997, le Conseil de la vie française en Amérique lui décerne le prix Champlain pour *Un pépin de pomme sur un poêle à bois*. L'année suivante c'est le Prix de poésie Terrasses Saint-Sulpice - Estuaire qui couronne *La Fissure de la fiction*.

1954 NAISSANCE DE JEAN-GUY *CHUCK* LABELLE, CHANTEUR ❖ Né à Mattawa, Jean-Guy Labelle, est un auteur-compositeur-interprète de musique country populaire. Il compte à son actif plus de soixante chansons et sept disques, dont *Chuck* (1994), *Terre fragile* (1997) et *Le Cowboy* (1999). Il donne entre cinquante et cent spectacles par année, dont plusieurs en compagnie de Robert Paquette durant les semaines qui précèdent Noël. Les deux artistes ont enregistré *Cadeau de Noël* (1996) et *Noël encore une fois* (2000). Choisi artiste de l'année lors de la Nuit sur l'étang en 1995 et 1998, Jean-Guy Labelle reçoit le prix Jackie Washington lors du Festival Boréal de 1996.

19 mars

1818 NAISSANCE DE LA PIONNIÈRE ÉLISABETH BRUYÈRE ❖ Native de L'Assomption (Québec), Élisabeth Bruyère entre en communauté chez les Sœurs de la Charité de Montréal à l'âge de 21 ans. Ses supérieures lui confient la fondation d'un établissement à Bytown, devenu Ottawa (v. 20 février 1845) ; elle ouvre aussitôt une école et un hôpital.

En 1856, la petite communauté dirigée par Élisabeth Bruyère s'affranchit de la maison-mère montréalaise et devient les Sœurs de la Charité d'Ottawa, mieux connue sous le nom des Sœurs Grises de la Croix. Avant sa mort, le 5 avril 1876, Élisabeth Bruyère fonde un hôpital général, un hospice, un orphelinat, quelques écoles, un pensionnat et une académie. Sa communauté ne cesse de grandir pour finalement rayonner non seulement en Ontario (v. 20 février), mais aux États-Unis, en Afrique, au Brésil, en Haïti, au Japon et en Papouasie. Depuis 1978, une demande en vue de la canonisation d'Élisabeth Bruyère est introduite à la Congrégation pour les Causes des saints.

1879   Naissance de Gustave Évanturel, député ❖ Originaire d'Ottawa, Gustave Évanturel est un notaire qui exerce à Alfred pendant quarante ans. Il se fait élire député provincial de Prescott en 1911, sous la bannière libérale. Réélu en 1914, Évanturel ne démissionne pas de son poste malgré des pressions exercées par son chef et par ses commettants suite à une lettre compromettante sur la question des débits de boisson. Au contraire, il est réélu en 1919, année où les Fermiers unis prennent le pouvoir. Défait aux élections de 1923, il se tourne vers la scène fédérale, toujours dans le comté de Prescott, et est élu lors du scrutin de 1925. Il mord la poussière en 1926. Décédé à Alfred le 9 février 1934.

1946   Naissance de la chanteuse Monique Brunet ❖ Native d'Embrun, Monique Brunet est une auteure-compositeure-interprète qui fait ses débuts à l'émission de music-hall *Club du samedi*, de CBOFT-Ottawa. Étudiante de l'École de musique Vincent-d'Indy à Montréal, elle remporte, en 1965, le premier prix du concours *Jeunesse oblige* à Radio-Canada avec sa chanson « Un Indien ». À l'âge de 21 ans, en 1967, elle remporte le Grand Prix du concours international de la chanson de Spa, en Belgique, avec sa composition « En parlant de lui ». Elle passe un an en France et enregistre à Paris un 45 tours sur étiquette RCA Victor. Monique Brunet s'installe à Ottawa au début des

années 1970 et participe à plusieurs émissions télévisées. En 1971, elle représente l'Ontario à une rencontre de l'Agence de coopération culturelle et technique, et participe à la Superfrancofête de Québec en 1974.

1971   Naissance de Mireille Messier, écrivaine ❖ Née à Montréal (Québec), Mireille Messier arrive dès 1976 à Ottawa, puis s'établit plus tard à Toronto. Après des études en théâtre et en radiodiffusion, elle devient directrice de la programmation française à CHUO (Ottawa) et animatrice à CHOD (Cornwall). On la retrouve aussi comme recherchiste et assistante réalisatrice à l'émission *Panorama* de TFO, de même que coanimatrice de *Méga TFO*. Réalisatrice pigiste pour Radio-Canada, TVO et CBC, codirectrice de la collection jeunesse Cavales aux Éditions L'Interligne, Mireille Messier est l'auteure de *Mirouille raconte... 7 jours en contes* (1999), *Une Twiga à Ottawa* (2003), *Déclic à Toronto* (2004) et *Mon album du corps humain : Professeur Génius* (2004). On lui doit aussi *Competition: Deal With It From Start to Finish* (2004).

1981   Élection provinciale ❖ Lors du scrutin ontarien tenu le 19 mars 1981, les candidats franco-ontariens suivants sont élus : Don Boudria (Prescott-Russell), Osie Villeneuve (Stormont-Dundas-Glengarry), George Samis (Cornwall), Albert Roy (Ottawa-Est), Élie Martel (Sudbury-Est), René Piché (Cochrane-Nord) et Leo Bernier (Kenora).

1997   Les jeunes appuient l'Hôpital Montfort ❖ Une tournée d'information des écoles de la région d'Ottawa attise la ferveur du milieu scolaire et 2 000 jeunes encerclent l'hôpital où ils sont nés quelques années plus tôt pour former un bouclier en guise de défi au gouvernement ontarien qui menace de fermer ce bastion de langue française ou de réduire son statut hautement stratégique au sein de la communauté franco-ontarienne.

1999   Fondation du Centre afro-canadien d'échange social ❖ Créé pour promouvoir la culture afro-canadienne sous toutes ses formes, tant sur le plan social et économique que culturel et éducatif, le Centre afro-canadien d'échange social voit le jour à Toronto sous l'instigation de Georges Morrison, Jo Missinga, Claudette Valmy et Jean-Marie Missinga. Le Centre prend ou appuie des initiatives visant à promouvoir des relations bénéfiques, harmonieuses et équitables entre les groupes francophones ethnoculturels, d'une part, et la communauté francophone dite de souche, d'autre part. L'organisme joue un rôle actif dans la création de centres d'accès communautaires pour les organismes ethnoculturels dans le sud de la province. Il fait la promotion et la diffusion des artistes des minorités raciales et de leurs produits en Ontario et ailleurs. Le Centre organise des activités à l'occasion du mois de l'histoire des Noirs et travaille avec divers partenaires communautaires en vue de promouvoir le développement du tourisme culturel.

2005   CRÉATION DE L'UNION PROVINCIALE DES MINORITÉS RACIALES ET ETHNOCULTURELLES FRANCOPHONES DE L'ONTARIO ❖ Pour assurer son intégration et son développement au sein de la collectivité franco-ontarienne et de la société canadienne, la communauté des minorités raciales et ethnoculturelles francophones de l'Ontario décide de créer un organisme provincial de concertation et de représentation. Il s'agit de l'Union provinciale des minorités raciales et ethnoculturelles francophones de l'Ontario, qui a le mandat, entre autres, de promouvoir l'identité et le développement de ses membres, tout en encourageant la solidarité au sein de la collectivité francophone de l'Ontario.

20 mars
Journée mondiale de la francophonie

1938   NAISSANCE DU JUGE JEAN-PAUL MICHEL ❖ Né à Ottawa, Jean-Paul Michel est admis au barreau de l'Ontario en 1963 et pratique le droit d'abord à Ottawa, puis à North Bay. Il est nommé juge de la Cour provinciale de l'Ontario, division familiale, à Ottawa, en 1973.

21 mars
Journée mondiale de la poésie
Journée internationale pour l'élimination de la pauvreté
Journée internationale pour l'élimination de la discrimination raciale

1810   NAISSANCE DE L'ENTREPRENEUR JOSEPH AUMOND ❖ Né à L'Assomption (Québec), Joseph Aumond arrive à Bytown (Ottawa) dès l'âge de 18 ans. Il se lance dans le commerce du bois et acquiert un grand nombre de terrains et de bâtiments. Marchand prospère, il fait sa fortune dans le commerce du bois des chantiers de l'Outaouais. Surnommé *le grand Jos* ou *Colonel*, il emploie une centaine d'hommes. Lieutenant du premier corps de sapeurs-pompiers de Bytown en 1838, Aumond est lieutenant-colonel du 4e bataillon de la milice de Carleton. En 1842, il devient l'un des premiers membres de la commission scolaire. En 1847, il est nommé au premier bureau de santé. Citoyens bien en vue, Joseph Aumond et son épouse Jane Cummings sont de grands bienfaiteurs de la communauté des Sœurs Grises établie à Bytown à compter de 1845. Décédé à Ottawa le 9 novembre 1879.

1913   NAISSANCE DE GASTON CARRIÈRE, O.M.I., HISTORIEN ❖ Natif de Curran, Gaston Carrière est ordonné prêtre oblat en 1939 et devient professeur de philosophie à l'Université d'Ottawa. Au cours de sa carrière, il dirige la *Revue de l'Université d'Ottawa* (1958-1975) et publie une quarantaine d'ouvrages, dont une *Histoire documentaire de la Congrégation des Oblats de Marie-Immaculée* (en 12 vol.). En reconnaissance de son travail, il reçoit la Médaille du Centenaire du Canada et est nommé membre de l'Ordre du Canada (1972). Décédé à Ottawa le 29 juin 1985.

1933   NAISSANCE D'ANDRÉ GUINDON, O.M.I., THÉOLOGIEN ❖ Natif de Hull (Québec), André Guindon est ordonné prêtre oblat le 10 juillet 1960 et nommé professeur de théologie morale à l'Université Saint-Paul d'Ottawa. Doyen de la Faculté de théologie (1978-1984), il se taille une réputation de spécialiste dans le domaine de l'éthique sexuelle en publiant, entre autres, deux ouvrages controversés : *The Sexual Language: An Essay in Moral Theology* (1976) et *The Sexual Creators: An Ethical Proposal for Concerned Christians* (1986). Le Vatican dénonce avec véhémence les positions prises par l'auteur sur les rapports prématrimoniaux, les relations sexuelles et la contraception. On lui reproche, notamment, de ne pas conseiller l'abstinence pure et simple aux lesbiennes et aux gais, conformément à la doctrine de l'Église. Le père Guindon propose aux chrétiens de rendre à la sensualité et à la tendresse leur autonomie vis-à-vis la procréation et la fertilité. Membre de la Société royale du Canada, cet éminent théologien meurt à Ottawa le 20 octobre 1993. Après son décès, un de ses essais paraît dans un recueil intitulé *L'Habillé et le Nu : pour une éthique du vêtir et du dénuder* (1997).

1945 COMMISSION ROYALE D'ENQUÊTE SUR L'ÉDUCATION ❖ Le gouvernement de George Drew crée une Commission royale d'enquête sur l'éducation en Ontario, dite Commission Hope, qui compte 21 membres, dont seulement quatre sont catholiques et un seul est franco-ontarien (Henri Saint-Jacques, d'Ottawa). Le rapport final, déposé en 1950, reconnaît l'importance d'utiliser le français comme langue d'enseignement pour les élèves francophones à l'élémentaire. Cependant, il soutient que ces derniers devraient maîtriser aussi bien l'anglais que le français à la fin de l'élémentaire et que l'utilisation du français comme langue de communication devrait être limitée aux six premières années. Au secondaire, la commission recommande que le français soit enseigné comme langue seconde seulement. Le rapport Hope vise à limiter le développement des écoles catholiques, particulièrement celui des écoles franco-ontariennes. La publication de ce rapport soulève l'indignation des catholiques en Ontario et place le gouvernement ontarien dans une position insoutenable, d'autant plus que les membres catholiques de la commission présentent un rapport minoritaire soulignant que les droits des catholiques seraient bafoués par l'application

des recommandations du rapport majoritaire. Devenu premier ministre de l'Ontario en 1949, Leslie M. Frost déclare que le gouvernement n'est pas lié au rapport Hope. Les principales recommandations du rapport sont reléguées aux oubliettes.

1954 NAISSANCE DU JUGE ROBERT BLOUIN ❖ Natif de Toronto, Robert Blouin est admis au barreau de l'Ontario en 1982. Il est nommé juge à la Cour de justice de l'Ontario, à Newmarket, en 2004.

2001 PREMIER GALA DE LA CHANSON ET DE LA MUSIQUE FRANCO-ONTARIENNES ❖ L'Association des professionnels de la chanson et de la musique franco-ontariennes organise le premier gala où sont remis les trophées Trille Or dans diverses catégories, notamment : auteur-compositeur par excellence, interprète par excellence, révélation de l'année, découverte de l'année, chanson primée, meilleur album, meilleur groupe, meilleur spectacle, meilleur événement musical, meilleur vidéo-clip, meilleur diffuseur et maison de gérance. L'événement se tient tous les deux ans.

22 mars

1847 NAISSANCE DU *COMTE* DE SUDBURY ❖ Originaire de Limoges (France), Frédéric Nicolas Julien Romanet du Caillaud est avocat, industriel, voyageur, écrivain... une figure pittoresque de Sudbury où il élit domicile de 1902 à 1914. Il achète de grands terrains qui sont subdivisés en lots, puis vendus à des développeurs. Une partie de Sudbury doit son expansion à celui que tout le monde surnomme *le comte*. La rue Howey Crescent fut d'abord appelée Romanet du Caillaud ; une partie de la rue Van Horne porta jadis le nom De Siorac (nom de famille de son épouse) ; les rues Saint-Nicolas, Paris, Jeanne-d'Arc, Lourdes, Saint-Michel, Saint-Gabriel et Saint-Raphaël ont toutes fait partie de terrains ayant appartenu à Romanet du Caillaud. Fervent chrétien, ce dernier fait construire une grotte et y installe une statue de Notre-Dame-de-Lourdes dont la bénédiction a lieu le 30 mai 1909. Le *comte de Sudbury* est décédé le 6 décembre 1919.

1863 FONDATION DE L'UNION DU CANADA ❖ Compagnie d'assurance-vie d'abord connue sous le nom d'Union Saint-Joseph d'Ottawa, puis sous le vocable d'Union Saint-Joseph du Canada, l'Union du Canada est fondée pour assister « les catholiques romains parlant la langue française, dans une commune pensée de secours mutuel et de progrès matériel, national et religieux ». L'organisme entend aider matériellement et pécuniairement ses membres, leurs familles et leurs héritiers, développer chez eux l'éducation morale et intellectuelle, travailler au maintien et à la propagation de la langue française. Vers 1900, ses effectifs se chiffrent à quelque 3 000 membres ; ils grimpent à 30 000 en 1940, puis à plus de 50 000 en 1970. Organisme de défense des droits des Canadiens français, l'Union du Canada œuvre principalement sur le plan de l'épargne, du coopératisme et du développement économique.

1899 NAISSANCE DU CHIMISTE LÉO MARION ❖ Natif d'Ottawa, Léo Edmond Marion est diplômé des universités Queen's et McGill. Il fait des études postdoctorales à l'Université de Vienne. Père de l'école de chimie alcaloïde, il dirige le département de chimie organique au Conseil national de recherches de 1942 à 1965 ; il occupe aussi le poste de vice-président du Conseil de 1963 à 1965. Léo Marion contribue à la mise sur pied des départements de chimie des universités de Montréal et Carleton. Il termine sa carrière à titre de doyen de la Faculté de sciences et de génie de l'Université d'Ottawa, de 1965 jusqu'à sa retraite en 1969. Président de la Société royale du Canada de 1964 à 1965, il est membre de l'Ordre de l'Empire britannique et titulaire de treize doctorats honorifiques ; de nombreuses médailles d'or couronnent ses recherches. Un pavillon de l'Université d'Ottawa porte son nom depuis 1958. Léo Marion est décédé à Ottawa le 16 juillet 1979.

1911 LA LANGUE D'INSTRUCTION EN ONTARIO ❖ Dans un discours à l'Assemblée législative, le ministre de l'Éducation, George Howard Ferguson, propose de faire de l'anglais la seule langue d'instruction dans toutes les écoles ontariennes. Suite à des pressions exercées par les conservateurs fédéraux, qui étaient en voie d'organiser une alliance avec les nationalistes québécois, Ferguson modifiera sa résolution pour dire que l'anglais doit être « la langue d'enseignement et de communication avec les élèves dans les écoles publiques et séparées [...], excepté dans celles où, de l'avis du ministère, il est impossible de l'utiliser parce que les élèves ne la comprennent pas ». Cette déclaration donne déjà un avant-goût de ce que sera le Règlement XVII de 1912.

1930 NAISSANCE DE L'ÉCRIVAIN JEAN MÉNARD ❖ Né à Ottawa, Jean Ménard enseigne les littératures française et québécoise à l'Université d'Ottawa. Membre de la Société royale du Canada et de l'Académie canadienne-française, il est tour à tour vice-président de la Société des poètes canadiens-français et président de la Société des écrivains canadiens. Critique littéraire, Jean Ménard remporte le Prix de l'Académie française pour *L'Œuvre de Boylesve* en 1956 et pour *Xavier Marmier et le Canada en 1967*. Il publie, entre autres, *De Corneille à Saint-Denys Garneau*, *Plages* et *Les Myrtes* (prix Champlain, 1963). Décédé à Ottawa le 26 mai 1977.

1942 NAISSANCE DE L'ATHLÈTE ALDO ROY ❖ Né à Sudbury, Aldo Roy est un haltérophile qui remporte dix-sept titres nationaux chez les juniors et trois chez les seniors. En 1962, il participe aux Jeux du Commonwealth à Perth (Australie). Lors des Jeux panaméricains de 1963 et de 1967, il se classe respectivement huitième et cinquième. En 1965, au championnat du monde en Iran, Aldo Roy décroche la troisième place. Il fait partie de l'équipe olympique canadienne en 1968 et termine quinzième au monde dans la catégorie des 85 kilos. À partir de 1972, sa carrière s'oriente vers l'entraînement des jeunes haltérophiles, notamment lors du championnat du monde en 1978, des Spartakiades de 1979, des Jeux olympiques de 1980 et des Jeux panaméricains de 1983. Aldo Roy est chroniqueur sportif pour la télévision canadienne à l'occasion des Jeux olympiques de Montréal (1976) et de Los Angeles (1984).

1946 NAISSANCE DE ROBERT MAJOR, ÉCRIVAIN ET UNIVERSITAIRE ❖ Originaire de New Liskeard, Robert Major devient professeur à l'Université d'Ottawa en 1970. Tour à tour directeur du Département des lettres françaises (1989-1995), président de la Commission des humanités de la Faculté des études supérieures et postdoctorales (1996-1997), doyen associé à la recherche de la Faculté des arts (1997-2001) et vice-recteur aux études (depuis 2001), il est l'auteur de plusieurs essais, notamment *Parti pris : idéologies et littérature* (1979), *Jean Rivard ou l'art de réussir* (1991) et *Convoyages* (1999).

1997 RALLIEMENT DE SOS MONTFORT ❖ Un rassemblement monstre réunit quelque 10 000 personnes au Centre municipal d'Ottawa pour protester contre la fermeture de l'Hôpital Montfort. Une telle mobilisation confère à SOS Montfort le statut de défenseur des droits des Franco-Ontariens. L'Hôpital Montfort représente, dès lors, beaucoup plus qu'un établissement de santé ; son champ d'action s'élargit et devient le symbole de la lutte pour protéger les acquis des Franco-Ontariens et Franco-Ontariennes. Voir aussi 24 février et 19 mars.

23 mars

1670 LA FRANCE PREND POSSESSION DES TERRES DU LAC ÉRIÉ ❖ Les missionnaires Dollier et De Galinée, dans un acte signé le 23 mars 1670, dimanche des Rameaux, certifient que les Français, premiers de tous les peuples européens à avoir hiverné aux abords du lac Érié en 1669, ont pris possession de ces lieux « au nom de leur Roy, comme d'une terre non occupée, par apposition de ses armes ».

1848 NAISSANCE DU MISSIONNAIRE CHARLES-ALFRED PARADIS, O.M.I. ❖ Natif de Saint-André-

de-Kamouraska (Québec), Charles-Alfred Paradis est ordonné prêtre oblat en 1881 et se rend en mission sur les bords du lac Témiscamingue, puis à la baie d'Hudson. Figure quasi légendaire de la colonisation du Nouvel-Ontario, il fonde de nouvelles paroisses et touche même à l'exploration minière. Paradis s'occupe activement de rapatrier des Canadiens français de l'État du Michigan dans la région de Verner. Auteur d'un essai sur une société de missionnaires colonisateurs, il publie un récit de voyages intitulé *De Témiscamingue à la baie d'Hudson* (1900). Décédé le 10 mai 1928.

1916 NAISSANCE DU DÉPUTÉ DENIS ÉTHIER ❖ Né à Sainte-Justine-de-Newton (Québec), Denis Éthier est un marchand et homme d'affaires qui se fait élire député fédéral de Glengarry-Prescott-Russell lors des élections de 1972, sous la bannière libérale. Il succède alors à son frère Viateur. Réélu en 1974, 1979 et 1980, Denis Éthier est secrétaire parlementaire du ministre de l'Environnement, de 1982 à 1984.

1973 ENTRÉE EN ONDES DE CBLFT-TORONTO ❖ C'est en 1972 que la Société Radio-Canada obtient le permis qui lui permet d'établir une station de télévision française à Toronto (CBLFT). Elle commence sa diffusion le 23 mars 1973.

24 mars

1943 NAISSANCE DU DÉPUTÉ GEORGE SAMIS ❖ Originaire de Montréal (Québec), George Samis est de souche paternelle hollandaise et de souche maternelle française. Il s'installe à Cornwall et se fait élire député provincial de Stormont lors d'une élection complémentaire en 1974. Premier à faire une percée néo-démocrate dans la région de Cornwall, Samis est réélu en 1975, 1977 et 1981.

1957 NAISSANCE DE L'ARTISTE LISE GOULET ❖ Native de Timmins, Lise Goulet grandit à Ottawa, où elle étudie en arts visuels et en éducation. Enseignante dans les écoles secondaires d'Ottawa, elle expose régulièrement ses gravures à partir des années 1990, notamment en solo dans les galeries Eugène-Racette (Orléans), Galeruche (Timmins) et Paquin (Kapuskasing). Ses œuvres figurent aussi dans des expositions de groupe à la Galerie Jean-Claude-Bergeron (Ottawa), au Musée canadien des civilisations (Gatineau), à l'Université de Moncton et au Collège Boréal (Sudbury). En 1996, Lise Goulet suit une formation intensive avec le maître de la technique raku, Makoto Yabé, au Bennington College of Art (Vermont). Sa production s'oriente dès lors vers la céramique. À l'occasion de la mort de son mentor Clément Bérini, en 1996, elle crée la Fondation Clément-Bérini.

1976   FONDATION DE L'HEBDOMADAIRE *LE NORD* ❖ Grâce à 320 actionnaires de la région de Hearst, qui investissent chacun 50 $, les Presses du Nord-Est voient le jour et, le 24 mars 1976, le journal *Le Nord* est lancé. Paul Tanguay en est le premier rédacteur en chef. Au cours de sa première décennie, le journal couvre un vaste territoire et publie même un cahier pour ses lecteurs de Kapuskasing et des environs. Organe de la communauté, *Le Nord* se veut à l'écoute aussi bien des travailleurs de l'industrie du bois que des étudiants de l'Université de Hearst. Sous la direction d'Omer Cantin, l'entreprise développe la Librairie Le Nord et les Éditions cantinales.

25 mars

1593   NAISSANCE DU JÉSUITE JEAN DE BRÉBEUF ❖ Né en Basse-Normandie (France), Jean de Brébeuf est un missionnaire jésuite qui s'embarque en canot, en juillet 1626, pour franchir les 1 300 km qui séparent Québec du lac Huron. Il séjourne trois ans en Huronie, puis est obligé de rentrer en France. Brébeuf et ses compagnons fondent des missions et évangélisent les indigènes malgré une résistance croissante attribuable aux fléaux qui déferlent sur les Hurons (épidémies, famine, etc.). En 1640, la mission de Sainte-Marie est établie et, au printemps 1642, Jean de Brébeuf retourne à Québec, mais ce n'est que pour revenir chez les Hurons en septembre 1644, cette fois pour y rester.

Avant-poste le plus développé dans les Pays d'en haut, la mission de Sainte-Marie est attaquée par les Iroquois en 1648 et 1649. Jean de Brébeuf figure parmi les prêtres qui sont fait prisonniers et martyrisés (v. 16 mars).

1892   FONDATION DU JOURNAL *L'INDÉPENDANT DU CANADA* ❖ Sous-titré *journal agricole, commercial, industriel et politique*, cet organe d'information paraît à Windsor pour la première fois le 25 mars 1892. On y retrouve beaucoup de nouvelles étrangères et quelques articles, plus rares, sur les questions agricoles. Vraisemblablement de courte durée.

1910   FORTE OPPOSITION AUX ÉCOLES BILINGUES ❖ Quelques semaines avant d'être sacré évêque de London, Michael Francis Fallon écrit « qu'aucune autorité, sauf un ordre du Saint-Siège exprimé de la façon la plus formelle, ne m'amènera jamais à accepter de réduire une parcelle de mon opposition, tant publique que privée, à concéder le plus petit détail des demandes faites dans le Mémoire canadien-français », soit la reconnaissance par le gouvernement ontarien des écoles bilingues, telle qu'exigée par l'Association canadienne-française d'éducation de l'Ontario.

1949   NAISSANCE DE L'ATHLÈTE JEAN POTVIN ❖ Originaire d'Ottawa, Jean René Potvin est un joueur de hockey qui fait son entrée dans la Ligue nationale en 1970, avec les Kings de Los Angeles. Deux ans plus tard, il se joint aux Flyers de Philadelphie, puis il passe aux Islanders de New York en 1973 ; il évolue avec cette formation jusqu'en 1981, sauf durant une saison avec les North Stars du Minnesota (1978-1979). Lorsqu'il fait partie des Islanders, Jean Potvin joue aux côtés de son frère Denis. Il dispute 613 parties dans la Ligue nationale, marque 63 buts et réussit 224 passes.

26 mars

1939 CRÉATION DE LA FÉDÉRATION DES SOCIÉTÉS SAINT-JEAN-BAPTISTE DE L'ONTARIO ❖ La première Société Saint-Jean-Baptiste à voir le jour en

Ontario est créée à Ottawa en 1853. D'autres sociétés sont fondées à partir de 1872, et une Fédération des sociétés Saint-Jean-Baptiste de l'Ontario prend son essor à Ottawa le 26 mars 1939. Elle est incorporée en 1955, et ses principaux objectifs sont : « d'unifier l'Ontario français, c'est-à-dire la nationalité canadienne-française en Ontario ; de constituer, dans tout l'Ontario français, un organisme de cohésion et de coopération ; d'augmenter le nombre et l'importance des Sociétés Saint-Jean-Baptiste locales ; d'aider les Sociétés locales dans leur organisation et leur fonctionnement [...] ; d'accroître l'influence des Sociétés Saint-Jean-Baptiste par la collaboration et l'action concertée ; de coordonner les activités des Sociétés affiliées dans la poursuite de buts communs ; de servir d'agent de liaison de l'Ontario français avec la Fédération des Sociétés Saint-Jean-Baptiste de la province de Québec et les fédérations, sociétés ou associations semblables dans les autres provinces ».

1940 ÉLECTION FÉDÉRALE ❖ Lors du scrutin général tenu le 26 mars 1940, les candidats franco-ontariens suivants sont élus : Albert Pinard (Ottawa-Est), Élie Bertrand (Prescott), Alfred Goulet (Russell), Lionel Chevrier (Stormont), Raoul Hurtubise (Nipissing), Paul Martin (Essex-Est) et Joseph Bradette (Cochrane).

1945 NAISSANCE DE CLAUDETTE GRAVEL, ARTISTE ET ÉCRIVAINE ❖ Native de Joliette (Québec), Claudette Gravel est une artiste visuelle, une écrivaine et une animatrice à la radio de Radio-Canada, à Toronto. Ses expositions solos ont d'abord lieu à l'Atelier du Frère Jérôme, à Montréal (1986) et à la Salle Raymond-David de la Société Radio-Canada, également à Montréal (1989). Chaque année depuis 1994, Claudette Gravel expose ses acryliques sur toile, ses encres sur papier ou ses photographies à la Galerie Céline-Allard, de Toronto. Collaboratrice régulière à *Virages, la nouvelle en revue*, elle publie un recueil de nouvelles intitulé *Fruits de la passion*, en 2002.

27 mars
Journée mondiale du théâtre

1913 FONDATION DU QUOTIDIEN *LE DROIT* ❖ Lorsque le gouvernement de l'Ontario impose le Règlement XVII limitant l'enseignement en français (1912), les Franco-Ontariens montent aux barricades et s'engagent dans un combat épique. Une de leurs armes sera le quotidien *Le Droit*, fondé justement pour livrer une bataille en règle et dont la devise donnera le ton : *L'avenir est à ceux qui luttent*. La première édition paraît le 27 mars 1913 et le nouveau quotidien franco-ontarien est dirigé par un père oblat, Charles Charlebois (v. 4 novembre). En 1927, le Règlement XVII est relégué aux oubliettes, mais *Le Droit* continue de revendiquer une société équitable pour ses lecteurs francophones. Ceux-ci s'étendent aux quatre coins de la province et aussi en Outaouais québécois. Cette incursion du *Droit* en terre québécoise arrive à point car, sans délaisser la cause franco-ontarienne, le quotidien se doit de s'intéresser de plus en plus à sa clientèle québécoise croissante, qui deviendra d'ailleurs majoritaire dans l'après-guerre. La lutte scolaire refait surface au début des années 1960 lorsque les Franco-Ontariens revendiquent des écoles secondaires de langue française. *Le Droit* appuie ce combat et lance même une grande offensive ontarienne avec son édition du Nord, qui sera de courte durée. La vocation du journal est désormais régionale, sa masse de lecteurs provenant majoritairement de l'Outaouais québécois. En mai 1971, *Le Droit* devient l'un des premiers journaux au Canada à publier sur presses offset. Les Oblats vendent le quotidien au groupe UniMédia en mai 1983 et le nouveau propriétaire s'engage « moralement à conserver l'orientation francophone, l'inspiration chrétienne et le caractère apolitique du *Droit* ». En juin 1987, le groupe UniMédia lui-même passe aux mains de la multinationale canadienne Hollinger, dirigée par Conrad Black. Le 5 octobre 1987, *Le Droit* modifie fondamentalement sa présentation graphique et devient un quotidien du matin. En 2005, le journal est imprimé à 39 000 exemplaires et lu chaque jour par 150 000 personnes.

1927 NAISSANCE DE Mᴳᴿ EUGÈNE P. LAROCQUE
❖ Né à Windsor, Eugène Philippe LaRocque est
ordonné prêtre en 1952. Il obtient une maîtrise en
lettres françaises de l'Université Laval, est doyen au
King's College, de London, puis curé des paroisses
bilingues de Rivière-aux-Canards et de Tecumseh,
entre 1968 et 1974. Durant cette période, l'abbé
LaRocque siège à la Commission des écoles séparées d'Essex. Il est élu évêque d'Alexandria le
24 juin 1974, et sacré le 3 septembre suivant.
Mᴳʳ Eugène P. LaRocque demeure en poste
jusqu'au 17 juin 2002, devenant par la suite évêque
émérite du diocèse d'Alexandria-Cornwall.

28 mars

1890 NAISSANCE DE RENÉ LAMOUREUX, O.M.I.,
PÉDAGOGUE.❖ Originaire de Gardner (Mass.), René
Lamoureux est ordonné prêtre oblat à Ottawa en
1916. Fondateur de l'École normale de l'Université
d'Ottawa (1923), il en demeure le directeur pendant trente ans. En 1947, l'ACFEO lui décerne
l'Ordre du mérite scolaire à titre très méritant.
Décédé à Ottawa le 1ᵉʳ avril 1958. Le pavillon qui
abrite la Faculté d'éducation de l'Université
d'Ottawa porte aujourd'hui son nom.

1960 FONDATION DE L'UNIVERSITÉ LAURENTIENNE
❖ L'octroi, par l'Assemblée législative de l'Ontario,
d'une charte à l'Université Laurentienne de Sudbury
résulte d'initiatives prises par plusieurs collectivités
en vue de doter le Nord-Est de l'Ontario d'une
université. Les jésuites, qui avaient fondé le Collège
du Sacré-Cœur (v. 4 septembre 1913), créèrent
l'Université de Sudbury en 1957, suivis en cela par
les Églises unie et anglicane qui fondèrent leur
propre université. La loi du gouvernement provincial, en 1960, constitue en personne morale l'Université Laurentienne comme fédération bilingue où
sont représentées les Églises catholique romaine,
unie et anglicane. Lors d'une première assemblée
du Conseil des gouverneurs, Ralph D. Parker est
nommé président. L'Université s'installe dans des
locaux provisoires du centre-ville de Sudbury, où la
Faculté des arts et sciences et les divisions de génie,

d'administration des affaires et de sciences infirmières dispensent des cours. En 1963, après avoir
été affilié à l'Université de Sudbury depuis 1957, le
Collège universitaire de Hearst (v. 8 septembre)
devient un établissement membre de la fédération
de l'Université Laurentienne. En 1964, la construction de la phase initiale du campus de l'Université
sur son site actuel est complétée ; d'autres édifices
s'ajouteront au fil des ans.

1963 NAISSANCE DE PHILIPPE FLAHAUT, CHAN-
TEUR ❖ Originaire d'Épinay-sur-Seine (France),
Philippe Flahaut est arrivé au Canada en 1991.
Auteur-compositeur-interprète, il remporte le Prix
de la SOCAN pour sa chanson « Du café dans ma
tasse » lors de l'édition 1997 du concours Ontario
Pop. En 1999, Philippe Flahaut se classe premier
dans la catégorie d'auteur-compositeur-interprète
lors de ce même concours. De plus, sa chanson
« L'arbre du pendu » mérite le Prix de la SOCAN. En
mars 2002, il lance son premier album solo, *Le
Chien*, et en mars 2003 il reçoit le Trille Or de
l'auteur-compositeur par excellence lors du Gala de
la chanson et de la musique franco-ontariennes.
Son deuxième album, *Seul avec les autres*, paraît en
mars 2004.

29 mars

1867 LE DOMINION DU CANADA ❖ Adopté par
les deux Chambres du Parlement britannique,
l'Acte de l'Amérique du Nord britannique est signé
par la reine Victoria le 29 mars 1867 et entre en
vigueur le 1ᵉʳ juillet suivant. La nouvelle loi crée le
Dominion du Canada, groupant en confédération
quatre provinces : Québec, Ontario, Nouveau-
Brunswick et Nouvelle-Écosse. Avec sa population
la plus élevée, soit un million et demi d'habitants,
l'Ontario compte alors 82 députés sur les 181 sièges
du nouveau Parlement canadien. En 1867, les
Canadiens français de l'Ontario représentent environ 3 % de la population, soit 50 000 personnes.
Lors du recensement de 1871, l'Ontario enregistre
1 620 851 habitants, dont 4,7 % ou 75 383 sont
d'origine ethnique française.

1876 NAISSANCE DE MGR FÉLIX COUTURIER, O.P.
❖ Né à La Forie (France) d'un père français et
d'une mère anglaise, Félix Couturier est ordonné
prêtre dominicain en 1901. Prieur à Hawkesyard et
Pendleton (Angleterre), puis aumônier des troupes
anglaises en Égypte, il est sacré évêque le 27 avril
1919 et nommé visiteur apostolique en Égypte.
Rome le choisit comme évêque d'Alexandrie, mais
une erreur se glisse dans le bref de nomination
(Alexandria au lieu d'Alexandrie) et Mgr Couturier
est ainsi transféré à un siège épiscopal ontarien. Le
document signé par Benoît XV, en date du 23 juin
1921, n'est pas modifié et le nouvel évêque prend
possession de son diocèse le 24 août suivant. Après
vingt ans d'épiscopat en terre ontarienne, il meurt
à Alexandria le 27 juillet 1941.

1946 NAISSANCE DE L'ATHLÈTE JEAN PAYETTE ❖
Originaire de Cornwall, Jean Laurent Payette est
un joueur de centre qui lance de la gauche. Il fait
son entrée dans la Ligue nationale de hockey en
1972 et évolue alors avec les Nordiques de Québec.
Selon les statistiques officielles, Payette joue pendant
deux saisons, dispute 112 parties, marque 19 buts et
réussit 40 passes.

30 mars

1883 LA PREMIÈRE MESSE DANS LE NOUVEL-
ONTARIO ❖ Le missionnaire jésuite Joseph Specht
célèbre la première messe au nord de Mattawa, sur
l'emplacement de la future ville de Sudbury, alors
nommée Sainte-Anne-des-Pins.

1901 NAISSANCE DE FÉLIX-HENRI TRUDEAU,
ENTREPRENEUR ❖ Natif de Malone (New York),
Félix-Henri Trudeau étudie au Collège de Valleyfield et à l'École des Hautes Études commerciales de
Montréal. Comptable dès l'âge de 17 ans, il est
gérant de plusieurs banques avant de s'installer à
Kirkland Lake où il fait construire un immeuble à
magasin et à logements. Copropriétaire de l'Hôtel
Capitol, F.-H. Trudeau cofonde la Société de
cinéma Rousson-Trudeau en 1938 et crée la compagnie d'assurances Trudeau-Guimond, qu'il vend

en 1957 pour fonder la compagnie Earlton Lumber
Supply, avec Wilfrid Paiement. Très actif dans de
nombreuses associations patriotiques et religieuses,
F.-H. Trudeau est tour à tour président régional de
l'ACFEO (1932-1957), conseiller du canton de Teck
(1941-1942), membre du conseil d'administration
de l'ACFEO (1950-1955) et président des Clubs
Richelieu de Kirkland Lake et de North Bay. Il participe à la création de caisses populaires et de
coopératives dans le Nord-Est ontarien et est décoré
de l'Ordre du mérite scolaire franco-ontarien en
1954. Il meurt à Ottawa le 31 octobre 1978.

1955 NAISSANCE DE ROBERT BELLEFEUILLE,
HOMME DE THÉÂTRE ❖ Né à Alexandria, Robert
Bellefeuille est dramaturge, comédien, metteur en
scène et directeur artistique. En 1979, il cofonde le
Théâtre de la Vieille 17 avec Jean Marc Dalpé, Roch
Castonguay et Lise L. Roy. Depuis plus de vingt ans,
il en assume la direction artistique. Auteur, entre
autres, de *Petite Histoire de poux*, il est coauteur de
plusieurs pièces, dont *Les Murs de nos villages*, *Le
Nez*, *Les Rogers*, *La Visite*, *Folie furieuse*, *Exils* et
Mentire. *Le Nez*, coécrit avec Isabelle Cauchy, remporte le très convoité prix Chalmers en 1983.
Comédien, Bellefeuille joue dans de nombreuses
productions, notamment *Nickel*, de Jean Marc
Dalpé et Brigitte Haentjens, *Les Rogers*, qu'il coécrit
avec Jean Marc Dalpé et Robert Marinier, *Soirée
bénéfice pour tous ceux qui ne seront pas là en l'an
2000*, de Michel Marc Bouchard, *À propos de la
demoiselle qui pleurait*, d'André Jean, *La Trilogie des
dragons*, *National Capitale nationale* et *Lucky Lady*,
de Jean Marc Dalpé. Robert Bellefeuille signe aussi
un grand nombre de mises en scène, dont celles de
Baroufe à Chiaggia, de Carlo Goldoni (1993),
Mentire, de Louis-Dominique Lavigne et Robert
Bellefeuille (1998), *Maïta*, d'Esther Beauchemin
(2000), et *Épinal*, de Robert Marinier (2002).

31 mars

1838 LORD DURHAM ENQUÊTE DANS LE HAUT ET
LE BAS-CANADA ❖ Suite aux rébellions de 1837 et
de 1838, le gouvernement impérial nomme John

George Lambton, premier comte de Durham, au poste de capitaine général et de gouverneur en chef de toutes les provinces en Amérique du Nord. Il est doté de pouvoirs absolus et chargé d'enquêter sur tous les aspects des affaires publiques. Durham est au Canada de mai à novembre 1838. Son rapport (v. 18 novembre) recommandera l'anglicisation des Canadiens français.

1892 NAISSANCE DE ROBERT LAURIER, DÉPUTÉ ET MINISTRE ❖ Originaire d'Arthabaska (Québec), Robert Laurier est le neveu de sir Wilfrid Laurier. Il étudie le droit à Osgoode Hall et s'établit à Ottawa. Nommé ministre provincial des Mines dans le gouvernement libéral de Gordon Daniel Conant en octobre 1940, Robert Laurier se fait élire député d'Ottawa-Est le mois suivant lors d'une élection complémentaire. Réélu en 1943, il siège alors dans l'opposition.

1912 FONDATION DE LA PREMIÈRE CAISSE POPULAIRE DE L'ONTARIO ❖ La Caisse populaire Sainte-Anne d'Ottawa est la plus ancienne caisse en Ontario. Le 15 février 1912, Alphonse Desjardins, le fondateur du mouvement coopératif Desjardins, affirmait à des Canadiens français rassemblés à Ottawa que « si nous ne sommes pas millionnaires, devenons au moins un peuple millionnaire ». Fondée par Wilfrid C. Labelle et la Société Saint-Jean-Baptiste, la Caisse Sainte-Anne devient, au cours des années 1980, la Caisse populaire Sainte-Anne-Laurier, née de la fusion de cinq caisses populaires différentes : la Caisse Sainte-Anne, la Caisse Laurier (autrefois Sacré-Cœur), la Caisse Montfort, la Caisse Saint-Thomas d'Aquin et la Caisse de Pembroke. Depuis 2005, ces centres de services sont affiliés, soit à la Caisse populaire Notre-Dame d'Ottawa, soit à la Caisse populaire Trillium.

1958 ÉLECTION FÉDÉRALE ❖ Lors du scrutin général tenu le 31 mars 1958, les candidats franco-ontariens suivants sont élus : Jean-Thomas Richard (Ottawa-Est), Osie Villeneuve (Glengarry-Prescott), Joseph-Omer Gour (Russell), Osias Godin (Nickel Belt), Paul Martin (Essex-Est) et Joseph-Anaclet Habel (Cochrane). Lors de cette élection générale, la vague conservatrice du premier ministre John Diefenbaker a un impact sur le vote dans les circonscriptions où on retrouve un large contingent d'électeurs francophones. Dans le comté de Stormont, le député sortant, Albert Lavigne, est défait ; Joseph-Anaclet Habel est élu de justesse dans Cochrane et Paul Martin voit sa majorité réduite de 10 000 voix dans Essex-Est.

JANVIER

FÉVRIER

MARS

AVRIL

MAI

JUIN

JUILLET

AOÛT

SEPTEMBRE

OCTOBRE

NOVEMBRE

DÉCEMBRE

AVRIL

1958 FONDATION DU MENSUEL *LES NOUVELLES FRANÇAISES DE TORONTO* ❖ Organe de liaison et d'entraide, d'une part, et instrument d'information, d'autre part, *Les Nouvelles françaises de Toronto* entend coordonner les efforts des différentes associations francophones de la ville-reine. Dès la première livraison, il est question de la programmation du Ciné-club français de Toronto, de la présentation du mime Marcel Marceau au Royal Alexandra Theatre et de la pièce Bichon jouée par Les Tréteaux de Paris à Hart House Theatre.

1980 PUBLICATION DU RECUEIL *LES MURS DE NOS VILLAGES* ❖ Jean Marc Dalpé publie son premier livre en avril 1980 : le recueil de poésie *Les Murs de nos villages* paraît aux Éditions Prise de parole, de Sudbury.

1995 LANCEMENT DE LA REVUE *REFLETS* ❖ Revue ontaroise d'intervention sociale et communautaire, publiée par les Presses de l'Université Laurentienne à Sudbury, *Reflets* paraît pour la première fois au printemps 1995. L'objectif principal de la revue consiste à susciter chez les intervenants et intervenantes francophones une réflexion sur les diverses pratiques sociales et communautaires en Ontario. De 1995 à 2003, la revue paraît deux fois l'an, puis une fois l'an à partir de 2004. Ce sont surtout des professeurs de l'École de service social de l'Université Laurentienne, de l'École de service social de l'Université d'Ottawa et du Collège universitaire Glendon de l'Université York qui collaborent à ce périodique, de même que des partenaires communautaires tels que le Centre ontarien d'information en prévention.

1er avril

1853 NAISSANCE DE MGR JOSEPH-MÉDARD ÉMARD ❖ Originaire de Saint-Constant (Québec), Joseph-Médard Émard est ordonné prêtre le 8 juin 1876 et remplit diverses fonctions dans le diocèse de Montréal. Il est élu premier évêque de Valleyfield et sacré le 9 juin 1982. Le pape Pie XI le nomme archevêque d'Ottawa le 2 juin 1922. Mgr Émard occupe ce poste jusqu'à sa mort, le 28 mars 1927.

1878 FONDATION DU JOURNAL *LE JEUNE ÂGE* ❖ Bimensuel créé par François-Xavier Boileau, *Le Jeune âge* paraît à Ottawa pendant quelques mois seulement.

1888 NAISSANCE DE L'AGRONOME FERDINAND LAROSE ❖ Né à Sarsfield, Ferdinand Larose est un agronome diplômé de l'Institut agricole d'Oka (Québec). En 1919, il entre au service du ministère de l'Agriculture de l'Ontario à titre de conseiller agricole pour les comtés unis de Prescott et Russell. La région de Bourget ressemble alors à un désert car les magnats de l'industrie du bois exportent massivement le bois équarri vers l'Angleterre et les États-Unis. Ferdinand Larose comprend immédiatement le besoin urgent d'élaborer un plan de régénération de la forêt pour la région du *désert Bourget*. Pour protéger les terres agricoles contre l'érosion et pour récupérer les terres sablonneuses en friche, Larose commence à planter des arbres de façon expérimentale en 1921. Ce n'est qu'en 1928 que les premiers semis de pins sont plantés sur 40,5 hectares de sable soufflé par le vent. L'agronome Ferdinand Larose prend sa retraite en 1950 et meurt le 29 janvier 1955 à Montréal. Aujourd'hui, la forêt Larose s'étend sur 10 540 hectares (26 044 acres) et constitue la deuxième plus grande forêt aménagée en Amérique du Nord. Elle est une forêt faunique (82 espèces d'oiseaux), un lieu de récréation et un laboratoire de recherche en foresterie.

1929 NAISSANCE DU DÉPUTÉ MAURICE BOSSY ❖ Natif d'Orford, Maurice Louis Bossy est un agriculteur qui se fait élire député libéral dans le comté de Kent lors des élections fédérales de 1980. Il est nommé secrétaire parlementaire du ministre des Approvisionnements et des Services de mars à septembre 1982, puis secrétaire parlementaire du Secrétaire d'État d'octobre 1982 à février 1984. Défait lors du scrutin fédéral de 1984, il se fait élire député libéral de Chatham-Kent lors des élections provinciales de 1985 et est réélu en 1987. Il assume les fonctions de secrétaire parlementaire du ministre du Logement, de 1987 à 1988. Il remplit les mêmes fonctions auprès du ministre responsable des personnes handicapées, de 1989 à 1990.

2005 LANCEMENT DE LA REVUE *NOUVELLES PERS-PECTIVES EN SCIENCES SOCIALES* ❖ Les Éditions Prise de parole annoncent la parution d'une revue internationale de systémique complexe et d'études relationnelles. Intitulée *Nouvelles Perspectives en sciences sociales*, cette revue est lancée à Sudbury dans le cadre de la journée de l'Association canadienne-française pour l'avancement des sciences. *Nouvelles Perspectives en sciences sociales* accompagne les chercheurs qui osent s'aventurer dans de nouveaux espaces des sciences sociales. Elle prend une double orientation théorique, celle de la systémique complexe et celle de l'analyse relationnelle. Le premier rédacteur en chef est Ali Reguigui, de l'Université Laurentienne.

2 avril

1847 NAISSANCE DE L'ÉCRIVAIN RÉMI TREMBLAY ❖ Né à Saint-Barnabé (Québec), Rémi Tremblay est un journaliste qui exerce son métier tour à tour en Nouvelle-Angleterre, à Montréal et à Ottawa. Il collabore à divers journaux, dont *Le Pionnier* de Sherbrooke, *La Gazette* de Joliette, *Le Courrier* de Montréal, *La Justice* (Québec), *L'Indépendant* (Fall River, Mass.), *L'Opinion publique* (Worcester, Mass.), *La Presse, La Patrie* et *La Revue nationale* (Montréal). Nommé traducteur à la Chambre des communes, Rémi Tremblay s'installe à Ottawa en 1896. Il publie un roman biographique, *Un Revenant* (1884), des mémoires, des pièces de théâtre et des recueils de poésie, dont *Coups d'ailes et coups de bec* (1888) et *Boutades et rêveries* (1893). Décédé à Pointe-à-Pitre (Guadeloupe), le 30 janvier 1926.

1903 NAISSANCE DE LIONEL CHEVRIER, DÉPUTÉ ET MINISTRE ❖ Né à Cornwall, Lionel Chevrier est un avocat à la fois membre du barreau de l'Ontario (1928) et du Barreau du Québec (1957). Candidat libéral dans le comté fédéral de Stormont en 1935, il est élu, puis réélu en 1940, 1945, 1949 et 1953. Le premier ministre Mackenzie King le nomme ministre des Transports en 1945, poste qui est par la suite confirmé par Louis Saint-Laurent. En 1954, Lionel Chevrier quitte temporairement la politique pour devenir le premier président de la Voie maritime du Saint-Laurent. Quelques mois avant les élections de 1957, il est nommé président du Conseil privé, puis il se fait élire dans le comté fédéral de Montréal-Laurier. De 1963 à 1964, l'honorable Lionel Chevrier est ministre de la Justice. En quittant définitivement la politique, le 2 février 1964, il embrasse la carrière diplomatique et devient haut commissaire du Canada en Grande-Bretagne (1964-1967), puis ambassadeur et commissaire général des visites d'État lors du centenaire de la Confédération canadienne (1967). Commandeur de l'Ordre de Saint-Grégoire-le-Grand (1958), compagnon de l'Ordre du Canada (1968), Grand-Croix de l'Ordre international du Bien Public (1974), il meurt le 8 juillet 1987.

1908 FONDATION DU JOURNAL LE COURRIER ❖ Hebdomadaire de Windsor et de Détroit, *Le Courrier* se veut « une feuille où tout le monde se coudoie sans égard au drapeau politique ». François-Xavier Chauvin en est le rédacteur et il précise que les principes du journal sont ceux établis par l'Église catholique : « En religion surtout nous sommes inébranlables. » Sur la question scolaire, *Le Courrier* invite le député et ministre J.-Octave Réaume à réclamer des réformes qui permettront aux Canadiens français de vivre dans la paix et l'harmonie. Ministre des Travaux publics dans le gouvernement Whitney, Réaume choisit plutôt d'appuyer le Règlement XVII.

1910 NAISSANCE DU SPORTIF CHARLES SAINT-GERMAIN ❖ Né à Ottawa, Charles Saint-Germain siège au conseil municipal de sa ville pendant 25 ans et joue un rôle clé dans le développement des sports et des loisirs. C'est grâce à lui que de nombreux centres communautaires et sportifs ouvrent leurs portes. Surnommé *Monsieur Récréation*, il est lui-même un athlète accompli qui pratique le hockey, la boxe et le football. Décédé à Ottawa le 25 mai 1980.

3 avril

1861   FONDATION DU JOURNAL *LE COURRIER D'OTTAWA* ❖ Publié pendant environ trois ans, *Le Courrier d'Ottawa* est un hebdomadaire qui a pour devise : *Les peuples se déplacent quelques fois, mais ne s'anéantissent jamais.* Le rédacteur est le docteur J.-E. Dorion, qui prend soin de noter que le journal sera indépendant de tous les partis politiques.

1866   ARRIVÉE DES SŒURS DU BON-PASTEUR D'ANGERS EN ONTARIO ❖ Congrégation fondée en France en 1641, pour s'occuper de jeunes filles et de femmes en difficulté, les Sœurs du Bon-Pasteur d'Angers arrivent au Canada en 1844. Elles ouvrent un refuge à Ottawa en avril 1866 et y œuvrent pendant plus de cent ans. Leur imposant édifice de la rue Saint-André deviendra l'ambassade de Chine au Canada. La présence des religieuses du Bon-Pasteur d'Angers en Ontario français se limite à la ville d'Ottawa ; on retrouve des consœurs de langue anglaise à Toronto, Windsor et Queensville.

1902   NAISSANCE DU DÉPUTÉ LOUIS MATHIAS AUGER ❖ Natif de Contrecœur (Québec), Louis Auger suit ses parents à Hawkesbury et devient enseignant. Il se fait élire député fédéral de Prescott, en 1926, sous la bannière libérale. Louis Auger démissionne le 21 mars 1929, puis se présente de nouveau dans le comté de Prescott lors des élections de 1935, en tant que candidat libéral indépendant. Il est défait mais se fait élire maire de Hawkesbury en 1936. Au cours de son mandat comme député à la Chambre des communes, Louis Mathias Auger est accusé d'avoir violé Laurence Martel, une jeune fille cherchant un emploi dans l'administration fédérale. La cause passe cinq fois devant un tribunal, et Auger est finalement condamné à deux ans d'emprisonnement au pénitencier de Kingston.

1939   NAISSANCE DE L'ARTISTE ADRIEN ASSELIN ❖ Natif de Saint-Gervais-de-Bellechasse (Québec),

Adrien Asselin est un artiste visuel établi à Hawkesbury. Guidées par l'univers poétique et cosmique, ses œuvres sont d'abord exposées dans le réseau des galeries éducatives de Pro-Arts dès 1984, puis dans les centres culturels de Hawkesbury, Orléans, Rockland et Timmins. Il présente des expositions solos à la Galerie du Nouvel-Ontario (1989) et à la Galerie Claude Lafitte, de Montréal (1991). Adrien Asselin participe aussi à deux expositions internationales, l'une à Miami (Floride) en 1992, l'autre à Chicago (Illinois) en 1993.

4 avril

1890   TOUTES LES ÉCOLES SERONT ANGLAISES ❖ La loi scolaire impose la langue anglaise comme langue de communication dans toutes les écoles de l'Ontario, à moins que l'élève ne comprenne pas cette langue.

1954   NAISSANCE DE RICHARD DESCHÂTELETS, ATHLÈTE ❖ Originaire de Sturgeon Falls, Richard Deschâtelets se distingue dans la lutte gréco-romaine. Médaillé d'or en 1978 aux Jeux du Commonwealth dans la catégorie des 82 kilos et médaillé de bronze aux Jeux panaméricains de 1979 dans la catégorie des 90 kilos, il remporte la Coupe du monde en 1980 et 1982 dans la catégorie des 100 kilos. Médaillé d'or au Jeux du Commonwealth en 1982, Richard Deschâtelets reçoit la Médaille du Gouverneur du Canada en 1983.

1979   ROGER CARON REÇOIT LE PRIX DU GOU-VERNEUR GÉNÉRAL ❖ Né à Cornwall en 1938, Roger Caron demeure l'un des voleurs de banques les plus notoires au Canada. Il passe vingt-trois ans derrière les barreaux pour vols à main armée et réussit à s'échapper treize fois, bien que toujours repris par la justice. *Mad Dog Caron*, comme les médias le surnomme, écrit son autobiographie intitulée *Go-Boy: Memories of a Life Behind Bars* (1978) et remporte le Prix du Gouverneur général dans la catégorie non-fiction. Traduit sous le titre *Roger Caron, n° 9033 : récit d'une vie passée derrière les barreaux* (1978), l'ouvrage rend son auteur célèbre ; les versions française et anglaise se vendent à plus de 700 000 exemplaires et le livre est porté à l'écran par Paradox Pictures. Roger Caron publie trois autres ouvrages racontant sa vie en milieu carcéral : *Bingo !* (1985), *Jojo* (1988) et *Le Vol du siècle* (1994). Ancien prisonnier modèle pendant quelques années et conférencier très en demande, l'auteur développe une dépendance à la cocaïne, puis est atteint de la maladie de Parkinson. Il plonge de nouveau dans le monde du crime et commet des vols de banques. Après de nombreux démêlés avec la justice, Caron est condamné pour six vols à main armée (1992), acquitté pour attentat à la pudeur (1996), condamné pour possession d'armes à feu (2001) et acquitté pour vols de banques et d'un magasin à Toronto (2005).

5 avril

1868   NAISSANCE DE RODOLPHE CHEVRIER, MÉDECIN ET ÉCRIVAIN ❖ Originaire d'Ottawa, Rodolphe Chevrier pratique la médecine dans sa ville natale à partir de 1891, d'abord comme chirurgien en chef à l'Hôpital général d'Ottawa, puis comme premier directeur médical de l'Hôpital Saint-Vincent-de-Paul. Collaborateur aux périodiques *Le Monde illustré*, *Le Glaneur* et *Le Canada*, il publie *Tendres Choses* en 1892. Il est le premier Canadien français né en Ontario à avoir publié un recueil de poésie. Décédé le 11 février 1949.

1870   NAISSANCE DU DÉPUTÉ GEORGES TISDELLE ❖ Né à Louiseville (Québec), Georges Alphonse Tisdelle s'établit à Tilbury et assume la fonction de préfet du canton de Tilbury-Nord pendant neuf ans. Élu député provincial d'Essex-Nord lors du scrutin de 1919, Tisdelle est le seul député francophone du Parti des Fermiers unis. Il siège à Queen's Park pendant un seul mandat.

1898   NAISSANCE DE PHILIPPE CHAUVIN ❖ Né à Pointe-aux-Roches, Philippe Chauvin joue un rôle clé dans le développement de sa communauté. Ardent militant dans le mouvement coopératif, il encourage la fondation de la Coopérative agricole

de Pointe-aux-Roches et jette les bases de la Caisse populaire de Pointe-aux-Roches. Il est aussi un membre actif de la Société Saint-Jean-Baptiste de l'Ouest d'Ontario. Décédé le 14 novembre 1987.

1933   NAISSANCE DE MGR GILLES CAZABON, O.M.I. ❖ Originaire de Verner, Gilles Cazabon est ordonné prêtre oblat le 11 juin 1960. Professeur, puis doyen de la Faculté de philosophie de l'Université d'Ottawa (1961-1973), il est tour à tour supérieur provincial des Oblats (1973-1979), recteur du Séminaire universitaire Saint-Paul (1980-1986) et vicaire général de la Congrégation des Oblats de Marie-Immaculée à Rome (1986-1992). Il est élu évêque de Timmins le 13 mars 1992 et sacré le 29 juin suivant. Monseigneur Gilles Cazabon est muté au siège épiscopal de Saint-Jérôme (Québec) le 20 février 1998.

1960   NAISSANCE DE L'ATHLÈTE YVES ROUSSEAU ❖ Natif de Blind River, Yves Rousseau s'entraîne au biathlon, une discipline qui combine le ski de fond et le tir à la carabine. C'est dans cette discipline d'endurance, de vitesse et de précision qu'il décroche le titre de champion nord-américain au relais 4 × 7,5 kilomètres, en 1984. Il obtient aussi une médaille de bronze aux 10 kilomètres. Le titre de champion national lui appartient lors de compétitions sur des distances de 10 et 20 kilomètres et lors de courses aux relais.

1980   FONDATION DU JOURNAL *LE POINT* ❖ Fondé par Suzanne Massie, Denis Bertrand, Chantal Périard et Ginette Girard, cet hebdomadaire publié à Alexandria se veut au service de la population francophone du comté de Glengarry.

6 avril

1865   NAISSANCE DE L'ENTREPRENEUR ET DÉPUTÉ ZOTIQUE MAGEAU ❖ Originaire de Sainte-Julienne (Québec), Zotique Mageau grandit dans l'Est ontarien et s'établit à Sturgeon Falls où il ouvre un magasin général en partenariat avec son beau-frère J.-E. Serré. En 1914, Mageau met sur pied Field

Lumber en s'associant avec J. Vézina et U. Lamarre, le premier, propriétaire d'une scierie, l'autre, d'un magasin. En 1919, l'entreprise devient Mageau Lumber et une manufacture est construite : cette dernière sera victime de deux incendies en sept ans. Zotique Mageau s'intéresse à la politique : échevin et maire de Sturgeon Falls pendant dix ans, il se fait élire député provincial de Sturgeon Falls, sous la bannière libérale, en 1911, 1914, 1919 et 1923.

1932   NAISSANCE D'EUGÈNE BELLEMARE, DÉPUTÉ ❖ Né à Ottawa, Eugène Bellemare est un enseignant et administrateur scolaire qui se fait élire conseiller municipal de Gloucester (1970-1988), puis député fédéral de Carleton-Gloucester en 1988, sous la bannière libérale. Réélu en 1993, 1997 et 2000, il est nommé secrétaire parlementaire du ministre de la Coopération internationale (1999-2001). Membre du Comité permanent des langues officielles, Eugène Bellemare est tour à tour vice-président du Comité permanent de l'industrie et du Comité permanent du développement des ressources humaines et de la condition des personnes handicapées. Lors des élections fédérales de 2004, Eugène Bellemare ne réussit pas à obtenir l'investiture libérale et met fin à sa carrière politique.

1944   NAISSANCE DU DÉPUTÉ GUY LAUZON ❖ Originaire de St. Andrews West, Guy Lauzon a travaillé pour les compagnies Domtar et Courtaulds, à Cornwall, avant de devenir directeur des ventes pour l'Assurance-vie Métropolitaine, puis employé du ministère du Développement des ressources humaines du Canada et, enfin, directeur général de la corporation Protéine Tri-County. Il s'intéresse à la politique et se présente comme candidat de l'Alliance canadienne, en 2000, dans la circonscription de Stormont-Dundas-Charlottenburgh. Défait, il revient à la charge en 2004, sous la bannière du nouveau Parti conservateur du Canada, et est élu dans le comté remodelé de Stormont-Dundas-Glengarry Sud. Au lendemain des élections du 28 juin 2004, Guy Lauzon demeure le seul député francophone à faire partie de l'équipe de Stephen Harper.

1949   NAISSANCE DU DÉPUTÉ RÉGINALD BÉLAIR ❖ Natif de Hearst, Réginald Bélair est un administrateur qui se fait élire député fédéral de Cochrane Supérieur en 1988, sous la bannière libérale. Il est réélu en 1993, 1997 et 2000, mais le nom du comté devient Timmins-Baie James à partir de 1997. Nommé secrétaire parlementaire du ministre des Travaux publics et des Services gouvernementaux (1994-1996), Réginald Bélair est vice-président des comités pléniers de 2001 à 2004, année où il quitte la scène politique fédérale. Il a publié deux recueils de poésie : *Éclipses* (1973) et *Semences* (1984).

7 avril
Journée mondiale de la santé

1802   NAISSANCE DE PIERRE POINT, S.J., MISSION-NAIRE ❖ Né à Rocroy (France), Pierre Point est ordonné prêtre jésuite en 1826, puis envoyé comme missionnaire au Canada en 1830. Supérieur de la mission de l'Assomption (Windsor), de 1843 à 1859, il établit treize écoles dans les comtés de Kent et d'Essex et contribue à la construction du Collège de l'Assomption (future Université de Windsor). Décédé à Montréal le 19 septembre 1896.

1942   NAISSANCE DE L'ÉCRIVAIN JEAN M. FAHMY ❖ Originaire du Caire (Égypte), Jean Mohsen Fahmy entre à la fonction publique fédérale, à Ottawa, en 1974. Nommé analyste principal à la Direction générale des politiques ministérielles au Secrétariat d'État, en 1985, il fait partie de l'équipe chargée de la rédaction de la *Loi sur le multiculturalisme canadien*. À partir de 1989, Jean Fahmy travaille au Commissariat aux langues officielles. Auteur de romans, essais et articles d'analyse politique et littéraire, il publie *Voltaire et l'amitié* (1972), *Le Désert et le Loup* (1985), *Amina et le mamelouk blanc* (1998) et *Ibn Khaldoun : l'honneur et la disgrâce* (2002, Prix du livre d'Ottawa).

1951   NAISSANCE DU DÉPUTÉ BENOÎT SERRÉ ❖ Natif de Field, Benoît Serré est tour à tour comptable, enseignant et homme d'affaires. Il est candidat libéral lors des élections fédérales de 1988, dans le comté de Timiskaming, mais subit la défaite. Élu lors du scrutin de 1993 dans le comté de Timiskaming-French River, Serré est réélu en 1997 et 2000 dans le même comté, qui porte alors le nom de Timiskaming-Cochrane. Nommé secrétaire parlementaire du ministre des Ressources naturelles (2000-2003), il assume aussi la vice-présidence du Comité permanent des ressources naturelles et des opérations gouvernementales et du Comité mixte permanent des langues officielles.

8 avril

1712   NAISSANCE DE PIERRE POUCHOT, DRAMATURGE ❖ Originaire de Grenoble (France), Pierre Pouchot est un ingénieur militaire qui arrive en Nouvelle-France en 1755. Il commande le fort Niagara (1759) et ses *Mémoires sur la dernière guerre de l'Amérique septentrionale* (1781) relatent le siège des forts Niagara et Lévis, ainsi que ses impressions sur les mœurs des amérindiens. Ce qui est moins connu, c'est que Pierre Pouchot a présenté des pièces de théâtre pour divertir les soldats mobilisés au fort Niagara. En 1757, il aurait même écrit et fait jouer *Le Vieillard dupé*, première création dramatique en *terre ontarienne*. Pierre Pouchot peut donc être considéré comme le premier dramaturge *franco-ontarien*. Il est décédé en Corse le 8 mai 1769.

1914   NAISSANCE DE L'ÉCRIVAINE CLAIRE MARTIN ❖ Née à Québec (Québec), Claire Martin vit à Ottawa de 1945 à 1972. Elle est écrivaine en résidence à l'Université d'Ottawa. Après un séjour de dix ans en France (1972-1982), elle retourne à Québec. Elle reçoit le prix Cercle du livre de France en 1958 pour *Avec ou sans amour*, le Prix du Gouverneur général et le Prix du Concours littéraire du Québec en 1966 pour *Dans un gant de fer*. Elle devient présidente de la Société des écrivains canadiens en 1962 et membre de la Société royale du Canada en 1967. La même année, elle est lauréate du Prix du Gouverneur général du Canada pour *La Joue droite*. En 1984, Claire Martin devient officier de l'Ordre du

Canada, puis compagnon en 2001. Elle remporte le Prix des abonnés de la Bibliothèque de Québec, en 2000, pour *Toute une vie* et reçoit une Médaille de l'Académie des lettres du Québec.

1915   LA *PETITE COMMISSION SCOLAIRE* D'OTTAWA ❖ Ministre intérimaire de l'Éducation, George Howard Ferguson obtient de l'Assemblée législative de l'Ontario le droit de remplacer les membres élus du Conseil des écoles séparées d'Ottawa par une *petite commission* de trois membres disposés à mettre en vigueur le Règlement XVII.

1963   NAISSANCE DE LA DÉPUTÉE SHELLEY MARTEL ❖ Originaire de Sudbury, Shelley Martel est la fille de l'ancien député Élie Martel (v. 26 novembre) et l'épouse de Howard Hampton, chef du Nouveau Parti démocratique de l'Ontario. Élue députée provinciale de Nickel Belt en 1987, sous la bannière néo-démocrate, elle est réélue en 1990, 1995, 1999 et 2003. Ministre du Développement du Nord et des Mines (1990-1995) et leader parlementaire dans le gouvernement de Bob Rae, elle assume par la suite les fonctions de critique néo-démocrate en matière de Santé.

9 avril

1947   NAISSANCE DU JUGE ROBERT FOURNIER ❖ Natif de Sainte-Germaine-Boulé (Québec), Robert Fournier est admis au barreau de l'Ontario en 1973, pratique le droit à Iroquois Falls et est procureur de la Couronne à Kapuskasing de 1980 à 1985. Il devient juge de la Cour provinciale, division criminelle et familiale, pour le district de Temiskaming en juin 1985.

1953   NAISSANCE DE L'ÉCRIVAINE LISE-ANNE PILON-DELORME ❖ Originaire de Sainte-Anne-de-Bellevue (Québec), Lise-Anne Pilon-Delorme s'installe à Wendover en 1978 et devient agricultrice et auteure de livres pour la jeunesse. Elle publie *La Naissance de Frimousse, le petit veau* (1992), *Un Noël vert à la ferme* (1995), *Le Traîneau du père Noël* (1996), *Mission étoiles filantes* (1998), *L'enfant qui n'avait pas de nom* (1999) et *Frimousse à la foire* (2000). Lise-Anne Pilon-Delorme reçoit l'Ordre de la francophonie de Prescott-Russell en 2000.

10 avril

1902   Naissance de Robert Gauthier, éduca-teur ❖ Natif de Cap-Chat (Québec), Robert Gauthier mène une carrière d'éducateur en Ontario pendant plus de quarante ans. Inspecteur d'écoles dans les régions de Cochrane (1927) et de Windsor (1928-1937), il est nommé directeur de l'enseignement français au ministère de l'Éducation de l'Ontario (1937-1964). Initiateur du Concours provincial de français (1938), des cours par correspondance en français et des jardins d'enfants en Ontario, Robert Gauthier est le fondateur de l'Association des enseignants franco-ontariens (1939). Professeur de littérature française à l'Université des Antilles (1964-1966), il termine sa brillante carrière au service de l'inspection dans les écoles de langues de la fonction publique du Canada. Officier d'Académie de la République française (1948), officier de l'Ordre de la Société du bon parler français (1952), membre de la Société royale du Canada (1957), membre de l'Ordre du Canada (1978), membre de l'Ordre de la fidélité française (1984), Robert Gauthier a pu-blié *Questions de langue, question de fierté* (1993). Il est décédé à Ottawa le 25 mars 2001.

1906   Naissance du sportif Henri Laperrière ❖ Né à Ottawa, Henri Laperrière s'intéresse à la lutte, au hockey, au base-ball et aux quilles. On le retrouve sur les terrains de jeux et les patinoires à titre d'arbitre, mais c'est surtout en matière de journalisme qu'il se distingue, passant cinquante ans au journal *Le Droit* en tant que chroniqueur. Personnalité sportive de l'année à plusieurs reprises, Henri Laperrière siège au conseil d'administration du Temple de la renommée sportive de l'Ottawa métropolitain et y fait entrer plusieurs athlètes francophones. Décédé à Orléans le 11 novembre 1990.

1915   Naissance de l'athlète Joffre Désilets ❖ Originaire de Capreol, Joffre Wilfrid Désilets est un ailier droit qui fait son entrée dans la Ligue nationale de hockey en 1935, avec les Canadiens de Montréal. Il participe aux séries éliminatoires de 1936-1937 et de 1937-1938, puis passe dans le camp des Black Hawks de Chicago, évoluant avec cette formation de 1938 à 1940. Au total, Désilets dispute 199 joutes dans la Ligue nationale, marque 38 buts et réussit 45 passes.

1999   Plein feu sur La Nouvelle Scène ❖ Centre francophone de théâtre à Ottawa, La Nouvelle Scène ouvre ses portes le 10 avril 1999. Elle abrite le Théâtre du Trillium, le Théâtre de la Vieille 17, la Compagnie Vox Théâtre et le Théâtre la Catapulte. Lieu de diffusion pour ces compa-gnies, La Nouvelle Scène offre aussi une program-mation multidisciplinaire de musique et chanson, de littérature et poésie, de danse, d'arts visuels et de cinéma. La communauté francophone d'Ottawa investit plus d'un demi-million de dollars dans cette maison de la culture franco-ontarienne. La Nouvelle Scène et ses quatre compagnies résidentes ont un budget de fonctionnement de 2,2 millions de dollars. Au cours d'une année, on y présente plus de 160 représentations. Au fil des ans, La Nouvelle Scène accueille des événements culturels d'envergure tels que les IVes Jeux de la Franco-phonie, le Festival Danse Canada, le Festival de théâtre des régions, le Festival des écrivains et le Festival des nouveautés de l'ONF, ainsi que des ren-contres et des colloques de décideurs et d'inter-venants culturels, dont Contact ontarois.

11 avril

1888   Naissance de l'entrepreneur Charles LaBine ❖ Prospecteur minier dans le Nord de l'Ontario et dans l'Ouest canadien, Charles Léo Labine est le frère de Gilbert LaBine (v. 10 février 1890). Il travaille surtout dans l'ombre de ce dernier et, ensemble, ils figurent parmi les plus importants propriétaires de mines au Canada. Ils construisent une raffinerie de radium à Port Hope, longtemps la seule industrie du genre de tout l'Empire britannique et la plus grande au monde.

1895 FONDATION DU JOURNAL *LE RALLIEMENT* ❖ Publié par la Société de publication française de Prescott et Russell, l'hebdomadaire *Le Ralliement* paraît à Clarence Creek et est sous-titré *organe des groupes français de la Vallée d'Ottawa*. L'éditeur est Télesphore Rochon, anciennement de *La Nation* (Plantagenet). Le journal achète son matériel d'imprimerie de Henri Bourassa et reçoit en prime trois cents exemplaires d'un portrait de sir Wilfrid Laurier, lesquels sont donnés à tous ceux qui s'abonnent au cours des deux premiers mois.

1924 NAISSANCE DE JEAN NOËL DESMARAIS, SÉNATEUR ❖ Né à Sudbury, Jean Noël Desmarais est un médecin qui joue un rôle clé dans la construction de la plus grande bibliothèque du Nord de l'Ontario, à l'Université Laurentienne. Ancien président de l'Association médicale de l'Ontario, docteur en chef de l'Hôpital laurentien, membre du Parti progressiste-conservateur, il est nommé sénateur le 4 juin 1993. Jean Noël Desmarais meurt le 25 juillet 1995.

1930 NAISSANCE DE PIERRE GENEST, CONSTITUTIONALISTE ❖ Natif d'Ottawa, Pierre Genest est un avocat qui remplit les fonctions de conseiller senior auprès du ministre de la Justice, Jean Chrétien, au moment du rapatriement de la constitution et de la rédaction de la *Charte canadienne des droits et libertés*. À titre d'avocat, il défend devant les tribunaux l'article 23 de la Charte, qui porte sur les droits de la minorité en matière d'éducation. Pierre Genest est membre du conseil législatif des Territoires du Nord-Ouest (1973-1975) et conseiller juridique lors de la commission d'enquête sur le pipeline de la vallée du Mackenzie et du Yukon. Il est le premier Franco-Ontarien à avoir été nommé au prestigieux poste de trésorier de la Société du Barreau du Haut-Canada. Décédé à Toronto le 14 juin 1989. Peu après la mort de ce brillant constitutionnaliste, l'Université York crée un fonds à la mémoire de Pierre Genest, fonds qui permet de parrainer une conférence annuelle sur une meilleure compréhension du caractère bilingue et biculturel du Canada.

1956 NAISSANCE DE PASCAL DEMONSAND, ARTISTE ❖ Originaire d'Is-en-Bassigny (France), Pascal Demonsand arrive au Canada en 1982 et s'établit à Bourget où il ouvre un atelier de sculptures sur métal. Il participe à plusieurs expositions collectives, notamment au Musée canadien des civilisations (1981) et aux Archives nationales du Canada (2002). Ses œuvres sont aussi présentées lors d'expositions individuelles à l'Alliance française d'Ottawa-Hull (1979), au Centre culturel Le Chenail (1985) de Hawkesbury et à la Galerie Montcalm (2004) de Gatineau. Pascal Demonsand est le créateur des sculptures qui servent de trophées pour le Prix de la Fondation franco-ontarienne de Théâtre Action, le Prix de la Fédération culturelle canadienne-française, le prix Trille Or de l'Association des professionnels de la chanson et de la musique franco-ontariennes et le prix Totem du Festival du film de l'Outaouais.

12 avril

1927 NAISSANCE DE MGR ROGER DESPATIE ❖ Né à Sudbury, Roger Despatie est ordonné prêtre en 1952 et devient vicaire ou curé à Matachewan, Coniston, North Bay et Sudbury. Il remplit diverses fonctions diocésaines, dont membre du comité provisoire pour le journal *Le Voyageur*. Il est élu évêque auxiliaire de Sault-Sainte-Marie le 20 mai 1968 et sacré le 28 juin suivant. Promu évêque de Hearst le 8 février 1973, Mgr Despatie remplit cette fonction pendant vingt ans, puis démissionne pour raison de santé. Décédé le 13 mai 1993.

1936 NAISSANCE DE JEAN-MARIE LEDUC, COLLECTIONNEUR DE PATINS ❖ Natif d'Ottawa, Jean-Marie Leduc s'intéresse au patinage de vitesse lorsque son fils Jean-François devient champion canadien dans sa catégorie d'âge en 1981, à l'âge de 9 ans seulement. Il préside pendant plusieurs années le club de patins Pacers d'Ottawa. Annonceur bénévole au Bal de Neige d'Ottawa pendant une dizaine d'années, Jean-Marie Leduc organise un marathon international de patinage de vitesse sur la rivière des Outaouais en 1984, en collaboration avec la Commission de la capitale nationale. Annonceur lors de championnats nord-américains et de la coupe du monde, il est la voix française pour la longue piste lors des Jeux olympiques de Salt Lake City en 2002. Collectionneur de patins, Jean-Marie Leduc possède aujourd'hui l'une des plus importantes collections de patins au monde. Il donne de nombreuses conférences sur l'histoire et l'évolution des patins et ses 341 paires de patins ont été exposées au Canada, aux États-Unis et en Europe.

1950   NAISSANCE DE L'ARTISTE GINETH CADIEUX-VIEN ❖ Née à Timmins, Gineth Cadieux-Vien est éducatrice, animatrice et artiste visuelle. Conservatrice de la galerie La Galeruche de Timmins (1989-1991), elle participe à plusieurs expositions de groupe, notamment à Science-Nord (Sudbury), au Musée de Timmins et avec Bravo-Nord. Ses expositions solos ont lieu, entre autres, à la Galerie 815 (Kapuskasing) et au Centre culturel Les trois p'tits points (Alexandria).

1955   NAISSANCE D'YVES FRENETTE, HISTORIEN ❖ Originaire de Cap-Santé (Québec), Yves Frenette est professeur au Collège universitaire Glendon de l'Université York depuis 1988. On lui doit plusieurs essais, dont *Histoire de la Gaspésie* (1981, certificat de mérite en histoire régionale décerné par la Société historique du Canada), *Brève Histoire des Canadiens français* (1998, avec la collaboration de Martin Pâquet), *La Francophonie ontarienne : bilan et perspectives de recherche* (1995, codirigé avec Jacques Cotnam et Agnes Whitfield), *Cultures canadiennes et Mondialisation* (1997, codirigé avec Joy Cohndtaedt). Membre de la Société Charlevoix depuis 2001, Yves Frenette a créé le site Internet www.francoidentitaire.ca qui offre une mine de renseignements sur les francophonies canadiennes (Acadie, Québec, Ontario, Ouest-Nord-Ouest) et qui a remporté plusieurs honneurs.

1957   NAISSANCE DE GUY ROULEAU, NEUROLOGUE ❖ Natif d'Ottawa, Guy Rouleau détient un doctorat en neurologie de l'Université Harvard (Boston). En 1989, il s'installe à Montréal et ouvre un laboratoire de neurogénétique. À 37 ans, Guy Rouleau découvre le gène de la neurofibromatose de type 2, une maladie héréditaire qui se manifeste par des tumeurs bénignes au cerveau. Avec deux collègues américains, il découvre ensuite le gène de la sclérose latérale amyotrophique, aussi appelé maladie de Lou-Gehrig. Cette découverte permet déjà d'imaginer un traitement et d'en commencer les essais. Boursier du Conseil de recherches médicales du Canada et du Fonds de la recherche en santé du Québec, Guy Rouleau est nommé scientifique canadien de l'année par Radio-Canada en 1993.

1991   CRÉATION DU GROUPE DE TRAVAIL POUR UNE POLITIQUE CULTURELLE DES FRANCOPHONES DE L'ONTARIO ❖ Le ministre de la Culture et des Communications de l'Ontario, Rosario Marchese, annonce la création d'un groupe de travail à qui il confie le mandat d'élaborer une politique cadre visant le soutien de la vie culturelle des francophones de l'Ontario. Présidé par Yolande Grisé, directrice du Centre de recherche en civilisation canadienne-française de l'Université d'Ottawa, le Groupe de travail comprend Clément Bérini, artiste visuel de Timmins ; Michel Gérin, directeur de la programmation française à CHUO-FM (Ottawa) ; Marie Monique Jean-Gilles, chanteuse, chorégraphe et conteuse de Toronto ; Derrick de Kerckhove, directeur du Programme McLuhan en culture et technologie de l'Université de Toronto ; denise truax, directrice générale des Éditions Prise de parole (Sudbury). Jean Malavoy agit comme recherchiste. Après six mois d'audiences publiques, le Groupe de travail remet un rapport intitulé « RSVP! Clefs en main » (v. 30 septembre).

13 avril

1912   LE PREMIER MINISTRE WHITNEY ANNONCE SA POLITIQUE SCOLAIRE ❖ La hache tombe sur le cou des Franco-Ontariens le 13 avril 1912, jour où le premier ministre Whitney expose à l'Assemblée législative de l'Ontario la politique de son gouvernement en matière de langue d'enseignement : « L'enseignement en anglais devra commencer dès l'entrée d'un enfant à l'école, l'usage du français langue d'instruction et de communication variant selon les circonstances locales au reçu du rapport de l'inspecteur surveillant, mais ne devant en aucun cas se poursuivre au-delà de la première année. » C'est le prélude au Règlement XVII qui sera publié deux mois plus tard (v. 25 juin).

1924   NAISSANCE DU JURISTE GÉRARD BERTRAND ❖ Né à Donnacona (Québec), Gérard Bertrand est admis au Barreau du Québec en 1952. Agent du service extérieur au ministère des Affaires extérieures (1952-1963), chef de cabinet du commissaire général (1963-1965) et gérant des pavillons thématiques (1965-1967) d'Expo 67, directeur général de l'Office national du film (1968-1971), secrétaire adjoint au Bureau du Conseil privé (1972-1976), registraire de la Cour suprême du Canada (1976-1978), premier conseiller législatif au ministère de la Justice du Canada (1980-1986), Gérard Bertrand joue un rôle de premier plan dans le développement de la communauté franco-ontarienne. Il est tour à tour président de l'ACFO régionale d'Ottawa-Carleton, président de la Commission des services en français de l'Ontario, président du Comité des droits linguistiques du Programme de contestation judiciaire, directeur du Programme de rédaction législative de l'Université d'Ottawa et directeur du Centre de traduction et de documentation juridiques d'Ottawa. Décédé à Ottawa le 5 juin 1996.

14 avril

1924   NAISSANCE DE L'ENTREPRENEUR MAURICE LAMOUREUX ❖ Natif de Saint-Isidore-de-Prescott, Maurice Lamoureux est un fermier qui ouvre un commerce de moulée à Embrun en 1945. L'affaire progresse sous la raison sociale Maurice Lamoureux Limitée ; elle emploie une centaine de personnes et dispose d'une flotte de vingt-cinq camions. L'entre-preneur devient propriétaire de compagnies agro-alimentaires dans l'Est ontarien et dans l'Outaouais québécois, notamment de Lamoureux Brothers, de Ferme Saint-Anicet inc. et de Ferme Lamoureux inc. En 1992, le chiffre d'affaires de Maurice Lamoureux oscillait entre 20 et 25 millions de dollars.

1940   NAISSANCE DU JUGE CLAUDE PARIS ❖ Né à Ottawa, Claude Paris est admis au barreau de l'Ontario en 1967. Président fondateur du Club Richelieu Laurier d'Ottawa (1969) et président de l'Association libérale d'Ottawa-Est (1973-1975), il est nommé juge à la Cour de justice de l'Ontario, à Toronto, en 1980.

1946   NAISSANCE DE L'ÉCRIVAIN DORIC GERMAIN ❖ Natif de Lac Sainte-Thérèse, Doric Germain est d'abord enseignant à l'École secondaire de Hearst. Pour susciter l'intérêt de ses élèves, il rédige une histoire de chasse à l'orignal, récit qui se transforme en roman : *La Vengeance de l'orignal* (1980). Cet ouvrage devient un best-seller et figure au programme d'études du cours de français de la 9e année. Par la suite, Doric Germain publie quatre autres romans : *Le Trappeur du Kabi* (1987), *Poison* (1985), *Le soleil se lève au Nord* (1991) et *Défenses légitimes* (2003, Prix des lecteurs Radio-Canada, 2004). L'auteur est aujourd'hui professeur à l'Université de Hearst.

15 avril

1939   NAISSANCE DE HUGUETTE LABELLE, HAUT FONCTIONNAIRE ❖ Native de Rockland, Huguette Labelle est une enseignante, une administratrice et une haut fonctionnaire qui occupe divers postes dans la fonction publique canadienne, d'abord au ministère des Affaires indiennes et du Nord, puis au ministère de la Santé nationale et du Bien-être social. Sous-secrétaire d'État du Canada (1980-1985), secrétaire associée du Cabinet et sous-greffière du Conseil privé (1985), présidente de la Commission de la fonction publique du Canada (1985-1990), sous-ministre de Transports Canada (1990-1993), présidente de l'Agence canadienne de développement international (1993-1999), administratrice générale du Bureau du Canada pour le millénaire (1998), Huguette Labelle est chancelière de l'Université d'Ottawa et membre de nombreux organismes internationaux, dont l'Union internationale pour la conservation de la nature, l'Institut international du développement durable et l'Université virtuelle africaine. Elle est nommée membre, officier, puis compagnon de l'Ordre du Canada (2002).

1967   NAISSANCE DE L'ATHLÈTE FRANCE GAREAU
❖ Native de Sturgeon Falls, France Gareau se spécialise dans les courses de 100 et 200 mètres et ne tarde pas à détenir un record junior canadien. Elle obtient une place dans l'équipe nationale en 1983 et participe aux Jeux olympiques de 1984, à Los Angeles ; son équipe décroche alors une médaille d'argent au relais 4 × 100 mètres. Aux Championnats canadiens de 1983, 1984 et 1986, France Gareau gagne chaque fois une médaille de bronze pour les compétitions extérieures. Elle participe aux premiers Jeux de la Francophonie, au Maroc, en 1989.

16 avril

1866   NAISSANCE D'ALBERT CONSTANTINEAU, JUGE
❖ Né à Saint-Eugène, Albert Constantineau est admis au barreau de l'Ontario en 1890 et pratique le droit surtout à L'Orignal, occasionnellement à Cornwall, Ottawa et Toronto. Il est nommé juge puîné des comtés-unis de Prescott et de Russell le 26 juillet 1900, puis juge senior le 8 mars 1904. En fonction pendant plus de quarante ans, il devient magistrat du nouveau district de Carleton-Prescott-Russell (qui comprend Ottawa). Constantineau mène de front une carrière de juge et de leader de la communauté franco-ontarienne. Il préside, entre autres, au congrès de fondation de l'Association canadienne-française d'éducation de l'Ontario, en 1910, et participe au premier Congrès de la langue française, à Québec, en 1912. Décoré de la Médaille de l'Académie française, il reçoit des doctorats honorifiques en droit de l'Université Laval et de l'Université d'Ottawa. Albert Constantineau meurt à Rockland le 30 juin 1944.

1916   NAISSANCE DE ROGER DUHAMEL, ÉCRIVAIN
❖ Né à Hamilton, Roger Duhamel est essayiste, rédacteur et critique littéraire. Il est rédacteur du *Devoir* (1942-1944), de *La Patrie* (1944-1947 et 1953-1959), puis de *Montréal-Matin* (1947-1953). Il écrit également le « Courrier des lettres » de *L'Action universitaire* (1948-1954) et collabore à *Notre Temps*, à *L'Action nationale* et au *Droit* d'Ottawa. En 1960, Roger Duhamel est nommé imprimeur de la Reine, puis conseiller du secrétaire d'État (1969-1972) et ambassadeur du Canada au Portugal. Il publie, entre autres, *Les Moralistes français* (1948), *Bilan provisoire* (1958), *Lettres à une provinciale* (1962), *Aux sources du romantisme* (1964), *L'Air du temps* (1968), *Le Roman des Bonaparte* (1969) et *Histoires galantes des reines de France* (1978). Roger Duhamel reçoit le prix Duvernay pour l'ensemble de son œuvre en 1962 ; il est élu à l'Académie canadienne-française en 1949 et à la Société royale du Canada en 1959. Vice-président du Comité de la Survivance en Amérique (1944-1945), président de la Société des écrivains canadiens (1955-1958), président fondateur du Lycée Claudel d'Ottawa (1962), il siège au Bureau des gouverneurs de la radiodiffusion et préside le Comité consultatif sur les districts bilingues (1971-1972). Décédé à Montréal le 12 août 1985.

1929   NAISSANCE DU JUGE ROCH LALANDE ❖ Natif d'Ottawa, Roch Lalande est admis au Barreau de la Nouvelle-Écosse en 1955 et au barreau de l'Ontario en 1957. Avocat à Hawkesbury, directeur régional de l'Assistance judiciaire de l'Ontario, il est nommé conseiller de la reine en 1974 et juge de la Cour provinciale de l'Ontario, division familiale pour les comtés-unis de Prescott-Russell, le 15 juin 1974.

1952   NAISSANCE D'ANDRÉE CHRISTENSEN, ÉCRIVAINE ❖ Originaire d'Ottawa, Andrée Christensen est une poète qui publie, entre autres, *Le Châtiment d'Orphée* (1990, Prix de poésie de l'Alliance française d'Ottawa-Hull 1991), *Lèvres d'aube* suivi de *L'Ange au corps* (1992, Prix de poésie de l'Alliance française d'Ottawa-Hull 1993), *Pavane pour la naissance d'une infante défunte* (1993), *Noces d'ailleurs* (1993, Prix du livre d'Ottawa-Carleton 1995), *La Femme sauvage* (1996), *Le Livre des ombres* (1998), *Lithochronos ou le premier vol de la pierre*, coécrit avec Jacques Flamand (1999, prix Trillium 2000) et *Le Livre des sept voiles* (2001). Andrée Christensen a traduit les poèmes de Christopher Lovensen, de Joe Rosenblatt et de Jane Urquhart. Elle a aussi participé à des livres d'artistes, notamment avec Roland Giguère, Jennifer Dickson et Tony Urquhart.

1973 NAISSANCE DE LA COMÉDIENNE LINA BLAIS ❖ Établie à Toronto depuis plusieurs années, Lina Blais joue régulièrement au Théâtre français de Toronto (*Le Gars de Québec*, *Un air de famille*, *Un caprice*), au Théâtre La Tangente (*La Passagère*) et au Taragon Theatre (*The Government Guy*). Elle fait aussi partie de la distribution de la télé-série *FranCœur* (TFO).

1981 FONDATION DES ÉDITIONS L'INTERLIGNE ❖ C'est à Ottawa que les Éditions L'Interligne voient le jour, d'abord pour veiller à la publication de la revue des arts *Liaison* (v. 11 mai), puis pour publier des ouvrages historiques ou relatifs au patrimoine franco-ontarien. Depuis 1997, la maison d'édition s'oriente davantage vers la fiction et publie entre six et neuf titres par année dans cinq collections : Paysages, Vertiges, Amarres, Cavales et Parcours, ainsi que des titres hors collection. Les Éditions L'Interligne s'intéressent surtout aux auteurs qui habitent le territoire éclaté de l'Ontario français et de l'Outaouais québécois, mais demeurent ouvertes aux propositions d'écrivains de tous horizons. (N. B. La présente notice est fixée au 16 avril 1981 puisque c'est la date d'incorporation de la maison d'édition.)

17 avril

1929 FONDATION DE L'UNION DES CULTIVATEURS FRANCO-ONTARIENS ❖ Créée sous les auspices de l'Association canadienne-française d'éducation de l'Ontario, l'Union des cultivateurs franco-ontariens (UCFO) est incorporée le 13 décembre 1945. Ses objectifs sont de regrouper les cultivateurs en une association professionnelle, de défendre leurs droits auprès des gouvernements, d'encourager la création de coopératives, de caisses de crédit et de sociétés mutuelles, de promouvoir l'éducation de ses membres, en étroite collaboration avec les agronomes et d'autres spécialistes, et de promouvoir les services en français en milieu rural. L'UCFO joue un rôle clé dans l'obtention d'un Collège agricole (Alfred) et dans la prestation de services en français. L'organisme publie le journal *Agricom* (v. 15 août).

1937 NAISSANCE DE MGR PAUL MARCHAND, S.M.M. ❖ Natif de Lafontaine, Paul Marchand est ordonné prêtre montfortain et se consacre d'abord à la prédication de retraites paroissiales. Curé de la paroisse Notre-Dame-de-Lourdes, à Vanier (1987-1990), il devient supérieur provincial de la communauté des Montfortains au Canada (1990-1993). Nommé évêque auxiliaire d'Ottawa par le pape Jean-Paul II, il est sacré le 20 août 1993. Promu évêque de Timmins le 8 mars 1999, Mgr Marchand inaugure son ministère pastoral le 17 mai suivant.

1940 NAISSANCE DE L'ARTISTE ROLAND POULIN ❖ Originaire de St. Thomas, Roland Poulin explore l'espace et la matière dans ses sculptures et installations. Ses œuvres sont exposées au Canada, aux États-Unis, en Allemagne, en Belgique, en France et en Angleterre. Après avoir été professeur à l'Université du Québec à Montréal, au Collège du Vieux Montréal, à l'Université Laval de Québec, au Collège Brébeuf de Montréal et à l'Université Concordia de Montréal, il devient professeur de dessin et de sculpture au Département des arts visuels de l'Université d'Ottawa. Roland Poulin reçoit le prix Ozias-Leduc de la Fondation Émile Nelligan en 1992, le prix Victor-Martyn-Lynch-Staunton du Conseil des arts du Canada en 1996 et le prix Jean-A.-Chalmers en arts visuels remis par la Fondation Chalmers de Toronto en 1998. Il est lauréat du Prix du Gouverneur général en arts visuels et en arts médiatiques de 2005.

Lionel Chevrier
2 avril 1903

Robert Gauthier
10 avril 1902

Huguette Labelle
15 avril 1939

La Nouvelle Scène
10 avril 1999

Roland Poulin
17 avril 1940

Rosemarie Landry
25 avril 1946

Luc Lalonde
29 avril 1978

Suzon Demers
30 avril 1946

SOURCE DES ILLUSTRATIONS

Lionel Chevrier : courtoisie de Bernard Chevrier.

Robert Gauthier recevant un doctorat honorifique
de l'Université Laval (Québec) en 1942 : Photo Horsdal,
Ottawa, Université d'Ottawa, CRCCF, Fonds Robert-Gauthier
(P255), Ph183-5.

Huguette Labelle : Université d'Ottawa.

La Nouvelle Scène : courtoisie de La Nouvelle Scène.

Roland Poulin : Martin Lipman, photographe, Conseil des
Arts du Canada.

Rosemarie Landry : Université de Montréal.

Luc Lalonde : courtoisie de l'artiste.

Suzon Demers : Agence Mensour.

18 avril

1793 PARUTION DU PREMIER JOURNAL DANS LE HAUT-CANADA ❖ C'est à Newark (Niagara-on-the-Lake) que paraît *The Upper Canada Gazette or American Oracle*. Louis Roy en est le premier imprimeur. Né à Québec le 24 mai 1771, Louis Roy vit à Newark de 1792 à 1794, puis s'établit à Montréal et ensuite à New York. C'est là qu'il meurt le 22 septembre 1799.

1919 ÉRECTION CANONIQUE DU DIOCÈSE DE HEARST ❖ C'est le pape Benoît XV qui crée la préfecture apostolique de l'Ontario-Nord le 18 avril 1919 ; elle devient le vicariat apostolique de l'Ontario-Nord le 27 novembre 1920 ; le pape Pie IX l'érige en diocèse de Hearst le 3 décembre 1938. Suffragant de l'archidiocèse d'Ottawa, le diocèse de Hearst a toujours eu un évêque francophone à sa tête : Joseph Hallé (1920-1939), Joseph Charbonneau (1939-1940), Albini Leblanc (1940-1945), Georges-Léon Landry (1946-1952), Louis Lévesque (1952-1964), Jacques Landriault (1964-1973), Roger Despatie (1973-1993), Pierre Fisette, P.M.E. (1994-1995) et André Vallée, P.M.E., depuis 1996.

1955 NAISSANCE DE L'ARTISTE ET ENTREPRENEUR DENIS LECLERC ❖ Directeur conceptuel chez Costa Leclerc Design inc., Denis Leclerc est un artiste peintre membre du Bureau des regroupements d'artistes visuels de l'Ontario et de l'Association des graphistes de l'Ontario. Il participe aux expositions de groupe de Bravo-Sud à la Galerie Céline-Allard, de Toronto. Il a aussi tenu des expositions solos à Galery 401 et à Harbourfront (Toronto).

1963 ÉLECTION FÉDÉRALE ❖ Lors du scrutin général tenu le 18 avril 1963, les députés franco-ontariens suivants sont élus : Jean-Thomas Richard (Ottawa-Est), Viateur Éthier (Glengarry-Prescott), Paul Tardif (Russell), Paul Martin (Essex-Est), Lucien Lamoureux (Stormont), Osias Godin (Nickel Belt), et Joseph-Anaclet Habel (Cochrane).

1973 FONDATION DES ÉDITIONS PRISE DE PAROLE ❖ C'est suite à un atelier littéraire tenu à Sudbury et au lancement du recueil de poésie intitulé *Lignes-Signes* que les Éditions Prise de parole voient le jour. Dès ce premier ouvrage, Prise de parole prend le parti d'appuyer en Ontario une littérature d'ici, à la fois moderne et enracinée. En trente ans, la maison publie plus d'une centaine d'auteurs issus principalement de l'Ontario français et plus de deux cents titres. Les Éditions Prise de parole sont ancrées dans le Nord de l'Ontario et engagées dans la production et la dissémination d'une littérature franco-ontarienne et canadienne-française. La maison publie des ouvrages dans les genres suivants : roman, récit, nouvelle, poésie, théâtre, conte, légende et essai.

19 avril

1917 NAISSANCE DU JUGE JEAN-LOUIS CLOUTIER ❖ Natif de Sainte-Agathe des Monts (Québec), Jean-Louis Cloutier est un enseignant qui œuvre d'abord au Manitoba, puis en Ontario, plus précisément à Hawkesbury où il devient directeur de la section française de l'école secondaire. En 1952, il est choisi comme premier directeur de la nouvelle École secondaire régionale de Hawkesbury et il demeure en fonction jusqu'en 1958. Nommé juge de la Cour juvénile et familiale de Prescott-Russell en octobre 1961, Jean-Louis Cloutier occupe ce poste jusqu'en juin 1975. Décédé à Hawkesbury le 11 juillet 1995.

1947 NAISSANCE DE L'ARTISTE LOUISE NOLAN ❖ Native de Québec, Louise Nolan est une comédienne et artiste visuelle qui s'établit en Ontario en 1970. On la retrouve dans plusieurs productions du Théâtre français de Toronto, notamment *Les Femmes savantes* (2002), de même que dans *Contes urbains, contes torontois* (2002) en tant qu'auteure et interprète. Toujours au Théâtre français de Toronto, elle signe la mise en scène de *Une dent en or* (2001). Louise Nolan fait partie de la distribution de la télésérie *FranCœur* (2003, 2004 et 2005) à l'antenne de TFO et de Radio-Canada. Elle joue également dans *Suivre l'appel* au Fringe/Collective à Toronto. Coauteure de *Symphonie pour douze violoncellistes et un chien enragé* (2000), Louise Nolan est aussi une artiste visuelle qui a exposé, entre autres, à la galerie Céline-Allard à Toronto.

1949 NAISSANCE DE RHÉAL LEROUX, ENTREPRENEUR ❖ Originaire de Casselman, Rhéal Leroux est un diplômé en récréologie qui fait d'abord sa marque comme artisan et principal organisateur de l'événement Bal de neige à Ottawa, puis comme gestionnaire du Festival franco-ontarien. En 1984, il fonde l'entreprise Rhéal Leroux et Associés, firme qui obtient d'importants contrats de communication et de gestion, dont la coordination de la visite de Jean-Paul II au Canada (1984) et l'organisation des IVᵉˢ Jeux de la Francophonie à Ottawa-Hull (2001). L'homme d'affaires élargit rapidement son champ d'action et devient un spécialiste des foires et congrès internationaux, notamment en s'associant avec la firme italienne Ovatio. Président fondateur de la Chambre économique de l'Ontario (1991), Rhéal Leroux reçoit l'Ordre de l'Ontario (2002) et le prix Phénix Honoris Causa en 2003. Cette reconnaissance de la Chambre économique de l'Ontario est accordée à une personne qui a contribué de façon exceptionnelle à l'avancement et à la promotion du développement économique des francophones de la province.

20 avril

1943 NAISSANCE DE L'ÉCRIVAIN JEAN-FRANÇOIS SOMAIN ❖ Né à Paris, élevé à Buenos Aires, longtemps établi en Ontario, Jean-François Somain (d'abord connu sous le nom de Somcynsky) fait carrière au ministère des Affaires étrangères et son métier l'amène à vivre en Argentine, au Sénégal, en Indonésie et au Japon. La curiosité l'entraîne dans soixante-dix pays sur tous les continents, dont il fait souvent le décor de ses romans et de ses nouvelles. Sous le nom de Somcynsky ou de Somain, il publie plus de quarante ouvrages et une centaine de nouvelles, poèmes, articles et textes divers parus dans des revues, des recueils et des anthologies au Canada, en

France, en Belgique et au Japon. Il écrit aussi une vingtaine de nouvelles et de scénarios pour la radio et la télévision. Son roman *Tu peux compter sur moi* (1990) est traduit en japonais ; sa nouvelle *Dire non* est retenue dans une anthologie des meilleures nouvelles de science-fiction publiée par Hachette. Jean-François Somain reçoit le prix Solaris en 1981 pour sa nouvelle *2500*, et deux prix Boréal en 1982 (meilleure nouvelle de science-fiction pour *Le cœur du monde bat encore* et meilleure nouvelle fantastique pour *Un départ difficile*). Il remporte le prix Esso du Cercle du livre de France en 1983 pour son roman *La Frontière du milieu*, et le prix Louis-Hémon de l'Académie du Languedoc en 1987 pour son roman *Les Visiteurs du pôle Nord*.

1970 INCORPORATION DU THÉÂTRE DU P'TIT BONHEUR ❖ Créé en 1967 dans le cadre des célébrations du centenaire de la confédération canadienne, le Théâtre du P'tit Bonheur gagne rapidement un statut professionnel, puis modifie son nom pour devenir le Théâtre français de Toronto. Il a à son actif près de 200 productions pour adultes et enfants, puisées dans le répertoire canadien (Michel Tremblay, Jean Marc Dalpé, Robert Marinier), le répertoire français (Molière, Cocteau, Anouilh, Marivaux, Genet) et le répertoire international (Tchékhov, Goldoni). John Van Burek, Diana Leblanc et Guy Mignault (v. 23 juillet) dirigent tour à tour les destinées du Théâtre français de Toronto.

21 avril

1708 NAISSANCE DU MISSIONNAIRE PIERRE POTIER, S.J. ❖ Né à Blandain (Belgique), Pierre Philippe Potier est ordonné prêtre jésuite en 1743 et s'embarque pour la Nouvelle-France. Il passe d'abord huit mois à la mission de Lorette (Québec) pour apprendre la langue huronne. En 1744, il prend la direction de la mission de l'île aux Bois-Blancs (aujourd'hui Bob-Lo Island), sur la rivière Détroit. C'est sur la rive sud de cette rivière qu'il fonde la première paroisse en Ontario, Notre-Dame-de-l'Assomption, en 1767. C'est là qu'il meurt le 16 juillet 1781. Pierre Potier laisse derrière lui une documentation considérable. Ses nombreux cahiers offrent un riche aperçu de la vie en Nouvelle-France. La partie la plus originale demeure un lexique de première importance : *Façons de parler proverbiales, triviales, figurées des Canadiens au XVIIIᵉ siècle*. Ce recueil compte environ 1 500 mots et expressions propres au parler des gens de la Nouvelle-France. Peter W. Halford a publié *Le Français des Canadiens à la veille de la conquête : témoignages du père Pierre Philippe Potier, S.J.* (1994) et Robert Toupin a publié *Les Écrits de Pierre Potier* (1996).

1925   NAISSANCE DU JUGE CHARLES F. DOYLE ❖ Originaire d'Ottawa, Charles F. Doyle est admis au barreau de l'Ontario en 1949 et nommé conseiller de la reine en 1962. Il pratique le droit dans l'étude Colonnier, Filion, DeGagné et Doyle avant de devenir juge pour le comté de Carleton le 12 juin 1970.

1944   NAISSANCE DE MICHÈLE MATTEAU, ÉCRIVAINE ❖ Native de Saint-Hyacinthe (Québec), Michèle Matteau est une enseignante qui vit tour à tour à Montréal, en Colombie-Britannique et en Nouvelle-Écosse, puis en Ontario depuis 1985. À partir de 1988, elle travaille à conceptualiser, à mettre sur pied et à coordonner pendant cinq ans les Éditions Jeunesse (ACDI) et Média-Sphère (ACDI et ONF) qui produisent des publications et des films documentaires pour les jeunes et les éducateurs. Recherchiste, conceptualiste et rédactrice pour TFO, Michèle Matteau publie un recueil de nouvelles, *Quatuor pour cordes sensibles* (2000) et remporte le Prix de la ville d'Ottawa 2001. Suivent les romans *Cognac et Porto* (2001, prix Trillium), *Café crème et Whisky* (2003) et *Un doigt de brandy dans un verre de lait chaud* (2004). Elle écrit aussi la pièce *Neiges d'antan*, qui paraît dans le collectif *Théâtre en pièces* (2001).

1947   NAISSANCE DE L'ARTISTE JEANNE DOUCET ❖ Née à Hearst, Jeanne M. Doucet réside dans l'Outaouais ontarien depuis plus de trente ans. Artiste visuelle, éducatrice-animatrice, professeure à la Faculté d'éducation de l'Université d'Ottawa, puis directrice d'école. elle peint, depuis 1973, surtout à l'acrylique et à l'aquarelle. Jeanne Doucet expose dans plusieurs centres culturels de l'Ontario français et à la Galerie Montcalm, de Gatineau (Québec).

1956   NAISSANCE DE L'ARTISTE YVON GOULET ❖ Originaire de Québec, Yvon Goulet est un peintre qui œuvre plusieurs années en Ontario. Il expose à la Galerie d'art Victoria (Toronto) et à la Galerie 101 (Ottawa) dès 1992, puis à la Galerie du Nouvel-Ontario (Sudbury) en 1993 et 1997, de même qu'à la Galerie Carl Davies (Ottawa) en 1996. Une de ses œuvres occupe les pages centrales de la revue *Liaison* (nº 70, janvier 1993). Au fils des ans, Yvon Goulet participe à des expositions ou biennales en France, en Belgique, au Portugal, en Espagne, au Japon, en République de Macédoine, en Corée et en Bulgarie. Aujourd'hui installé à Montréal, il jouit d'une grande réputation comme artiste gai.

1963   NAISSANCE DE L'ATHLÈTE KEVIN ROY ❖ Originaire de Sudbury, Kevin Roy est un haltérophile qui remporte la Coupe d'Amérique en 1979 et établit un nouveau record dans la catégorie des 90 kilos. Trois fois champion du Canada chez les 100 kilos, il remporte la médaille de bronze lors des Jeux du Commonwealth en 1982, en soulevant un poids de 340 kilos. Aux Jeux panaméricains de 1983, il gagne trois médailles d'argent dans la catégorie des 110 kilos. Kevin Roy fait partie de l'équipe canadienne lors des Jeux olympiques de Los Angeles, en 1984, et se classe quatrième. Lors des Jeux du Commonwealth de 1986, il décroche la médaille d'or, puis reçoit le Prix d'excellence sportive en 1987.

1981   INCORPORATION DE LA SOCIÉTÉ FRANCO-ONTARIENNE D'HISTOIRE ET DE GÉNÉALOGIE ❖ Fondée en novembre 1980, la Société franco-ontarienne d'histoire et de généalogie (SFOHG) est le premier organisme à recevoir une charte provinciale en français. La SFOHG met en valeur l'histoire, le patrimoine et l'identité des francophones établis depuis plus de trois siècles sur le territoire qui constitue l'Ontario actuel. Depuis janvier 1982, la Société franco-ontarienne d'histoire et de généalogie a fondé quinze sections régionales : Windsor-Essex, Samuel-de-Champlain (Ottawa), Sudbury-Laurentienne, Niagara (Welland), Saint-Laurent (Cornwall), La Huronie (Penetanguishene), La Seigneurie (Hawkesbury), La Boréale (Kapuskasing), Joseph-Marie-Couture (Longlac), Timiskaming (New Liskeard), Toronto, La Vieille Branche (Hearst), Jean-Nicolet (North Bay), Timmins et La Source (Sturgeon Falls). *Le Chaînon*, bulletin de la SFOHG, est publié pour la première fois en avril 1983, et est distribué non seulement en Ontario, mais aussi au Québec, en Colombie-Britannique, au Nouveau-Brunswick, en Nouvelle-Écosse, aux États-Unis, en France et en Belgique.

22 avril
Journée de la Terre

1858   NAISSANCE DU DÉPUTÉ ONÉSIME GUIBORD ❖ Originaire de Saint-Rémi (Québec), Onésime Guibord est un enseignant qui devient marchand général à Clarence Creek, en 1886. Élu député provincial de Russell en 1898, sous la bannière libérale, il maintient la faveur populaire de ses électeurs en 1902. Président des comtés-unis de Prescott et de Russell en 1910, Onésime Guibord est maire de Clarence Creek en 1914. Membre fondateur de l'Association canadienne-française d'éducation de l'Ontario (1910), il remplit les fonctions de premier administrateur du quotidien *Le Droit* (1913). Décédé le 11 décembre 1937.

1994   FONDATION DU THÉÂTRE LA TANGENTE ❖ D'abord connu sous le nom de Théâtre Les Klektiks, le Théâtre La Tangente est né du désir de voir et de concevoir du théâtre de création en français à Toronto. Les fondateurs sont Claude Guilmain, Pierre Péloquin et Serge Olivier. Le mandat de la compagnie consiste à favoriser les auteurs, acteurs et créateurs franco-ontariens, ainsi qu'à contrer l'isolement en diffusant ses productions et en accueillant des spectacles d'ailleurs. Première com-

pagnie de l'Ontario français à être invitée au festival Les Météores à Douai (France), La Tangente remporte, en février 2000, le premier Masque de la Production franco-canadienne décerné par l'Académie québécoise du théâtre, pour sa production des *Cascadeurs de l'Amour* (1999).

23 avril
Journée mondiale du livre et du droit d'auteur

1913   NAISSANCE DE L'ÉCRIVAIN JOSEPH RUDEL-TESSIER ❖ Originaire d'Ottawa, le journaliste Joseph Rudel-Tessier écrit un premier roman intitulé *Julien Noir fait ce qu'il peut* (1976). C'est avec le roman *Roquelune* (1983) qu'il fait sa marque, cet ouvrage remportant le prix Champlain en 1984. Décédé à Montréal (Québec) le 31 janvier 1989.

1959   NAISSANCE D'ANNE-MARIE RIEL, FEMME DE THÉÂTRE ❖ Née à Ottawa, Anne-Marie Riel est dramaturge, comédienne, metteure en scène, animatrice et pédagogue. Elle œuvre tour à tour avec diverses compagnies de la région d'Ottawa-Hull : Théâtre des Lutins, Théâtre lyrique de Hull, Théâtre de la Corvée (devenu Théâtre du Trillium), Théâtre des Filles du Roy et Théâtre de l'Île. Parmi ses plus récentes créations, on trouve *Au cœur du temps* et *Mowgli, enfant de la jungle*.

1960   NAISSANCE DE L'ATHLÈTE CLAUDE JULIEN ❖ Originaire de Blind River, Claude Julien est un joueur de hockey qui évolue dans les ligues ontarienne (Windsor), internationale (Port Huron, Milwaukee), centrale (Salt Lake City), américaine (Fredericton, Baltimore, Halifax) et nationale (Québec). Ce défenseur porte le chandail des Nordiques en 1984-1986. Claude Julien dirige les Olympiques de Hull de 1996 à 2000 et son club présente un dossier de 141 victoires, 109 revers et 16 matchs nuls. Il remporte la Coupe Memorial avec les Olympiques en 1997. Cet athlète devient entraîneur-chef des Canadiens le 17 janvier 2003.

1961   NAISSANCE DE L'ATHLÈTE ALAIN CHEVRIER ❖ Natif de Cornwall, Alain Gérald Chevrier est un gardien de but qui fait son entrée dans la Ligue nationale de hockey en 1985, avec les Devils du New Jersey. Il évolue par la suite avec les Jets de Winnipeg, les Penguins de Pittsburgh, les Red Wings de Détroit et les Black Hawks de Chicago. Au total, Alain Chevrier dispute 234 joutes dans la Ligue nationale et en gagne 91 (plus 14 matchs nuls). Il est gardien de but durant 16 joutes éliminatoires, en gagne 9 et en perd 7.

1980   VICTOIRE SCOLAIRE DES FRANCOPHONES DE PENETANGUISHENE ❖ Depuis plus de neuf mois (v. 3 septembre 1979), des élèves francophones de Penetanguishene fréquentent l'École secondaire de la Huronie, une institution parallèle non reconnue par le Conseil scolaire de Simcoe. Le différend entre le Conseil et la population d'expression française a dégénéré en crise nationale, et le gouvernement cherche désespérément une solution car, de l'avis du ministre de l'Éducation, Bette Stephenson, « des intérêts provinciaux plus larges exigent clairement, maintenant, une solution rapide ». Ces intérêts sont ceux du premier ministre Bill Davis qui souhaite faire campagne pour le NON dans le débat référendaire au Québec. Aussi Bette Stephenson offre-t-elle enfin de construire une école secondaire de langue française sur le même site que Penetanguishene Secondary School. Le ministre demande au Conseil scolaire d'appuyer ce projet et d'en discuter les modalités de mise en œuvre avec le Comité consultatif de langue française. « Le gouvernement et la population de l'Ontario apprécieront grandement ce genre de coopération », précise madame Stephenson, qui ajoute une menace : « sinon, une solution légiférée nous sera imposée. »

24 avril

1857   L'ENSEIGNEMENT DU FRANÇAIS DANS LE HAUT-CANADA ❖ Le surintendant de l'Éducation dans le Haut-Canada, Egerton Ryerson, écrit que « le français étant la langue officielle du pays au même titre que l'anglais, les commissaires peuvent légalement autoriser l'enseignement des deux langues dans leur école si les parents veulent que leurs enfants apprennent les deux langues ».

1877   NAISSANCE DU PHOTOGRAPHE JOSEPH-ALEXANDRE CASTONGUAY, ❖ Originaire de Saint-Michel de Vaudreuil (Québec), Joseph-Alexandre Castonguay s'établit à Ottawa vers 1901. Il ouvre son premier studio de photographie en 1910 sur la rue Sussex, puis s'installe sur la rue Dalhousie en 1912. Il exerce sa profession jusqu'à sa retraite en 1949. Au cours de sa carrière, il photographie beaucoup de gens célèbres, dont plusieurs ministres, sénateurs et députés, artistes et poètes. Il expose à maints endroits, notamment à Boston, New York et Montréal. Joseph-Alexandre Castonguay fait don de plus de 46 000 photographies et clichés aux Archives nationales du Canada. Décédé à Ottawa le 22 novembre 1972.

1943   NAISSANCE DE L'ÉCRIVAINE LUCILLE ROY ❖ Originaire de Thunder Bay, Lucille Roy est une poète, romancière et essayiste qui a soutenu une thèse de doctorat sur l'œuvre de Romain Rolland à l'Université de Strasbourg en 1963. Elle est également titulaire d'un doctorat de troisième cycle de l'Université de Bordeaux (1978), avec une thèse portant sur l'univers poétique d'Anne Hébert. Collaboratrice à plusieurs revues, dont *Voix et Images*, *Études françaises* et *Liberté*, Lucille Roy publie, entre autres, les recueils de poésie *Harmonies d'un songe* (1979) et *Entraves* (1999), ainsi que les romans *L'Impasse* (1980), *L'Appassionata* (1985) et *Angelita* (1994).

1954   NAISSANCE DE LA JOURNALISTE CHANTAL HÉBERT ❖ Native d'Ottawa, Chantal Hébert (née Saint-Cyr) pratique le journalisme depuis 1975. Diplômée du Collège Glendon de l'Université York et *Senior Fellow* du Collège Massey de l'Université de Toronto, elle est boursière de la Fondation Asie-Pacifique (Malaisie et Japon) à deux reprises. Sa carrière la conduit à occuper successivement des postes à la télévision régionale et à la radio nationale de Radio-Canada à Toronto et à la colline du Parlement pour *Le Devoir* et *La Presse*. Elle signe des chroniques pour les quotidiens *Ottawa Citizen*, *London Free Press* et *National Post*. Chantal Hébert est aujourd'hui chroniqueuse aux affaires nationales pour le quotidien *Toronto Star* et chroniqueuse invitée au quotidien *Le Devoir*. Elle participe aussi régulièrement à diverses émissions d'information à la radio et à la télévision, dont *The National* (CBC).

1954 NAISSANCE DE ROBERT MARINIER, DRAMATURGE ❖ Né à Sudbury, Robert Marinier est dramaturge et comédien. Il écrit de nombreuses pièces, notamment *La Tante* (1980), *L'Inconception* (1982), *Deuxième Souffle* (1989), *À la gauche de Dieu* (1993), *L'Insomnie* (1994), *Le Golfeur et la mort* (1999) et *Je me souviens* (2001). Avec Jean Marc Dalpé et Robert Bellefeuille, il cosigne *Les Rogers* (1985) ; il contribue aussi au spectacle *Univers* (2000). Comédien, Robert Marinier joue dans la télé-série *Wilfrid Laurier* et dans le film *Métalos Blues*. De plus, il interprète divers rôles pour le Théâtre de la Vieille 17, le Théâtre du Trillium, le Théâtre du P'tit Bonheur et la Nouvelle Compagnie théâtrale.

1997 DOUZE CONSEILS SCOLAIRES DE LANGUE FRANÇAISE ❖ En 1996, le gouvernement conservateur de Mike Harris procède à une refonte du système des conseils scolaires en Ontario. Son projet de loi 104, *Loi de 1997 réduisant le nombre de conseils scolaires*, reçoit la sanction royale le 24 avril 1997. Cette loi prévoit la création de 72 conseils scolaires de district, qui remplacent les 129 conseils scolaires existants. Les 72 conseils en incluent 12 de langue française, soit huit conseils catholiques et quatre conseils publics. Pour le gouvernement ontarien, il s'agit de rendre la *Loi sur l'éducation* conforme à l'article 23 de la *Charte canadienne des droits et libertés* de 1982 et à la jurisprudence qui confirme depuis le droit de la minorité francophone de gérer son propre système d'éducation primaire et secondaire. Les 12 conseils francophones sont le Conseil des écoles catholiques de langue française du Centre-Est, le Conseil des écoles publiques de l'Est de l'Ontario, le Conseil scolaire catholique de district des Grandes Rivières, le Conseil scolaire catholique Franco-Nord, le Conseil scolaire de dis-

trict catholique des Aurores boréales, le Conseil scolaire de district catholique Centre-Sud, le Conseil scolaire de district catholique de l'Est ontarien, le Conseil scolaire de district catholique du Nouvel-Ontario, le Conseil scolaire de district du Centre-Sud-Ouest, le Conseil scolaire de district des écoles catholiques du Sud-Ouest, le Conseil scolaire du district du Grand Nord de l'Ontario et le Conseil scolaire de district du Nord-Est de l'Ontario.

25 avril

1906 NAISSANCE DE LUDGER DESMARAIS, ATHLÈTE ❖ Natif de Noëlville, Ludger Desmarais est un joueur de hockey qui évolue pendant plusieuirs années dans les ligues américaines, notamment avec les Providence Reds (Rhode Island) et les Wichita Oilers (Kansas). Décédé à Sudbury le 9 août 1960.

1946 NAISSANCE DE LA CANTATRICE ROSEMARIE LANDRY ❖ Originaire de Timmins, Rosemarie Landry grandit au Nouveau-Brunswick, étudie au Québec et parfait son art à travers plusieurs séjours en Europe. Sa carrière de soprano connaît un développement rapide lorsqu'elle se joint à différents ensembles canadiens, dont l'Orchestre symphonique de Winnipeg, l'Ensemble vocal Tudor de Montréal et le Calgary Festival Chorus. De nombreuses tournées permettent à Rosemarie Landry de jouir d'une renommée nationale et internationale, sans pour autant l'empêcher de jouer un rôle actif dans sa communauté. Elle enseigne le chant et siège pendant trois ans au conseil d'administration du Conseil des arts de l'Ontario. Plusieurs distinctions lui sont attribuées, dont l'Ordre du Canada, l'Ordre des arts et des lettres du gouvernement français et l'Ordre de la Pléiade.

1946 NAISSANCE DE NANCY VICKERS, ÉCRIVAINE ❖ Native d'Arvida (Québec), Nancy Vickers est romancière, nouvelliste, auteure de contes érotiques et de contes fantastiques pour la jeunesse. Installée à Ottawa depuis 1967, elle complète son cours secondaire à 40 ans et publie un premier recueil de poésie, *Au parfum du sommeil*, en 1989. Suivent les contes fantastiques *La Montagne de verre* (1993), *Le Trône des maléfices* (1994) et *Les Sorcières de Chanterelle* (1996). Nancy Vickers remporte le prix Trillium avec son conte érotique *Le Pied de Sapho* (1996), qu'elle signe sous le pseudonyme Anne Claire. On lui doit aussi le roman *Tchador* (signé Anne Claire, 1998), le conte érotique *L'Hermaphrodite endormi* (signé Barbara Brèze, 1999), le roman *Les Nuits de la Joconde* (signé Anne Claire, 1999), le roman *Les Satins du diable* (2002), le récit *La Petite Vieille aux poupées* (2002), qui remporte le Prix du livre d'Ottawa, et le conte *Le Rocher de l'ange* (2005).

26 avril

1937   FONDATION DE L'UNION CULTURELLE DES FRANCO-ONTARIENNES ❖ Lors d'un congrès de l'Union des cultivateurs franco-ontariens, en avril 1937, une section féminine est créée sous le nom d'Union catholique des fermières de la province de l'Ontario. Cette section devient autonome en 1959, prend le nom de Femmes catholiques franco-ontariennes durant un congrès provincial tenu à North Bay, le 9 octobre 1968, et devient l'Union culturelle des Franco-Ontariennes (UCFO) lors d'un congrès spécial, le 12 septembre 1969. En 1937, les objectifs sont de regrouper les femmes et les jeunes filles des paroisses rurales afin de veiller à leur bien-être culturel, social et religieux ; en 1969, l'UCFO cherche à regrouper les femmes et les jeunes filles de tous les milieux, ruraux et urbains ; depuis 1982, la mission de l'UCFO est de promouvoir l'épanouissement de la femme au sein du foyer et de la société, de développer l'esprit d'entraide, de justice et de charité, de promouvoir la culture française, de sensibiliser les femmes à l'importance d'assumer leurs responsabilités dans une société en mutation, et d'améliorer la situation de la femme par l'information et la formation. L'UCFO compte plus de 2 500 membres répartis dans près de 60 cercles. Les activités sont, notamment, des journées d'études, des projets communautaires, des cours, des programmes de formation, et l'artisanat. (N. B. La fondation de l'UCFO ayant eu lieu en avril 1937, la présente notice est arbitrairement fixée au 26 avril.)

27 avril

1914   GRIEFS DES PARTISANS DE *L'ANGLAIS SEULEMENT* ❖ Des membres du Conseil des écoles séparées d'Ottawa et des contribuables, tous anglophones, exposent leurs griefs dans une lettre à l'archevêque d'Ottawa, Mgr Charles H. Gauthier, critiquent la résistance au Règlement XVII et s'indignent devant les attaques que le père Charles Charlebois et *Le Droit* livrent à Mgr Michael F. Fallon, évêque de London, l'accusant « d'être l'assassin moral de la race française qui, comme les pharisiens du temps du Christ, cherche à la détruire ».

1941   NAISSANCE DE LA SOCIOLOGUE ET MILITANTE ROLANDE FAUCHER ❖ Originaire d'Ottawa, Rolande Faucher travaille au Service de recherche de la Bibliothèque du Parlement et dans diverses agences sociales de la capitale. Elle est présidente du Studio des jeunes d'Orléans (1980-1983), du Mouvement d'implication francophone d'Orléans (1986-1987), de l'Association canadienne-française de l'Ontario (1988-1990) et du Conseil de l'éducation et de la formation franco-ontarienne (1994-1996). À titre de consultante, Rolande Faucher est l'auteur de plusieurs rapports, dont « Les professionnels francophones dans les services de santé et les services sociaux en Ontario » (1982) et « Les services de santé en français dans l'Est ontarien : Besoins en formation de professionnels » (2000). Élue Femme de l'année par le Cercle des femmes journalistes de l'Outaouais en 1990, elle reçoit la même année le prix Séraphin-Marion de la Société Saint-Jean-Baptiste de Montréal. Détentrice du Prix d'excellence du Réseau socio-action des femmes francophones d'Ottawa (2001), elle reçoit l'Ordre du mérite de l'Association des juristes d'expression française de l'Ontario (1993), l'Ordre des francophones d'Amérique (1994) et le grade de chevalier de l'Ordre de la Pléiade (2004).

1948   NAISSANCE DU GREFFIER ROBERT MARLEAU ❖ Natif de Cornwall, Robert Marleau commence sa carrière en 1970 comme greffier de comités à la Chambre des communes ; il occupe successivement les postes d'agent de relations parlementaires, de secrétaire général adjoint, de greffier principal et de greffier adjoint avant d'être nommé, à l'âge de 39 ans, greffier de la Chambre des communes. À ce titre, il est le conseiller principal du président de la Chambre, poste qu'il occupe pendant treize ans (1987-2001). De juillet à décembre 2003, il est commissaire à la protection de la vie privée du Canada. Spécialiste de la procédure parlementaire, Marleau a été directeur pour la coopération parlementaire avec la Russie et a participé à la mise sur pied d'échanges de services parlementaires avec les pays africains du Commonwealth. Il a également fait partie de missions à Hong Kong et à Cuba. Président fondateur de l'Association des secrétaires généraux et des greffiers des Parlements francophones, il est coauteur avec Camille Montpetit de *La Procédure et les usages de la Chambre des communes* (2000). Détenteur d'un doctorat honorifique de l'Université d'Ottawa (2001), il est commandeur de l'Ordre de la Pléiade (1991) et chevalier de l'Ordre de Malte (1990).

1991   FONDATION DE LA FÉDÉRATION DES GENS DE LA PRESSE DE L'ONTARIO ❖ C'est à Toronto que les professionnels de la presse écrite et électronique, de même que les journalistes des secteurs communautaire et étudiant, créent la Fédération des gens de la presse de l'Ontario. Cette dernière a le mandat de promouvoir la coopération, la concertation et les échanges entre les journalistes qui travaillent en français en Ontario. Le premier président de la Fédération est Robert Bousquet, du quotidien *Le Droit* d'Ottawa. Les autres membres du premier conseil d'administration sont Jules Richer, Brigitte Lévesque, Louis Michel Downing, Lucie Frenière et Chantal Payant.

1994   PREMIER PRIX TRILLIUM DE LANGUE FRANÇAISE ❖ En 1987, le gouvernement de l'Ontario crée le Trillium Book Award pour souligner l'excellence des écrivains et des écrivaines de la province. En 1994, on ajoute le prix Trillium de langue française. La bourse qui accompagne ces prix se chiffre à 12 000 $. À partir de 2002, un Prix de poésie

Trillium est aussi accordé pour rendre hommage aux œuvres de nouveaux poètes, en français et en anglais, et cette bourse s'élève à 10 000 $. De plus, la valeur du Prix Trillium passe de 12 000 $ à 20 000 $. Depuis 1987, les éditeurs ont toujours reçu une somme d'argent pour faire la promotion des ouvrages primés. Voici la liste des lauréates et lauréats du prix Trilium de langue française : Andrée Lacelle (*Tant de vie s'égare*, 1994), Maurice Henrie (*Le Balcon dans le ciel*, 1995), Nancy Vickers sous le pseudonyme d'Anne Claire (*Le Pied de Sappho*, 1996) ainsi qu'Alain Bernard Marchand (*Tintin au pays de la ferveur*, 1996), Roger Levac (*Petite Crapaude !*, 1997), Daniel Poliquin (*L'Homme de paille*, 1998) ainsi que Stefan Psenak (*Du chaos et de l'ordre des choses*, 1998), Andrée Christensen et Jacques Flamand (*Lithochronos ou le premier vol de la pierre*, 1999), Didier Leclair (*Toronto, je t'aime*, 2000), Michèle Matteau (*Cognac et Porto*, 2001), Michel Ouellette (*Le Testament du couturier*, 2002), Serge Denis (*Social-démocratie et mouvements ouvriers*, 2003) ainsi que François Paré (*La Distance habitée*, 2003) et Antonio D'Alfonso (*Un vendredi du mois d'août*, 2004). Les lauréats francophones du Prix de poésie Trillium sont Éric Charlebois (*Faux-fuyants*, 2002) et Angèle Bassolé-Ouédraogo (*Avec tes mots*, 2003). Le Prix de poésie Trillium n'a pas été remis en 2004.

28 avril

1941   NAISSANCE DE L'ÉDUCATEUR ET ANIMATEUR YVES SAINT-DENIS ❖ Né à Chute-à-Blondeau, Yves Saint-Denis est un enseignant de carrière. Il occupe tour à tour les fonctions de président régional de l'Association des enseignants franco-ontariens (1972-1973) et de l'Association canadienne-française de l'Ontario (1973-1974), de membre du Conseil des affaires franco-ontariennes (1976-1978), de président provincial de l'Association canadienne-française de l'Ontario (1980-1982) et de trésorier de la Fédération des francophones hors Québec (1981-1985). Il est membre de l'Ordre des francophones d'Amérique (1988), titulaire du prix Séraphin-Marion (1989) et récipiendaire de la médaille *Bene Merenti de Patria* de la Société Saint-Jean-Baptiste de Montréal (1989). De 2002 à 2004, Yves Saint-Denis est conseiller en histoire pour le spectacle *L'Écho d'un peuple*.

1955   NAISSANCE DE L'ANIMATRICE CULTURELLE PAULETTE GAGNON ❖ Originaire de Hearst (Ontario), Paulette Gagnon fait ses classes à Direction Jeunesse, Théâtre Action et au Théâtre du Nouvel-Ontario (Sudbury) où, après avoir occupé différents postes d'animation et de développement, elle devient directrice générale de la compagnie en 1990. À la même époque, elle œuvre aussi bénévolement au sein de Théâtre Action et de l'Alliance culturelle de l'Ontario, organismes provinciaux qu'elle présidera tour à tour. En 1995, le gouvernement ontarien lui confie un mandat au conseil d'administration de TVOntario, la télévision éducative de la province. De 1996 à 1997, elle assume les fonctions de Responsable du Secteur franco-ontarien au Conseil des arts de l'Ontario et, de 1997 à 2001, elle occupe le poste de directrice générale de La Nouvelle Scène, centre de théâtre fondé par quatre compagnies d'Ottawa, où elle relève le défi de créer le centre et de lancer son opération avec succès. Après un séjour de deux ans au Théâtre français du Centre national des Arts, elle est élue présidente de la Fédération culturelle canadienne-française (2003-2005).

29 avril

1914   LE RÈGLEMENT XVII ET L'INJONCTION MACKELL ❖ Les conseillers et contribuables Mackell, Sims, Brennan, Finn, O'Neil, Hendersen, Ryder et Lanigan obtiennent de la Cour suprême de l'Ontario une injonction interdisant au Conseil des écoles séparées d'Ottawa de passer un règlement lui permettant d'émettre des obligations pour prélever des fonds destinés à des écoles indépendantes (où le français serait enseigné). L'injonction enjoint le Conseil de renvoyer tous les enseignants qui ne satisfont pas aux normes provinciales ou qui n'obtempèrent pas aux règlements scolaires (c'est-à-dire au Règlement XVII). La Cour défend égale-ment au Conseil de verser toute rémunération aux dits enseignants.

1947   NAISSANCE DU JUGE ROMMEL MASSE ❖ Natif de Windsor, Rommel Masse est admis au barreau de l'Ontario en 1978. Il pratique le droit à Hamilton, puis est nommé procureur de la Couronne en avril 1981, pour la Cour des comtés-unis de Prescott-Russell, à L'Orignal. Le 4 juillet 1989, Rommel Masse est nommé juge à la Cour de justice de l'Ontario, pour le tribunal de Kingston.

1964   NAISSANCE DE L'ATHLÈTE MARC LAVOIE ❖ Originaire de Hull (Québec), Marc Lavoie est un professeur d'économie à l'Université d'Ottawa, qui s'intéresse à l'escrime et qui obtient le titre de champion canadien junior au sabre en 1974. Il décroche la première place au championnat national canadien à sept reprises, soit de 1976 à 1979 inclusivement et de 1985 à 1986. Marc Lavoie représente le Canada au championnat du monde en 1974, 1978, 1981 et 1982. Il participe aux Jeux olympiques de Montréal (1976) et de Los Angeles (1984), et remporte une médaille de bronze aux Jeux panaméricains de 1983.

1961   NAISSANCE DE L'ATHLÈTE MARC D'AMOUR ❖ Né à Sudbury, Marc D'Amour est un gardien de but qui évolue tour à tour dans les ligues onta-riennes (Sault-Sainte-Marie) et centrale (Colorado) de hockey, puis dans les ligues américaine (Moncton, Binghamton, Hershey) et internatio-nale (Salt Lake City, Indianapolis). On le retrouve dans la Ligue nationale de hockey en 1985-1986 avec les Flames de Calgary, et en 1988-1989 avec les Flyers de Philadelphie.

1978   NAISSANCE DU BARYTON LUC LALONDE ❖ Originaire de Bourget, Luc Lalonde a une licence en musique de l'Université McGill. Opéra McGill joue un rôle clé dans sa formation et lui permet d'inter-préter des rôles aussi variés que Pistola *(Falstaff),* Bartolo *(Les Noces de Figaro),* Thomas Putnam *(The Crucible)* et Leporello *(Don Giovanni).* Au fil des ans, il participe à des productions du Toronto

Operetta Theatre, Opera in Concert, Opera Lyra Ottawa et du Centre d'arts d'Orford. Luc Lalonde se produit avec plusieurs chœurs et orchestres canadiens, notamment les Cantata Singers d'Ottawa, le Chœur du centenaire canadien, l'Orchestre de chambre de Hull, l'Orchestre du Centre national des Arts, l'Orchestre de l'Université McGill et l'Orchestre symphonique d'Ottawa. En janvier 2005, il tient son premier grand rôle en incarnant Louis Riel dans l'opéra du même nom du compositeur canadien Harry Somers, à la Place des Arts de Montréal. Il remporte le prix Vivian-Asfar pour l'excellence vocale en mars 2005.

30 avril

1946   NAISSANCE DE L'ARTISTE SUZON DEMERS ❖ Native d'Ottawa, Suzon Demers s'intéresse d'abord aux arts de la scène, puis aux arts visuels. Elle joue au Théâtre français de Toronto, est consultante francophone pour l'émission *Sesame Street* et agit comme artiste créatrice dans les écoles. Suzon Demers prête sa voix à de nombreuses productions de TFO, à des publicités et à des films industriels. En arts visuels, ses huiles sur toile captent l'essence du théâtre franco-ontarien depuis 1998. Ses œuvres font l'objet d'expositions à Ottawa et à Sudbury ; elles servent aussi de page couverture lors de la publication de pièces telles que *Faust : chroniques de la démesure* de Richard J. Léger, *Maïta* d'Esther Beauchemin et *La Passagère* de Claude Guilmain. En 2004, Suzon Demers publie 40 tableaux représentant des pièces de théâtre jouées en Ontario dans un ouvrage intitulé *Des planches à la palette* (introduction et poèmes de Joël Beddows). Elle est la mère de Colombe Demers (v. 29 novembre).

1933   NAISSANCE DU PROFESSEUR JOHN HARE ❖ Né à Toronto, John Ellis Hare est historien de la littérature canadienne-française, critique littéraire et professeur au Département des lettres françaises de l'Université d'Ottawa à partir de 1966. Il participe à la fondation du Groupe de recherche sur l'histoire

du Canada (1967) et assume les fonctions de chroniqueur des activités théâtrales françaises au quotidien *The Ottawa Citizen* pendant une trentaine d'années. John Hare est l'auteur de *La Pensée sociopolitique au Québec, 1784-1812* (1977) et coauteur des *Imprimés dans le Bas-Canada, 1801-1810* (1967), du *Dictionnaire pratique des auteurs québécois* (1976) et du *Dictionnaire des auteurs de langue française en Amérique du Nord* (1989). Décédé à Ottawa le 18 avril 2005.

1954   NAISSANCE DE PHILIPPE PORÉE-KURRER, ÉCRIVAIN ET ÉDITEUR ❖ Originaire de Fécamp (France), Philippe Porée-Kurrer est un romancier qui a beaucoup voyagé et qui a exercé différents métiers, dont gardien de phare, cuisinier, pâtissier, bûcheron, éleveur, technicien en informatique et agent d'artistes. En 2000-2001, il est directeur de la programmation du Tricentenaire de la région Windsor-Détroit et organise un Festival de littérature des Amériques. Philippe Porée-Kurrer fonde train-de-nuit.com, une maison spécialisée dans le livre électronique, et est directeur des Éditions Sivori, à Windsor. Son roman *Le Retour de l'orchidée* paraît en 1990, puis suivent *La Promise du Lac* (1992), *La Quête de Nathan Barker* (1994), *Shalôm* (1996), *Chair d'Amérique* (1997), *Maria* (2000) et *Libido* (2001).

1979   NAISSANCE DU COMÉDIEN PIERRE SIMPSON ❖ Originaire de Welland, Pierre Simpson interprète divers rôles pour des compagnies telles que Vox Théâtre, Dérives urbaines, le Théâtre la Catapulte et le Théâtre du Nouvel-Ontario. Il joue notamment dans *L'Hypocrite* (2000-2001), *Pinocchio* (2000-2003), *Autour d'un foyer* (2002), *Safari de banlieue* (2002), *La Belle et la Bête* (2002), *Les Sept Péchés capitaux* (2003) et *Burnout Blues* (2003). Pierre Simpson a aussi tenu divers rôles dans la Troupe de la Colline du Parlement (2000-2002) et a fait de l'animation théâtrale pour le Musée des beaux-arts du Canada et le Musée canadien des civilisations. À la télévision, on le retrouve dans la série *FranCœur* (2003) à l'antenne de TFO.

JANVIER

FÉVRIER

MARS

AVRIL

MAI

JUIN

JUILLET

AOÛT

SEPTEMBRE

OCTOBRE

NOVEMBRE

DÉCEMBRE

MAI

1968   FONDATION DE L'ASSEMBLÉE PROVINCIALE DES MOUVEMENTS DE JEUNES DE L'ONTARIO FRANÇAIS ❖ Organisme qui réunit des clubs de jeunes et des conseils étudiants, l'Assemblée provinciale des mouvements de jeunes de l'Ontario français (APMJOF) entend promouvoir le mieux-être culturel de ses membres par la mise sur pied de services et représenter la jeunesse francophone de l'Ontario et ses mouvements auprès de diverses instances, dont le gouvernement ontarien. L'APMJOF organise des tournées de spectacles et diffuse la littérature d'expression française par l'entremise d'un club du livre. En octobre 1970, l'organisme s'associe à l'Association de la jeunesse franco-ontarienne (v. 4 décembre) pour créer Direction-Jeunesse (v. 12 octobre). L'APMJOF est dissout en 1971.

1990   FONDATION DE LA CHAMBRE ÉCONOMIQUE DE L'ONTARIO ❖ C'est à la suite d'une concertation des entrepreneurs francophones de l'Ontario et du directeur général de l'ACFO provinciale que la Chambre économique de l'Ontario (CEO) voit le jour dans le but de valoriser le monde des affaires et de promouvoir les intérêts économiques des Franco-Ontariens. À ses débuts, la CEO compte une cinquantaine de membres localisés principalement dans la région de la capitale nationale ; quinze ans plus tard, elle regroupe 1 125 membres et 22 sections, répartis dans toutes les régions de la province. La Chambre économique de l'Ontario a pour mission de rassembler et de mobiliser les forces économiques de l'Ontario français. Elle se positionne comme un leader incontournable dans le développement économique de l'Ontario. La CEO pilote des projets d'envergure en utilisant son réseau de contacts privilégiés avec la francophonie provinciale, nationale et internationale.

1991   FONDATION DU THÉÂTRE LA CATAPULTE ❖ C'est à des créateurs de la région d'Ottawa (Patrick Leroux, Patrick Riel, Carol Beaudry) que l'on doit la fondation du Théâtre la Catapulte qui se veut un lieu de ralliement et d'exploration pour la relève franco-ontarienne. L'organisme se consacre à la création et à la diffusion de nouvelles œuvres, en mettant l'accent sur l'originalité de la démarche des créateurs. Au fil des ans, le Théâtre la Catapulte en vient à privilégier un répertoire qui s'adresse souvent à un public adolescent. Au printemps 1999, le Théâtre la Catapulte et trois autres compagnies ouvrent les portes d'une nouvelle salle de diffusion à Ottawa : La Nouvelle Scène (v. 10 avril). En 2001, La Catapulte reçoit du lieutenant-gouverneur de l'Ontario le prix Jackman-Bickell pour les arts. En 2004, la compagnie de théâtre reçoit le Masque de la production franco-canadienne pour sa présentation de la pièce intitulée *Le Testament du couturier*, de Michel Ouellette. On doit au Théâtre la Catapulte la création de prix d'écriture dramatique en 1995 : prix O'Neill-Karch (relève adulte) et prix Josée-Létourneau (relève adolescente).

1993   FONDATION D'AFRIQUE NOUVELLE MUSIQUE ❖ Au service de la communauté francophone et francophile, Afrique Nouvelle Musique met en valeur la richesse de la culture africaine grâce à des spectacles et à des créations pour tous les âges. Tremplin pour les artistes francophones qui pratiquent les arts de la scène, l'organisme tient chaque année le Festival Bana y'Africa qui se déroule en été au Philip Nathan Square, à Toronto. Afrique Nouvelle Musique offre des ateliers de formation et d'orientation pour les artistes et organise des concerts, soirées de poésie, colloques et expositions pour mieux mettre en valeur la richesse de la culture africaine. En mai 2004, Afrique Nouvelle Musique lance un disque compilation intitulé *Bana y'Africa* ; l'album comprend vingt chansons produites par Afro Connexion, ZPN, Sibongile Nene, Madagascar Slim, Fojeba, Njacko Backo, Siècle 21, Hussein Said, la Troupe sénégalaise de musique traditionnelle et Yoshi Lumanda. Les deux premiers groupes sont d'Ottawa et les huit autres de Toronto.

1999   FONDATION DE L'HEBDOMADAIRE *LE RÉGIONAL* ❖ Pour desservir la péninsule du Niagara ainsi que les régions de Hamilton, Cambridge et London,

Denis Poirier fonde *Le Régional*. Christiane Beaupré en est la première rédactrice en chef. À partir de novembre 2003, la région de London est desservie par le mensuel *L'Action* (v. décembre), également fondé par Denis Poirier.

1er mai

1861   NAISSANCE DU DÉPUTÉ JOSEPH BINETTE ❖ Né à Saint-Eugène, Joseph Binette est un agriculteur et homme d'affaires qui siège comme conseiller municipal du canton de Hawkesbury-Est pendant quatre ans et qui assume la fonction de préfet pendant quinze ans. Élu député de la circonscription fédérale de Prescott en 1921, sous la bannière progressiste, Joseph Binette gagne les rangs du Parti libéral le 30 décembre 1922, mais ne se représente pas lors du scrutin de 1925. Il meurt le 18 janvier 1950 à Sainte-Anne-de-Prescott.

1876   FONDATION DU JOURNAL *LE FOYER DOMESTIQUE* ❖ Mensuel religieux, littéraire, historique, artistique et de tempérance, *Le Foyer domestique* est lancé par Stanislas Drapeau le 1er mai 1876. Hebdomadaire pendant sept mois en 1878, cet organe d'information se nomme *Album des familles* à partir de 1880. La dernière livraison paraît en juillet 1884.

1894   NAISSANCE DE MGR ALBINI LEBLANC ❖ Né à Bouctouche (Nouveau-Brunswick), Albini Leblanc est ordonné prêtre le 15 mai 1921. Vicaire à Moncton (N.-B.), puis curé à Leger Corners (N.-B.), il se rend à Rome pour des études doctorales en théologie. Mgr Leblanc est élu évêque de Hearst le 14 décembre 1940 et sacré le 11 février 1941. Son séjour dans le Nord ontarien ne dure que cinq ans, puisqu'il est transféré au siège épiscopal de Gaspé en décembre 1945. Il meurt le 17 mai 1957 à Saint-Majorique-de-Gaspé (Québec).

1928   ARRIVÉE DES SŒURS BLANCHES D'AFRIQUE EN ONTARIO ❖ C'est à la demande de l'archevêque d'Ottawa, Mgr Guillaume Forbes, que les Sœurs missionnaires de Notre-Dame d'Afrique s'établissent en Ontario. Mieux connues sous le nom des

Sœurs Blanches d'Afrique, elles fondent l'Œuvre de la Sainte-Enfance en 1932 et visitent nombre d'écoles en Ontario français pour accomplir leur travail d'animation missionnaire. La Saint-Enfance devient l'Œuvre de la Propagation de la Foi en 1942 et les Sœurs Blanches d'Afrique la dirige jusqu'en 1972.

2 mai

1670   FONDATION DE LA COMPAGNIE DE LA BAIE D'HUDSON ❖ Au milieu du XVIIe siècle, les explorateurs français Pierre-Esprit Radisson et Médard Chouart Des Groseilliers (v. 31 juillet) découvrent une abondance de fourrures dans les terres accessibles par la baie d'Hudson. Ne trouvant aucun appui financier chez les Français, ils prêtent leurs services au roi Charles II d'Angleterre et jouent un rôle clé dans la fondation de la Compagnie de la Baie d'Hudson, sanctionnée par une charte royale le 2 mai 1670. Au cours de son premier siècle d'activité, la Compagnie de la Baie d'Hudson se cantonne dans quelques forts et postes de traite établis autour de la baie James et de la baie d'Hudson. Vers la fin du XVIIIe siècle, la concurrence force cependant la Compagnie à étendre ses activités à l'intérieur des terres. Elle dissémine ses postes le long des grands réseaux hydrographiques de l'Ouest, préfigurant le développement de grandes villes comme Winnipeg, Calgary et Edmonton. En 1821, la Compagnie fusionne avec sa concurrente la plus prospère, la Compagnie du Nord-Ouest, établie à Montréal.

1896   FONDATION DU JOURNAL *LE FROU-FROU* ❖ La région de la capitale nationale voit naître un journal humoristique le 2 mai 1896, sous la direction de Wilfrid Sabourin, mais l'hebdomadaire du rire ne semble réussir à égayer ses lecteurs que pendant deux mois.

1902   FONDATION DU JOURNAL *L'ONTARIO FRANÇAIS* ❖ Né de l'union entre *La Semaine agricole* (Ottawa) et *Le Peuple* (Buckingham, Québec), l'hebdomadaire *L'Ontario français* (Ottawa) « se pose comme défenseur du colon et de l'ouvrier ». Cet organe libéral, qui défend les droits et privilèges de la langue française, se consacre surtout aux questions agricoles et porte un intérêt particulier à la colonisation dans le Nouvel-Ontario avec la participation, notamment, de l'abbé Charles-Alfred Paradis. *L'Ontario français* a vraisemblablement disparu en 1904.

1925   NAISSANCE DU PROFESSEUR ET ADMINISTRATEUR LUCIEN MICHAUD ❖ Né à Sudbury, Lucien F. Michaud étudie la pédagogie, la philosophie et la théologie à Montréal, Georgetown et Cambridge. Docteur en éducation de l'Université Columbia, il fait carrière dans l'enseignement (Addis Abéba et Sudbury), puis il est tour à tour professeur, secrétaire général, vice-recteur et recteur de l'Université de Sudbury entre 1963 et 1983. En 1984, il accède au poste de secrétaire de la Fédération internationale des universités catholiques, qui a son siège à Paris. Il est aussi directeur des recherches et directeur adjoint de l'Association des universités et collèges du Canada, puis vice-président du Centre de recherches pour le développement international.

1932   NAISSANCE DE L'ATHLÈTE RÉAL CHÈVREFILS ❖ Natif de Timmins, Réal Chèvrefils est un ailier gauche qui fait son entrée dans la Ligue nationale de hockey en 1951, avec les Bruins de Boston. Il évolue avec cette formation jusqu'en 1959 (jouant une saison avec les Red Wings de Détroit en 1955-1956). Au total, Chèvrefils dispute 387 joutes dans la Ligue nationale, marque 109 buts et obtient 101 passes.

1985   ÉLECTION PROVINCIALE ❖ Lors du scrutin ontarien tenu le 2 mai 1985, les candidats franco-ontariens suivants sont élus : Jean Poirier (Prescott-Russell), Noble Villeneuve (Stormont-Dundas-Glengarry), Luc Guindon (Cornwall), Bernard Grandmaître (Ottawa-Est), Gilles Morin (Carleton-Est), Maurice Bossy (Chatham-Kent), Élie Martel (Sudbury-Est), René Fontaine (Cochrane-Nord), Leo Bernier (Kenora) et Gilles Pouliot (Lac Nipigon).

3 mai
Journée mondiale de la liberté de la presse

1922   NAISSANCE DE LA PIANISTE JEANNE LANDRY ❖ Originaire d'Ottawa, Jeanne Landry étudie le piano dans sa ville natale, à Montréal et à Paris. Elle obtient le Prix d'Europe en 1946, revient au Canada en 1948 et se produit en récitals à la radio ainsi que lors de nombreuses tournées aux États-Unis, en France, en Autriche et en Union soviétique. De 1949 à 1952, Jeanne Landry collabore à l'Opéra-Minute et participe à la fondation de la société Musique de notre temps en 1958. Professeur d'harmonie et d'écriture à l'Université Laval (1951-1982), elle compose des mélodies et des pièces pour piano.

4 mai

1878   FONDATION DU JOURNAL *LE FÉDÉRAL* ❖ C'est à Ottawa que l'écrivain Honoré Beaugrand lance ce journal politique qui paraît trois fois la semaine. On y retrouve de brèves nouvelles du Canada et de l'étranger, ainsi que le feuilleton *Anita* rédigé par le propriétaire. Horace Grandmont devient rédacteur le 25 juillet 1878 ; le journal cesse de paraître le 14 septembre 1878.

1909   VERS UN CONGRÈS NATIONAL DES CANADIENS FRANÇAIS DE L'ONTARIO ❖ C'est lors d'une réunion historique, tenue à Ottawa le mardi 4 mai 1909, que des représentants des francophones de toute la province décident de tenir un congrès national et de former un comité provisoire chargé d'en effectuer les préparatifs. Selon le *Rapport officiel du Congrès d'éducation des Canadiens-Français d'Ontario* (ACFEO, 1910), ce congrès serait de toute évidence « le soleil ardent capable de réchauffer les cœurs endormis ; il serait la fleur de l'arbre national répandant dans la province les parfums du plus pur patriotisme ; il serait enfin la sève abondante, semant la vie dans l'âme des Canadiens-Français d'Ontario, secouant leur courage et les poussant à la conquête de leurs droits ». Voir également 18, 19 et 20 janvier.

1922   Naissance de Paul-Émile Charbonneau, évêque ❖ Natif de Sainte-Thérèse-de-Blainville (Québec), Paul-Émile Charbonneau est ordonné prêtre le 31 mai 1947. Professeur au Séminaire de Sainte-Thérèse (1947-1955), curé de la cathédrale de Saint-Jérôme (1955-1956), directeur des missions et de la pastorale (1956-1959), puis vicaire général du diocèse de Saint-Jérôme (1959-1961), il est élu évêque auxiliaire d'Ottawa le 15 novembre 1960 et sacré le 18 janvier 1961. À 38 ans, Mgr Paul-Émile Charbonneau est alors le plus jeune évêque du Canada. Il est promu évêque de Hull en 1963 et demeure en poste jusqu'en 1974.

2000   Premier Salon du livre de Hearst ❖ Événement régional, le Salon du livre de Hearst accueille plus de 37 exposants regroupant près de 200 maisons d'édition les 4, 5 et 6 mai 2000 dans les locaux de l'Université de Hearst. Des auteurs en provenance du Québec et de l'Ontario français visitent d'abord nombre d'écoles de la région, de New Liskeard à Kapuskasing, en passant par Kirkland Lake, Timmins, Iroquois Falls, Cochrane, Smooth Rock Falls et Moonbeam. Parmi les activités au programme figurent des séances de signatures, un atelier avec un bédéiste, un lancement collectif, des confidences d'auteurs, une lecture publique, un spectacle de poésie et une nuit à lire debout. L'événement est organisé en collaboration avec plusieurs partenaires, dont les industries forestières Tembec, Lecours Lumber et Columbia Forest Products, le Conseil des écoles séparées catholiques du district des Grandes-Rivières, le club Rotary, la Caisse populaire de Hearst, l'Université de Hearst, la radio CINN, le journal *Le Nord*, la télévision et la radio de Radio-Canada, ainsi que TFO.

5 mai

1897   Naissance de Godefroid Guertin, entrepreneur ❖ Originaire de Sainte-Cécile-de-Masham (Québec), Godefroid Guertin s'établit dans le région de Kapuskasing durant les années 1920 et devient commerçant, en plus de travailler à la Spruce Falls Power and Paper Company. En avril 1951, il achète la compagnie Northern Beverages qui devient Guertin Bottle Works. En 1955, il vend l'entreprise familiale à ses trois fils (Hervé, René et Maurice), qui la nomment Kapuskasing Beverages. Cette dernière achète Evergreen Beverages, de Hearst. Les trois fils multiplient les affaires et se portent acquéreurs de divers commerces (Canadian Tire, Eastview Pontiac Buick). La troisième génération de Guertin est tout aussi active en affaires.

1931   Naissance du député et ministre René Piché ❖ Originaire de Cache Bay, René Piché est un homme d'affaires qui devient président de l'imprimerie Northern Times Ltd, puis rédacteur de *La Tribune* de Sturgeon Falls. Maire de Kapuskasing (1971-1980), il se fait élire député provincial de Cochrane-Nord en 1981, sous la bannière conservatrice. En 1985, René Piché est nommé ministre d'État aux Richesses naturelles par le nouveau premier ministre Frank Miller. Trois mois plus tard, lors des élections provinciales du 2 mai 1982, il mord la poussière.

1970   Naissance de la chanteuse Pandora Topp ❖ Née à Montréal (Québec), Pandora Topp arrive à Sudbury en 1981. Elle étend son goût de la musique vers une multitude de genres en faisant partie, entre autres, des groupes The Usuals (blues, rhythm & blues, rock) et The Co-operative (pop). On la retrouve aussi avec le groupe franco-ontarien Vandou, mais Pandora Topp se fait surtout connaître grâce à ses spectacles *Café Piaf* et *Arrêtez la musique*, où elle offre une interprétation contemporaine théâtrale du répertoire de la légendaire chanteuse française Édith Piaf.

6 mai

1911   Naissance du député Osias J. Godin ❖ Né à Verner, Osias J. Godin est un avocat qui s'établit à Sudbury. Conseiller municipal de 1949 à 1951, il se fait élire député fédéral de Nickel Belt en 1958, sous la bannière libérale. Réélu en 1962 et 1963, Osias Godin est défait en 1965, puis nommé juge de la citoyenneté le 26 mars 1966. Il prend sa retraite en 1977. Décédé à Sturgeon Falls le 20 avril 1988.

1965   NAISSANCE DE GILLES MARCHILDON, ACTIVISTE ET ENTREPRENEUR ❖ Né à Penetanguishene, Gilles Marchildon œuvre d'abord comme gestionnaire des arts, puis comme ardent promoteur des droits de la personne, notamment au sein de la communauté LGBT (lesbiennes, gais, personnes bisexuelles et transgenres). Sa carrière en gestion des arts le conduit à travailler avec la Fondation de danse Julie-West, Pro-Arts, le Festival franco-ontarien (Ottawa), le Conseil des arts de l'Ontario, TFO, le Festival du Voyageur (Saint-Boniface), le Winnipeg Film Group et le festival Reel Pride qu'il crée pour la Winnipeg Gay and Lesbian Film Society. Collaborateur à *Xtra*, *Icon* et *Uptown Magazine*, Gilles Marchildon devient directeur général d'Égale Canada et du Fonds Égale Canada pour les droits de la personne en janvier 2003.

2004   PREMIER SALON DU LIVRE DU GRAND SUDBURY ❖ C'est sous la présidence du poète Robert Dickson que se tient le premier Salon du livre du Grand Sudbury, du 6 au 9 mai 2004. La Société Radio-Canada en profite pour remettre son Prix des lecteurs à l'occasion de cet événement. Il est prévu que le Salon du livre du Grand Sudbury aura lieu tous les deux ans, alternant avec le Salon du livre de Hearst.

7 mai
Journée mondiale de la musique

1972   FONDATION DE THÉÂTRE ACTION ❖ Organisme de développement au service du théâtre d'expression française en Ontario, Théâtre Action voit le jour à Sudbury lors d'un colloque provincial tenu à la suite de la publication du Rapport Beaulne (Pierre Beaulne), qui confirme la nécessité pour la communauté théâtrale franco-ontarienne de se doter d'un organisme de développement. Au fil des ans, le mandat de Théâtre Action se consolide et ses axes de développement sont le théâtre professionnel, le théâtre communautaire, le théâtre en milieu

scolaire et les pigistes. En 1974, l'organisme tient son premier festival provincial ; l'année suivante, des festivals régionaux sont organisés. En 1978, Théâtre Action publie un bulletin intitulé *Liaison*, qui deviendra la revue des arts en Ontario français (v. 11 mai). Son bulletin actuel est *En raccourci*. En juin 1995, l'organisme met sur pied le premier Festival de théâtre communautaire franco-ontarien, à Rockland et à Orléans ; l'événement se tient tous les deux ans. En avril 1996, Théâtre Action organise le premier Festival franco-ontarien de théâtre en milieu scolaire, à North Bay ; l'événement a lieu chaque année. En 1997, sont créés les prix et les bourses du théâtre franco-ontarien en vue de reconnaître le travail des artistes et artisans et d'appuyer le développement de la relève. L'organisme publie nombre de manuels ou trousses d'expression dramatique et maintient à jour une banque de textes dramatiques. En 2003, Théâtre Action lance *Entr'Acte*, revue de réflexion sur le théâtre franco-ontarien (v. novembre).

8 mai

1937   NAISSANCE DU JUGE ROBERT CUSSON ❖ Natif d'Ottawa, Robert Cusson est admis au barreau de l'Ontario le 12 avril 1962 et pratique le droit à Hawkesbury. Président du Conseil d'éducation de Prescott-Russell (1969-1974), il est membre fondateur de l'Association fédérale libérale de Glengarry-Prescott-Russell. Robert Cusson est nommé juge de la Cour des comtés-unis de Prescott-Russell le 3 mars 1978.

1967   CRÉATION DU COMITÉ FRANCO-ONTARIEN D'ENQUÊTE CULTURELLE ❖ Le premier ministre de l'Ontario, John P. Robarts, annonce qu'un budget de 50 000 $ a été alloué à une étude de la vie culturelle des Franco-Ontariens et que le comité d'enquête sera présidé par Roger Saint-Denis, membre du conseil d'administration du Conseil des arts de l'Ontario. Les trois vice-présidents sont Roland Cloutier (Université Laurentienne), Jean Herbiet (Université d'Ottawa) et Jeanne Sabourin (L'Atelier) ; le secrétaire est Jean-Louis Major (Université d'Ottawa) et le trésorier est Louis-Philippe Poirier (ministère de l'Éducation). Le rapport Saint-Denis doit être remis le 30 juin 1968, mais le mandat du comité est prolongé et des crédits supplémentaires sont autorisés, de sorte que le rapport final est déposé à la fin de janvier 1969 (v. janvier).

9 mai

1930 NAISSANCE DE JACQUELINE MARTIN, DRAMA-TURGE ❖ Native de Timmins, Jacqueline Martin enseigne à la Faculté d'éducation de l'Université d'Ottawa à compter de 1969. Elle publie plusieurs textes pédagogiques et de nombreuses pièces de théâtre, dont *Le Fou d'Agolan* (1976), *Le Destin tragique de Cavelier de La Salle* (1979) et *Bon Bombidou* (1983), ainsi que *Contes et Récits de l'Ontario français* (1986). Conceptrice et scénariste pour TVOntario, de 1967 à 1971, Jacqueline Martin prépare quatre séries d'émissions pour les écoles primaires de la province. Elle est membre-fondatrice de L'Atelier d'Ottawa (1965) et de Théâtre Action (1972).

1937 NAISSANCE DE L'ATHLÈTE DANIEL BÉLISLE ❖ Né à South Porcupine, Daniel Bélisle est un ailier droit qui joue surtout dans les ligues de hockey américaine et internationale, de 1955 à 1972. Il évolue dans la Ligue nationale durant la saison 1960-1961, avec les Rangers de New York.

1956 NAISSANCE DE L'ATHLÈTE MARC CARDINAL ❖ Natif de Kingston, Marc Cardinal se distingue en haltérophilie. Dès l'âge de 18 ans, il détient le record canadien chez les juniors. Il obtient une médaille d'or aux Jeux du Commonwealth en 1978 et trois médailles d'argent aux Jeux panaméricains de 1979. La même année, Marc Cardinal décroche une médaille de bronze au championnat du monde chez les super poids lourds. Il participe huit fois aux Jeux du Commonwealth et une fois aux Jeux olympiques (1980). Le record national chez les seniors lui appartient neuf fois. Marc Cardinal peut lever un total de 387,5 kilos. Diplômé de l'Université d'Ottawa, il poursuit maintenant une carrière en radiologie.

1971 FONDATION DU THÉÂTRE DES LUTINS ❖ Créé à Ottawa par Monique P. Landry et Gilles Provost, le Théâtre des Lutins est une compagnie dédiée exclusivement à la conception et à la présentation de pièces de théâtre adaptées à la jeunesse (de la maternelle à la neuvième année). Ce théâtre de tournée, le premier à voir le jour en Ontario français, se donne comme mission de présenter ses pièces dans toutes les écoles de la province de l'Ontario et ailleurs au Canada. Les Lutins présentent des pièces à caractère thématique et à connotation pédagogique, comme divertissement et surtout comme sensibilisation au monde de l'imaginaire.

1974 NAISSANCE DU HOCKEYEUR STÉPHANE YELLE ❖ Né à Bourget, Stéphane Yelle commence à jouer au hockey avec les Oshawa Generals en 1991. Il joint les rangs des Nordiques de Québec en 1994, puis évolue avec l'Avalanche du Colorado de 1995 à 2002, année où il passe aux mains des Flames de Calgary. Stéphane Yelle fait partie de l'équipe du Colorado lorsqu'elle remporte la Coupe Stanley en 1996 et en 2001. Au total, ce hockeyeur dispute 640 parties régulières avec la Ligue nationale de hockey, marque 68 buts et obtient 117 passes. À ceci s'ajoutent 134 parties éliminatoires au cours desquelles il marque 8 buts et obtient 20 passes.

10 mai

1902 NAISSANCE DE MGR MARIE-JOSEPH LEMIEUX, O.P. ❖ Originaire de la ville de Québec, Marie-Joseph Lemieux est ordonné prêtre dominicain le 15 avril 1928. Missionnaire au Japon pendant plusieurs années, il est élu premier évêque de Sendai, et sacré le 9 mars 1936. Nommé évêque de Gravelbourg (Saskatchewan) en 1944, il est promu archevêque d'Ottawa le 20 juin 1953 ; il s'adjoint deux évêques auxiliaires francophones, MGR Paul-Émile Charbonneau (1961-1963) et MGR René Audet (1963-1968). En 1966, il devient nonce ou ambassadeur du Vatican en Haïti, puis prononce en Inde (1969). Il termine sa carrière comme administrateur au Vatican, de 1971 à 1973. MGR Marie-Joseph Lemieux est décédé à Ottawa le 4 mars 1994.

11 mai

1978   PREMIÈRE PARUTION DE LA REVUE *LIAISON*
❖ Fondée par Théâtre Action, la revue *Liaison* est d'abord un bulletin d'information pour le milieu théâtral franco-ontarien. Après quelques livraisons, la revue s'ouvre à la littérature, aux arts visuels, à la musique et au cinéma. C'est en 1981 que les Éditions L'Interligne, d'Ottawa, prennent en charge la revue *Liaison*. La première rédactrice en chef est denise truax (1979-1982) ; Fernan Carrière lui succède et dirige la revue de 1982 à 1987. Paul-François Sylvestre est directeur-rédacteur pendant dix ans, soit de 1987 à 1997, puis Stefan Psenak lui emboîte le pas (1997-2003), suivi d'Arash Mohtashami-Maali, en fonction depuis mars 2003. La revue *Liaison* suit les artistes dans leur cheminement et dans leur impact sur la communauté franco-ontarienne. Au début, le contenu est plus culturel, on y parle beaucoup d'animation communautaire. Pendant plusieurs années, des organismes hors du secteur artistique proprement dit siègent au comité de rédaction, notamment des représentants des mouvements de jeunes. Au fur et à mesure que les artistes s'affirment, se regroupent sur le plan professionnel et occupent une place de choix sur la scène ontarienne et canadienne, voire internationale, *Liaison* modifie sa couverture de l'actualité artistique et pose un regard plus critique ; ses pages s'ouvrent aussi davantage à la création. Depuis la fin des années 1980, *Liaison* est membre de la Société de développement des périodiques culturels du Québec ; le magazine est aussi membre du Regroupement des éditeurs canadiens-français. (À noter que la première livraison de la revue ayant eu lieu en mai 1978, la présente notice est arbitrairement fixée au 11 mai.)

1997   LANCEMENT DE *VIRAGES*, LA REVUE DE LA NOUVELLE ❖ Fondé à Sudbury par Stefan Psenak, le périodique *Virages* paraît pour la première fois au printemps de 1997. Il est consacré aux récits brefs, écrits par des francophones de l'Ontario et d'ailleurs. Les textes inédits peuvent être réalistes ou fantastiques, étranges ou vraisemblables, érotiques ou chastes, grinçants ou amusants, loufoques ou donnant à réfléchir. En 1998, Marguerite Andersen, Paul Savoie et Arash Mohtashami-Maali prennent la direction de cette revue. Chaque nouvelle est suivie d'une citation tirée du *Dictionnaire des citations littéraires de l'Ontario français depuis 1960* (1996), qui résume pour ainsi dire son contenu. À partir du numéro 9, *Virages* publie également des recensions. En 2001, la maison d'édition Prise de parole, de Sudbury, devient partenaire de ce périodique. (La première livraison de la revue ayant eu lieu au printemps de 1997, la présente notice est arbitrairement fixée au 11 mai.)

12 mai

Journée internationale des infirmières et infirmiers

1626   NAISSANCE DE LOUIS HENNEPIN, O.F.M., MISSIONNAIRE ❖ Originaire d'Ath (Belgique), Louis Hennepin est un récollet qui, en 1675, s'embarque pour le Canada où il s'acquitte de diverses missions pastorales dans la mouvance de l'explorateur français René Robert Cavelier de la Salle. Il ramène de son séjour en Amérique du Nord la matière de deux ouvrages qui connaissent un vif succès : *Nouvelle Découverte d'un très grand pays situé dans l'Amérique entre le Nouveau Mexique et la Mer Glaciale* (1697) et *Nouveau Voyage d'un pais plus grand que l'Europe* (1698). Ces livres sont presque aussitôt traduits en italien, en néerlandais et en allemand. Hennepin est le premier à avoir donné une description des chutes Niagara. Il serait mort vers 1705.

1930   NAISSANCE DE MARC COLONNIER, ANATOMISTE ❖ Originaire de la ville de Québec, Marc Colonnier grandit et étudie à Ottawa. Diplômé en médecine et en anatomie, il détient un doctorat du University College de Londres. Une autorité en matière de cortex cérébral, il enseigne au Département de physiologie de l'Université de Montréal et au Département d'anatomie de l'Université d'Ottawa, qu'il dirige de 1969 à 1976. Marc Colonnier reçoit de nombreuses distinctions pour son travail en neuro-anatomie, notamment le Lederle Medical Faculty Award et le prix Charles-Judson-Herrick de l'Association américaine des anatomistes. Auteur de plusieurs études savantes parues, entre autres, dans *Brain Research* (Amsterdam), *Journal of Anatomy* (Londres) et *Archives of Neurology* (Chicago), le docteur Colonnier est élu membre de la Société royale du Canada en 1974. De 1976 à 1991, il est chercheur et professeur à l'Université Laval (Québec).

1939 FONDATION DE L'ASSOCIATION DES ENSEI-GNANTES ET ENSEIGNANTS FRANCO-ONTARIENS ❖ Un comité d'instituteurs est formé le 1er novembre 1936, sous l'égide de la Société Saint-Jean-Baptiste d'Ottawa, puis d'autres sections de professeurs naissent jusqu'à ce qu'un regroupement provincial voie le jour en 1939. Il s'agit de l'Association de l'enseignement bilingue qui devient l'Association de l'enseignement français en 1941, puis l'Association des enseignants franco-ontariens (AEFO) en 1962. La dénomination actuelle date de 1985. Au début, les objectifs de l'organisme sont d'« d'étudier tous les problèmes qui touchent à l'enseignement bilingue et de prendre tous les moyens possibles pour améliorer cet enseignement ainsi que la situation du corps enseignant ». Aujourd'hui, l'AEFO entend «protéger individuellement et collectivement ses membres pour assurer le respect de tous leurs droits dans l'exercice de leur profession ; promouvoir une meilleure éducation des francophones en Ontario ; promouvoir l'épanouissement professionnel de ses membres ». Toutefois, son influence ne s'exerce pas uniquement dans le domaine scolaire ; elle fait campagne chaque fois que les droits de la langue française le réclament. Elle collabore avec l'Association canadienne-française de l'Ontario et est à l'origine de certaines associations, telles l'Association canadienne d'éducation de langue française, l'Association de la jeunesse franco-ontarienne, l'Association des écoles secondaires privées franco-ontariennes et la Fédération des élèves du secondaire franco-ontarien. L'AEFO a publié autrefois le bulletin *L'École ontarienne,* qui est aujourd'hui remplacé par *En Bref* et *Entre nous.*

13 mai

1675 LA SALLE DEVIENT SEIGNEUR DU FORT FRONTENAC ❖ Le roi de France autorise la concession de la seigneurie du fort Frontenac au sieur René-Robert Cavelier de La Salle qui « fera bâtir une église dans les six premières années de la concession et, pendant ce temps, il entretiendra un prêtre ou un religieux pour administrer les sacrements. Il fera venir des Sauvages et leur donnera des habitations ; et il formera des villages de Français, auxquels il donnera par desdites terres à défricher » *(Arrest du 13 may 1675).*

14 mai

1862 NAISSANCE DE NAPOLÉON L. CHAMPAGNE, DÉPUTÉ ❖ Originaire d'Ottawa, Napoléon Louis Champagne est un avocat qui s'intéresse à la politique à tous les niveaux. Échevin d'Ottawa pendant quinze ans, maire en 1908 et en 1924, commissaire durant trois ans, il est trois fois battu sur la scène fédérale et une fois à l'échelon provincial. En 1911, Napoléon Champagne réussit à se faire élire député d'Ottawa-Est à Queen's Park, sous la bannière conservatrice. Sa faible opposition au Règlement XVII de 1912 lui vaut une défaite en 1914. Décédé à Ottawa le 17 novembre 1925.

1914 FONDATION DU JOURNAL *NOUVELLES POLI-TIQUES* ❖ De très courte durée, ce journal d'Ottawa d'allégeance conservatrice ne lésine pas sur les louanges à l'endroit du gouvernement fédéral de Robert Borden, vantant son « administration de progrès » et son « travail splendide accompli en secondant les provinces dans leurs efforts d'enseignement ».

1957 NAISSANCE DU DÉPUTÉ GILLES BISSON ❖ Natif de Timmins, Gilles Bisson est coordonnateur d'un programme d'alphabétisation pour la Fédération du Travail de l'Ontario lorsqu'il se fait élire député provincial de Cochrane-Sud en 1990, sous la bannière du Nouveau Parti démocratique. Dans le gouvernement de Bob Rae, il exerce la fonction d'adjoint au ministre du Développement du Nord

Pandora Topp
5 mai 1970

Albert *Frenchy* Bélanger
17 mai 1906

Joseph Beaulieu et Les Petits
Chanteurs céciliens • 21 mai 1895

Philippe Landry
22 mai 1916

Concours de français : Louise Roy, sœur Gisèle Richard
et Jean-Charles Bélanger, de Pain Court, vers 1959 • 25 mai 1938

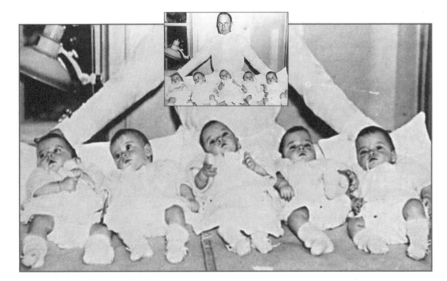

Les jumelles Dionne et le premier ministre Mitchell Hepburn
28 mai 1934

Donald Poliquin
30 mai 1946

SOURCE DES ILLUSTRATIONS

Pandora Topp : photo Jules Villemaire.

Albert *Frenchy* Bélanger : www.cyberboxingzone.com.

Joseph Beaulieu au milieu des Petits Chanteurs céciliens, Ottawa, 1941 (détail) : Université d'Ottawa, CRCCF, Fonds Joseph-Beaulieu (P407), Ph40-18.

Philippe Landry : Université d'Ottawa, CRCCF, Fonds Association canadienne-française de l'Ontario (C2), Ph2-58.

Concours provincial de français : site Internet du 150e anniversaire de Pain Court.

Les quintuplées Dionne : Bibliothèque et Archives Canada, C19533. De gauche à droite : Yvonne, Annette, Cécile, Émilie et Marie (au fond, le premier ministre Mitchell Hepburn).

Donald Poliquin : photo Gordon King.

et au ministre des Affaires francophones. Réélu en 1995, 1999 et 2003, dans la nouvelle circonscription de Timmins-Baie James, Gilles Bisson est porte-parole du parti pour les Affaires municipales, les Affaires francophones, le Développement du Nord et des Mines, les Affaires autochtones et les Transports. Il occupe aussi le poste de whip du groupe parlementaire du NPD à Queen's Park.

1959   NAISSANCE DE L'ATHLÈTE RICHARD VAIVE ❖ Originaire d'Ottawa, Richard Vaive fait son entrée dans la Ligue nationale de hockey en 1979 avec les Cannucks de Vancouver. De 1980 à 1989, il évolue avec les Maple Leafs de Toronto, puis avec les Sabres de Buffalo (1989-1992). Au total, Richard Vaive dispute 876 joutes dans la ligue nationale, dont 54 en séries éliminatoires. Il marque 441 buts et obtient 347 passes.

15 mai
Journée internationale des familles

1645   FIN PROCHAINE DE LA MISSION EN HURONIE ❖ Le jésuite Jérôme Lalemant écrit au père provincial de la Compagnie de Jésus pour expliquer les causes d'une fin prochaine de la mission en Huronie. Dans une lettre datée du 15 mai 1645, le missionnaire note que « les maladies se sont suivies les unes après les autres » et que « les famines ont leur tour ». Le père Lalemant ajoute que « les guerres ont été plus impitoyables, et elles sont très cruelles en ce pays, sans pardonner à aucun sexe, à aucun âge ni à aucune condition de personnes ».

1958   NAISSANCE DE L'ÉCRIVAIN ALAIN BERNARD MARCHAND ❖ Né à Shawinigan (Québec), Alain Bernard Marchand grandit en Ontario et vit à Ottawa, où il obtient son doctorat en lettres françaises. Auteur de textes critiques et de textes de création, il collabore, entre autres, aux revues *Le Sabord*, *Liaison* et *Cahiers de théâtre Jeu*. Romancier, Alain Bernard Marchand publie *C'était un homme aux cheveux et aux yeux foncés* (1992), *L'homme qui pleure* (1995), *Le Dernier Voyage* (1997) et *Lettres d'un cracheur d'étoiles* (2004). Essayiste, il est l'auteur de

Genet le joueur impénitent (1997) et de *Tintin au pays de la ferveur* (1996), ouvrage qui est finaliste du Prix du Gouverneur général et qui remporte le prix Trillium. Alain Bernard Marchand représente le Canada aux IIIes Jeux de la francophonie, à Madagascar, en 1997.

16 mai

1912   NAISSANCE DE L'ENTREPRENEUR NAPOLÉON ROY ❖ Natif de Pain Court, Napoléon Roy est un agriculteur qui fonde la compagnie King Grain en 1934. Elle s'occupe de la production et de la commercialisation du maïs hybride, vendant les semences partout au Canada, aux États-Unis, en France et au Chili. Même si King Grain excelle davantage dans les sous-produits du maïs, Napoléon Roy se spécialise aussi dans la fève de soya qu'il commercialise dans les pays du Pacifique. Au fil des ans, l'entrepreneur de Pain Court et ses fils multiplient les filiales de la compagnie, puis les regroupent sous le vocable Kingroup. Napoléon Roy fut président de la Chambre de commerce régionale de Chatham, du comité consultatif de l'Hôpital Saint-Joseph et du conseil de la paroisse Immaculée-Conception de Pain Court. En reconnaissance de sa contribution exceptionnelle dans le monde de l'agriculture, cet entrepreneur est fait membre honoraire à vie de la Canadian Seed Growers' Association et du Canadian Seed Trade. Il reçoit aussi plusieurs honneurs : Médaille du Collège d'agriculture de l'Université de Guelph (1975), Médaille de la reine (1977), Médaille du centenaire remise par le ministère de l'Agriculture et de l'Alimentation (1988) et membre du Temple de la renommée agricole du comté de Kent (1989). Décédé le 16 mai 2005.

17 mai
Journée mondiale des télécommunications

1906   NAISSANCE DE L'ATHLÈTE ALBERT *FRENCHY* BÉLANGER ❖ Natif de Toronto, Albert Bélanger devient boxeur professionnel en 1925. Une série de victoires, dont certaines assez célèbres contre Newsboy Brown, Frank Genaro et Steve Rocco, le conduisent, en 1927, au match de championnat mondial contre le Britannique Ernie Jarvis, dans la catégorie poids-plume. Albert Bélanger, surnommé *Frenchy*, remporte la victoire, mais ne conserve son titre que pendant trois mois. Il boxe encore durant quelques années, puis met fin à sa carrière en 1932. Décédé à Toronto le 27 mai 1969.

1918 NAISSANCE DE L'ÉCRIVAIN GUY SYLVESTRE ❖ Natif de Sorel (Québec), Guy Sylvestre s'établit à Ottawa où il est tour à tour journaliste, critique littéraire, bibliothécaire adjoint du Parlement du Canada (1956-1968), puis directeur général de la Bibliothèque nationale du Canada (1968-1983). Critique littéraire pour le quotidien *Le Droit* (1939-1948), il est l'auteur, entre autres, de *Situation de la poésie canadienne* (1942), *Anthologie de la poésie canadienne d'expression française* (1943), *Panorama des lettres canadiennes-françaises* (1964) et *Un siècle de littérature canadienne* (1967). Membre de la Société royale du Canada (1951) et de l'Académie canadienne-française (1965), Guy Sylvestre est fait officier de l'Ordre du Canada en 1982.

18 mai
Journée internationale des musées

1863 NAISSANCE DU MUSICIEN NAPOLÉON-MAGLOIRE MATHÉ, ❖ Natif d'Ottawa, Napoléon-Magloire Mathé est professeur, fonctionnaire, écrivain, chanteur et pianiste. Membre du quatuor Albani dans les années 1890, il devient directeur musical de la Société philharmonique d'Ottawa et de l'Institut canadien-français d'Ottawa. Maître de chapelle, il dirige la chorale de la basilique Notre-Dame d'Ottawa (1890-1914). Son épouse Emma Blain de Saint-Aubin (1868-1940) est pianiste, accompagnatrice et chanteuse. Leurs enfants, tous nés à Ottawa, embrasseront tous la carrière musicale : Paul (1896-1941) sera violoniste et professeur de violon; Charles (1897-1980), violoncelliste dans les orchestres symphoniques de Cincinnati et de Toronto; Aline (1901-1990), mezzo-soprano, pianiste et accompagnatrice de chœurs ; Blain (1907-1967), violoniste, second violon de l'Orchestre

symphonique de Toronto et membre des troubadours Happy Gang qui animent une émission populaire sur les ondes de CBC (1937-1959) ; et Jean-Marie (1913-1993) sera maître de chapelle et membre fondateur du Chœur Palestrina d'Ottawa. Napoléon-Magloire Mathé est décédé à Ottawa le 10 avril 1937.

1970 ENTRÉE EN ONDES DE CBEF-WINDSOR ❖ Après quelques émissions francophones à l'antenne d'un poste de radio anglophone et après des démarches renouvelées auprès de la Société Radio-Canada, les Franco-Ontariens et Franco-Ontariennes du Sud-Ouest ontarien obtiennent finalement leur poste de radio de langue française le 18 mai 1970. L'événement est souligné par un concert de la jeune chanteuse Ginette Reno, en direct du Cleary Auditorium de Windsor.

19 mai

1946 NAISSANCE DU POÈTE RICHARD CASAVANT ❖ Né à Ottawa, Richard Casavant est un docteur en psychologie qui s'intéresse à la poésie et à l'édition. Son premier recueil, *Soleils multiples*, paraît en 1964, suivi par *Le Matin de l'infini* (1967), *Bing sur la Ring, Bang sur la Rang* (1978), *Poèmes* (1979) et *Symphonie en blues* (1985). Premier responsable franco-ontarien au Conseil des arts de l'Ontario (1970-1978), Richard Casavant a été président des Éditions L'Interligne à la fin des années 1980.

20 mai

1858 PREMIER JOURNAL DE LANGUE FRANÇAISE EN ONTARIO ❖ Quatre membres de l'Institut canadien-français d'Ottawa, Georges Carrière, Pascal Comte, Guillaume Demers et Pierre St-Jean, ont l'honneur d'avoir fondé le premier journal francophone en Ontario. Il s'agit de l'hebdomadaire *Le Progrès*, dont A. L. Malhiot est le rédacteur. Voué aux intérêts canadiens et spécialement à ceux des populations franco-canadiennes établies aux abords de la rivière des Outaouais, *Le Progrès* paraît pendant six mois.

1888 NAISSANCE DE VICTOR BARRETTE, JOURNA-LISTE ❖ Natif de Joliette (Québec), Victor Barrette est plus connu sous le nom d'Oncle Jean, pseudo-nyme qu'il utilise comme journaliste et chroniqueur au journal *Le Droit*. Il entre au service de ce quotidien d'Ottawa en 1921 et y demeure pendant 37 ans. Grâce à ses chroniques pour la jeunesse, Victor Barrette devient, au milieu du siècle dernier, un des plus dynamiques animateurs de la vie et de la culture franco-ontariennes. Il participe à la fondation de l'Union des cultivateurs franco-ontariens, au sein de laquelle il préside à la création de plus de 300 sections pour jeunes. Décédé à Ottawa le 15 août 1958.

1904 NAISSANCE DE GASTON VINCENT, ADMINIS-TRATEUR ET JURISTE ❖ Né à Ottawa, Gaston Vincent est admis au barreau de l'Ontario en 1928. Il pratique le droit à Kapuskasing jusqu'en 1942 et à Ottawa de 1942 à 1959. Il est commissaire d'écoles dans ces deux villes. Membre du conseil d'administration de l'Association canadienne-française d'éducation d'Ontario (1943-1953), Gaston Vincent est président de l'ACFEO de 1953 à 1959. On le retrouve aussi au bureau des régents de l'Université d'Ottawa et de l'Université de Sudbury, ainsi qu'au conseil d'administration de la Société Richelieu, de l'Hôpital général d'Ottawa, de l'Hôpital Montfort, de l'Union du Canada et du Syndicat des œuvres sociales. Il siège au conseil d'administration d'entreprises canadiennes, notamment la Banque provinciale du Canada, La Sauvegarde, Guaranty Trust et Ottawa Gas Company. Commandeur de l'Ordre de Saint-Grégoire-le-Grand (1956) et récipiendaire de l'Ordre du mérite scolaire acadien (1956), il meurt à Ottawa le 12 octobre 1959.

1994 PREMIERS JEUX FRANCO-ONTARIENS ❖ Organisés sous l'égide de la Fédération de la jeunesse franco-ontarienne, anciennement la Fédération des élèves du secondaire franco-ontarien, les premiers Jeux franco-ontariens ont lieu à Orléans, du 20 au 23 mai 1994. Ils représentent le plus grand rassemblement provincial annuel de jeunes francophones. À chaque mois de mai, c'est un millier de jeunes de 70 écoles secondaires franco-ontariennes de tous les coins de l'Ontario qui se réunissent pour faire valoir leurs talents dans six volets : sports-athlétisme, arts visuels, improvisation théâtrale, quiz sur l'Ontario français, amuseurs publics et chanson-musique. Cette formule unique au Canada a été créée par les jeunes, avec l'appui de partenaires tels que les Clubs Richelieu de l'Ontario, l'APCM et BRAVO. Les Jeux franco-ontariens se sont déroulés à Orléans, Vanier, Chelmsford, Welland, Kapuskasing, Casselman, Toronto, Windsor, New Liskeard, Sudbury, Cornwall et Trenton.

21 mai

1827 NAISSANCE DU DÉPUTÉ FÉLIX ROUTHIER ❖ Originaire de Saint-Placide (Bas-Canada), Félix Routhier est un manufacturier qui s'établit à Vankleek Hill et qui se fait élire député fédéral de Prescott en 1878, sous la bannière conservatrice. Il est défait lors des élections générales de 1882, 1887 et 1891.

1875 NAISSANCE DU DÉPUTÉ ET JUGE EDMOND PROULX ❖ Né à Saint-Hermas (Québec), Edmond Proulx est un avocat qui s'établit à L'Orignal pour pratiquer le droit. Élu député fédéral de Prescott en 1904, sous la bannière libérale, il maintient la faveur de ses électeurs en 1908, 1911 et 1917. Défait lors des élections générales de 1921, Edmond Proulx se fait élire député provincial de Prescott en 1923 et 1926. Nommé juge de la cour de district de Sudbury le 11 septembre 1929, il meurt à L'Orignal le 26 décembre 1956.

1887 FONDATION DU JOURNAL *COURRIER FÉDÉRAL* ❖ Semi-quotidien créé pour répondre au « besoin qui se fait sentir, à Ottawa, d'un journal parfaitement indépendant, sachant mettre de côté la partisanerie lorsqu'il s'agit des intérêts de la nation canadienne-française », le *Courrier fédéral* devient en réalité une feuille libérale. Une édition hebdomadaire paraît sous le vocable *Le Colon canadien*. Cette entreprise de presse dirigée par J. Eugène Dion cesse en juillet 1888.

1895 NAISSANCE DE JOSEPH BEAULIEU, COMPO-
SITEUR ❖ Originaire de Mattawa, Joseph Beaulieu
est le fondateur et le directeur (1931-1943) des
Petits Chanteurs céciliens. Nommé directeur adjoint
de l'enseignement de la musique au ministère de
l'Éducation de l'Ontario (1942-1965), il compose
quelque 200 chansons folkloriques et en inclut
plusieurs dans ses recueils, notamment dans les huit
volumes de *Mon école chante* (1960). Décédé à
North Bay le 1er octobre 1965. Un centre musical et
un camp d'été à l'Île aux Chênes (lac Nipissing)
portent son nom.

1943 NAISSANCE DE L'ENTREPRENEUR CLAUDE
THÉBERGE ❖ Natif de Malartic (Québec), Claude
Théberge s'établit à Kirkland Lake et s'associe à
Gaston Héon pour fonder, en 1970, la compagnie
de matériaux de construction Kirkland Lake Home
Care. En 1972, les deux hommes sont de nouveau
partenaires pour fonder la Cikent Corporation,
une entreprise qui construit des maisons de santé
pour personnes âgées à Timmins, Kirkland Lake,
Haileybury, Kapuskasing, Sault-Sainte-Marie,
Sudbury et Ottawa. La compagnie est vendue en
1984 et Claude Théberge et son épouse Marianne
fondent CML Industries Ltd, une société qui produit du papier et qui est fournisseur auprès du gouvernement fédéral, des institutions financières et
du secteur hospitalier.

1949 NAISSANCE DU CARICATURISTE BADO ❖ Né
à Montréal (Québec), Guy Badeaux signe les dessins
éditoriaux du quotidien *Le Droit*, d'Ottawa, depuis
mai 1981. Ses caricatures paraissent dans de nombreuses publications et se retrouvent dans cinq
ouvrages : *La Jeunesse d'aujourd'hui* (1988), *Les
Années 90* (1993), *1997 ne sera pas jojo* (1997),
Salade du chef (2000) et *Bado 2004 et même plus*
(2004). En 1986, Bado reçoit le National Business
Writing Award pour le meilleur dessin d'affaires
dans un quotidien canadien. Lors du Concours
canadien de journalisme en 1991, il décroche aussi
le Prix de la meilleure caricature dans un quotidien
canadien. Bado détient le record Guinness (1995)
de l'illustration de la plus grande carte postale

(9,5 m sur 3 m) ; elle porte la signature de plus de
70 000 Canadiens et a été envoyée aux Casques
Bleus des Forces canadiennes au Rwanda et en
Bosnie-Herzégovine.

1962 NAISSANCE D'ARISTOTE KAVUNGU, ÉCRI-
VAIN ❖ Né au Congo de parents angolais, Aristote
Kavungu est un enseignant qui vit à Toronto et qui
s'intéresse à l'écriture romanesque, au journalisme
et à la scénarisation. En 2001, il publie un récit
intitulé *L'Adieu à San Salvador*, qui est finaliste du
prix littéraire Anne-Hébert 2002. Son roman *Un
train pour l'Est* (2003) remporte le prix Christine-
Dumitriu-Van-Saanen en 2003. Il est aussi l'auteur
du court métrage *Aïcha* (2002).

1977 FONDATION DU REGROUPEMENT CULTUREL
FRANCO-ONTARIEN ❖ Afin d'offrir des services d'information, de formation et de promotion dans le
domaine culturel, des organismes créent le Regroupement culturel franco-ontarien (RCFO). Le champ
d'action du nouvel organisme couvre l'artisanat, les
arts d'interprétation, les arts visuels et la littérature.
En 1979, le Regroupement compte 83 organismes
culturels ou socioculturels franco-ontariens. Faute
de ressources, le RCFO cesse ses activités au début
des années 1980.

22 mai

1884 NAISSANCE DU DÉPUTÉ EDMOND ODETTE
❖ Natif de Windsor, Edmond Georges Odette est
un manufacturier qui s'établit à Tilbury et qui s'intéresse d'abord à la politique municipale. Préfet
puis maire de Tilbury (1920-1923), il tente de se
faire élire député fédéral d'Essex-Est en 1925, sous
la bannière libérale, mais sans succès. Il réussit à se
faire élire en 1926, puis il mord la poussière en
1930. Décédé le 31 mars 1939 à Toronto.

1916 DÉMISSION DU SÉNATEUR PHILIPPE LANDRY
❖ Pour mieux servir la cause franco-ontarienne,
l'honorable Philippe Landry démissionne de son
poste de président du sénat et explique les raisons
qui motivent ce geste dans une lettre qu'il adresse au

premier ministre Robert Borden : « J'ai l'intention, à titre de représentant autorisé des Canadiens français de l'Ontario, de prendre ouvertement la défense de ceux qui n'ont pas eu de défenseurs parmi les hommes de leur race que la Province de Québec compte dans l'exécutif fédéral [...]. Pour accomplir ce devoir, sans m'exposer à l'accusation de vous causer d'inutiles embarras en me servant indûment d'un prestige que je vous dois, il faut, les convenances l'exigent, que je descende du fauteuil présidentiel que j'occupe au Sénat. Je vous prie donc d'accepter ma démission. Je la donne comme une protestation publique et sincère contre la doctrine de non-intervention fédérale avec ses résultats alarmants pour l'avenir du pays et la survivance de notre race. Je la donne comme une protestation contre l'emploi de cette arme à deux tranchants qui fait de certains ministres des hommes dangereux pour notre race et pour les droits qu'elle veut conserver. Je la donne comme une protestation contre tous ceux que l'amour du pouvoir tient engourdis ou que les faveurs ministérielles endorment dans une fausse sécurité. Je la donne enfin pour me consacrer entièrement, libre de toute entrave, à la défense d'une noble cause que je veux tenir au-dessus des mesquins intérêts des partis politiques, et pour le triomphe de laquelle il me fait plaisir de sacrifier les quelques années qu'il me reste à vivre. »

1922   NAISSANCE DE JACQUES VARALEAU, ATHLÈTE ❖ Né à Ottawa, Jacques Patrice Varaleau est un aviateur des Forces canadiennes, qui s'entraîne aux poids et haltères et devient champion canadien. Il représente le Canada aux Jeux olympiques de Londres (1948) et se classe sixième. La même année, l'athlète gagne le titre de champion de l'Empire britannique. Il défend son titre aux Jeux de l'Empire britannique en 1950 à Auckland (Nouvelle-Zélande) et remporte la médaille d'or. Jack Varaleau participe aussi aux Jeux olympiques d'Helsinki (Finlande) en 1952. Récipiendaire du trophée Gil.-O.-Julien en 1950, Jacques Patrice Varaleau est élevé au Temple de la renommée sportive de l'Ottawa métropolitain en 1984 et à celui des Forces armées canadiennes.

1935   DÉCÈS D'EMMA-ADÈLE LACERTE, ÉCRIVAINE ❖ Née en 1870 à Saint-Hyacinthe (Québec), Emma-Adèle Lacerte s'établit à Ottawa en 1891. Elle figure parmi les premières écrivaines de l'Ontario français et demeure une des pionnières de la littérature pour la jeunesse au Canada français. On lui doit, entre autres, le recueil *Contes et Légendes* (1915), l'opérette *Dolora la bohémienne* (1918), la pièce *La Belge aux gants noirs* (1920), les contes *Perdue dans la jungle* (1932), *À la poursuite d'un chapeau* (1932) et *Aux douze coups de minuit* (1932), ainsi que le roman *L'Homme de la maison grise* (1933). Plusieurs de ses textes paraissent dans *Le Courrier fédéral* en 1921 et 1922. Emma-Adèle Lacerte est décédée à Ottawa le 22 mai 1935.

1958   NAISSANCE DU MUSICIEN BOBBY LALONDE ❖ Originaire de Hawkesbury, Bobby Lalonde est un artiste qui partage la scène, entre autres, avec Joe Dassin, Gilbert Bécaud, Johnny Cash et Kenny Rodgers. Il fait partie des groupes Garolou (1976-1978), Bobby Lalonde Band (depuis 1980) et Swing (1996-2000). On lui doit pas moins de treize disques, dont *Lougarou* (1976), *Bobby Lalonde* (vol. 1, 2 et 3, 1974-1976), *Garolou* (1977), *Noël Classics* (1999) et *Violina* (2000). Avec le groupe Garolou, Bobby Lalonde remporte le Félix du meilleur album de groupe en 1976. Il décroche aussi le prix de meilleur violoneux (1991) et de meilleur instrumentaliste (1983, 1984, 1986) au sein de la Canadian Country Music Association. En 2001, avec le groupe Swing, Bobby Lalonde remporte quatre prix Trille Or lors du premier Gala de la chanson et de la musique franco-ontariennes (meilleur spectacle, découverte de l'année, chanson primée et producteur de l'année).

1979   ÉLECTION FÉDÉRALE ❖ Lors du scrutin général tenu le 22 mai 1979, les candidats franco-ontariens suivants sont élus : Jean-Robert Gauthier (Ottawa-Est), Jean-Luc Pépin (Ottawa-Carleton), Denis Éthier (Glengarry-Prescott-Russell), Jean-Jacques Blais (Nipissing) et Raymond Chénier (Timmins-Chapleau).

23 mai

1846   LOI SCOLAIRE RYERSON ❖ Clerc de l'Église méthodiste, Egerton Ryerson est nommé surintendant des écoles du Canada-Ouest en 1846. Il rêve d'un système scolaire où les écoles de tous les niveaux seraient gratuites, universelles, obligatoires et conformes à des principes chrétiens. En mai 1846, Ryerson fait adopter la *Loi des écoles communes*, qui prône une centralisation poussée du système scolaire de la province. Toronto devient le centre de décision concernant la préparation des règlements et des programmes, le choix des manuels, la certification des enseignants et l'inspection des écoles. La loi crée un conseil scolaire provincial dont le surintendant et les six membres sont nommés par le gouverneur.

24 mai

1749   UN COQ, SIX POULES ET UNE VACHE POUR CHAQUE COLON ❖ En vue d'encourager le peuplement dans la nouvelle colonie du Détroit (Windsor), Roland-Michel Barrin, comte de La Galissonière, gouverneur de la Nouvelle-France, fit circuler la proclamation suivante dans toutes les paroisses du Canada : « Chaque homme qui s'établira au Détroit recevra gratuitement une pioche, une hache, un soc de charrue, une grosse et une petite tarière. On leur fera l'avance des autres outils, pour être payés dans deux ans seulement ; il leur sera délivré une vache, qu'ils rendront sur le croît. De même une truie ; on leur avancera la semence de la première année, à rendre à la troisième récolte. Seront privés des libéralités du roi ceux qui, au lieu de cultiver, se livreront à la traite. » Cette proclamation fut renouvelée par le marquis de La Jonquière, le 2 janvier 1750, avec les variantes suivantes : on n'admettait que des habitants terriens et de bonnes mœurs ; les fournitures gratuites étaient accrues d'un fusil, d'une faux et d'une faucille, d'une truie, de six poules, un coq, six livres de poudre et douze de plomb. C'est ainsi qu'en 1749 on y envoya 46 personnes, tant hommes que femmes et enfants ; puis, en 1750, 12 familles

composées de 57 personnes s'y rendirent ; en 1751, il fut accordé 17 concessions de terre, et 23 autres en 1752 ; en 1760, il y avait plus de 1 000 habitants.

1971   NAISSANCE DE L'ARTISTE ET ENTREPRENEUR YVES DOYON ❖ Né à Cochrane, Yves Doyon est un auteur-compositeur-interprète qui se fait d'abord connaître avec la formation musicale Speedbois, à l'Université d'Ottawa, en 1992. La même année, il remporte le prix APCM/CBON pour sa chanson « Ici dans l'Nord » lors de La Nuit sur l'étang. En 1993, Yves Doyon fonde le groupe En bref... avec lequel il offre plus de 600 spectacles en six ans à travers l'Ontario et le Canada. C'est aussi avec En bref... qu'il enregistre un disque éponyme en 1997. Yves Doyon se produit, entre autres, sur la scène du Festival Franco-ontarien à Ottawa, du Festival du Voyageur à Saint-Boniface et de La Nuit sur l'étang à Sudbury. Il apparaît en vedette américaine lors des spectacles de Roch Voisine, Breen LeBœuf et Offenbach, Daniel Seff, Diane Dufresne, Les Colocs et Rudeluck. En 1998, il crée le groupe Vandou et, l'année suivante, il enregistre un disque éponyme. En 1999, Yves Doyon devient chef d'entreprise en fondant le groupe GDM, une firme de communication qui se spécialise dans la gestion de projets et d'événements.

1976   NAISSANCE DE LA VIOLONISTE JACINTHE TRUDEAU ❖ Native de Saint-Charles, Jacinthe Trudeau est musicienne, compositeure et professeure. Violoniste, elle se produit avec des artistes de renom, dont Graham Townsend (champion international du violon), Walter Ostanek (champion international de l'accordéon, prix Grammy), Patti Kusturok (lauréate du Canadian Master Fiddling Championship). Jacinthe Trudeau produit le disque *Écho* (1999) qui remporte le Trille Or du meilleur album de musique instrumental lors du premier Gala de la chanson et de la musique franco-ontariennes, en 2001, et le Canadian Aboriginal Music Award dans la catégorie du meilleur album folklorique (2000).

25 mai

1931   NAISSANCE DU JUGE ROBERT MARANGER ❖
Originaire de Sudbury, Robert Ernest Maranger est
admis au barreau de l'Ontario en 1959. Il travaille
avec l'étude Horeck, Edmonstone et Thomas, dans
sa ville natale, de 1959 à 1978, puis est nommé
juge à la Cour du district de Cochrane le 3 mars
1978. Le juge Maranger devient juge à la Cour de
justice de l'Ontario, à Cochrane, en 1990.

1938   PREMIER CONCOURS PROVINCIAL DE FRAN-
ÇAIS ❖ Dans une salle de cours de l'École normale
de l'Université d'Ottawa, vingt-deux jeunes de la
8ᵉ année sont réunis pour subir des épreuves d'or-
thographe, de composition, de littérature et de lecture. Un garçon et une fille de chacun des onze
inspectorats scolaires en Ontario participent au
premier Concours provincial de français, le mercredi 25 mai 1938. L'enjeu est de taille, car les lau-
réats remportent des bourses leur permettant de
poursuivre leurs études aux niveaux secondaire et
universitaire. Au fil des ans, des milliers de dollars
seront ainsi consacrés à la scolarisation de la jeunesse franco-ontarienne. L'événement est une
initiative de Robert Gauthier, directeur de l'enseignement français au ministère de l'Éducation
(v. 10 avril). Cinq ans après le lancement du premier concours provincial de français pour les élèves
de la 8ᵉ année, on ajoute un autre niveau, le
concours provincial pour les élèves de la 12ᵉ année.
Le concours pour la 8ᵉ année est supprimé en 1964,
et un concours pour les élèves de la 10ᵉ année est
organisé de 1965 à 1969. Le concours pour la
12ᵉ année continue, selon un format tenant compte
du contexte scolaire actuel. Il est organisé en alter-
nance par l'Université Laurentienne, l'Université
d'Ottawa et le Collège universitaire Glendon de
l'Université York. Les épreuves en sont la composition, la dictée, la lecture et le résumé.

1942   NAISSANCE DU DÉPUTÉ GILLES POULIOT ❖
Né à Montréal (Québec), Gilles Pouliot travaille
brièvement au Manitoba, puis s'engage dans les
mines de Manitouwadge en 1965. Président du

NPD pour la circonscription de Lac Nipigon, préfet
de Manitouwadge (1976-1982), Gilles Pouliot se
fait élire député provincial le 2 mai 1985. Il est
réélu en 1987, 1990 et 1995. Le premier ministre
Bob Rae le nomme ministre du Développement du
Nord et des Mines, ainsi que ministre délégué aux
Affaires francophones (1990-1995).

1963   NAISSANCE DE L'ATHLÈTE ALAIN BOUCHER
❖ Natif de North Bay, Alain Boucher enseigne
l'éducation physique à Richmond Hill et s'entraîne
aux 3 000 mètres steeple (course à obstacles). Sa
meilleure performance est obtenue en 1986 avec
un temps de 8 minutes, 40 secondes et 56 dixièmes.
Au niveau international, il se classe premier au
championnat junior panaméricain en 1982, aux
2 000 mètres steeple. Alain Boucher décroche une
quatrième place en 1988 lorsque le Canada affronte
l'Italie. Aux championnats canadiens, ses résultats
sont impressionnants : champion junior en 1982,
troisième en 1986 et deuxième en 1984, 1987 et
1988 aux 3 000 mètres steeple. Membre de l'équipe
canadienne d'athlétisme, il participe aux Iᵉʳˢ Jeux de
la Francophonie, tenus au Maroc en juillet 1989.

26 mai

1892   NAISSANCE DE GILBERT-OVILA JULIEN,
SPORTIF ❖ Natif d'Ottawa, Gilbert-Ovila Julien
devient journaliste au quotidien *Le Droit* en 1920.
Chargé des pages sportives, il crée tout un réseau de
correspondants dans les principaux centres de
l'Ontario et de l'Ouest québécois. Gil.-O. Julien
joue un rôle clé dans l'animation de la vie sportive
auprès des jeunes. Décédé le 20 février 1938, il est
honoré à titre posthume en 1949 lorsque *Le Droit*
crée un trophée, portant son nom, qui est remis
chaque année au meilleur athlète professionnel ou
amateur de langue française au Canada. Le trophée
porte l'inscription suivante : « Animateur des sports
– Ami de la jeunesse ». En 1967, Gilbert-Ovila
Julien sera élevé à titre posthume au Temple de la
renommée sportive de l'Ottawa métropolitain,
sous la rubrique des bâtisseurs.

1932 NAISSANCE DE LA LEADER GISÈLE RICHER ❖ Originaire de Rockland, Gisèle L. Richer est une enseignante et une administratrice qui devient directrice des relations communautaires et des affaires publiques de l'Hôpital Montfort (1988-1991) et directrice générale de la Fondation de l'Hôpital Montfort (1991-1994). Elle siège au conseil d'administration de deux organismes provinciaux, soit la Société des loteries de l'Ontario (1975-1978) et la Fondation Trillium de l'Ontario (depuis 2004). Très active dans le milieu associatif franco-ontarien, Gisèle Richer occupe les postes de présidente du Comité consultatif de langue française auprès du Conseil scolaire de Prescott-Russell, de présidente générale de l'Association canadienne-française de l'Ontario (1976-1978) – la première femme à occuper ce poste – et de présidente de la Fédération des femmes canadiennes-françaises (1979-1981). Elle siège aussi aux conseils d'administration de l'Association française des conseils scolaires de l'Ontario, de la Fédération des francophones hors Québec et de l'Hôpital général d'Ottawa. En 2003, elle est fait chevalier de l'Ordre de la Pléiade.

1951 NAISSANCE DE MARIE-HÉLÈNE FONTAINE, COMÉDIENNE ❖ Née à Drummondville (Québec), Marie-Hélène Fontaine vit à Toronto depuis 1982. Elle interprète divers rôles au Théâtre du P'tit Bonheur et au Théâtre français de Toronto, notamment dans les productions de *La Critique de l'École des femmes*, *Le Mariage forcé*, *Le Faucon*, *Le Gars de Québec*, *Eddy* et *Le Collier d'Hélène*. On la retrouve aussi au Tarragon Theatre, où elle obtient une mise en nomination pour un prix Dora pour son interprétation dans *Plan B*, et au Théâtre La Tangente où elle joue dans *La Passagère*. De plus, Marie-Hélène Fontaine prend part à de nombreuses émissions de télévision, notamment *Madame Clément* dans la série *Adrienne Clarkson presents* sur les ondes de CBC, *Top Cops* pour Alliance et *Les Belles-Sœurs* à TVOntario.

1957 NAISSANCE DE L'ATHLÈTE LUCILLE LESSARD ❖ Née à Loretteville (Québec), Lucille Lessard s'établit en Ontario pour mener sa carrière de tir à l'arc. En 1974, elle termine au premier rang du championnat national extérieur ; ce titre lui appartient à cinq reprises. Toujours en 1974, Lucille Lessard gagne la médaille d'or au championnat du monde sur le parcours de tir en campagne. L'année suivante, elle est championne des Amériques. En 1980, cette athlète fait partie de l'équipe olympique canadienne ; on la retrouve aussi aux Jeux du Commonwealth en 1982 et aux Jeux panaméricains en 1983. Lucille Lessard est récipiendaire du trophée Elaine Tanner à titre d'athlète de l'année en 1974. Elle est admise au Temple de la renommée des sports du Canada en 1977.

27 mai

1613 PREMIÈRE EXPÉDITION D'UN BLANC EN ONTARIO ❖ « Nos canots chargés de quelques vivres, armes & marchandises pour faire présents aux Sauvages, je partis le lundi 27 mai de l'île Sainte-Hélène [Montréal]. » Ainsi s'exprime Samuel de Champlain qui entreprend l'exploration de la rivière des Outaouais en mai 1613. « Le quatrième [de juin], ajoute-t-il, nous passâmes proche d'une autre rivière [la Gatineau] qui vient du Nord, où se tiennent des peuples appelés Algoumequins. À l'embouchure de celle-là il y en a une autre [la rivière Rideau à Ottawa] qui vient du Sud, où à son entrée il y a une chute d'eau admirable. »

1908 NAISSANCE DE MGR LOUIS LÉVESQUE ❖ Natif d'Amqui (Québec), Louis Lévesque est ordonné prête le 26 juin 1932. Après des études à Rome et Jérusalem, il enseigne au grand séminaire de Rimouski (1936-1942) et en devient directeur (1942-1951). Nommé vicaire général de l'archidiocèse de Rimouski en 1951, l'abbé Louis Lévesque est élu évêque de Hearst le 9 juin 1952 et sacré le 15 août suivant. Il fonde le Séminaire de Hearst, qui deviendra l'Université de Hearst (v. 8 septembre). Il est nommé évêque coadjuteur de Rimouski en avril 1964. Il quitte ses fonctions d'archevêque en 1973 et meurt le 12 mars 1998 à Rimouski.

1942 Naissance de la juge Monique Métivier ❖ Native d'Ottawa, Monique Métivier est admise au barreau de l'Ontario en 1979. C'est en 1995 qu'elle devient juge principale régionale de la Cour supérieure de justice de l'Ontario, pour la région de l'Est de la province. Madame la juge Métivier est la première femme à être nommée juge principale régionale pour la région de l'Est ontarien.

1944 Naissance de Robert Charlebois, athlète ❖ Natif de Cornwall, Robert Charlebois est un ailier gauche qui joue au hockey dans diverses ligues. En 1967-1968, il évolue avec les North Stars du Minnesota ; ce sera sa seule saison dans la Ligue nationale de hockey. Il se joint par la suite aux Nationals d'Ottawa (1972-1973), puis aux Whalers de New England (1973-1975).

28 mai

1855 Naissance du député Damase Racine ❖ Natif de Crysler, Damase Racine est un marchand général qui se lance d'abord en politique municipale, devenant conseiller et sous-préfet à Casselman, puis prévôt des comtés-unis de Prescott-Russell. Élu député provincial de Russell en 1905, sous la bannière libérale, Damase Racine maintient la confiance de ses électeurs en 1908, 1911, 1914 et 1919.

1934 Les quintuplées Dionne ❖ Annette, Cécile, Émilie, Marie et Yvonne, filles d'Oliva Dionne et d'Elzire Legros, voient le jour le 28 mai 1934 à Corbeil. De mémoire d'homme, c'est la première fois qu'un quintuplé de jumelles identiques survit. Six jours après leur naissance prématurée, les poupons ne pèsent ensemble que onze livres. En dépit de leur jeune âge, les fillettes deviennent rapidement vedettes de cinéma et points de mire de la presse internationale. Prétextant leur exploitation possible, le gouvernement ontarien adopte la loi Croll (1935) et soumet les jumelles à l'entière responsabilité du ministère du Bien-être, les soustrayant à leurs parents, dont la francité, la catholicité et la pauvreté dérangent. En 1938, Oliva Dionne fait appel à l'ACFEO pour don-

ner à ses filles une éducation francophone. En 1944, soit à l'âge de 10 ans, les jumelles retrouvent leurs parents, sans toucher un sou des millions qu'elles ont rapportés à l'industrie touristique et médiatique. Souffrant d'épilepsie, Émilie meurt à l'âge de 20 ans, suivie par Marie (décédée en 1970) et par Yvonne (morte en 2001). Ce n'est qu'après le décès d'Yvonne Dionne que le gouvernement conservateur de Mike Harris finit par accepter de verser quatre millions de dollars aux Dionne en guise de compensation.

1954 Naissance de Mgr Paul-André Durocher ❖ Né à Windsor, Paul-André Durocher grandit à Timmins et est ordonné prêtre le 2 juillet 1982. L'Université de Strasbourg lui décerne une licence en droit canonique (1992) et l'Université pontificale grégorienne de Rome lui décerne une licence en théologie (1996). Nommé évêque auxiliaire du diocèse de Sault-Sainte-Marie, il est sacré le 14 mars 1997. Promu évêque d'Alexandria-Cornwall le 26 avril 2002, Mgr Durocher est installé dans ce diocèse le 17 juin 2002.

29 mai

1902 Élection provinciale ❖ Lors du scrutin ontarien tenu le 29 mai 1902, les candidats franco-ontariens suivants sont élus : Onésime Guibord (Russell), Alfred Évanturel (Prescott) Octave Réaume (Essex-Nord) et Joseph Michaud (Nipissing-Ouest).

1937 Naissance du sous-ministre Gérard Raymond ❖ Né à Verner, Gérard Raymond est enseignant, directeur et fondateur d'écoles à Welland et Val-Caron. Surintendant des écoles de Niagara-Sud, il est détaché de son conseil scolaire pour participer aux travaux de la Commission Symons (v. 17 février). Président du Conseil supérieur des écoles de langue française (1973-1977), Gérard Raymond est nommé sous-ministre adjoint de l'Éducation en 1977, puis sous-ministre des Services gouvernementaux en 1980 et sous-ministre de l'Environnement en 1982. Il est le premier Franco-Ontarien à occuper un poste de sous-ministre au sein du gouvernement ontarien.

1958 NAISSANCE DU JUGE GILLES RENAUD ❖ Originaire d'Ottawa, Gilles Renaud est admis au barreau de l'Ontario en 1983. Il est nommé juge à la Cour de justice de l'Ontario, à Cornwall, en 1995.

1963 NAISSANCE DE CLAUDE LOISELLE, ATHLÈTE ❖ Natif d'Ottawa, Claude Loiselle est un joueur de centre qui entre dans la Ligue nationale de hockey en 1981, avec les Red Wings de Détroit. En 1986, il passe chez les Devils du New Jersey, puis chez les Nordiques de Québec en 1989-1990. Claude Loiselle évolue ensuite avec les Maple Leafs de Toronto (1990-1992) et termine sa carrière de hockeyeur avec les Islanders de New York (1992-1994). Au total, il dispute 616 joutes dans la ligue nationale, dont 41 en séries éliminatoires ; il marque 92 buts et obtient 117 passes.

30 mai

1917 NAISSANCE DE FERNAND GUINDON, DÉPUTÉ ET MINISTRE ❖ Originaire de Fugèreville (Québec), Fernand Guindon est un homme d'affaires qui s'établit dans l'Est ontarien et qui se fait élire député provincial de Glengarry lors d'une élection complémentaire en 1957. Réélu en 1959, ce candidat conservateur brigue les suffrages avec succès dans la circonscription de Stormont en 1963, 1967 et 1971. Il est nommé ministre d'État en 1967, ministre du Tourisme et de l'Information en 1971, puis ministre du Travail en 1972. Fernand Guindon quitte l'arène provinciale en 1974 pour se faire élire au niveau fédéral, mais sans succès. Nommé vice-président de la Société des loteries de l'Ontario en 1984, il meurt le 21 août 1985.

1946 NAISSANCE DE DONALD POLIQUIN, CHANTEUR ❖ Né à Hallébourg, Donald Poliquin est compositeur, interprète, animateur et enseignant. Son premier album éponyme paraît en 1982, suivi de *Ziguedon* en 1987. En 1984, il reçoit la bourse

Bertrand de La Nuit sur l'étang ; l'année suivante, il se produit aux Francofolies de La Rochelle (France). En 1989, Donald Poliquin chante à l'Opéra Bastille de Paris, lors de la visite du premier ministre David Peterson. L'année suivante, il est l'artiste représentant le Canada lors d'une mission économique de dix jours à Taiwan et Hong Kong ; il se produit aussi à Expo 90, à Osaka. En 2002, le Festival franco-ontarien choisit Donald Poliquin comme ambassadeur et lui rend hommage lors d'un spectacle soulignant ses vingt ans de carrière. L'artiste-animateur a enseigné pendant dix ans au Centre Jules-Léger pour l'enfance en difficulté d'Ottawa.

31 mai
Journée mondiale sans tabac

1839 FONDATION DE L'INSTITUT DES CLERCS DE SAINT-VIATEUR ❖ En Ontario, les Clercs de Saint-Viateur sont surtout connus pour leur œuvre d'éducation à Cornwall où ils ont dirigé un collège classique de 1949 à 1968. L'Institut des Clercs paroissiaux ou Catéchistes de Saint-Viateur est officiellement fondé le 31 mai 1839 et des religieux de cette communauté arrivent au Canada dès 1847 pour diriger le nouveau Collège de Joliette. En Ontario, les Clercs de Saint-Viateur s'établissent d'abord à Embrun où ils dirigent un pensionnat de 1940 à 1954. Puis on les retrouve à Cornwall, à la tête du collège classique et de la paroisse Saint-Félix-de-Valois à partir de 1957. Ils se voient aussi confier des paroisses à Sainte-Anne-de-Prescott (1976) et à Crysler (1977).

1905 NAISSANCE DE FRANÇOIS HERTEL, ÉCRIVAIN ❖ Natif de Rivière-Ouelle (Québec), François Hertel (pseudonyme de Rodolphe Dubé) est poète, philosophe, essayiste, romancier et dramaturge. Avant de quitter la Compagnie de Jésus en 1947, il enseigne dans diverses institutions, dont le Collège du Sacré-Cœur, de Sudbury. Il contribue à l'hebdomadaire sudburois *L'Ami du peuple*, qui publie en feuilleton son roman « Les Amours d'Anatole Laplante ». Membre de l'Académie canadienne-française et auteur d'une quarantaine de livres, François Hertel est décédé à Montréal le 4 octobre 1985.

1946 NAISSANCE DE L'ARTISTE GILLES LACOMBE ❖ Originaire d'Ottawa, Gilles Lacombe est artiste visuel, poète et professeur de lettres. Il se fait d'abord connaître par des *textes en dessins* et des *textures en poèmes*. Ses créations sont présentées dans des expositions à Ottawa, Toronto et Québec. Il publie aussi plusieurs recueils de poésie, tant aux Éditions David qu'aux Éditions L'Interligne. On lui doit, entre autres, *Blancs gris et Noirceurs* (1997), *Le Brouillard au-dessus de la douceur* (1999), *Éphémérides et Courants d'air* (2000), *La vie est plus simple* (2003) et *Passeurs et Revenants* (2004).

JANVIER

FÉVRIER

MARS

AVRIL

MAI

JUIN

JUILLET

AOÛT

SEPTEMBRE

OCTOBRE

NOVEMBRE

DÉCEMBRE

JUIN

Premier mercredi de juin
Journée nationale de lutte contre l'homophobie

1940 LA SURVIVANCE CANADIENNE-FRANÇAISE
DE TORONTO ❖ Fondée en 1940 par Jacques Leduc,
La Survivance canadienne-française de Toronto est
une société patriotique qui entend favoriser le maintien de la langue et des traditions des Canadiens
français de Toronto. Les activités de la société sont
variées : des soirées récréatives, des réunions sociales,
des conférences et d'autres entreprises jugées utiles
aux intérêts des Canadiens français. La société ne
s'occupe pas de questions purement politiques.
Une section junior, avec sensiblement les mêmes
buts, a vraisemblablement existé de 1942 à 1947.
La Survivance canadienne-française de Toronto a
soutenu, par ses ressources humaines, financières et
matérielles, le Cercle paroissial canadien-français,
le Club des Ormeaux, le Cercle des gaietés lyriques
et le Cercle familial scolaire de l'école du Sacré-
Cœur. L'organisme a aussi appuyé des cercles
canadiens-français à Hamilton et Port Colborne.
La Survivance canadienne-française de Toronto a
été dissoute le 27 janvier 1987.

1975 GROUPE D'ÉTUDE DES ARTS DANS LA VIE
FRANCO-ONTARIENNE ❖ Le Conseil des arts de
l'Ontario crée en juin 1975 un groupe d'étude
ayant pour mandat d'analyser l'évolution récente,
l'état actuel et les perspectives d'avenir des arts dans
la vie franco-ontarienne et de rédiger sur le sujet un
rapport assorti de recommandations. Ce groupe est
composé de Pierre Savard, président, de Rhéal
Beauchamp et de Paul Thompson. En 1977, il
dépose un rapport intitulé « Cultiver sa différence », plus connu sous le nom de Rapport Savard
(v. 30 septembre).

1976 PREMIER FESTIVAL FRANCO-ONTARIEN ❖ Le
Festival franco-ontarien fait ses premiers pas en
1976, en plein cœur de la capitale nationale du
Canada, au marché By. Appelé Semaine française, ce
rassemblement veut donner l'occasion aux Franco-

Ontariens et Franco-Ontariennes de se rassembler et
de célébrer leur culture. La Semaine française se
déroule autour des célébrations de la Saint-Jean-
Baptiste, avec des activités communautaires, un
pique-nique au carré Anglesea et un spectacle de
Robert Paquette. Les années 1970 marquent le
début d'un long rendez-vous qui se poursuit toujours, avec autant de passion et de fierté.

1985 CRÉATION DE L'OFFICE DES AFFAIRES FRAN-
COPHONES ❖ C'est le gouvernement libéral de David
Peterson qui crée l'Office des affaires francophones
de l'Ontario. Chargé de la coordination des services
en français au gouvernement de l'Ontario, l'organisme remplace le Bureau du coordonnateur des services en français établi depuis 1977. Sa mise en place
équivaut à une reconnaissance de fait (à défaut d'une
reconnaissance officielle) du français en Ontario et
correspond à une volonté politique d'étendre les services en français à tous les secteurs et dans tous les
endroits où ils sont jugés nécessaires.

1989 FONDATION DU REGROUPEMENT DES ORGA-
NISMES DU PATRIMOINE FRANCO-ONTARIEN ❖ C'est
à Midland, lors de l'assemblée générale annuelle de
l'Association canadienne-française de l'Ontario
que le Regroupement des organismes du patrimoine franco-ontarien (ROPFO) prend forme. Les
membres fondateurs sont Gaétan Gervais,
Huguette Parent, Léo Desmarteau et Jean Yves
Pelletier. Le ROPFO est incorporé le 6 août 1991 en
tant qu'organisme provincial associatif sans but
lucratif qui œuvre à la mise en valeur du patrimoine franco-ontarien. La mission première du
ROPFO est d'assurer la promotion et la transmission
active du patrimoine franco-ontarien, contribuant
ainsi au développement et à l'épanouissement culturel, économique et social de la communauté
franco-ontarienne.

1er juin

1912 FONDATION DU JOURNAL *LA JUSTICE* ❖
C'est Jules Tremblay, secrétaire de l'ACFEO, qui
lance l'hebdomadaire *La Justice*, principalement

pour lutter contre le Règlement XVII. Il précise que le nouvel hebdomadaire n'est pas sous le patronage de telle ou telle société. « Cela n'est pas conforme à notre programme, et nous ne le ferons pas parce que nous voulons conserver notre entière indépendance. » *La Justice* engage une bataille contre « toute la horde de persécuteurs ». Quelques titres d'éditoriaux ou d'articles donnent, à eux seuls, le ton du journal : « Continuez de résister », « Restons fermes », « L'Inquisition », « L'aveuglement de Whitney », « La jeunesse proteste ». Parfois le journal adopte un ton ironique pour parler du ministre de l'Éducation et du Règlement XVII ; le 9 août 1912, il écrit : « Le ministre de la crétinisation publique en Ontario vient de lancer sa circulaire au sujet de la double inspection. » Agissant en véritable sentinelle, *La Justice* revient sans cesse à la charge, appuyant les députés Zotique Mageau et Alfred Évanturel qui protestent contre le Règlement XVII et dénonçant les députés Octave Réaume et Henri Morel qui gardent le silence « quand il eut été opportun de s'affirmer ».

1955   FONDATION DU JOURNAL *TORONTO-PRESSE* ❖ C'est J. L. G. Rousseau qui lance cet hebdomadaire sous-titré *La Voix française de l'Ontario / Ontario's Foremost French Paper*. La devise du nouveau-né est *Unité et coopération*. Il s'agit d'une publication indépendante qui n'est subventionnée par aucune organisation, ni rattachée à aucun club ou organisme en particulier. Il semble n'y avoir eu que deux livraisons.

2 juin

1701   DÉPART DE CADILLAC POUR LE DÉTROIT ❖ L'explorateur Antoine Laumet, sieur de Lamothe Cadillac, quitte Montréal le 2 juin 1701, avec cent hommes et trois mois de vivres, pour fonder le fort Pontchartrain dans le détroit de la rivière qui relie le lac Érié au lac Sainte-Claire. Cadillac écrit que l'endroit est « si bon, si tempéré, et si beau qu'on peut à juste titre l'appeler le paradis terrestre de l'Amérique septentrionale ». Il ajoute que ce poste « mérite toute l'attention du Roy pour le soutenir et le faire habiter, en sorte qu'il s'y fasse un établis-

sement solide qui ne soit pas sujet aux révolutions ordinaires des autres postes où on ne met qu'une simple garnison ». C'est dans ce détroit que Cadillac établit la première colonie française permanente en Ontario, qui deviendra la paroisse de l'Assomption de Windsor (v. 24 juillet).

1881   FONDATION DU JOURNAL *LE PROGRÈS* ❖ Publié tous les jeudis, l'hebdomadaire *Le Progrès* est fondé à Windsor par Aurèle Pacaud, éditeur et propriétaire. Son frère Gaspard (v. 24 juin) en est le premier rédacteur en chef. Le journal se présente à ses lecteurs des États-Unis et du Canada avec des vues toutes patriotiques. « Nous voulons nous constituer les défenseurs de nos compatriotes et travailler dans leurs intérêts, écrit Gaspard Pacaud. La politique que nous adopterons est celle du parti conservateur, mais nous serons conservateurs modérés. » Un an plus tard, l'hebdo est ouvertement libéral. Il paraît certainement jusqu'en décembre 1902, voire jusqu'en 1921 selon certains observateurs.

1935   NAISSANCE DU JUGE JEAN-MARC LABROSSE ❖ Né à Masson (Québec), Jean-Marc Labrosse est admis au barreau de l'Ontario en 1962. Avocat à Sudbury de 1962 à 1975, il est nommé à la Cour suprême de l'Ontario le 30 mai 1975. Alors âgé de 39 ans, Jean-Marc Labrosse est le plus jeune des trente juges de cette Cour.

1942   ARRIVÉE DES SŒURS DE SAINTE-MARTHE EN ONTARIO ❖ Communauté religieuse créée pour veiller à l'entretien des séminaires et des évêchés, les Sœurs de Sainte-Marthe voient le jour en 1883, à Saint-Hyacinthe (Québec) et s'établissent en Ontario le 2 juin 1942, à l'évêché d'Alexandria. On les retrouve aussi à Cornwall à partir de 1979.

1948   INCORPORATION DE L'ACELF ❖ Fondée à Ottawa en 1947, l'Association canadienne d'éducation de langue française (ACELF) soutient et stimule l'action des institutions éducatives francophones œuvrant dans l'ensemble des provinces et territoires du Canada. Dès les débuts et au fil des ans, plusieurs Franco-Ontariens assument la présidence de cet organisme national ; on y retrouve Ernest Désormeaux (1947-1948), Louis Charbonneau (1948-1949), Robert Gauthier (1957-1959), Roland Bériault (1968-1970), Liliane Beauchamp (1984-1986), Louis-Gabriel Bordeleau (1994-1998) et Fernand Bégin (1998-2000). Dans le but de soutenir et de stimuler l'action des institutions éducatives francophones de partout au pays, l'ACELF organise des congrès, des échanges d'élèves, des stages de perfectionnement, des stages en enseignement dans les communautés francophones et une Semaine nationale de la francophonie ; elle publie la revue *Éducation et francophonie* et divers outils pédagogiques.

1951   NAISSANCE DE L'ADMINISTRATEUR GILBERT HÉROUX ❖ Originaire de Drummondville (Québec), Gilbert Héroux a une feuille de route variée et impressionnante : professeur au Collège universitaire de Hearst (1977-1985), conseiller municipal de Hearst (1980-1985), directeur du Collège universitaire de Hearst (1983-1985), chef de cabinet de René Fontaine, ministre du Développement du Nord et des Mines (1985-1987), coordonnateur des services en français au ministère des Affaires municipales (1987-1989), directeur général du Comité intergouvernemental de recherches urbaines et régionales (1989-1991), commissaire à la Commission des affaires municipales de l'Ontario (1992-1996), directeur général de la ville de Hawkesbury (1996-1998) et directeur du Collège agricole d'Alfred (1998-2005). Au niveau communautaire, Gilbert Héroux est tour à tour président de l'ACFO du Grand Nord, président du Centre francophone du Toronto métropolitain et président de l'Assemblée des centres culturels de l'Ontario.

1997   ÉLECTION FÉDÉRALE ❖ Lors du scrutin fédéral tenu le 2 juin 1997, les candidats franco-ontariens suivants sont élus : Mauril Bélanger (Ottawa-Vanier), Eugène Bellemare (Carleton-Gloucester), Don Boudria (Glengarry-Prescott-Russell), Raymond Bonin (Nickel Belt), Diane Marleau (Sudbury), Gilbert Parent (Welland-

St. Catharines-Thorold), Paul DeVillers (Simcoe-Nord), Benoît Serré (Timiskaming-Rivière des Français) et Réginald Bélair (Cochrane Supérieur).

3 juin

1842   NAISSANCE DE MGR NARCISSE-ZÉPHIRIN LORRAIN ❖ Originaire de Saint-Martin (Québec), Narcisse-Zéphirin Lorrain est ordonné prêtre le 4 août 1867, enseigne pendant deux ans, puis devient curé de Redford, aux États-Unis, de 1869 à 1879. Vicaire général de l'archidiocèse de Montréal en 1880, il est élu vicaire apostolique de Pontiac le 21 août 1882 et sacré évêque le 21 septembre suivant. Lorsque le vicariat apostolique devient diocèse de Pembroke en 1898, Mgr Lorrain est aussitôt intronisé comme premier évêque. Il s'éteint le 18 décembre 1915 dans sa ville épiscopale.

1963   NAISSANCE DE L'ARTISTE LISA FITZGIBBONS ❖ Native de Québec (Québec), Lisa Fitzgibbons est une artiste visuelle et une cinéaste-vidéaste qui s'établit en Ontario dès 1972. Commissaire de l'exposition *Premiers soins*, présentée à York Quay Gallery (1995) de Toronto et à la Galerie d'art de Sudbury (1997), elle participe à des expositions de groupe à la Galerie Céline-Allard de Toronto (1998 et 1999) et présente *Les Prunelles de la peau* à la Galerie du Nouvel-Ontario (1996). Côté cinéma, Lisa Fitzgibbons réalise une vidéo sur le suicide intitulée *Après...* (2001) ; cette création est diffusée avec grand succès au Québec, en Ontario, au Nouveau-Brunswick et en France. En 2003, elle organise un colloque pancanadien qui mène à la fondation de l'Association des groupes d'arts visuels francophones.

1979   NAISSANCE DE L'ATHLÈTE ÉRIK BÉDARD ❖ Né à Navan, Érik Bédard est un lanceur de baseball qui commence sa carrière avec une équipe collégiale à Norwalk (Connecticut). Il est recruté par le club des Orioles de Baltimore en 1999. Son apprentissage se déroule si bien que la prestigieuse revue *Baseball America* le classe deuxième meilleur espoir de l'organisation des Orioles. Toutefois, une blessure au coude, subie en 2002, l'écarte des terrains pendant plus d'un an. Bédard lance et frappe de la gauche.

1999 ÉLECTION PROVINCIALE ❖ Lors du scrutin ontarien tenu le 3 juin 1999, les candidats franco-ontariens suivants sont élus : Jean-Marc Lalonde (Glengarry-Prescott-Russell), Claudette Boyer (Ottawa-Vanier), Marcel Beaubien (Lambton-Kent-Middlesex), Shelley Martel (Nickel Belt) et Gilles Bisson (Timmins-Baie James). (N.B. De 130 qu'il était en 1995, le nombre de circonscriptions est passé à 103 en 1999.)

4 juin

1671 PROCLAMATION DU SIEUR DE SAINT-LUSSON ❖ Sur le site actuel de Sault-Sainte-Marie, Simon-François Daumont, sieur de Saint-Lusson, officier des troupes, préside une cérémonie diplomatique au nom de l'intendant Jean Talon, en vertu de laquelle la France prend possession de toutes les terres entourant les lacs Huron et Supérieur jusqu'aux mers du Nord, de l'Ouest et du Sud. L'événement se déroule devant une quinzaine de tribus amérindiennes et plusieurs Français, « avec tout l'appareil et l'esclat que le pais a pu souffrir ».

1777 NAISSANCE DE L'ENTREPRENEUR LAURENT QUETTON DE SAINT-GEORGES ❖ Né en France, Laurent Quetton est un marchand aristocrate qui fuit la République qu'il juge trop révolutionnaire et qui adopte le nom du patron de l'Angleterre, saint Georges. Il arrive à York (Toronto) en 1802 et devient rapidement commerçant. À partir de son magasin général à York, il ouvre des succursales à Orillia, Niagara, Amherstburg et ailleurs. On le considère comme le plus grand commerçant du Haut-Canada à cette époque. Laurent Quetton de Saint-Georges rentre en France en 1815 et meurt le 8 juin 1821. Une rue de Toronto rappelle sa présence en terre ontarienne.

1906 FONDATION DU BIMENSUEL *LE CANADIEN* ❖ Journal bilingue lancé par J. G. Duval à Chatham,

Le Canadien entend « discuter loyalement de toutes les questions qui ont trait au bon ordre et à la sage administration de nos affaires municipales ». Son orientation apolitique des premières heures semble vite céder à l'approche des élections provinciales du 8 juin 1908 puisque le journal appuie le candidat libéral dans Kent-Ouest. *Le Canadien* paraît jusqu'en 1917.

1940 NAISSANCE DU JUGE PAUL F. LALONDE ❖ Natif de Vankleek Hill, Paul François Lalonde est admis au barreau de l'Ontario en 1966 et nommé juge de la Cour des petites créances en 1985, puis juge de la Cour supérieure de justice de l'Ontario le 2 juillet 1999. Ancien directeur et vice-président du Festival franco-ontarien, ancien directeur et secrétaire de la Fondation de l'Hôpital Montfort, le juge Lalonde reçoit de la gouverneure générale du Canada la Médaille de bienfaiteur (2003) en reconnaissance de vingt années consacrées à l'Association des Scouts du Canada à titre de conseiller juridique du district d'Ottawa.

1945 ÉLECTION PROVINCIALE ❖ Lors du scrutin ontarien tenu le 4 juin 1945, les candidats franco-ontariens suivants sont élus : Roméo Bégin (Russell), Aurélien Bélanger (Prescott), Alexandre Parent (Essex-Nord), Aurèle Chartrand (Ottawa-Est), Victor Martin (Nipissing) et Joseph-Anaclet Habel (Cochrane-Nord).

1964 NAISSANCE DE MARYSE PERREAULT, ATHLÈTE ❖ Née à Windsor, Maryse Perreault est une patineuse de vitesse qui se spécialise dans les courtes distances. Au championnat du monde, en 1985, elle est médaillée de bronze aux 1 500 mètres et médaillée d'argent aux 3 000 mètres relais. En 1987, elle se classe première aux 3 000 mètres relais et troisième aux 1 000 mètres. Elle fait partie de l'équipe nationale aux Jeux olympiques d'hiver de 1988 et gagne une médaille de bronze au relais 3 000 mètres. Maryse Perreault décroche deux médailles de bronze en 1989, et remporte le prix Champion du monde.

1968 NAISSANCE DE LA CINÉASTE IZABEL BARSIVE ❖ Native d'Amiens (France), Izabel Barsive grandit en Corse, poursuit des études de journalisme à l'Université de Montréal et s'établit d'abord à Toronto (en 1997), puis à Ottawa. Journaliste à Radio-Canada sur les ondes radiophoniques provinciales, nationales et internationales, elle se passionne pour la photographie et l'image, puis s'initie à la réalisation de documentaires pour la télévision. C'est ainsi qu'elle réalise *Épidermis* (2000) qui est diffusé dans le cadre de *La Collection* sur les ondes de TFO. Réalisatrice pigiste pour *Les arts et les autres* à TV5 et pour *Visez dans le mille* à TVA, Izabel Barsive se tourne ensuite vers le documentaire et produit *À contre-courant* (2001) et *François Paré* (2003), pour la série *Profils* à TFO. Sa vidéo intitulée *L'Escadron volant*, chorégraphiée par Corpus Danse et diffusée sur les ondes de Bravo, est présentée lors de divers festivals à San Francisco, Londres, Washington et Ottawa.

1969 ACCORD DE COOPÉRATION ONTARIO-QUÉBEC ❖ Les premiers ministres John Robarts (Ontario) et Jean-Jacques Bertrand (Québec) signent l'*Accord de coopération et d'échanges en matière d'éducation et de culture*, le 4 juin 1969 à Québec. *Le Devoir* qualifie cet accord de moment historique car une commission permanente est chargée d'en suivre l'application ; elle devient un des meilleurs instruments pour appuyer les Franco-Ontariens. Elle subventionne, entre autres, des tournées d'artistes québécois en Ontario, un soutien technique aux journaux franco-ontariens et une participation à l'essor du Collège Glendon de l'Université York à Toronto.

5 juin
Journée mondiale de l'environnement

1875 NAISSANCE DU DÉPUTÉ ALFRED GOULET ❖ Originaire de Wendover, Alfred Goulet est un marchand général qui devient préfet du canton de Clarence (1912-1923), puis député provincial de Russell lors d'une élection complémentaire en 1922. Ce candidat libéral se fait ensuite élire député fédéral de Russell, de 1925 à 1945.

1890 ÉLECTION PROVINCIALE ❖ Lors du scrutin ontarien tenu le 5 juin 1890, deux candidats franco-ontariens sont élus : Alexandre Robillard (Russell) et Alfred Évanturel (Prescott).

1936 NAISSANCE DE JEAN-MARIE BORDELEAU, JUGE ❖ Né à Kapuskasing, Jean-Marie Bordeleau est admis au barreau de l'Ontario en 1963. Il pratique le droit dans sa ville natale et est nommé membre de la Commission des droits de la personne de l'Ontario en 1976. C'est le 3 janvier 1977 que Jean-Marie Bordeleau devient juge à la Cour provinciale, division criminelle, à Ottawa.

1943 NAISSANCE D'ÉVELYNE VOLDENG, PROFESSEURE ET ÉCRIVAINE ❖ Originaire de Saint-Guénolé Penmarc'h (Bretagne, France), Évelyne Voldeng est poète, romancière et professeure de lettres. Elle s'établit au Canada en 1968 et enseigne au Département d'études françaises de l'Université Carleton, à Ottawa. Évelyne Voldeng s'intéresse au conte populaire breton et franco-ontarien et publie *Les Mémoires de Ti-Jean* (1994). On lui doit aussi un récit, *Moi Ève Sophie Marie* (1999), et plusieurs romans : *Keranna* (1985), *Mon père à l'Edelweiss* (1987), *Madeleine de Roybon d'Alonne : La Dame de Katarakoui* (1998), *Les Crocodiles dans les champs de soya* (2000), *Le Violeur à la fleur d'artichaut* (2002). Parmi les recueils de poésie d'Évelyne Voldeng, on retrouve *Mes Amérindes* (1987), *La Cosse blanche du temps* (1992), *À l'ombre des flamboyants* (1999), *Haikus de mes cinq saisons* (2001), *Brocéliande à cœur de neige*, suivi de *Mon herbier sauvage* (2002). Un essai, écrit en collaboration avec Georges Riser et intitulé *Lectures de l'imaginaire : huit femmes poètes des deux cultures canadiennes,* paraît aussi en 2000. Évelyne Voldeng est disparue le 1er juillet 2002 lors d'une baignade dans les eaux de la rivière aux Outardes, sur la Côte-Nord (Québec).

6 juin

1888 NAISSANCE DU JUGE JOSEPH A. LEGRIS ❖ Natif de Louiseville (Québec), Joseph A. Legris est admis au barreau de l'Ontario en 1918 et fait sa cléricature chez l'honorable Napoléon-Antoine Belcourt, à Ottawa. Il pratique le droit à Hawkesbury, est commissaire d'écoles, échevin et maire de sa ville adoptive. Nommé juge de la Cour de comté pour le district d'Essex, le 28 octobre 1947, le juge Legris demeure en fonction jusqu'en 1963. Décédé en 1977.

1896   FONDATION DU JOURNAL *L'ÉCHO D'OTTAWA* ❖ Quotidien de courte durée, soit l'espace d'une campagne électorale, *L'Écho d'Ottawa* est publié dans le seul but de soutenir deux candidats libéraux d'Ottawa, soit Napoléon-Antoine Belcourt et William Hutchison. Il paraît du 6 au 24 juin et réussit sa mission.

1930   NAISSANCE DE MICHELINE SAINT-CYR, ANIMATRICE CULTURELLE ❖ Née à Hull (Québec), Micheline Saint-Cyr, née Forest, consacre plusieurs décennies de sa vie à l'animation de la vie culturelle française à Toronto. Artiste peintre et auteure à ses heures, elle se fait surtout connaître par la création du centre culturel La Chasse-Galerie, qu'elle dirige de 1968 à 1980. Elle se donne comme mission d'animer, sous un même toit, une librairie, une galerie d'art et une salle de conférence, d'offrir des cours de musique et de peinture, en plus d'organiser des conférences et, pendant plusieurs années, de présenter dans les salles de spectacle de Toronto les tours de chant d'artistes québécois tels que Gilles Vigneault, Robert Charlebois et Pauline Julien. Au cours des dernières années de sa vie, Micheline Saint-Cyr fonde le Centre Alpha-Toronto et consacre ses énergies à l'alphabétisation des adultes francophones de la ville-reine. La Société d'histoire de Toronto lui décerne en 2002 le prix Jean-Baptiste-Rousseaux. Décédée le 14 juillet 2002. La Société des écrivains de Toronto a créé un prix littéraire qui porte son nom.

1951   NAISSANCE DE L'ARTISTE LOUISE TANGUAY ❖ Originaire de Hearst, Louise Tanguay participe à la fondation du centre culturel La Pitoune (1969) et de la troupe La Fabrik à Pantouf (1972) dans sa ville natale. Elle se consacre assez tôt à la photogra-

phie et au graphisme. Ses photos paraissent, entre autres, dans *L'Actualité*, *Géo Plein Air*, *Canadian Geographic*, *Photo Sélection*, *Photo Life*, *The National Post*, *The Globe and Mail*, *La Presse*, *Winds* (Japan Air Lines), *Équinoxe* et *Harrowsmith Country Life*. Les Éditions de L'Homme lui consacrent deux albums intitulés *Natura* (2003) et *Flora* (2004). En plus de signer les photos du livre *Les Jardins de Métis* (2004), Louise Tanguay réalise des photographies et signe la mise en pages pour cinq guides sur les jardins du Québec, réalisés conjointement par l'Association des jardins du Québec et les Éditions Fides. De nombreuses galeries d'art accueillent les œuvres de cette photographe, notamment Photogalerie BloWup (Montréal), le Musée de Saint-Eustache (Québec), le Biodôme et le Jardin botanique de Montréal.

1967   NAISSANCE DE THALIE TREMBLAY, ATHLÈTE ❖ Native de Montréal (Québec), Thalie Tremblay mène sa carrière en escrime principalement à Ottawa où elle termine ses études. Elle remporte ses premiers championnats au fleuret, à partir de 1981, chez les juniors. En 1985, cette athlète gagne le championnat national junior et se classe deuxième à la Coupe du Gouverneur général. Thalie Tremblay participe au Championnat du monde et aux Universiades en 1987. Ses principales compétitions ont lieu aux Jeux olympiques de Séoul (1988) et de Barcelone (1992). Elle se classe première au Championnat national canadien en 1990, 1991, 1992 et 1998, de même qu'au Championnat national de France en 1992.

1978   FONDATION DE LA FÉDÉRATION DES AÎNÉS ET DES RETRAITÉS FRANCOPHONES DE L'ONTARIO ❖ D'abord connu sous le nom de Fédération des aînés francophones de l'Ontario (FAFO), cet organisme sans but lucratif regroupe aujourd'hui 9 000 membres âgés de 50 ans et plus. La Fédération œuvre à assurer à ses membres la meilleure qualité de vie possible. Elle le fait sur une base provinciale en organisant des activités de formation et des programmes-rabais, en proposant et mettant en œuvre des projets d'envergure, en revendiquant les droits et privilèges de ses membres auprès des instances gouvernementales et en coordonnant des interventions variées.

7 juin

1848 NAISSANCE DE L'ENTREPRENEUR CLIMAQUE JANISSE ❖ Né à Sandwich (Windsor), Climaque Janisse est l'artisan d'une des plus anciennes entreprises du Sud-ouest ontarien, connue aujourd'hui sous le nom des salons funéraires Janisse, Melady et Marcotte. En 1895, il ouvre un premier salon funéraire au numéro 4 de la rue Goyau. Ses fils Georges, Armand et Raymond deviennent également entrepreneurs de pompes funèbres : l'entreprise sera connue pendant plusieurs décennies sous le nom de Janisse Brothers. Un fils de Georges, Vincent, suit les traces de son père, de même que deux de ses enfants, Paul et David. En 1989, Janisse Brothers achète le salon funéraire Melady, situé à Belle Rivière, puis le salon Marcotte, sis à Tecumseh. Aujourd'hui, les salons Janisse, Melady et Marcotte forment le Care Group, sous la direction de Paul et David Janisse. Depuis 1895, l'entreprise fondée par Climaque Janisse a desservi plus de 25 000 familles du Sud-ouest ontarien. Climaque Janisse est décédé à Windsor le 1er février 1922.

1918 UN ÉVÊQUE VERTEMENT RABROUÉ ❖ Lors de la bataille de Ford City, aujourd'hui Windsor (v. 19 août 1917), les Canadiens français de la région de Windsor font pression sur Rome pour que le Vatican intervienne et ordonne à Mgr Michael Francis Fallon, évêque de London, de traiter avec plus de respect la minorité francophone de son diocèse. Le 7 juin 1918, le cardinal Gaetano DeLai écrit à Mgr Fallon pour l'enjoindre d'user d'une plus grande prudence : « Vous feriez donc mieux (et c'est un ordre de la Sacrée Congrégation) d'user à l'avenir de plus de considération et de modération, de parler avec plus de réserve et d'écrire avec plus de circonspection. »

1948 ÉLECTION PROVINCIALE ❖ Lors du scrutin ontarien tenu le 7 juin 1948, les candidats franco-

ontariens suivants sont élus : Daniel Nault (Russell), Louis Cécile (Prescott), Osie Villeneuve (Glengarry), Aurèle Chartrand (Ottawa-Est) et Jean Carrère (Cochrane-Nord).

1948 NAISSANCE DE L'ATHLÈTE DANIEL SÉGUIN ❖ Originaire de Sudbury, Daniel Georges Séguin est un ailier gauche qui évolue dans la Ligue nationale de hockey à deux reprises, soit en 1970-1971 avec les North Stars du Minnesota, puis en 1973-1974 avec les Canucks de Vancouver. Au total, il dispute 37 parties, marque 2 buts et fait 6 passes décisives.

1964 FONDATION DU CONSEIL DE LA COOPÉRATION DE L'ONTARIO ❖ Organisme de promotion, de recherche, de développement et d'intervention socio-économique, le Conseil de la coopération de l'Ontario a pour mandat de favoriser la prise en charge de la communauté francophone ontarienne par le biais de la coopération. Ce Conseil voit le jour à Ottawa en 1964, sous l'instigation des caisses populaires, des coopératives et des leaders communautaires qui jugent nécessaire de doter la francophonie ontarienne d'un organe provincial de promotion de la coopération.

8 juin

1899 NAISSANCE DE L'ENTREPRENEUR LOUIS ROUSSON ❖ Natif de Saint-Sixte (Québec), Louis Rousson s'initie au commerce et s'intéresse à l'industrie du bois. De 1922 à 1926, il exploite des chantiers de bois de pulpe et de traverses de chemin de fer dans la région de Cochrane. En 1936, l'homme d'affaires s'établit à Kirkland Lake pour diriger une entreprise de construction, à laquelle s'ajoute l'Hôtel Prince George, puis la société de cinéma Rousson-Trudeau. Louis Rousson transporte ses affaires à North Bay au milieu des années 1940.

1908 ÉLECTION PROVINCIALE ❖ Lors du scrutin ontarien tenu le 8 juin 1908, les candidats franco-ontariens suivants sont élus : Damase Racine

(Russell), Georges Pharand (Prescott), Octave Réaume (Essex-Nord), Azaire Aubin (Sturgeon Falls) et Henri Morel (Nipissing).

1927 NAISSANCE DE LA COMÉDIENNE ET ANIMA-TRICE COLETTE DEVLIN ❖ Native d'Ottawa, Colette Devlin (née Dufault) fait ses débuts à la radio de CKCH-Hull. Établie à Montréal à partir de 1954, elle interprète divers rôles dans des pièces de Michel Tremblay, d'Anne Hébert et de Pierre Dagenais. C'est à la radio et à la télévision de Radio-Canada qu'elle laisse son empreinte, de 1964 à 1976, en tant qu'annonceure et animatrice d'émissions. Elle anime une demi-douzaine d'émissions, dont *Sur la corde à linge*, *Si femme savait*, *Montréal-Express*, *À l'antenne* et *Colette Devlin*. Décédée à Montréal le 29 mai 1979. Un parc de Montréal porte son nom.

1951 NAISSANCE DE MARC GODBOUT, ÉDUCA-TEUR ET DÉPUTÉ ❖ Natif d'Ottawa, Marc Godbout est un enseignant et administrateur scolaire qui fait une brillante carrière en éducation : il est tour à tour surintendant des écoles au Conseil d'éduca-tion de Stormont-Dundas-Glengarry, président du Conseil de l'éducation franco-ontarienne, vice-président à l'enseignement pour la Cité collégiale d'Ottawa, sous-ministre adjoint au ministère de l'Éducation et directeur général du Conseil des écoles catholiques de langue française du Centre-Est. Il remplit également les fonctions de directeur général de la Fédération des communautés francophones et acadienne du Canada. Le 28 juin 2004, Marc Godbout se fait élire député fédéral d'Ottawa-Orléans, sous la bannière libérale.

1955 NAISSANCE DE L'ARTISTE FRANCE GAUTHIER ❖ Née à Montréal (Québec), France Gauthier est une chanteuse et une comédienne qui vit en Ontario depuis plus de vingt ans. Elle enregistre, entre autres, les disques *Hara* et *Medley d'amour*. Elle remporte la bourse André-Paiement de l'Assemblée des centres culturels de l'Ontario et se produit sur des scènes aussi variées que Roy Thomson Hall, Canadian National Exhibition et Harbourfront.

Au Théâtre français de Toronto, elle joue dans de nombreuses productions : *Autour de Kurt Weill*, *La, la, la, mine de rien* (4 nominations Dora), *Le Gars de Québec*, *C'était un p'tit bonheur* (prix Dora) et *Une soirée Jacques Brel* (prix Dora pour la meilleure interprétation), *La Double Inconstance*, *Les Belles-Sœurs*, *L'Amour en déroute*, *Les Fridolinades*, *À toi pour toujours, ta Marie-Lou*, *Quatre à quatre* et *La Répétition*. France Gauthier joue également en an-glais, notamment dans *West Side Story* au Muskoka Festival, dans *The Government Guy* au Tarragon Theatre, dans *Murder Most Lokely* à CTV, *Chasing Rainbows* et *Counterstrike* à CBC. On a pu aussi voir France Gauthier dans la série *Les Ontariens* à la chaîne française de TVOntario.

1957 NAISSANCE DU COMÉDIEN LUC THÉRIAULT ❖ Natif d'Ottawa, Luc Thériault se fait d'abord connaître comme membre du duo humoristique DDT. Par la suite, il interprète divers rôles pour le Théâtre de la Vieille 17 (*Les Inutiles* et *Mentire*), le Théâtre du Trillium (*La Cité interdite*), le Théâtre de l'Île (*Appelez-moi Stéphane*), le Théâtre français du Centre national des Arts (*Macbeth*), le Théâtre du Rideau vert (*Barouf à Chioggia*) et le Théâtre Parminou. Il joue aussi dans *La Tempête*, une pro-duction de Robert Lepage. De plus, Luc Thériault prête sa voix lors de productions de TVOntario, de Radio-Québec, de CBC et du Musée canadien des civilisations.

1995 ÉLECTION PROVINCIALE ❖ Lors du scrutin ontarien tenu le 8 juin 1995, les candidats franco-ontariens suivants sont élus : Gilles Morin (Carleton-Est), Jean-Marc Lalonde (Prescott-Russell), Bernard Grandmaître (Ottawa-Est), Noble Villeneuve (Stormont-Dundas-Glengarry et Grenville-Est), Marcel Beaubien (Lambton), Shelley Martel (Sudbury-Est), Gilles Bisson (Cochrane-Sud) et Gilles Pouliot (Lac Nipigon).

9 juin

1923 NAISSANCE DE GILBERTE PAQUETTE, S.C.O. ❖ Née à La Reine (Québec), Gilberte Paquette suit ses parents à Mace, dans le nord de l'Ontario, deux semaines après sa naissance. Elle entre chez les Sœurs de la Charité d'Ottawa, en 1942, et entame d'abord une carrière dans l'enseignement qui la conduit dans des écoles à Alfred, Rouyn (Québec) et Ottawa. Mais c'est surtout dans le milieu hospitalier, où elle passe trente ans de sa vie, que sœur Gilberte Paquette se distingue. Elle dirige l'Hôpital général d'Ottawa (1968-1980), puis participe à la fondation du Centre de santé Élisabeth-Bruyère, dont elle est la première directrice générale (1980-1988).

1955   ÉLECTION PROVINCIALE ❖ Lors du scrutin ontarien tenu le 9 juin 1955, les candidats franco-ontariens suivants sont élus : Gordon Lavergne (Russell), Louis Cécile (Prescott), Osie Villeneuve (Glengarry), Arthur Rhéaume (Essex-Nord), Jules Morin (Ottawa-Est), Jean-Marc Chaput (Nipissing), Rhéal Bélisle (Nickel Belt) et Wilfrid Spooner (Cochrane-Sud).

1965   NAISSANCE DE L'ARTISTE DOMINIC BESNER ❖ Originaire de North Lancaster, Dominic Besner est un artiste visuel établi maintenant à Montréal (Québec). Au fil des ans, il expose dans des galeries de l'Ontario (Ottawa et Toronto), du Québec (Montréal, North Hatley, Trois-Rivières, Québec et Baie-Saint-Paul), de la Colombie-Britannique (Vancouver) et des États de New York, de Floride, de l'Arizona et du Nouveau-Mexique. Ses œuvres se retrouvent dans les collections de Loto-Québec, de la Monnaie royale du Canada, du Cirque du soleil et des casinos de Montréal, Gatineau et Charlevoix (Québec).

1977   ÉLECTION PROVINCIALE ❖ Lors du scrutin ontarien tenu le 9 juin 1977, les candidats franco-ontariens suivants sont élus : Albert Bélanger (Prescott-Russell), Osie Villeneuve (Stormont-Dundas-Glengarry), George Samis (Cornwall), Albert Roy (Ottawa-Est), Élie Martel (Sudbury-Est), René Brunelle (Cochrane-Nord) et Leo Bernier (Kenora).

10 juin

1791   CRÉATION DU HAUT-CANADA ❖ Le roi George III signe l'Acte constitutionnel de 1791, qui « divise la province de Québec en deux provinces distinctes qui s'appelleront la province du Haut-Canada et la province du Bas-Canada », correspondant respectivement et approximativement au territoire actuel de l'Ontario et du Québec. La loi constitutionnelle crée, pour chaque province, un conseil exécutif de neuf membres, un conseil législatif de 15 membres (choisis par le gouverneur et nommés par Londres) et une assemblée législative de 50 députés élus par le peuple. Cette dernière est chargée de « faire des lois pour la paix, le bien et le bon gouvernement de ces provinces ».

1865   NAISSANCE DU PATRIOTE SAMUEL GENEST ❖ Originaire de Trois-Rivières (Québec), Samuel McCallum Genest est d'abord arpenteur au service du chemin de fer Pacific Pontiac Junction, puis fonctionnaire au ministère de l'Intérieur, à Ottawa, de 1883 à 1930. Élu membre de la Commission des écoles séparées d'Ottawa en 1909, il en assume la présidence de 1913 à 1930. Président de l'ACFEO en 1919, puis de nouveau en 1932-1933, Samuel Genest dirige la résistance au Règlement XVII à Ottawa. Malgré l'interdit gouvernemental, il continue de verser les salaires aux enseignants qui n'ont pas signé leur soumission au Règlement XVII. Cela lui vaut d'être traduit devant les tribunaux où son éloquence déclenche un mouvement de sympathie à la cause franco-ontarienne. Il meurt à Ottawa le 25 juin 1937. Une école secondaire catholique de la capitale fédérale porte aujourd'hui son nom. Samuel Genest est le père du juge Jean Genest (v. 15 novembre) et le grand-père du constitutionnaliste Pierre Genest (v. 11 avril).

1914   NAISSANCE DE LIONEL BOUVRETTE, ATHLÈTE ❖ Né à Hawkesbury, Lionel Bouvrette est un gardien de but qui évolue dans diverses ligues de hockey. Il passe une saison avec les Rangers de New York, en 1942-1943. Il reçoit le trophée Vimy Memorial en 1944.

1928   NAISSANCE DU JUGE ROBERT J. SMITH ❖ Né à Montréal (Québec), Robert Smith est admis au barreau de l'Ontario en 1979. Il pratique le droit à Hawkesbury, principalement dans le domaine du litige commercial et des recours collectifs. Il possède également une vaste expérience dans les domaines de l'immobilier, des hypothèques, des testaments, des successions et du droit de la famille. Robert Smith est juge à la Cour supérieure de justice de l'Ontario depuis le 4 juin 2002.

1957   ÉLECTION FÉDÉRALE ❖ Lors du scrutin général tenu le 10 juin 1957, les députés franco-ontariens suivants sont élus : Jean-Thomas Richard (Ottawa-Est), Osie Villeneuve (Glengarry-Prescott), Joseph-Omer Gour (Russell), Albert Lavigne (Stormont), Léoda Gauthier (Nickel Belt), Paul Martin (Essex-Est) et Joseph-Anaclet Habel (Cochrane).

1962   NAISSANCE DU SCIENTIFIQUE JONATHAN LAMARRE ❖ Natif de Windsor, Jonathan LaMarre est un vétérinaire et scientifique qui enseigne la physiologie et l'anatomie des animaux à l'Université de Guelph. Il est reconnu mondialement pour ses recherches sur les mécanismes de la régulation et de l'expression des gênes. Jonathan LaMarre collabore avec des scientifiques du Japon, de la France, du Brésil et de l'Argentine sur la biologie médicale.

11 juin

1942   PARUTION DE *L'AMI DU PEUPLE* ❖ C'est Camille Lemieux qui fonde l'hebdomadaire *L'Ami du peuple*, sous-titré *journal régional de l'Ontario nord*. Il lui donne la devise suivante : *Je crains Dieu, cher Abner, et n'ai point d'autre crainte*. La mission de cet hebdo sudburois est de lutter contre les forces de l'anglicisation et d'assurer la survivance des Canadiens français en milieu minoritaire. Journal d'opinion, *L'Ami du peuple* loge à l'enseigne des Henri Bourassa, Lionel Groulx et François Hertel, affichant une idéologie nationaliste teintée d'un certain conservatisme. Au fil des ans, il adopte de nouveaux sous-titres, dont *Journal indépendant du Nord-Ontario* (1955) et *Hebdomadaire français et*

catholique au service du Nord-Ontario (1966). En 1968, *L'Ami du peuple* est vendu pour un dollar au Centre des Jeunes de Sudbury et devient le Bulletin mensuel du Centre de la culture française à Sudbury.

1945   ÉLECTION FÉDÉRALE ❖ Lors du scrutin général tenu le 11 juin 1945, les députés franco-ontariens suivants sont élus : Jean-Thomas Richard (Ottawa-Est), Élie Bertrand (Glengarry-Prescott), Joseph-Omer Gour (Russell), Lionel Chevrier (Stormont), Léoda Gauthier (Nipissing), Paul Martin (Essex-Est) et Joseph-Arthur Bradette (Cochrane).

1959   ÉLECTION PROVINCIALE ❖ Lors du scrutin ontarien tenu le 11 juin 1959, les candidats franco-ontariens suivants sont élus : Gordon Lavergne (Russell), Louis Cécile (Prescott), Fernand Guindon (Glengarry), Arthur Rhéaume (Essex-Nord), Jules Morin (Ottawa-Est), Rhéal Bélisle (Nickel Belt), René Brunelle (Cochrane-Nord) et Wilfrid Spooner (Cochrane-Sud).

1962   NAISSANCE DU JURISTE RONALD CAZA ❖ Né à Chelmsford, Ronald F. Caza est diplômé de l'Université Laurentienne (1984) et de l'Université d'Ottawa (1987). Admis à la pratique du droit en 1989, il est avocat plaideur et pratique le litige à Ottawa chez Nelligan O'Brien Payne et ensuite chez Heenan Blaikie. Pendant neuf ans, il enseigne la procédure civile à l'Université d'Ottawa. Il pilote la cause de l'Hôpital Montfort de 1998 à 2002 devant deux instances judiciaires importantes. Il défend aussi les intérêts de SOS Église dans le Sud-ouest ontarien, contre la fermeture des églises de Saint-Joachim et de Pointe-aux-Roches dans le diocèse de London. Ronald Caza est membre de plusieurs conseils d'administration : Fondation franco-ontarienne, Club Richelieu d'Orléans, Conseil de planification sociale d'Ottawa-Carleton, Centraide, Christie Lake Kids. Il est récipiendaire du prix Grandmaître de l'ACFO d'Ottawa (2000) et membre de l'Ordre de la Pléiade (2004).

12 juin

1917   NAISSANCE DU DÉPUTÉ RAYMOND BRUNEAU
❖ Originaire de Hawkesbury, Raymond Bruneau
est un traducteur qui se fait élire député fédéral de
Prescott en 1949, sous l'étiquette libéral indépendant. Réélu en 1953 dans le nouveau comté de
Glengarry-Prescott, sous la bannière libérale cette
fois, il est cependant défait en 1958 et en 1963.

1968   FONDATION DU JOURNAL *LE VOYAGEUR* ❖
Au printemps 1968, deux publications cessent de
paraître à Sudbury, soit *L'Ami du peuple* (v. 11 juin)
et *L'Information* (qui est un bulletin du diocèse
de Sault-Sainte-Marie). Émile Guy et Germain
Bourgeois décident de créer l'entreprise La Voix
française du Nord limitée et de lancer l'hebdomadaire *Le Voyageur* pour promouvoir « le bienfait
incontestable de la pensée catholique et française ».
En 1975, l'entreprise invite le père Hector Bertrand,
S.J. (v. 10 mars), à prendre les rênes du journal. Il
accepte et surmonte mille et une difficultés, dont
un incendie qui ravage les locaux et les archives du
journal le 31 octobre 1981. *Le Voyageur* renaît aussitôt de ses cendres, fort de l'appui de 5 000 abonnés répartis entre North Bay et Elliot Lake.
Aujourd'hui l'hebdomadaire sudburois est lu dans
10 000 foyers, de Sturgeon Falls à Thunder Bay.

1982   PREMIER COLLOQUE DES ÉCRIVAINS ET ÉDI-
TEURS FRANCO-ONTARIENS ❖ Les Éditions Prise de
parole et l'Institut franco-ontarien organisent la première rencontre provinciale d'écrivains et d'éditeurs
francophones en Ontario, du 12 au 14 juin 1982, à
l'Université Laurentienne de Sudbury. Lors de ce
colloque, on lance le quatrième numéro de la *Revue
du Nouvel-Ontario*. Sous la direction de Fernand
Dorais, cette livraison est entièrement consacrée à la
première décennie de Prise de parole.

13 juin

1857   NAISSANCE DE JOSEPH MICHAUD, HOMME
D'AFFAIRES ET DÉPUTÉ ❖ Originaire de Saint-Fabien
(Québec), Joseph Michaud arrive en Ontario en

1878 comme engagé du Canadien Pacifique à
Pembroke. Il s'installe en permanence à Sturgeon
Falls en 1883 et ouvre un magasin général. En
1887, Joseph Michaud s'associe à Georges
Lévesque et fonde la firme Michaud et Lévesque.
Homme d'affaires en vue, il se fait élire député provincial de Nipissing-Ouest en 1902, sous la bannière libérale ; de nouveau candidat lors du scrutin
de 1905, il mord la poussière. Ses fils Achille et
Albert, ainsi que son petit-fils Pierre poursuivent
l'entreprise familiale.

1930   NAISSANCE DE CÉCILE CLOUTIER, PROFES-
SEURE ET ÉCRIVAINE ❖ Née à Québec (Québec),
Cécile Cloutier est une professeure de lettres qui
enseigne d'abord à Québec, puis à Ottawa et à
Toronto à partir de 1966. Elle publie plus de cent
cinquante articles et environ une vingtaine de
livres, dont les recueils de poésie suivants : *Mains de
sable* (1960), *Cuivre et Soies* (1964), *Paupières*
(1970), *Chaleuils* (1979), *La Girafe* (1984),
L'Écouté (1986), *Lampées* (1990). *Ancres d'encre*
(1993) et *Le Poaimier* (1996). Cécile Cloutier
ouvre un Centre de recherches en poésie québécoise d'aujourd'hui à l'Université de Toronto. Elle
reçoit plusieurs bourses et plusieurs prix, dont la
médaille d'argent de la Société des écrivains français attribuée par Jean Cocteau et le Prix du Gouverneur général du Canada pour son recueil
L'Écouté. Fondatrice de la Société canadienne d'esthétique et de l'Association des amis de Gatien
Lapointe, Cécile Cloutier fait partie de la Société
des Gens de Lettres de France et est l'un des premiers membres de l'Union des écrivaines et des
écrivains québécois.

1935   NAISSANCE DU JUGE RICHARD HUNEAULT
❖ Natif de Sudbury, Richard Huneault est admis
au barreau de l'Ontario en 1960. Directeur de
l'aide juridique pour le district de Sudbury (1967-
1979), Richard Huneault est juge suppléant à la
Cour des petites créances du même district (1976-
1978). Il est nommé juge à la Cour de comté et de
district de Windsor le 1er mars 1979.

1950 Naissance de l'athlète Claude Pilon ❖ Natif d'Ottawa, Claude Pilon pratique d'abord l'athlétisme, puis le football et ensuite la lutte gréco-romaine. Il remporte le titre de junior canadien au lancer du disque en 1969 et au lancer du marteau en 1970. En lutte gréco-romaine, Claude Pilon gagne une médaille de bronze en 1970 et une médaille d'or en 1974 lors des Jeux du Commonwealth. En 1975, il participe aux Jeux panaméricains et à la Coupe du Monde où il décroche une médaille d'argent. On le retrouve aux Jeux olympiques de Montréal (1976), puis il se tourne vers le football et joue avec les Rough Riders d'Ottawa en 1977. Ceinture noire au judo, Claude Pilon reçoit le trophée Jean-Charles-Daoust en 1974.

14 juin

1649 La mission de Sainte-Marie-aux-Hurons mise à feu ❖ Suite aux attaques des Iroquois contre les villages hurons de Saint-Joseph et de Saint-Michel (1647-1648), au massacre des missionnaires jésuites en mars 1649, aux nouveaux raids iroquois et à la fuite des Hurons qui en résulte en 1649, les missionnaires jésuites décident d'abandonner leur poste et, le 14 juin 1649, ils brûlent Sainte-Marie. Accompagnés de quelques centaines de Hurons, les Français se réfugient sur l'île Saint-Joseph (Christian Island).

1962 Naissance de l'athlète Julie Leblanc ❖ Originaire de Guelph, Julie Leblanc amorce une carrière professionnelle en judo lors du Championnat national canadien de 1984 ; elle se classe alors deuxième chez les moins de 61 kilos. En 1987, elle remporte la médaille d'or à l'omnium des États-Unis ; l'année suivante, Julie Leblanc se classe deuxième à l'omnium international du Pacifique et au Championnat national du Canada.

15 juin

1650 Fin de la mission huronne ❖ Décimés par la famine, l'épidémie et la menace iroquoise, 300 Hurons et quelques missionnaires, accompagnés et leurs domestiques, décident de tout abandonner et de quitter l'île Saint-Joseph (v. 14 juin). Le 15 juin 1650, le groupe descend vers Québec. « C'est la fin de la nation huronne », écrit l'historien Robert Choquette.

1951 Naissance de Réjean Grenier, entrepreneur ❖ Né à Belleterre (Québec), Réjean Grenier grandit dans le nord de l'Ontario et s'établit à Sudbury. Il mène d'abord une carrière de journaliste à Radio-Canada et CBC (1977-1997). Il remporte le Northern Ontario Journalism Award, en 1991, pour une série de reportages en anglais et en français réalisés à bord des navires canadiens en route pour la guerre du Golfe persique. Il devient directeur général du Carrefour francophone de Sudbury (1997-2003), puis propriétaire, éditeur et éditorialiste de l'hebdomadaire *Le Voyageur* de Sudbury depuis 1998 (v. 12 juin). En 1994, il se porte acquéreur du magazine d'affaires *Le Lien économique* (v. septembre). Entrepreneur engagé dans sa communauté, il est tour à tour vice-président de l'Assemblée des centres culturels de l'Ontario, co-président du Gala Fondation communautaire de Sudbury, secrétaire de la Fédération des gens de la presse de l'Ontario et président de la Chambre économique de l'Ontario. En 2001, Réjean Grenier est nommé entrepreneur de l'année par la Chambre de commerce de Sudbury et reçoit un prix Phénix, catégorie moyenne entreprise, de la Chambre économique de l'Ontario.

1955 Naissance du député Mauril Bélanger ❖ Natif de Mattawa, Mauril Bélanger est un administrateur qui se fait élire député libéral fédéral d'Ottawa-Vanier lors d'une élection complémentaire en 1995. Réélu en 1997, 2000 et 2004, il est tour à tour vice-président du Comité permanent du patrimoine canadien, coprésident du Comité mixte permanent des langues officielles et secrétaire parlementaire de la ministre du Patrimoine canadien (1998-2000). Le 12 décembre 2003, à la demande du Premier ministre Paul Martin, Mauril Bélanger fait son entrée au Conseil privé du Canada en tant que leader adjoint du gouvernement à la Chambre

Évelyne Voldeng
5 juin 1943

Samuel Genest
10 juin 1865

Jonathan LaMarre
10 juin 1962

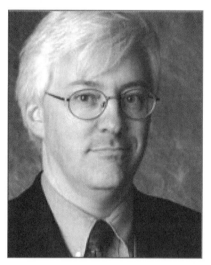

Ronald Caza
11 juin 1962

Marie-P. Poulin
21 juin 1945

Paul Martin père
23 juin 1903

André Paiement
28 juin 1950

Fulgence Charpentier
29 juin 1897

Buste de Mgr Rémi Gaulin
30 juin 1787

SOURCE DES ILLUSTRATIONS

Évelyne Voldeng : courtoisie de Harvey Voldeng.

Samuel Genest : Université d'Ottawa, CRCCF, Fonds
Association canadienne-française de l'Ontario (C2), Ph2-33.

Jonathan LaMarre : Université de Guelph.

Ronald Caza : Centre Jules-Léger d'Ottawa.

Marie-P. Poulin : Sénat du Canada.

Paul Martin, père : Gouvernement du Canada.

André Paiement : *Agenda historique de l'Ontario français,*
CFORP.

Fulgence Charpentier : courtoisie du biographe François-
Xavier Simard.

Buste de Mgr Rémi Gaulin : photo Guy Gagnon.

des communes. Le 20 juillet 2004, au lendemain des élections, il est confirmé dans ses fonctions de leader adjoint du gouvernement à la Chambre des communes et devient aussi ministre responsable des langues officielles, ministre responsable de la réforme démocratique et ministre associé de la Défense nationale. En 2005, il est fait commandeur de l'Ordre de la Pléiade.

16 juin

1801 PREMIÈRE VISITE D'UN ÉVÊQUE EN ONTARIO ❖ Mgr Pierre Denaut, dixième évêque de Québec, se rend à la paroisse de l'Assomption (aujourd'hui le plus ancien quartier de Windsor), où le curé Jean-Baptiste Marchand a préparé 500 paroissiens pour recevoir le sacrement de la confirmation. Cette cérémonie, la première du genre en *terre ontarienne*, a lieu exactement cent ans après la fondation de la colonie française sur les bords de la rivière Détroit.

1952 NAISSANCE DE MARC HAENTJENS, ANIMATEUR ❖ Né à Paris (France), Marc Haentjens arrive au Canada en 1979 et s'établit aussitôt à Ottawa, puis à Bourget. Spécialiste de la gestion des organismes artistiques et du développement culturel, il crée la Société d'études et de conseil ACORD en 1984. Il travaille, entre autres, pour la Fédération culturelle canadienne-française, l'Association des théâtres francophones du Canada, le Regroupement des éditeurs canadiens-français et le ministère du Patrimoine canadien. Marc Haentjens met au point le Plan de développement quinquennal du secteur artistique et culturel de la francophonie canadienne (2001-2005). En collaboration avec Jules Villemaire (v. 31 décembre), il signe un ouvrage intitulé *Une Génération en scène* (1992). Il est le directeur général du Regroupement des éditeurs canadiens-français depuis 2004.

17 juin

1925 LA COMPAGNIE CHRYSLER S'INSTALLE À WINDSOR ❖ À l'instar de Ford et de General Motors, le magnat de l'automobile Chrysler attire nombre de Canadiens français à Windsor et dans le comté d'Essex. La région bénéficie dès lors d'un regain francophone en provenance du Québec et du Nouveau-Brunswick. Ces nouveaux Franco-Ontariens et Franco-Ontariennes élisent domicile à Windsor, Tecumseh, Belle Rivière, Saint-Joachim et Pointe-aux-Roches.

1951 NAISSANCE DE L'ATHLÈTE DAVID FORTIER ❖ Né à Sudbury, David Fortier est un joueur de défense qui fait son entrée dans la Ligue nationale de hockey en 1972, avec les Maple Leafs de Toronto. De 1974 à 1976, il évolue avec les Islanders de New York, puis l'année suivante il arbore le chandail des Canucks de Vancouver. Au total, David Fortier dispute 205 parties dans la ligue nationale, dont 20 éliminatoires ; il marque 8 buts et obtient 21 passes.

18 juin

1947 CONGRÈS MARIAL D'OTTAWA ❖ Le Congrès marial d'Ottawa se tient du 18 au 22 juin 1947. Près d'un million de catholiques prennent part aux célébrations soulignant le premier siècle d'existence du diocèse d'Ottawa. Soixante-quatre trains spéciaux amènent des milliers de congressistes à Ottawa. Des personnes de trente-huit langues différentes s'inscrivent au cours de la semaine pour participer à la dévotion filiale de Marie. Au total, quarante-huit pays envoient des représentants aux assises. Ces fêtes religieuses publiques sont tenues dans divers lieux de la ville et les résidents et visiteurs sont témoins de démonstrations d'une grande envergure et de processions en plein air. Des expositions religieuses, des jeux lyriques et des spectacles avec de nombreux figurants costumés sont offerts à l'Auditorium d'Ottawa et au théâtre Capitol. Le Congrès marial d'Ottawa demeure un événement de très grand déploiement : vingt chars allégoriques lors de la procession mariale (21 juin), trente chars allégoriques durant la procession eucharistique (22 juin), 150 000 personnes recevant la communion au Colisée d'Ottawa, transformé en chapelle de la Paix. L'énorme reposoir érigé au parc

Lansdowne accueille 112 hauts dignitaires ecclésiastiques (cardinaux, archevêques et évêques) et la messe pontificale du 22 juin attire 125 000 personnes. Lors de la dernière journée du Congrès marial, on estime que la foule atteint 500 000 personnes.

1951   FONDATION DE LA FÉDÉRATION DES API ❖ Les premières Associations de parents et instituteurs (API) en Ontario voient le jour à Ottawa et Vanier, puis à Windsor et à Kapuskasing. Une fédération régionale s'organise à Ottawa, puis on crée la Fédération des associations de parents et instituteurs de langue française de l'Ontario (FAPI) en 1951. Lors de sa fondation, la FAPI veut regrouper les parents et les instituteurs « en vue de collaborer à l'œuvre d'éducation en rapprochant les principaux artisans de l'éducation ». En 1967, l'organisme entend « favoriser l'établissement de cercles d'étude où parents et instituteurs de langue française se réunissent pour étudier les meilleurs moyens d'aider les enfants des écoles à se développer ». En octobre 1990, la FAPI devient la Fédération des associations de parents francophones de l'Ontario, laquelle a pour mandat d'« informer les parents francophones de leurs droits, les représenter dans les dossiers en éducation et défendre les droits des élèves à obtenir l'excellence et des chances équivalentes en éducation ». Les effectifs de la Fédération sont passés de 75 associations locales en 1955 à 260 en 1970 ; au cours des années 1990, la Fédération comptait environ 360 écoles réparties dans 6 sections régionales.

1962   ÉLECTION FÉDÉRALE ❖ Lors du scrutin général tenu le 18 juin 1962, les députés franco-ontariens suivants sont élus : Jean-Thomas Richard (Ottawa-Est), Viateur Éthier (Glengarry-Prescott), Paul Tardif (Russell), Lucien Lamoureux (Stormont), Osias Godin (Nickel Belt), Paul Martin (Essex-Est) et Joseph-Anaclet Habel (Cochrane).

19 juin

1919   NAISSANCE DE MGR GÉRARD DIONNE ❖ Originaire de Saint-Basile (Nouveau-Brunswick), Gérard Dionne est ordonné prêtre le 1er mai 1948

et exerce diverses fonctions dans le diocèse d'Edmundston (N.-B.) avant d'être élu évêque auxiliaire de Sault-Sainte-Marie, le 29 janvier 1975. Il est sacré évêque le 8 avril suivant et remplit sa nouvelle fonction épiscopale jusqu'en 1983, année où il est promu évêque d'Edmundston.

1934   ÉLECTION PROVINCIALE ❖ Lors du scrutin ontarien tenu le 19 juin 1934, les candidats franco-ontariens suivants sont élus : Arthur Desrosiers (Russell), Aurélien Bélanger (Prescott), Adélard Trottier (Essex-Nord), Paul Leduc (Ottawa-Est), Théodore Legault (Nipissing), Edmond Lapierre (Sudbury) et Joseph-Anaclet Habel (Cochrane-Nord).

1978   ENTRÉE EN ONDES DE CBON-SUDBURY ❖ La Société Radio-Canada diffuse ses premières émissions de radio à l'antenne de CBON, qui rayonne à partir de Sudbury dans tout le Nord de l'Ontario. Marie Poulin (v. 21 juin) est la première directrice de ce nouveau poste de langue française.

20 juin

1872   NAISSANCE DU DÉPUTÉ LOUIS LABROSSE ❖ Natif de Saint-Eugène-de-Prescott, Louis Labrosse est maître de poste, notaire et organisateur libéral dans le comté de Prescott. Au scrutin provincial de 1905 il défait le député sortant, Alfred Évanturel, par une seule voix de majorité. Louis Labrosse représente les électeurs de Prescott à Queen's Park durant un seul mandat, le comté passant aux mains des conservateurs en 1908.

1882   ÉLECTION FÉDÉRALE ❖ Lors du scrutin général tenu le 20 juin 1882, les deux députés franco-ontariens suivants sont élus : Joseph Tassé (Ottawa) et Simon Labrosse (Prescott).

1941   NAISSANCE DE PIERRE KARCH, PROFESSEUR ET ÉCRIVAIN ❖ Né à Saint-Jérôme (Québec), Pierre Paul Karch est un romancier, nouvelliste, essayiste et critique de théâtre qui enseigne au Collège Glendon de l'Université York, à Toronto, de 1967 à 2004. Il est l'auteur de trois romans : *Baptême* (1982), *Noëlle à Cuba* (1988) et *Le Nombril de Scheherazade* (1998) ; il signe deux recueils de nouvelles : *Nuits blanches* (1981) et *Jeux de patience* (1991) ; il publie aussi un essai critique sur les beauxarts au Canada : *Les Ateliers du pouvoir* (1995). Avec Mariel O'Neill-Karch, il publie *Options* (1974), le *Dictionnaire des citations littéraires de l'Ontario français depuis 1960* (1996), un *Choix de nouvelles et de contes de Régis Roy* (2001) et un répertoire des pièces de théâtre d'*Augustin Laperrière (1829-1903)*. Pierre Karch est critique de théâtre pour l'hebdomadaire *L'Express* de Toronto.

1941   NAISSANCE DE L'ADMINISTRATEUR CLAUDE LAJEUNESSE ❖ Né à Québec (Québec), l'ingénieur Claude Lajeunesse est nommé recteur de l'Université Ryerson de Toronto (1995-2005). Ancien directeur du Conseil canadien des ingénieurs, ancien directeur de la recherche orientée au Conseil de recherches en sciences naturelles et en génie du Canada, président-directeur général sortant de l'Association des universités et collèges du Canada, Claude Lajeunesse siège au conseil d'administration de la Fondation du patrimoine ontarien, de l'Hôpital général de Toronto Est et de Capital Technologies CDPQ Inc., première société de capital-risque du Canada, dont les investissements s'élèvent à plus de deux milliards de dollars. Il est également administrateur de l'Institut canadien des normes d'enseignement et président de l'Académie canadienne du génie.

1946   NAISSANCE DE L'ATHLÈTE GARY CROTEAU ❖ Natif de Sudbury, Gary Croteau est un ailier gauche qui entre dans la Ligue nationale de hockey en 1968, avec les Kings de Los Angeles. La saison suivante, il évolue à la fois avec les Kings et les Red Wings de Détroit. En 1970, cet athlète passe chez les Golden Seals de la Californie et y demeure pour cinq saisons. De 1974 à 1976, Gary Croteau joue pour les Scouts de Kansas City, puis se joint aux Rockies du Colorado pour une période de quatre ans. Sur un total de 684 parties, il marque 144 buts et obtient 175 passes.

1948   NAISSANCE DU POLITICOLOGUE SERGE DENIS ❖ Né à Montréal (Québec), Serge Denis s'établit en Ontario dès 1978 et devient professeur de science politique à l'Université d'Ottawa. Spécialiste de l'histoire de la gauche en Amérique du Nord et de l'analyse comparée des mouvements ouvriers et sociaux, il publie *Un syndicalisme pur et simple : mouvements ouvriers et pouvoir politique aux États-Unis, 1919-1939* (1986), *Le Long Malentendu : le Québec vu par les intellectuels progressistes au Canada anglais, 1970-1991* (1992), *Les Syndicats face au pouvoir : syndicalisme et politique au Québec de 1960 à 1992* (en collaboration avec Roch Denis, 1992) et *Social-démocratie et mouvements ouvriers : la fin de l'histoire ?* (2003), pour lequel il a remporté le prix Trillium en mai 2004.

21 juin
Journée nationale des autochtones

1741   PREMIÈRE PAROISSE DE L'ONTARIO ❖ La Mission de la Bienheureuse Vierge Marie chez les Hurons est mentionnée pour la première fois, le 21 juin 1741, dans la correspondance des missionnaires. Cette mission devient la paroisse de l'Assomption, la première en *terre ontarienne* ; elle est aujourd'hui située dans le plus ancien quartier de la ville de Windsor. Voir 9 août.

1920   NAISSANCE DE LIONEL DESJARLAIS, ÉDUCATEUR ❖ Originaire de Providence (Rhode Island), Lionel Desjarlais enseigne dans diverses écoles d'Ottawa et devient surintendant des écoles séparées d'Ottawa, de 1962 à 1964. Membre de la Commission McLeod sur la formation des enseignants en Ontario (1966) et de la Commission Bériault sur les écoles secondaires de langue française (1968), il fonde la Faculté d'éducation de l'Université d'Ottawa en 1967 et il en est le doyen jusqu'en 1977. Lionel Desjarlais met au point des tests de vocabulaire et du matériel pédagogique pour les élèves et étudiants de l'élémentaire au postsecondaire. Il a été consultant auprès de conseils scolaires et de ministres de l'Éducation, tant aux États-Unis qu'au Canada.

1929 Naissance de l'écrivaine Gabrielle
Poulin ❖ Née à Saint-Prosper (Québec), Gabrielle
Poulin est romancière, poète et essayiste. Enseignant d'abord aux aux universités de Montréal, de
Sherbrooke et d'Ottawa, elle s'installe dans la capitale canadienne en 1970. Critique littéraire, elle
occupe le poste d'écrivaine en résidence dans trois
bibliothèques. Elle publie, entre autres, le récit
Cogne la caboche (1979, prix Champlain), les
romans *Un cri trop grand* (1980), *Les Mensonges
d'Isabelle* (1983), *La Couronne d'oubli* (1990), *Le
Livre de déraison* (1994, Grand Prix du Salon du
livre de Toronto), *Qu'est-ce qui passe ici si tard ?*
(1998), et les recueils de poésie *Petites Fugues pour
une saison sèche* (1991, Prix du livre d'Ottawa-
Carleton) et *Ombres et Lueurs* (2003). Gabrielle
Poulin est l'épouse de René Dionne, avec qui elle
publie *L'Âge de l'interrogation, 1936-1952*, vol. IV
de l'*Anthologie de la littérature québécoise* (1980,
Prix *La Presse*). Ses mémoires littéraires paraissent
sous le titre *La Vie, l'Écriture* (2000).

1943 Naissance de la députée et ministre
Diane Marleau ❖ Native de Kirkland Lake, Diane
Marleau est une administratrice-comptable qui se
fait élire députée fédérale de Sudbury en 1988, sous
la bannière libérale. Réélue en 1993, 1997, 2000 et
2004, elle est ministre de la Santé et du Sport amateur (1993-1996), ministre des Travaux publics et
des Services gouvernementaux (1996-1997), ministre de la Coopération internationale et responsable
de la Francophonie (1997-1999) et vice-présidente
du Comité permanent des affaires étrangères et du
commerce international (2002-2003).

1945 Naissance de Marie-P. Poulin, sénatrice ❖ Native de Sudbury, Marie-Paule Poulin
(née Charette) est directrice-fondatrice du poste
CBON à Sudbury et cadre de la Société Radio-
Canada avant d'être nommée au Sénat canadien le
22 septembre 1995. Parmi ses nombreuses fonctions de sénatrice, elle préside le Comité permanent
des transports et des communications, siège au
Comité spécial sur les drogues illicites et est membre du Comité permanent des affaires étrangères.

2001 Emblème franco-ontarien officiel ❖
L'Assemblée législative de l'Ontario reconnaît le
drapeau franco-ontarien comme un des emblèmes
officiels de la province en adoptant, le 21 juin
2001, la *Loi de 2001 sur l'emblème franco-ontarien*.
Le drapeau est hissé pour la première fois devant
l'édifice de Queen's Park le 24 juin 2001. Cette loi
parrainée par le député Jean-Marc Lalonde reçoit la
sanction royale le 29 juin 2001 (v. 25 septembre).

22 juin

1939 Arrivée des Religieux de Saint-Vincent-
de-Paul en Ontario ❖ La congrégation des Religieux de Saint-Vincent-de-Paul est fondée dans la
France industrielle de 1845 pour protéger les enfants
qui travaillent dans les usines. Ils organisent des
activités de formation et de loisirs pour les jeunes,
appelées patronages des apprentis ou Patro. Ces religieux s'établissent au Canada en 1884 et ils sont
invités à fonder un Patro à Ottawa en 1912, en 1930
et en 1934, mais ce n'est qu'à l'été de 1939 que les
Religieux de Saint-Vincent-de-Paul arrivent en
Ontario. Le Patro d'Ottawa est leur seule œuvre
dans la province. (L'arrivée des Religieux de Saint-
Vincent-de-Paul ayant eu lieu en juin 1939, la présente notice est arbitrairement fixée au 22 juin.)

23 juin

1828 Naissance de Mgr Jean-François Jamot
❖ Originaire de Châtelard (France), Jean-François
Jamot est ordonné prêtre en 1853 et nommé professeur au Collège d'Ajain. À la suite d'une rencontre
avec Mgr Armand-François-Marie de Charbonnel,
évêque de Toronto, il accepte de partir pour le
Canada (1855) et de remplir la fonction de vicaire
à Barrie. De 1867 à 1874, on lui confie la tâche de
vicaire général du diocèse de Toronto. Élu vicaire
apostolique de l'Ontario septentrional (Canada-
Nord) le 3 février 1874, il est sacré évêque en France
le 24 du même mois. Mgr Jamot réside d'abord à
Sault-Sainte-Marie, puis à Bracebridge (Muskoka).
Lors de l'érection canonique du diocèse de
Peterborough, en 1882, il en devient le premier

évêque résidentiel. Mgr Jean-François Jamot est décédé le 4 mai 1886. Une école élémentaire porte son nom à Peterborough.

1896 ÉLECTION FÉDÉRALE ❖ Lors du scrutin général tenu le 23 juin 1896, deux députés franco-ontariens sont élus : Napoléon-Antoine Belcourt (Ottawa) et Isidore Proulx (Prescott).

1903 NAISSANCE DU DÉPUTÉ ET MINISTRE PAUL MARTIN, PÈRE ❖ Né à Ottawa, Paul Martin devient avocat et, à 25 ans, tente, sans succès, de se faire élire député provincial de Renfrew. Il s'installe ensuite à Windsor et, en 1935, se tourne vers la scène fédérale ; il réussit à se faire élire député libéral du comté d'Essex-Est. Élu sans interruption de 1935 à 1965, Paul Martin assume nombre de fonctions au cours de sa brillante carrière politique : président de la délégation canadienne à la Conférence mondiale de la jeunesse (1936), secrétaire d'État du Canada (1945-1946), ministre de la Santé et du Bien-être (1948-1957), ministre des Affaires extérieures (1963-1968), leader du gouvernement au Sénat (1968-1974) et haut commissaire à Londres (1974-1978). Paul Martin se porte deux fois candidat à la direction du Parti libéral du Canada ; la première fois il perd aux mains de Lester B. Pearson ; la seconde fois, c'est Pierre Elliott Trudeau qui l'emporte. Décédé le 14 septembre 1992.

24 juin
Fête de la Saint-Jean-Baptiste

1867 NAISSANCE DE PAUL-EUGÈNE MARCHAND, ENTREPRENEUR ❖ Originaire de Saint-Jean d'Iberville (Québec), Paul-Eugène Marchand apprend son métier d'électricien entrepreneur à Ottawa et fonde la compagnie Marchand et Donnelly vers 1897 ; cette entreprise est supplantée en 1919 par la maison Marchand Electrical. Grâce au travail des fils et des petits-fils du fondateur, le commerce prospère et devient un brillant exemple d'entreprenariat canadien-français. Paul-Eugène Marchand est décédé à Ottawa le 19 septembre 1933.

1928 NAISSANCE DE RÉJEAN ROBIDOUX, ÉCRIVAIN ❖ Né à Sorel (Québec), Réjean Robidoux enseigne la littérature à l'Université de Toronto (1967-1974) et à l'Université d'Ottawa (1974-1989). Cofondateur du Centre de recherche en civilisation canadienne-française, membre de la Société royale du Canada (1980), récipiendaire de la bourse Killam (1985-1987), il publie *Roger Martin du Gard et la religion* (1964, prix du Gouverneur général). On lui doit, entre autres, *La Création de Gérard Bessette* (1987), *Connaissance de Nelligan* (1992) et *Fonder une littérature nationale* (1994). Il prépare aussi une édition critique d'*Émile Nelligan par Louis Dantin* (1996) et d'*Émile Nelligan, Poésies complètes, 1896-1941* (1991, en collaboration avec Paul Wyczynski). Réjean Robidoux collabore à de nombreux périodiques, dont *Incidences, Revue de l'Université d'Ottawa, The Canadian Modern Language Review, University of Toronto Quarterly, Voix et Images, Lettres québécoises, Le Droit* et *Le Devoir*. Il joue un rôle de premier plan dans la mise sur pied des Éditions David.

1934 NAISSANCE DU JUGE JEAN FORGET ❖ Né à Cornwall, Jean A. Forget est admis au barreau de l'Ontario en 1961. Il pratique le droit à Cornwall jusqu'en 1976. Il est désigné juge junior de la Cour du district de Thunder Bay le 28 octobre 1976, mais cette nomination est révoquée le 4 novembre suivant, jour où Forget est nommé juge de la Cour de comté du district de Sudbury. En 1982, il devient juge de la Cour du district de Stormont-Dundas-Glengarry et, cinq ans plus tard, juge de la Cour de district à Cornwall.

1934 NAISSANCE DE BERNARD GRANDMAÎTRE, DÉPUTÉ ET MINISTRE ❖ Né à Eastview (Vanier), Bernard Grandmaître est un homme d'affaires qui s'intéresse d'abord à la politique municipale se faisant élire échevin de Vanier (1969-1974), puis maire (1974-1984). Candidat libéral, il est élu député provincial d'Ottawa-Est lors d'une élection complémentaire en décembre 1984. Réélu en 1985, 1987, 1990 et 1995, Bernard Grandmaître est tour à tour ministre des Affaires municipales (1985-

1987), ministre des Affaires francophones (1985-1990) et ministre du Revenu (1987-1990). Il fait adopter la *Loi sur les services en français* (Loi 8) en 1986. Il prend sa retraite en 1999 et assume la présidence du Comité des services en français d'Ottawa à partir de 2001. Un aréna d'Ottawa porte son nom et le prix Bernard-Grandmaître est décerné par l'ACFO d'Ottawa depuis 1999. L'Université Laurentienne lui décerne un doctorat honorifique en 2001.

1944   NAISSANCE DU LINGUISTE ET PROFESSEUR BENOÎT CAZABON ❖ Originaire de Verner, Benoît Cazabon est d'abord professeur en éducation à l'Université Laurentienne (1969-1987), à l'Institut d'études pédagogiques de l'Ontario (1987-1990) et à la Faculté d'éducation de l'Université d'Ottawa à partir de 1990. Membre fondateur de l'Institut franco-ontarien (1978), fondateur et directeur du Centre des langues officielles du Canada (1980-1983), fondateur et directeur de l'Alliance canadienne des responsables, des enseignants et enseignantes en français langue maternelle, de 1988 à 1996, et membre organisateur de l'Alliance ontarienne des professeurs de français, de 1982 à 1988, il est expert-conseil auprès de divers organismes (TVOntario, Collège Cambrian, ministère de l'Éducation). Chercheur prolifique, Benoît Cazabon collabore à plusieurs périodiques dont la *Revue du Nouvel-Ontario*, la *Revue québécoise de linguistique*, la *Revue de l'Université Laurentienne* et la revue de l'ACELF. Il est auteur ou coauteur d'une trentaine de publications, notamment des actes de colloques, des études spécialisées et des documents de recherche.

1947   ENTRÉE EN ONDES DE CHNO-SUDBURY ❖ Il s'agit du premier poste radiophonique bilingue en Ontario.

1955   ENTRÉE EN ONDES DE CBOFT-OTTAWA ❖ La Société Radio-Canada diffuse ses premières émissions de télévision à l'antenne de CBOFT, dans l'Est ontarien et l'Outaouais québécois.

1973   FONDATION DU JOURNAL *COURRIER SUD* ❖ Le jour de la Saint-Jean, en 1973, la Société coopérative Presse-Sud Limitée lance la première édition du mensuel *Courrier Sud* à Toronto. Jean-Louis Fontaine est le directeur de cette publication « au service de la communauté de langue française toute entière de Toronto et du Sud de l'Ontario ». À partir de décembre 1974, *Courrier Sud* devient bimensuel, puis cesse de paraître en novembre 1976. Il avait emprunté sa devise à Antoine de Saint-Exupéry : *En équilibre sur tant d'inconnu.*

1986   PREMIÈRE ÉDITION DU CONCOURS ONTARIO POP ❖ C'est à la Société Radio-Canada que l'on doit la naissance d'un concours visant à favoriser l'éclosion des nouveaux talents de la chanson d'expression française en Ontario. Intitulé Ontario pop, ce concours annuel couronne l'excellence dans deux catégories : interprète et auteur-compositeur-interprète. Les concurrents sont choisis suite à des auditions organisées en collaboration avec les postes de radio en Ontario et la finale se déroule dans le cadre du Festival franco-ontarien d'Ottawa, en juin. Les premières lauréates interprètes sont Joëlle Lanoix (1986), Sylvie St-Pierre (1987) et Corrinne Prévost (1988). Les premières lauréates de la catégorie auteur-compositeur-interprète, sont Janie Renée (1986), Joëlle Roy (1987) et Dympna McConnell (1988). Organisé par la Société Radio-Canada de 1986 à 2002, le concours Ontario pop est aujourd'hui géré par le Consortium de la relève musicale de l'Ontario français ; ce consortium est formé des partenaires suivants : Réseau Ontario, ACFO-Ottawa, Festival franco-ontarien, Concerts La Nuit sur l'étang, Assemblée des centres culturels de l'Ontario et Fédération de la jeunesse franco-ontarienne.

25 juin

1847   FONDATION DU DIOCÈSE D'OTTAWA ❖ C'est le pape Pie IX qui érige le diocèse de Bytown, devenant le diocèse d'Ottawa le 14 juin 1860, puis un archidiocèse le 8 juin 1886. Le pape Léon XIII l'élève au rang de siège métropolitain le 19 mai 1887 ; lui sont suffragants les diocèses de Pembroke, Timmins et Hearst. Tous les évêques ou archevêques à la tête de Bytown-Ottawa sont francophones : Joseph-Eugène-Bruno Guigues (1847-1874), Joseph-Thomas Duhamel (1874-1909), Charles-Hugues Gauthier (1910-1922), Médard Émard (1922-1927), Joseph-Guillaume Forbes (1928-1940), Alexandre Vachon (1940-1953), Maxime Tessier (auxiliaire 1951-1955), Marie-Joseph Lemieux (1953-1966), Paul-Émile Charbonneau (auxiliaire 1961-1963), René Audet (auxiliaire 1963-1968), Joseph-Aurèle Plourde (1967-1989), Gilles Bélisle (auxiliaire 1977-1993), Marcel Gervais (depuis 1989), Paul Marchand (auxiliaire, 1993-1999).

1883   CONGRÈS DES SOCIÉTÉS SAINT-JEAN-BAPTISTE ❖ Le premier congrès patriotique tenu en Ontario français réunit les sociétés Saint-Jean-Baptiste de l'Ontario et du Michigan à Windsor, le 25 juin 1883. Des représentants accourent de Québec, de Montréal, d'Ottawa, de Détroit, de Milwaukee et des communautés du Sud-ouest ontarien (Paincourt, Pointe-aux-Roches et Amherstburg). La principale résolution qui émane de cette convention se lit ainsi : « Vu que la langue française est la langue de nos ancêtres, et que sa conservation parmi nous est une des principales sauvegardes de notre religion et de nos traditions nationales, que le plus grand encouragement lui soit accordé surtout dans nos écoles et de la part de nos hommes d'État de notre origine. »

1906   NAISSANCE DE L'ATHLÈTE DAVID TROTTIER ❖ Originaire de Pembroke, David Trottier est un hockeyeur membre de l'équipe canadienne lors des Jeux olympiques de 1928. Ailier gauche, il évolue dans la Ligue nationale de hockey avec les Maroons de Montréal, de 1928 à 1938. Au cours de la saison 1938-1939, on le retrouve chez les Red Wings de Détroit. David Trottier dispute 477 parties et marque 125 buts et obtient 116 passes. Décédé en 1956.

1912   ENTRÉE EN VIGUEUR DU RÈGLEMENT XVII ❖ Tel qu'il l'avait annoncé à l'Assemblée législative (v. 12 avril), le gouvernement conservateur de James Pliny Whitney rend publique la circulaire d'instruction nº 17 concernant la langue d'enseignement dans les écoles bilingues. C'est le tristement célèbre Règlement XVII. Tout d'abord, le gouvernement de l'Ontario reconnaît seulement des écoles publiques et séparées dans la province. On qualifie d'anglo-françaises les écoles où le français sert quelque peu comme langue d'instruction et de communication, mais jamais au-delà des deux premières années du cours élémentaire. Un cours spécial d'anglais est créé pour les élèves francophones qui ne comprennent pas l'anglais. Le français comme sujet d'étude est autorisé pour les enfants dont les parents en font la demande, mais jamais pendant plus d'une heure par jour. Les inspecteurs d'écoles bilingues sont dotés d'un inspecteur surveillant (anglophone) dans chacune des trois grandes régions de l'Ontario. Ce dernier devient le seul responsable de toutes les écoles de sa division, reléguant l'inspecteur bilingue à un statut de subalterne. Il est décrété que tout enseignant ne maîtrisant pas suffisamment l'anglais pour dispenser les cours des écoles publiques sera congédié dès juin 1912. Tout enseignant embauché à l'avenir doit satisfaire à cette exigence, car c'est une condition *sine qua non* pour l'obtention d'octrois gouvernementaux. Le Règlement XVII est la goutte qui fait déborder le verre pour les Franco-Ontariens qui sentent l'étau se resserrer. Leur porte-parole, l'Association canadienne-française d'éducation de l'Ontario, proteste immédiatement et la résistance s'organise sur-le-champ. Elle s'étend à toutes les régions de la province et s'intensifie d'année en année, atteignant un climax en 1916. Des allègements sont apportés, mais il faudra attendre jusqu'en 1927 pour que le Règlement XVII ne disparaisse complètement (v. 22 septembre et 1er novembre).

1923   ÉLECTION PROVINCIALE ❖ Lors du scrutin ontarien tenu le 25 juin 1923, les candidats franco-ontariens suivants sont élus : Edmond Proulx (Prescott), Aurélien Bélanger (Russell), Edward Tellier (Essex-Nord), Joseph Pinard (Ottawa-Est), Henri Morel (Nipissing) et Zotique Mageau (Sturgeon Falls).

1968 ÉLECTION FÉDÉRALE ❖ Lors du scrutin général tenu le 25 juin 1968, les députés franco-ontariens suivants sont élus : Jean-Thomas Richard (Ottawa-Est), Viateur Éthier (Glengarry-Prescott), Paul Tardif (Russell), Lucien Lamoureux (Stormont-Dundas), Gaétan Serré (Nickel Belt) et Jean Roy (Timmins).

1974 NAISSANCE DU COMÉDIEN VINCENT LECLERC ❖ Originaire de Trois-Rivières (Québec), Vincent Leclerc étudie le théâtre à Ottawa et à Paris. On le retrouve, entre autres, dans des séries télévisées de Radio-Canada *(Virginie et Quatre et demi)*, dans des productions du Théâtre du Trillium (*L'Enfant-problème* et *Le Chemin des passe-dangereuses*), ainsi que dans des spectacles du Théâtre la Catapulte (*Le Rêve totalitaire de dieu l'amibe* et *Faust : chroniques de la démesure*).

26 juin

1887 UNE PAROISSE FRANCOPHONE À TORONTO ❖ Les Canadiens français de la ville-reine ont toujours tenu à avoir un endroit où une messe pouvait être célébrée dans leur langue. Les Pères Basiliens offrent ce service dans la chapelle de leur collège pendant un certain temps, puis on fait venir l'abbé Philippe Lamarche de Montréal, à qui on confie le soin de tous les catholiques de langue française à Toronto. Le 26 juin 1887, il célèbre la première messe dans la chapelle Saint-Vincent-de-Paul de l'église St. Michael. La paroisse du Sacré-Cœur-de-Jésus est née. Elle s'installe ensuite dans un vieux temple presbytérien de la rue King, qui est rénové et consacré le 7 octobre 1888. Le sous-sol de l'église temporaire devient une salle de classe qui, en 1890, compte 26 élèves ; l'abbé Lamarche s'occupe lui-même de l'enseignement. Ainsi débutent la paroisse et l'école du Sacré-Cœur à Toronto. L'édifice actuel de la paroisse du Sacré-Cœur, à l'angle des rues Carlton et Sherbourne, date de 1937.

1894 ÉLECTION PROVINCIALE ❖ Lors du scrutin ontarien tenu le 26 juin 1894, deux candidats franco-ontariens sont élus : Alexandre Robillard (Russell) et Alfred Évanturel (Prescott).

2004 PREMIÈRE DE *L'ÉCHO D'UN PEUPLE* ❖ C'est à la Ferme centenaire Drouin de Casselman, dans l'Est ontarien, que le méga spectacle *L'Écho d'un peuple* est présenté pour la première fois le 26 juin 2004. Cette gigantesque production met en scène 300 comédiens incarnant plus de 1 000 personnages et couvre quatre cents ans d'histoire de la francophonie en Amérique du Nord, principalement en Ontario. Spectacle à grand déploiement, *L'Écho d'un peuple* offre chanson, musique et théâtre, le tout encadré de décors géants et agrémenté d'effets pyrotechniques. À travers des styles aussi variés que la chanson traditionnelle, les chants autochtones, la gigue, le rigodon, la balade et la musique contemporaine, les artistes illustrent les différentes étapes qui ont marqué le cheminement du peuple franco-ontarien. Basé sur une idée originale d'Alain Dagenais, *L'Écho d'un peuple* est écrit et dirigé par Félix Saint-Denis, et mis en scène par Carole Myre. Lise Paiement, co-auteure du spectacle, assume la direction théâtrale en studio et Brian St-Pierre signe la composition et la direction musicale. *L'Écho d'un peuple*, une production de Francoscénie, franchit le cap des 30 000 spectateurs lors de sa première saison composée de 25 représentations, et remporte le Prix Trille Or 2005 du meilleur événement musical et le prix Roger-Bernard 2005 du ROPFO.

27 juin

1915 NAISSANCE DU DÉPUTÉ VIATEUR ÉTHIER ❖ Né à Sainte-Justine-de-Newton (Québec), Viateur Éthier est un boulanger-pâtissier qui s'établit dans l'Est ontarien. En 1962, il se fait élire député fédéral de Glengarry-Prescott, sous la bannière libérale. Réélu en 1963, 1965 et 1968, Viateur Éthier est décédé le 19 juillet 1975.

1923 NAISSANCE DE RENÉ DE CHANTAL, ÉCRIVAIN ❖ Natif de Moose Creek, René de Chantal est un critique qui signe une chronique hebdomadaire, « Défense et illustration de la langue française », dans *Le Droit* de 1953 à 1963. Fondateur de la revue *Études françaises*, il publie *Chroniques de français* (1956), *Marcel Proust, critique littéraire* (1967) et *The French Language and Culture in Canada* (1969). Directeur des affaires culturelles au ministère des Affaires extérieures (1966-1967), vice-recteur de l'Université de Montréal (1967-1979), chargé des affaires culturelles et de l'information à l'ambassade du Canada à Paris (1979-1983), directeur des relations avec les universités au ministère des Affaires extérieures (1983-1987), René de Chantal meurt à Ottawa le 1er novembre 1998.

1940   NAISSANCE DU DÉPUTÉ ET MINISTRE JEAN-JACQUES BLAIS ❖ Né à Sturgeon Falls, Jean-Jacques Blais est un avocat qui se fait élire député fédéral de Nipissing en 1972, sous la bannière libérale. Il est réélu en 1974, 1979 et 1980, puis défait en 1984. Secrétaire parlementaire du président du Conseil du Trésor (1975-1976), Jean-Jacques Blais est ministre des Postes (1976-1978), solliciteur général (1978-1979), ministre des Approvisionnements et Services (1980-1983) et ministre de la Défense nationale (1983-1984). Président du conseil d'administration du Centre Pearson pour le maintien de la paix, depuis sa fondation en 1994 et jusqu'en 2002, il dirige une mission en Afghanistan, où il agit à titre de conseiller de l'Autorité provisoire dans la préparation des élections présidentielles d'octobre 2004.

1949   ÉLECTION FÉDÉRALE ❖ Lors du scrutin général tenu le 27 juin 1949, les députés franco-ontariens suivants sont élus : Jean-Thomas Richard (Ottawa-Est), Raymond Bruneau (Prescott), Joseph-Omer Gour (Russell), Lionel Chevrier (Stormont), Léoda Gauthier (Sudbury), Paul Martin (Essex-Est) et Joseph-A. Bradette (Cochrane).

28 juin

1906   NAISSANCE DU DÉPUTÉ OSIE VILLENEUVE ❖ Né à Maxville, Osie Villeneuve est un marchand de bétail qui se fait d'abord élire comme préfet de sa municipalité. Lors des élections provinciales de 1945, il est le candidat conservateur dans le comté de Glengarry, mais sans succès. Osie Villeneuve revient à la charge en 1948 et gagne ses élections ; il est réélu en 1951 et 1955. Ce député provincial démissionne en 1957 pour se faire élire dans le comté fédéral de Glengarry-Prescott. Il garde la confiance de ses électeurs à l'élection de 1958, mais il est défait en 1962. Osie Villeneuve effectue alors un retour en politique provinciale et se fait élire en 1963, toujours dans le comté de Glengarry. Il est réélu en 1967 et en 1971, de même qu'en 1975, 1977 et 1981 dans le nouveau comté de Glengarry-Stormont-Dundas. Osie Villeneuve est décédé le 25 septembre 1983. De tous les parlementaires de l'Ontario français, il est le député qui a été élu le plus souvent.

1933   NAISSANCE DE LA LEADER GISÈLE LALONDE ❖ Native d'Eastview (Vanier), Gisèle Deschamps (épouse de Gilles Lalonde) est d'abord enseignante. Dès l'âge de 33 ans, elle devient commissaire scolaire et occupe cette fonction pendant douze ans, dont deux à la présidence du Conseil des écoles séparées d'Ottawa. En 1974, Gisèle Lalonde prend la barre du nouveau Centre franco-ontarien de ressources pédagogiques, puis devient présidente du Conseil des affaires franco-ontariennes et accepte ensuite d'être candidate du Parti conservateur lors des élections provinciales de 1977, sans succès. Première femme élue à la mairie de Vanier (1985-1991), Gisèle Lalonde fonde l'Association française des municipalités de l'Ontario en 1989. De 1996 à 1997, elle siège au comité gouvernemental Qui fait quoi. Lorsque le premier ministre Mike Harris annonce la gestion scolaire pour et par les francophones, en janvier 1997, le travail en coulisse de Gisèle Lalonde est passé sous silence parce que la militante franco-ontarienne est désormais présidente de SOS Montfort, donc contre le gouvernement Harris. Ancienne présidente de l'Association française des conseils scolaires de l'Ontario, elle reçoit en 2002 le prix Séraphin-Marion de la Société Saint-Jean-Baptiste de Montréal. Depuis 1999, elle est porte-parole du groupe Opération Constitution. Une école secondaire publique, à Orléans, porte le nom de Gisèle Lalonde qui est devenue membre de l'Ordre du Canada en 2004 et qui a reçu un doctorat honorifique de l'Université Laurentienne en 2005.

1948   NAISSANCE DU JOURNALISTE ADRIEN CANTIN ❖ Natif de Hearst, Adrien Cantin est d'abord journaliste à l'hebdomadaire *Le Nord* de Hearst, puis au quotidien *Le Droit* d'Ottawa, où il occupe le poste de directeur de l'information et d'éditorialiste. Il cumule les fonctions d'animateur et de producteur en chef de *Panorama* (TFO) pendant cinq ans. Rédacteur en chef du magazine *Infomag* (1997-1999), puis directeur général de l'Association canadienne-française de l'Ontario (1998-1999), Adrien Cantin enseigne le journalisme à La Cité collégiale et agit comme conseiller en communications. En 2005, il est fait chevalier de l'Ordre de la Pléiade.

1950   NAISSANCE D'ANDRÉ PAIEMENT, HOMME DE THÉÂTRE ❖ Originaire de Sturgeon Falls, André Paiement étudie au Collège du Sacré-Cœur de Sudbury, puis à l'Université Laurentienne où il se joint à la Troupe universitaire, pour qui il signe la pièce *Moé j'viens du Nord, 'stie* en 1970. La même année, André Paiement fait partie du petit noyau de membres de la Troupe universitaire qui fonde le Théâtre du Nouvel-Ontario. Leur premier spectacle est une création collective intitulée *Et le septième Jour*, suivie en 1971 de *Pépère Parent*. De 1970 à 1972, André Paiement effectue des tournées avec la Coopérative des artistes du Nouvel-Ontario, dont il est un des créateurs. Puis il se consacre à temps plein au théâtre et produit plusieurs pièces, dont *À mes fils bien-aimés* (1972), *La Vie et les temps de Médéric Boileau* et *Lavalléville* (1974), qui sont présentées en tournée entre 1973 et 1978. Le fougueux dramaturge est aussi un des membres fondateurs du groupe musical CANO (1975), qui enregistre *Tous dans l'même bateau* (1976) et *Au Nord de notre vie* (1977). Il se produit à La Nuit sur l'étang, joue dans un film et adapte une pièce de Molière. Le 23 janvier 1978, André Paiement met fin à ses jours et coupe court à une carrière artistique en plein essor. Une bourse portant son nom et lui rendant hommage est accordée par l'Assemblée des

centres culturels de l'Ontario. Les Éditions Prise de parole (Sudbury) ont publié toutes ses pièces. De plus, la salle de spectacle du Théâtre du Nouvel-Ontario porte le nom d'André Paiement depuis septembre 2002.

2004   ÉLECTION FÉDÉRALE ❖ Lors du scrutin général tenu le 28 juin 2004, les députés franco-ontariens suivants sont élus : Mauril Bélanger (Ottawa-Vanier), Marc Godbout (Ottawa-Orléans), Raymond Bonin (Nickel Belt), Don Boudria (Glengarry-Prescott-Russell), Paul DeVillers (Simcoe-Nord), Diane Marleau (Sudbury) et Guy Lauzon (Stormont-Dundas-Glengarry Sud).

29 juin

1876   NAISSANCE DE L'ADMINISTRATEUR ESDRAS TERRIEN ❖ Natif de Sainte-Monique-de-Nicolet (Québec), Pierre Esdras Terrien arrive à Ottawa vers 1905. Membre du conseil d'administration de la Société Saint-Jean-Baptiste d'Ottawa dans les années 1910 et président du cercle Duhamel de l'Association canadienne de la jeunesse catholique d'Ottawa de 1908 à 1914, il est un des pionniers de l'Association canadienne-française d'éducation d'Ontario. Délégué au congrès de fondation de l'ACEFO 1910, Esdras Terrien devient membre du conseil d'administration et trésorier en 1913 (il occupe ce dernier poste pendant 35 ans). Il est aussi un des fondateurs du journal *Le Droit*, assumant tour à tour les fonctions d'administrateur, de président et de gérant général du Syndicat des œuvres sociales, qui est la compagnie éditrice du journal. Membre fondateur de l'Ordre de Jacques-Cartier en 1926, il est grand chancelier de l'Ordre de 1937 à 1945. Récipiendaire de l'Ordre du mérite scolaire franco-ontarien (1948), de la décoration *Pro Ecclesia et Pontifice* (1950) et de l'Ordre de la fidélité française, Esdras Terrien meurt à Ottawa le 20 juin 1960.

1897   NAISSANCE DU JOURNALISTE ET DIPLOMATE FULGENCE CHARPENTIER ❖ Né à Sainte-Anne-de-Prescott, Fulgence Charpentier est un journaliste et un diplomate qui a chevauché trois siècles. Courriériste parlementaire à Ottawa (1922-1930) pour *Le Droit*, *La Presse*, *Le Soleil* et *Le Canada*, il travaille aux journaux français de la Chambre des communes à partir de 1936, puis dirige le Bureau canadien de la censure durant la Seconde Guerre mondiale. Fulgence Charpentier entre au ministère des Affaires extérieures en 1947 et devient attaché culturel à Paris (1948-1953), chargé d'affaires en Amérique du Sud (1953-1957) et à Haïti (1957-1960), puis ambassadeur en Afrique (Cameroun, Gabon, Tchad, République centrafricaine et Congo-Brazzaville), de 1962 à 1965. À son retour au pays, il accepte ce qu'il croit être un dernier mandat, soit les relations avec les médias pour l'Exposition universelle de 1967, à Montréal. Puis le quotidien *Le Droit* lui offre le poste d'adjoint au rédacteur en chef ; à 70 ans, Fulgence Charpentier signe chaque semaine une chronique internationale. En 1944, il devient membre de l'Ordre de l'Empire britannique, puis est décoré de l'Ordre du Canada (membre en 1978 et officier en 1999). En 1997, *Le Monde* publie un hommage au journaliste centenaire, nommé alors chevalier dans l'Ordre de la Légion d'honneur. Fulgence Charpentier meurt à Ottawa le 6 février 2001, à l'âge de 103 ans.

1898   NAISSANCE DU JUGE CAMILLE MARION ❖ Originaire de Rockland, Camille Marion est admis au barreau de l'Ontario en 1923. Greffier de Rockland (1919-1944), procureur de la Couronne pour les comtés de Prescott et de Russell (1930-1944), il est nommé juge à la Cour de comté de Prescott et de Russell en août 1944, succédant au célèbre juge Albert Constantineau. Décédé le 18 février 1960.

1914   ÉLECTION PROVINCIALE ❖ Lors du scrutin ontarien tenu le 29 juin 1914, les candidats franco-ontariens suivants sont élus : Damase Racine (Russell), Gustave Évanturel (Prescott), Joseph Pinard (Ottawa-Est), Séverin Ducharme (Essex-Nord), Zotique Mageau (Sturgeon Falls) et Henri Morel (Nipissing). Cette élection est celle qui suit la mise en œuvre du Règlement XVII par le gouver-

nement conservateur de James Pliny Whitney ; elle donne lieu à la défaite de trois députés conservateurs, dont le ministre Octave Réaume dans le comté de Windsor. Le seul député conservateur francophone à garder son siège est Henri Morel.

1921   NAISSANCE DU PROFESSEUR ET ÉCRIVAIN PAUL WYCZYNSKI ❖ Né à Zelgoszcz (Pologne), Paul Wyczynski est professeur, essayiste et critique littéraire. Il arrive au Canada en 1951 et enseigne à l'Université d'Ottawa. En 1958 il est cofondateur et directeur du Centre de recherche en littérature canadienne-française (aujourd'hui le Centre de recherche en civilisation canadienne-française de l'Université d'Ottawa). Nommé membre de la Commission royale d'enquête sur le bilinguisme et le biculturalisme, en 1963, Paul Wyczynski continue ses recherches en littérature canadienne-française, notamment ses nombreuses études sur le poète Émile Nelligan, sur l'œuvre de François-Xavier Garneau et d'Albert Laberge, ainsi que sur l'École littéraire de Montréal. Il publie plus de cinquante ouvrages à titre d'auteur, de coauteur et d'éditeur, dont *Émile Nelligan : sources et originalité de son œuvre* (1960), *Bibliographie descriptive et analytique d'Émile Nelligan* (1973), *Dictionnaire pratique des auteurs québécois* (1976), *Albert Laberge : La Scouine* (édition critique, 1986, prix Champlain, 1989), *Nelligan, 1879-1941 : biographie* (1987), *Dictionnaire des auteurs de langue française en Amérique du Nord* (1989), *Poésies complètes d'Émile Nelligan* (édition critique, 1991). Paul Wyczynski reçoit la Médaille du centenaire de la Société royale du Canada, pour l'ensemble de son œuvre (1983), la bourse Killam (1984) et l'Ordre des francophones d'Amérique (1988). Chevalier dans l'Ordre des arts et des lettres de France (1990) et officier de l'Ordre du Canada (1993), il est membre de la Société royale du Canada depuis 1964.

1930   CANONISATION DES SAINTS MARTYRS CANADIENS ❖ Le pape Pie XI élève aux autels les huit martyrs canadiens morts en Nouvelle-France : Noël Chabanel (1649), Antoine Daniel (1648), Jean de Brébeuf (1649), Jean de Lalande (1646), Charles

Garnier (1649), René Goupil (1642), Isaac Jogues (1646) et Gabriel Lalemant (1649). Jogues et Goupil sont décédés en Iroquoisie alors que les six autres sont tués en Huronie.

30 juin

1787   NAISSANCE DE MGR RÉMI GAULIN, ÉVÊQUE PIONNIER ❖ Originaire de Québec, Rémi Gaulin est ordonné prêtre le 13 octobre 1811, puis devient tour à tour curé à Kingston, à Saint-Luc-sur-le-Richelieu, à L'Assomption, à Saint-Jean-d'Iberville et à Sault-au-Récollet. Élu évêque coadjuteur de Kingston le 10 mai 1833, il est sacré le 20 octobre suivant. À la mort de Mgr Alexander McDonell, le 14 janvier 1840, il devient évêque titulaire de Kingston. De 1845 à 1849, il confie la direction de son diocèse à Mgr Phelan, coadjuteur, et retourne à L'Assomption comme curé. Frappé de paralysie en 1849, Mgr Gaulin meurt le 8 mai 1857. Il est le premier évêque francophone de l'Ontario. Une école primaire de Kingston porte son nom.

1933   NAISSANCE DE L'ATHLÈTE ORVAL TESSIER ❖ Natif de Cornwall, Orval Tessier est un hockeyeur qui évolue tour à tour dans la ligue professionnelle, la ligue nationale, la ligue américaine et la ligue de hockey de l'Ouest. Il joue pour les Canadiens de Montréal en 1954-1955, puis il arbore le chandail des Bruins de Boston en 1955-1956. Orval Tessier reçoit le trophée Gil-O.-Julien en 1957.

1972   NAISSANCE DU CHANTEUR SERGE MONETTE ❖ Né à Sudbury, Serge Monette cofonde le groupe Cormoran qui sort un disque éponyme en 1996 et qui est proclamé lauréat du concours La Brunante à la SRC, lors de la 22e édition de La Nuit sur l'étang. Serge Monette siège au conseil d'administration de La Nuit sur l'étang et de l'Association des professionnels de la chanson et de la musique ; il participe à l'organisation du premier Gala de la chanson et de la musique franco-ontariennes (2001). Professeur de musique, d'arts visuels et d'art dramatique au Centre Jules-Léger, d'Ottawa, Serge Monette lance son album *18 roues* en 2003.

JANVIER

FÉVRIER

MARS

AVRIL

MAI

JUIN

JUILLET

AOÛT

SEPTEMBRE

OCTOBRE

NOVEMBRE

DÉCEMBRE

JUILLET

1979　Création de l'Alliance des caisses populaires de l'Ontario ❖ Dix caisses du nord de l'Ontario se regroupent pour former La Régionale des caisses populaires de l'Ontario. Il s'agit des caisses d'Alban, Bonfield, Field, Mattawa, Noëlville, North Bay, Saint-Charles Borromée, Sturgeon Falls, Verner et LaSalle de Sudbury. L'année suivante, La Régionale change son nom à L'Alliance des caisses populaires de l'Ontario limitée. Au fil des ans, les caisses de Timmins, Mattice, Hallébourg, Iroquois Falls et Val Gagné se joignent aussi à l'Alliance. Cette fédération des caisses populaires du Nord ontarien offre des services en administration, en finance, en gestion, en formation et en informatique. Chaque caisse a deux représentants qui siègent au Conseil d'administration de l'Alliance.

1993　Fondation des Éditions David ❖ Créées à Orléans par Yvon Malette, les Éditions David ont pour mandat de faire connaître et de promouvoir le fait français en Ontario, au Québec et au Canada français. Les ouvrages publiés par cette maison se répartissent entre diverses collections appelées Voix : Voix retrouvées, réservées aux textes abandonnés à l'état d'ébauche ou de manuscrit, ou bien relégués aux oubliettes ; Voix savantes, consacrées aux essais critiques ; Voix artistiques, dédiées aux livres d'artistes ; Voix intérieures, pour la poésie ; Voix narratives et oniriques, pour les nouvelles et les romans ; Voix didactiques, vouées à la diffusion de manuels et de guides d'enseignement d'une part et, d'autre part, à la publication de monographies sur les auteurs étudiés dans les écoles secondaires et les cégeps. Outre la publication de livres, les Éditions David organisent des camps littéraires et octroient des bourses d'excellence.

1er juillet
Fête du Canada

1882　Naissance de J.-Raoul Hurtubise, député et sénateur ❖ Natif de Sainte-Anne-de-Prescott, Joseph-Raoul Hurtubise est un médecin qui exerce à l'Hôpital Saint-Joseph de Sudbury. Il se présente aux élections provinciales de 1923 dans le comté de Nipissing, sous la bannière libérale, mais il est défait. J.-Raoul Hurtubise se fait élire député fédéral de la circonscription du même nom en 1930, 1935 et 1940. Nommé sénateur le 9 juin 1945, il meurt le 31 janvier 1955, à Ottawa.

1890　Les Capucins arrivent en Ontario ❖ La venue des Capucins en Amérique du Nord remonte au temps de l'exploration de la Nouvelle-France. Missionnaires en Acadie de 1632 à 1654, ils sont expulsés lors de l'invasion anglaise. Leur retour au Canada s'effectue en 1890 lorsque l'archevêque d'Ottawa les accueille et leur impose deux conditions : « Vous prendrez une paroisse et vous renoncerez à la quête. » La paroisse Saint-François-d'Assise est alors créée à Ottawa et confiée aux Capucins. Ils œuvrent aussi, par la suite, à Treadwell, Timmins et Comber.

1937　Naissance du juge Gilles Matte ❖ Originaire de Sudbury, Gilles Rolland Matte est admis au barreau de l'Ontario en 1963. Il est nommé juge à la Cour provinciale de l'Ontario, pour le district de Sudbury, en 1974.

2000　Fondation du groupe musical Afro Connexion ❖ C'est à Ottawa que le groupe de rap français Afro Connexion voit le jour. Il est composé de quatre Africains d'origine zaïroise et ivoirienne : Vincent Bolamba, Olympe Fie Guihede, Popo Leboy et David Muipatayi. En 2003, Afro Connexion remporte le Trille Or de la découverte de l'année lors du deuxième Gala de la chanson et de la musique franco-ontariennes.

2 juillet

1887　Naissance de la journaliste et écrivaine Marie-Rose Turcot ❖ Née à Laurierville (Québec), Marie-Rose Turcot étudie à l'Université d'Ottawa et s'installe dans la capitale pour mener une carrière de journaliste et d'écrivaine. Elle collabore aux *Annales* de l'Institut canadien-français d'Ottawa, à *La Revue moderne* et dirige la page féminine du quotidien *Le Droit*, de 1934 à 1950. Lors du congrès du Conseil international des femmes, tenu à Washington en mai 1925, elle est attachée au secrétariat français. Membre de la Société des écrivains canadiens-français, de la Société d'étude et de conférences, du Canadian Women's Press Club d'Ottawa et de l'Association des femmes journalistes, Marie-Rose Turcot publie, entre autres, *L'Homme du jour* (1920), *Nicolette Auclair* (1930), *Un de Jasper* (1933) et *Au pays des géants et des fées* (1937). Décédée à Orléans le 27 novembre 1977. Le 25 juin 2005, à Ottawa, la Fondation du patrimoine de l'Ontario a dévoilé une plaque commémorant la vie et l'œuvre de Marie-Rose Turcot.

1948   NAISSANCE DU JUGE JEAN-GILLES LEBEL ❖ Originaire de Sudbury, Jean-Gilles Lebel est admis au barreau de l'Ontario en 1974 et associé dans l'étude Pharand, Kywyek et Lebel, à Sudbury, de 1974 à 1982. Avocat-conseil, membre du bureau de direction et président des Éditions Prise de parole, il est aussi membre du Comité consultatif de langue française, puis commissaire d'écoles à Sudbury. Procureur adjoint de la Couronne pour le district de Sudbury, de 1982 à 1986, Jean-Gilles Lebel est nommé juge de la Cour provinciale, division criminelle, pour le district de Nipissing, le 18 juillet 1988.

1948   NAISSANCE DE L'INGÉNIEURE CLAUDETTE MACKAY-LASSONDE ❖ Née à Montréal (Québec), Claudette Mackay-Lassonde est une ingénieure qui entame sa carrière à San Francisco (Californie), auprès de la firme Bechtel Power Corporation. En 1975, elle s'installe à Toronto et travaille pour Énergie atomique Canada Limitée. De 1976 à 1987, Hydro Ontario l'embauche comme ingénieure et gestionnaire. En 1988, elle joint la firme Northern Telecom à titre de directrice de l'éducation et de la recherche universitaire, puis de directrice des grands clients. Sous-ministre adjointe au ministère de l'Industrie, du Commerce et de la Technologie de l'Ontario (1991-1992), Claudette Mackay-Lassonde est présidente fondatrice de l'asso-

ciation Femmes en science et en génie et première présidente, en 1986, de l'Association des ingénieurs professionnels de l'Ontario, organisme qui compte 52 000 membres. Elle siège au conseil des gouverneurs de l'Université Queen's de Kingston et de l'Institut de recherche de l'Hôpital Wellesley de Toronto. En 1991, madame Mackay-Lassonde est présidente-fondatrice de la Fondation commémorative du génie canadien. Décédée à Toronto le 15 juin 2000. Un pavillon de l'École polytechnique de Montréal porte son nom, de même qu'une bourse annuelle de 15 000 $ de la Fondation commémorative du génie canadien.

1949   NAISSANCE DE ROBERT PAQUETTE, CHANTEUR ❖ Natif de Sudbury, Robert Paquette commence sa carrière en composant des chansons pour la pièce *Moé j'viens du nord, 'stie*, et pour le Théâtre du Nouvel-Ontario. En 1972-1973, il effectue une tournée avec le Théâtre populaire du Québec puis s'installe à Montréal où il enregistre son premier album : *Dépêche-toi soleil* (1974). Sa participation à la Superfrancofête de Québec (1974) est suivie de tournées en Ontario et aux États-Unis. Il compose pour l'ONF la musique de trois films : *Rien qu'en passant* (Jacques Ménard, 1975), *Fignolage* (Diane Dauphinais, 1977) et *J'ai besoin d'un nom* (Paul Lapointe, 1978). Son deuxième album, *Prends celui qui passe*, paraît en 1976. Choisi par la Société Radio-Canada pour représenter le pays au Festival de Spa en Belgique (1978), Robert Paquette effectue une tournée en Europe francophone et enregistre ensuite l'album *Au pied du courant* (1978), suivi de *Robert Paquette en Europe* (1979) et de *Paquette* (1981). Étoile de la chanson franco-ontarienne, il participe à plusieurs festivals et tournées au Canada, aux États-Unis, en Suisse, en Belgique et en France. En 1988, Paquette compose et interprète la musique de la pièce *Le Chien*, de Jean Marc Dalpé. En 1995, il publie une compilation de chansons intitulée *Moi j'viens du Nord*. Avec Jean-Guy *Chuck* Labelle, il enregistre *Cadeau de Noël* (1996) et *Noël encore une fois* (2000). Robert Paquette reçoit le Prix du Nouvel-Ontario en 1990 et le prix Hommage lors du premier Gala de la chanson franco-ontarienne en 2001. Il est fait chevalier de l'Ordre de la Pléiade en 1997.

1969   Naissance de l'athlète Raymond Séguin ❖ Né à Cornwall, Raymond Séguin pratique le saut en hauteur et réalise sa meilleure performance en 1988, avec un saut de 2,14 mètres. Il figure parmi les trois athlètes franco-ontariens qui représentent le Canada lors des I^{ers} Jeux de la Francophonie, tenus au Maroc en 1989.

3 juillet

1919   Naissance de Rhéal Bélisle, député et sénateur ❖ Originaire de Blezard Valley, Rhéal Bélisle est un marchand et administrateur qui devient préfet du canton de Rayside (1946-1952), puis député provincial de Nickel Belt (1955-1963). D'allégeance conservatrice, il est nommé au Sénat le 4 février 1963 par le premier ministre John Diefenbaker. Président d'honneur de la Société franco-ontarienne d'histoire et de généalogie, Rhéal Bélisle est décédé le 3 novembre 1992.

4 juillet

1758   Naissance de Jean-Baptiste Rousseaux, entrepreneur ❖ Né à Sault-au-Récollet (Québec), Jean-Baptiste Rousseaux est un homme d'affaires qui s'établit vers 1770 dans la région qui deviendra plus tard la ville de York (Toronto). Il s'initie au métier d'interprète, puis s'adonne à la traite des fourrures et construit un moulin à blé sur le site actuel de Brantford. Au moment de la création du Haut-Canada (1791), Rousseaux s'établit sur les rives de la rivière Humber et ouvre un premier magasin à York. Vers 1795, il quitte cette ville pour se diriger vers le canton d'Ancaster et acquiert une scierie et un moulin à farine dans la région actuelle d'Hamilton ; il ouvre un magasin général, une auberge et une forge. Nommé percepteur de taxes, tout en demeurant interprète, Rousseaux sert dans la milice de York à titre de capitaine, puis de lieutenant-colonel. Décédé à Niagara-on-the-Lake le 16 novembre 1812. Un prix portant son nom est aujourd'hui décerné par la Société d'histoire de Toronto.

1912   Naissance de Roland Bériault, éducateur ❖ Originaire d'Ottawa, Roland Bériault est un éducateur qui enseigne dans les écoles séparées d'Ottawa, de 1937 à 1942, puis détient divers postes administratifs dans les secteurs public et privé, de 1943 à 1965. Il est le premier secrétaire (1939-1941) de l'Association de l'enseignement français en Ontario et son président général de 1941 à 1942. Roland Bériault joue aussi un rôle actif au sein de l'Association canadienne d'éducation de langue française : directeur et membre du bureau de direction (1961-1966), vice-président (1966-1969), président en 1968. Il est nommé en 1965 au Conseil d'orientation des lignes de conduite du ministère de l'Éducation. Élu à la Commission des écoles séparées d'Ottawa (1962-1965), il siège au comité exécutif de la Canadian Education Association (1968), à la Commission permanente Ontario-Québec (1969), au Comité consultatif de la formation des maîtres de l'Université d'Ottawa (1969) et au Conseil supérieur des écoles de langue française de l'Ontario (1972). Roland Bériault est surtout connu pour son rôle à la présidence du Comité sur les écoles de langue française en Ontario (1967-1969) et pour le rapport qui porte son nom (v. 28 novembre). En 1979, Roland Bériault reçoit le Mérite franco-ontarien en éducation. Décédé à Ottawa le 11 mai 1983.

1929   Naissance de Mgr Gérard Deschamps, s.m.m. ❖ Originaire d'Eastview (Vanier), Gérard Deschamps est ordonné prêtre de la Société de Marie et de Montfort le 13 mars 1954. Il poursuit ses études à Montréal et à Rome, puis devient missionnaire en Papouasie en 1960. Il est élu premier évêque de Daru (Nouvelle-Guinée), le 15 novembre 1966, et sacré le 21 janvier 1967, à Ottawa. Il est transféré au siège épiscopal de Bereina (Nouvelle-Guinée) le 12 janvier 1999. (N. B. Mgr Gérard Deschamps, s.m.m., est le frère de Gisèle Lalonde (v. 28 juin).

1931 NAISSANCE DE PAUL CHAUVIN, ÉDUCATEUR ❖ Né à Pointe-aux-Roches, Paul Chauvin est un enseignant qui devient le directeur-fondateur de trois écoles secondaires en Ontario : Rivière-des-Français (Noëlville, 1966-1969), Macdonald-Cartier (Sudbury, 1969-1978), L'Essor (Essex-Windsor, 1978-1989). Animateur de la vie francophone dans le Sud-ouest ontarien, il est président, tour à tour, de l'ACFO régionale de Windsor-Essex-Kent, du Club Richelieu Les Campagnards et du comité organisateur des fêtes du tricentenaire de la région de Windsor-Détroit (2001). Paul Chauvin assume aussi la présidence du Comité consultatif de la culture, des sports et des loisirs de la province d'Ontario (1978-1988). Membre du Temple de la renommée du Sud-ouest de l'Ontario depuis 1996, il reçoit l'Ordre de la Pléiade en 2001, l'Ordre du mérite franco-ontarien en 2002 et l'Ordre des francophones d'Amérique en 2004.

1931 NAISSANCE DE JEAN-PAUL REGIMBAL, O.SS.T., LEADER CHARISMATIQUE ❖ Né à North Bay, Jean-Paul Regimbal est ordonné prêtre de l'Ordre de la Très-Sainte-Trinité. Après dix ans de travail dans les prisons du Québec, il séjourne en Arizona et vit une expérience charismatique qui change sa vie. De retour au Québec, il devient prédicateur et joue un rôle de premier plan dans le renouveau charismatique au Canada et à l'étranger. Le père Jean-Paul Regimbal, O.SS.T., meurt le 8 septembre 1988. La Maison des Trinitaires de Granby (Québec) porte aujourd'hui le nom de Centre Jean-Paul-Regimbal.

1948 NAISSANCE DE RONALD DUSSIAUME, ATHLÈTE ❖ Né à Sudbury, Ronald Dussiaume joue au hockey avec les Blackhawks de Dallas, les Kings de Springfield, les Americans de Rochester et les Eagles de Syracuse. Entraîneur de plusieurs équipes pee wee, midget et bantam de Sudbury, il fonde l'École d'été de hockey Mike Foligno. Auteur d'ouvrages sur la ringuette, le hockey et l'entraînement athlétique, il est maître-conducteur des entraîneurs de l'Ontario. Ancien directeur-adjoint du Centre des jeunes de Sudbury et gérant de Megasport Fitness Centre, il est propriétaire des publications sportives Mitron.

1957 NAISSANCE DE L'ARTISTE YVES LAROCQUE ❖ Né à Sturgeon Falls, Yves Marcel Larocque est peintre, historien de l'art et consultant dans le domaine des arts visuels et de l'architecture. Il obtient son doctorat de la Sorbonne, enseigne le dessin, la peinture et l'histoire de l'art à l'École d'art d'Ottawa, publie de nombreux articles dans *Vie des Arts* (Montréal), *Liaison* (Ottawa) et *Histoire de l'Art* (Paris), prononce des conférences sur l'histoire de l'art au Canada, en France et aux États-Unis, expose à Ottawa, Toronto, Montréal, Rome et représente le Canada à l'exposition *Arteder 82* de Bilbao (Espagne). Yves Larocque est aussi conservateur et, à ce titre, publie les catalogues de deux expositions rétrospectives : *Mikihiro Nishimatsu* et *Robert Hyndman, 50 ans de peinture*. Membre de l'Association canadienne-française pour l'avancement des sciences et de l'Association d'art des universités du Canada, il est directeur général du Bureau des regroupements des artistes visuels de l'Ontario.

5 juillet
Journée internationale de la coopération

1879 NAISSANCE DE JULES TREMBLAY, ÉCRIVAIN ET JOURNALISTE ❖ Natif de Montréal (Québec), Jules Tremblay est le fils du poète Rémi Tremblay (v. 2 avril). Il collabore à divers journaux, dont *Le Canada français* (Saint-Jean), *La Presse* (Montréal) et *Le Devoir* (Montréal). Rédacteur du *Temps* (Ottawa), Jules Tremblay fonde *La Justice* (Ottawa) en 1912 pour lutter contre le Règlement XVII (v. 1er juin). Traducteur au gouvernement fédéral, il est cofondateur de la Société technologique de langue française d'Ottawa, aujourd'hui l'Association des traducteurs et interprètes de l'Ontario. Secrétaire de l'Association canadienne-française d'éducation d'Ontario (1911-1912), de l'Alliance française (1914-1915) et de la Canadian Authors Association (1923-1925), Jules Tremblay devient officier de l'Académie française en 1927. Il publie, entre autres, *Des mots, des vers* (1911), *Le français en Ontario* (1913), *Les ailes qui montent : poème de guerre* (1917), *Du crépuscule aux aubes : quatrains*

(1917), *Les Ferments* (1917), *Arômes du terroir* (1918) et *Trouées dans les Novales : scènes canadiennes* (1921). Jules Tremblay est décédé à Ottawa le 28 novembre 1927.

1947 NAISSANCE DU JUGE ROBERT RIOPELLE ❖ Natif de South Porcupine, Robert A. Riopelle est admis au barreau de l'Ontario en 1974. Il est nommé juge à la Cour supérieure de justice de l'Ontario, à Timmins, en 1999.

1948 NAISSANCE DU CINÉASTE FADEL SALEH ❖ Né au Caire (Égypte), Fadel Saleh s'établit à Toronto en 1985, année où il remporte le prix du meilleur réalisateur égyptien pour son long métrage intitulé *Le Prince*. L'année précédente il avait reçu le prix de la réalisation de l'Académie égyptienne du cinéma. Après quelques émissions réalisées avec la Chaîne française de TVOntario, il écrit et réalise six films pour le studio de l'Office national du film à Toronto : *Notre place au soleil* (1991), *Si Camille m'était conté* (1991), *Ontaroises* (1991), *Un feu dans la neige* (1992), *Kap sur l'avenir* (1994) et *L'Écureuil noir* (1999). En 1992, il reçoit le prix Gémeau pour *Notre place au soleil*, son premier film produit au Canada.

6 juillet

1883 NAISSANCE DE GUSTAVE LANCTÔT, HISTORIEN ❖ Né à Saint-Constant (Québec), Gustave Lanctôt est admis au Barreau du Québec en 1907 et poursuit ses études à Oxford (sciences politiques et histoire) et à la Sorbonne (littérature). Sa thèse de doctorat s'intitule « L'Administration de la Nouvelle-France » (1919). Journaliste pour *Le Canada et La Patrie* (1907-1909), il s'enrôle dans l'armée (1915-1918), puis entre au service des Archives publiques du Canada, jusqu'à se retraite en 1948. Il est président, successivement, de la Société historique du Canada, de la Société royale du Canada et de la Société canadienne d'histoire de l'Église catholique. Il est membre de l'Académie canadienne-française, chevalier de la Légion d'honneur et professeur émérite d'histoire et de méthodologie de l'Uni-

versité d'Ottawa. On lui doit plusieurs ouvrages historiques, dont *L'Œuvre de la France en Amérique du Nord* (1951), *Filles de joie ou Filles du roi : étude sur l'émigration féminine en Nouvelle-France* (1952), *Histoire du Canada* (1959) et *Le Canada et la Révolution américaine* (1965). Au cours de sa carrière en Ontario, Gustave Lanctôt reçoit le prix Champlain, le prix Montcalm, le Prix du Gouverneur général (1963), la Médaille du Conseil des Arts du Canada (1965) et l'Ordre du Canada (1967). Il meurt à Montréal le 1er février 1975.

1891 NAISSANCE DU DÉPUTÉ ALBERT AUBIN ❖ Né à Comber, ce fils du député Azaire Aubin (v. 6 août), suit ses parents à Sturgeon Falls et devient avocat. Candidat conservateur lors des élections provinciales de 1926, il mord là poussière. Albert Aubin réussit à se faire élire député provincial de Sturgeon Falls en 1929 et siège durant un seul mandat.

1942 NAISSANCE DE DANIÈLE CALOZ, PRODUCTRICE ❖ Née à Sierre (Suisse), Danièle Caloz est une productrice de télévision qui arrive au Canada en 1967 et s'installe à Toronto en 1970. Elle entre au service de TVO en 1976, d'abord à titre de productrice exécutive (1976-1991), puis de directrice de la programmation en soirée (1992-1994) et de directrice des productions indépendantes, des coproductions et des acquisitions (1994). Pour TFO, elle produit la série *A comme Artiste* (1992, finaliste d'un prix Gémeau). En 1994, elle fonde sa propre maison de production, Médiatique, à qui on doit *Maman et Ève* (1996, prix Génie pour le meilleur documentaire), les séries *Boîte à chansons d'aujourd'hui II et III* (1999 et 2000, finalistes d'un prix Gémeau), *Collection* (2001, prix Blizzard de la meilleure série documentaire) et *Nous, Franco-Ontariens* (2001, finaliste d'un prix Gémeau). Elle est membre fondatrice de la Société d'histoire de Toronto (1978) et siège au conseil d'administration de la Caisse populaire de Toronto et de Heritage Toronto. En 2004, Danièle Caloz reçoit le *20 years Recognition of Service Award* de la ville de Toronto.

1957 NAISSANCE DE L'ATHLÈTE RONALD DUGUAY ❖ Né à Sudbury, Ronald Duguay est un hockeyeur qui fait son entrée dans la ligue nationale en 1977, avec les Rangers de New York. Il évolue avec cette formation jusqu'en 1983, puis passe chez les Red Wings de Détroit (1983-1985) et les Penguins de Pittsburghh (1985-1986). Duguay revient chez les Rangers en 1986-1987 et termine sa carrière avec les Kings de Los Angeles (1987-1989). Au total, ce hockeyeur dispute 864 parties dans la ligue nationale, dont 89 en séries éliminatoires. Il a à son actif 274 buts et 346 passes décisives.

7 juillet

1626 ARRIVÉE DES JÉSUITES EN ONTARIO ❖ Le père Jean de Brébeuf, S.J., est le premier missionnaire de la Compagnie de Jésus à s'établir sur le territoire qui va devenir l'Ontario. Il s'embarque en canot pour franchir les 1 300 km qui séparent Québec de la Huronie. Son voyage par la Grande Rivière (Outaouais) dure près de trente jours. (N. B. Ce voyage ayant eu lieu en juillet 1626, la présente notice est arbitrairement fixée au 7 juillet.) Le premier séjour de Brébeuf en Huronie s'étend de 1626 à 1629. Par la suite, les Jésuites fondent les missions Saint-Joseph I (1634), Saint-Joseph II (1638), Sainte-Marie-aux-Hurons (1639) et Sainte-Marie-du-Sault (1668). Soixante ans plus tard, c'est la péninsule des Grands Lacs qui accueille son premier prêtre jésuite : Armand de la Richardie, S.J., a charge de la mission de la Bienheureuse Vierge Marie chez les Hurons (ancêtre de la paroisse de l'Assomption de Windsor). Les Jésuites dirigent cette paroisse de 1767 à 1781, puis de 1850 à 1857. On les retrouve dans plusieurs autres paroisses : Sault-Sainte-Marie (1854), Pain Court (1860), Sudbury (1883), North Bay (1885), Chapleau (1885), Massey (1889), Chelmsford (1891), Blind River (1895), Warren (1896), Blezard Valley (1901) et Val-Thérèse (1980). Les Jésuites dirigent le Collège de l'Assomption de Windsor (1857-1870) et fondent le Collège du Sacré-Cœur de Sudbury (1913-1967).

1870 NAISSANCE DE L'ENTREPRENEUR NARCISSE CANTIN ❖ Né sur une ferme du comté de Huron, Narcisse M. Cantin rêve de construire une grande cité avec un port sur le lac Huron, un canal la reliant au lac Érié, une ligne ferroviaire, des centrales électriques et des industries. Il réussit à créer le village de Saint-Joseph, avec sa scierie, sa briqueterie, son usine de fabrication de tuyaux d'orgues, sa maison de vin et quelques hôtels. Dans les années 1900 et 1920, il préconise un système de canalisation de Montréal jusqu'aux Grands Lacs, puis un barrage hydroélectrique à Beauharnois. Son rêve ne se réalise pas de son vivant, mais la Voie maritime du Saint-Laurent voit le jour en 1958. Aussi Narcisse Cantin est-il reconnu comme le père de la voie maritime. Il est décédé à Saint-Joseph le 15 janvier 1940. Une plaque de la Fondation du patrimoine ontarien dans le village de Saint-Joseph honore sa mémoire.

8 juillet

1910 NAISSANCE DE LÉOPOLD LAMONTAGNE, PROFESSEUR ET ÉCRIVAIN ❖ Natif de Mont-Joli (Québec), Léopold Lamontagne est professeur de littérature, traducteur et écrivain. Il s'établit en Ontario en 1942 pour travailler au Bureau de traduction de l'armée. À partir de 1948, il enseigne aux collèges militaires de Kingston et de Saint-Jean (Québec). En 1961, il entre à l'Université Laval, et est nommé doyen de la Faculté des lettres (1963-1967). Directeur du Service d'admission de l'Association des collèges et universités du Canada (1967-1974), puis fondateur d'une agence de traduction, il est l'auteur de plusieurs essais : *Les Archives régimentaires des Fusiliers du Saint-Laurent* (1943), *Arthur Buies, homme de lettres* (1957), *Ontario and the Two Races* (1960), *French Education and Culture in Ontario* (1960), *Kingston : son héritage français* (1995). Membre de la Société royale du Canada, Léopold Lamontagne meurt à Ottawa le 21 juin 1998.

1913 MORT À CHAPLEAU DE L'ÉCRIVAIN LOUIS HÉMON ❖ Le célèbre auteur du roman *Maria*

Chapdelaine se dirige vers l'Ouest canadien en juin 1913, non sans avoir d'abord envoyé son manuscrit au journal *Le Temps* et à sa sœur à Paris. Le 8 juillet, il est heurté par une locomotive du Canadien national aux abords de Chapleau et il meurt instantanément. Louis Hémon est enterré dans cette petite localité du Nord ontarien et le centre culturel de l'endroit porte son nom.

1974   ÉLECTION FÉDÉRALE ❖ Lors du scrutin général tenu le 8 juillet 1974, les députés franco-ontariens suivants sont élus : Jean-Robert Gauthier (Ottawa-Vanier), Denis Éthier (Glengarry-Prescott-Russell), Jean-Jacques-Blais (Nipissing) et Jean Roy (Timmins).

9 juillet

1933   LE PREMIER PRÊTRE-AVIATEUR DU CANADA ❖ Le missionnaire Joseph-Marie Couture, S.J., est le premier prêtre à utiliser un hydravion pour visiter ses missions indiennes de l'Ontario-Nord.

1935   NAISSANCE DU JUGE RENÉ J. MARIN ❖ Natif de Moonbeam, René J. Marin est admis au barreau de l'Ontario en 1962, puis pratique le droit à Hawkesbury et Vankleek Hill de 1962 à 1966. Nommé au Tribunal municipal de l'Ontario le 1er septembre 1966, il devient le premier Franco-Ontarien à y siéger. Le 1er janvier 1968, René J. Marin est nommé magistrat à la Cour provinciale, division de la famille, pour le comté de Renfrew. Au moment de sa nomination, il est le plus jeune juge au Canada. Le 1er décembre 1968, Marin accède à la Cour provinciale, division criminelle. De 1971 à 1973, il travaille à la Commission de réforme du droit du Canada. Il est ensuite nommé à la Cour du district de Cochrane, puis à la Cour de comté et de district d'Ottawa-Carleton. Le 6 juin 1974, le gouvernement fédéral le nomme président d'une commission d'enquête sur les plaintes du public, la discipline interne et le Règlement des griefs au sein de la Gendarmerie royale du Canada. Promu solliciteur général adjoint le 3 juillet 1977, René J. Marin accède à la

présidence de la Société canadienne des postes (1981-1986), puis devient président du Comité externe d'examen de la Gendarmerie royale du Canada (1986-1992). Depuis 1992, il est professeur à l'Université d'Ottawa, juge suppléant à la Cour fédérale du Canada et expert-conseil en gouvernance. René J. Marin est le père d'André Marin (v. 12 janvier).

1960   NAISSANCE DU JUGE MARTIN LAMBERT ❖ Originaire de Matheson, Martin P. Lambert est admis au barreau de l'Ontario en 1986. Il est nommé juge à la Cour de justice de l'Ontario, à Timmins, en 1999.

10 juillet

1904   NAISSANCE DE L'HISTORIEN LUCIEN BRAULT ❖ Natif d'Ottawa, Lucien Brault travaille aux Archives publiques du Canada de 1927 à 1963, tout en enseignant à l'Université d'Ottawa (1937-1961). Il est aussi professeur au Collège militaire royal de Kingston (1962-1977). Lucien Brault est l'auteur de plusieurs ouvrages consacrés à l'histoire d'Ottawa et à la région outaouaise, dont *Ottawa, capitale du Canada* (1942) et *Histoire des comtés-unis de Prescott-Russell* (1965). Il est décédé à Aylmer (Québec) le 3 janvier 1987.

1927   NAISSANCE DE LA COMÉDIENNE SUZANNE CLOUTIER ❖ Native d'Ottawa, Suzanne Cloutier mène une brillante carrière au cinéma et joue même à la Comédie française. Durant son séjour à Paris, elle interprète des rôles dans deux films remarqués : *Au royaume des cieux* (1947), de Julien Duvivier, avec Serge Reggiani ; *Juliette ou la clef des songes* (1950), de Marcel Carné, avec Gérard Philippe. En 1951, on la retrouve aux côtés d'Orson Welles dans la production d'*Othello*, où elle interprète le rôle de Desdemona. Welles la surnomme alors *le papillon de fer*. En 1954, Suzanne Cloutier se retrouve à Londres et joue avec Peter Ustinov dans *No Sign of the Dove*, au Piccadilly Theatre. L'année suivante elle épouse Ustinov à qui elle donne trois enfants : Pavla, Igor et Andrea. Le couple divorcera en 1971. Parmi les productions mettant à l'affiche cette comédienne franco-ontarienne, il importe de mentionner *Moulin rouge* (1953), *Doctor in the House* (1954), *Romanoff and Juliet* (1961), *Concerto grosso modo* (1985) et *Whiskers* (1997). Suzanne Cloutier est décédée à Montréal le 2 décembre 2003.

1967 NAISSANCE DE JEAN-LOUIS TRUDEL, ÉCRIVAIN ❖ Originaire de Toronto, Jean-Louis Trudel est l'écrivain franco-ontarien le plus prolifique. Il fait paraître dix-neuf romans pour jeunes, dont *Aller simple pour Saguenal* (1994), les cinq tomes des *Mystères de Serendib* (1995-1996), les cinq tomes des *Saisons de Nigelle* (1997-1998), *Les Contre-bandiers de Cañaveral* (1999), *Guerre pour un harmonica* (2000) et *Les Transfigurés du Centaure* (2001). Il publie aussi deux recueils de nouvelles : *Demain, les étoiles* (2000) et *Jonctions impossibles* (2003). Auteur de plusieurs contes pour jeunes dans la revue *Les Débrouillards*, Jean-Louis Trudel signe de nombreux articles en français et en anglais sur la science-fiction pour diverses revues, dont *Liaison, Solaris, Lettres québécoises, Lurelu* et *The New York Review of Science Fiction*. Il obtient le prix Solaris en 1992, le prix Aurora en 1997, 2001 et 2002, le prix Boréal en 1999 et le Grand Prix de la science-fiction et du fantastique québécois pour sa production en 2000. Ses nouvelles paraissent dans plusieurs anthologies européennes, dont *Genèses* (1996), *Escales sur l'horizon* (1998), *Escales 2000* (1999) et *Escales 2001* (2000). Trois de ses nouvelles sont traduites en russe et publiées dans des revues de Volgograd / Tsaritsyn. Il fait aussi paraître des nouvelles en anglais dans des anthologies et périodiques canadiens-anglais. Avec Yves Meynard, Jean-Louis Trudel signe des textes en français et en anglais sous le pseudonyme commun de Laurent McAllister. Ensemble, ils publient dans *Solaris 99* une nouvelle intitulée « Le pierrot diffracté » et un roman pour jeunes, *Le Messager des orages* (2001), ouvrage que la critique acclame et que viennent récompenser le prix Boréal 2002 du meilleur livre et le prix Boréal pour la meilleure production critique.

1977 FONDATION DE LA FÉDÉRATION CULTURELLE CANADIENNE-FRANÇAISE ❖ Porte-parole des artistes et des organismes culturels de l'Ouest canadien, de l'Ontario et de l'Acadie, la Fédération culturelle canadienne-française (FCCF) s'appelle Conseil culturel des francophones hors Québec lors de sa fondation. Dès 1983, la FCCF commence à jouer un rôle clé en matière de politique culturelle. En 1986, elle déménage son siège social de Saint-Boniface (Manitoba) à Ottawa. Elle présente un mémoire au Secrétariat d'État pour dénoncer de façon systématique l'inadaptation des programmes fédéraux d'aide aux arts et à la culture ; la FCCF y rappelle le lien étroit entre le développement culturel global des communautés canadiennes-françaises et le maintien de leur identité. En 1988, la FCCF organise le forum Visa pour la culture, qui réunit 200 intervenants culturels et artistiques venus tracer un bilan des acquis en matière culturelle dans les communautés canadiennes-françaises et formuler des orientations nationales concertées en vue de l'adoption d'une politique de développement culturel. La FCCF met sur pied en 1992 une Coalition nationale pour un financement équitable des arts et de la culture et produit une étude qui démontre, sans équivoque, le traitement discriminatoire du gouvernement fédéral à l'endroit des communautés canadiennes-françaises. Il faudra attendre quelques années avant que le gouvernement fédéral ne consente finalement à signer une entente avec la FCCF pour établir le financement culturel sur des bases plus équitables. Les trois derniers présidents de la FCCF sont de l'Ontario : denise truax, Pierre Raphaël Pelletier et Paulette Gagnon.

11 juillet

1882 ❖ ÉRECTION CANONIQUE DU DIOCÈSE DE PEMBROKE ❖ C'est le pape Léon XIII qui érige le vicariat apostolique de Pontiac, le 11 juillet 1882, et qui en fait le diocèse de Pembroke, le 4 mai 1898. Ce diocèse est suffragant de l'archidiocèse de Kingston. Il connaît un seul évêque francophone, soit son premier titulaire, Mgr Narcisse-Zéphirin Lorrain (en poste de 1882 à 1915).

1911 INCENDIE DÉVASTATEUR DANS LE NOUVEL-ONTARIO ❖ Le Canada a connu trois incendies qui se sont déclarés un 11 juillet. Celui de 1911 détruit une surface de 864 milles carrés dans le Nord ontarien. Villages, fermes et camps sont rasés, depuis Cochrane au nord jusqu'à Porcupine au sud-ouest. Environ soixante-dix personnes périssent dans ce feu de forêt.

12 juillet

1912 NAISSANCE DU DÉPUTÉ MAURICE BÉLANGER ❖ Originaire de Sherbrooke (Québec), Maurice Bélanger grandit à Windsor et devient enseignant. Échevin de Windsor (1950-1960), il se fait élire député libéral de Windsor-Sandwich lors des élections provinciales de 1959 et de 1963. Décédé le 24 mars 1964.

1935 NAISSANCE DE JACQUES FLAMAND, ÉCRIVAIN ET ÉDITEUR ❖ Natif du Puy-en-Velay (France), Jacques Flamand arrive au Canada en 1966. Professeur à l'Université d'Ottawa, puis chef traducteur au Conseil des Arts du Canada (1975-1987), il crée les Éditions du Vermillon (1982), cofonde l'Association des auteurs de l'Ontario (1988) et consacre tout son temps et toutes ses énergies à la vie littéraire, tant en Ontario qu'en Outaouais. Poète, essayiste, conteur, nouvelliste, il publie plus d'une quarantaine d'ouvrages de fiction et de non-fiction. Parmi ses recueils de poésie, on trouve, entre autres, *Été d'aube* (1980), *Nasse et Feu* (1983), *Boire ta soif* (1993), *L'Étreinte de la pierre* (1997), *Lithochronos ou le premier vol de la pierre*, avec Andrée Christensen (prix Trillium, 1999) et *Du vide au silence* (2001). Parmi ses contes pour enfants, on compte *Donatien et Noblika* (1987) et *Les Métiers du ciel* (1988). Jacques Flamand est aussi coéditeur, avec Hédi Bouraoui, d'*Écriture franco-ontarienne d'aujourd'hui* (1989) et d'*Écriture franco-ontarienne 2003* (2004). Chaque année, il anime de nombreux ateliers d'écriture, tant auprès des jeunes que des adultes. En 2002, il reçoit le Prix du Consulat général de France pour l'ensemble de son œuvre.

1943 NAISSANCE DE JEAN-PIERRE KINGSLEY, ADMINISTRATEUR ❖ Natif d'Ottawa, Jean-Pierre Kingsley occupe divers postes dans les secteurs public et privé. Au début des années 1970, on le trouve à la direction générale de l'Hôpital Charles-Camsell d'Edmonton (Alberta), puis de l'Hôpital général d'Ottawa (1977-1981). Il siège au conseil d'administration de l'Hôpital Montfort de 1981 à 1990. Au niveau fédéral, il remplit les fonctions de sous-secrétaire au ministère d'État au Développement social (1981-1984), de sous-ministre au Secrétariat du Conseil du Trésor (1984-1987) et de sous-registraire général adjoint au ministère de la Consommation et des Affaires commerciales (1987-1990). La Chambre des communes le nomme directeur général des élections du Canada en février 1990. Il assume la responsabilité de l'administration électorale pour les scrutins généraux de 1993, 1997, 2000 et 2004. C'est à Jean-Pierre Kingsley qu'on doit la création du Registre national des électeurs (liste électorale permanente).

1969 NAISSANCE D'ANIK BOUVRETTE, CHORÉGRAPHE ❖ Née à Ottawa, Anik Bouvrette étudie la danse à l'École secondaire De La Salle, et obtient un baccalauréat en danse à l'Université Simon Fraser, de Vancouver. Depuis 1989, ses œuvres sont présentées au Dancing on the Edge Festival de Vancouver, au Festival Danse Canada à Ottawa, au Fringe Festival of Independent Dance Artists à Toronto et au Atlantic Fringe Festival à Halifax. Elle est aussi invitée à participer à des spectacles produits par le Peterborough New Dance, le Guelph Contemporary Dance Festival et la Quinzena de Dança de Almada, au Portugal. En décembre 1999, à La Nouvelle Scène d'Ottawa, Anik Bouvrette présente le spectacle *Muralis* qui regroupe ses trois plus importantes créations, *Rafales*, *Brigantia* et *entre deux murmures*. En 2001, elle remporte le Prix du Fonds de dotation Corel pour les arts. En 2003, elle est finaliste des prix artistiques de la Fondation K. M. Hunter.

1976 NAISSANCE DU HOCKEYEUR DANIEL BOYLE ❖ Natif d'Ottawa, Daniel Boyle fait ses débuts dans le hockey junior avec les Rangers de Gloucester en 1991. Il entre dans la Ligue nationale de hockey en 1998 en se joignant aux Panthers de la Floride. Il évolue avec cette formation jusqu'en 2001, année où il est recruté par le Lightning de Tampa Bay. De 1998 à 2003, Daniel Boyle dispute 258 parties dans la Ligue nationale de hockey, marque 28 buts et réussit 91 passes décisives. Durant la saison 2003-2004, son équipe se rend jusqu'aux éliminatoires et gagne la Coupe Stanley.

13 juillet

1895   NAISSANCE DU DÉPUTÉ JOSEPH-ANACLET HABEL ❖ Originaire de Deschaillons (Québec), Joseph Alphonse Anaclet Habel est un homme d'affaires qui s'établit d'abord à Amos (Québec), où il est conseiller municipal (1924-1925), puis à Fauquier où il gère un magasin général et un commerce de bois de pulpe. Préfet des cantons de Shackleton et de Machin (1930), Habel s'installe à Kapuskasing en 1943. Élu député provincial de Cochrane-Nord en 1934, ce candidat libéral est réélu en 1937, défait en 1943, réélu en 1945, puis défait de nouveau en 1948 et 1951. Joseph-Anaclet Habel se tourne ensuite vers la scène fédérale et se fait élire député de Cochrane à la Chambre des communes en 1953, 1957, 1958, 1962, 1963 et 1965 ; il assume le poste de whip du parti, de 1958 à 1963. Décédé à Ottawa le 5 décembre 1979.

1923   NAISSANCE D'HÉLÈNE BRODEUR, ÉCRIVAINE ❖ Native de Saint-Léon-de-Val-Racine (Québec), Hélène Brodeur grandit dans le Nord ontarien, près de Timmins. Elle est tour à tour institutrice au niveau primaire, professeur de français et d'histoire au niveau secondaire, pigiste pour divers journaux et revues, agente d'information et directrice des communications au Conseil du Trésor du Canada. Sur la scène littéraire franco-ontarienne, elle se fait connaître et remporte un succès, dès 1981, avec la publication de *La Quête d'Alexandre*, premier tome des *Chroniques du Nouvel-Ontario* ; l'ouvrage lui vaut le prix Champlain. En 1983, *Entre l'aube et le jour* (deuxième tome) remporte le prix littéraire *Le Droit*. En 1986 paraît le troisième tome, *Les Routes incertaines*, suivi de deux autres romans : *L'Ermitage* (1996) et *Marie-Julie* (2001). Hélène Brodeur reçoit le Prix du Nouvel-Ontario en 1984. De 1982 à 1983, elle écrit aussi pour TVOntario le scénario des treize émissions de la série *Les Ontariens*. Au fil des ans, elle publie plusieurs articles et nouvelles dans des revues canadiennes et américaines, notamment *Châtelaine*, *Maclean* et *Flight Magazine*.

1957   NAISSANCE DU PAROLIER GILLES GODARD ❖ Natif de Cornwall, Gilles Godard est un parolier, un auteur-compositeur-interprète et un producteur. En 1987, il enregistre un microsillon intitulé *En amour*, pour lequel il gagne un Félix. Il fonde ensuite la maison de disque Bookshop Records et enregistre, sous cette étiquette, *Between the Barroom and the Bedroom* qui permet à l'interprète Eddie Eastman de remporter un prix Juno. Ses duos avec Colleen Peterson et Kelita Haverland le placent en lice pour un prix Juno et ses chansons country occupent les premières places du palmarès canadien. En tant que producteur, Gilles Godard se met au service des grands artistes canadiens de la musique country : Anne Murray, Tommy Hunter, Paul Gross et Adam Gregory. Installé depuis 1996 à Nashville (Tennessee) et travaillant pour la prestigieuse maison d'édition et de disques Mike Curb Music, il demeure l'un des paroliers les plus en demande en ce qui concerne la musique country. On lui doit des chansons qui ont été interprétées par Ty Herndon, Patty Loveless, Terri Clark, Tracy Byrd, Ricky Skaggs et Blackhawk.

1959   NAISSANCE DE LA POLITICOLOGUE LINDA CARDINAL ❖ Née à Hawkesbury, Linda Cardinal est professeure au Département de science politique de l'Université d'Ottawa. Présidente du Réseau des chercheures féministes de l'Ontario français (1999-2002), titulaire de la chaire Craig-Dobbin en études canadiennes à l'University College Dublin (2002-2004) et de la chaire de recherche de l'Université d'Ottawa sur la francophonie et les politiques publiques (2004-2009), et membre du comité de rédaction des revues *Recherches sociographiques* et *Politique et Sociétés*, elle publie deux essais : *L'Engagement de la pensée : écrire en milieu francophone minoritaire au Canada* (1997) et *Chroniques d'une vie politique mouvementée : l'Ontario francophone de 1986 à 1996* (2001). Linda Cardinal est aussi co-éditrice d'ouvrages collectifs, notamment *Femmes, État, société* (1999), *La Démocratie à l'épreuve de la gouvernance* (2001), ainsi que *Mémoires et paroles de femmes* (2002).

1963   NAISSANCE DE PIERRE LAMOUREUX, MUSI-CIEN ET ENTREPRENEUR ❖ Né à Sudbury, Pierre Lamoureux fonde le groupe Brasse Camarade avec son frère François Lamoureux (v. 5 janvier) et donne plus de 500 spectacles au Canada, au Portugal, en Louisiane, en Alabama et en France, de 1991 à 2001. Chantant principalement en français, mais également en portugais et en anglais, il enregistre, avec Brasse Camarade, une dizaine de disques, dont *Fonce* (1994), *Princesse des Bayous* (1996), *Les Étrangers* (1997), *Mille Raisons* (1997) et *Tard/Éternel* (1998). Il préside l'Association des professionnels de la chanson et de la musique de 1992 à 1995. Le groupe Brasse Camarade remporte le Prix de La Nuit sur l'étang à trois reprises et Pierre Lamoureux obtient le Prix du Nouvel-Ontario en 2002. Au fil des ans, cet artiste travaille avec The Who, Deep Purple, Willie Nelson et Peter Townshend. En 1999, il s'installe à New York et devient directeur des productions et des acquisitions pour la société MYC Music World. En 2001, il fonde la société Enliven Entertainment qui offre des services de direction de concerts, de production de vidéos, d'enregistrement et d'émissions spéciales. Pierre Lamoureux participe à plus de mille spectacles en tant qu'artiste ou gérant d'artistes, aussi bien au Canada et aux États-Unis qu'en France, en Belgique, en Suisse, au Portugal et aux Pays-Bas.

1964   FONDATION DE L'ASSOCIATION DES FONC-TIONNAIRES FÉDÉRAUX D'EXPRESSION FRANÇAISE ❖ Créée à Ottawa, l'Association des fonctionnaires fédéraux d'expression française (AFFEF) vise à regrouper des fonctionnaires d'expression française et à promouvoir par tous les moyens légitimes le développement professionnel, culturel, économique, scientifique et technique des membres, ainsi que leur bien-être général. L'AFFEF a été active jusqu'en 1984.

14 juillet

1902   NAISSANCE DU JUGE ALIBERT SAINT-AUBIN ❖ Originaire de Saint-Jean-de-Matha (Québec), Alibert Saint-Aubin est admis au barreau de l'Ontario en 1927 et pratique le droit à Windsor, puis à Kirkland Lake. En 1950, il est nommé juge à la Cour de district de Sudbury, poste qu'il occupe jusqu'à sa retraite le 14 juillet 1977. L'Université Laurentienne, dont il était un des gouverneurs fondateurs, lui décerne un doctorat honorifique en 1985. Le fils du juge Saint-Aubin, Étienne, fut le premier coordonnateur des services en français au ministère du Procureur général de l'Ontario. Alibert Saint-Aubin meurt à Sudbury le 30 octobre 1993.

1960   NAISSANCE DE MICHÈLE LAFRAMBOISE, ÉCRIVAINE ❖ Né à Londres (Angleterre), Michèle Laframboise vit plusieurs années au Québec, puis s'établit en Ontario en 2003. Son premier roman de science-fiction, *Les Nuages de Phoenix* (2001), remporte le prix Cécile-Gagnon qui souligne la relève littéraire. Suivent les romans *Ithuriel* (2001), *Piège pour le Jules-Verne* (2002*), Le Stratège de Léda* (2003) et *Les Mémoires de l'Arc* (2004, Prix Aurora). Michèle Laframboise publie aussi des nouvelles dans les revues *Camillia*, *Solaris*, *Les Saisons littéraires* et *Ciel variable*.

2001   JEUX DE LA FRANCOPHONIE À OTTAWA-HULL ❖ Du 14 au 24 juillet 2001, plus de cinquante pays membres de la Francophonie sont représentés aux IVes Jeux de la Francophonie dans les villes d'Ottawa et de Hull . Plus de 3 000 artistes et athlètes prennent alors part à des compétitions sportives et à des concours culturels. C'est en 1987 qu'est née l'idée de jeux associant sport et culture dans une perspective francophone. Les I^{ers} Jeux de la Francophonie se sont déroulés en 1989 dans les villes de Rabat et

Casablanca (Maroc), suivis de Paris (1994), de Madagascar (1997), d'Ottawa-Hull (2001) et de Niamey (2005).

15 juillet

1947   NAISSANCE DU MUSICIEN ET CHANTEUR MICHEL LALONDE ❖ Né à Glen Robertson, Michel Lalonde est membre fondateur du groupe Garolou; il participe à tous les albums ainsi qu'à toutes les tournées de cette formation à partir de 1976. Lorsque le groupe cesse temporairement ses activités, Michel Lalonde entreprend une carrière solo et enregistre l'album *Délit de suite*. En 1990, il s'établit en Saskatchewan et travaille avec divers artistes fransaskois de la chanson, puis cofonde le groupe La raquette à claquettes, avec lequel il enregistre *L'Abbé rôde* (2001). Après un séjour d'un an à Toronto, Michel Lalonde retourne en Saskatchewan. Au cours de sa carrière, il reçoit deux Félix avec Garolou et le prix Hommage Mercure-SOCAN lors du Gala Chant'Ouest 2000.

1970 ❖ NAISSANCE DE NATHALIE STEPHENS, ÉCRIVAINE ❖ Native de Montréal (Québec), Nathalie Stephens écrit en français et en anglais, ayant partagé son enfance entre Toronto et Lyon. Elle est l'auteure d'une dizaine d'ouvrages, notamment, *hivernale* (1995), *Colette m'entends-tu ?* (1997), *Underground* (1999), *Je Nathaniel* (2003) et *Paper City* (2003). Ses écrits figurent dans plusieurs anthologies, dont *The Common Sky: Canadian Writers Against the War* (2003) et *Carnal Nation: Brave New Sex Fictions* (2000). Elle collabore à de nombreuses revues littéraires et participe régulièrement à divers festivals internationaux, dont Trnovski Terceti (Slovenija), Chicago Poetry Project et le Marché francophone de la poésie (Montréal). Nathalie Stephens est la première francophone à recevoir une bourse de recherche artistique Chalmers (2002) du Conseil des arts de l'Ontario. Certains de ses écrits ont été traduits en slovène.

1991   PREMIER NUMÉRO DE LA REVUE *AFRICANA* ❖ Mensuel communautaire publié par le Cercle afro-canadien de l'Ontario, *Africana* est publié par Chris Sassa. Le numéro zéro paraît en avril 1991, suivi du numéro 1 en juillet.

16 juillet

1932   NAISSANCE DE L'ÉCRIVAIN HÉDI BOURAOUI ❖ Né à Sfax (Tunisie), Hédi Bouraoui est poète, romancier, nouvelliste et critique littéraire; il vit à Toronto depuis une trentaine d'années. Professeur à l'Université York pendant de nombreuses années, il est corédacteur en chef de la revue de poésie *Envol* et rédacteur adjoint de la revue *LittéRéalité*. Il dirige plusieurs numéros spéciaux de revues littéraires, dont la livraison d'*Estuaires* (Luxembourg) consacrée à la poésie franco-ontarienne. Parmi ses quelque trente ouvrages, on retrouve nombre de recueils de poésie, dont *Vésuviade* (1976), *Vers et l'Envers* (1982), *Échosmos* (1986), *Émigressence* (1992) et *Nomadaime* (1995). Son conte poétique *Rose des sables* (1998) remporte le Prix du Salon du livre de Toronto en 1998 ; son roman *Retour à Thyma* obtient le Grand Prix de la Ville de Sfax en 1996 et le Prix spécial du jury COMAR (Tunis) en 1997 ; son roman *Ainsi parle la Tour CN* (1999) remporte le Prix Christine-Dumitriu-Van-Saanen en 2000. On lui doit aussi plusieurs essais, dont *La Francophonie à l'estomac* (1995) et *Transculturalité : l'autre regard* (2003). Hédi Bouraoui est membre de la Société royale du Canada depuis 1997 ; il reçoit en 1999 le Prix du Nouvel-Ontario pour l'ensemble de son œuvre, ainsi que les insignes d'officier (2004) dans l'Ordre des Palmes académiques (France). Il devient écrivain en résidence de l'Université York en juin 2005.

1936   NAISSANCE DE L'HISTORIENNE HUGUETTE PARENT, S.C.O. ❖ Native de Saint-Pascal-Baylon, Huguette Parent entre chez les Sœurs de la Charité d'Ottawa et fait d'abord carrière en tant qu'enseignante aux niveaux secondaire (Sudbury, Hanmer et Hull) et universitaire (Windsor). De 1986 à 1992, elle est secrétaire particulière de Mgr Gilles Bélisle, évêque auxiliaire d'Ottawa. De 1993 à 1995, elle est directrice de la recherche et des archives de la

Marie-Rose Turcot
2 juillet 1887

Jules Tremblay
5 juillet 1879

Nathalie Stephens
15 juillet 1970

Huguette Burroughs
16 juillet 1949

Linda Sorgini
16 juillet 1955

Didier Pitre
29 juillet 1934

Des Groseilliers et Radisson
31 juillet 1618

Mgr Joseph Charbonneau
31 juillet 1892

SOURCE DES ILLUSTRATIONS

Marie-Rose Turcot : Université d'Ottawa, CRCCF,
Fonds Marie-Rose-Turcot (P22), Ph22-1.

Jules Tremblay : Université d'Ottawa, CRCCF, Fonds Jules-
Tremblay (P58), Ph151-1.

Nathalie Stephens : M. J. Archibald, photographe.

Huguette Burroughs : Hôtel de ville de Cornwall.

Linda Sorgini : Archives de la Société Radio-Canada.

Didier Pitre : www.legendsofhockey.net.

Des Groseilliers et Radisson : peinture de Lorne Bouchard,
Archives de la Compagnie de la Baie d'Hudson, Archives
provinciales du Manitoba, P-448.

Mgr Joseph Charbonneau : Université d'Ottawa, CRCCF,
Collection générale du Centre de recherche en civilisation
canadienne-française (C38), Ph123ph1-I-185. Reproduit de
Gérard Brassard, *Armorial des évêques du Canada* (Montréal,
Mercury Publishing Co. Limited, 1940), p. 145.

Conférence religieuse canadienne. Sœur Huguette Parent est la présidente-fondatrice du Regroupement des organismes du patrimoine franco-ontarien (1989). Elle est aussi membre du comité consultatif du ministre ontarien de la Culture pour une nouvelle loi sur le patrimoine (1993-1994) et membre du conseil d'administration de la Fondation du patrimoine ontarien (1994-1995). On lui doit plusieurs essais historiques, dont *Le Township de Hanmer*, *L'Hôpital Saint-Joseph de Sudbury* et *Alphonse Raymond, s.j., 1914-1978*. Sœur Huguette Parent reçoit le prix Femme de mérite de la ville d'Ottawa en 1999.

1937   NAISSANCE DE JEAN-LOUIS MAJOR, PROFESSEUR ET ÉCRIVAIN ❖ Natif de Cornwall, Jean-Louis Major est critique, essayiste et professeur émérite au Département des lettres françaises de l'Université d'Ottawa. Au fil des ans, il collabore à plusieurs journaux et revues, dont *Le Devoir*, *Dialogue*, *Le Droit*, *Études françaises*, *Europe*, *Lettres québécoises*, *Liberté*, *Relations*, *La Revue d'esthétique* et *Tel Quel*. Parmi ses ouvrages, on trouve *Saint-Exupéry : l'écriture et la pensée* (1968), *Anne Hébert et le miracle de la parole* (1976), une édition critique du *Journal d'Henriette Dessaulles* (1989), une édition critique de *Ringuet : Trente Arpents* (1991, en collaboration), *Contes par-ci par-là* (2001) et *Antifables* (2002). Jean-Louis Major est directeur du Corpus d'éditions critiques et de la Bibliothèque du Nouveau Monde. Membre de la Société royale du Canada (1976), il reçoit la médaille Lorne-Pierce en 2000 pour l'ensemble de son œuvre.

1949   NAISSANCE DE HUGUETTE BURROUGHS, JOURNALISTE ❖ Originaire de L'Orignal, Huguette Burroughs écrit pour *Le Carillon* de Hawkesbury durant ses études secondaires, puis entre au service du poste de radio CFML, à Cornwall. Ce sera sa ville d'adoption. De 1967 à 1978, elle occupe tour à tour les postes de journaliste, éditorialiste et courriériste municipal pour CFML. De 1978 à 1999, elle fait carrière au *Journal de Cornwall*, à la fois comme rédactrice en chef et éditorialiste. Non-voyante, Huguette Burroughs est élue conseillère municipale de Cornwall en 2003. Elle reçoit plusieurs distinctions : Médaille du Gouverneur général pour action bénévole au niveau communautaire (1992), Ordre de l'Ontario (1995), Ordre des francophones d'Amérique (1996) et Médaille du jubilé de la reine (2002). L'École secondaire L'Héritage crée en 2002 le Centre de documentation Huguette-Burroughs et la désigne mentor de l'école. Décédée à Cornwall le 31 mars 2005.

1955   NAISSANCE DE LA COMÉDIENNE LINDA SORGINI ❖ Née à Sudbury, Linda Sorgini s'intéresse au théâtre à l'école secondaire Macdonald-Cartier, puis étudie dans cette discipline à l'Université d'Ottawa (1976-1979) et à l'École nationale de théâtre (1979). Après plus de vingt-cinq ans de métier, elle est une des comédiennes les plus en vues du Canada. Elle tient des rôles importants sur les scènes de plusieurs théâtres, notamment : Théâtre du Nouveau Monde (*Tapage nocture*, *La Serva amarosa*, *L'Avare*), Théâtre du Rideau Vert (*Grace et Gloria*, *Le Vrai Monde ?*, *La Chèvre ou Qui est Sylvia ?*), Compagnie Jean-Duceppe (*Fleurs d'acier*), Théâtre d'aujourd'hui (*Je vous écris du Caire*), Centaur Theatre (*Guys and Dolls*), Centre Saidye Bronfman (*Lips Together, Teeth Apart*). Elle fait ses débuts au cinéma dans l'adaptation du roman de Gabrielle Roy, *Bonheur d'occasion*, en 1983. On la voit entre autres dans *Le Frère André* (1987), *Cruising Bar* (1989), *Ding et Dong* (1990), *Urgence* (1996), *L'Homme idéal* (1996) et *Le Cœur au poing* (1998). Elle travaille aussi à la télévision, notamment dans le téléroman *Manon* (1985-1987) où elle tient le rôle principal, dans *Sauve qui peut !* (1998-1999), dans *Rue l'Espérance I et II* (1999 et 2001), dans *L'Auberge du chien noir I et II* (2002 et 2004) et dans *Smash* (2005). En 1999, elle reçoit le Masque de la meilleure interprète, avec Viola Léger, pour sa prestation dans *Grace et Gloria*.

1976   ENTRÉE EN ONDES DE CBEFT-WINDSOR ❖ Les francophones du Sud-ouest ontarien peuvent capter la télévision de Radio-Canada à partir du 16 juillet 1976, le jour de l'ouverture des Jeux olympiques de Montréal.

17 juillet

1850 NAISSANCE DU DÉPUTÉ CHARLES LAMARCHE ❖ Natif d'Ottawa, Charles Lamarche est marchand général, puis hôtelier. Deux fois défait en 1898 (scrutin général et élection complémentaire), il réussit à se faire élire député provincial de Nipissing-Est en 1905, sous la bannière conservatrice. Il démissionne quatre mois plus tard.

1928 NAISSANCE DE LA CHANTEUSE MARGUERITE GIGNAC ❖ Native de Windsor, Marguerite Gignac reçoit une formation en musique à l'École des Ursulines de Windsor, au Royal Conservatory of Music de Toronto et à la Juilliard School de New York. Elle entame sa carrière en 1948 avec la troupe de la Royal Conservatory Opera School dans *Les Noces de Figaro*. De 1952 à 1956, elle approfondit son art auprès des grands maîtres européens, puis se joint tour à tour au Grand Opéra de Montréal et à l'Orchestre symphonique de Montréal. Après plusieurs tournées au Canada, aux États-Unis et en France, Marguerite Gignac s'établit à Saint-Paul (Minnesota) pour enseigner le chant et l'opéra.

1935 NAISSANCE DE L'ENTREPRENEUR PAUL BOSC ❖ Originaire de Marengo (Algérie), Paul Michel Bosc est un viticulteur qui arrive au Canada en 1963 et qui s'établit en Ontario en 1964. Il fonde l'établissement viticole Château des Charmes en 1978. Ce vignoble familial s'étend sur 110 hectares dans la péninsule du Niagara et demeure l'un des plus vastes au Canada. Le Château des Charmes produit des vins blancs et rouges fins, des vins mousseux et des vins de glace. Au fil des ans, plus de 200 distinctions sont décernées aux vins du Château à l'occasion de compétitions nationales et internationales. Paul Bosc reçoit l'Ordre de l'Ontario en 1999.

18 juillet

1946 NAISSANCE DE LYSETTE BROCHU, ÉCRIVAINE ❖ Native de Sudbury, Lysette Brochu est auteure de littérature jeunesse. Enseignante aux niveaux primaire, secondaire et universitaire successivement, elle collabore à plusieurs ouvrages collectifs pour le Centre franco-ontarien de ressources pédagogiques et pour diverses revues. Présidente de l'Atelier littéraire des Outaouais, Lysette Brochu publie six contes pour enfants : *Marie-France et son ange* (2001), *Le Mystère des chaussettes* (2002), *Moi, Mabel, la vache volante* (2002), *Myriam dévoreuse de livres* (2004) *Jérôme et la fête des toutous* (2004) et *Florence et la Sainte-Catherine* (2005).

1949 NAISSANCE DE BREEN LEBŒUF, CHANTEUR ET MUSICIEN ❖ Natif de North Bay, Breen LeBœuf s'établit à Toronto à la fin des années 1960 et enregistre quelques 45 tours avec le groupe Chimo. En 1977, il entre en contact avec le groupe québécois Offenbach qui effectue une tournée ontarienne. L'année suivante, il se joint à cette formation à titre de bassiste et y demeure jusqu'à la fin du groupe en 1985. Avec Offenbach, il remporte le Félix du disque rock de l'année pour l'enregistrement de *Traversion* (1979). Breen LeBœuf est de tous les projets du groupe : spectacle avec Vic Vogel et son big band, tournées en France, spectacles au Forum de Montréal, tournée Québec Rock en compagnie de Garolou et de Zachary Richard, *Dernier Show* au Forum en novembre 1985. Il participe ensuite à la comédie musicale *1926,* où il donne la réplique à Nanette Workman, puis forme le nouveau groupe Buzz Band avec John McGale et Jerry Mercer. Il accompagne aussi son ancien complice Gerry Boulet en tournée en 1989 et il se joint à l'équipe de Céline Dion, en compagnie de Claude Lemay. Les albums solo de Breen LeBœuf incluent *De ville en aventure* (1990), *L'Âme nue* (1994) et *J'avance* (2000). Lors du premier Gala de la chanson et de la musique franco-ontariennes, en 2001, il reçoit le Trille Or dans la catégorie interprète par excellence.

19 juillet

1893 NAISSANCE DE JOSEPH-ADZÉ-SYMAUNE PLOUFFE, JUGE ❖ Natif de Saint-Hermas (Québec), Joseph-Adzé-Symaune Plouffe est admis au barreau de l'Ontario en 1919, année où il s'établit à

Sudbury. Conseiller scolaire, membre actif de la Société historique du Nouvel-Ontario et de l'Association libérale, vice-président de l'ACFEO (1945-1950), membre de la chancellerie de l'Ordre de Jacques-Cartier (1926-1964), il est nommé juge à la Cour de district de l'Ontario le 18 septembre 1936, pour le district de Nipissing à North Bay. Il siège au conseil d'administration des commissions de police de North Bay, Sturgeon Falls, Mattawa et Widdifield. Le juge Plouffe demeure le seul Franco-Ontarien membre du comité permanent de la révision des lois de la province de l'Ontario. Docteur *honoris causa* de l'Université d'Ottawa (1948), il reçoit la médaille Honneur et Mérite de la Société du bon parler français en 1955. Décédé à North Bay le 29 juin 1964.

1924 NAISSANCE DU JUGE LOUIS-MARCEL JOYAL ❖ Né à Haileybury, Louis-Marcel Joyal est admis au Barreau du Québec en 1948 et au barreau de l'Ontario en 1949. Président-fondateur de la Fédération des étudiants de l'Université d'Ottawa (1943) et de la Fédération canadienne des universitaires libéraux (1947), il est avocat en pratique privée de 1949 à 1963, puis fonctionnaire fédéral de 1963 à 1965, et instructeur senior des cours d'admission au barreau de l'Ontario. En 1983 et 1984, il est président de l'Association des juristes d'expression française de l'Ontario et membre du Comité consultatif des services en français auprès du procureur général de l'Ontario. Louis-Marcel Joyal est nommé juge à la Cour fédérale du Canada, division du procès, le 29 juin 1984. Il est aussi membre *ex officio* de la Cour fédérale d'appel et membre de la Cour d'appel de la Cour martiale. Décédé à Ottawa le 13 juin 2002.

1963 COMMISSION ROYALE D'ENQUÊTE SUR LE BILINGUISME ET LE BICULTURALISME ❖ Créée par le premier ministre Lester B. Pearson, en 1963, cette commission est présidée par André Laurendeau et Davidson Dunton. Entre 1964 et 1967, elle commande pas moins de 165 études ; ces recherches constituent une véritable manne pour qui veut approfondir sa connaissance de la réalité cana-

dienne sur le plan linguistique. En documentant les données démographiques, sociales, scolaires, économiques et juridiques liées à la langue et aux communautés minoritaires, la Commission conclut à l'existence d'une crise canadienne. Les commissaires déclarent que la notion d'égalité des deux peuples fondateurs n'est pas reconnue et recommandent de faire du français et de l'anglais les deux langues officielles au Parlement canadien ainsi qu'à l'Assemblée législative du Nouveau-Brunswick et de l'Ontario. Toute l'administration et les tribunaux fédéraux doivent être bilingues. Partout où le nombre le justifie, les francophones doivent avoir accès à des services en français. Pierre Elliott Trudeau, qui succède à Pearson en 1968, s'appuie sur ces conclusions pour établir une politique de bilinguisme (1969) et de multiculturalisme (1971).

20 juillet

1673 FONDATION DU FORT FRONTENAC ❖ Parti de Montréal le 29 juin 1673, le gouverneur Louis de Buade de Frontenac conduit 120 canots et 400 hommes à l'embouchure de la rivière Cataracoui (aujourd'hui Kingston), site qu'il juge excellent pour l'emplacement d'un fort. Le défrichement de 70 hectares commence le 14 juillet et la construction du fort est terminée le 20 juillet. Il comporte deux édifices longs de quinze et de six mètres. Une garnison de 30 hommes, avec provisions et munitions, s'installe et l'endroit devient le fort Frontenac.

1931 NAISSANCE DU DÉPUTÉ GILLES MORIN ❖ Natif de Dolbeau (Québec), Gilles Morin mène d'abord une carrière militaire au sein du Royal 22e Régiment. En 1976, il entre au service de l'ombudsman de l'Ontario, puis se lance en politique provinciale comme candidat libéral dans Carleton-Est lors du scrutin de 1985. Il est élu et se fait réélire en 1987, 1990 et 1995. Gilles Morin ne cherche pas à obtenir un cinquième mandat lors des élections générales du 3 juin 1999. Membre fondateur de la section ontarienne de l'Assemblée parlementaire de la Francophonie, il est élu président de sa section en 1995. Décoré de l'Ordre de la

Pléiade en 1997, il assume les responsabilités de chargé de mission de la région Amérique de l'Assemblée parlementaire de la Francophonie à partir de 1998, poste qu'il occupe jusqu'à sa retraite de la vie politique.

1960   NAISSANCE DE L'ATHLÈTE LOUIS GRENIER ❖ Natif de Toronto, Louis Grenier est un patineur de vitesse qui devient champion nord-américain à l'anneau de vitesse intérieur en 1972, 1973 et 1979. Il se classe deuxième aux 500 mètres et quatrième aux 1 100 et 3 000 mètres à l'intérieur lors du Championnat du monde de patinage de vitesse, en 1979. La même année, Grenier remporte la Coupe Caltex, en Australie.

21 juillet

1955   NAISSANCE DE MICHEL VALLIÈRES, ÉCRIVAIN ❖ Natif de Saint-Pie X, dans la région de Hearst, Michel Vallières est un poète qui fait du théâtre et qui offre des ateliers d'animation dans les écoles. Il a trois publications à son actif : *Comme un simple voyageur* (1984), *La Cuisine de la poésie présente Michel Vallières* (1984) et *Le Cahier jaune* (1998).

1972   NAISSANCE DE STÉPHANE LECOURS, ATHLÈTE ❖ Originaire de Hearst, Stéphane Lecours pratique la natation, et ce en dépit de son amputation de la jambe au-dessus du genou. En 1988, à l'âge de 16 ans, il devient le nageur amputé numéro un au monde après son succès dans trois championnats majeurs : Championnats nationaux australiens pour amputés (total de sept médailles, incluant une d'or et quatre d'argent), Championnats pour amputés canadiens à Calgary (quatre médailles d'or et deux d'argent), Jeux para-olympiques de Séoul (cinq médailles d'or, dont quatre records mondiaux et para-olympiques en 100 m papillon, 100 m dos crawlé, 400 m nage libre et 200 m I.M., un record para-olympique en 100 m brasse). L'Association des journalistes sportifs de l'Ontario honore Stéphane Lecours en lui remettant la récompense Jim-Vipond en 1988, et en le nommant athlète handicapé vedette de l'année. La même année, le ministère du Tourisme et des Loisirs de l'Ontario lui présente la récompense Robert-Jackson, remise à l'athlète handicapé de l'année. Lecours se retire de la natation compétitive peu après son retour de Séoul. Il fait son entrée dans le Temple de la renommée aquatique de l'Ontario en 1996.

22 juillet

1867   NAISSANCE DU DÉPUTÉ HENRI MOREL ❖ Natif de Rimouski (Québec), Henri Morel suit sa famille en Ontario et devient non seulement boucher à Mattawa, mais échevin et conseiller scolaire. Puis il se tourne vers la scène politique provinciale en se faisant élire député conservateur de Nipissing en 1908, 1911, 1914, 1923, 1926 et 1929. Il subit une seule défaite, soit lors du scrutin de 1919. Morel demeure un des rares députés conservateurs francophones à être réélu lors des élections de 1914, qui suivent la mise en vigueur du Règlement XVII.

1872   NAISSANCE DE FÉLIX A. RICARD, ENTREPRENEUR ❖ Natif de Calumet (Québec), Félix Alphonse Ricard arrive dans le Nord de l'Ontario en 1884. Travaillant pour le Canadien Pacifique, d'abord à Verner, puis à Sudbury et à North Bay, il ouvre un magasin de fer et de meubles à Victoria Mines en 1901 et il se dirige ensuite vers Verner où il continue son commerce de ferronnerie. En 1909, l'homme d'affaires transporte son établissement commercial à Sudbury ; Félix A. Ricard Hardware se dresse à l'angle des rues Elm et Lisgar. Élu au conseil municipal de Sudbury, Ricard est président du comité des chemins et il inaugure les premiers travaux de pavage permanent exécutés à Sudbury. Il est le père du radiodiffuseur et philanthrope Baxter Ricard (v. 25 septembre). Décédé à Sudbury le 16 avril 1961.

1911   FONDATION DU JOURNAL *LA CONCORDE* ❖ Publié à Ottawa, cet hebdomadaire affiche la devise suivante : *La paix dans le maintien de nos droits* et annonce dès lors son orientation nationaliste. À la veille du Règlement XVII, le journal écrit qu'il faut avoir « bien peu de patriotisme dans l'âme pour croire qu'une nation se laisse enlever la jouissance de son droit le plus sacré : l'usage de sa langue maternelle ». Cet hebdo paraît une dernière fois le 25 mai 1912 et annonce que *La Justice* (v. 1er juin) remplacera *La Concorde*.

1918   Un évêque dit non au pape ❖ En 1918, le Vatican fait part à Mgr Michael Francis Fallon, évêque de London, que le pape Benoît XV a décidé de le nommer à un important diocèse des États-Unis à cause des conflits constants qu'il soulève à London, auprès des diocésains francophones et de l'opposition soutenue qu'il rencontre au Canada en matière linguistique. Fallon écrit au pape le 22 juillet 1918 pour lui indiquer qu'il refusera de se déplacer.

1931   Naissance de l'athlète Léo Labine ❖ Né à Haileybury, Léo Gérald Labine est un ailier droit qui fait son entrée dans la Ligue nationale de hockey en 1951. Il évolue avec les Bruins de Boston jusqu'en 1960, puis avec les Red Wings de Détroit, de 1960 à 1962. Au total, Léo Labine dispute 703 joutes, marque 140 buts et réussit 204 passes.

1944   Naissance de Gérard Desjardins, athlète ❖ Natif de Sudbury, Gérard Desjardins est un gardien de but qui fait son entrée dans la Ligue nationale de hockey en 1968. Il joue tour à tour pour les Kings de Los Angeles (1968-1969), les Black Hawks de Chicago (1969-1972), les Islanders de New York (1972-1974) et les Sabres de Buffalo (1974-1879). Desjardins dispute 331 parties ; il en remporte 122, et 44 joutes se terminent à égalité.

1968   Bilinguisme officiel à l'Assemblée législative de l'Ontario ❖ Le parlement ontarien décide que chaque député pourra dorénavant s'adresser à la Chambre dans l'une ou l'autre des langues officielles du Canada.

23 juillet

1840   L'Acte d'Union du Haut et du Bas-Canada ❖ L'Acte créant la Province du Canada reçoit la sanction royale le 23 juillet 1840 et entre en vigueur le 10 février 1841. Un seul parlement est créé et la langue française en est bannie. Les droits politiques et civils des francophones sont sévèrement réduits et des institutions canadiennes-françaises ayant juridiction en matière d'éducation et de loi civile sont dissoutes. La nouvelle Province du Canada accepte d'éponger la dette du Haut-Canada, qui s'élève à 1 200 000 livres sterling (environ 6 millions de dollars de l'époque).

1944   Naissance de l'écrivain Robert Dickson ❖ Né à Toronto de parents anglophones, Robert Dickson embrasse la culture franco-ontarienne et devient professeur au Département d'études françaises et de traduction, à l'Université Laurentienne de Sudbury. Parolier pour le groupe CANO, il est cofondateur de la Cuisine de la poésie, un groupe de poésie-musique-performance qui a rayonné un peu partout en Ontario durant les années 1980. Auteur de plusieurs recueils de poésie, dont *Une bonne trentaine* (1978), *Or(é)alité* (1978), *Abris nocturnes* (1986) et *Grand Ciel bleu par ici* (1997), il remporte le Prix littéraire du Gouverneur général (2002) dans la catégorie poésie pour le recueil *Humains paysages en temps de paix relative*. Robert Dickson est aussi traducteur littéraire. *In the Ring*, sa traduction de la pièce *Eddy* de Jean Marc Dalpé, est jouée en 1994 au Stratford Festival, et celle de *Lucky Lady*, aussi de Jean Marc Dalpé, est présentée au Great Canadian Theatre Company d'Ottawa en 1997. En décembre 1997, il publie *Kaki*, version française du roman *Frog Moon* de Lola Lemire-Tostevin. Pendant plusieurs années, Robert Dickson siège au conseil d'administration des Éditions Prise de parole et en assume la présidence.

1947   Naissance de Guy Mignault, homme de théâtre ❖ Né à Hull (Québec), Guy Mignault est comédien, metteur en scène et dramaturge. Membre de la compagnie permanente du Centre national des Arts (1978-1980), il tient aussi divers rôles dans des téléséries, dont *Le Crime d'Ovide Plouffe* (1983), *Cormoran* (1990-1994) et *FranCœur* (2003-2005). Il joue également dans la production de *Broue* (1984-1986). En 1982, Guy Mignault publie *Bonjour, monsieur de La Fontaine*. En 1997, il devient directeur artistique du Théâtre français de Toronto et produit *C'était un p'tit bonheur*, d'après les œuvres de Félix Leclerc ; le spectacle remporte le prix Dora de la meilleure pièce musicale. Guy Mignault joue un rôle actif au sein de Théâtre Action et de l'Association des théâtres francophones du Canada. Il reçoit en 2004 le Prix de l'Alliance française de Toronto et, en 2005, le Prix d'excellence artistique de Théâtre Action.

1977   NAISSANCE DU VIOLONISTE DAVID PICHETTE ❖ Natif de Sainte-Julie (Québec), David Pichette est un musicien qui évolue avec divers groupes franco-ontariens, dont Deux Saisons (1997-2001). David Pichette effectue une tournée des bases des Forces armées canadiennes en 2001 et participe à un spectacle en Bosnie. En tant que violoniste, il accompagne plusieurs artistes lors de la production de disques tels que *Entre le solstice et l'équinoxe* (Deux Saisons, 1996), *En bref...* (1997), *D'hier à demain* (Paul Demers, 1998) et *Cœur et Âme* (Éric Dubeau, 2001).

24 juillet

1701   FONDATION DU FORT PONTCHARTRAIN OU DÉTROIT ❖ Antoine Laumet, sieur de Lamothe Cadillac (v. 5 mars) quitte Montréal le 4 juin 1701, à la tête d'une flottille de 25 grands canots maniés par 50 voyageurs transportant cinquante soldats des compagnies Franches de la Marine et des ballots de marchandises. Une cinquantaine de jours plus tard, après quelque trente portages et après avoir traversé la rivière des Outaouais, le lac Nipissing, la rivière des Français, le lac Huron, la rivière et le lac Sainte-Claire, ils arrivent aux abords de la rivière du Détroit. Cadillac remarque que la partie la plus étroite de la rivière présente, des deux côtés, des escarpements de quelque quarante pieds de haut. Le 24 juillet 1701, il choisit la rive nord défendue par des voies d'eau sur trois côtés et érige un fort sur le terrain le plus élevé, offrant la meilleure position défensive et commandant une belle vue en aval et en amont de la rivière. Le fort est nommé Pontchartrain, en l'honneur du ministre des Colonies, Louis Phélypeaux de Pontchartrain, mais le vocable fort Détroit s'impose rapidement. Dans les années qui suivent, une colonie s'établit des deux côtés de la rivière. Ainsi naissent les futures villes de Détroit et de Windsor, cette dernière étant d'abord appelée La Pointe de Montréal, puis la paroisse de l'Assomption. Il s'agit de la première colonie française permanente et de la première paroisse en Ontario.

1968   NAISSANCE DE JOCELYN FORGUES, HOMME DE THÉÂTRE ❖ Né à Moose Creek, Jocelyn Forgues est dramaturge, comédien, animateur et metteur en scène. Il tient divers rôles avec des compagnies telles que Dérives urbaines (Gatineau), Le Cercle Molière (Saint-Boniface), La Troupe du Jour (Saskatoon) et Les Danseurs de la rivière Vieille (Gravelbourg). À la télévision, il joue dans *Une personne sur quatre* (Télé-Québec, 1989) et *SOS Génération en détresse* (TVO, 1989). De 1990 à 1992, Jocelyn Forgues est directeur artistique du secteur théâtre au Collège Mathieu (Gravelbourg), puis artiste en résidence (1995-1996) et directeur artistique de la troupe Les Franskataires (1999-2000). Animateur lors d'événements organisés, entre autres, par l'Association jeunesse fransaskoise et le Salon du livre de l'Outaouais, il écrit *577, rue Jackson* (1989) et publie *Julien et la légende du dragon* (1996).

25 juillet

1887   NAISSANCE DU DÉPUTÉ ET MINISTRE PAUL POISSON ❖ Né à Belle Rivière, Paul Poisson est un médecin et un capitaine qui participe à la Première Guerre mondiale ; blessé, il reçoit la Médaille du roi George V et est promu au rang de major. Il devient le premier maire de Tecumseh (1921-1925), puis se fait élire député provincial d'Essex-Nord en 1926, sans opposition, sous la bannière conservatrice. Réélu en 1929, il est nommé ministre d'État en 1930. Au cours de la Seconde Guerre mondiale, le colonel Poisson dirige l'hôpital militaire de Sainte-Anne-de-Bellevue (Québec). Il meurt à Windsor le 3 décembre 1981.

1935   Naissance du député Gilbert Parent ❖
Natif de Mattawa, Gilbert Parent est un enseignant
qui s'établit dans la péninsule du Niagara et qui se
fait élire député fédéral de St. Catharines en 1974,
sous la bannière libérale. Il est réélu en 1979 et
1980 dans le comté de Welland, puis défait en
1984. Il se fait de nouveau élire en 1988 et 1993
dans le comté de Welland-St. Catharines-Thorold,
puis dans le comté de Niagara-Centre en 1997.
Secrétaire parlementaire du ministre des Affaires
extérieures (1977-1979), puis du ministre du Travail
et du ministre d'État aux Sports (1980-1981), il
accède au poste de président de la Chambre des
communes le 17 janvier 1994 et assume cette fonction jusqu'au 28 janvier 2001.

1990   Incorporation du Centre franco-
ontarien de ressources en alphabétisation ❖
C'est à Sudbury que le Centre franco-ontarien de
ressources en alphabétisation (Centre FORA) voit le
jour en 1989-1990. Il s'agit d'un centre d'édition
en éducation de base des adultes, qui diffuse du
matériel éducatif pour tout âge. Le Centre FORA
produit des livres, des documents audio-visuels, des
logiciels et des jeux éducatifs pour jeunes et pour
adultes. Il coordonne le développement et la publication de matériel en partenariat avec divers organismes francophones partout au Canada. Sa
première directrice est Yolande Clément.

26 juillet

1701   Église Sainte-Anne du Détroit ❖ Dans
le calendrier liturgique, le 26 juillet est la fête de
sainte Anne. Ce jour-là, en 1701, Cadillac est à
peine arrivé sur les bords de la rivière Détroit
(v. 24 juillet) qu'il entreprend de faire construire la
première église dans cette région de la Nouvelle-
France. Elle fait aujourd'hui partie de la ville de
Détroit.

1878   Naissance du député Albert Pinard ❖
Originaire d'Embrun, Joseph Albert Pinard est un
agent d'assurances qui siège d'abord au conseil
municipal d'Ottawa, puis à l'Assemblée législative

de l'Ontario, et ensuite au Parlement fédéral. Élu
député provincial d'Ottawa-Est en 1914, sous la
bannière libérale, il conserve la faveur de ses électeurs en 1919, 1923 et 1926. Défait lors du scrutin de 1929 et de 1934, Albert Pinard se fait élire
député fédéral d'Ottawa lors d'une élection complémentaire, le 26 octobre 1936 (il avait vainement
tenté sa chance en 1911). Réélu en 1940 dans
Ottawa-Est, il est défait en 1945 et 1949. Décédé
le 8 février 1964.

1886   Naissance du député Théodore Legault
❖ Né à Wendover, Théodore Legault est marchand
général à Sturgeon Falls où il siège au conseil municipal pendant cinq ans, avant de devenir maire en
1922. Élu député provincial de Sturgeon Falls en
1926, Théodore Legault siège à l'Assemblée législative en tant que libéral indépendant. En 1934, il se
présente avec succès dans la circonscription de
Nipissing, mais son retour sur la scène politique
provinciale est de courte durée puisqu'il meurt le
17 janvier 1935, à Queen's Park.

1947   Naissance d'Arlette Lefebvre, psychiatre
❖ Née à Montréal (Québec), Arlette Marie-Laure
Lefebvre arrive à Toronto à l'âge de 16 ans. Bache-
lière de l'Université de Caen, elle s'inscrit en médecine à l'Université de Toronto et reçoit son diplôme
en 1970. Psychiatre au Hospital for Sick Children
de Toronto depuis 1975, elle y préside l'Association
du personnel médical. Professeure adjointe en psy-
chiatrie à la faculté de médecine de l'Université de
Toronto depuis 1983, Arlette Lefebvre est consultante auprès de l'Œuvre des Manoirs Ronald
McDonald du Canada, du Centre Bloorview Mac-
Millan de Toronto et de la compagnie Hasbro Toys.
Reconnue pour ses contributions auprès des enfants
avec un handicap et atteints de maladies chroniques,
elle fonde et préside le Ability OnLine Support
Network ; elle est l'instigatrice de la bibliothèque
de l'humour dans son hôpital et y institue le premier fonds canadien pour les enfants atteints du
sida. Connue affectueusement sous le nom de
Dr. Froggie, Arlette Lefebvre est l'auteure du livre
Taking Your Kids OnLine: How and When to

Introduce Children to the Internet (1999). Elle reçoit de nombreuses distinctions : Community Action Award (1993), Women on the Move Award du *Toronto Sun* (1993), Women Who Make a Difference Award (1993), Easter Seal Gold Merit Award, Variety Club Diamond Award (1996), Paul Steinhauer Advocacy Award (2004). Elle est admise au Temple de la renommée Terry-Fox (1996) et est récipiendaire de l'Ordre de l'Ontario (1996) ainsi que de l'Ordre du Canada (1999).

27 juillet

1878 FONDATION DU *JOURNAL POUR TOUS* ❖ Album littéraire publié tous les jeudis à Ottawa par Napoléon Bureau, *Le Journal pour tous* paraît du 27 juillet 1878 au 29 juillet 1880. Sa devise est *La lecture est le premier des plaisirs*.

1923 NAISSANCE DE L'ATHLÈTE ANDRÉ BARBE ❖ Natif de Coniston, André Barbe est un joueur de hockey qui évolue surtout dans la ligue américaine, notamment avec les Hornets de Pittsburgh, de 1949 et 1953. Ailier droit, il dispute une seule joute dans la Ligue nationale de hockey, le 18 janvier 1951, avec les Maple Leafs de Toronto.

28 juillet

1930 ÉLECTION FÉDÉRALE ❖ Lors du scrutin général tenu le 28 juillet 1930, les députés franco-ontariens suivants sont élus : Edgar Chevrier (Ottawa), Élie Bertrand (Prescott), Alfred Goulet (Russell), Joseph-Raoul Hurtubise (Nipissing), Raymond Morand (Essex-Est) et Joseph-Arthur Bradette (Temiscaming-Nord).

29 juillet

1916 UN INCENDIE DÉVASTE LE NORD ONTARIEN ❖ Un effroyable sinistre détruit plus de 500 000 acres et réduit à néant les municipalités de Porquis Junction, Iroquois Falls, Kelso, Nushka, Matheson et Ramore. Le nombre de victimes s'élève à 300. Dans une lettre pastorale en date du 8 septembre 1916, l'évêque de Haileybury, Mgr Élie-Anicet Latulipe, écrit : « Cinq cents familles ont perdu tout ce qu'elles possédaient, maison, grange, moisson. Plusieurs écoles et chapelles ont été réduites en cendres. À Cochrane, la ville a été en grande partie détruite et la campagne dévastée. À Iroquois Falls, soixante familles ont tout perdu, et l'église et le presbytère sont en cendres. À Ramore une douzaine de familles sont complètement ruinées. À Matheson le village est rasé et, de même qu'à Ramore, la maison qui servait de chapelle avec tous les ornements du culte est devenue la proie des flammes. Quatre-vingt-onze fermes ont été brûlées aux environs de New Liskeard. Ce sont les endroits qui ont le plus souffert, mais il y en a beaucoup d'autres que le désastre a visités et où les colons ont tout perdu. »

1934 MORT DE L'ATHLÈTE DIDIER PITRE ❖ On sait que le célèbre joueur de hockey Didier Pitre est né en 1884, mais on ne connaît ni le jour exact ni le lieu de sa naissance ; certains affirment qu'il a vu le jour à Sault-Sainte-Marie, d'autres prétendent qu'il est né à Valleyfield (Québec). Lors de la formation des Canadiens de Montréal, en 1909, Pitre est embauché et évolue avec cette formation jusqu'en 1923, sauf pour la saison de 1913-1914. Il joue aux côtés de Jack Laviolette (v. 27 août) et Édouard Lalonde (v. 31 octobre) lorsque l'équipe remporte la Coupe Stanley en 1916. Le trio est surnommé *The Flying Frenchmen*. En 19 saisons de hockey professionnel, Didier Pitre dispute 282 parties, dont 27 joutes éliminatoires au cours desquelles il marque 14 buts. Excellent hockeyeur, il se défend très bien aussi à la crosse où il reçoit le sobriquet de *Cannonball*. Didier Pitre meurt le 29 juillet 1934 à Sault-Sainte-Marie, au Michigan. Élevé au Temple de la renommée du hockey à titre posthume, en 1962.

1951 NAISSANCE DE BRIGITTE HAENTJENS, FEMME DE THÉÂTRE ❖ Née à Versailles (France), Brigitte Haentjens entreprend une carrière de comédienne, de directrice artistique et de metteure en scène qui se déploie en Ontario – elle dirige le Théâtre du Nouvel-Ontario, à Sudbury, de 1982 à

1990 – et au Québec où, après avoir présidé aux destinées du Théâtre·Denise-Pelletier, elle fonde sa propre compagnie, Sibyllines. Elle met en scène des pièces de Jean Marc Dalpé (*Le Chien, Eddy*), Albert Camus (*Caligula*), August Strindberg (*Mademoiselle Julie*), Sophocle (*Électre, Antigone*), Dacia Maraini (*Marie Stuart*), Bernard-Marie Koltès (*Combat de nègre et de chiens, La Nuit juste avant les forêts*), Ingeborg Bachmann (*Malina*), Heiner Müller (*Quartett, Hamlet-Machine*). En collaboration avec Jean Marc Dalpé, Brigitte Haentjens publie *Hawkesbury blues* (1982) et *Nickel* (1984). Elle écrit aussi *Strip* (1983) en collaboration avec Catherine Caron et Sylvie Trudel. Elle a été codirectrice artistique du Carrefour international de Québec.

30 juillet

1923 NAISSANCE DE L'ENTREPRENEUR CHARLES ARSENAULT ❖ Natif de Bonaventure (Québec), Charles Eugène Arsenault s'établit à Toronto en 1951. C'est en décembre 1960 qu'il fonde les Éditions Champlain limitée. Il ne s'agit pas d'une maison d'édition proprement dite mais plutôt d'une librairie de langue française qui est alors située rue Melinda, près de la rue King. À la fin des années 1970, l'entreprise s'installe dans la rue Church et rayonne dans tout le centre/sud-ouest de l'Ontario. En plus de desservir les écoles élémentaires et secondaires de langue française en Ontario, la librairie accapare une large portion du marché des classes d'immersion française. Homme d'affaires énergique et enthousiaste, Charles Arsenault s'engage activement dans tout ce qui promeut le développement de la vie française à Toronto. Il joue notamment un rôle clé auprès des comités et commissions qui veillent à la qualité de l'éducation des jeunes franco-torontois. Pour honorer le travail de Charles Arsenault et de son épouse Berthe Labonté au sein de la communauté francophone, la Société d'histoire de Toronto leur remet le 1er mai 2000 le Prix Jean-Baptiste-Rousseaux. Aujourd'hui, la librairie Champlain est gérée par leurs fils Marcel et Paul ; elle est toujours un monument ou un phare à la mémoire de tous ceux et celles qui ont contribué à donner au livre d'expression française une place de choix au sein de la communauté torontoise. Charles Arsenault est décédé à Toronto le 24 juillet 2000.

1934 NAISSANCE DU JUGE JOHN D. RICHARD ❖ Né à Ottawa, John D. Richard est admis au barreau de l'Ontario en 1959. Il est nommé juge de la Cour fédérale du Canada le 30 août 1994, puis juge de la Cour d'appel de la cour martiale du Canada le 11 janvier 1995. Il devient juge en chef adjoint de la Cour fédérale du Canada le 23 juin 1998, puis juge en chef le 4 novembre 1999. Vice-président du Conseil canadien de la magistrature (2002), John D. Richard devient juge en chef de la Cour d'appel fédérale lorsque celle-ci est créée en juillet 2003.

31 juillet

1618 NAISSANCE DE MÉDARD CHOUART DES GROSEILLIERS, EXPLORATEUR ❖ Né à Charly-sur-Marne (France), Médard Chouart Des Groseilliers arrive au Canada vers le milieu du XVIIe siècle et se retrouve à la mission jésuite de la Huronie en 1646. En compagnie de Pierre-Esprit Radisson (c. 1636-1710), il effectue plusieurs voyages d'exploration chez les Amérindiens de la baie d'Hudson et découvre le potentiel d'établir un réseau de traite de fourrures en utilisant cette voie fluviale. Il prête ses services à l'Angleterre et joue un rôle clef dans la fondation de la Compagnie de la Baie d'Hudson (v. 2 mai). Médard Chouart Des Groseilliers serait décédé en Nouvelle-France vers 1696.

1892 NAISSANCE DE MGR JOSEPH CHARBONNEAU ❖ Originaire de Lefaivre, Joseph Charbonneau est ordonné prêtre le 24 juin 1916. D'abord vicaire dans diverses paroisses de l'archidiocèse d'Ottawa, il enseigne au Grand Séminaire de Montréal, puis devient directeur du Séminaire diocésain d'Ottawa et assume ensuite la fonction de vicaire général. Il est élu évêque de Hearst le 22 juin 1939, et sacré le 15 août suivant. Son séjour à Hearst ne dure qu'une dizaine de mois puisqu'il est promu évêque coadjuteur de Montréal le 21 mai 1940, puis archevêque en titre le 31 août suivant. Homme progressif, souvent en avance sur son temps, Mgr Charbonneau refuse de se plier aux diktats du premier ministre Maurice Duplessis et devient rapidement le mouton noir de l'épiscopat québécois. Le Vatican le force à démissionner le 9 février 1950 ; il s'exile à Victoria (C.-B.), où il meurt le 9 novembre 1959.

1912 NAISSANCE DU JUGE OMER CHARTRAND ❖ Né à Alfred, Omer H. Chartrand est admis au barreau de l'Ontario en 1948, à l'âge de 37 ans. Avant d'étudier le droit à Osgoode Hall, il s'intéresse à la politique et milite au sein du Co-operative Commonwealth Federation (ancêtre du Nouveau Parti démocratique). Il tente même de se faire élire dans le comté de Prescott en 1943 et 1945, sans succès. Avocat, il s'installe à Hawkesbury et pratique le droit pendant plus de treize ans. Nommé magistrat adjoint pour l'Est de l'Ontario, en 1954, Omer H. Chartrand siège aux cours municipales de L'Orignal, d'Alexandria et de Cornwall. Le 31 juillet 1961, il devient juge à la Cour de comté de Prescott et de Russell, à L'Orignal. Il prend sa retraite en 1986 et meurt à Ottawa le 5 octobre 1995.

1925 NAISSANCE DU JUGE DONALD COUTURE ❖ Originaire de Blind River, Donald Couture est admis au barreau de l'Ontario en 1951. Il pratique d'abord le droit à Kingsville, où il devient président de l'Association libérale d'Essex-Sud, puis se dirige vers Sudbury, où il remplit les fonctions de directeur du comité exécutif du bureau des régents de l'Université Laurentienne et de président de l'Association libérale de Nickel Belt. Nommé juge de la Cour du comté de York, à Toronto, le 19 mars 1968, puis premier juge de la Cour du comté de Simcoe, à Barrie, le 17 juillet 1975, Donald Couture meurt cinq ans plus tard, le 1er juin 1980.

1930 NAISSANCE DE Mgr ANDRÉ VALLÉE, P.M.É. ❖ Natif de Sainte-Anne-de-la-Pérade (Québec), André Vallée est ordonné prêtre des missions étrangères le 24 juin 1956. Missionnaire aux Philippines de 1959 à 1973, puis supérieur général de sa communauté, de 1973 à 1979, il assume la fonction de secrétaire de la Conférence des évêques catholiques du Canada de 1979 à 1985. Il est nommé ordinaire militaire des Forces canadiennes en janvier 1988 et sacré évêque le 28 janvier 1988. Promu évêque de Hearst le 19 août 1996, Mgr André Vallée est intronisé le 15 octobre suivant.

1943 NAISSANCE DU DÉPUTÉ LUC GUINDON ❖ Né à Hull (Québec), Luc Guindon est le fils du député Fernand Guindon (v. 30 mai). Il suit sa famille à Cornwall, devient homme d'affaires et se fait élire député provincial de la circonscription de Cornwall en 1985, sous la bannière conservatrice. Lors des élections de 1987, il est de nouveau sur les rangs, mais il perd par quelque 600 voix.

JANVIER

FÉVRIER

MARS

AVRIL

MAI

JUIN

JUILLET

AOÛT

SEPTEMBRE

OCTOBRE

NOVEMBRE

DÉCEMBRE

AOÛT
Premier lundi d'août
Fête de l'Ontario

1971   FONDATION DU THÉÂTRE DU NOUVEL-ONTARIO ❖ Premier théâtre de création en Ontario français et seul théâtre professionnel d'expression française dans le Nord ontarien, le Théâtre du Nouvel-Ontario (TNO) tient ses premières activités entre août et décembre 1971. Il est créé à Sudbury à l'initiative de Pierre Bélanger, André Paiement, Jean-Paul Gagnon, Donald Laframboise, Robert Paquette, Pierre Germain, et Denis Courville. À ses débuts, le TNO privilégie la création collective « au sujet du Nouvel-Ontario et pour les gens du Nouvel-Ontario ». Au fil des ans, la carrière de nombre d'artistes et d'artisans prend son envol grâce au TNO. Deux dramaturges remportent d'ailleurs la plus haute distinction littéraire du pays, pour une œuvre créée au TNO. Jean Marc Dalpé et Michel Ouellette reçoivent, en effet, le Prix du Gouverneur général, le premier en 1989 pour *Le Chien* et le second en 1994 pour *French Town*. Le TNO demeure le premier théâtre francophone à l'extérieur du Québec à se doter de sa propre salle de diffusion à géométrie variable (boîte noire). Aujourd'hui, il poursuit son mandat de développement et de diffusion en offrant des saisons composées de créations originales, de spectacles d'accueil et de diverses productions d'art de la scène. En 2001, le TNO reçoit le Masque de la production franco-canadienne pour sa présentation de la pièce intitulée *Du pépin à la fissure*, de Patrice Desbiens. En 2003, le même prix est accordé au Théâtre du Nouvel-Ontario, au Théâtre l'Escaouette (Moncton, N.-B.) et au Théâtre français du Centre national des arts (Ottawa) pour leur présentation de la pièce intitulée *Univers*, de Robert Marinier, Herménégilde Chiasson et Dominick Parenteau-Lebeuf.

1er août

1938   NAISSANCE DU DÉPUTÉ NOBLE VILLENEUVE ❖ Né à Maxville, Noble Villeneuve est un évaluateur de propriétés agricoles qui se fait élire député provincial de Stormont-Dundas-Glengarry lors d'une élection complémentaire, le 15 décembre 1983. Candidat conservateur, il est réélu lors des scrutins provinciaux de 1985, 1987, 1990 et 1995, puis défait en 1999 après un redécoupage de la carte électorale. Nommé ministre d'État aux Richesses naturelles en 1985, il assume cette fonction durant les 55 jours du règne de Frank Miller. Lorsque Mike Harris devient premier ministre, en 1995, Noble Villeneuve est nommé ministre de l'Agriculture, de l'Alimentation et des Affaires rurales, ainsi que ministre délégué aux Affaires francophones. Il quitte la vie politique provinciale en 1999 et devient juge de paix à Ottawa. L'Université Laurentienne lui décerne un doctorat honorifique en 2001.

1964   ENTRÉE EN ONDES DE CBOF-OTTAWA ❖ Le premier poste de radio de langue française de la Société Radio-Canada en Ontario entre en ondes le 1er août 1964, lors de la fondation de la station CBOF à Ottawa. Ce poste de radio diffuse dans l'Est ontarien et dans l'Outaouais québécois.

1967   NAISSANCE DE LA COMÉDIENNE ANNICK LÉGER ❖ Originaire d'Elliott Lake, Annick Léger interprète divers rôles dans des productions de pièces dont le répertoire s'étend de Corneille à Dalpé, en passant par Racine, Tremblay, Ouellette et Marinier. Elle remporte le Prix Théâtre *Le Droit* (1999) pour ses multiples personnages dans *À la recherche de signes de vie d'intelligence dans l'univers* (Théâtre du Trillium). Elle signe la mise en scène de la pièce *Embedded*, version anglaise de *La Litière* de Patrick Leroux, pour Year One Theatre. De plus, elle joue le rôle de Martine dans *Les Muses orphelines* de Michel-Marc Bouchard dans une mise en scène de Paul Lampert au Great Canadian Theatre Company. On peut l'entendre sur les ondes de Radio-Canada dans de nombreuses dramatiques radiophoniques et la voir à l'antenne de TFO dans l'émission *On se branche !* Elle joue également pour le Théâtre la Catapulte dans *Faust : chroniques de la démesure*, pièce écrite par son frère Richard Léger.

2 août

1932   NAISSANCE DE L'ATHLÈTE LÉO BOIVIN ❖
Natif de Prescott, Léo Boivin est un joueur de
défense qui fait son entrée dans la Ligue nationale
de hockey en 1951 avec les Maple Leafs de Toronto.
Il évolue par la suite avec les Bruins de Boston
(1955-1965), les Red Wings de Détroit (1965-
1967), les Penguins de Pittsburgh (1967-1968) et
les North Stars du Minnesota (1968-1970). Léo
Boivin est nommé au Temple de la renommée du
hockey en 1986.

1958   NAISSANCE DE ROCH CASTONGUAY, COMÉ-
DIEN ❖ Natif de Hawkesbury, Roch Castonguay
entame sa carrière de comédien avec le Théâtre de la
Vieille 17, dont il est le cofondateur. On le retrouve
dans de nombreuses productions de cette compagnie, dont *Maïta* et *Puisque le monde bouge*. Il joue
dans plusieurs productions au Théâtre du Trillium
(*Qui a peur de Virginia Woolf, Traces d'étoiles, Le
Printemps de M. Deslauriers*), au Théâtre du Nouvel-
Ontario (*Deuxième souffle, French Town, Contes sud-
burois*), au Théâtre du Trident (*Volpone*), au Théâtre
Les gens d'en bas (*Jacques et son maître, L'Été der-
nier à Golden Pond*) et au Centre national des Arts
(*À la gauche de Dieu*). Roch Castonguay décroche
aussi des rôles dans *15 février 1839*, film de Pierre
Falardeau, et dans la série *FranCœur* diffusée à l'an-
tenne de TFO et de Radio-Canada. Il reçoit le prix
Théâtre *Le Droit* en 1998.

3 août

1825   NAISSANCE DE CHARLES-EUSÈBE CASGRAIN
❖ Natif de Québec, Charles-Eusèbe Casgrain
devient médecin et s'établit à Détroit en 1851. Il
est nommé coroner pour le comté d'Essex en 1857
et siège au conseil municipal de Windsor pendant
trois ans. Casgrain demeure le premier Franco-
Ontarien à être nommé au Sénat, le 12 janvier
1887. Décédé le 8 mars 1907 à Windsor.

1859   NAISSANCE DE MGR ÉLIE-ANICET LATULIPE
❖ Originaire de Saint-Anicet (Québec), Élie-Anicet

Latulipe est ordonné prêtre le 10 mai 1885 et arrive
en Ontario en 1894 à titre de curé de la cathédrale
de Pembroke, puis curé à Haileybury (1906). Élu
vicaire apostolique du Témiscamingue le 1er octobre
1908, il est sacré évêque le 30 novembre suivant.
Lors de l'érection du diocèse de Haileybury, en
1915, il en devient le premier titulaire. Ardent
défenseur des droits des Franco-Ontariens, Élie-
Anicet Latulipe mène une lutte acharnée contre le
Règlement XVII. Quelques mois avant sa mort, survenue le 10 décembre 1922, un incendie détruit
sa cathédrale, son évêché et une partie de la ville
(v. 4 octobre).

1917   FONDATION DU JOURNAL *LE COURRIER
FÉDÉRAL* ❖ Hebdomadaire libéral publié à Ottawa,
Le Courrier fédéral a pour devise *Canadiens avant
tout*. Au début, la revue de guerre et les chroniques
politiques occupent le cœur du journal. Il cesse de
paraître entre le 4 janvier et le 6 décembre 1918,
puis reprend en affirmant que « la cause canadienne-
française n'a pas fait grand progrès en 1918 » (le
Règlement XVII étant toujours en vigueur). La dernière édition du *Courrier fédéral* paraît le 27 mars
1925.

1920   NAISSANCE DU DÉPUTÉ LUCIEN LAMOUREUX
❖ Né à Ottawa, Lucien Lamoureux est un avocat
qui s'établit à Cornwall en 1954. Il se fait élire
député fédéral de Stormont en 1962, sous la bannière libérale. Réélu en 1963 et 1965 dans cette
même circonscription, il se fait élire en 1968 et
1972 dans le nouveau comté de Stormont-Dundas,
à titre de candidat indépendant. Il remplit la fonction de président de la Chambre des communes du
18 janvier 1966 au 29 septembre 1974. Nommé
ambassadeur en Belgique et au Luxembourg (1974-
1980), puis au Portugal (1980-1984), il est fait
officier de l'Ordre du Canada en 1998. Lucien
Lamoureux meurt à Bruxelles le 16 juillet 1998.

4 août

1943   ÉLECTION PROVINCIALE ❖ Lors du scrutin
ontarien tenu le 4 août 1943, seuls trois candidats

franco-ontariens sont élus, tous libéraux : Roméo Bégin (Russell), Aurélien Bélanger (Prescott) et Robert Laurier (Ottawa-Est). Les conservateurs reprennent le pouvoir après dix ans d'absence, mais l'opposition officielle incombe cette fois à la Co-operative Commonwealth Federation (CCF) qui est l'ancêtre du Nouveau Parti démocratique. Des candidats et des anciens députés francophones sont défaits par la CCF dans les circonscriptions d'Essex-Nord, de Windsor-Sandwich, de Cochrane-Nord et de Nipissing.

1945   Naissance de l'animatrice Jacqueline Pelletier ❖ Native d'Ottawa, Jacqueline Pelletier est animatrice et intervieweuse à la chaîne française de TVOntario, de 1987 à 1992 ; outre les émissions *Témoins du passé* (1987-1988) et *Le Lys et le Trillium* (1988-1992), elle y anime aussi des émissions spéciales depuis 1995. Femme engagée dans la communauté franco-ontarienne, elle est présidente du conseil d'administration de La Cité collégiale (1989-1993), du Conseil consultatif de l'Ontario sur la condition féminine (1993-1995) et du Centre de théâtre francophone d'Ottawa (1997-1998). Membre fondatrice de Collective pour le leadership des jeunes franco-ontariennes (1995), Jacqueline Pelletier est diplômée du Creative Problem Solving Institute de Buffalo, de l'Institut canadien pour la résolution des conflits et de l'Open Space Institute of Canada ; elle dirige l'entreprise Jacqueline Pelletier et Associées depuis 1980.

5 août

1921   Naissance de l'entrepreneur Adrien Cyr ❖ Originaire de New Richmond (Québec), Adrien Cyr est un vendeur d'automobiles de la compagnie General Motors, qui choisit de s'établir à Ottawa en 1965 lorsqu'il reçoit une offre de Chrysler. Il fonde l'entreprise Cyrville Chrysler Plymouth Ltd. En 1975, ce commerce est choisi concessionnaire par excellence de l'Ontario. Admissible au trophée accordé conjointement par le magazine *Time* et par la Fédération des concessionnaires, Adrien Cyr se classe deuxième meilleur vendeur dans toute l'Amérique. Le réputé magazine lui consacre une page entière dans son édition de novembre 1975.

1944   Naissance de l'écrivaine Yolande Grisé ❖ Native de Montréal (Québec), Yolande Grisé se joint au corps professoral de l'Université d'Ottawa en 1976 et devient la première coordonnatrice des cours de littérature franco-ontarienne. Elle dirige le Centre de recherche en civilisation canadienne-française (1985-1997, v. 2 octobre), préside le Groupe de travail pour une politique culturelle des francophones de l'Ontario (1991, v. 12 avril) et assume la présidence du conseil d'administration du Conseil des arts de l'Ontario (1991-1994). Membre de la Société royale du Canada (1996) et chevalier de l'Ordre de la Pléiade (1998), elle réunit les écrits de l'*Anthologie de textes littéraires franco-ontariens* (1982). Auteure du *Suicide dans la Rome antique* (1982) et du *Monde des dieux : initiation à la mythologie gréco-romaine par les textes* (1985), Yolande Grisé collabore à la publication des douze volumes des *Textes poétiques du Canada français, 1606-1867* (1989-2000). Sous le titre *Ontarois, on l'est encore !* (2002), Yolande Grisé publie un recueil d'une cinquantaine de textes qui témoignent de son engagement en Ontario français. Elle collabore à plusieurs périodiques, dont la *Revue des études latines*, *Cahiers des études anciennes*, *Lettres québécoises*, *Revue du Nouvel-Ontario* et *Cahiers de la femme*.

1961   Naissance de Marie-Thé Morin, femme de théâtre ❖ Née à Ottawa, Marie-Thé Morin est comédienne, dramaturge, chanteuse et traductrice. Elle entame sa carrière de comédienne en 1980 en cofondant le Théâtre Cabano, ancêtre de la Compagnie Vox Théâtre (v. 19 novembre) dont elle est adjointe à la direction artistique. Elle participe à la création de nombreux spectacles pour enfants, dont *Si mes parents savaient* (1980), *Espadrilles de nuit* (1983), *Pinocchio* (1986) et *Jungle* (1987). Au fil des ans, Marie-Thé Morin coécrit et joue dans plusieurs productions de la Compagnie Vox Théâtre : *Sauvage, Jacques Brel, toujours vivant, Duos pour voix humaines, La Miss et la Madame, Les Sept Péchés capitaux des petits bourgeois.* Elle joue également dans *Maïta* (Théâtre de la Vieille 17) et dans *Contes urbains* (Théâtre la Catapulte). En 1998, Marie-Thé Morin reçoit le Prix d'excellence de Théâtre Action.

6 août

1859 ❖ NAISSANCE DU DÉPUTÉ AZAIRE AUBIN ❖ Né à Saint-Anicet de Huntingdon (Québec), Azaire Aubin, connu aussi sous le nom d'Adolphe, s'établit en Ontario vers 1875, d'abord dans le Sud-ouest, puis dans le Nord de la province. Il se fait élire député provincial de Nipissing-Ouest, sous la bannière conservatrice, lors du scrutin de 1905, puis de nouveau en 1908. Son fils Albert (v. 6 juillet) sera élu député provincial de Sturgeon Falls en 1929.

1924 NAISSANCE DE L'ENTREPRENEUR ROBERT CAMPEAU ❖ Natif de Sudbury, Robert Campeau se lance dans la construction domiciliaire à Ottawa en 1949. Il fonde la compagnie Campeau Construction Limitée (1953), qui devient Campeau Corporation (1968). Président-directeur général, il a à son actif de nombreuses réalisations domiciliaires à Ottawa, Montréal, Toronto, ainsi qu'aux États-Unis. En 1979, lorsqu'il cherche à acquérir le Trust Royal, un groupe de financiers de Bay Street (Toronto) intervient pour empêcher la transaction, ce qui provoque dans la presse francophone des accusations de francophobie. En 1988, Campeau réussit sa plus grande transaction lorsqu'il fait l'acquisition de l'empire commercial américain Allied Stores. D'un seul coup, son *holding* devient un des plus importants au Canada. Mais le succès financier de Campeau Corporation est de courte durée car, en septembre 1989, la société fait face à un manque sérieux de capitaux. L'empire de Campeau Corporation prend fin en 1992. La compagnie est rebaptisée CamDev Corporation et porte ce nom jusqu'en 1997.

1951 NAISSANCE D'HECTOR LÉVESQUE, SCIENTIFIQUE ❖ Né à North Bay, Hector Lévesque est docteur en science informatique. Il travaille en

Californie dans un laboratoire de recherches sur l'intelligence artificielle (1981-1984), puis occupe un poste de professeur à l'Université de Toronto à partir de 1984. Auteur de nombreuses publications scientifiques, invité comme conférencier dans de nombreux colloques en Europe et en Amérique, Hector Lévesque est considéré comme une des sommités internationales dans le domaine des recherches sur l'intelligence artificielle. En 1985, il remporte le Computer and Thought Award, l'une des plus prestigieuses distinctions en science informatique.

1953 NAISSANCE D'ANTONIO D'ALFONSO, ÉCRIVAIN ET ÉDITEUR ❖ Natif de Montréal (Québec), Antonio D'Alfonso vit à Toronto. Poète, critique littéraire, cinéaste indépendant, éditeur, il écrit en italien, en français et en anglais. En 1978 il fonde les éditions Guernica, où il publie plusieurs livres de langue anglaise. Auteur d'un nombre considérable de livres, il a notamment publié *La Chanson du shaman à Sedna* (1973), *L'Autre rivage* (1987, finaliste du prix Emile-Nelligan), *Fabrizio's Passion* (1995), *L'apostrophe qui me scinde* (1998, finaliste du prix Saint-Sulpice), *En italiques : réflexions sur l'ethnicité* (2000), *Comment ça se passe* (2001, finaliste du prix Trillium) et *Un vendredi du mois d'août* (2004, prix Trillium 2004).

1957 NAISSANCE DE LOUISE BEAUDOIN, MUSICIENNE ❖ Née à Ottawa, Louise Beaudoin assume la direction artistique et musicale de plusieurs projets, dont le spectacle *Un cadeau de Noël*, de Robert Paquette et Jean-Guy Labelle, le spectacle concept de la 25e Nuit sur l'étang à Sudbury (1998), divers spectacles dans le cadre du Coup de cœur francophone (2000-2003) et treize émissions de la série *La Boîte à chansons d'aujourd'hui* (TFO, 1996 et 1997). Elle signe plusieurs compositions pour des émissions et des pièces de théâtre, notamment *Soirée bénéfice pour tous ceux qui ne seront pas là en l'an 2000* de Michel Marc Bouchard (Théâtre du Trillium et Centre national des arts, 1991), *Le Nez* de Robert Bellefeuille et Isabelle Cauchy (Théâtre de la Vieille 17 et Théâtre du Frêne, 1994), *À la gauche de Dieu* de Robert Marinier (Théâtre de la Vieille 17 et Centre national des Arts, 1995), *L'Insomnie* de Robert Marinier (Théâtre de la Vieille 17, 1996), *Elkerlik* de Jean Herbiet (radio-dramatique à Radio-Canada, 1997), *La Règle de trois* de Michel Ouellette (radio-dramatique à Radio-Canada, 1998), *Maïta* d'Esther Beauchemin (Théâtre de la Vieille 17 et Théâtre de Sable, 2000) et *Je t'aime* d'Albert Boulais (Théâtre de la dame de cœur, 2000).

1961   NAISSANCE DU CHANTEUR MICHEL PAYMENT ❖ Natif de Toronto, Michel Payment est un auteur-compositeur-interprète qui entame sa carrière au Festival des quenouilles en 1982. On le retrouve par la suite à La Nuit sur l'étang (Sudbury), au Festival franco-ontarien (Ottawa), aux Feux de la Saint-Jean (Toronto) et à Montréal. Finaliste au concours Ontario Pop de Radio-Canada et semi-finaliste au Festival international de la chanson de Granby (Québec), il participe à plusieurs émissions de télévision et de radio pour Radio-Canada et la Chaîne française TFO. Michel Payment effectue de nombreuses tournées en Ontario, pour un public tant adolescent qu'adulte ; son répertoire englobe le folklore, le rock, le blues et le jazz. Il incarne le rôle principal dans l'opéra blues *Capitaine* de Joëlle Roy et enregistre un disque audionumérique intitulé *Premier Paiement*. En 2001, Michel Payment et Joëlle Roy coproduisent un disque de chansons de Noël intitulé *Noël à Bethléem, Ontario*.

7 août

1679   DESCRIPTION DES CHUTES DU NIAGARA ❖ Le missionnaire-historien Louis Hennepin, O.F.M. (v. 12 mai), est le premier explorateur européen à avoir vu et décrit les chutes du Niagara. Dans un ouvrage intitulé *Nouvelle Découverte d'un très grand pays situé dans l'Amérique entre le Nouveau Mexique et la Mer Glaciale* (1697), il précise que les eaux des chutes se partagent en deux cascades d'une hauteur approximative de 200 mètres. Il les qualifie de « la plus belle et tout ensemble la plus effroyable cascade qui soit dans l'univers ».

1883   NAISSANCE DE CHARLES-AVILA SÉGUIN, DÉPUTÉ ❖ Né à Montréal (Québec), Charles-Avila Séguin est un avocat qui s'établit à Ottawa et qui devient le secrétaire du congrès national des Canadiens français (1910), qui donnera naissance à l'Association canadienne-française d'éducation d'Ontario. Candidat défait au scrutin de 1926, il se fait élire député provincial de Russell en 1929, sous la bannière conservatrice. Lors des élections fédérales de 1940, il brigue en vain les suffrages dans la circonscription d'Ottawa-Est. Décédé à Ottawa le 9 décembre 1965.

1904   NAISSANCE DE L'ADMINISTRATEUR AURÈLE SÉGUIN ❖ Natif d'Ottawa, Aurèle Séguin fait carrière à la Société Radio-Canada de 1934 à 1954. Il est tour à tour annonceur radio à Ottawa, directeur gérant à Québec, premier directeur de la télévision à Montréal (1951-1953), directeur des émissions de radio et de télévision pour le réseau français (1953) et directeur des réseaux de radio et de télévision d'expression française ainsi qu'administrateur pour le réseau québécois (1954). Il s'occupe activement de l'Institut de radio de l'Université Queen's et est cofondateur et directeur de l'Institut de radio de l'Université Laval (1945). Après la mort de son épouse en 1955, il est ordonné prêtre dominicain et nommé à l'Office catholique national du cinéma, de la radio et de la télévision. Il devient ensuite prieur du couvent d'Ottawa, puis de celui de Lewiston (Maine). Il est décédé à Montréal le 22 mars 1969. Pour commémorer son rôle de premier plan dans le développement de la radio et de la télévision francophones, la Fédération culturelle canadienne-française, en collaboration avec le Conseil de la vie française en Amérique, crée en 1982 le Concours Aurèle-Séguin qui décerne chaque année un prix visant à encourager les jeunes auteurs-compositeurs-interprètes et les jeunes interprètes francophones hors Québec.

1914   NAISSANCE D'ALPHONSE RAYMOND, S.J., PRÊTRE-ANIMATEUR ❖ Natif de Lachute (Québec), Alphonse Raymond entre chez les jésuites en 1932, devient missionnaire en Chine, puis est nommé recteur du Collège du Sacré-Cœur de Sudbury (1953-1959). Il fonde les paroisses de l'Annonciation (1953) et de Saint-Dominique (1956) dans cette même ville. En 1957, il pilote le dossier qui mène à la fondation de l'Université de Sudbury. Décédé à Sudbury le 27 novembre 1978.

1934 NAISSANCE DE CLAUDE DESCHAMPS, ATHLÈTE ❖ Originaire d'Ottawa, Claude Deschamps est un joueur de balle-molle et un organisateur qui fonde les championnats nationaux seniors de balle-molle chez les hommes en 1973. Six fois secrétaire général du tournoi international de balle-molle de Hull, il est directeur exécutif canadien de ce sport de 1975 à 1983. Membre fondateur du Temple de la renommée de la balle-molle au Canada, Claude Deschamps est décédé le 22 septembre 1983.

8 août

1884 FONDATION DU *COURRIER D'ESSEX* ❖ Conservateur en politique, *Le Courrier d'Essex* est un organe d'information de la population française de Windsor, qui affiche une devise on ne peut plus directe : *Notre religion, notre langue.* L'édition du 17 janvier 1885 proclame que cette publication est le plus grand journal francophone de la province. On y lit que, dans la ville de Windsor, « il y a de 100 à 120 familles canadiennes-françaises qui suffiraient, et au-delà, pour l'entretien d'une bonne école française, mais tous les enfants sans exception se font angliciser ».

1887 NAISSANCE DE LÉONARD BEAULNE, HOMME DE THÉÂTRE ❖ Né à Sainte-Scholastique (Québec), Léonard Beaulne étudie à l'Université d'Ottawa (1901-1906), fonde le Cercle dramatique Crémazie (1903), travaille avec plusieurs troupes, puis crée un cercle dramatique qui porte son nom. De 1918 à 1943, cet acteur et metteur en scène est directeur de l'animation théâtrale à l'Université d'Ottawa. Ses quatre enfants se font connaître chacun dans leurs domaines : Yvon (diplomate), Guy (homme de théâtre), Paulette (peintre) et Jean-Pierre (juge). Décédé à Ottawa le 10 octobre 1947.

1952 NAISSANCE DE RICHARD POULIN, ÉCRIVAIN ET PROFESSEUR ❖ Né à Montréal (Québec), Richard Poulin devient professeur de sociologie à l'Université d'Ottawa en 1981. Il est l'auteur d'un très grand nombre d'essais en sciences sociales, notamment *Le Mouvement étudiant québécois* (1976), *La Violence pornographique, industrie du fantasme et réalités* (1993), *Le Sexe spectacle, consommateurs, main-d'œuvre et pornographie* (1994) et *Les Révolutions bourgeoises* (2000). Également auteur de fiction, il publie, entre autres, *Le Mort aux dents* (1994), *Gouverneur du crépuscule* (2000, Prix des lecteurs CBON) et *L'Invasion des Ténèbres* (2001). Entre 1990 et 1994, il assume la direction de la collection Rompol (roman policier) aux Éditions du Vermillon. En 1993, il fonde la maison d'édition de littérature générale Vents d'Ouest dont il préside le conseil d'administration jusqu'en février 1999. En 1996, il est l'un des invités d'honneur du Salon du livre de l'Outaouais. Richard Poulin collabore à plusieurs revues, dont *Anthropologie et sociétés, Les Cahiers du socialisme, Les Temps modernes* (France), *Études ethniques au Canada, Sociologie et sociétés, Critiques socialistes, Le Temps stratégique* (Suisse) et *La Revue sexologique.*

9 août
Journée internationale des populations autochtones

1787 UNE NOUVELLE ÉGLISE À L'ASSOMPTION DU DÉTROIT ❖ Dans une lettre à Mᵍʳ Jean-François Hubert, évêque de Québec, le curé de la paroisse de l'Assomption du Détroit (aujourd'hui Windsor) décrit une cérémonie entourant la première église paroissiale de l'Ontario. Le sulpicien François-Xavier Dufaux note : « J'ai fait la bénédiction de la nouvelle église le neuf d'aoust avec solennité ; après la bénédiction Mr. Fréchette a chanté la messe pendant laquelle j'ai questé ; j'ai ramassé aux environ de 500# tant en bon pour le bled qu'en argentery, et argent courant de pays ; plus de 240 piastres des sauvages en argenterie, porcelines, et autres marchandises à eux propres, à la valluation de ce que cela leur coute. »

10 août

1891   NAISSANCE DE LOUIS CHARBONNEAU, ÉDU-
CATEUR ❖ Natif de Lefaivre, Louis Charbonneau
est un enseignant qui entame sa carrière en
Saskatchewan (1913-1923), avant de devenir inspecteur d'écoles en Ontario et professeur de pédagogie à l'École normale de l'Université d'Ottawa.
Rédacteur de plusieurs manuels scolaires, traducteur au gouvernement fédéral, Louis Charbonneau
assume la présidence de la Fédération des sociétés
Saint-Jean-Baptiste de l'Ontario (1940-1948) et de
l'Association canadienne des éducateurs de langue
française (1948-1949). Il est décédé à Ottawa le
30 août 1984.

1944   NAISSANCE DE L'HISTORIEN GAÉTAN GERVAIS
❖ Né à Sudbury, Gaétan Gervais enseigne d'abord
au Collège du Sacré-Cœur, puis à l'Université Laurentienne. Historien de la francophonie ontarienne,
il est membre du comité de rédaction de la *Revue
du Nouvel-Ontario* et du conseil d'administration
du Centre franco-ontarien de folklore, ainsi que de
la Société historique du Nouvel-Ontario. Il est
membre fondateur de l'Institut franco-ontarien.
Codirecteur du projet du *Dictionnaire des écrits
de l'Ontario français* et cofondateur de la Société
Charlevoix, il publie, entre autres, un essai sur *Les
Jumelles Dionne et l'Ontario français* (2000, prix
Christine-Dumitriu-Van-Saanen) et *Des gens de résolution : le passage du « Canada français » à l'« Ontario
français »* (2003). Il est corédacteur du manuel intitulé *L'Ontario français : des Pays-d'en-Haut à nos
jours* (2004). Gaétan Gervais fait partie de l'équipe
qui conçoit le drapeau franco-ontarien, hissé pour
la première fois en 1975, à l'Université de Sudbury
(v. 25 septembre). De 1991 à 1994, il est président
du Conseil de l'éducation franco-ontarienne. En
1994, l'ACFO lui confère l'Ordre du mérite franco-
ontarien ; en 2004, le Centre de recherche en civilisation canadienne-française (CRCCF) de l'Université d'Ottawa lui décerne le Prix du CRCCF 2004
pour reconnaître ses mérites de chercheur et auteur ;
en 2005, il est décoré de l'insigne de chevalier de
l'Ordre de la Pléiade.

1946   NAISSANCE DU JUGE ANDRÉ GUAY ❖ Natif
de Montréal (Québec), André L. Guay est admis au
barreau de l'Ontario en 1977 et pratique le droit
familial à Ottawa pendant douze ans. Le 21 avril
1989, il est nommé juge de la Cour provinciale,
division de la famille, pour le district de Sudbury.

1946   NAISSANCE DU JUGE PAUL RIVARD ❖ Né à
Notre-Dame-du-Nord (Québec), Paul U. Rivard
est admis au barreau de l'Ontario en 1974.
Pendant près de vingt ans, soit de 1979 à 1997, il
pratique principalement en matière de contentieux
civil et de droit pénal à North Bay. De 1982 à
1987, il est juge suppléant à la Cour des petites
créances. Paul Rivard est nommé juge à la Cour
supérieure de justice de l'Ontario, région de
Toronto, le 18 novembre 1997.

1951   NAISSANCE DE L'ATHLÈTE BRIAN VACHON
❖ Natif de Moncton (N.-B.), Brian Vachon s'installe à Ottawa où il entame sa carrière d'athlète. Il
s'entraîne au bobsleigh et participe au championnat nord-américain de 1975, dans la catégorie deux
places. Il est pilote et remporte la médaille de
bronze, exploit qu'il réédite en 1977. On le
retrouve aux Jeux olympiques de 1976 et de 1980.
Aujourd'hui il travaille en marketing.

1953   ÉLECTION FÉDÉRALE ❖ Lors du scrutin
général tenu le 10 août 1953, les députés franco-
ontariens suivants sont élus : Jean-Thomas Richard
(Ottawa-Est), Raymond Bruneau (Glengarry-
Prescott), Joseph-Omer Gour (Russell), Lionel
Chevrier (Stormont), Léoda Gauthier (Nickel
Belt), Paul Martin (Essex-Est) et Joseph-Anaclet
Habel (Cochrane).

11 août

1953   NAISSANCE DE L'ATHLÈTE GREG DUHAIME
❖ Originaire d'Espanola, Greg Duhaime est un
coureur de distance qui établit en 1979 un record
national aux 3 000 mètres steeple (course à obstacles) en 8 minutes, 36 secondes et 3 dixièmes. Il
décroche un autre titre national en 1980, en salle,

toujours sur la même distance, et obtient trois fois le titre national aux 1 500 mètres. En 1981, aux Jeux de la Conférence du Pacifique, Greg Duhaime remporte une victoire ; l'année suivante, aux Jeux du Commonwealth, il décroche la médaille de bronze. Il participe aux Jeux panaméricains en 1983 et fait partie de l'équipe canadienne qui se rend aux Jeux olympiques de 1984, à Los Angeles.

1959   NAISSANCE DE L'ÉCRIVAIN JACQUES POIRIER ❖ Natif de Kapuskasing, Jacques Poirier est un poète qui est aussi cofondateur des Éditions du Nordir. Il est l'auteur de trois recueils de poésie parus à cette maison d'édition : *Que personne ne bouge !* (1988), *Nous ne connaissons la mort que de nom* (1990) et *Histoire du déluge et de l'amour ordinaire* (1992).

12 août
Journée internationale de la jeunesse

1615   PREMIÈRE MESSE EN TERRE ONTARIENNE ❖ Lorsque le prêtre récollet Joseph Le Caron arrive en Nouvelle-France, en 1615, il se pose immédiatement en précurseur. Un mois à peine après son arrivée, il fonde la première mission en Huronie, à Carhagouha. En présence de Samuel de Champlain et des Français qui l'accompagnent, il célèbre la première messe en terre ontarienne le 12 août 1615 à Sainte-Croix, aujourd'hui le village de Lafontaine. Au cours de ce même été, il s'établit parmi les Attignaouantans (nation de l'Ours) pour apprendre leur langue et annoncer la parole de Dieu. Au total, Le Caron passe plus d'une douzaine d'années en Nouvelle-France : à Québec, à Tadoussac, chez les Montagnais ou en Huronie. Il laisse à la postérité les premiers écrits qui constituent une étude des Amérindiens, de leurs mœurs et des obstacles à leur conversion au catholicisme.

1679   LA SALLE BAPTISE LE LAC SAINTE-CLAIRE ❖ C'est l'explorateur René Robert Cavelier de La Salle qui donne au lac Sainte-Claire son nom actuel. À bord du navire *Le Griffon*, le 12 août 1679, il arrive à « un Lac de figure Circulaire, & de dix lieues de Diametre que nous nommâmes le Lac

Sainte Claire à cause du jour de cette Sainte que nous le traversâmes ». L'historien Louis Hennepin ajoute que les rives du lac sont garnies « de belles Campagnes découvertes, & l'on voit quantité de Cerfs, de Biches, de Chevreuils, d'Hours peu farouches & très bon à manger, de Poules d'Inde, & de toute sorte de gibier ». Il note aussi que le « Détroit est couvert de Forests, d'Arbres fruitiers, comme Noyers, Chastaigniers, Pruniers, Pomiers, de vignes sauvages, & chargées de raisins, dont nous fismes quelque peu de vin ».

1896   NAISSANCE DE L'ATHLÈTE GEORGES BOUCHER ❖ Né à Ottawa, Georges Boucher est un hockeyeur surnommé *Buck* par ses coéquipiers. De 1915 à 1918, il joue d'abord au football avec les Rough Riders d'Ottawa, puis il entre dans la Ligue nationale de hockey en 1915, avec les Sénateurs d'Ottawa (1917-1928). Avec cette formation, il contribue à remporter quatre fois la Coupe Stanley (1920, 1921, 1923 et 1927). *Buck* Boucher passe ensuite aux Maroons de Montréal (1928-1931) et aux Black Hawks de Chicago (1931-1932). Au total, il dispute 449 joutes, marque 117 buts et réussit 87 passes. Élevé au Temple de la renommée des sports du Canada, au Temple de la renommée du hockey et au Temple de la renommée sportive de l'Ottawa métropolitain, Georges Boucher est mort le 17 octobre 1960.

1945   NAISSANCE DE L'ATHLÈTE ROSAIRE PAIEMENT ❖ Originaire d'Earlton, Rosaire Paiement est un ailier droit qui joue pendant cinq ans dans la Ligue nationale de hockey, d'abord avec les Flyers de Philadelphie (1967-1970), puis avec les Canucks de Vancouver (1970-1972). Il dispute 190 joutes, marque 48 buts et réussit 52 passes. Son frère aîné Wilfrid (v. 16 octobre) joue également au hockey.

13 août

1856   NAISSANCE DE JOSEPH-OCTAVE RÉAUME, DÉPUTÉ ET MINISTRE ❖ Natif d'Anderson, Joseph-Octave Réaume étudie en médecine à Toronto et s'établit à Windsor. Il se fait élire député provincial d'Essex-Nord en 1902, sous la bannière conservatrice. Il conserve la faveur de ses électeurs en 1905, 1908 et 1911. Nommé ministre des Travaux publics en 1905, J.-Octave Réaume ne s'oppose pas à la mise en application du Règlement XVII, en 1912. Ses électeurs ne lui pardonnent pas et il est défait lors du scrutin de 1914 dans le comté de Windsor.

1877 NAISSANCE DE L'ÉCRIVAINE JEANNE-LOUISE BRANDA ❖ Originaire de Saint-Romain-la-Virvée (France), Jeanne-Louise Branda entre chez les Sœurs de Saint-Dominique en 1899, se rend à Lewiston (Maine) en 1904, prononce ses vœux en 1906 et prend le nom de sœur Marie-Thomas d'Aquin. Elle arrive à Ottawa en 1914, crée la revue *Jeanne d'Arc* qu'elle dirige jusqu'en 1957, puis fonde la congrégation des Sœurs de l'Institut Jeanne d'Arc en 1919 (v. 19 novembre). Elle en est la supérieure jusqu'en 1942. Sous le pseudonyme de Marie Sylvia, elle publie divers recueils de poésie, dont *Vers le bien* (1916), *Vers le beau* (1924), *Vers le vrai* (1928) et *Reflets d'opales* (1945). Membre de la Société des auteurs canadiens et de la Société des poètes canadiens-français, elle reçoit la croix de la Légion d'honneur en 1956. Sœur Marie-Thomas d'Aquin est décédée à Ottawa le 17 mars 1963.

1909 NAISSANCE DE LAURIER CARRIÈRE, ÉDUCATEUR ❖ Originaire de Curran, Laurier Carrière enseigne à Curran, Rockland et Sudbury, est directeur à Ottawa, puis inspecteur d'écoles à Sudbury (1937-1943), Cornwall (1943-1956) et Ottawa (1956-1970). Professeur à l'École normale de l'Université d'Ottawa et membre du Conseil supérieur des écoles de langue française, dont il assume la présidence en 1972, Laurier Carrière reçoit l'Ordre du mérite scolaire franco-ontarien en 1952 et l'Ordre de Saint-Grégoire-le-Grand en 1954. On lui doit treize manuels scolaires. Il est décédé à Miami (Floride) le 11 décembre 1982. Deux écoles élémentaires portent son nom, l'une à Ottawa et l'autre à Glen Robertson.

1927 NAISSANCE DU LEADER ROGER N. SÉGUIN ❖ Originaire d'Ottawa, Roger Nantel Séguin est un avocat qui œuvre surtout dans les coulisses pour faire avancer les droits des Franco-Ontariens. Membre du bureau des gouverneurs de l'Université d'Ottawa, membre de la Commission d'Hydro Ontario, membre du conseil d'administration de la Société Radio-Canada et du Conseil des arts de l'Ontario, président de l'ACFO et de la Commission des écoles séparées d'Ottawa, membre du Comité consultatif ontarien sur la Confédération, Roger N. Séguin est un ami personnel du premier ministre John P. Robarts ; il joue un rôle clé dans l'obtention des écoles secondaires publiques de langue française. Il est fait officier de l'Ordre du Canada en 1968. Décédé à Ottawa le 11 juin 1986.

1944 NAISSANCE DU JUGE JEAN-JACQUES FLEURY ❖ Natif d'Ottawa, Jean-Jacques Fleury est admis au barreau de l'Ontario en 1971 et pratique le droit dans la région du Niagara. Membre fondateur de l'Association des juristes d'expression française de l'Ontario et membre du comité spécial du procureur général sur les services juridiques en langue française en Ontario, il est nommé juge de la Cour de district de l'Ontario le 6 octobre 1983. Jean-Jacques Fleury est décédé le 7 janvier 2003 à Welland, où il a toujours joué un rôle de premier plan dans le développement de la francophonie.

1997 MONTFORT ET LA COMMISSION DE RESTRUCTURATION DES HÔPITAUX ❖ Dans son rapport final sur les hôpitaux d'Ottawa-Carleton, la Commission de restructuration effectue un soi-disant recul en affirmant que l'Hôpital Montfort ne fermera pas. En réalité, on réduit ses services à tel point que la présidente du conseil d'administration de l'Hôpital, Michelle de Courville Nicol, conclut qu'on « ne nous laisse qu'une coquille vide ». Gisèle Lalonde, présidente de SOS Montfort, déclare pour sa part que la lutte continue car ce renversement de la décision initiale de la Commission n'est, en fait, que de la poudre aux yeux. Puisque l'Hôpital Montfort est condamné à l'insignifiance et à une mort à petit feu, son conseil d'administration décide d'adopter une stratégie à deux voies parallèles : tenter de négocier une entente acceptable avec la Commission, d'une part, et préparer la cause légale dans l'éventualité d'une impasse, d'autre part. La cause se retrouvera, hélas, devant les tribunaux (v. 29 novembre et 7 décembre).

14 août

1792 LA PREMIÈRE CAMPAGNE ÉLECTORALE EN ONTARIO ❖ Les premières élections dans le Haut-Canada ont lieu du 14 au 21 août et elles donnent lieu à une campagne électorale on ne peut plus colorée. Le candidat David W. Smith se présente dans le comté d'Essex et, le 14 août 1792, il donne des instructions à son organisateur John Askin sur la façon de traiter les électeurs : « Donnez-leur du rhum et du bœuf à volonté, plus il y aura de têtes fracassées et de nez saignants, mieux ce sera ! Organisez un dîner et un bal pour les dames. Érigez des kiosques aux abords des lieux de vote, servez des gâteaux, des fruits et amplement de vin » (v. 21 août).

1881 NAISSANCE DU DÉPUTÉ EDWARD TELLIER ❖ Né dans le comté de Huron, Edward Philip Tellier est un cultivateur et marchand de grain qui s'établit dans le canton de Rochester où il devient conseiller (1917) et préfet (1918), puis prévôt du comté d'Essex (1920). Lors des élections provinciales de 1923, il se fait élire député d'Essex-Nord, sous la bannière libérale.

1900 FONDATION DE L'HEBDOMADAIRE *LA SEMAINE AGRICOLE* ❖ Journal publié à Ottawa et à Buckingham (Québec), *La Semaine agricole* affiche la devise *Je nourris les peuples*. Cet « organe des cultivateurs » publie des recettes de saison et un roman-feuilleton. Il paraît pendant quelques mois seulement et s'unit ensuite au journal *Le Peuple*.

1934 NAISSANCE DE GÉRALD OUELLETTE, ATHLÈTE ❖ Originaire de Windsor, Gérald Ouellette se distingue au tir à la carabine lors du championnat canadien de 1951. Il remporte la Médaille du Gouverneur général en 1952. Médaillé d'or aux Jeux olympiques de 1956, Gerry Ouellette obtient une note parfaite de 600 points. Aux Jeux panamé-

ricains de 1959, il décroche une médaille d'or et deux médailles d'argent ; à ceux de 1967, il ramène une médaille d'argent. Élevé au Temple de la renommée des sports du Canada, Gérald Ouellette meurt le 25 juin 1975 dans sa ville natale.

1948 NAISSANCE DU PROFESSEUR ET ÉCRIVAIN ALEXANDRE AMPRIMOZ ❖ Originaire de Rome (Italie), Alexandre Amprimoz étudie en France et au Canada, puis daevient professeur à Windsor, London et Winnipeg, avant de s'établir à St. Catharines (Université Brock). Il publie dans plusieurs revues, dont *Imagine*, *Moebius*, *Écriture française* et *La Nouvelle Revue française*. Parmi ses recueils de poésie, on trouve *Dix, onze* (1979), *Changement de ton* (1981), *Sur le damier des tombes* (1983), *Dix plus un demi* (1984), *Bouquet de signes* (1986) et *Nostalgies de l'ange* (1993). Alexandre Amprimoz a aussi traduit des poèmes de Cécile Cloutier.

1957 NAISSANCE DU DANSEUR ET CHORÉGRAPHE SERGE BENNATHAN ❖ Né à L'Aigle (France), Serge Bennathan travaille comme danseur professionnel avec les Ballets de Marseille et dirige sa propre compagnie à Cannes avant de s'installer au Canada en 1985. Il devient directeur artistique de Dancemakers, à Toronto, en 1990. Parmi ses chorégraphies primées, on retrouve *Quand les grand-mères s'envolent*, *Chronicles of a Simple Life*, *Les Vents tumultueux*, *Sable/Sand* (prix Dora Mavor Moore), *Les Arbres d'or*, *The Trilogy of Sable/Sand*, *C'est beau ça, la vie !*, *Chemin de ronde*, *Few Thousand Miles...*, *The Invisible Life of Joseph Finch* et *Le Projet Satie* (prix Dora Mavor Moore pour la meilleure nouvelle chorégraphie et pour la meilleure interprétation). Ses plus récentes créations sont *Tziganes* et *Metamorphoses*. Les œuvres de Bennathan sont souvent des commandes de compagnies de danse et de festivals, notamment le Teatro San Martin Ballet Contemporaneo à Buenos Aires, le Jeune Ballet international de Cannes, le Festival Danse Canada, les Ballets de Monte-Carlo, le Ballet British Columbia, le Ballet national du Canada et le Partenariat de danse Japon-Canada CJ8. Au fil des

Georges Boucher
12 août 1896

Serge Bennathan
14 août 1957

Église de l'Assomption
9 août 1787

Lucien Beaudoin
19 août 1917

Jacques Baby
25 août 1763

Dyane Adam
25 août 1953

Mgr J.-E.-B. Guigues, O.M.I
26 août 1805

Alfred Évanturel
31 août 1846

SOURCE DES ILLUSTRATIONS

Église de l'Assomption : courtoisie de la paroisse de l'Assomption, à Windsor.

Georges Boucher : www.legendsofhockey.net.

Serge Bennathan : courtoisie de Dancemakers.

Lucien Beaudoin : Université d'Ottawa, CRCCF, Fonds Paul-François-Sylvestre (P179).

Jacques Baby : Archives publiques de l'Ontario.

Dyane Adam : Commissariat aux langues officielles.

Mgr Joseph-Eugène-Bruno Guigues : Université d'Ottawa, CRCCF, Collection générale du Centre de recherche en civilisation canadienne-française (C38), Ph123ph1-I-186. Reproduit de Gérard Brassard, *Armorial des évêques du Canada* (Montréal, Mercury Publishing Co. Limited, 1940), p. 176.

Alfred Évanturel : *The Globe,* Toronto, 12 février 1897.

ans, Serge Bennathan collabore avec l'Opéra des Flandres, le Grand Théâtre de Genève, le Metropolitan Opera et la Compagnie d'opéra canadienne. Il est l'auteur et l'illustrateur du conte *Julius, le piano voyageur* (2002).

1960   NAISSANCE DE DOMINIQUE SAINT-PIERRE, ARTISTE ❖ Originaire d'Ottawa, Dominique Saint-Pierre est compositeur, musicien, accompagnateur et réalisateur. On lui doit les arrangements musicaux de plusieurs pièces de théâtre produites par des compagnies telles que le Théâtre du Trillium, le Théâtre la Catapulte, Vox Théâtre et Triangle Vital. À titre de musicien ou de chanteur, il fait partie des groupes suivants : Kif-Kif, Hammerheads, Dario Domingues, Al Miller Band et Iceberg. Avec Kif-Kif, Dominique Saint-Pierre se produit au Festival des voyageurs à Saint-Boniface (Manitoba), au Festival franco-ontarien à Ottawa, au Festival de la chanson de Tadoussac (Québec) et aux Francofolies de Montréal.

15 août
Fête nationale des Acadiens

1843   NAISSANCE DE L'ÉCRIVAIN ALFRED DUCLOS DECELLES ❖ Né à Saint-Laurent (Québec), Alfred Duclos DeCelles est un avocat et journaliste qui s'établit à Ottawa en 1880 pour devenir bibliothécaire adjoint à la Bibliothèque du Parlement. Il en est le directeur de 1885 à 1920. Membre fondateur du Club des Dix, il est élu à la Société royale du Canada en 1884. Ses publications incluent *Papineau* (1905), *LaFontaine et son temps* (1907), *Cartier et son temps* (1907), *Constitution du Canada* (1918) et *Laurier et son temps* (1920). DeCelles collabore, en outre, à *La Presse, La Revue canadienne, L'Opinion publique* et *Le Canada français*. Décédé à Ottawa le 5 octobre 1925.

1925   NAISSANCE DE L'ÉCRIVAIN-ÉDITEUR ADRIEN THÉRIO ❖ Originaire de Saint-Modeste (Québec), Adrien Thério est un romancier, un conteur, un dramaturge, un éditeur et un professeur qui a longtemps œuvré en Ontario. Professeur de français à

l'Université Notre Dame, en Indiana (1956-1959), au University College de l'Université de Toronto (1959-1960), au Royal Military College de Kingston (1960-1969), il enseigne pendant vingt ans au Département des lettres françaises de l'Université d'Ottawa, soit de 1969 à 1990. Fondateur et directeur de la revue *Livres et Auteurs canadiens* (1961-1973), il lance également la revue *Lettres québécoises* en 1976. Adrien Thério est l'auteur d'une trentaine d'ouvrages, dont les romans *Les Brèves Années* (1953), *La Soif et le Mirage* (1960), *Le Mors au flanc* (1965), *Les Fous d'amour* (1973) et *Marie-Ève, Marie-Ève* (1983), les pièces de théâtre *Les Renégats* (1964) et *Le Roi d'Aragon* (1979), les contes et nouvelles *Mes beaux meurtres* (1961), *Ceux du Chemin-Taché* (1963) et *La Tête en fête* (1975), ainsi que l'essai *Jules Fournier, journaliste de combat* (1954). On lui doit aussi d'avoir réuni les textes de *Conteurs canadiens-français : époque contemporaine* (1965) et *Conteurs québécois, 1900-1940* (1988). Décédé le 24 juillet 2003.

1983   FONDATION DU JOURNAL *AGRICOM* ❖ Seul journal agricole provincial d'expression française, *Agricom* paraît pour la première fois le 15 août 1983, à Alexandria ; le mensuel est alors distribué gratuitement dans 8 000 foyers des comtés de Glengarry, Prescott et Russell. L'Union des cultivateurs franco-ontariens y collabore dès le début et en est le propriétaire depuis novembre 1984. Aujourd'hui, cet organe d'information jouit d'un rayonnement provincial. Il est publié 22 fois par année et distribué dans 143 villes et villages de l'Ontario, de Hearst à Windsor. *Agricom* a aussi un fidèle lectorat québécois de quelques 1 200 abonnés. Le journal tire son nom de Agri-communication, Agri-commerce et Agri-communauté.

16 août

1866   NAISSANCE DE MGR ALEXANDRE VACHON ❖ Natif de Saint-Raymond-de-Portneuf (Québec), Alexandre Vachon est ordonné prêtre en 1910. Il œuvre dans le domaine scientifique, d'abord comme professeur de chimie et de géologie, puis comme directeur de l'École supérieure de chimie de l'Université Laval. Président de l'Institut canadien de chimie, directeur de la station biologique du Saint-Laurent, président de l'École de pharmacie, gouverneur de la Société Radio-Canada, Alexandre Vachon devient supérieur du Séminaire de Québec, puis recteur de l'Université Laval et vicaire général du diocèse. Élu évêque coadjuteur d'Ottawa le 11 décembre 1939, il devient archevêque le 22 mai 1940. Décédé le 30 mars 1953.

1910 Des évêques contre l'école bilingue ❖ L'évêque de London, Mgr Michael Francis Fallon, rencontre le premier ministre de l'Ontario, James Pliny Whitney, pour lui exposer le sentiment des évêques anglo-ontariens au sujet de la langue d'enseignement : « Un système bilingue influera de façon adverse sur l'éducation de nos enfants, empêchera nos écoles d'obtenir des résultats satisfaisants aux examens publics et aura par conséquent tendance à les discréditer ; il fournira au pays un groupe de citoyens catholiques dotés d'une instruction inférieure. » Un tel avis incitera le premier ministre à promulguer le Règlement XVII deux ans plus tard.

1914 Fondation de la Fédération des femmes canadiennes-françaises ❖ Mis sur pied à Ottawa le 16 août 1914, à l'initiative d'Almanda Walker Marchand (v. 16 novembre), incorporé le 8 février 1918, devenu la Fédération nationale des femmes canadiennes-françaises en novembre 1985, cet organisme a pour objectif de « s'occuper d'œuvres de bienfaisance et patriotiques de toutes espèces, et plus particulièrement de tout ce qui peut [...] améliorer le sort des soldats canadiens-français et de leurs familles, tant durant la guerre qu'après la guerre ». Durant les années 1960, le mandat de la Fédération est d'« assister la femme dans son œuvre de mère de famille, d'éducatrice, de gardienne de la race et des traditions françaises, [...] de conserver intacts et inviolables la foi robuste, le parler ancestral et les mœurs saines de nos foyers catholiques et canadiens-français ». Aujourd'hui, la Fédération nationale des femmes canadiennes-françaises assume un rôle de *leadership* dans les dossiers politiques,

sociaux, économiques, favorise l'autonomie des femmes canadiennes-françaises sur tous les plans, assure le respect des droits des femmes francophones, soutient le développement de l'action collective et politique des femmes et souligne la spécificité des femmes francophones auprès des instances gouvernementales, des diverses associations et du grand public. En 1918, l'organisme comptait neuf sections paroissiales ; aujourd'hui, il regroupe quarante organismes représentant 7 000 membres. La Fédération publie *Femmes d'action* (1971-1996), puis devient partenaire dans l'édition d'*Infomag* en 1997.

1936 Naissance du juge Robert Desmarais ❖ Natif de Sudbury, Robert Desmarais est admis au barreau de l'Ontario en 1965. Échevin de la ville de Sudbury en 1965, maire adjoint en 1967, ce candidat progressiste-conservateur se présente sans succès aux élections provinciales de 1968. Actif au sein de sa communauté, Robert Desmarais remplit diverses fonctions, dont président de la Commission régionale de police de Sudbury, vice-président de Science Nord et directeur du Centre des jeunes de Sudbury. Il devient juge à la Cour du district de Cochrane en 1982, puis à la Cour de district d'Ottawa-Carleton en 1988.

1957 Naissance de Jacques Pilon, athlète ❖ Natif d'Ottawa, privé du sens de la vue, Jacques Pilon fait carrière en athlétisme. Aux Jeux panaméricains pour handicapés, en 1978, il gagne une médaille d'or et une d'argent. En 1980, lors des Jeux para-olympiques, il remporte la médaille d'or aux 1 500 mètres et établit un nouveau record. En 1983, lors du championnat national de marathon, tenu à Ottawa, sa performance est de 2 heures, 58 minutes et 53 secondes. Jacques Pilon reçoit le trophée Jean-Charles-Daoust en 1981.

17 août

1925 Les pèlerins du *Devoir* ❖ Henri Bourassa, fondateur du quotidien *Le Devoir*, de Montréal, accompagne quelque trois cents personnes en tournée à travers l'Ontario français. On les baptise les *pèlerins du Devoir*.

1935   Naissance du député Raymond Chénier ❖ Né à Hanmer, Raymond Jacques Chénier est tour à tour surintendant d'éducation, conseiller municipal, membre du sénat de l'Université Laurentienne et administrateur du Collège Northern. Élu député libéral de Timmins-Chapleau lors des élections fédérales de 1979, il est réélu en 1980. Raymond Chénier assume la fonction de secrétaire parlementaire du ministre des Affaires indiennes et du Nord, de 1980 à 1982.

1989   Fondation de l'Association française des municipalités de l'Ontario ❖ C'est dans le but de revendiquer le maintien et l'amélioration de la gouvernance et de la prestation des services municipaux en français et en anglais dans les régions de l'Ontario désignées en vertu de la *Loi sur les services en français* de l'Ontario que Gisèle Lalonde, maire de la cité de Vanier, lance l'idée d'une Association française des municipalités de l'Ontario (AFMO). Outre madame Lalonde, première présidente de l'AFMO, les membres fondateurs sont Jean-Marc Lalonde, maire de Rockland, Aimé Lepage, préfet du canton de Clarence, Claude Laflamme, administrateur de la ville de Hearst, Yvan Brousseau, administrateur de la ville de Kapuskasing et David Tremblay, maire de Tilbury Nord. L'Association française des municipalités de l'Ontario tient sa première assemblée annuelle le 19 août 1990 ; elle offre un forum pour les personnes élues siégeant aux conseils municipaux, pour les employés et pour les cadres des corporations municipales. L'AFMO maintient des liens avec les associations francophones et bilingues du Nouveau-Brunswick, du Manitoba, du Québec et avec les autres provinces et territoires se préoccupant de la gestion municipale au Canada. En 2004, quelque quarante municipalités ontariennes étaient membres de l'AFMO, dont Ottawa, Hawkesbury, Toronto, Sudbury, Hearst, Thunder Bay, Timmins, Welland et Windsor.

18 août

1909   Naissance du leader Jacques Leduc ❖ Natif de Côteau-Station (Québec), Jacques Leduc enseigne aux écoles secondaires de Prescott et de Vankleek Hill, ainsi qu'au Runnymede Collegiate de Toronto. Président de l'ACFEO pour la région de Toronto au cours des années 1940 et 1950, il est membre des comités qui voient à la création d'une deuxième paroisse de langue française et d'une radio de langue française à Toronto. Président-fondateur du groupe La Survivance canadienne-française de Toronto (v. juin), il est membre du comité organisateur pour la mise sur pied d'une école secondaire bilingue à Toronto, puis président fondateur du Cercle du film (1958). Établi à Ottawa à partir de 1962, Jacques Leduc est nommé membre du Comité sur les écoles de langue française en Ontario (v. 4 juillet). Il est décédé à Ottawa en 1973.

1940   Naissance du juge Guy Goulard ❖ Natif de Sturgeon Falls, Guy Yvon Goulard est admis au barreau de l'Ontario en 1966. Le 6 juillet 1970, à l'âge de 29 ans seulement, il est nommé juge de la Cour provinciale, division de la famille, à Sudbury. En juillet 1974, il est muté à la Cour provinciale pour le district d'Ottawa-Carleton. En juillet 1985, Guy Goulard démissionne pour devenir registraire de la Cour suprême du Canada. Le 18 août 1994, il est nommé Commissaire à la magistrature fédérale, poste qu'il occupe jusqu'en 2001. Il est aussi professeur de droit à l'Université Laurentienne.

1945   Naissance de l'entrepreneure Jocelyne Côté-O'Hara ❖ Native de North Bay, Jocelyne M. Côté-O'Hara est chef d'entreprise depuis le milieu des années 1980. Elle occupe d'importantes fonctions, notamment et tour à tour, celles de conseillère spéciale auprès du président de Pétro-Canada, de vice-présidente chez B.C. Tel, de présidente-directrice générale de Stentor Telecom Policy et de présidente de Cora Group depuis 2004. Jocelyne M. Côté-O'Hara est membre de nombreux conseils d'administration, dont le Centre de recherches sur les communications du Canada, l'Agence spatiale canadienne, Save the Children Fund, Women's Television Network, les Jeux du Canada et le Canadian International Documentary Festival (Hot Docs). Au début des années 2000, le quotidien *National Post* classe Jocelyne M. Côté-O'Hara parmi les 50 plus importantes femmes d'affaires au Canada.

1950   NAISSANCE DE L'ÉCRIVAINE LÉLIA YOUNG ❖ Originaire de la Tunisie, Lélia Young (née Bellaiche) est poète, nouvelliste et professeure au Département d'études françaises de l'Université York, à Toronto. Elle est l'auteure d'une pièce de théâtre intitulée *Le Désert* et de deux recueils de poésie : *Entre l'outil et la matière* (1993) et *Si loin des cyprès* (1999). En tant que présidente de la Société des écrivaines et écrivains de Toronto, elle fonde un journal au service de l'écriture, intitulé *Langage et créativité*, et elle a créé le prix Micheline-Saint-Cyr remis pour la première fois lors d'un concours de nouvelles en mars 2003.

19 août

1865   NAISSANCE DE MGR JOSEPH-GUILLAUME FORBES ❖ Né à l'Île Perrot (Québec), Joseph-Guillaume Forbes est ordonné prêtre le 17 mars 1888 et passe quinze années comme missionnaire chez les Amérindiens de Caughnawaga. Il est élu évêque de Joliette en 1913, et sacré le 9 octobre 1913. Quinze ans plus tard, le 29 janvier 1928, Mgr Forbes devient archevêque d'Ottawa ; il est nommé assistant au trône pontifical en 1935. Accablé par la maladie, il obtient un coadjuteur en la personne d'Alexandre Vachon, qu'il consacre lui-même le 2 février 1940. Au cours de la cérémonie, Mgr Forbes s'affaisse devant l'autel et est aussitôt transporté à l'hôpital. Il meurt le 22 mai suivant.

1888   NAISSANCE DU DÉPUTÉ JOSEPH DANIEL NAULT ❖ Originaire d'Ottawa, Daniel Nault est candidat du Parti progressiste-conservateur lors des élections provinciales de 1948. Il est élu dans le

comté de Russell, puis réélu en 1951. Daniel Nault meurt le 18 mars 1954, dans l'exercice de ses fonctions.

1917   MORT DU PATRIOTE LUCIEN BEAUDOIN ❖ Au début du XXe siècle, les Canadiens français de Windsor fréquentent la paroisse Notre-Dame-du-Très-Saint-Rosaire, communément appelée Notre-Dame-du-Lac. Le curé est l'abbé Lucien Beaudoin, un des plus ardents patriotes du diocèse de London. Il meurt le 19 août 1917 et son remplacement soulève un tollé de protestations, une bataille en règle menée par les paroissiens francophones contre leur évêque francophobe. Le jour-même des funérailles de Beaudoin, l'évêque de London nomme un nouveau curé qui est francophone de nom seulement. La réaction est immédiate : les paroissiens montent la garde autour de leur église et de leur presbytère et le nouveau curé ne réussit à prendre possession des lieux qu'avec l'aide de la police. Ils décident alors de fréquenter d'autres églises, de fonder le journal *La Défense* (v. 7 mars) pour mieux revendiquer leurs droits et de porter leur cause auprès du nonce apostolique, voire jusqu'auprès du pape Benoît XV. En juin 1918, un décret de Rome donne raison à l'évêque de London, en précisant que le curé choisi « fut dûment nommé et injustement opposé, qu'il soit donc d'autant plus l'objet de l'obéissance respectueuse qui lui est due ». Si les paroissiens se soumettent, c'est parce que le pape le leur ordonne. (Ces incidents constituent la trame du roman *Obéissance ou Résistance*, de Paul-François Sylvestre.)

1935   NAISSANCE DU DÉPUTÉ JEAN-MARC LALONDE ❖ Né à Saint-Pascal Baylon, Jean-Marc Lalonde est un gestionnaire des services d'imprimerie du gouvernement canadien. Il consacre vingt-cinq ans à la politique municipale, dont quinze comme maire de Rockland. Membre du comité de développement de l'Association des municipalités de l'Ontario pendant onze ans, il est un des fondateurs et vice-présidents de l'Association française des municipalités de l'Ontario. Élu pour la première fois à l'Assemblée législative de la province en 1995 et réélu en 1999 et 2003 comme député libéral de Prescott-Russell, Jean-Marc Lalonde occupe tour à tour le poste de critique officiel du Tourisme, des Services correctionnels, du Commerce interprovincial et des Affaires francophones. Au fil des ans, il remplit les fonctions de président de la section ontarienne de l'Assemblée parlementaire de la francophonie et chargé de mission des Amériques. Depuis octobre 2003, il exerce la fonction d'adjoint parlementaire au ministre des Transports. En 2005, le gouvernement français le nomme chevalier de la Légion d'honneur. Un aréna de la cité de Clarence-Rockland porte son nom.

1937   NAISSANCE DU JUGE MARC GIRARD ❖ Originaire de Montréal (Québec), Marc Girard est admis au barreau de l'Ontario en 1962. Il pratique le droit à Welland où il devient conseiller scolaire et procureur adjoint. Nommé juge de la Cour provinciale, division criminelle, le 10 mars 1969, Marc Girard est alors le premier juge bilingue à siéger à Welland, Port Colbourne et Fort Érié.

1941   NAISSANCE DE L'ÉCRIVAIN MICHEL GAULIN ❖ Natif d'Ottawa, Michel Gaulin est professeur, chercheur, écrivain et traducteur. Récipiendaire du Woodrow Wilson National Fellowship (1961-1962) et du Harvard University Fellowship (1964-1965), il enseigne au Département d'études françaises de l'Université Carleton de 1967 à 1996. Auteur du *Concept d'homme de lettres, en France, à l'époque de l'Encyclopédie* (1991), codirecteur de *L'Aventure des lettres : pour Roger Le Moine* (1996), il traduit le roman *Helmet of Flesh*, de Scott Symons, sous le titre *Marrakech* (1996). En 1998, Michel Gaulin est élu à la Société Charlevoix, dont il est le secrétaire depuis 1998. Il publie de nombreux articles dans des périodiques tels que *Cahiers Charlevoix, Archives des lettres canadiennes, Écrits du Canada français, Dictionnaire des œuvres littéraires du Québec, Lettres québécoises* et *Liaison*.

1961   NAISSANCE DE LA JUGE CÉLYNNE DORVAL ❖ Originaire de Sudbury, Célynne S. Dorval est admise au barreau de l'Ontario en 1987. Elle est nommée juge à la Cour de justice de l'Ontario, à Ottawa, en 1999.

1966   NAISSANCE DE LUCE DUFAULT, AUTEUR-COMPOSITEUR-INTERPRÈTE ❖ Native d'Orléans, Luce Dufault commence à chanter à l'âge de 15 ans au sein du groupe Stable Mates. Elle est d'abord choriste avec Roch Voisine et Dan Bigras, puis elle s'impose comme interprète. En 1992, elle tient le rôle de la groupie dans *La Légende de Jimmy*, de Luc Plamondon. L'année suivante, elle interprète le rôle de Marie-Jeanne dans l'opéra rock *Starmania*, ce qui l'amène à passer deux ans en France. En 1996, elle lance un premier album éponyme qui se vend à 170 000 exemplaires. Elle obtient quatre nominations au Gala de l'ADISQ en 1996, puis rafle le Félix de l'interprète de l'année en 1997. L'année suivante, son album *Des milliards de choses* est certifié *Or* et est mis en nomination lors du Gala de l'ADISQ. En 2000, l'album *Soir de première* se retrouve numéro 1 des ventes au Québec dès sa sortie. L'album *Au-delà des mots* (2001) lui vaut trois nominations au Gala de l'ADISQ. En 2004, Luce Dufault lance son cinquième album, intitulé *Bleu*.

20 août

1886   FONDATION DU JOURNAL *L'INTERPRÈTE* ❖ Antoine Lefaivre et David Bertrand fondent l'hebdomadaire *L'Interprète*, à Alfred. La devise du journal est *Fais bien et laisse dire* et son rédacteur en chef est le député libéral Alfred Évanturel. Il s'agit d'un organe d'information qui place « les intérêts religieux et nationaux de nos compatriotes au haut de notre programme », et dont « la soumission absolue est réservée à l'Église de Rome et à ses pasteurs ». Cet hebdomadaire disparaît en 1900.

21 août

1792   PREMIÈRES ÉLECTIONS EN *TERRE ONTARIENNE* ❖ Les premières élections dans le Haut-Canada ont lieu entre le 14 et le 21 août 1792. À cette époque, les comtés ne votent pas tous en même temps et chacun d'eux peut prendre jusqu'à six jours pour compléter le scrutin. Le premier parlement du Haut-Canada est composé de 16 députés représentant des circonscriptions électorales situées principalement dans le Sud et l'Est de ce qui est aujourd'hui l'Ontario. Le scrutin d'août 1792 voit l'élection d'un Canadien français en la personne de Francis Baby, député de Kent (aujourd'hui la région de Windsor). Le prochain francophone à se faire élire est Jean-Baptiste Baby, député d'Essex de 1808 à 1812. Francis Baby revient à la charge et se fait élire en 1820, 1825 et 1828, toujours comme député d'Essex. Le parlement du Haut-Canada ne connaît pas d'autres députés francophones.

22 août

1907 NAISSANCE DE JEAN-THOMAS RICHARD, DÉPUTÉ ❖ Originaire d'Ottawa, Jean-Thomas Richard est un avocat qui se fait élire député fédéral d'Ottawa-Est en 1945, sous la bannière libérale. Il est réélu en 1949, 1953, 1957, 1958, 1962, 1963, 1965 et 1968. Il quitte ses fonctions le 29 octobre 1972, après vingt-sept ans de vie politique active. Décédé à Ottawa le 27 septembre 1991. Il est le père de John D. Richard (v. 30 juillet).

1919 NAISSANCE DU SPORTIF MAURICE REGIMBAL ❖ Né à Sudbury, Maurice Regimbal est un professeur d'éducation physique qui voue toute sa vie aux sports. Il est tour à tour directeur des sports à l'Université Laurentienne de Sudbury, directeur du programme de hockey au St. Michael's College, à Toronto, président-fondateur de l'Ontario Intercollegiate Athletic Association, président de l'Union sportive inter-collégiale canadienne, membre du premier bureau de direction de Hockey Canada et membre du bureau de direction de Sport Ontario. Premier président du comité consultatif francophone auprès du ministre ontarien du Tourisme et des Loisirs, Maurice Regimbal a été le premier directeur général de Franc-o-Forme. Décédé à Ottawa le 24 mars 2001.

1952 NAISSANCE DE MARIE CADIEUX, AUTEURE ET CINÉASTE ❖ Originaire de Moncton (Nouveau-

Brunswick), Marie Cadieux œuvre principalement en Ontario. Elle compte plusieurs réalisations cinématographiques à son actif : voix et narration pour *J'avions 375 ans* (1982), scénario et texte pour *Le Dernier des Franco-Ontariens* (1996) et pour *L'Affaire Dollard* (1998), interprète dans *La Fêlure* (1991), réalisation de *Franchir le silence* (1991), *À double tour* (1993) et *Sentence Vie* (2003). Membre du conseil d'administration de la Fédération culturelle canadienne-française, de la Conférence canadienne des arts et de la Société des auteurs de la radio, télévision et du cinéma, Marie Cadieux est aussi écrivaine. Elle codirige une collection de nouvelles pour les Éditions Vents d'Ouest et a collaboré à un ouvrage collectif paru aux Éditions L'Interligne.

1962 NAISSANCE DE MITCH LAMOUREUX, ATHLÈTE ❖ Originaire d'Ottawa, Mitch Lamoureux est un joueur de hockey qui fait son entrée dans la ligue nationale en 1983 en arborant le chandail des Penguins de Pittsburgh. En 1987-1988, il joue pour les Flyers de Philadelphie. Au total, Mitch Lamoureux dispute 73 parties et marque 11 buts et réussit 9 passes. Il remporte le trophée Dudley Red Garrett en tant que *rookie* de l'année 1983.

1978 INCORPORATION DES CENTRES D'ACCUEIL HÉRITAGE ❖ À Toronto, les services de soins à domicile, de résidence et d'appui communautaire pour les francophones aînés sont administrés par une corporation officiellement connue sous le nom des Centres d'Accueil Héritage. L'histoire des Centres d'Accueil Héritage est avant tout la réalisation d'un rêve de Simone Lantaigne (v. 29 septembre). Cette dernière met peu de temps à découvrir une grande solitude chez les aînés francophones et, surtout, à déceler des attentes précises dans cette couche de la population. Il faut créer un centre de jour, un service d'accueil, voire une résidence pour les aînés. Simone Lantaigne entre alors en contact avec les entrepreneurs Fred Lafontaine et Gérald Bouchard qui, avec Charles Arsenault, décident de créer une corporation à but non lucratif. Le 22 août 1978 une charte provinciale est accordée à l'organisme Les Centres d'Accueil Héritage. Un premier centre de jour, baptisé Centre des Pionniers, ouvre ses portes le 28 septembre 1978. Puis c'est le service d'Accueil médical francophone qui voit le jour. Le 2 mai 1980, on inaugure la construction de Place Saint-Laurent, qui abrite maintenant une résidence et le Centre des Pionniers.

23 août

1963   NAISSANCE DE SYLVIE BOUCHARD, CHORÉ-GRAPHE ❖ Native de Montréal (Québec), Sylvie Bouchard est danseuse professionnelle depuis 1988. Établie à Toronto, elle évolue sur des scènes internationales avec Kaeja D'dance, Toronto Dance Theatre, Dancemakers, Winnipeg Contemporary Dancers et travaille intensivement avec plusieurs chorégraphes indépendants, dont Roger Sinha et Serge Bennathan. Ses propres créations sont présentées dans des théâtres et des festivals partout au Canada. En 2000, Sylvie Bouchard travaille avec le Houston Grand Opera et le Vancouver Opera dans la production de *Salomé* (mise en scène par Atom Egoyan), en tant que danseuse et seconde chorégraphe. Elle est finaliste du prix Dora Mavor Moore (excellence sur scène) pour son solo *Cassiopeia*. Sylvie Bouchard est cofondatrice et codirectrice artistique de Corpus Danse (v. 14 mars).

1975   FONDATION DE LA FÉDÉRATION DES SCOUTS DE L'ONTARIO ❖ Chargée de promouvoir le scoutisme français en Ontario, la Fédération des scouts de l'Ontario regroupe plus de 2 500 jeunes et adultes à travers la province. La Fédération a divisé la province en cinq districts : Ottawa-Cornwall, Toronto, Sudbury, Timmins et Hearst.

24 août

1681   MADELEINE DE ROYBON D'ALLONNE PRÊTE 2 141 LIVRES À DE LA SALLE ❖ Née à Montargis (France) vers 1646, Madeleine de Roybon d'Allonne est la fille d'un noble français. Elle arrive au fort Frontenac (Kingston) vers 1679, devient la maîtresse de l'explorateur René-Robert Cavelier de La Salle (v. 21 novembre) et lui prête 2 141 livres le

24 août 1681. En retour et en fief de seigneurie, l'explorateur criblé de dettes lui concède une maison et une terre à un endroit nommé Tonequinion (aujourd'hui Collins Bay). Madeleine de Roybon d'Allonne se consacre à la culture agricole, à l'élevage du bétail et à l'établissement d'un petit poste de traite. Elle est considérée comme la première femme propriétaire sur le territoire qui forme aujourd'hui l'Ontario. Au cours de la guerre contre les Iroquois (1686-1700), cette entrepreneure est capturée et elle perd son commerce de pelleteries, ses bâtiments et ses terres. Décédée en 1718. Une école élémentaire publique de Kingston porte son nom.

1967   VERS DES ÉCOLES SECONDAIRES PUBLIQUES DE LANGUE FRANÇAISE ❖ Lors du congrès de l'Association canadienne des éducateurs de langue française, tenu à Ottawa le jeudi 24 août 1967, le premier ministre ontarien, John P. Robarts, déclare qu'« il faut de toute urgence offrir une éducation secondaire dans la langue de la communauté franco-ontarienne ». M. Robarts précise que son gouvernement s'engage à créer, « dans le cadre du système d'éducation publique de l'Ontario, des écoles secondaires dans lesquelles l'enseignement sera donné en français ». Le discours est prononcé en anglais, sauf pour un court passage où M. Robarts rappelle que l'Ontario est « plus riche et plus fort grâce à la présence de ces résidents de langue française ». Il brosse un tableau de la situation en 1967 : environ quarante écoles publiques secondaires offrent des cours d'histoire, de latin et de géographie en français ; il y a aussi des écoles privées où le français est la langue d'enseignement. Le politicien souligne qu'un nombre anormal de jeunes franco-ontariens abandonnent leurs études avant de terminer leur cours secondaire et qu'environ 10 000 jeunes Franco-Ontariens suivent leurs cours dans des écoles où l'anglais est la seule langue d'enseignement. « Nous ne pouvons pas permettre qu'une telle situation se perpétue », ajoute-t-il. John Robarts, qui fut ministre de l'Éducation avant de devenir premier ministre, précise que les écoles secondaires françaises feront partie intégrante du système d'éducation public existant et qu'elles recevront automatiquement la même aide financière que les autres écoles secondaires.

25 août

1763   NAISSANCE DU POLITICIEN JACQUES BABY ❖ Le premier francophone à avoir exercé des fonctions politiques dans ce qui est aujourd'hui l'Ontario est Jacques Baby, fils du marchand de fourrure Jacques Dupéront Baby qui s'établit à Détroit. Jacques Baby (souvent appelé James) est appelé à jouer un rôle de premier plan dans la vie politique ontarienne. Pour reconnaître la loyauté de la famille Baby envers la couronne britannique et aussi pour que la communauté francophone du Sud-ouest soit représentée dans la nouvelle administration du Haut-Canada, en 1792, le lieutenant-gouverneur John Graves Simcoe nomme Jacques Baby au Conseil législatif et au Conseil exécutif, ainsi qu'au poste de lieutenant du comté de Kent. En 1793, Jacques Baby accepte le poste de juge de la Cour du district de Western. Rassembleur de la milice locale de sa région, il devient le commandant de la First Kent Militia en 1794. Cinq ans plus tard, il est désigné pour occuper temporairement la fonction de surintendant général adjoint des Affaires indiennes. Entre 1792 et 1830, on lui accorde plus de 115 postes ou commissions d'importance diverse. Lorsque la guerre avec les Américains éclate en 1812, Jacques Baby conduit la milice depuis Sandwich jusqu'à Amherstburg. Il voit sa maison pillée et subit de nombreuses pertes matérielles. Le décès de sa femme survient à cette époque. En 1815, il va s'établir à York (Toronto), où il est nommé inspecteur général des comptes publics, poste qu'il occupe jusqu'à sa mort, le 19 février 1833. Jacques Baby a fait partie de l'élite politique du Haut-Canada, connue sous le nom de *Family Compact*.

1953   NAISSANCE DE DYANE ADAM, COMMISSAIRE AUX LANGUES OFFICIELLES ❖ Native de Casselman, Dyane Adam est psychologue, professeure et administratrice. Elle exerce la psychologie clinique au Québec et en Ontario avant de se tourner vers l'enseignement universitaire. Pendant cinq ans, elle occupe le poste de vice-rectrice adjointe pour l'enseignement et les services en français à l'Université Laurentienne. De 1994 à 1999, elle est principale du Collège Glendon, de l'Université York. Elle participe à la fondation du Réseau des chercheures féministes de l'Ontario français, est membre du Regroupement des universités de la Francophonie hors Québec et préside pendant trois ans le Comité consultatif sur les affaires francophones du ministère ontarien de l'Éducation et de la Formation. En 1999, Dyane Adam est nommée commissaire aux langues officielles du Canada.

1960   NAISSANCE DE L'ÉCRIVAIN ANDRÉ LEDUC ❖ Originaire d'Ottawa, André Leduc est un jeune poète qui publie, entre autres, les recueils suivants : *La Rose noire* (1983), *Les Sublimes Insuffisances* (1984), *De nulle part* (1987) et *Une barque sur la lune* (1989). Il meurt subitement le 24 mars 1991, à l'âge de 30 ans.

26 août

1805   NAISSANCE DE MGR JOSEPH-EUGÈNE-BRUNO GUIGUES, O.M.I. ❖ Natif de Gap (France), Joseph-Eugène-Bruno Guigues est ordonné prêtre oblat le 13 mai 1828. Il arrive au Canada en 1844 à titre de supérieur provincial de sa communauté. Élu premier évêque de Bytown (Ottawa) le 9 juillet 1847, il est sacré un an plus tard. Le diocèse de Bytown, qui devient celui d'Ottawa en 1860, est sous la direction de Mgr Guigues pendant plus de vingt-cinq ans. Pour mieux le développer, il fonde le Collège de Bytown en 1848 (ancêtre de l'Université d'Ottawa) et une société de colonisation en 1849. Mgr Guigues meurt à Ottawa le 8 février 1874. Une rue d'Ottawa, un village et un canton québécois, un village ontarien et une école devenue centre de jour pour aînés francophones d'Ottawa portent son nom.

1893   CRÉATION DE LA PREMIÈRE FANFARE FRANCO-ONTARIENNE ❖ La Fanfare de Rockland est la plus ancienne fanfare de l'Ontario français. Télesphore

Rochon et le curé Pierre Siméon Hudon, de Rockland, achètent des instruments de musique de l'Université d'Ottawa et recrutent les premiers membres qui s'installent à l'église Sainte-Trinité. Incorporée le 18 décembre 1936, la Fanfare de Rockland devient propriétaire de l'aréna jadis situé rue Laurier, en face de l'église. Quelque cent ans plus tard, la fanfare existe toujours.

1943   NAISSANCE DE JACQUES BENSIMON, CINÉASTE ❖ Originaire du Maroc, Jacques Bensimon joue un rôle clé dans le domaine du cinéma et de la télévision de langue française en Ontario et au Canada. De 1967 à 1986, il travaille l'Office national du film du Canada (ONF) sur une trentaine de films comme scénariste, monteur, réalisateur et producteur. De 1981 à 1986, il est directeur du Comité du programme au Programme français et directeur du Programme international de l'ONF. De 1986 à 2000, il est directeur de TFO, la chaîne francophone de TVOntario. Vice-président exécutif de la Fondation de Télévision de Banff et directeur de l'exploitation en 2000-2001, Jacques Bensimon est nommé commissaire du gouvernement à la cinématographie et président de l'Office national du film du Canada le 18 juin 2001 pour un terme de cinq ans. En 1998, il est fait Chevalier de l'Ordre des Arts et des Lettres par le gouvernement français et il reçoit un doctorat honorifique de l'Université York, de Toronto.

1957   NAISSANCE DE MARC CHARBONNEAU, COMÉDIEN ❖ Originaire de Montréal (Québec), Marc Charbonneau est chanteur, animateur de télévision et comédien. En 1987, il remporte un Félix dans la catégorie du meilleur album country rock. Animateur de l'émission de télévision *Bon matin* à CHOT-Ottawa, puis de l'émission *Expresso* à CBOFT-Ottawa, il tient le rôle principal dans la série *FranCœur* à TFO (2002).

1977   FONDATION DU *JOURNAL DE CORNWALL* ❖ Au service de la population de Cornwall et des comtés de Glengarry et Stormont, le *Journal de Cornwall* est un hebdomadaire qui entend livrer les nouvelles « dans votre langue, le français ». Roger Duplantie en est le directeur pendant de nombreuses années.

27 août

1879   NAISSANCE DE JEAN-BAPTISTE LAVIOLETTE, ATHLÈTE ❖ Originaire de Belleville, Jean-Baptiste *Jack* Laviolette excelle aussi bien au hockey qu'au jeu de la crosse. En 1909 il fait partie de la première équipe des Canadiens de Montréal, aux côtés d'Édouard Lalonde et Didier Pitre. Surnommé *The Flying Frenchmen*, ce trio remporte la Coupe Stanley en 1916. Laviolette doit interrompre sa carrière avec les Canadiens en 1919, à la suite d'un accident et de l'amputation de son pied droit. Muni d'un appareil orthopédique, il continue d'évoluer dans le monde du hockey à titre d'arbitre. Élevé au Temple de la renommée des sports du Canada comme joueur de crosse, il meurt le 10 janvier 1960 à Montréal. Deux ans plus tard, Laviolette entre au Temple de la renommée du hockey à titre posthume.

28 août

1938   NAISSANCE DU POLITICIEN PAUL MARTIN FILS ❖ Originaire de Windsor, Paul Martin est le fils d'un politicien qui a consacré quarante ans de sa vie à la politique canadienne. Avant de se lancer lui-même en politique fédérale, il mène une fructueuse carrière dans le secteur privé, d'abord comme cadre d'entreprise chez Power Corporation du Canada, à Montréal, puis comme président et chef de la direction de Canada Steamship Lines. Élu député libéral de la circonscription de Lasalle-Émard (Montréal) lors des élections fédérales de 1988, 1993, 1997, 2000 et 2004, il remplit les fonctions de ministre des Finances de 1993 à 2002. Il se présente une première fois à la course à la direction du Parti libéral du Canada, en 1990, et termine deuxième, derrière Jean Chrétien. Il est de nouveau candidat en 2003 et devient leader du Parti libéral du Canada le 14 novembre, puis premier ministre le 12 décembre 2003.

29 août

1880 NAISSANCE DE MARIE-LOUISE MEILLEUR, DOYENNE DE L'HUMANITÉ ❖ Native de Kamouraska (Québec), Marie-Louise Meilleur porte le titre de doyenne de l'humanité pendant huit mois, soit d'août 1997 à avril 1998, selon le livre des records Guinness. Installée en Ontario depuis le début du XXᵉ siècle, elle donne naissance à 12 enfants issus de deux mariages. Elle a 85 petits-enfants, 80 arrière-petits-enfants, 57 arrière-arrière-petits-enfants et 4 arrière-arrière-arrière-petits-enfants au moment de sa désignation. Elle passe près de cent ans en Ontario, résidant tour à tour à Wiley, Rapide des Joachims, Deep River et Corbeil. C'est dans cette dernière localité, au Manoir Nipissing, qu'elle s'éteint le 16 avril 1998, à l'âge de 117 ans.

1901 NAISSANCE DE L'ATHLÈTE AURÈLE JOLIAT ❖ Natif d'Ottawa, Aurèle Joliat entame d'abord un carrière professionnelle avec l'équipe de football de sa ville, les Rough Riders. En 1922, il entre dans la Ligue nationale de hockey et évolue avec les Canadiens de Montréal jusqu'en 1938. Au total, il dispute 654 parties et réussit 270 passes décisives. Son équipe remporte la Coupe Stanley en 1924, 1930 et 1931, ainsi que le trophée Prince de Galles en 1925. Surnommé *Super Atome* en raison de son faible poids, Joliat fait partie de la première équipe des étoiles en 1930-1931. Il est considéré comme un des plus grands ailiers gauches de l'histoire de la Ligue nationale de hockey. Pour la saison 1933-1934, il remporte le trophée Hart. Nommé au Temple de la renommée des sports du Canada (1945), au Temple de la renommée du hockey (1947) et au Temple de l'Ottawa métropolitain (1966), Aurèle Joliat meurt à Ottawa en 1986. Une rue de Mirabel (Québec) porte son nom.

1920 NAISSANCE DE L'ATHLÈTE ALDÈGE BASTIEN ❖ Originaire de Timmins, Aldège Bastien est un joueur de hockey qui évolue dans la ligue nationale durant la seule saison de 1945-1946. Surnommé *Baz*, il joue avec les Maple Leafs de Toronto. Décédé en 1983, dans un accident d'automobile.

1953 NAISSANCE DU JUGE PAUL ROULEAU ❖ Natif de Cornwall, Paul Rouleau est admis au barreau de l'Ontario en 1979. Il est nommé juge à la Cour supérieure de justice de l'Ontario, à Toronto, en 2002, puis promu juge à la Cour d'appel de l'Ontario le 15 mai 2005.

30 août

1932 NAISSANCE DU JUGE ROBERT PERRAS ❖ Né à Strickland, Robert Perras est admis au barreau de l'Ontario en 1958. Il s'établit à Kapuskasing où il devient conseiller scolaire, président du bureau des gouverneurs du Collège universitaire de Hearst et membre du premier conseil d'administration de l'Association des juristes d'expression française de l'Ontario. Robert Perras est nommé juge de la Cour de district de l'Ontario, à North Bay, le 11 février 1982. L'Université Laurentienne lui décerne un doctorat *honoris causa* en 1985. Il prend sa retraite en 1992 et meurt accidentellement près d'Ottawa le 30 décembre 1998.

1949 NAISSANCE DU DÉPUTÉ DON BOUDRIA ❖ Natif de Hull (Québec), Don Boudria est un fonctionnaire fédéral qui s'intéresse à tous les niveaux de politique. Il est en effet tour à tour conseiller municipal de Cumberland (1976-1981), député provincial de Prescott-Russell (1981-1984) et député fédéral de Glengarry-Prescott-Russell (élu en 1984, 1988, 1993, 1997, 2000 et 2004). Ce politicien occupe diverses fonctions dans le gouvernement libéral de Jean Chrétien : whip en chef du gouvernement (1994-1996), ministre de la Coopération internationale et ministre responsable de la Francophonie (1996-1997), ministre des Travaux publics et des Services gouvernementaux (2002), puis ministre d'État et leader du gouvernement à la Chambre des communes (2002-2003).

1949 NAISSANCE DE GASTON TREMBLAY, ÉCRIVAIN ❖ Originaire de Sturgeon Falls, Gaston Tremblay est un poète qui devient membre de la Coopérative des artistes du Nouvel-Ontario (CANO) en 1970, avant de participer à la fondation des Éditions Prise de parole, à Sudbury, en 1973. Membre d'un collectif de poètes, il contribue au premier ouvrage publié par Prise de parole : *Lignes-Signes* (1973). Tour à tour directeur du Théâtre du Nouvel-Ontario et de La Nuit sur l'étang, il assume la direction des Éditions Prise de parole, de 1978 à 1988. Gaston Tremblay est l'auteur de cinq recueils de poésie : *En attendant* (1976), *Souvenances* (1979), *La Veuve rouge* (1986), *L'Autobus de la pluie* (2001) et *Sur le lac clair* (2001). On lui doit aussi un récit intitulé *Souvenir de Daniel* (1995), un essai sur l'expérience CANO, *Prendre la parole* (1996), et deux romans : *Le Nickel Strange* (2000) et *Le Langage des chiens* (2002). Il est professeur à l'Université du Québec à Montréal et à l'Université Queen's de Kingston depuis 2002.

31 août

1846 NAISSANCE DU DÉPUTÉ FRANCIS EUGÈNE ALFRED ÉVANTUREL ❖ Né à Québec (Québec), Francis Eugène Alfred Évanturel est un avocat qui travaille d'abord dans la vieille capitale, puis dans la capitale fédérale. Il s'installe à Alfred en 1873, devient rédacteur du journal *L'Interprète*, puis tente de se faire élire député provincial de Prescott en

1883, sous la bannière libérale. Défait par seulement 33 voix, il revient à la charge et se fait élire en 1886, 1890, 1894, 1898 (sans opposition) et 1902. Alfred Évanturel est le premier député francophone à faire son entrée au conseil ontarien des ministres ; il est ministre d'État de 1904 à 1905. Il a aussi l'honneur d'être le seul francophone à occuper le fauteuil de président de l'Assemblée législative de l'Ontario. Libéraux et Conservateurs le choisissent unanimement en 1895 et de nouveau en 1898. Il est le père du député Gustave Évanturel (v. 19 mars). Décédé à Alfred le 15 novembre 1908.

1939 NAISSANCE DE L'ENTREPRENEUR PHILIPPE LACASSE ❖ Natif de Rouyn (Québec), Philippe Lacasse s'enrôle dans les Forces canadiennes et est muté en Allemagne, où il accepte un emploi dans les usines de Volkswagen et Porshe. De retour au Canada en 1968, il travaille à Chicoutimi (Québec), puis à Newmarket où il est chargé de réorganiser le service chez Volks, Porshe et Audi. En 1978, Phil Lacasse ouvre son propre commerce spécialisé dans la voiture européenne de luxe. De 1984 à 1989, il est le deuxième plus grand concessionnaire de voitures Hyundai à Toronto, puis le premier concessionnaire de voitures Saturn au Canada en 1992.

JANVIER

FÉVRIER

MARS

AVRIL

MAI

JUIN

JUILLET

AOÛT

SEPTEMBRE

OCTOBRE

NOVEMBRE

DÉCEMBRE

SEPTEMBRE

1888 Arrivée des Religieuses Hospitalières de Saint-Joseph en Ontario ❖ C'est à la demande de l'abbé Jacques Théodore, curé de la paroisse Saint-Alphonse de Windsor, que la congrégation des Religieuses hospitalières de Saint-Joseph à Montréal envoie quatre sœurs d'expression française à Windsor pour y diriger l'Hôpital Hôtel-Dieu. De 1944 à 1956, les Religieuses hospitalières dirigent aussi le Foyer Saint-Jean-l'Évangéliste, puis le Foyer Villa-Maria à partir de 1956.

1972 Fondation du journal *Le Goût de vivre* ❖ D'abord un bulletin mensuel, *Le Goût de vivre* est fondé par Claudette Paquin qui en est aussi la première éditrice. Cet organe d'information a pour devise *Une plume sur la réalité franco-ontarienne* ; il dessert les communautés de Penetanguishene, Lafontaine, Perkinsfield, Midland et Barrie. *Le Goût de vivre* devient bimensuel le 8 janvier 1982.

1975 Fondation de la Fédération des élèves du secondaire franco-ontarien ❖ La FESFO, comme elle est couramment appelée, est une fédération des élèves inscrits dans les 75 écoles secondaires de langue française (ou mixtes) en Ontario. Son objectif est de permettre à ses 32 000 membres de s'intégrer à la culture franco-ontarienne. Elle vise aussi à former des jeunes dans les domaines de l'animation communautaire, de l'information et de l'organisation. La FESFO mobilise les jeunes par le biais de pétitions ou de campagnes de pression, notamment pour obtenir des collèges francophones (1992), pour revendiquer la gestion scolaire (1995), pour soutenir TFO (1997) et pour appuyer l'Hôpital Montfort (1997). La FESFO organise les Jeux franco-ontariens (v. 20 mai) et publie divers outils de travail. Cet organisme à but non lucratif représente ses membres auprès des instances décisionnelles en tant qu'élèves, en tant que jeunes et en tant que Franco-Ontariennes et Franco-Ontariens. Ces trois niveaux de représentation déterminent la priorité accordée à chaque dossier politique. À la fin des années 1990, la Fédération des élèves du

secondaire franco-ontarien devient la Fédération de la jeunesse franco-ontarienne.

1975 Création du mouvement C'est l'temps ❖ Fondé à Ottawa, le mouvement C'est l'temps est né de la volonté bien affirmée d'un groupe de Franco-Ontariens fermement déterminés à lutter pour que soit instaurée une véritable politique de bilinguisme en Ontario. Ses principaux objectifs sont de défendre et de promouvoir le fait français en Ontario et de faire reconnaître officiellement les Franco-Ontariens comme citoyens à part entière. Le mouvement prône la désobéissance civile : onze de ses membres n'hésitent pas à passer quelques jours ou quelques semaines en prison en guise de moyen de pression. Il est financé par l'Association canadienne-française de l'Ontario, l'Association des enseignantes et des enseignants franco-ontariens, la Fédération des femmes canadiennes-françaises (section de l'Ontario), la Fédération des caisses populaires de l'Ontario et les dons des personnes de toutes les régions francophones de l'Ontario. Les archives ne témoignent pas des activités du mouvement après 1979.

1981 Ouverture du Collège de technologie agricole et alimentaire ❖ Les Franco-Ontariens demandent au gouvernement de créer un collège d'agriculture de langue française dès 1910, mais c'est seulement en mars 1980 que le discours du trône annonce l'intention du gouvernement Davis de créer une telle institution. Le Collège de technologie agricole et alimentaire d'Alfred est la première institution collégiale de langue française en Ontario ; il est affilié à l'Université de Guelph qui émet les diplômes. Le Collège d'Alfred, comme on le nomme couramment, accueille ses 51 premiers étudiants en septembre 1981 : 20 sont inscrits au programme de Supervision des services alimentaires et 31 suivent les cours de Technologie agricole. Au fil des ans, le Collège d'Alfred offre des cours par correspondance, ouvre un centre d'information et d'éducation en agriculture et tient un symposium annuel pour agriculteurs, producteurs et étudiants. Il participe aussi à la fondation du journal *Agricom* (v. 15 août).

1983 LE CENTRE D'EXCELLENCE ARTISTIQUE DE LA SALLE ❖ L'École secondaire publique De La Salle d'Ottawa est la première école secondaire de langue française en Ontario à offrir un programme académique d'excellence artistique pour les élèves de la 9e à la 12e année. D'abord appelé la Concentration arts De La Salle, ce programme devient le Centre d'excellence artistique. Au début, une formation est offerte dans trois disciplines seulement : arts visuels, théâtre et musique. De nos jours, le Centre d'excellence artistique couvre sept disciplines : arts visuels et médiatiques, ballet classique, danse contemporaine, écriture et création littéraire, musique instrumentale (cordes, vents, percussions, accompagnement piano), musique vocale et théâtre. Depuis plus de vingt ans, le Centre a vu nombre de ses élèves exceller dans toutes les sphères d'activités du monde artistique. À titre d'exemples, voici une quinzaine de diplômés qui se sont illustrés au palmarès des arts : Mélanie Beauchamp (comédienne), Dominic Bercier (caricaturiste et illustrateur), David Boutin (comédien), Anick Bouvrette (danseuse et chorégraphe), Nicolas Dromard (acteur, chanteur et danseur), Corinne Prévost (chanteuse), Simon Garneau (animateur télé), Noémie Godin-Vigneau (comédienne), Victor Herbiet (saxophoniste), Luc Lalonde (baryton), Martin Laniel (amuseur public), Rachelle Perreault (comédienne), David Pichette (violoniste), Vincent Poirier (comédien), Geneviève Ruest (photographe), Sophie Tremblay (comédienne), Matthew Whelan (chef machiniste au Cirque du Soleil).

1990 LA CITÉ COLLÉGIALE D'OTTAWA ❖ À la suite d'un accord signé le 12 janvier 1989, la Cité collégiale devient le premier collège d'arts appliqués et de technologie de langue française en Ontario et le 23e collège communautaire de la province, L'institution voit le jour dans le but de répondre aux besoins et aux aspirations de 200 000 francophones de l'Est ontarien en matière d'enseignement collégial. Son territoire s'étend à la ville d'Ottawa et aux comtés de Prescott-Russell, Renfrew, Frontenac, Lanark, Leeds, Grenville, Stormont, Dundas et Glengarry. Dans l'espace de dix ans, La Cité collé-giale a accueilli plus de 100 000 étudiants, et offert quelque 70 programmes à temps plein et 400 autres programmes à temps partiel en utilisant de l'équipement de pointe et en participant activement à la communauté au moyen de partenariats avec des intervenants de tous les secteurs.

1993 CRÉATION DU BIMENSUEL *LE LIEN ÉCONOMIQUE* ❖ C'est Michel Malbœuf, de la société Jamitel inc. d'Embrun, qui fonde la revue *Le Lien économique*. Seul magazine d'affaires de langue française en Ontario, *Le Lien économique* paraît six fois par an et compte plus de 25 000 lecteurs. Chaque parution traite d'un thème particulier tel que les investissements, la gestion, les ressources humaines, les entreprises familiales, l'import-export et les technologies. *Le Lien économique* bénéficie de solides partenariats avec, entre autres, la Chambre économique de l'Ontario et l'Association des juristes d'expression française de l'Ontario. En 2004, Les Éditions Voyageur acquièrent toutes les actions de la société Jamitel inc. et le magazine est publié à partir de Sudbury dès avril 2004.

1996 FONDATION DU *JOURNAL CANORA* ❖ Ce bimensuel est l'organe des Canadiennes et Canadiens d'origine africaine, antillaise et asiatique. Situé à Toronto, le *Journal Canora* est dirigé par Jacques Yamdjie ; il cherche à offrir à ses lecteurs et lectrices de l'Ontario et du Canada des services dans tous les secteurs d'activités qui ont une influence sur leur cheminement.

1er septembre

1868 NAISSANCE D'HENRI BOURASSA, JOURNALISTE ❖ Originaire de Montréal (Québec), Henri Bourassa est tour à tour maire de Montebello (Québec), député à la Chambre des communes et à l'Assemblée législative du Québec. En tant que journaliste, il s'intéresse beaucoup à la question nationale et au sort des minorités francophones, notamment des Franco-Ontariens. À 24 ans, il est propriétaire et éditeur du journal *L'Interprète*, publié à Clarence Creek en Ontario. Fondateur du journal *Le Nationaliste* (1904), Henri Bourassa est surtout connu pour son rôle dans la création du quotidien *Le Devoir* (1910) qu'il dirige pendant 22 ans. Foncièrement indépendant au niveau des idées, le directeur du *Devoir* garde ses distances vis-à-vis des partis politiques de l'époque pour défendre ses idéaux de justice et d'égalité. Henri Bourassa est l'auteur de plusieurs publications et brochures, dont *Le Problème des races au Canada* (1910), *Que devons-nous à l'Angleterre ?* (1915) et *Le Canada apostolique* (1916). Il est décédé à Outremont (Québec) le 31 août 1952.

1928 NAISSANCE DE L'ENTREPRENEUR GASTON MALETTE ❖ Né à Taschereau (Québec), Gaston Malette s'établit à Timmins en 1952, avec son frère Raynald. Ils achètent un moulin à scie et fondent l'entreprise Malette et Frères qui progresse rapidement, tant dans la coupe de bois et le sciage que dans la fabrication de papier. La compagnie se compose de cinq éléments : Malette Waferboard, Malette Lumber, Malette Wood Products, Opérations forestières et Malette Kraft Pulp & Power. En 1992, l'entreprise engage près de 1 500 employés et a des revenus de 20 millions de dollars. Président de l'Ontario Lumber Manufacturers Association, Gaston Malette est nommé entrepreneur de l'année (Northern Ontario Business Awards, 1990). Il siège au conseil d'administration de plusieurs organismes : Forest Engineering Institute of Canada, Canadian Wood Council, Banque nationale du Canada, Northern Telephone Hydro Ontario, Fondation franco-ontarienne et Richelieu international. L'entreprise de Gaston Malette est vendue à la Société Tembec en 1995.

2 septembre

1907 DÉCÈS DU DÉPUTÉ ALEXANDRE ROBILLARD ❖ Né dans le canton de Cumberland en 1843, Alexandre Robillard est un marchand de pierres qui devient sous-préfet du canton pendant cinq ans, puis préfet pendant trois ans. Candidat libéral dans le comté de Russell lors des élections provinciales de 1883, il défait son frère Honoré et garde la faveur des électeurs en 1886, 1890 et 1894. Alexandre Robillard meurt à Russell le 2 septembre 1907.

1911 ARRIVÉE DES FRÈRES DU SACRÉ-CŒUR EN ONTARIO ❖ C'est à la demande des Pères Capucins, qui dirigent la paroisse Saint-François d'Assise d'Ottawa, que les Frères du Sacré-Cœur arrivent en Ontario pour enseigner à l'école Saint-François d'Assise, puis pour étendre leur œuvre d'éducation à d'autres communautés de l'est et du nord de l'Ontario. Après Ottawa (1911), on les retrouve à Cornwall (1940), Kapuskasing (1944), Alexandria (1949), Penetanguishene (1952), Embrun (1955), Timmins (1956) et Haileybury (1960).

1946 NAISSANCE DU JURISTE GÉRARD LÉVESQUE ❖ Né à Ottawa, Gérard Lévesque est tour à tour secrétaire général de l'Association de la jeunesse franco-ontarienne (1970-1971), membre du conseil d'administration de l'Association canadienne d'éducation de langue française (1972), président du comité de langue française du Conseil scolaire d'Ottawa (1975-1976), président régional de l'Association française des conseils scolaires de l'Ontario (1977-1979), secrétaire général de l'Association canadienne-française de l'Ontario (1978-1981), conseiller scolaire au Conseil des écoles séparées catholiques d'Ottawa (1987-1988), membre de la Commission des langues d'enseignement de l'Ontario (1986-1994), président du Comité des langues officielles du Programme de contestation judiciaire, président du Conseil de la vie française en Amérique (1987-1991) et membre du conseil d'administration (1989-1995) de l'Université Sainte-Anne (Pointe-de-l'Église, Nouvelle-Écosse). Admis au barreau de l'Ontario en 1988, Gérard Lévesque assume durant une décennie (1991-2001) la direction générale de l'Association des juristes d'expression française de l'Ontario. Il remplit les fonctions de directeur (1984-1992) de *Télé-Clef*, la revue de la common law en français, publiée par le Conseil canadien de la documentation juridique, de directeur du Centre de traduction et de documentation juridiques de l'Université d'Ottawa (1990-1992), de professeur du cours de successions et testaments au programme de common law en français de la Faculté de droit de l'Université d'Ottawa (1991-1992) et de juge suppléant à la Cour des petites créances de Toronto (depuis 1997). Gérard Lévesque reçoit l'Ordre du mérite de l'Association des juristes d'expression française de l'Ontario en juin 2004.

3 septembre

1888 NAISSANCE DE L'ENTREPRENEUR ASCANIO J. MAJOR ❖ Natif d'Ottawa, Ascanio J. Major est le fils de l'entrepreneur Sylvanie Major qui meurt en 1903, à l'âge de 44 ans, laissant à son fils un commerce d'épicerie à l'angle des rues Murray et Dalhousie, à Ottawa. A. J. Major en vient à diriger la compagnie National Grocers, un des plus importants magasins en gros de l'Empire britannique, avec 29 succursales en Ontario. Homme d'affaires respecté et recherché, il devient président, entre autres, de Major Investments Ltd, de Rose Gold Mining Co. et de United Provinces Insurance Co. Il siège à plusieurs conseils d'administration, dont celui de l'Université d'Ottawa, de la Chambre de commerce d'Ottawa et de l'Hôpital Notre-Dame de Montréal. Décédé le 16 août 1968.

1947 NAISSANCE DE CLINTON ARCHIBALD, POLITICOLOGUE ❖ Natif d'Arvida (Québec), Clinton Archibald est professeur à la Faculté des sciences sociales, à la Faculté d'administration et à l'École de gestion de l'Université d'Ottawa. De 1974 à 1976, il est recherchiste auprès de la Commission d'étude sur le remaniement d'Ottawa-Carleton (Commission Mayo). Analyste et chroniqueur, il publie de nombreux articles sur le système politique canadien et québécois, sur le fédéralisme, sur le bilinguisme et sur l'administration municipale au Canada. Clinton Archibald collabore, entre autres, aux quotidiens *Le Droit* et *Le Devoir*, ainsi qu'aux revues *Études canadiennes* et *Recherches sociographiques*.

1968 PREMIÈRE ÉCOLE SECONDAIRE PUBLIQUE DE LANGUE FRANÇAISE ❖ L'École secondaire Confédération de Welland est la première institution publique de langue française à ouvrir ses portes en Ontario. Le 3 septembre 1968, elle accueille 492 élèves de Welland, Niagara Falls, Port Colborne et St. Catharines. Le personnel compte 27 enseignantes et enseignants, dont plusieurs Sœurs du Sacré-Cœur, sous la direction de Gérard Raymond, assisté de Jacques Giroux.

1979 OUVERTURE DE L'ÉCOLE DE LA HURONIE ❖ Lorsque les francophones de Penetanguishene et des environs, qui luttent pour l'obtention d'une école secondaire de langue française, se retrouvent dans une impasse (v. 23 avril), ils décident d'ouvrir eux-mêmes une institution scolaire qu'ils baptisent École de la Huronie. Cette 33e école secondaire de langue française en Ontario est une école parallèle, illégale, née de la résistance. Les cours se donnent au Centre d'activités françaises, dans un ancien bureau de poste sis sur la rue principale. Avec des ressources pédagogiques fragmentaires, l'École de la Huronie est un milieu de défi pour les 56 élèves et d'acharnement pour les enseignants. Les jeunes sont plus souvent mêlés à des questions politiques qu'à des problèmes mathématiques et à des règles de grammaire. Les francophones de Penetanguishene obtiennent gain de cause en avril 1980. La lutte pour l'obtention d'une école secondaire de langue française prend réellement fin lorsque l'École secondaire Le Caron ouvre ses portes en 1982.

4 septembre

1913 UN NOUVEAU RÈGLEMENT XVII ❖ Le ministère de l'Éducation de l'Ontario publie un Règlement XVII légèrement modifié en août 1913. Il permet désormais l'usage du français pour l'enseignement de la lecture, de la grammaire et de la composition françaises ; l'inspecteur en chef a le pouvoir d'augmenter le maximum quotidien d'une heure d'enseignement en français. Le nouveau Règlement prend force de loi le 4 septembre 1913.

1913 FONDATION DU COLLÈGE DU SACRÉ-CŒUR DE SUDBURY ❖ Lorsque la commission scolaire publique de Sudbury crée une *high school* en 1909, plusieurs Canadiens français y voient une menace à leur langue et religion. Des leaders tels que l'ancien maire Jean-Étienne Fournier militent en faveur de la fondation d'un collège classique. Les Jésuites acceptent de fonder une telle institution à Sudbury et la bénédiction ainsi que la pose de la pierre angulaire du Collège du Sacré-Cœur a lieu en 1912. Les portes ouvrent le 4 septembre 1913. L'institution est affiliée à l'Université Laval dès ses débuts et jusqu'en 1957. Sa clientèle se compose d'externes venus des environs et de pensionnaires provenant de tout l'Ontario, mais surtout du Nord de la province. Pendant plusieurs décennies, le Collège du Sacré-Cœur forme les leaders de la communauté francophone et devient le théâtre d'une intense vie artistique et culturelle. De 1957 à 1967, le collège cesse d'offrir le cours classique pour ne dispenser que le programme d'études secondaires. Il ferme ses portes en 1967, à l'aube de la création des écoles secondaires publiques de langue française. Le Collège du Sacré-Cœur détenant une charte universitaire, il joue un rôle clef dans la fondation de l'Université de Sudbury qui est fédérée à l'Université Laurentienne (v. 28 mars).

1928   NAISSANCE DE L'ATHLÈTE RAYMOND GARIÉPY ❖ Originaire de Toronto, Raymond Gariépy est un joueur de défense qui évolue dans la Ligue nationale de hockey pendant deux saisons seulement. En 1953-1954, il arbore les couleurs des Bruins de Boston ; en 1955-1956, il joue avec les Maple Leafs de Toronto.

1984   ÉLECTION FÉDÉRALE ❖ Lors du scrutin fédéral tenu le 4 septembre 1984, les candidats franco-ontariens suivants sont élus : Jean-Robert Gauthier (Ottawa-Vanier), Don Boudria (Glengarry-Prescott-Russell), Maurice Mantha (Nipissing) et Aurèle Gervais (Timmins-Chapleau).

5 septembre

1891   FONDATION DU JOURNAL LE CANADIEN ❖ Publié à Windsor, Le Canadien est un hebdomadaire francophone qui paraît pour la première fois

le 5 septembre 1891. Les recherches dans les archives ne permettent pas de connaître la durée et le contenu de ce journal.

1930   NAISSANCE DU JUGE JEAN-CHARLES SIROIS ❖ Né à Ottawa, Jean-Charles Sirois est admis au barreau de l'Ontario en 1952. Consul honoraire de la république d'El Savador (1960) et conseiller de la Reine (1974), il est nommé juge à la Cour suprême de l'Ontario le 5 août 1982. Il devient juge surnuméraire en 1997.

1952   NAISSANCE DE FRANÇOIS GUÉRIN, ÉCRIVAIN ❖ Natif d'Ottawa, François Guérin entreprend des études en composition musicale et obtient une maîtrise à Nanterre (France), puis un doctorat en musicologie de l'Université de Montréal (Québec). Après avoir enseigné la perception auditive et collaboré à diverses publications musicales, il travaille comme analyste en informatique, tout en accordant une place de plus en plus importante à l'écriture. Installé aujourd'hui au Québec, il publie quatre romans aux Éditions JCL de Chicoutimi : *Mémoires d'outre-tombe* (1998), *Le Germe* (1999), *Messire Benvenuto* (2000) et *Sur la piste de Callas* (2004).

1954   NAISSANCE DE L'ÉCRIVAIN CLAUDE FORAND ❖ Originaire de Plessisville (Québec), Claude Forand est journaliste, traducteur, romancier et nouvelliste. À titre de journaliste, il collabore à diverses publications québécoises, notamment *L'Actualité*, la *Revue Commerce*, *Québec Science* et *Les Affaires*, ainsi qu'à la radio de Radio-Canada à Toronto et à Montréal. Installé en Ontario depuis 1984, Claude Forand est spécialisé en traduction technique et médicale. Il publie un recueil de nouvelles intitulé *Le perroquet qui fumait la pipe* (1998) et un roman polar intitulé *Le Cri du chat* (1999). On lui doit deux romans jeunesse écrits en collaboration : *Le Soleil du 26 juillet* (1999) et *La Planète des fous* (1999).

1960   NAISSANCE DE DENIS FOREST, ACTEUR ET ARTISTE-PEINTRE ❖ Originaire d'Ottawa, Denis Forest est un des rares Franco-Ontariens à s'illustrer à Hollywood. Le plus souvent, il tient des rôles de vilain dans des films tels que *The Long Road Home*, *Destiny to Order*, *The Mask* et *Where Truth Lies*. On le voit aux côtés de Sylvester Stallone dans *Cliffhanger* et d'Arnold Schwarzenegger dans *Eraser*. Denis Forest est le méchant extraterrestre Malzor dans la série télévisée *War of the Worlds* (1989). Il tient des rôles dans les téléfilms *Champagne Charlie*, *Against the Wall* et *Ford : The Man and the Machine*. On le voit aussi dans des épisodes des séries *Friday the 13th*, *Alfred Hitchcock Presents*, *Dracula : the Series*, *Raven*, *Super Force*, *La Femme Nikita* et *The Invisible Man*. Quelques années avant sa mort, il connaît le succès lorsque ses tableaux sont exposés dans des galeries de la Californie et du Nevada. Décédé d'une crise cardiaque à Los Angeles (Californie) le 19 mars 2002 à l'âge de 41 ans.

6 septembre

1958   NAISSANCE D'ARSINÉE KHANJIAN, ACTRICE ET PRODUCTRICE ❖ D'origine arménienne, Arsinée Khanjian voit le jour à Beyrouth (Liban). Elle arrive au Canada en 1975 avec sa famille qui s'installe à Montréal. On la retrouve à Toronto à partir de 1983, d'abord pour des études universitaires, puis comme agente aux subventions au ministère des Affaires civiques et culturelles de l'Ontario (1987-1989) et agente au bureau du film et de la vidéo au Conseil des arts de l'Ontario (1989-1994). Parallèlement, elle tient divers rôles dans plusieurs films, dont ceux de son conjoint, le réalisateur Atom Egoyan : *Next of Kin* (1984), *Family Viewing* (1987), *Speaking Parts* (1988), *Montréal vu par...* (1991), *The Adjuster* (1991), *Calendar* (1993), *Exotica* (1994), *Irma Vep* (1996), *The Sweet Hereafter* (1997), *Fin août, début septembre* (1998), *Last Night* (1999), *Felicia's Journey* (1999), *À ma sœur !* (2000), *Code inconnu* (2000), *Ararat* (2002) et *Sabah* (2005). Elle est la vedette de *Danser à Lughnasa* (1999) au Théâtre de Bobigny à Paris et au Théâtre de Vidy en Suisse. En 2000, elle effectue une tournée en France, participe à des festivals au Japon et en Allemagne, puis termine une production de *Stella*, de Goethe, au Théâtre de Bobigny. En 2001, elle tient un rôle

dans la série *Foreign Objects* du réseau anglais de Radio-Canada. Son rôle dans la série télévisuelle *Foolish Hearts* lui vaut le prix Gemini 1999 de la meilleure actrice dans un rôle dramatique continu. En 2003, Arsiné Khanjian reçoit le prix Génie de la meilleure actrice pour son rôle dans *Ararat*.

1975   NAISSANCE DU COMÉDIEN DINO GONÇALVES ❖ Natif d'Ottawa, Dino Gonçalves se fait d'abord connaître dans le rôle de Pinocchio dans la production du même nom présentée par la Compagnie Vox Théâtre (2000-2004). Il interprète ensuite le rôle du grand méchant loup dans *Grim Grim* que produit le Théâtre français de Toronto (2002-2004). Il joue aussi Arlequin dans *La Commedia* que met en scène le Théâtre Dérives urbaines (2002), puis Scapin dans *Les Fourberies de Scapin* que produit la compagnie Corpus (2003). Dino Gonçalves anime également des capsules d'information dans le créneau jeunesse de TFO (2003-2004).

1990   ÉLECTION PROVINCIALE ❖ Lors du scrutin ontarien tenu le 6 septembre 1990, les candidats franco-ontariens suivants sont élus : Jean Poirier (Prescott-Russell), Noble Villeneuve (Stormont-Dundas-Glengarry), Bernard Grandmaître (Ottawa-Est), Gilles Morin (Carleton-Est), Shelley Martel (Sudbury-Est), Gilles Bisson (Cochrane-Sud) et Gilles Pouliot (Lac Nipigon).

7 septembre

1915   NAISSANCE D'ALBERT REGIMBAL, S.J., ANIMATEUR ❖ Originaire de Sudbury, Albert Regimbal est ordonné prêtre jésuite en 1948. Fondateur et directeur général du Centre des jeunes de Sudbury (1950-1980), il est le premier promoteur des Jeunesses musicales dans le nord de l'Ontario. Albert Regimbal est aussi membre-fondateur et vice-président du Comité des droits de l'homme de Sudbury et de l'Association canadienne des centres de loisirs. Ardent promoteur de la culture française, il meurt à Sudbury le 17 juillet 1980. Cinq ans plus tard, l'Assemblée des centres culturels de l'Ontario crée l'Ordre du mérite Albert-Regimbal pour récompenser ceux qui, comme lui, ont à cœur l'épanouissement culturel des Franco-Ontariens et Franco-Ontariennes dans leur région.

1965   NAISSANCE DE MONIQUE SMITH, DÉPUTÉE ❖ Née à North Bay, Monique Smith est une avocate qui remplit le rôle de chef de cabinet du leader de l'opposition officielle (Dalton McGuinty) et de directrice des opérations lors de la campagne libérale provinciale de 1999. Elle occupe ensuite le poste de directrice générale de l'Association of Canadian Publishers. Lors des élections provinciales de 2003, elle se présente comme candidate libérale dans le comté de Nipissing. Élue, Monique Smith est nommée adjointe parlementaire au ministre de la Santé et des Soins de longue durée.

1969   LOI SUR LES LANGUES OFFICIELLES (CANADA) ❖ Le Parlement du Canada adopte une loi déclarant que le français et l'anglais sont les langues officielles du pays. La *Loi sur les langues officielles* fait suite aux recommandations de la Commission royale d'enquête sur le bilinguisme et le biculturalisme. Elle a pour but de faire en sorte que toutes les institutions fédérales offrent leurs services aux Canadiens dans la langue officielle de leur choix. À cette fin, elle crée le Bureau du commissaire aux langues officielles, chargé de faire respecter la loi. Pour les minorités de langue française, cette loi donne un regain d'espoir face à leur avenir dans la Confédération canadienne.

8 septembre
Journée internationale de l'alphabétisation

1842   UN SEUL DÉPUTÉ FRANCOPHONE DANS LE CANADA-OUEST ❖ Louis-Hippolyte Ménard dit LaFontaine est le seul francophone à se faire élire dans le Canada-Ouest, à la suite de l'Acte d'union du Haut et du Bas-Canada. Élu dans le comté de York, puis dans celui de York 4th, il fait son entrée au parlement le 8 septembre 1842. Chef de file des Canadiens français après les insurrections de la Rébellion de 1837, il fait équipe avec Robert Baldwin pour unir les réformateurs du Bas et du Haut-Canada. Louis-Hippolyte LaFontaine est né en 1807 à Boucherville (Québec) et est décédé en 1864 à Montréal.

1876   NAISSANCE DU JOURNALISTE OMER HÉROUX ❖ Originaire de Saint-Maurice (Québec), Omer Héroux est rédacteur en chef du quotidien *Le Devoir* de 1910 à 1957. Il se fait connaître en Ontario par ses articles en faveur des minorités francophones du Canada. Ainsi, en 1913, il s'oppose au Règlement XVII. Omer Héroux reçoit l'Ordre du mérite scolaire franco-ontarien en 1947. Décédé à Outremont (Québec) le 3 mai 1963.

1884   NAISSANCE DU LEADER HENRI SAINT-JACQUES ❖ Natif d'Ottawa, Henri Saint-Jacques est un éducateur et avocat qui joue un rôle clé dans la promotion du français en Ontario. Tour à tour professeur au Lisgar Collegiate d'Ottawa, directeur de l'école Garneau d'Ottawa et directeur de l'École normale de Sturgeon Falls, il devient inspecteur des écoles bilingues dans le nord de la province et démissionne de son poste en 1916 pour protester contre le Règlement XVII. Devenu avocat, Henri Saint-Jacques est conseiller juridique de la corporation diocésaine d'Ottawa, ainsi que de plusieurs municipalités et congrégations religieuses. Sur la recommandation de l'Association canadienne-française d'éducation d'Ontario, il accepte d'être l'avocat du père des quintuplées Dionne ; il réussit à rétablir les droits de parent de son client et à rapatrier les quintuplées chez ce dernier à Corbeil. En 1950, il est nommé membre de la Commission royale chargée d'enquêter sur le système d'éducation en Ontario (Commission Hope, v. 21 mars). Henri Saint-Jacques assume les fonctions de président général de la Société Saint-Jean-Baptiste d'Ottawa (1921-1923), de premier président de la Société des anciens élèves de langue française de l'Université d'Ottawa (1924), de membre du conseil d'administration de la Bibliothèque publique d'Ottawa (1941-1959), de conseiller de l'Association canadienne-française d'éducation d'Ontario et de vice-président de l'Association des bibliothèques publiques de l'Ontario. Il meurt à Ottawa le 15 février 1974.

1953 FONDATION DE L'UNIVERSITÉ DE HEARST ❖ C'est Mgr Louis Lévesque, évêque du diocèse de Hearst, qui fonde le Séminaire de Hearst (1953), qui devient le Collège de Hearst (1959), puis le Collège universitaire de Hearst (1972). Dès ses débuts, l'institution accueille des pensionnaires de toute la région, depuis Cochrane jusqu'à Geraldton, en passant par Kapuskasing et Smooth Rock Falls. De 1953 à 1971, le Séminaire et le Collège de Hearst sont sous la direction de l'évêque et du clergé du diocèse de Hearst. Maintenant, l'Université de Hearst est une institution publique autonome, gérée par son propre conseil des gouverneurs. Elle reçoit du financement de la province au même titre que les autres universités de l'Ontario. Grâce à une entente d'affiliation négociée en 1963, ses programmes et ses grades sont sanctionnés par le Sénat de l'Université Laurentienne, à Sudbury. Au début des années soixante, seul le programme de concentration en français est offert. Maintenant, l'Université de Hearst dispense aussi des programmes de baccalauréat ès arts en gestion, histoire, psychologie et sociologie. Elle offre également un baccalauréat spécialisé en administration des affaires. Les programmes menant à ces diplômes sont offerts entièrement en français sur les trois campus, soit Hearst, Kapuskasing et Timmins.

1968 NAISSANCE DU CHANTEUR YVAN VOLLÉ ❖ Né à Ottawa, Yvan Bilodeau est le fondateur du groupe Yvan et les voyous, qui fait ses débuts en 1995. Le groupe produit un disque qui est surtout diffusé sur le territoire ontarien. Lorsqu'il devient chanteur solo, Yvan Bilodeau adopte un nouveau nom de scène, soit Yvan Vollé. En 1999, il enregistre *Triste à Paris*, qui lui vaut un trophée Trille Or dans la catégorie auteur-compositeur par excellence lors du Gala 2001 de la chanson et de la musique franco-ontariennes. Son album *Sans question* (2001) est mis en nomination dans la catégorie Folk contemporain, lors du 24e Gala de l'ADISQ. En 2002, Yvan Vollé se produit, entre autres, au Festival franco-ontarien et aux Francofolies de Montréal. Mis en nomination dans plusieurs catégories lors du deuxième Gala de la chanson et de la

musique franco-ontariennes (2003), il remporte le Trille Or du meilleur vidéo-clip pour *Tonalité*.

9 septembre

1902 ARRIVÉE DES SŒURS DU SACRÉ-CŒUR EN ONTARIO ❖ C'est à la demande des Oblats de Marie-Immaculée que les Sœurs du Sacré-Cœur s'établissent en Ontario, d'abord dans le diocèse d'Ottawa, puis dans ceux de Timmins, Alexandria-Cornwall, Sault-Sainte-Marie, Toronto et St. Catharines. Elles dirigent surtout des écoles primaires, notamment à Ottawa, Sarsfield, Saint-Albert, Fournier, Corbeil, Cobalt, Maxville, Oshawa, Port Colborne, Niagara Falls et Val-Caron. On les retrouve aussi dans des écoles secondaires à Ottawa, Bonfield, Cornwall, Saint-Isidore-de-Prescott et Welland. Une de leurs institutions, l'École secondaire Confédération à Welland, devient la première école secondaire publique de langue française en Ontario.

10 septembre

1910 UN CARDINAL REMIS VERTEMENT À SA PLACE ❖ Le 21e Congrès eucharistique, le premier à se tenir en Amérique du Nord, a lieu à Montréal du 6 au 11 septembre 1910 et il devient le théâtre d'un cinglant affrontement linguistique. Le cardinal Francis Bourne, archevêque de Westminster (Angleterre) soutient que l'Église catholique canadienne doit se doter d'une hiérarchie anglaise et de prêtres de langue anglaise. Il déclare : « Tant que la langue anglaise, les habitudes de pensée anglaises – la littérature anglaise – en un mot toute la mentalité anglaise ne seront pas mises au service de l'Église catholique, la mission de salut de l'Église sera entravée et retardée. » Dès que le cardinal a terminé son allocution, Henri Bourassa lui succède à la tribune. Le fondateur du quotidien *Le Devoir* met de côté son discours préparé et livre une leçon de savoir-faire politique et ecclésiastique aux prélats rassemblés. Dans un premier temps, il rassure Bourne que tout immigrant venant de Grande-Bretagne au Canada, et particulièrement au Québec, peut être certain de recevoir les soins religieux dans sa propre langue. Puis il exige la même justice à l'égard des Canadiens français. « Permettez-moi de revendiquer le même droit pour mes compatriotes, pour ceux qui parlent ma langue, non seulement dans cette province, mais partout où il y a des groupes français qui vivent à l'ombre du drapeau britannique [...] et surtout sous l'aile maternelle de l'Église catholique, – de l'Église du Christ, qui est mort pour tous les hommes et qui n'a imposé à personne l'obligation de renier sa race pour Lui rester fidèle. »

1933   NAISSANCE DU JUGE LUCIEN A. BEAULIEU ❖ Originaire de Mutrie (Saskatchewan), Lucien Beaulieu est admis au barreau de l'Ontario en 1968. Procureur adjoint de la Couronne pour le ministère du Procureur général de l'Ontario (1968-1971) et directeur provincial des appels au Régime d'aide juridique de l'Ontario (1971-1973), il est nommé juge de la Cour supérieure de justice de l'Ontario en 1973 et, en 1977, juge principal de cette cour pour les districts judiciaires de York et de Peel. Président du groupe d'étude de l'Ontario sur le vandalisme (1979-1981) et commissaire à la Commission royale d'enquête sur la violence dans le secteur des communications (1975-1977), le juge Beaulieu préside l'Association internationale des magistrats de la jeunesse et de la famille, de 1998 à 2002.

1943   NAISSANCE D'ANDRÉ CHAMPAGNE, ATHLÈTE ❖ Né à Ottawa, André Joseph Orius Champagne est un ailier gauche qui évolue dans la Ligue nationale de hockey au cours de la saison 1962-1963. Il arbore le chandail des Maple Leafs de Toronto.

1987   ÉLECTION PROVINCIALE ❖ Lors du scrutin ontarien tenu le 10 septembre 1987, les candidats franco-ontariens suivants sont élus : Jean Poirier (Prescott-Russell), Noble Villeneuve (Stormont-Dundas-Glengarry), Bernard Grandmaître (Ottawa-Est), Gilles Morin (Carleton-Est), Maurice Bossy (Chatham-Kent), Shelley Martel (Sudbury-Est), René Fontaine (Cochrane-Nord) et Gilles Pouliot (Lac Nipigon).

11 septembre

1905   NAISSANCE DU DÉPUTÉ HORACE RACINE ❖ Natif d'Ottawa, Horace Racine est un entrepreneur des pompes funèbres. Membre du Parti libéral de l'Ontario, il se fait élire député provincial d'Ottawa-Est lors des élections de 1963. Il siège à l'Assemblée législative pendant un seul mandat, soit de 1963 à 1967. Il meurt à Ottawa le 19 mai 1993.

1908   FONDATION DU JOURNAL LE MONITEUR ❖ Ce sont J. H. Laurin et J. G. Sabourin, propriétaires du Hawkesbury Echo, qui fondent Le Moniteur, hebdomadaire francophone de Hawkesbury. Ils tâtent d'abord le terrain en diffusant un supplément francophone dans ledit Echo, de 1906 à 1908. Le Moniteur lance publiquement l'idée d'un congrès national des Canadiens français de l'Ontario, et ce à peine trois mois après sa création. Le journal paraît pendant près de soixante ans.

1946   NAISSANCE DE CLAIRE FAUBERT, FEMME DE THÉÂTRE ❖ Originaire d'Orléans, Claire Faubert est une enseignante devenue comédienne, metteure en scène et professeure de théâtre. Après des expériences au théâtre pour enfants, au théâtre amateur et au théâtre d'avant-garde, elle se joint au Théâtre français du Centre national des Arts en 1975. À compter de 1981, Claire Faubert effectue un séjour de trois ans à Paris où elle étudie avec Alain Knapp et obtient une maîtrise de l'Institut d'études théâtrales de la Sorbonne. À son retour au Canada, elle commence à enseigner au Département de théâtre de l'Université d'Ottawa. En 1990, elle devient directrice artistique du Théâtre du Trillium. À titre de metteure en scène, Claire Faubert signe la mise en scène, entre autres, de Jacques et son maître, de Milan Kundera, et L'Éducation de Rita, de Willy Russell. Ses prestations de comédienne incluent notamment le rôle de Martha dans Qui a peur de Virginia Woolfe ? et celui de Stéphanie dans Duo pour une soliste, de Tom Kempinski. Elle interprète aussi le rôle d'Isabelle dans Les Boucaniers d'eau douce que produit TVOntario.

12 septembre

1885 FONDATION DU JOURNAL *LA NATION* ❖ Télesphore Rochon et François-Xavier Boileau fondent l'hebdomadaire *La Nation*, à Plantagenet, dans le but de servir Dieu, le Pape et la Patrie : ces trois mots emblématiques constituent la devise du journal. *La Nation* renseigne ses lecteurs au sujet de la colonisation dans le Témiscamingue et se porte à la défense de Louis Riel.

1926 NAISSANCE DU JUGE FERNAND GRATTON ❖ Natif de Chelmsford, Fernand L. Gratton est admis au barreau de l'Ontario en 1951. Président de l'Association de la jeunesse franco-ontarienne (1951-1953), membre fondateur du Centre des jeunes de Sudbury, directeur de la Chambre de commerce de Sudbury, conseiller scolaire, président de l'Association libérale de Sudbury, membre du bureau des gouverneurs de l'Université de Sudbury (1966-1975), il est nommé juge à la Cour de district de Nipissing le 7 novembre 1967. En 1982, Fernand Gratton est muté à la Cour de district de Sudbury. Il prend sa retraite en 1993 et meurt à Ottawa le 25 mai 1997.

1932 NAISSANCE DE MGR BLAISE MORAND ❖ Né à Tecumseh, Blaise Morand est ordonné prêtre le 22 mars 1958 (cinq frères suivront ses traces vers le sacerdoce). Incardiné dans le diocèse de Saskatoon, il est tour à tour curé, recteur du St. Pius X Seminary, chancelier, puis vicaire général du diocèse. Il est élu évêque coadjuteur de Prince-Albert le 27 avril 1981, et sacré le 29 juin suivant. Le 9 avril 1983, il devient évêque titulaire du diocèse de Prince-Albert. Une école de North Battleford (Saskatchewan) porte son nom.

1943 NAISSANCE DE L'ATHLÈTE PAUL DESJARDINS ❖ Natif d'Ottawa, Paul Desjardins détient un doctorat en chimie et nourrit une passion pour le football. Il se joint à deux équipes professionnelles, d'abord les Blue Bombers de Winnipeg (1965-1970), puis les Argos de Toronto (1971-1973). Paul Desjardins reçoit le trophée Gil.-O.-Julien en 1965.

1944 NAISSANCE DU JUGE RÉGINALD LÉVESQUE ❖ Né à Cochrane, J. F. Réginald Lévesque est admis au barreau de l'Ontario en 1972. Membre du Conseil de l'aide juridique régional du district de Cochrane, membre du conseil d'administration du Collège Northern et de la Chambre de commerce de Timmins, il est nommé juge le 24 mars 1980 et affecté à la Cour provinciale de l'Ontario, division criminelle, à L'Orignal.

13 septembre

1932 NAISSANCE DE L'ATHLÈTE JACQUES BÉLEC ❖ Originaire de Timmins, Jacques Bélec se joint à l'équipe de football de l'Université Western, à London. Il est embauché par les Alouettes de Montréal en 1954 et évolue avec cette formation jusqu'en 1956. Son équipe se trouve en finale pour la Coupe Grey à chacune de ces années. Jacques Bélec reçoit le trophée Gil.-O.-Julien en 1956.

1949 NAISSANCE DE L'ANIMATEUR JEAN MALAVOY ❖ Né à Confolens (France), Jean Malavoy a deux ans lorsqu'il arrive au Canada. Tour à tour enseignant à Dryden, animateur de l'ACFO de Prescott-Russell (1976-1978), responsable adjoint au Bureau franco-ontarien du Conseil des arts de l'Ontario (1978-1991), directeur général du Centre francophone de Toronto (1992-1996), du Bureau des regroupements des artistes visuels de l'Ontario (1996-1999), chef de programme à la Fondation Trillium de l'Ontario (2000-2002) et directeur général de La Nouvelle Scène (2001-2004), puis de la Conférence canadienne des arts (2004-2005), il remplit aussi les fonctions de recherchiste du Groupe de travail pour une politique culturelle francophone de l'Ontario (1991-1992) et de responsable de la délégation culturelle aux Jeux de la Francophonie de Madagascar (1996-1997). Jean Malavoy contribue à mettre sur pied et à rentabiliser divers organismes et événements culturels, notamment l'Assemblée des centres culturels de l'Ontario, l'Association des professionnels de la chanson et de la musique, le Bureau des regroupements des artistes visuels de l'Ontario, Perspective 8

Collège du Sacré-Cœur de Sudbury
4 septembre 1913

Arsinée Khanjian
6 septembre 1958

Monique Smith
7 septembre 1965

Louis-Hippolyte LaFontaine
8 septembre 1842

Napoléon-Antoine Belcourt
15 septembre 1860

Éva Gauthier
20 septembre 1885

Pierre St-Jean
22 septembre 1833

Jeannine Séguin
30 septembre 1928

(collectif artistique du Nord ontarien), Contact ontarois, le Salon du livre de Toronto, le réseau Coup de Cœur francophone et le Festival Vues d'Afrique de Toronto.

14 septembre

1904 NAISSANCE DE L'ATHLÈTE FRANCIS AMYOT ❖ Natif de Toronto, Francis Amyot remporte six fois le championnat canadien de pagaie. Il devient membre et capitaine de la première équipe olympique canadienne en canot. Amyot gagne la seule médaille d'or pour le Canada aux Jeux olympiques de Berlin, en 1936, dans la catégorie de simple barreur aux 1 000 mètres. Son équipe remporte aussi une médaille d'argent et une autre de bronze à la pagaie en tandem. Francis Amyot est décédé à Ottawa le 21 novembre 1962. Il est élu au Temple de la renommée sportive de l'Ottawa métropolitain en 1966 et au Temple de la renommée sportive du Canada en 1984.

1926 ÉLECTION FÉDÉRALE ❖ Lors du scrutin général tenu le 14 septembre 1926, les députés franco-ontariens suivants sont élus : Edgar Chevrier (Ottawa), Louis Auger (Prescott), Alfred Goulet (Russell), Edmond Lapierre (Nipissing), Joseph-A. Bradette (Temiscaming-Nord) et Edmond Odette (Essex-Est).

15 septembre

1860 NAISSANCE DU LEADER NAPOLÉON-ANTOINE BELCOURT, DÉPUTÉ ET SÉNATEUR ❖ Né à Toronto, Napoléon-Antoine Belcourt est un avocat qui s'établit à Ottawa et qui se fait élire député libéral de la circonscription d'Ottawa à la Chambre des communes en 1896, 1900 et 1904. Président de cette assemblée du 10 mars au 29 septembre 1904, il est nommé membre du Conseil privé le 12 janvier 1905, puis sénateur le 22 novembre 1907. Président de l'Association canadienne-française d'éducation de l'Ontario (1910-1912 et 1920-1930), il défend la cause des écoles bilingues de l'Ontario devant le Conseil privé de Londres et joue un rôle

clef au sein de la Unity League, et rallie l'opinion anglaise à la cause franco-ontarienne. En 1924, il est fait officier de la Légion d'honneur (France). Napoléon-Antoine Belcourt est décédé à Blue Sea Lake (Québec) le 7 août 1932. Selon l'historien Robert Choquette, l'écrivain Lionel Groulx s'est vraisemblablement inspiré de Belcourt pour créer le personnage central de son roman intitulé *L'Appel de la race* (1922). De 1971 à 1983, une école secondaire publique de langue française à Ottawa porte son nom.

1906 NAISSANCE DU JOURNALISTE JEAN-CHARLES DAOUST ❖ Originaire de Montréal (Québec), Jean-Charles Daoust entame sa carrière de journaliste à Manchester (New Hampshire), puis entre au service du quotidien *Le Droit* à Ottawa en 1938, à la suite du décès de Gilbert-O. Julien (v. 26 mai). Correspondant pendant la Seconde Guerre mondiale (1941-1945), puis éditeur à la Fonction publique fédérale (1945-1951), il revient au *Droit* comme journaliste et directeur des pages sportives, y demeurant jusqu'à son décès, survenu le 8 septembre 1963. Un trophée institué à la mémoire de Jean-Charles Daoust est décerné annuellement par *Le Droit* au meilleur athlète canadien-français de la région desservie par le journal.

1958 NAISSANCE DE JOËL QUENNEVILLE, ATHLÈTE ❖ Né à Windsor, Joël Quenneville est un joueur de défense qui fait son entrée dans la Ligue nationale de hockey en 1978. Il évolue d'abord avec les Maple Leafs de Toronto jusqu'en 1980, puis avec les Rockies du Colorado, de 1980 à 1982. Il passe une saison avec les Devils du New Jersey, se joint ensuite aux Whalers de Hartford (1983-1990) et termine sa carrière professionnelle avec les Capitals de Washington (1990-1991). Joël Quenneville dispute 803 parties, marque 54 buts et réussit 136 passes décisives.

1961 NAISSANCE DE MICHEL OUELLETTE, DRAMATURGE ❖ Né à Smooth Rock Falls, Michel Ouellette se consacre à l'écriture dramatique depuis 1987. Il est l'auteur d'une trentaine de pièces de théâtre, dont une dizaine sont publiées aux Éditions du Nordir. En 1994, il reçoit le Prix littéraire du Gouverneur général pour *French Town* et, en 1995, le Prix du Consulat général de France (Salon du livre de Toronto) pour la contribution de son œuvre à la littérature ontarienne de langue française. Il remporte le concours d'œuvres dramatiques de l'Association des théâtres francophones du Canada, en 2000, pour sa pièce *Aux voleurs !* En 2001, il est finaliste du Prix littéraire du Gouverneur général et du Prix Odyssée avec sa pièce *Requiem*. En 2002, il remporte le prix Trillium pour *Le Testament du couturier*.

2004   UN FRANCO-ONTARIEN À LA TÊTE DU MUSÉE D'ART CONTEMPORAIN DE MONTRÉAL ❖ En arrêtant son choix sur Marc Mayer, le conseil d'administration du Musée d'art contemporain de Montréal confie la direction générale à un Franco-Ontarien. Né à Sudbury, Marc Mayer est diplômé en histoire de l'art de l'Université McGill. Il occupe les fonctions d'adjoint au directeur du 49th Parallel Centre for Contemporary Canadian Art à New York (1986-1990), de chef des arts visuels aux Services culturels de l'Ambassade du Canada à Paris (1990-1993) et de correspondant à Paris pour la revue new-yorkaise *The Journal of Art*. Il devient ensuite conservateur à la Albright-Knox Art Gallery de Buffalo (1994-1998), puis directeur de Power Plant Contemporary Art Gallery au Harbourfront Centre à Toronto (1998-2001). Directeur adjoint de l'art au Brooklyn Museum de New York (2001-2004), Marc Mayer assume les fonctions de directeur général du Musée d'art contemporain de Montréal à partir du 15 septembre 2004.

16 septembre

1904   ÉRECTION CANONIQUE DU DIOCÈSE DE SAULT-SAINTE-MARIE ❖ C'est le pape Pie IX qui crée le diocèse de Sault-Sainte-Marie, le 16 septembre 1904 ; il est suffragant de l'archidiocèse de Kingston. Le diocèse de Sault-Sainte-Marie connaîtra cinq évêques francophones : Adolphe Proulx (auxiliaire, 1965-1967), Roger Despatie (auxiliaire, 1968-

1973) et Gérard Dionne (auxiliaire, 1975-1983), Marcel Gervais (titulaire, 1985-1989) et Jean-Louis Plouffe (titulaire depuis 1989).

17 septembre

1792   PREMIÈRE LÉGISLATURE DU HAUT-CANADA ❖ Après les élections d'août 1792, les 16 députés élus dans le Haut-Canada se réunissent à Newark pour la première séance de la nouvelle Assemblée législative. François Baby, député de Kent, est le seul francophone parmi les tout premiers élus du Haut-Canada. La première législature se tient du 17 septembre 1792 au 3 juin 1796 ; les députés ne siègent qu'un mois par année, le plus souvent entre mai et octobre.

1841   NAISSANCE DE BENJAMIN SULTE, HISTORIEN ❖ Originaire de Trois-Rivières (Québec), Benjamin Sulte collabore à *La Minerve* de Montréal et au journal *Le Canada* d'Ottawa. Traducteur à la Chambre des communes (1866-1870), puis fonctionnaire au ministère de la Milice (1882-1902), il publie nombre d'ouvrages historiques, notamment sur Trois-Rivières, la bataille de Châteauguay, le fort de Chambly et les premiers seigneurs du Canada. Il est surtout connu pour son *Histoire des Canadiens-Français, 1608-1880*, publiée en huit volumes entre 1882 et 1884, ainsi que pour ses *Mélanges historiques* qui renferment 21 volumes annotés par Gérard Malchelosse et parus entre 1918 et 1925, puis entre 1928 et 1934. Membre de la Société royale du Canada (1882) et du Club des Dix (1884), Benjamin Sulte est décédé à Ottawa le 6 août 1923. Un pavillon de l'Université du Québec à Trois-Rivières porte son nom.

1878   ÉLECTION FÉDÉRALE ❖ Lors du scrutin général tenu le 17 septembre 1878, deux députés franco-ontariens sont élus : Joseph Tassé (Ottawa) et Félix Routhier (Prescott).

1962   NAISSANCE DE GILLES LAFRANCE, ATHLÈTE ❖ Originaire de Sudbury, Gilles Lafrance participe aux Jeux mondiaux de la paralysie cérébrale, tenus en Belgique en 1986, et décroche les honneurs suivants : médaille d'or et record mondial des 200 mètres, médaille d'or aux 400 mètres. La même année, au championnat du monde pour les handicapés physiques, tenu en Suède, Gilles Lafrance gagne la médaille d'or à trois reprises : aux 100, 200 et 400 mètres.

1997   PREMIER FESTIVAL NATIONAL DE L'HUMOUR DE HEARST ❖ Le Festival national de l'humour est le deuxième festival humoristique en importance au Canada après celui de Montréal. Son objectif est de présenter aux communautés de Hearst, du nord de l'Ontario et du nord-ouest québécois un événement unique qui promeut les artistes francophones canadiens et qui accroît la participation du public à des activités artistiques et culturelles. Le Festival de l'humour s'adresse à toute la famille et est composé de trois volets : spectacles pour adultes, spectacles et ateliers pour adolescents et spectacles pour les enfants. Chaque festival a lieu en septembre et dure trois jours au cours desquels sont présentés des humoristes majoritairement du Québec : Michel Barrette, André-Philippe Gagnon, Lebel et Labelle, Jean-Michel Anctil, Yvon Deschamps, Stéphane Rousseau, François Massicotte et Laurent Paquin. Parmi les artistes ontariens, on retrouve Éric Lord, Patrick Groulx, Jean-Christian Thibodeau et Ange-Émile Maheu.

18 septembre

1841   LA LOI SCOLAIRE SYDENHAM ❖ La première Assemblée législative du Canada-Uni étudie dès juillet 1841 un projet de loi scolaire soumis par le nouveau gouverneur, Lord Sydenham. Les protestants du Bas-Canada obtiennent qu'on ajoute une clause à l'effet que des citoyens de foi religieuse autre que celle de la majorité d'un district puissent choisir leurs propres commissaires d'écoles et puissent établir une ou plusieurs écoles aux mêmes conditions que les écoles publiques. Cette clause est adoptée et constitue la pierre angulaire de la législation ontarienne sur les écoles séparées, qui reçoit la sanction royale le 18 septembre 1841. La minorité catholique de l'Ontario jouira désormais d'une protection légale devant sa majorité protestante.

1941   NAISSANCE DE L'ENTREPRENEUR JACQUES DE COURVILLE NICOL ❖ Né à Outremont (Québec), Jacques de Courville Nicol vit à Ottawa où il a fondé plusieurs entreprises œuvrant dans le domaine des communications, de la télévision, du cinéma et de la vidéo. Sa compagnie Turnelle opère à Ottawa, Kingston, Toronto, London, Gatineau et Montréal. En 1986, la Commission de la capitale nationale le nomme homme d'affaires de l'année. Membre de la Chambre de commerce d'Ottawa, de l'Association des manufacturiers canadiens, du Conseil de développement économique, de l'Institut d'administration publique du Canada et de l'Institut de gestion générale du Canada, Jacques de Courville Nicol est le premier président du Regroupement des gens d'affaires d'Ottawa (1983).

1975   ÉLECTION PROVINCIALE ❖ Lors du scrutin ontarien tenu le 18 septembre 1975, les candidats franco-ontariens suivants sont élus : Albert Bélanger (Prescott-Russell), Osie Villeneuve (Stormont-Dundas-Glengarry), George Samis (Cornwall), Albert Roy (Ottawa-Est), Élie Martel (Sudbury-Est), René Brunelle (Cochrane-Nord) et Leo Bernier (Kenora).

19 septembre

1865   INCORPORATION DE L'INSTITUT CANADIEN-FRANÇAIS D'OTTAWA ❖ Fondé en 1852, l'Institut canadien-français d'Ottawa est le plus ancien organisme franco-ontarien toujours en existence. Il vise le développement moral, intellectuel et physique de ses membres. Enregistré en 1856 et incorporé en 1865 par une loi du Parlement de la Province du Canada, cet institut accueille plus de 5 000 membres au fil des ans. L'Institut canadien-français d'Ottawa est à l'origine des deux premiers journaux de langue française publiés en Ontario : *Le Progrès* (1858) et *Le Courrier d'Ottawa* (1861). De 1922 à 1925, l'organisme publie une revue mensuelle intitulée *Les Annales* (v. 1er janvier).

1913   Manifeste de l'acfeo contre le Règlement XVII ❖ Devant l'échec de ses représentations
auprès du ministère de l'Instruction publique à la
suite de la promulgation d'un nouveau Règlement XVII plus sévère, en août 1913, l'Association
canadienne-française d'éducation de l'Ontario
publie un manifeste décrivant la marche à suivre
pour résister à l'infâme réglementation. Il s'agit
d'un guide explicite sur la ligne de conduite que les
parents et les commissaires d'écoles doivent adopter.

1925   Naissance du juge Jean-Pierre Beaulne
❖ Originaire d'Ottawa, Jean Pierre Baulne est
admis au barreau de l'Ontario en 1955. Nommé
magistrat de la province d'Ontario en avril 1967, il
est rattaché à la Cour provinciale, division criminelle, à Ottawa de 1967 à 1992. Chargé de cours
en droit criminel à l'Université d'Ottawa, il est
nommé président de la Commission des plaintes
du public contre la Gendarmerie royale du Canada
(1992-1997). Homme profondément engagé dans
sa communauté, Jean-Pierre Beaulne est tour à tour
président de la Chambre de commerce française
d'Ottawa, du Cercle universitaire d'Ottawa et du
conseil d'administration de l'Hôpital Montfort,
membre du bureau des gouverneurs de l'Université
d'Ottawa, président du Conseil régional de santé
d'Ottawa-Carleton, du Centre des sciences de la
santé d'Ottawa et de la Cour des arts d'Ottawa.

1936   Naissance du juge André Cousineau ❖
Natif de Timmins, André Cousineau est admis au
barreau de l'Ontario en 1963. Juge adjoint à la
Cour des petites créances du district de Cochrane
(1979-1985), il est nommé juge à la Cour provinciale, division de la famille, à Sudbury, en juin
1985, puis muté à la Cour de justice de l'Ontario,
division criminelle, à Ottawa le 1er avril 1989.
Membre du comité exécutif et du conseil des
régents de l'Association des Collèges d'arts appliqués et de technologie de l'Ontario, André
Cousineau est élu au bureau de direction de l'Association des juges de la Cour familiale de l'Ontario
en 1988.

1945   Fondation du premier club Richelieu
❖ C'est à Ottawa que voit le jour le premier club
Richelieu, qui se compose alors de 17 membres.
Ses objectifs visent à unir les membres dans un but
charitable afin qu'ils puissent s'entraider dans le
domaine de la culture personnelle. Le mouvement
prend de l'ampleur, devient la Société Richelieu et
obtient une charte provinciale le 8 avril 1953
(v. 21 février).

1951   Naissance de l'artiste Daniel Lanois ❖
Né à Hull (Québec), Daniel Lanois est un ingénieur du son qui vit à Hamilton dès 1963. Il
apprend à jouer de la guitare et commence à faire
des enregistrements en 1970. Avec son frère Robert,
il fonde le studio d'enregistrement Grant Avenue
Studios, à Hamilton. Il produit des microsillons
pour les groupes canadiens The Parachute Club,
Martha and the Muffins et le chanteur John Hassell.
En 1984, Daniel Lanois coproduit l'album *The
Unforgettable Fire* du groupe irlandais U2 ; il récidive en 1987 avec l'album *The Joshua Tree* et en
1991 avec *Achtung Baby*, ce qui lui vaut une grande
notoriété. Entre 1986 et 1989, il produit tour à tour
des albums pour Peter Gabriel, Robbie Robertson,
Bob Dylan et les Neville Brothers. En 1989, il lance
le premier de ses trois albums solos, *Acadie*, sur
lequel il chante en anglais et en français. Daniel
Lanois est également connu pour ses productions
de trames sonores de nombreux films : *Birdy,
Married to the Mob, 9 1/2 Weeks, Philadelphia, Blown
Away, Trainspotting, Sling Blade, Good Will
Hunting, The Saint*. Au début des années 1990, il
construit le Kingsway Recording Studio à la
Nouvelle-Orléans, puis s'installe en permanence
avec des studios à Toronto et à Los Angeles. Dans
les années 1990 et 2000, il continue de produire de
nombreux artistes : Emmylou Harris, Luscious
Jackson, Willie Nelson et Harold Budd. Le prestigieux magazine *Rolling Stone* affirme que Lanois est
le plus important producteur de disques à émerger
des années 1980.

1956   Naissance de Michel Prévost, archiviste
❖ Né à Hull (Québec), Michel Prévost grandit à

Alfred, Treadwell et Curran. Détenteur d'une maîtrise en histoire de l'Université d'Ottawa, il publie sa thèse qui porte sur la belle époque de Caledonia Springs, c'est-à-dire sur l'histoire de la plus importante station thermale du Canada. Michel Prévost choisit la carrière d'archiviste, travaillant d'abord au Centre de recherche en civilisation canadienne-française de l'Université d'Ottawa (1981-1985), puis aux Archives de l'Université d'Ottawa, où il devient archiviste en chef en 1990. Il joue un rôle actif au sein de plusieurs organismes de patrimoine, notamment l'Institut d'histoire et de recherche de l'Outaouais, l'Association des archivistes du Québec, le Bureau canadien des archivistes, la Société d'histoire de l'Outaouais, le Conseil des organismes du patrimoine d'Ottawa et le Regroupement des organismes du patrimoine franco-ontarien. En reconnaissance de ses efforts et de son travail acharné comme historien et archiviste, Michel Prévost s'est vu décerner de nombreux prix et distinctions, dont le trophée Dr J.-Émile-Major de la Société d'histoire et de généalogie d'Ottawa (2000), le Prix d'excellence du patrimoine de la Ville d'Ottawa (2000), le Prix du patrimoine de la Fondation pour les arts, les lettres et la culture en Outaouais (2002), le Prix de la Fondation québécoise du patrimoine et le certificat d'honneur du Conseil des monuments et sites du Québec (2004).

1957   Naissance du musicien Daniel Bédard
❖ Originaire de Sudbury, Daniel Bédard est un compositeur et musicien qui écrit la musique ou crée l'environnement sonore de plusieurs pièces de théâtre, dont *Au pays de Ti-Jean* (1983), *Deuxième Souffle* (1991), *Du pépin à la fissure* (2000) et *Univers* (2002). Il signe aussi la musique d'une vingtaine de films documentaires et de diverses installations ou expositions présentées au Canada et aux États-Unis. Daniel Bédard est l'auteur d'œuvres électroacoustiques interprétées par le Vancouver Chamber Choir et par le guitariste classique Philip Candelaria. En tant que musicien, il accompagne nombre d'artistes au fil des ans, notamment Robert Paquette, Paul Demers, Jean-Guy Labelle, Robert Dickson, Larry Berrio, Jacinthe Trudeau, Michel Dallaire,

Amy St. John et Stéphane Paquette. Depuis 1988, il est responsable du développement et de l'enseignement du curriculum de musique électronique et de composition à l'Université Laurentienne de Sudbury.

1996   Le premier Mondial de l'entreprenariat
❖ Forum de réseautage et carrefour international import-export, le Mondial de l'entreprenariat se déroule pour la première fois à Ottawa, du 19 au 26 septembre 1996. Conçu par Fernand Gilbert, cet événement est officiellement connu sous le nom de Forum Ontario - Francophonie Mondiale et a lieu tous les deux ans. L'activité oriente les entrepreneurs vers de nouveaux marchés en multipliant les possibilités d'échanges économiques. Au fil des ans, l'événement permet à 7 120 entrepreneurs et gens d'affaires provenant de 53 pays de signer des ententes commerciales totalisant plus d'un milliard de dollars. Au cours des quatre premières éditions du Mondial, 211 ententes commerciales et 102 partenariats d'affaires sont conclus. Ce forum a donné naissance à des éditions régionales, soit le Mondial des Amériques en 1999 et 2001, ainsi que le Mondial Afrique au Cameroun en 2003.

20 septembre

1885   Naissance d'Éva Gauthier, cantatrice
❖ Née à Ottawa, la mezzo-soprano Éva Gauthier marque la scène musicale de la première moitié du XXe siècle, faisant souvent fi des traditions établies et devenant sans doute la première femme à chanter du jazz lors d'un concert. Elle étudie à Londres, Paris et Rome, participe à une tournée de 50 concerts dans les Îles Britanniques et au Canada, puis se produit en récital dans plusieurs pays du Pacifique-Sud durant son séjour de six ans à Java (Indonésie). Éva Gauthier s'établit à New York en 1917 et, avec George Gershwin au piano, elle présente un récital mémorable où se côtoient des compositions musicales et des chansons populaires de Purcell, Schoenberg, Bartok, Berlin, Kern et Gershwin. En 1928, la cantatrice organise une fête en l'honneur de Ravel et lui permet de rencontrer Gershwin

pour la première fois. Décédée à New York le 26 décembre 1958. Une rue de Montréal porte son nom.

1909 NAISSANCE DE L'ATHLÈTE SAMUEL GODIN ❖ Originaire de Rockland, Sam Godin est un ailier droit qui fait son entrée dans la Ligue nationale de hockey en 1927, avec les Sénateurs d'Ottawa. Il évolue avec cette formation jusqu'en 1929, puis passe à la ligue internationale en jouant pour les Bisons de Buffalo. Godin revient brièvement à la ligue nationale en 1933-1934, en arborant le chandail des Canadiens de Montréal. Au total, il dispute 83 parties, marque 4 buts et réussit 3 passes décisives. Il meurt à Ottawa le 8 mars 1975.

1930 NAISSANCE DU JUGE PAUL U. C. ROULEAU ❖ Né à Cornwall, Paul U. C. Rouleau est admis au barreau de l'Ontario en 1960. Avocat reconnu pour la défense des droits scolaires des Franco-Ontariens, il tente sa chance en politique, sous la bannière libérale, mais est défait lors des élections provinciales de 1975, dans la circonscription de Cornwall. Le 29 juillet 1981, il est nommé juge à la Cour des comtés et des districts de l'Ontario, pour le district d'Ottawa-Carleton. Le 9 août 1982, le juge Rouleau accède à la Cour fédérale du Canada, puis à la Cour d'appel de la cour martiale du Canada, le 26 mai 1983. Il est ensuite nommé juge à la Cour supérieure de justice, le 4 juin 2002. Paul Rouleau est membre fondateur de l'Association des juristes d'expression française de l'Ontario, dont il a été président de 1985 à 1987.

1942 NAISSANCE DE L'ADMINISTRATEUR CLAUDE LAMOUREUX ❖ Originaire de Cap-de-la-Madeleine (Québec), Claude R. Lamoureux devient cadre financier auprès de la société La Métropolitaine, au Canada et aux États-Unis. En 1990, il accède à la direction du Régime de retraite des enseignantes et des enseignants de l'Ontario. À ce titre, il supervise le placement des éléments d'actif du régime et à l'administration des rentes de 255 000 enseignants et enseignantes de la province qui sont en exercice ou à la retraite. Il s'agit d'un des plus importants

fonds de pension au Canada (il passe de 17 milliards de dollars en 1990 à 85 milliards en 2004). Claude Lamoureux siège au conseil d'administration de Domtar, de la Fondation du Musée des beaux-arts de l'Ontario, du Fonds pour l'éducation des investisseurs de la Commission des valeurs mobilières de l'Ontario, de l'Institut canadien des recherches avancées et de l'Institut canadien des comptables agréés. Il est cofondateur et ardent partisan de la Coalition canadienne pour une bonne gouvernance et président du comité de comptabilité et de vérification de l'International Corporate Governance Network. En 2004, l'Université Wilfrid-Laurier le nomme Laurier Outstanding Business Leader of the Year.

21 septembre
Journée internationale de la paix

1911 ÉLECTION FÉDÉRALE ❖ Lors du scrutin général tenu le 21 septembre 1911, deux députés franco-ontariens sont élus : Léo Chabot (Ottawa) et Edmond Proulx (Prescott).

1927 NAISSANCE DU LEADER OMER DESLAURIERS ❖ Originaire de Hawkesbury, Omer Deslauriers est d'abord enseignant à Ottawa (1947-1969), puis directeur des écoles secondaires De La Salle (1969-1970) et Champlain (1970-1974). Il assume la présidence de l'Association des enseignantes et enseignants franco-ontariens (1960-1961) et de l'Association canadienne-française de l'Ontario (1972-1974). Surintendant des programmes de langue française à TVOntario (1974-1975), il devient le premier président du Conseil des Affaires franco-ontariennes (1975-1981) nommé par le premier ministre William Davis. De 1981 à 1985, Omer Deslauriers est délégué général de l'Ontario à Bruxelles. À son retour en Ontario, il joue un rôle clé dans le développement des services de santé en français. Président-fondateur du Regroupement des intervenants en santé et en services sociaux de l'Ontario, il est membre créateur de nombreux centres de santé, notamment à Longlac, Sudbury, Timmins, Hamilton, Toronto, Alexandria et Cornwall. Omer Deslauriers reçoit l'Ordre du

Canada (1996), l'Ordre du mérite franco-ontarien (1997) et l'Ordre de la Pléiade (1998). Décédé à Toronto le 11 avril 1999.

1931   NAISSANCE DE MGR MARCEL GERVAIS ❖ Né à Élie (Manitoba), Marcel Gervais est ordonné prêtre le 31 mai 1958 dans le diocèse de London où il enseigne par la suite au Séminaire St. Peter. Il est élu évêque auxiliaire de London le 22 avril 1980, et sacré le 11 juin suivant. Promu évêque de Sault-Sainte-Marie le 17 juin 1985, puis évêque coadjuteur d'Ottawa le 21 juin 1989, il devient archevêque le 27 septembre 1989. Mgr Gervais a été président de la Conférence des évêques catholiques du Canada de 1991 à 1993.

1966   NAISSANCE D'ARASH MOHTASHAMI-MAALI, ÉCRIVAIN ❖ Originaire de Téhéran (Iran), Arash Mohtashami-Maali est poète, graphiste et éditeur. Il arrive en Ontario en 1987 et s'installe à Toronto. Après un séjour de sept ans en France, il revient de nouveau à Toronto, puis s'établit à Ottawa en 2003. Il publie deux recueils de poésie : *La Tour du silence* (1997) et *Deuils d'automne* (2000). Arash Mohtashami-Maali est tour à tour codirecteur de la revue *Virages* et directeur des Éditions L'Interligne, qui publient la revue *Liaison*.

22 septembre

1833   NAISSANCE DU DÉPUTÉ PIERRE ST-JEAN ❖ Natif de Bytown (Ottawa), Pierre St-Jean est un médecin qui établit sa pratique à l'Hôpital général d'Ottawa en 1858. La même année, il fonde *Le Progrès*, premier journal francophone en Ontario (v. 20 mai). Le docteur Pierre St-Jean se fait élire député fédéral de la circonscription d'Ottawa lors des élections générales du 22 janvier 1874. Il devient alors le premier député franco-ontarien à siéger à la Chambre des communes. Par la suite, ce candidat libéral subit la défaite lors des scrutins de 1878, 1882 et 1887. Pierre St-Jean s'intéresse aussi à la politique municipale. En 1880, il est élu échevin, puis maire d'Ottawa en 1882 et 1883. Actif dans les cercles culturels et patriotiques de la capitale, il

assume plusieurs fois la présidence de l'Institut canadien-français d'Ottawa et de la Société Saint-Jean-Baptiste. Le docteur St-Jean meurt à Ottawa le 6 mai 1900.

1908   ÉRECTION CANONIQUE DU DIOCÈSE DE TIMMINS ❖ C'est le pape Pie IX qui crée le vicariat apostolique du Témiscamingue, le 22 septembre 1908. Ce vicariat devient le diocèse de Haileybury le 31 décembre 1915, puis le diocèse de Timmins le 10 décembre 1938 ; il est suffragant de l'archidiocèse d'Ottawa. Le siège épiscopal a toujours été occupé par un évêque francophone, soit : Élie-Anicet Latulipe (1908-1922), Louis Rhéaume, O.M.I. (1923-1955), Maxime Tessier (1955-1971), Jacques Landriault (1971-1990), Gilles Cazabon, O.M.I. (1992-1997), ainsi que Paul Marchand, S.M.M. (depuis 1999).

1927   ADOPTION DU RAPPORT QUI MET FIN AU RÈGLEMENT XVII ❖ En octobre 1925, le premier ministre Howard Ferguson nomme une commission d'enquête sur les écoles bilingues en Ontario, composée de F. W. Merchant, Louis Côté et J. H. Scott. Le rapport de cette commission, soumis à l'Assemblée législative, recommande que le français acquière un statut valide et juridique dans les écoles primaires, que des écoles secondaires bilingues soient créées, que des inspecteurs canadiens-français surveillent les instituteurs francophones et qu'une école normale soit créée à l'Université d'Ottawa. L'Assemblée législative adopte ces recommandations le 22 septembre 1927 et elles entrent en vigueur cinq semaines plus tard (v. 1er novembre).

1931   NAISSANCE DU JUGE HECTOR SOUBLIÈRE ❖ Né à Ottawa, Hector Soublière est admis au barreau de l'Ontario en 1955. Il pratique le droit à Sudbury, Sturgeon Falls, North Bay et Mattawa. Le 15 juin 1978, Hector Soublière est nommé juge à la Cour de comté pour le district judiciaire d'Ottawa-Carleton.

1971   NAISSANCE DE PATRICK LEROUX, DRAMATURGE ❖ Originaire d'Alexandria, Patrick Leroux est le fondateur et premier directeur général et artistique du Théâtre la Catapulte, à Ottawa (1992-1998). Il est tour à tour auteur résident au Théâtre du Nouvel-Ontario (1993-1994), au Leighton Artist Colony du Banff Centre for the Arts (1994) et à la résidence internationale du Centre des auteurs dramatiques à Tadoussac (Québec), en juin 1999. Il écrit plusieurs pièces et publie de nombreux articles, en plus de prononcer des conférences sur le théâtre contemporain. Aux Éditions du Nordir, Patrick Leroux publie les pièces suivantes : *Le Beau Prince d'Orange* (1994), *Implosions : Dialogue, La Litière*, et *Rappel* (1996), *Tom Pouce, version fin de siècle* (1997), *Contes urbains* (préparation de l'édition et préface, 1999) et *Le Rêve totalitaire de dieu l'amibe* (2003).

23 septembre

1921   NAISSANCE DE MGR JACQUES LANDRIAULT ❖ Natif d'Alfred, Jacques Landriault est ordonné prêtre le 9 février 1947, puis nommé vicaire à Noranda (Québec). En 1953 il devient chancelier du diocèse de Timmins. Il est élu évêque auxiliaire d'Alexandria le 15 mai 1962, et sacré le 25 juillet suivant. Promu évêque de Hearst le 27 mars 1964, Mgr Landriault est transféré au siège épiscopal de Timmins le 24 mars 1971 et y demeure jusqu'à sa retraite en 1990.

2004   DENISE ROBERT DEVIENT CHEVALIER DES ARTS ET DES LETTRES ❖ Native d'Ottawa, Denise Robert étudie les beaux-arts à Aix-en-Provence (France), puis devient adjointe de production au Centre national des Arts à Ottawa (1978-1981). Elle s'installe à Montréal en 1984 et fonde la maison de production Cinémaginaire, avec Daniel Louis. Le premier film qu'elle produit, *À corps perdu*, de la réalisatrice Léa Pool, remporte six prix Génie à Toronto. Ses productions de films connaissent des succès ici et à l'étranger : *Le Confessionnal*, de Robert Lepage ; *C't'à ton tour Laura Cadieux*, de Michel Tremblay ; *L'Odyssée*, d'Alice Tremblay ; *Mambo Italiano*, d'Émile Gaudreault et Steve Galluccio. Quant à sa production du film *Les Invasions bar-*

bares, de Denys Arcand, elle lui vaut trois César et l'Oscar de la production étrangère en 2004. Le 23 septembre 2004, Denise Robert devient chevalier des Arts et des Lettres (France) et, en 2005, elle est nommée personnalité de l'année du Gala *Le Droit* / Radio-Canada.

24 septembre

1942   NAISSANCE DE CLAUDE L. DESROSIERS, GREFFIER DE QUEEN'S PARK ❖ Natif de Sudbury, Claude DesRosiers est le premier greffier franco-ontarien de l'Assemblée législative de l'Ontario. D'abord à l'emploi de la Chambre des communes, il occupe diverses fonctions : chef de la dotation (1971-1972), chef adjoint de la direction des journaux, section française (1972-1974), chef de la direction des journaux, section française (1974-1980), greffier principal de la direction des journaux (1980-1983), greffier principal à la Table (1983-1985), conseiller spécial du Comité spécial sur la Réforme de la Chambre des communes (1984-1985), et greffier principal de la direction des comités et des projets de loi d'intérêt privé (1985-1986). Claude DesRosiers est nommé greffier de l'Assemblée législative de l'Ontario le 1er octobre 1986. Il est membre du Groupe d'études parlementaires canadien, de l'Association des greffiers parlementaires du Canada et de l'Association des greffiers des pays francophones. Secrétaire de la section ontarienne de l'Association des parlementaires du Commonwealth et secrétaire administratif (section de l'Ontario) de l'Assemblée parlementaire de la Francophonie, Claude DesRosiers a été conseiller parlementaire pour l'Union interparlementaire en Estonie et en Lettonie (1992), au Cambodge (1993-1994), en Lituanie (1994) et en Haïti (1995).

25 septembre

1702   CADILLAC DÉCRIT LE DÉTROIT ❖ Un an après son arrivée sur les bords de la rivière Détroit (v. 24 juillet), l'explorateur Antoine Laumet, sieur de Cadillac, donne la description suivante des terres qui forment aujourd'hui les villes de Windsor et de Détroit : « Ce pais si tempéré, si bon, et si beau qu'on peut a juste titre appeler le paradis terrestre de l'Amerique Sepentrionale merite toute l'attention du Roy pour le soutenir, et le faire habiter, en sorte qu'il s'y fasse un établissement solide qui ne soit pas sujet aux revolutions ordinaires des autres postes, ou l'on ne met qu'une simple garnison. [...] J'ay fait semer aussi ce printems dans le mois de May douze arpens au plus de bled d'inde qui y est venu de huict pieds de haut ; il y aura été receuilli vers le 20 du mois d'Août, et j'espere qu'il y en aura beaucoup. Tous les soldats ont leurs jardins. »

1905   NAISSANCE DE BAXTER RICARD, ENTREPRENEUR ❖ Né à Verner, Fobert-Baxter Ricard est un chef de file dans le secteur de la radiodiffusion. En 1947, il lance Sudbury Broadcasting et ouvre la première station de radio bilingue à l'extérieur du Québec (CHNO). Dix ans plus tard, il fonde le poste de radio de langue française CFBR-Sudbury. En 1972, il crée un service de câblodistribution pour le nord de l'Ontario et joue un rôle déterminant en ce qui a trait à la prestation d'un service de programmation dans les deux langues officielles. Ricard passe sa vie à prêter main-forte à sa collectivité comme en atteste sa participation active aux conseils d'administration d'hôpitaux, d'établissements d'enseignement et de clubs philanthropiques. En 1990, il remporte le prix commémoratif Howard-Caine, décerné par la Central Canada Boadcasters' Association. Pour rendre hommage à sa contribution au secteur de la radiotélévision, l'Université Laurentienne lui confère un doctorat honorifique (1987) ; deux ans plus tard, il reçoit l'Ordre du mérite de l'Association canadienne des radiodiffuseurs. Baxter Ricard est décédé à Sudbury le 4 février 1993 ; son épouse crée la Fondation Baxter-et-Alma-Ricard (v. 15 décembre).

1913   FONDATION DU JOURNAL LE CLAIRON ❖ C'est Charles-Édouard Lavergne qui fonde l'hebdomadaire Le Clairon, à Windsor. Ce journal n'a peut-être pas paru plus de cinq ou six fois, mais dès le premier numéro il donne le ton : « Français dans une province anglaise, catholiques dans une pro-

vince protestante, nous devons combattre tous les jours pour conserver la langue et la foi de nos mères. » Le Clairon existe uniquement pour dénoncer le Règlement XVII et il publie des articles sur la résistance, entre autres, à Ottawa et à Pain Court.

1963   ÉLECTION PROVINCIALE ❖ Lors du scrutin ontarien tenu le 25 septembre 1963, les candidats franco-ontariens suivants sont élus : Louis Cécile (Prescott), Fernand Guindon (Stormont), Osie Villeneuve (Glengarry), Arthur Rhéaume (Essex-Nord), Horace Racine (Ottawa-Est), Gaston Demers (Nickel Belt), René Brunelle (Cochrane-Nord) et Wilfrid Spooner (Cochrane-Sud).

1974   FONDATION DU CONSEIL DES AFFAIRES FRANCO-ONTARIENNES ❖ C'est le premier ministre Bill Davis qui crée le Conseil des Affaires franco-ontariennes (CAFO), organisme consultatif composé de représentants des milieux francophones de l'Ontario et chargé de conseiller les ministres sur toutes questions relatives aux Franco-Ontariens. Ce conseil organise des colloques, participe à des congrès partout en province, diffuse des publications en langue française du gouvernement ontarien et publie chaque année l'Annuaire franco-ontarien qui répertorie plus de 2 000 organismes, institutions et regroupements franco-ontariens. Le CAFO est dissout le 31 décembre 1986.

1975   CRÉATION DU DRAPEAU FRANCO-ONTARIEN ❖ Le drapeau franco-ontarien est hissé pour la première fois à l'Université de Sudbury le 25 septembre 1975. Depuis cette date, il flotte à de nombreux endroits, partout dans la province, là où vivent les descendants des Canadiens français, maintenant connus comme des Franco-Ontariens (v. 21 juin). Le vert du drapeau rappelle le printemps avec la verdure des champs et des forêts ; il symbolise l'espérance pour un avenir encore plus prometteur. Le blanc représente la neige des longs hivers et est synonyme de la pureté dans laquelle les Franco-Ontariens doivent transmettre à tous leurs descendants, leur plus précieux héritage, la langue française. La fleur de lys témoigne d'une appartenance non seulement à la francophonie canadienne mais aussi à la francophonie internationale. La fleur de trille, emblème de l'Ontario, démontre clairement que les Franco-Ontariens sont enracinés dans cette terre ontarienne et qu'ils ont nettement l'intention d'y occuper la place qui leur revient. Le drapeau franco-ontarien a été conçu par Gaétan Gervais (v. 10 août), professeur d'histoire à l'Université Laurentienne, et Michel Dupuis, de concert avec les étudiants Donald Obonsawin, Normand Rainville et Yves Tassé.

26 septembre

1848   LE COLLÈGE DE BYTOWN OUVRE SES PORTES ❖ C'est sous la direction des Oblats de Marie-Immaculée que le Collège de Bytown, aussi connu sous le nom de Collège Saint-Joseph, ouvre ses portes le 26 septembre 1848. Cette institution, qui devient le Collège d'Ottawa en 1861, est l'ancêtre de l'Université d'Ottawa. Confessionnel et bilingue dès ses débuts, le collège adopte un curriculum analogue à celui des collèges classiques québécois. En 1933, l'université étend son enseignement à tous les domaines de la connaissance. En 1965, elle laisse tomber son statut confessionnel de façon à bénéficier des subventions gouvernementales. Principal centre universitaire pour les francophones de la province, elle est pendant plus de cent ans la seule université ontarienne à dispenser un enseignement en français.

1904   NAISSANCE DE MARCELLE BARTHE, ANIMATRICE ❖ Née à Ottawa, Marcelle Barthe fait ses débuts à la station radiophonique CKCH de Hull en animant, sous le pseudonyme de Françoise, une émission féminine quotidienne intitulée *Pour vous Mesdames*. Œuvrant à la Société Radio-Canada de 1938 à 1964, elle est animatrice, entre autres, des visites royales de 1939 et de 1951 et, pendant vingt ans, de *Lettres à une Canadienne*. Elle est la première femme bilingue engagée comme annonceure. En tant que réalisatrice, on lui doit les émissions *Chant d'amour* et *Il était une fois*. Comédienne, Marcelle Barthe est membre fondatrice du

Caveau (v. 22 décembre), joue dans *L'Innocente*, de Jacques LeNormand (1935), et remporte le trophée Bessborough. Elle est décédée à Montréal le 24 novembre 1964.

1920   NAISSANCE DE ROGER GUINDON, O.M.I., ÉDUCATEUR ❖ Originaire de Ville-Marie (Québec), Roger Guindon est ordonné prêtre oblat en 1946. Théologien, il enseigne à l'Université d'Ottawa à partir de 1947. Doyen de la Faculté de théologie en 1961, il devient recteur de l'Université d'Ottawa en 1964 et assume cette fonction jusqu'en 1984. Sous sa direction, l'institution connaît une expansion considérable. L'édifice des facultés de médecine et des sciences de la santé porte son nom, de même que l'avenue où se développe le Parc de technologie bioscientifique d'Ottawa. Il demeure le dernier prêtre à occuper le poste de recteur à l'Université d'Ottawa. Roger Guindon est le président fondateur de la Fondation franco-ontarienne (1986-1992). Il reçoit de nombreuses distinctions : Ordre de mérite de la culture française au Canada (1971), Compagnon de l'Ordre du Canada (1974), membre de la Compagnie des Cent-associés francophones (1979), Commandeur de l'Ordre de la Pléiade (1984), Ordre de l'Ontario (1987), Meritas-Tabaret (Université d'Ottawa, 1992) et Ordre du mérite des caisses populaires de l'Ontario (1996).

27 septembre

1935   NAISSANCE DU JUGE ÉMILE MILLETTE ❖ Originaire de Storthoaks (Saskatchewan), Émile Millette est admis au barreau de l'Ontario en 1963. Il pratique le droit à Pembroke et c'est là qu'il est nommé juge de la Cour de district en 1982.

1956   NAISSANCE DE JUDITH LAROCQUE, SOUS-MINISTRE ❖ Native de Hawkesbury, Judith Anne LaRocque entre à la Commission de la fonction publique du Canada en 1979. Elle occupe les postes d'adjointe spéciale au Bureau du chef de l'Opposition (1980-1982), d'agente à la procédure et greffière aux comités de la Chambre des communes (1982-1984), d'adjointe législative du leader parlementaire du gouvernement (1984-1986), d'ad-jointe exécutive du ministre de la Justice et procu-reur général du Canada (1986-1989), et de chef de cabinet du leader du gouvernement au Sénat et ministre d'État aux Relations fédérales-provinciales (1989-1990). Secrétaire du gouverneur général du Canada (1990-2000), elle cumule les fonctions de secrétaire générale de l'Ordre du Canada et de l'Ordre du mérite militaire et de chancelier d'armes du Canada. Judith LaRocque est nommée sous-ministre adjointe au ministère du Patrimoine cana-dien en 2000 et sous-ministre en 2002.

1975   GALERIE DU NOUVEL-ONTARIO ❖ Lieu de diffusion de l'art contemporain à caractère expéri-mental, la Galerie du Nouvel-Ontario connaît de modestes débuts à Sudbury. Elle prend naissance lors d'une exposition tenue le 27 septembre 1975, sous la direction artistique de Raymond Simond. Au fil des ans, grâce à des projets de collaboration et d'échange, elle se transforme en un centre de rayon-nement de l'art actuel et, partant, offre une ouver-ture sur le monde pour les artistes qu'elle diffuse et le public qu'elle dessert. Le 9 mars 1995, cette Galerie devient le premier centre d'artistes autogéré d'envergure provinciale en Ontario français.

28 septembre

1915   NAISSANCE DU JUGE GEORGE ADDY ❖ Né à Ottawa, George Arthur Addy est diplômé d'Osgoode Hall (1942) alors qu'il est en service militaire. Il pratique le droit à Ottawa de 1945 à 1967. Lorsqu'il se retire des Forces armées cana-diennes (1958), le lieutenant-colonel Addy est membre du Bureau d'appel des cours martiales. Il est nommé à la Cour suprême de l'Ontario le 21 septembre 1967, puis passe à la Cour fédérale du Canada le 17 septembre 1973. La même année, il est promu à la Cour d'appel de la Cour martiale. Il se retire le 28 septembre 1990. George Addy est décédé à Ottawa le 3 août 1997.

1932   NAISSANCE DE MAURICE GAUDREAULT, ARTISTE ❖ Originaire de Moonbeam, le sculpteur Maurice Gaudreault exerce plusieurs métiers qui influencent son œuvre artistique, notamment dans les industries forestière et agro-alimentaire. C'est à Kapuskasing, en 1977, qu'il s'initie à la céramique, puis, peu de temps après, à la poterie. Il participe à sa première exposition lors de l'édition 1982 de Kap Art, pour faire ensuite partie de Perspective 8, un regroupement d'artistes professionnels et poly-valents du Nord-Est ontarien. Durant les années 1990, Maurice Gaudreault se consacre essentielle-ment à la réalisation de trois grandes collections. La première s'intitule *J'ai souvenir encore* (1993) et rend hommage aux pionniers du Nord ontarien ; la deuxième, *Celui qu'on appelle Jésus* (1996), s'inspire de la vie publique du Christ. Avec *La Faune* (1998), sa troisième exposition d'envergure, l'artiste rend hommage aux animaux et à la faune. En 1999, Maurice Gaudreault séjourne à Aix-en-Provence pour y apprendre l'art de fabriquer les moules à san-tons, petits personnages en argile peints à la main. Au cours de sa carrière, il produit 1 148 sculptures qu'il est aujourd'hui possible de retrouver aux qua-tre coins du monde. Il est décédé à Fauquier le 11 août 2000.

29 septembre

1884   ARRIVÉE DES FILLES DE LA SAGESSE DANS LE DIOCÈSE D'OTTAWA ❖ Louis-Marie de Montfort est le fondateur à la fois des Père Montfortains et des Filles de la Sagesse. Mgr Joseph-Thomas Duhamel, évêque d'Ottawa, fait d'abord venir les Mont-fortains en 1883 pour diriger un orphelinat du côté québécois de la rivière des Outaouais. Le 29 sep-tembre 1884, les Filles de la Sagesse viennent leur prêter main-forte. Puis, en 1891, elles traversent du côté ontarien pour enseigner à l'école Janeville d'Eastview (Vanier). Au fil des ans, les Filles de la Sagesse vont diriger d'autres écoles et ouvrir des foyers pour vieillards dans l'Est ontarien, notam-ment à Ottawa, Alfred, Lefaivre, Casselman et Orléans. Mais c'est surtout dans le Nord ontarien que leur œuvre d'apostolat se manifeste, tant en éducation qu'en soins de santé ; on les retrouve en effet à Sturgeon Falls, Blind River, Sault-Sainte-

Marie, Field, Lavigne, Elliot Lake, Espanola, Dubreuilville et Timmins. Dès 1927, les Filles de la Sagesse ouvrent l'Hôpital Saint-Jean-de-Brébeuf à Sturgeon Falls et y travaillent pendant cinquante ans. En 1956, elles fondent l'Hôpital Montfort, à Eastview, qu'elles dirigent jusqu'en 1970. Les Filles de la Sagesse ouvrent aussi une École d'infirmières en 1956. La communauté œuvre également dans des institutions de langue anglaise à Scarborough, toujours dans les domaines de l'éducation et des soins hospitaliers.

1899 NAISSANCE DE RENÉ-ALEXANDRE DANIS, JUGE ❖ Originaire de Cornwall, René-Alexandre Danis est admis au barreau de l'Ontario en 1924. Il pratique le droit à Cornwall pendant plus de quinze ans et, le 28 novembre 1939, il est nommé juge de la Cour du district de Cochrane. Le 14 novembre 1952, René-Alexandre Danis accède à la Cour suprême de l'Ontario et devient membre de la Haute-Cour de justice et membre de droit de la Cour d'appel de l'Ontario. Décédé subitement à Toronto le 27 mai 1960.

1921 NAISSANCE DE SIMONE LANTAIGNE, LEADER ❖ Originaire de Sainte-Émilie (Québec), Simone Lantaigne arrive à Toronto en 1952. À 55 ans, elle s'inscrit au département d'études sociales du Collège Centennial et, dans le cadre d'un cours, effectue une recherche sur l'identification des besoins des personnes âgées d'expression française dans la ville-reine. Simone Lantaigne met peu de temps à découvrir une grande solitude chez les aînés francophones et, surtout, à déceler des attentes précises chez cette couche de la population. Il faut créer un centre de jour, un service d'accueil, voire une résidence pour les aînés. Elle réunit des bénévoles pour réaliser ces rêves et elle crée une corporation à but non lucratif qui obtient, en 1978, une charte provinciale sous le vocable Les Centres d'Accueil Héritage (v. 22 août). Simone Lantaigne meurt le 15 octobre 1982.

1924 NAISSANCE DU JUGE J.-ALBERT BRÛLÉ ❖ Natif de London, J.-Albert Brûlé est diplômé de l'Université Western Ontario et d'Osgoode Hall. Admis au barreau de l'Ontario en 1955, il exerce le droit à Toronto jusqu'en 1984, année où il est nommé juge à la Cour fédérale de l'impôt. J.-Albert Brûlé occupe cette fonction de 1984 à 1999. Il est décédé à Ottawa le 28 décembre 2004.

30 septembre

1890 NAISSANCE DU DÉPUTÉ ET SÉNATEUR LOUIS CÔTÉ ❖ Natif d'Ottawa, Louis Côté est avocat, puis procureur de la Couronne pour les comtés de Prescott et de Russell. De concert avec l'inspecteur F. W. Merchant et le juge J. H. Scott, il prépare le rapport qui aboutit à la mise au rancart du Règlement XVII (v. 22 septembre). Élu député provincial d'Ottawa-Est en 1929, sous la bannière conservatrice, il est nommé sénateur le 30 décembre 1933. Louis Côté meurt à Ottawa le 2 février 1943.

1903 NAISSANCE DU DÉPUTÉ VICTOR MARTIN ❖ Né à Bonfield, Victor Martin est maire de son village dès 1938. Il se tourne ensuite vers la politique provinciale et se fait élire député de Nipissing, sous la bannière libérale, lors du scrutin ontarien de 1945. Il siège pendant un seul mandat.

1928 NAISSANCE DE LA LEADER JEANNINE SÉGUIN ❖ Née à Alexandria, Jeannine Séguin est une enseignante qui devient directrice de la section française de l'École secondaire Saint-Laurent, à Cornwall. Comme cette institution accueille sous son toit des élèves francophones et anglophones, Jeannine Séguin s'embarque dans une lutte qui mène à la création d'une école secondaire de langue française, La Citadelle, dont elle devient la directrice de 1973 à 1980. Élue présidente de l'Association des enseignantes et des enseignants franco-ontariens (1973-1974), puis de l'Association canadienne-française de l'Ontario (1978-1980), elle réussit à réunir des partenaires dispersés en province et à leur donner un sens de direction. Durant son mandat à l'ACFO, elle se retrouve en plein cœur de la lutte historique de Penetanguishene. Elle se joint aux Franco-Ontariens de la Huronie, qui réclament une école secondaire française, et leur victoire en 1979 est accueillie comme un triomphe de la même envergure que la lutte contre le Règlement XVII au début du siècle. De 1980 à 1983, Jeannine Séguin assume la présidence de la Fédération des francophones hors Québec, aujourd'hui la Fédération des communautés francophones et acadienne du Canada. Elle sillonne le pays et tient un discours rassembleur en affirmant « qu'un bon système d'éducation française demeure l'élément essentiel pour alimenter tous les secteurs d'activités communautaires ». Jeannine Séguin trouve aussi le temps de cofonder la clinique juridique de Stormont-Dundas-Glengarry et de participer aux activités de la Société d'aide à l'enfance de Cornwall. Son travail, son engagement, sa vision et son leadership sont hautement reconnus, comme en font foi les nombreuses distinctions qui lui sont accordées : Mérite franco-ontarien (1977), Médaille d'argent *Bene Merenti de Patria* (1983), Ordre de la fidélité française (1983), Ordre du Canada (1985) et Ordre de la Pléiade (1985). Jeannine Séguin meurt à Cornwall le 23 novembre 1999.

1942 NAISSANCE DU JUGE PAUL BÉLANGER ❖ Originaire d'Ottawa, Paul Bélanger est admis au barreau de l'Ontario en 1970. Officier de la marine canadienne (1962-1965), il pratique le droit à Ottawa et est nommé juge en 1978 à la Cour provinciale de l'Ontario, division criminelle, à Ottawa. Le juge Bélanger siège au comité du Procureur général de l'Ontario sur les services juridiques en français et au comité consultatif du cours d'admission au barreau de l'Ontario en 1977 et 1978.

1962 NAISSANCE DE L'ARTISTE MARC LEMYRE ❖ Natif de Québec (Québec), Marc LeMyre est un auteur, performeur, réalisateur, photographe, metteur en scène et directeur artistique. Comme photographe, il travaille pour le Théâtre la Catapulte, le Théâtre de la Vieille 17, le Théâtre Carbone 14

et le Théâtre Momentum. Il est l'auteur, l'animateur et le metteur en scène de la pièce *Le Projet Turandot*, produit par le Théâtre la Catapulte (2001). Poète, Marc LeMyre publie les recueils *Zones de dos de baleines* (2001) et *...gaga pour ton zoom* (2003, Prix Trille Or 2005 du meilleur album de poésie). On lui doit plusieurs performances de poésie électrique, notamment durant des prestations au Carrefour Francophone, à Toronto (1999, 2000), aux 15 jours de la dramaturgie des régions, à Ottawa (1999), au Salon du livre de Toronto (1998), au Toronto Festival of Storytelling (1998), à Contact ontarois à Sudbury (1998), au Festival de Musique Fraîche, à Québec (1997) et au Coup de cœur francophone, à Montréal (2003).

1977 RAPPORT SUR LES ARTS DANS LA VIE FRANCO-ONTARIENNE ❖ Le Groupe d'étude des arts dans la vie franco-ontarienne (v. juin) dépose son rapport intitulé « Cultiver sa différence ». Communément appelé le Rapport Savard, ce document formule 44 recommandations qui précisent les moyens par lesquels les différents intervenants peuvent être davantage attentifs aux besoins culturels des Franco-Ontariens et Franco-Ontariennes.

1991 PUBLICATION DU RAPPORT « RSVP ! CLEFS EN MAIN » ❖ Le Groupe de travail pour une politique culturelle des francophones de l'Ontario (v. 12 avril) rend public son rapport qui constitue l'énoncé d'une politique cadre pour le développement de la vie culturelle des Franco-Ontariens. Il identifie des dossiers prioritaires (organismes de services, centres culturels, radios communautaires, patrimoine franco-ontarien, animation culturelle, TFO, politique fiscale) et propose des axes de développement, notamment un Bureau franco-ontarien élargi au Conseil des arts de l'Ontario et une Division franco-ontarienne au sein du ministère de la Culture et des Communications, mais ces deux recommandations ne seront pas mises en œuvre.

JANVIER

FÉVRIER

MARS

AVRIL

MAI

JUIN

JUILLET

AOÛT

SEPTEMBRE

OCTOBRE

NOVEMBRE

DÉCEMBRE

OCTOBRE

1668   ÉTABLISSEMENT DE LA MISSION DE QUINTÉ
❖ Les Sulpiciens François de Salignac de La Mothe-Fénélon et Claude Trouvé débarquent au village iroquois de Quinté sur la rive nord du lac Ontario et fondent une mission qui va durer jusqu'en 1682. Il s'agit de la première présence des Sulpiciens en Ontario. On retrouvera des Sulpiciens à la paroisse de l'Assomption à Windsor (1786-1826), à celle de l'Immaculée-Conception à Paincourt (1851-1855) et à celle de Sainte-Croix à Lafontaine (1855-1859).

1786   PREMIÈRE ÉCOLE ÉLÉMENTAIRE DE L'ONTARIO
❖ C'est dans la paroisse de l'Assomption (aujourd'hui un quartier de Windsor) qu'une première école ouvre ses portes en Ontario. François-Xavier Dufaux, prêtre sulpicien et curé de la paroisse de l'Assomption, fait venir de Québec les demoiselles Adémard et Papineau pour faire la classe à treize filles de colons francophones. Huit des treize écolières sont des pensionnaires qui logent avec leurs institutrices dans une petite maison abritant la salle de classe et le dortoir. Quoique fondée sous le régime britannique, la première école de l'Ontario en est une de langue française.

1978   FONDATION DE LA REVUE DU NOUVEL-ONTARIO ❖ Créée par des chercheurs de l'Institut franco-ontarien de l'Université Laurentienne, la Revue du Nouvel-Ontario paraît pour la première fois en octobre 1978, sous la direction des professeurs Donald Dennie, Benoît Cazabon et Gaétan Gervais. Dès le premier numéro, il est noté que « la revue a comme prémisse que l'Ontario anglo-saxon, francophobe et orangiste évolue lentement à la suite de l'action des groupes franco-ontariens et de la conjoncture politique canadienne », à savoir l'élection du Parti Québécois en 1976. La revue veut témoigner de l'émergence de réalités nouvelles et de la représentation véhiculée par une nouvelle élite. Elle veut faire écho à la position des francophones dans la structure sociale ontarienne. Depuis 1978, la Revue du Nouvel-Ontario a publié une trentaine de numéros, sur des sujets aussi variés que les Franco-Ontariens à l'heure de l'indépendance, la politique et le syndicalisme, la littérature sudburoise, le centenaire de Sudbury, les Franco-Ontariens dans leur regard et dans le regard des autres, pour l'université française en Ontario, le monde juridique et la société franco-ontarienne, les idéologies, l'économique de l'Ontario français et l'éducation en Ontario français.

1983   FONDATION DU JOURNAL LA BOÎTE À NOUVELLES ❖ Créé par l'ACFO régionale d'Iroquois Falls, le mensuel La Boîte à nouvelles dessert les francophones de Matheson, Black River et Iroquois Falls.

2000   CRÉATION DU PRIX DES LECTEURS RADIO-CANADA ❖ Unique prix littéraire du public en Ontario français, le Prix des lecteurs Radio-Canada est d'abord connu sous le nom de Prix des lecteurs CBON puisque c'est cette station de radio à Sudbury qui lance l'idée d'un prix destiné à créer une communauté de lecteurs qui connaît et apprécie la littérature franco-ontarienne contemporaine. Une sélection d'ouvrages (romans et nouvelles seulement) est soumise à dix jurés composés d'auditeurs, des gens de toute profession, de tout âge et de tout niveau de scolarité. Ce jury se réunit à Sudbury sous la présidence d'une personnalité littéraire, pour choisir par consensus le livre franco-ontarien de l'année. Le lauréat est annoncé lors d'une célébration publique. À l'automne 2001, le Prix des lecteurs CBON devient le Prix des lecteurs Radio-Canada et fait appel aux auditeurs des quatre stations régionales de Radio-Canada en Ontario et en Outaouais. Le Prix des lecteurs CBON 2000-2001 est remporté par Skip Moën (nom de plume de Richard Poulin) pour Gouverneur du crépuscule. Le Prix des lecteurs Radio-Canada 2002 récompense Une ville lointaine, de Maurice Henrie. Celui de 2003 va à Danièle Vallée, auteure de Debout sur la tête d'un chat. En 2004, c'est Défenses légitimes, de Doric Germain, qui remporte la palme. En 2005, le prix couronne Les Soleils incendiés, de Marie-Andrée Donovan.

1er octobre

Journée internationale des personnes âgées

1874 FONDATION DU JOURNAL *LE BULLETIN DU COMMERCE* ❖ Hebdomadaire littéraire et commercial, *Le Bulletin du commerce* est fondé à Ottawa par Joseph Bureau et paraît pendant douze mois.

1908 FONDATION DU JOURNAL *L'AMI DU PEUPLE* ❖ Hebdomadaire foncièrement libéral, *L'Ami du peuple* voit le jour à Chatham pour « saluer ses amis les libéraux du comté de Kent ». Fondé par J. R. Côté, ce journal fait mousser la candidature d'Archibald McCoig lors des élections fédérales du 26 octobre 1908, avec succès d'ailleurs.

1916 NAISSANCE DE L'ATHLÈTE LÉO LAMOUREUX ❖ Natif d'Espanola, Léo Peter Lamoureux est un défenseur qui lance de la gauche. Il fait son entrée dans la Ligue nationale de hockey en 1942 avec les Canadiens de Montréal. Lamoureux fait partie de cette équipe lorsqu'elle décroche le trophée Prince-de-Galles en 1944, 1945, 1946 et 1947. L'athlète savoure, avec les Glorieux, la Coupe Stanley en 1944 et en 1946. Au cours de sa carrière dans la Ligue nationale, Lamoureux dispute 235 parties, marque 19 buts et réussit 79 passes. Il est décédé le 11 janvier 1961. Un trophée de la Ligue nationale de hockey porte son nom.

1938 NAISSANCE DE ROBERT CHOQUETTE, HISTORIEN ❖ Originaire d'Ottawa, Robert Choquette est docteur en théologie de l'Université de Chicago. À partir de 1966, il enseigne l'histoire religieuse et l'histoire des Franco-Ontariens à l'Université d'Ottawa. Directeur du Centre de recherche en civilisation canadienne-française de 1997 à 2000, Robert Choquette publie de nombreux articles et ouvrages sur la religion et l'Ontario français. On lui doit, entre autres : *Langue et Religion, histoire des conflits anglo-français en Ontario* (1977), *L'Ontario français historique* (1980), *L'Église catholique dans l'Ontario français du dix-neuvième siècle* (1984) et *La Foi gardienne de la langue en Ontario, 1900-1950* (1987).

1952 NAISSANCE DE JACQUES MARTIN, ENTRAÎNEUR ❖ Né à Saint-Pascal-Baylon, Jacques Martin arrive dans la Ligue nationale de hockey comme entraîneur en chef des Blues de St-Louis (1986-1988), menant cette formation au championnat de la division Norris dès sa première saison. Avant de devenir entraîneur en chef des Sénateurs d'Ottawa, le 24 janvier 1996, il est tour à tour entraîneur adjoint des Black Hawks de Chicago et de l'Avalanche du Colorado. Sous la direction de Martin, les Sénateurs remportent leur premier trophée du Président et atteignent la finale de l'Association pour la première fois dans l'histoire de l'équipe. À quatre reprises, Martin est mis en nomination pour le trophée Jack Adams, comme entraîneur de l'année ; il gagne ce titre lors de la saison 1998-1999. Jacques Martin agit comme entraîneur en chef de l'Équipe mondiale au Match des étoiles 2001 à Denver, puis comme entraîneur en chef de l'Association de l'Est au Match des étoiles de la Ligue nationale 2003 en Floride. Le 8 novembre 2000, il est nommé un des entraîneurs associés de l'équipe de hockey masculine canadienne qui remporte la médaille d'or aux Jeux olympiques d'hiver à Salt Lake City (2002). Ce sportif émérite met sur pied l'École de hockey Jacques-Martin, qui acquiert la réputation d'être une des meilleures écoles de hockey bilingues en Ontario et au Québec.

1964 ENTRÉE EN ONDES DE CJBC-TORONTO ❖ La Société Radio-Canada diffuse ses premières émissions radiophoniques de langue française à Toronto le 1er octobre 1964, à l'antenne de CJBC. Le premier directeur est Jean Charbonneau (1964), suivi de Marcel Bourbonnais (1965-1970), Pierre Larose (1970-1971), Jean-Raymond Saint-Cyr (1971-1984), Micheline Vaillancourt (1985-1988), Jean-François Dubois (1988-1995), Mina Grossman (intérim de 1995 à 1996), Claude Rochette (1996-1999), Claire Francœur (2000-2003) et Alain Dorion (depuis 2003).

1971 CRÉATION DE LA COMMISSION SYMONS ❖ Pour régler une crise scolaire qui sévit à Sturgeon Falls, le ministre de l'Éducation de l'Ontario,

Thomas Wells, crée une commission d'enquête le 1er octobre 1971. Elle est dirigée par Thomas Symons, de l'Université Trent (Peterborough). Le rapport est déposé en 1972 (v. 17 février).

1984 FONDATION DU GROUPE DE RECHERCHE EN ÉTUDES FRANCOPHONES ❖ C'est au Collège Glendon de l'Université York, à Toronto, que le professeur Alain Baudot met sur pied le Groupe de recherche en études francophones (GREF). L'organisme a pour double vocation l'étude comparée des littératures francophones, envisagées dans leur contexte historique et social, et l'étude de la langue française appréhendée dans sa diversité sociolinguistique. De ce Groupe de recherche sont issues les Éditions du GREF en 1987 (v. 11 février).

2 octobre

1913 NAISSANCE DE MÉDÉRIC MONTPETIT, O.M.I. ❖ Né à Beauharnois (Québec), Médéric Montpetit est ordonné prêtre oblat en 1939. Il fonde l'Institut d'éducation physique de l'Université d'Ottawa en 1949 et le dirige jusqu'en 1964, année où l'Institut devient l'École d'éducation physique et de récréation. Pionnier et leader dans le domaine de l'éducation physique, le père Montpetit joue un rôle primordial dans la reconnaissance d'un statut professionnel pour les professeurs d'éducation physique au Canada français. En 1960, lors du Gala Julien-Daoust, il est nommé sportif de l'année. En 1964, ses mérites sont reconnus par l'Association nationale d'éducation physique, d'hygiène et de récréation, qui lui accorde un certificat d'honneur. Le 31 mars 1973, lors de l'inauguration du pavillon d'éducation physique qui porte son nom, l'Université d'Ottawa lui décerne un doctorat honorifique. Décédé à Ottawa le 29 avril 1992.

1918 NAISSANCE DE LORRAIN THIBEAULT, ATHLÈTE ❖ Originaire de Charletone, Lorrain Thibeault est un ailier gauche qui joue dans la Ligue nationale de hockey, d'abord avec les Red Wings de Détroit (1944-1945), puis avec les Canadiens de Montréal (1945-1946). À la fin de cette saison-là, le Tricolore

remporte le trophée Prince-de-Galles, et Lorrain Thibeault se retrouve à l'honneur.

1929 NAISSANCE DU CONTEUR CAMILLE PERRON ❖ Originaire d'Astorville, Camille Perron est un enseignant qui exerce son métier d'éducateur de 1955 à 1986, d'abord à Wawa et Belle Rivière, puis à North Bay. Par la suite, il devient conteur et se fait connaître comme Pépère Cam auprès des enfants, des adolescents et des adultes partout en Ontario. Grâce à ses écrits et à ses spectacles, c'est toute la magie des contes populaires et des légendes qui ressuscite. La contribution de ce conteur a été soulignée par l'Office national du film dans un documentaire intitulé Si Camille m'était conté (1992). Il meurt à Astorville le 6 juin 1995. Une école élémentaire publique porte son nom à Markstay.

1946 NAISSANCE DE L'ARTISTE ROBERT GODIN ❖ Né à Toronto, Robert Godin est un chanteur et un comédien qui joue en français et en anglais. Il fait partie du tout premier spectacle du Théâtre français de Toronto, Le P'Tit Bonheur (1967), et tient des rôles au sein de cette troupe dans plusieurs productions, dont L'Inconstance (1994), Le Malade imaginaire (1996, mise en nomination pour un prix Dora), C'était un p'tit bonheur (1998), La la la, mine de rien (2001), Les Femmes savantes (2003) et Autour de Kurt Weill (2004). Au Théâtre La Tangente, il joue dans La Passagère (2000). On voit également Robert Godin dans En attendant Godot (1987) au Théâtre Ensemble, dans Man of La Mancha (1991) au Theatre Aquarius et dans Beauty and the Beast (1997) au Princess of Wales Theatre. À la télévision, il fait partie de la distribution des Ontariens (1982) et de 17 rue Laurier (1984) à la chaîne française de TVOntario. Robert Godin se distingue aussi dans Édith Piaf, je vous aime (1978) au Centre national des Arts, avec reprise au Canadian Stage (1979) et à la télévision anglaise de Radio-Canada (1979).

1954 NAISSANCE DE LA JUGE JOHANNE LAFRANCE-CARDINAL ❖ Johanne Lafrance-Cardinal, originaire de Cornwall, est admise au barreau de l'Ontario en

1980. Elle est nommée juge à la Cour de justice de l'Ontario, à Cornwall, en 1994.

1958   Fondation du Centre de recherche en civilisation canadienne-française ❖ Quatre professeurs du Département de français de l'Université d'Ottawa – Bernard Julien, Jean Ménard, Réjean Robidoux, Paul Wyczynski – cherchent à développer l'enseignement des lettres canadiennes-françaises au niveau universitaire et décident donc de mettre sur pied le Centre de recherche en littérature canadienne-française. Ce n'est qu'en 1969 que l'organisme prend le nom de Centre de recherche en civilisation canadienne-française (CRCCF). À l'origine centre d'archives et bibliothèque spécialisée en *canadiana*, le CRCCF devient rapidement l'endroit par excellence où trouver le plus vaste éventail de documents textuels, photographiques, audio, vidéo et œuvres filmiques reliés à la francophonie canadienne. Ses fonds couvrent non seulement la littérature, mais également l'histoire, les arts visuels, l'éducation et les sciences sociales. Près des deux tiers des ressources documentaires conservées au Centre proviennent de l'Ontario français. De 1970 à 1983, le Centre fait paraître la publication semestrielle *Bulletin*, suivie de la revue annuelle *Cultures du Canada français* (1984-1990). Au fil des ans, le CRCCF a été dirigé par Paul Wyczynski (1958-1973), Pierre Savard (1973-1985), Yolande Grisé (1985-1997), Robert Choquette (1997-2000) et Jean-Pierre Wallot (depuis 2000).

2003   Élection provinciale ❖ Lors du scrutin ontarien tenu le 2 octobre 2003, les candidats franco-ontariens suivants sont élus : Jean-Marc Lalonde (Glengarry-Prescott-Russell), Madeleine Meilleur (Ottawa-Vanier), Shelley Martel (Nickel Belt), Monique Smith (Nipissing) et Gilles Bisson (Timmins-Baie James).

3 octobre

1995   Fondation du groupe musical Deux Saisons ❖ C'est dans un bar étudiant à Ottawa que le groupe Deux Saisons voit le jour (ou la nuit). D'abord un duo, puis un trio, ensuite un quatuor, le groupe finira par devenir un quintette. Lancé en 1996, son premier album s'intitule *Entre le solstice et l'équinoxe* ; on y trouve neuf chansons interprétées par Nicolas Doyon (voix, guitare, mandoline et violon), Fritz Larivière (voix, guitare et harmonie), Mathieu Grainger (voix et basse) et Guillaume Proulx (voix, batterie et percussions). David Pichette (violon) et Jean-Marc Larivière (accordéon) sont invités, respectivement pour les chansons « La Corneille » et « La Gigue du marché ». Au fil des ans, le groupe lance quatre autres albums : *Au bal des bois* (1998), *Deux Saisons* (2000), *Plus ça change, moins c'est pareil* (2002) et *La Grande Virée de Deux Saisons* (2002). En 2003, le groupe Deux Saisons était composé de Nicolas Doyon, Mathieu Grainger, Jean-Marc Larivière, Jocelyn Godin et Marek Przednowek. Le groupe s'est dissout en juin 2004. (La création du groupe Deux Saisons ayant eu lieu en octobre 1995, la présente notice est arbitrairement fixée au 3 octobre.)

4 octobre

1922   Le grand incendie de 1922 ❖ Le mercredi 4 octobre 1922, vers quatorze heures, le feu commence à s'étendre des champs vers les villes de Haileybury et de North-Cobalt. Dans la ville épiscopale, le feu débute à la station de chemin de fer. Des débris s'enflamment, voltigent sur les toits et le feu s'attaque aux demeures et aux édifices du sud de la ville. Un réservoir d'huile explose. La panique s'installe. Les Sœurs de l'Assomption, Mgr Élie-Anicet Latulipe et nombre de citoyens cherchent refuge dans les eaux agitées du lac Témiscamingue. À quinze heures trente, en raison de la fumée, il fait noir comme en pleine nuit. En moins de six heures, presque tout le sud de Haileybury et le village de North-Cobalt sont en ruines ! Le bilan s'avère lourd : 11 morts à North-Cobalt, 32 disparus à Haileybury, 1 565 logis incendiés, 6 566 personnes sans abri. Le feu détruit 18 cantons, ravageant au total 648 milles carrés. La désolation est à son comble, mais le courage et l'entraide sont au rendez-vous. Les corvées s'organisent, les secours affluent, les communautés renaissent littéralement de leurs cendres.

1930   NAISSANCE DE JEANNE SABOURIN, ANIMATRICE ❖ Originaire d'Ottawa, Jeanne Sabourin (née Berthiaume) joue un rôle clef dans le développement des arts et de la culture en Ontario français. Durant les années 1950 et 1960, elle fonde la compagnie de théâtre Les Trouvères et L'Atelier. En 1967-1968, elle fait partie du Comité franco-ontarien d'enquête culturelle qui étudie pour la première fois la vitalité de chaque discipline artistique en Ontario français (v. janvier). Membre fondatrice et présidente de Théâtre Action (1973-1976), responsable du Bureau franco-ontarien au Conseil des arts de l'Ontario (1980-1995), membre du conseil d'administration du Salon du livre de Toronto (1996-2003), présidente du Centre francophone de Toronto (2000-2004), membre du conseil d'administration de la Fondation franco-ontarienne depuis juin 1998 et du comité de l'Entente Canada-Communauté ontarienne à partir de 2003, Jeanne Sabourin reçoit le prix de reconnaissance accordé par Théâtre Action, en 2001, pour sa contribution et son engagement envers le théâtre franco-ontarien. Madame Sabourin est aussi comédienne ; elle interprète un rôle dans *C'était avant la guerre à l'anse à Gilles* au Théâtre français de Toronto (1982), et dans *Albertine en cinq temps* de Michel Tremblay, également au Théâtre français de Toronto (1985). Elle tient aussi le rôle de la mère dans *L'Égoïste* de Claude Guilmain, au Théâtre Les Klektiks (1997).

5 octobre
Journée mondiale des enseignants

1887   NAISSANCE D'EDGAR CHEVRIER, DÉPUTÉ ET JUGE ❖ Né à Ottawa, Edgar Rodolphe Eugène Chevrier est admis au barreau de l'Ontario en 1912 et au Barreau du Québec en 1914. Libéral en politique, il est élu député fédéral d'Ottawa en 1921 ; défait à l'élection de 1925, Chevrier est élu en 1926, puis réélu en 1930 et 1935. Nommé à la Cour suprême de l'Ontario le 23 septembre 1936,

Edgar Chevrier est le premier Franco-Ontarien à accéder à ce haut tribunal. Il sera aussi le premier francophone à être nommé à la Cour d'appel de l'Ontario, le 10 décembre 1953, devenant *ex officio* membre de la Haute Cour de justice de l'Ontario. Président de la Commission royale d'enquête sur le transport routier en Ontario (1937-1939), il reçoit un doctorat honorifique de l'Université d'Ottawa en 1937. Décédé le 26 août 1956 à Lac Profond (Québec).

1899   FONDATION DU JOURNAL *LA CONCORDE* ❖ Hebdomadaire créé à L'Orignal, *La Concorde* se dit « l'organe d'aucun homme en particulier bien que nous appuierons peut-être certains candidats libéraux ». Le journal entend faire preuve de vues larges, exemptes de bigoterie, et travailler à la bonne entente. Ses nouvelles locales couvrent Embrun, Rockland, Plantagenet, Hawkesbury, L'Orignal, Saint-Eugène et Sainte-Anne-de-Prescott.

1928   NAISSANCE DE PLACIDE GABOURY, ÉCRIVAIN ❖ Originaire de Bruxelles (Manitoba), Placide Gaboury est poète, essayiste et professeur. Au fil des ans, il enseigne la littérature, la religion et la philosophie à Saint-Boniface, Sudbury et Détroit. Cet auteur de plus de vingt ouvrages demeure un des signataires du premier recueil paru aux Éditions Prise de parole : *Lignes-Signes* (1973). On lui doit, entre autres, *L'Homme inchangé : une vision du monde et de l'homme* (1972), *L'homme qui commence : croissance spirituelle et liens cosmiques* (1981), *Une religion sans murs : vers une spiritualité ouverte* (1984) et *Mûrir ou comment traverser le Nouvel Âge sans se perdre* (1990). Placide Gaboury reçoit le prix Spiritualité en 1992 pour l'ensemble de son œuvre.

1967   NAISSANCE DE DENIS LAROCQUE, ATHLÈTE ❖ Originaire de Hawkesbury, Denis Larocque est un joueur de défense qui fait son entrée dans la Ligue nationale de hockey en 1987-1988, disputant huit parties avec les Kings de Los Angeles. En 1988-1989, on le retrouve dans la Ligue internationale de hockey avec les Denver Rangers, où il évolue dans trente joutes.

1971 PREMIER SPECTACLE OFFICIEL DU TNO ❖ Le Théâtre du Nouvel-Ontario (TNO) part en tournée, à l'automne 1971, avec son premier spectacle officiel *Et le septième jour...* dont la première a lieu le 5 octobre 1971 à l'auditorium Fraser de l'Université Laurentienne, à Sudbury.

6 octobre

1886 NAISSANCE DE LOUIS-PHILIPPE LÉVESQUE, ENTREPRENEUR ❖ Natif de Sainte-Anne-des-Monts (Québec), Louis-Philippe Lévesque suit sa famille à Sturgeon Falls. De 1903 à 1905, il dirige un commerce dans le village voisin de Verner, puis revient à Sturgeon Falls pour prendre une part active aux affaires du magasin Michaud et Lévesque, dont il devient président et gérant général en 1916. À partir de cette année-là, il en est le seul propriétaire. Louis-Philippe Lévesque siège au conseil municipal et est élu maire de Sturgeon Falls. En 1956, son fils Albert prend la relève de l'entreprise familiale. Depuis 1972, Pierre Lévesque est à la barre du commerce.

1937 ÉLECTION PROVINCIALE ❖ Lors du scrutin ontarien tenu le 6 octobre 1937, les candidats franco-ontariens suivants sont élus : Roméo Bégin (Russell), Aurélien Bélanger (Prescott), Adélard Trottier (Essex-Nord), Paul Leduc (Ottawa-Est), Élie Cholette (Nipissing) et Joseph-Anaclet Habel (Cochrane-Nord).

1948 MORT DE JEAN HUGO CARRÈRE, DÉPUTÉ ÉLU ❖ On sait peu de chose au sujet de Jean Hugo Carrère qui est élu député provincial de Cochrane-Nord le 7 juin 1948. Il n'a pas été assermenté, puisqu'il meurt accidentellement quatre mois après son élection, le 6 octobre 1948.

7 octobre

1861 NAISSANCE DU CHEF DE FILE ALEXANDRE BEAUSOLEIL ❖ Originaire de Marieville (Québec), Alexandre Beausoleil est ordonné prêtre en 1888. Il est curé à Casselman (1893-1897), Sainte-Anne d'Ottawa (1897-1903), Fournierville (1903-1911) et Vankleek Hill (1911-1925). Rédacteur en chef du journal *Le Moniteur* de Hawkesbury, Alexandre Beausoleil lance l'idée d'un congrès national des Canadiens français de l'Ontario. L'idée fait son chemin et il devient lui-même vice-président de la Commission constituante du congrès de 1910, qui donne naissance à l'Association canadienne-française d'éducation d'Ontario (v. 19 janvier). Décédé à Ottawa le 25 janvier 1931.

1901 NAISSANCE DE L'ATHLÈTE FRANK BOUCHER ❖ Natif d'Ottawa, Frank Boucher est un hockeyeur qui entame sa carrière avec les Sénateurs d'Ottawa en 1921. Il évolue avec les Maroons de Vancouver (1922-1926), puis avec les Rangers de New York (1926-1938 et 1943-1944). Récipiendaire du trophée Lady-Bing sept fois en huit ans, Frank Boucher participe deux fois à l'obtention de la Coupe Stanley. Au total, il dispute 557 joutes régulières dans la Ligue nationale de hockey, marque 160 buts et réussit 263 passes. Élevé au Temple de la renommée des sports du Canada, de même qu'au Temple de la renommée du hockey et au Temple de la renommée sportive d'Ottawa, cet athlète meurt le 12 décembre 1977 à Kemptville. Il est le frère de William (v. 10 novembre), Robert et Georges (v. 12 août) qui s'illustrent également au hockey.

1907 NAISSANCE DE JOSEPH LABADIE, ENTREPRENEUR ❖ Originaire de Montréal (Québec), Joseph T. Labadie s'établit à Windsor où il fonde une société d'export-import avec son frère Eugène. En 1930, il s'associe aux frères Bruce et Fred Webster et forme la compagnie Webster-Labadie qui est concessionnaire de voitures GM. Au début de 1945, J. T. Labadie en devient le seul directeur. Membre du Canadian Dealer Council de la compagnie General Motors du Canada et président du Windsor Advertising and Sales Club, Joseph T. Labadie meurt à Windsor le 26 janvier 1958.

1923 NAISSANCE DE MGR GILLES BÉLISLE ❖ Né à Clarence Creek, Gilles Bélisle est ordonné prêtre le 2 février 1950. Il est tour à tour secrétaire de trois archevêques d'Ottawa (Mgrs Alexandre Vachon, Marie-Joseph Lemieux, Joseph-Aurèle Plourde) et attaché de nonciature à Port-au-Prince (Haïti). De retour au Canada, l'abbé Bélisle devient curé de Saint-Isidore-de-Prescott, puis d'Orléans. Il est élu évêque auxiliaire d'Ottawa, et sacré le 21 juin 1977. Mgr Bélisle remplit les fonctions de vicaire général et de coordonnateur de la pastorale. Décédé à Orléans le 12 avril 1996.

1935   NAISSANCE DE L'ARTISTE MARIE-THÉRÈSE FORAND ❖ Native de Montréal (Québec), Marie-Thérèse Forand habite Toronto depuis 1967. Elle suit des cours avec Mike Janssen, ancien élève du Groupe des sept, et devient très active dans le milieu artistique torontois, notamment avec le conseil scolaire, la Galerie des arts d'Etobicoke, le groupe d'artistes de Fairbanks-York, le Nelson Park Art Centre et la bibliothèque Oakwood.

1949   NAISSANCE DE FRANÇOIS PARÉ, PROFESSEUR ET ÉCRIVAIN ❖ Né à Longueuil (Québec), François Paré enseigne la littérature à l'Université de Guelph de 1977 à 2003, puis devient directeur du Département d'études françaises de l'Université de Waterloo. Il publie *Les Littératures de l'exiguïté* (1992) et remporte le Prix du Gouverneur général en 1993. Cet ouvrage est réédité à deux reprises et est traduit en anglais, italien, roumain et ouzbèque. En 1994, François Paré publie *Théories de la fragilité*, suivi de *Traversées* (2000), coécrit avec François Ouellet, de *Frontières flottantes : lieu et espace dans les cultures francophones du Canada* (2001), coécrit avec Jaap Lintvelt, et de *La Distance habitée* (2003, Prix Trillium).

1980   NAISSANCE DE NICOLAS DROMARD, CHANTEUR, DANSEUR ET COMÉDIEN ❖ Né à Ottawa, Nicolas Dromard s'inscrit, dès l'âge de 6 ans, à des cours de danse et de musique. À 10 ans, il se joint au Ottawa Ballet Company pour la production de *L'Inébranlable Soldat de plomb* au Centre national des Arts. Il étudie la danse et la musique au Centre d'excellence artistique de l'École secondaire De La Salle, où il remporte le Prix d'excellence en 1998.

Nicolas Dromard s'inscrit à de nombreuses compétitions et décroche deux prix prestigieux : Sega Video Dance Contest (1992) et America's Teen Male Dancer of the Year (1995). Des bourses l'amènent à faire des stages d'études à Los Angeles et à New York. Au fil des ans, il fait partie de plusieurs comédies musicales à titre d'acteur, de danseur et de chanteur ; on le retrouve dans *Rockettes The Christmas Spectacular* (Missouri, 1998), *West Side Story* (Stratford, 1999), *Mamma Mia!* (2000-2001), *Oklahoma !* (Broadway, 2001), *Gypsy* (Toronto, 2003), *The Boy fom Oz* (Broadway, 2003), *Hairspray* (Toronto, 2004) et *Wicked* (Toronto, 2005).

8 octobre

1894   NAISSANCE DU JUGE AUGUSTE DURANCEAU ❖ Natif de Laprairie (Québec), Joseph Auguste Duranceau est admis au barreau de l'Ontario en 1922. Il s'établit à Cochrane et, après quatorze ans de pratique, devient le premier procureur adjoint de la Couronne pour le district. Nommé juge de la Cour de district de Cochrane le 14 novembre 1952, il demeure en fonction jusqu'à son 75e anniversaire en 1969. Auguste Duranceau est décédé à Cochrane le 3 juillet 1982.

1896   NAISSANCE DE MGR HENRI BELLEAU, O.M.I. ❖ Né à Ottawa, Henri Belleau est ordonné prêtre oblat le 18 décembre 1920 et envoyé en mission à la baie James. Successivement missionnaire à Fort Albany, Attawapiskat et Fort George, il est nommé vicaire provincial des missions oblates de la baie James en 1936. Sacré évêque le 3 février 1940, il est responsable du vicariat apostolique de la baie James (qui deviendra le diocèse de Moosonee en 1967). Après vingt-cinq ans d'épiscopat, Mgr Henri Belleau démissionne le 21 avril 1964. Il meurt à Saint-Boniface le 5 janvier 1976.

1912   RÈGLEMENT XVIII ❖ Pour rendre les commissaires d'écoles et les enseignants responsables de l'application du Règlement XVII, le ministère de l'Instruction publique édicte le Règlement XVIII. En vertu de ce dernier, le ministre reçoit le plein pouvoir d'annuler le certificat de tout enseignant qui refuserait de se conformer au Règlement XVII ; il a la liberté de menacer les commissions scolaires récalcitrantes de ne pas renouveler leur subvention. Enfin, il peut aller jusqu'à transférer le nom des contribuables francophones à la liste des écoles publiques (qui sont de langue anglaise). Voir aussi la notice suivante.

1913   MENACE DU MINISTÈRE DE L'ÉDUCATION ❖ Une année après la proclamation du Règlement XVII, le ministère de l'Instruction publique se rend compte que les enseignants et les commissaires des écoles dites bilingues refusent de se soumettre à la réglementation. Le 8 octobre 1913, il envoie une lettre circulaire aux instituteurs et syndics des écoles anglo-françaises, avertissant le personnel que les insoumis seront dépouillés de leurs certificats s'ils continuent de résister au Règlement XVII. Les syndics sont avisés qu'aucun octroi ne sera versé aux commissions scolaires rebelles. Malgré ces menaces, la résistance se poursuit. Le ministère de l'Instruction publique essaie une autre tactique et rédige un *Teacher's pledge* (engagement du prof) que doit signer chaque instituteur ou institutrice d'une école anglo-française. L'engagement stipule que la personne accepte de se conformer à tous les règlements et instructions présentement en vigueur dans le ministère en ce qui a trait aux écoles anglo-françaises de l'Ontario. Mais ce procédé n'ébranle aucunement le patriotisme du personnel enseignant. Dans plusieurs communautés, parents, commissaires et enseignants créent des écoles libres où l'enseignement est donné dans la langue maternelle des enfants.

1920   NAISSANCE DE MAURICE LACOURCIÈRE, JUGE ❖ Natif de Montmartre (Saskatchewan), Maurice Lacourcière est admis au barreau de l'Ontario en 1949. Il s'associe à l'étude de son père Joseph-Émile, à Sudbury, de 1950 à 1964. Le 13 août 1964, Maurice Lacourcière est nommé juge de la Cour de district de Nipissing, à North Bay. Le 16 août 1967, il accède à la Cour suprême de l'Ontario et, de 1974 à 1985, il est juge à la Cour d'appel de l'Ontario. Il est alors le seul Franco-

Ontarien à siéger au plus haut tribunal de la province. L'Université d'Ottawa lui décerne un doctorat honorifique le 12 juin 1989 et il reçoit l'Ordre du Canada en 1998. Décédé le 3 juin 1999. Une bourse pour étudiants en droit de l'Université d'Ottawa porte son nom.

9 octobre

1906   NAISSANCE DE MGR MAXIME TESSIER ❖ Natif de Saint-Sébastien-d'Iberville (Québec), Maxime Tessier est ordonné prêtre le 14 juin 1930. Après des études de doctorat en droit canonique à Rome, il enseigne au Grand Séminaire d'Ottawa, puis remplit les fonctions de secrétaire du délégué apostolique. Affecté à diverses tâches à la chancellerie de l'archidiocèse d'Ottawa, l'abbé Tessier organise le congrès marial de 1947. Élu évêque auxiliaire d'Ottawa le 28 mai 1951, il est sacré le 2 août suivant. Nommé évêque coadjuteur de Timmins en 1952, Mgr Maxime Tessier succède à ce siège épiscopal le 8 mai 1955. Il démissionne en mars 1971.

1908   NAISSANCE DU DÉPUTÉ ALBERT LAVIGNE ❖ Né à Cornwall, Albert Peter Lavigne est un épicier qui se fait d'abord élire comme conseiller du canton de Cornwall (1948-1953), puis comme sous-préfet en 1954. C'est lors d'une élection complémentaire dans le comté fédéral de Stormont, le 8 novembre 1954, que Lavigne est élu député libéral à la Chambre des communes. Il se représente avec succès en 1957, mais mord la poussière l'année suivante. Décédé le 5 juin 1962.

1913   UN INSPECTEUR MAL REÇU ❖ Dans la foulée du Règlement XVII, l'inspecteur Summerby effectue une tournée des écoles bilingues dans les comtés de Prescott et Russell. Le 9 octobre 1913, les élèves de trois écoles dans les environs de Casselman quittent la classe avant l'arrivée de l'inspecteur intrus. Ceux de Saint-Eugène les suivent de très près. Apprenant que M. Summerby est en ville, les écoliers de Rockland vont manifester durant la récréation devant l'hôtel où l'homme s'est retiré.

Sentant qu'il y a de la poudre dans l'air, l'inspecteur anglophone déguerpit par le premier train.

1932   NAISSANCE DE CHRISTINE DUMITRIU - VAN SAANEN, ÉCRIVAINE ❖ D'origine hollandaise, Christine Dumitriu - Van Saanen est ingénieure, géologue, poète et essayiste. Établie au Canada depuis 1977, elle enseigne à l'École Polytechnique de Montréal, puis aux Universités de Calgary et de Toronto. Elle fonde en 1982 la Société littéraire francophone de l'Alberta et la *Revue littéraire de l'Alberta*. Fondatrice et directrice générale du Salon du livre de Toronto (dont le prix littéraire annuel porte son nom) depuis1992, elle est l'auteure d'une soixantaine d'articles scientifiques, d'un traité de sédimentologie (traduit en roumain et en anglais) et de nombreux ouvrages, dont *L'Univers est, donc je suis* (1998), *Mémoires de la Terre* (1999), *Les Heures sable* (2001) et *La Saga cosmique* (2003). Son ouvrage *Sur la réalité : réflexions en marge d'un monde* (2001) est traduit en anglais par Mark Stout. Elle reçoit de nombreux prix et honneurs au Canada et en France, dont le Grand Prix de poésie moderne des Jeux floraux de Touraine (1983), l'Alberta Achievement Award (1984), la Médaille d'or de l'Académie de Lutèce (1987) pour sa pièce *Renaissance,* le Prix de la Toison d'or (1995), l'Ordre des francophones d'Amérique (2000) et l'Ordre des Arts et des Lettres de France (2004).

10 octobre

1919   NAISSANCE DE L'ATHLÈTE EDGAR LAPRADE ❖ Né à Mine Center, Edgar Laprade est un joueur de centre qui fait son entrée dans la Ligue nationale de hockey en 1945, avec les Rangers de New York. Au cours de ses dix années avec cette formation, il dispute 500 parties régulières et 18 parties éliminatoires; il marque 112 buts et réussit 181 passes. Edgar Laprade remporte le trophée Calder en 1946 et le trophée Byng en 1950 ; il est élu au Temple de la renommée du hockey en 1993.

1933   NAISSANCE DE L'ADMINISTRATRICE MARIE-DES-ANGES LOYER ❖ Native d'Ottawa, Marie-des-Anges Loyer consacre 34 ans de sa vie au domaine des sciences infirmières. Elle enseigne à l'École de nursing de l'Université d'Ottawa et en devient la directrice (1974-1980), puis elle est doyenne adjointe de la Faculté des sciences de la santé (1978-1980). Présidente de l'Association canadienne de la santé publique (1980-1982) et du bureau des gouverneurs de l'Hôpital royal d'Ottawa (1982-1985), garde-malade en chef du Canada (1985-1989), membre de l'Ambulance Saint-Jean depuis 1974, Marie-des-Anges Loyer est commandant de l'Ordre très vénérable de Saint-Jean de Jérusalem.

1958   NAISSANCE DE L'ARTISTE NJACKO BACKO ❖ Né à Bazou (Cameroun), Njacko Backo est un auteur, compositeur, interprète, poète, comédien et chorégraphe qui arrive au Canada en 1988 et qui s'établit à Toronto en 1998. S'adressant à des publics de tous les âges, il crée des spectacles qui font connaître les rythmes musicaux de son pays d'origine grâce à des instruments tels que le tambour kalimba et la harpe africaine. Parmi les disques à son actif, on retrouve *Le Destin, Bamileke, Nkoni* (1996), *Résurrection* (1998), *Lode Yeuk* (1999), *Kakoua, Toum Kak* et *La Conscience africaine*. En 1998, Njacko Backo fonde l'ensemble Kalimba et, l'année suivante, Music Africa décerne à cette formation le Prix du meilleur groupe traditionnel.

11 octobre

1950   NAISSANCE DU LEADER JEAN-FRANÇOIS AUBÉ ❖ Né à Timmins, Jean-François Aubé est le premier président de l'Assemblée provinciale des mouvements de jeunes de l'Ontario français (v. mai). Avocat, il milite pour la création de l'Association des juristes d'expression française de l'Ontario (v. 14 novembre) et favorise l'essor des services juridiques en français, notamment dans le cadre de l'émission *C'est ton droit*, diffusée sur les ondes de la Chaîne française de TVOntario. Président de l'Association française des conseils scolaires de l'Ontario (v. 17 novembre) et membre de la Commission des services en français de l'Ontario (1986-1988), il consacre temps, énergies et ressources à la construction de l'Hôpital du district de Timmins. Jean-François Aubé meurt le 9 octobre 1988, à l'âge de 37 ans. Il était le frère jumeau de Jean-Paul Aubé (v. notice suivante).

1950 NAISSANCE DE L'ENTREPRENEUR JEAN-PAUL AUBÉ ❖ Né à Timmins, Jean-Paul Aubé se lance en affaires à 25 ans en devenant le propriétaire gérant de l'hôtel L'Escapade à Timmins, de 1975 à 1985. Il est aussi propriétaire du restaurant Noodles n' Things, de 1980 à 1985. En société avec son frère Benoît, il est copropriétaire et vice-président du commerce Timmins Computer Power, de 1980 à 1986. Il se porte aussi acquéreur de la franchise d'un restaurant McDonald's en 1983. Jean-Paul Aubé est directeur et copropriétaire, depuis 1987, du centre d'achats Hollinger Court Mall. Il est le frère jumeau de Jean-François Aubé (v. notice précédente).

1979 PREMIER CONTACT ONTAROIS ❖ Colloque annuel des arts de la scène, destiné aux diffuseurs et aux artistes de l'Ontario et du Canada, Contact ontarois est lancé par le Conseil des arts de l'Ontario en vue de promouvoir les arts en Ontario français. Le premier Contact a lieu du 11 au 14 octobre 1979 à l'Hôtel Bond Place de Toronto. Il offre une vitrine sur le théâtre, la chanson, la littérature, les arts visuels et le cinéma. Au début, l'événement s'appelle « Contact franco-ontarien », mais le nom « Contact ontarois » s'impose à partir de 1981. Cette rencontre annuelle privilégie surtout les arts de la scène et donne aux diffuseurs communautaires et professionnels l'occasion d'assister à une gamme variée de minispectacles et d'engager des artistes pour étoffer la programmation culturelle qu'ils présentent dans leurs villes respectives. Les délégués participent aussi à des ateliers de perfectionnement professionnel et profitent de Contact ontarois pour réseauter avec leurs pairs. Depuis 2001, cette activité est organisée par Réseau Ontario (v. décembre) avec l'appui du Conseil des arts de l'Ontario et d'autres partenaires financiers.

1981 FONDATION DE LA FÉDÉRATION DES GUIDES FRANCO-ONTARIENNES ❖ Les guides francophones de l'Ontario font longtemps partie de l'Association des guides catholiques du Canada / Canadian Girl Guides Association. La division en quatre régions, dont une pour l'Ontario, est abolie vers 1972, puis rétablie une dizaine d'années plus tard, sous une autre forme. Mais lorsque la Fédération des guides du Québec remet sa charte provinciale en vigueur, les guides francophones de l'Ontario se regroupent sous le vocable de Fédération des guides franco-ontariennes, œuvrant dans six diocèses : Alexandria-Cornwall, Hearst, Ottawa, Toronto, Sault-Sainte-Marie, et Timmins. La nouvelle fédération obtient en 1982 une charte provinciale.

12 octobre

1970 CRÉATION DE DIRECTION-JEUNESSE ❖ C'est à la suite d'une coalition entre l'Association de la jeunesse franco-ontarienne (v. 4 décembre) et de l'Assemblée provinciale des mouvements de jeunes de l'Ontario français (v. mai) qu'un nouvel organisme est né : Direction-Jeunesse. L'objectif principal est d'insuffler chez les jeunes un sentiment d'appartenance à la communauté franco-ontarienne. Depuis 1992, Direction-Jeunesse entend développer l'autonomie et l'initiative chez les jeunes Franco-Ontariens et Franco-Ontariennes, grâce à des rencontres d'information, des stages en gestion et une sensibilisation des jeunes à l'entreprenariat. L'organisme cesse d'exister en 2002.

13 octobre

1688 NAISSANCE DU TOUT PREMIER COLON DE L'ONTARIO ❖ La famille de Jean-Baptiste Goyau serait la première d'origine européenne à s'établir sur le territoire actuel de la province de l'Ontario. En 1712, à l'âge de 24 ans, Jean-Baptiste Goyau quitte Montréal pour se rendre au fort Détroit où il devient traiteur et voyageur. Il épouse Marie Larose le 29 janvier 1720, à Détroit. En 1743, il est fermier pour les pères jésuites et s'établit sur la rive canadienne de la rivière Détroit (aujourd'hui Windsor). Jean-Baptiste Goyau meurt le 6 mai 1778, laissant trois garçons et cinq filles. Une rue de Windsor porte son nom.

1916 LES BREVETS D'ENSEIGNEMENT DE BÉATRICE ET DIANE DESLOGES ❖ L'école Guigues d'Ottawa demeure un haut lieu de bataille contre le Règlement XVII. C'est là que Béatrice et Diane Desloges enseignent. Ces deux femmes jouent un rôle clef dans la résistance à l'infâme réglementation, allant jusqu'à ouvrir des classes privées dans une maison du voisinage. Le gouvernement révoque alors les brevets d'enseignement des deux institutrices le 13 octobre 1916.

1917 NAISSANCE DE PHILIPPE GARIGUE, ADMINISTRATEUR ET ÉCRIVAIN ❖ Né d'une famille anglo-française à Manchester (Angleterre), Philippe Garigue arrive au Canada en 1954 à l'invitation de l'Université McGill, pour y développer la recherche sur le Canada français. En 1957, il est nommé doyen de la Faculté des sciences sociales de l'Université de Montréal. De 1980 à 1987, Philippe Garigue est principal du Collège Glendon de l'Université York à Toronto. Il est l'auteur de plusieurs essais : *La Vie familiale des Canadiens français* (1962), *Analyse du comportement familial* (1967, Prix du Concours littéraire du Québec), *Questions de stratégie et de métastratégie* (1992). Il publie aussi quatre recueils de poésie : *Le Temps vivant* (1973), *L'Humaine Demeure* (1974), *De la condition humaine* (1995) et *Le Temps de l'intelligence* (1999). Philippe Garigue reçoit le Prix du Consulat général de France lors du septième Salon du livre de Toronto (1999). Il est officier membre de la Société royale du Canada (1965), Grand-Croix de l'Ordre de Cisneros d'Espagne (1971), Grand-Officier de l'Ordre de Saint-Jean de Jérusalem (1979), de Rhodes et de Malte, officier de l'Ordre du Canada (1987) et officier de la Légion d'honneur (1987).

1988 FONDATION DE L'ASSOCIATION DES AUTEURS DE L'ONTARIO ❖ C'est à Ottawa qu'est créée une association provinciale regroupant les auteurs francophones de l'Ontario. L'Association réunit des auteures et auteurs d'expression française pour les encourager dans leur profession et les aider à obtenir des informations et des services s'y rapportant, pour promouvoir la littérature de l'Ontario fran-

çais, pour encourager les liens avec d'autres associations littéraires et artistiques, pour diffuser toute documentation disponible pouvant intéresser ses membres et pour représenter ceux-ci auprès des instances gouvernementales ontariennes et canadiennes. Le 20 novembre 1993, l'Association modifie ses statuts et règlements en vue de féminiser son nom : elle devient l'Association des auteures et auteurs de l'Ontario français.

14 octobre

1903 NAISSANCE DU DÉPUTÉ AURÈLE CHARTRAND ❖ Natif d'Ottawa, Aurèle Chartrand est un avocat libéral qui se lance en politique en tentant de se faire élire député provincial d'Ottawa-Est en 1940. Il échoue, mais revient à la charge en 1945. Il est élu, puis réélu en 1948 et 1951.

1935 ÉLECTION FÉDÉRALE ❖ Lors du scrutin général tenu le 14 octobre 1935, six députés franco-ontariens sont élus : Edgar Chevrier (Ottawa), Élie Bertrand (Prescott), Alfred Goulet (Russell), Raoul Hurtubise (Nipissing), Paul Martin (Essex-Est) et Joseph-A. Bradette (Temiscaming-Nord). Décédé à Ottawa le 21 mai 1975.

1937 NAISSANCE DE L'ATHLÈTE MAURICE RACINE ❖ Originaire de Cornwall, Maurice Racine est un joueur de football qui fait ses débuts avec les Rough Riders d'Ottawa à titre de botteur de précision. Pendant ses quatorze années avec cette formation, il détient un record de 62 passes et de 176 bottés recouvrés. À cinq reprises, Maurice Racine joue lors de la finale de la Coupe Grey et son équipe remporte quatre fois les honneurs, soit en 1960, 1968, 1969 et 1973. Récipiendaire du trophée Gil-O.-Julien (meilleur athlète canadien-français) en 1962, nommé athlète hors pair de Cornwall en 1974, *Moe* Racine est élevé au Temple de la renommée sportive de l'Ottawa métropolitain en 1984.

1945 NAISSANCE DE CHARLES VAILLANCOURT, JUGE ❖ Originaire de Sault-Sainte-Marie, Charles H. Vaillancourt est admis au barreau de l'Ontario en 1975. Il est nommé juge à la Cour de justice de l'Ontario, à Downsview, en 1990.

15 octobre

1924 NAISSANCE DE MARGUERITE ANDERSEN, ÉCRIVAINE ❖ Native de Magdebour (Allemagne), Marguerite Andersen détient un doctorat en lettres françaises de l'Université de Montréal. Elle enseigne à l'Université Concordia (Montréal) et à l'Université de Guelph. Romancière, poète, dramaturge, essayiste et traductrice, elle publie d'abord sa thèse de doctorat sur *Claudel et l'Allemagne* (1965). Son récit intitulé *De mémoire de femme* (1982) remporte le Prix du *Journal de Montréal* en 1983. On lui doit, entre autres, les proses poétiques *L'autrement pareille* (1984) et *Bleu sur blanc* (2000), les recueils de nouvelles *Courts métrages et instantanés* (1991), *La Bicyclette* (1997) et *Les Crus de l'Esplanade* (1998), ainsi que les romans *L'Homme-papier* (1992), *La Soupe* (1995) et *Parallèles* (2004, finaliste des Prix littéraires du Gouverneur général). Avec Paul Savoie, Marguerite Andersen a cosigné le roman *Conversation dans l'interzone* (1994). En 1996, elle remporte le Grand Prix du Salon du livre de Toronto pour *La Soupe*. Éditrice de la revue *Virages* (v. 11 mai), Marguerite Andersen est ancienne présidente de l'Association des auteures et auteurs de l'Ontario français, et du Comité des droits et libertés de la Writer's Union of Canada.

1942 NAISSANCE DE MARIEL O'NEILL-KARCH, ADMINISTRATRICE ❖ Native de Timmins, Mariel O'Neill-Karch est tour à tour professeure, administratrice et critique de théâtre. Elle enseigne le français à l'Université de Toronto, où elle devient la première femme nommée principale du Collège St. Michael's et la première Franco-Ontarienne à assumer le poste de principale du Collège Woodsworth. Elle est aussi la première Franco-Ontarienne nommée membre honoraire de la Société québécoise des études théâtrales, en 2003. Auteure de *Théâtre franco-ontarien : espaces ludiques* (1992), elle publie, avec Pierre Karch, *Options* (1974), le *Dictionnaire des citations littéraires de l'Ontario*

français depuis 1960 (1996), un *Choix de nouvelles et de contes de Régis Roy (1864-1944)* (2001) et un répertoire des pièces de théâtre d'*Augustin Laperrière (1829-1903)* (2002). Un prix d'écriture dramatique, créé par le Théâtre la Catapulte en 1995, porte le nom prix O'Neill-Karch.

1968 NAISSANCE DU COMÉDIEN HENRY GAUTHIER ❖ Originaire de Sudbury, Henry Gauthier joue aussi bien en anglais qu'en français. Il interprète des rôles dans plusieurs compagnies, notamment le Théâtre de la Vieille 17 *(Le Nez, Les Inutiles)*, Dérives urbaines *(Convention, Biblio a perdu son livre)* et Odyssey Theatre *(The Mandrake, Turandot)*. Il joue aussi au Centre national des Arts *(Cyrano de Bergerac, Fast Lane, Savage Fitness)*.

16 octobre

1886 NAISSANCE DE JOSEPH-ARTHUR BRADETTE, DÉPUTÉ ET SÉNATEUR ❖ Originaire de Saint-Urbain (Québec), Joseph-Arthur Bradette est un marchand qui s'établit à Cochrane. Libéral en politique, il se fait élire député fédéral de Témiscamingue-Nord en 1925, 1926 et 1929, ensuite député fédéral de Chocrane en 1935, 1940, 1945 et 1949. Président suppléant de la Chambre des communes (1943-1945), il est nommé au sénat le 12 juin 1953. Il meurt à Cochrane le 12 septembre 1961.

1896 FONDATION DE L'HEBDOMADAIRE *NOUVELLE PUBLICATION POPULAIRE* ❖ Journal littéraire fondé à Ottawa par MM. Labelle et Chrochetière, *Nouvelle publication populaire* entend publier en feuilleton les meilleurs romans du jour. L'entreprise semble avoir été de courte durée.

1940 LES SAINTS PATRONS DU CANADA ❖ Le pape Pie XII proclame que les martyrs de la Huronie sont officiellement les saints patrons du Canada. Canonisés en 1930, les Saints-Martyrs canadiens sont : Jean de Brébeuf, Gabriel Lalemant, Isaac Jogues, Charles Garnier, René Goupil, Antoine Daniel, Noël Chabanel et Jean de Lalande. Un monument érigé près de Midland rappelle leur souvenir et plusieurs écoles ou paroisses portent leur nom en Ontario, voire au Canada.

1945 NAISSANCE DE FRANÇOIS-XAVIER SIMARD, ÉCRIVAIN ❖ Né à L'Orignal, François-Xavier Simard grandit à Chicoutimi, puis s'établit à Ottawa et ensuite dans l'Outaouais. Il aborde la littérature comme essayiste sur des questions internationales, participe à des colloques sur la francophonie et publie des études sur le français et sa place dans le monde. Il reçoit le Grand prix Shakespeare de l'Institut d'humanisme social (Paris) pour son essai intitulé *La Crise mondiale de notre fin de siècle* (1982). Il rédige des biographies, dont *Les Conquérants* (1989), *Pierre Péladeau, l'homme derrière un empire* (1997), *Jean Despréz (1906-1965) : une femme de tête, de courage et de cœur* (coauteur avec André La Rose, 2001) et *Jean Côté : parcours d'un rebelle – comment vivre de sa plume* (2001). On lui doit aussi le roman *Milenka* (1996), ainsi que quatre essais : *Le Français, langue internationale* (1981), *Les Plaisirs du café* (1998), *Une génération de femmes sans mari* (1998) et *Le Livre du sirop d'érable* (1998). Il prépare une biographie consacrée à Fulgence Charpentier (v. 29 juin).

1955 NAISSANCE DE WILFRID PAIEMENT, ATHLÈTE ❖ Originaire d'Earlton, Wilfrid Paiement est un ailier droit qui entre dans la Ligue nationale de hockey en 1974. Il évolue avec les Scouts de Kansas City, les Rockies du Colorado, les Maple Leafs de Toronto et les Nordiques de Québec. En neuf ans, Wilfrid Paiement dispute 693 parties, dont 26 éliminatoires, marque 270 buts et réussit 361 passes Il est le frère cadet du hockeyeur Rosaire Paiement (v. 12 août).

17 octobre
Journée internationale pour l'élimination de la pauvreté

1885 NAISSANCE DU MISSIONNAIRE JOSEPH-MARIE COUTURE, S.J. ❖ Originaire de Saint-Anselme-de-Dorchester (Québec), Joseph-Marie Couture est ordonné prêtre jésuite en 1922 et devient missionnaire dans le nord de l'Ontario, auprès des Indiens

de la tribu des Odjibwés. Ces derniers le surnomment *Neendawishkang* (celui qu'on aime voir venir). Basé à Longlac, le père Couture obtient un hydravion en 1933 et devient le premier prêtre-aviateur du Canada. Il meurt à Longlac le 4 mars 1949.

1967 ÉLECTION PROVINCIALE ❖ Lors du scrutin ontarien qui se déroule le 17 octobre 1967, les candidats franco-ontariens suivants sont élus : Albert Bélanger (Prescott-Russell), Fernand Guindon (Stormont), Osie Villeneuve (Glengarry), Jules Morin (Ottawa-Est), Gaston Demers (Nickel Belt), Élie Martel (Sudbury-Est), René Brunelle (Cochrane-Nord) et Leo Bernier (Kenora).

18 octobre

1952 NAISSANCE DE L'ARTISTE MARIE-MONIQUE JEAN-GILLES ❖ Originaire de la Vallée de l'Artibonite (Haïti), Marie-Monique Jean-Gilles est une chanteuse, écrivaine et conteuse qui s'établit en Ontario le 1er janvier 1989. Elle fait paraître un premier enregistrement, *Chansons et Contes du Soleil* (1993), suivi du disque intitulé *Les Enfants de tous les pays* (1997). Elle participe aussi au disque compilation de l'Association des professionnels de la chanson et de la musique franco-ontariennes en 1994 et publie le conte *Ti Belo et le petit oranger* en 2004. Marie-Monique Jean-Gilles fait partie en 1991 du Groupe de travail pour une politique culturelle des francophones de l'Ontario, qui publie le rapport « RSVP ! Clefs en main » (v. 12 avril et 30 septembre).

1960 NAISSANCE DE LA JUGE LOUISE SERRÉ ❖ Originaire de Sudbury, Louise Julie Serré est admise au barreau de l'Ontario le 14 avril 1986. Elle est nommée juge à la Cour de justice de l'Ontario le 15 novembre 2000. Elle siège à Blind River et Elliot Lake.

19 octobre

1843 IMPORTANCE DE BYTOWN ❖ L'évêque de Montréal, Mgr Ignace Bourget, décrit l'importance de Bytown (Ottawa) dans une lettre en date du 19 octobre 1843. Il écrit que l'endroit « est le centre de tous les chantiers qui sont sur l'Ottawa [rivière des Outaouais]. Tous les hommes qui y travaillent doivent nécessairement y passer pour venir ici [Montréal]. » L'évêque note que c'est de Bytown que les missionnaires doivent partir « pour aller évangéliser ce que nous appelons les chantiers ». L'endroit serait donc tout désigné pour devenir le siège d'un nouveau diocèse. C'est ce qui arrive en 1847 lorsque Bytown est érigé en diocèse suffragant de Québec (v. 25 juin).

1930 PREMIÈRE JOURNÉE DE L'ACFEO ❖ L'Association canadienne-française d'éducation de l'Ontario (ACFEO) lance une campagne de financement en créant la Journée de l'ACFEO. Ce jour-là, chaque famille franco-ontarienne est invitée à contribuer vingt-cinq sous.

1943 NAISSANCE DE MARIETTE CARRIER-FRASER, ÉDUCATRICE ❖ Native de Jogues, Mariette Carrier-Fraser est l'artisane de la *Loi sur la gestion de l'éducation française en Ontario* (Loi 75) de 1986. D'abord enseignante à Hearst et à Ramore à partir de 1961, elle devient la directrice-fondatrice de l'école Saint-Noël-Chabanel à Cambridge, en 1973. Surintendante régionale responsable de l'éducation en langue française dans les régions du Centre et du Sud-Ouest pour le ministère de l'Éducation de 1981 à 1983, Mariette Carrier-Fraser est nommée sous-ministre adjointe (1983-1989) et elle pilote le dossier qui aboutit à la création du Conseil scolaire de langue française d'Ottawa-Carleton et du Conseil des écoles françaises de la communauté urbaine de Toronto.

1958 LES DÉBUTS DU JOURNAL *LE REMPART* ❖ Les origines de l'actuel hebdomadaire *Le Rempart*, de Windsor, remontent au bulletin de liaison de la Société Saint-Jean-Baptiste de l'Ouest d'Ontario, fondé le 19 octobre 1958 (toutefois, le nom *Le Rempart* n'apparaît pour la première fois que le 10 avril 1959). En novembre 1966 l'organe d'information devient un tabloïd mensuel au service des populations françaises de Windsor-Essex-Kent. Puis, le 15 février 1972, on fonde la compagnie Les Publications des Grands-Lacs, éditeur du journal. Enfin, à partir de mars 1979, *Le Rempart* paraît chaque semaine. Au fil des ans, cet organe de presse suit la route tracée par ses douze prédécesseurs et défend les intérêts des Canadiens français au pays de Lamothe Cadillac.

1979 FONDATION DU THÉÂTRE DE LA VIEILLE 17 ❖ Théâtre de création qui produit à la fois des spectacles pour le public adulte et pour le jeune public, le Théâtre de la Vieille 17 voit le jour à Rockland et s'établit par la suite à Ottawa. Sous la direction artistique de Robert Bellefeuille (v. 30 mars), le travail de cette compagnie se situe à divers niveaux : la création et les laboratoires de recherche, la diffusion de ses productions au plan national et international, l'accueil de spectacles à Ottawa, l'intervention et l'animation théâtrales au plan régional et provincial. Au printemps 1999, le Théâtre de la Vieille 17 et trois autres compagnies ouvrent les portes d'une nouvelle salle de diffusion à Ottawa : La Nouvelle Scène (v. 10 avril).

20 octobre

1864 ARRIVÉE DES SŒURS DES SAINTS-NOMS DE JÉSUS ET DE MARIE ❖ L'évêque de London, Mgr Pierre-Adolphe Pinsonnault, demande en vain à la congrégation des Sœurs des Saints-Noms de Jésus et de Marie de s'établir à Sandwich (Windsor) en 1862. Des religieuses se dirigent vers Troy (New York) en 1864, mais leur mission échoue. Sur le chemin du retour, elles reçoivent l'ordre de s'établir à Sandwich. Le 20 octobre 1864, les Sœurs des Saints-Noms de Jésus et de Marie entament donc leur apostolat en Ontario. Elles ouvrent une première école dans un chalet de la rue Goyau, le 28 novembre 1864. Plus tard, Vital Ouellette (qui a donné son nom à la rue principale de Windsor) offre un terrain pour la construction de la célèbre Académie Sainte-Marie. Au fil des ans, les religieuses enseignent à Rivière-aux-Canards, La Salle, Amherstburg, Saint-Joachim et Emeryville.

Béatrice et Diane Desloges (au centre de la première rangée) parmi les gardiennes de l'École Guigues • 13 octobre 1916

Marie-Monique Jean-Gilles
18 octobre 1952

Vingt-cinquième anniversaire de l'Ordre de Jacques-Cartier
22 octobre 1926 *(voir au dos le nom des neuf personnes figurant sur la photo)*

Nicole Paiement
23 octobre 1959

Phil Marchildon
25 octobre 1913

Édouard *Newsy* Lalonde
31 octobre 1887

SOURCE DES ILLUSTRATIONS

Diane et Béatrice Desloges : Université d'Ottawa, CRCCF,
Fonds Association canadienne-française de l'Ontario (C2),
Ph2-954, détail. Reproduit des Archives de la Ville d'Ottawa.

Marie-Monique Jean-Gilles : Prologue aux arts de la scène.

Ordre de Jacques-Cartier : neuf fondateurs de l'Ordre de
Jacques-Cartier réunis lors d'une réunion plénière de la
Chancellerie au Château Laurier pour le 25e anniversaire
de l'Ordre ; de g. à dr. : au premier plan, Adélard Chartrand,
Émile Lavoie, F.-X. Barrette, Esdras Terrien et Louis-Joseph
Châtelain ; au second plan, Oscar Barrette, Philippe Dubois,
Achille Pelletier et Charles Gautier ; Ottawa, 28 septembre
1952 / Champlain Marcil, *Le Droit,* Université d'Ottawa,
CRCCF, Fonds Ordre de Jacques-Cartier (C3), Ph3-3/12B.

Nicole Paiement : www.metroactive.com.

Phil Marchildon : Philadelphia Athletics Historical Society.

Édouard *Newsy* Lalonde : www.legendsofhockey.net.

1879   FONDATION DU JOURNAL *LE CANADA* ❖ Ce quotidien d'Ottawa succède à *La Gazette d'Ottawa* et continue sa numérotation (vol. I, nº 224) à partir du 20 octobre 1879. Son rédacteur en chef, le député Joseph Tassé, écrit que le journal sera catholique, canadien-français et conservateur : « Nous serons fidèles aux saines traditions du parti fondé par les LaFontaine, Morin, Taché et Cartier. » Le journal devient semi-quotidien en 1880, puis à nouveau quotidien en 1882. Il change aussi d'allégeance politique, passant dans le clan libéral entre 1891 et 1894. *Le Canada* renferme un grand nombre d'écrits de Benjamin Sulte, notamment les feuilletons intitulés *Les Fleurs fanées* et *Profits et Pertes*.

1919   ÉLECTION PROVINCIALE ❖ Lors du scrutin ontarien tenu le 20 octobre 1919, les candidats franco-ontariens suivants sont élus : Damase Racine (Russell), Gustave Évanturel (Prescott), Joseph Pinard (Ottawa-Est), Georges Tisdelle (Essex-Nord), Zotique Mageau (Sturgeon Falls) et Joseph Henri Marceau (Nipissing). Le Parti des Fermiers unis prend le pouvoir ; le seul député francophone de cette formation politique est Georges Tisdelle.

1940   NAISSANCE DU JUGE RAYMOND TAILLON ❖ Originaire de Kingston, Raymond C. Taillon est admis au barreau de l'Ontario en 1971. Il est nommé juge à la Cour de justice de l'Ontario, à London, en 1991.

21 octobre

1954   NAISSANCE DE CLAUDE *BUTCH* BOUCHARD, CHANTEUR-ANIMATEUR ❖ Natif de Chicoutimi (Québec), Claude Bouchard arrive en Ontario, à Moonbeam, à l'âge de six mois. Mieux connu sous le nom de Claude *Butch* Bouchard, ce chanteur donne plus de 700 spectacles dans les écoles et communautés franco-ontariennes. Membre fondateur de Perspectives 8 (v. novembre), membre fondateur et ancien directeur général (1994-1997) de l'Association des professionnels de la chanson et de la musique (v. 5 mars), il se spécialise dans l'animation culturelle en milieu scolaire. Artiste-pédagogue, il

met au point des ateliers sur la musique qu'il offre dans toutes les régions de la province, en partenariat avec le ministère de l'Éducation, les conseils scolaires et le Conseil des arts de l'Ontario.

1971   ÉLECTION PROVINCIALE ❖ Lors du scrutin ontarien tenu le 21 octobre 1971, les candidats franco-ontariens suivants sont élus : Albert Bélanger (Prescott-Russell), Fernand Guindon (Stormont), Osie Villeneuve (Glengarry), Albert Roy (Ottawa-Est), Élie Martel (Sudbury-Est), René Brunelle (Cochrane-Nord) et Leo Bernier (Kenora).

1993   PREMIER SALON DU LIVRE DE TORONTO ❖ Fondé par l'écrivaine et géologue Christine Dumitriu - Van Saanen (v. 9 octobre), le tout premier Salon du livre de Toronto se tient du 21 au 24 octobre 1993, dans les locaux du gouvernement du Toronto métropolitain (Metro Hall). Cinquante-huit exposants (éditeurs et distributeurs) représentant 260 maisons d'édition du Canada français, de France et du monde francophone, sont présents. Environ 8 000 personnes, jeunes et adultes, francophones et francophiles de Toronto et d'ailleurs, visitent le Salon. Le premier Festival des écrivains rassemble 60 écrivains de l'Ontario, du Québec et de l'Europe. Le premier Prix du Salon est remis à Daniel Poliquin (v. 18 décembre). Installé depuis 1995 dans le prestigieux Palais des congrès de Toronto, le Salon du livre de Toronto accueille en 2004, lors de sa 12ᵉ édition, plus de 13 000 visiteurs (dont 8 000 élèves des écoles primaires et secondaires du Grand Toronto et des environs), 145 exposants (représentant près de 850 éditeurs et distributeurs) et une centaine d'écrivains venus de tout le Canada et de l'ensemble de la Francophonie internationale.

22 octobre

1921   NAISSANCE DU DÉPUTÉ ALBERT BÉLANGER ❖ Natif de Hammond, Albert Bélanger est un homme d'affaires qui est élu député provincial de Prescott-Russell en 1967, sous la bannière conservatrice. Réélu en 1971, 1975 et 1977, il meurt à Ottawa le 13 mars 2005.

1926 L'ORDRE DE JACQUES-CARTIER ❖ Société nationale secrète, fondée à Eastview (Vanier) par le curé François-Xavier Barrette, l'organisme est incorporé sous le nom de Commandeurs de l'Ordre de Jacques-Cartier, mais demeure surtout connu sous le vocable sybillin de *La Patente*. L'Ordre emprunte ses règlements aux francs-maçons en les adaptant à la culture francophone catholique de ses membres; sa structure inclut des chancelleries et des commanderies. Son mandat est d'assurer le bien commun des catholiques de langue française au Canada par la formation d'une élite militante en mesure de promouvoir leurs intérêts, tant dans la fonction publique que dans l'entreprise privée, tout en contrant l'influence d'autres sociétés. À son apogée, l'Ordre de Jacques-Cartier compte plus de 500 cellules locales regroupées sous l'égide de 60 conseils régionaux dispersés à travers 1140 municipalités du Québec, de l'Ontario, du Nouveau-Brunswick, de l'Ouest canadien et de la Nouvelle-Angleterre. Ses membres se recrutent surtout au sein des élites et, bien que leur nombre exact soit inconnu, il est estimé à environ 10 000. Au début des années 1960, la Révolution tranquille soulève un vent de renouveau au Québec et le besoin d'une société secrète se fait de moins en moins sentir. Jugeant sa mission accomplie, l'Ordre de Jacques-Cartier se dissout à Ottawa le 27 février 1965.

1929 NAISSANCE DE JEAN-ROBERT GAUTHIER, DÉPUTÉ ET SÉNATEUR ❖ Né à Ottawa, Jean-Robert Gauthier est un chiropracteur dont l'engagement public s'exerce d'abord en éducation: commissaire d'écoles à Gloucester (1961-1966), membre du Collegiate Board of Ottawa (1967-1969), membre du Conseil scolaire d'Ottawa (1969-1972). Il se fait ensuite élire député fédéral d'Ottawa-Est en 1972, sous la bannière libérale, puis de nouveau en 1974, 1979, 1980, 1984, 1988 et 1993. C'est lui qui donne à sa circonscription le nom d'Ottawa-Vanier en 1974. Whip en chef de l'Opposition officielle (1984-1990), leader de l'Opposition officielle à la Chambre des communes (1990-1991), Jean-Robert Gauthier est nommé au sénat le 23 novembre 1994. Il assume la présidence de l'Assemblée parlementaire de la Francophonie, de 1997 à 1999. Ardent défenseur du dossier des langues officielles, il reçoit le prix Boréal de la Fédération des communautés francophones et acadienne (1998), l'Ordre de la Pléiade, l'Ordre de la Francophonie et du dialogue des cultures, l'Ordre du Canada et la Légion d'honneur (2002). L'Université d'Ottawa lui décerne un doctorat honorifique en éducation (1996). Jean-Robert Gauthier prend sa retraite du sénat le 22 octobre 2004.

23 octobre

1848 NAISSANCE DE JOSEPH TASSÉ, DÉPUTÉ ET SÉNATEUR ❖ Né à Montréal (Québec), Joseph Tassé est le rédacteur en chef du *Canada* (Ottawa) et de *La Minerve* (Montréal). Il se fait élire député fédéral à Ottawa en 1878 et 1882, sous la bannière conservatrice. Défait lors des élections de 1887, il est nommé au sénat le 9 février 1891. Il est l'auteur, entre autres, de *La Vallée de l'Outaouais* (1873), *Les Canadiens de l'Ouest* (1878) et *Les Discours de sir George-Étienne Cartier* (1894). Décédé à Montréal le 17 janvier 1895.

1879 FONDATION DU JOURNAL *LE FANTASQUE* ❖ Premier journal humoristique de l'Ontario français, *Le Fantasque* affiche la devise suivante: *Je n'obéis ni ne commande à personne; je vais où je veux; je fais ce qui me plaît; je vis comme je veux; et je meurs quand il faut.* Cet organe d'information agit ainsi à sa guise pendant quelques semaines, soit jusqu'au 14 décembre 1879.

1897 NAISSANCE DE FLORENCE CASTONGUAY, COMÉDIENNE ❖ Originaire d'Ottawa, Florence Castonguay marque l'histoire du théâtre franco-ontarien en tant que comédienne et metteure en scène. Elle fait ses débuts à Hull au cours des années 1920, puis avec les Artistes chrétiens de la paroisse Saint-Jean-Baptiste d'Ottawa. La création de la Corporation des diseurs de l'Association des artistes-confrères du Caveau, au début des années 1930, constitue la plus grande aventure de sa vie. Pendant de nombreuses années, elle est la présidente de cette alliance de mouvements artistiques et littéraires à Ottawa, fondée par les pères dominicains de la paroisse Saint-Jean-Baptiste. Elle tient son premier rôle important en 1929 (celui d'une des quatre sœurs dans *Sainte-Thérèse de Lisieux,* de Lucie Delarue-Mardrus), puis celui de Desdémone dans *Othello,* de Shakespeare. En 1935, elle joue dans *L'Innocente,* d'Henri-René Lenormand, et remporte le prix de meilleure comédienne francophone lors du Festival national d'art dramatique. À partir de 1937, Florence Castonguay joue principalement avec Le Caveau (v. 22 décembre). La même année, au Festival national d'art dramatique, elle remporte deux prix Bessborough pour la pièce *Françoise* de Sacha Guitry (meilleure comédienne et meilleure mise en scène en français). Elle reçoit les mêmes prix pour *Martine* de Jean-Jacques Bernard. Florence Castonguay meurt à Ottawa le 11 novembre 1992.

1914 NAISSANCE DE L'ÉCRIVAIN CLAUDE AUBRY ❖ Originaire de Morin Heights (Québec), Claude Aubry s'établit à Ottawa en 1949 et devient directeur de la Bibliothèque municipale (1953-1980). Auteur de plusieurs textes pour la radio et la télévision, il est surtout connu comme écrivain de littérature pour la jeunesse : *Les Îles du roi Maha Maha II* (1960), *Le Loup de Noël* (1962), *Le Violon magique et autres légendes du Canada français* (1968). Claude Aubry est fait membre de l'Ordre du Canada en 1975. Il meurt subitement à Montréal, le 3 novembre 1984, au cours d'une réunion de la Société des écrivains canadiens.

1952 NAISSANCE DU CHANTEUR MARCEL AYMAR ❖ Natif de Meteghan (Nouvelle-Écosse), Marcel Aymar est auteur, compositeur, interprète et comédien. Il se dirige vers Sudbury et participe à la création du Théâtre du Nouvel-Ontario (1971), puis à la fondation de CANO-Musique (v. 19 décembre). Ce groupe enregistre sept albums et se produit à guichets fermés dans les salles les plus réputées du pays. Fort de ses dix années de performance et de tournée, Marcel Aymar décide de se consacrer à la production musicale pour la télévision et le cinéma. Il s'associe à deux musiciens de Toronto pour

former une compagnie qui se démarque par de nombreuses réalisations musicales, dont le thème pour *The National* (CBC) et *La Soirée du hockey* (SRC), ainsi que la bande sonore du film *Le Secret de Jérôme.* Parallèlement à ce travail, l'artiste poursuit sa route dans le milieu théâtral, composant les trames sonores de plusieurs spectacles, dont *Amphitryon* (Théâtre Denise-Pelletier), *Les Cascadeurs de l'amour* (Théâtre Les Klektiks) et *Counter Service* (Tarragon Theatre). Comme comédien, il se distingue, entre autres, dans *Cris et blues* en tandem avec Jean Marc Dalpé, dans *Exils* (Théâtre d'Aujourd'hui) et *Terre bleue* (Unithéâtre). Marcel Aymar lance son premier album solo, intitulé *Aymar,* le 17 mars 2003. Cet album lui vaut quatre prix Trille Or 2005 : auteur-compositeur par excellence, interprète par excellence, meilleur album et meilleur réalisateur de disques.

1959 NAISSANCE DE NICOLE PAIEMENT, CHEFFE D'ORCHESTRE ❖ Native de Sturgeon Falls, Nicole Paiement est la première femme admise en direction d'orchestre à la prestigieuse Eastman School of Music de Rochester (New York). En 1986 et 1987, elle reçoit le Sir Ernest MacMillan Memorial Award et se classe première au concours de direction chorale du Conseil des Arts du Canada. En 1989, le Louise-Goucher Madrigal Award lui est décerné pour sa contribution à l'étude et à l'interprétation de madrigaux de la Renaissance. Cheffe d'orchestre invitée en Allemagne, au Japon, en Corée et en Australie, elle devient professeure de musique à l'Université de la Californie à Santa Cruz en 1988, où elle dirige l'orchestre de chambre. Depuis 1993, Nicole Paiement est directrice artistique du California Parallèle Ensemble et du conservatoire de San Francisco.

1967 NAISSANCE DE L'ÉCRIVAIN DIDIER LECLAIR ❖ Né à Montréal (Québec), Didier Kabagema, de son vrai nom, quitte tôt le Canada pour l'Afrique où ses parents, d'origine rwandaise, décident de ramener leur famille. Il vit tour à tour au Congo, au Togo, au Gabon et au Bénin où son père, fonctionnaire international, est appelé à travailler.

Didier Kabagema quitte sa famille en 1987 pour poursuivre ses études universitaires à Sudbury et Toronto où il s'installe et épouse Holly Leclair. dont il adopte le nom. Didier Leclair publie un premier roman, *Toronto je t'aime* (2000), et remporte le prix Trillium. Son deuxième roman, *Ce pays qui est le mien*, paraît en 2003 et est finaliste du Prix du Gouverneur général du Canada. Didier Leclair signe aussi des nouvelles dans la revue *Virages*.

1989 PREMIER CENTRE MÉDICO-SOCIAL FRANCO-PHONE ❖ Le Centre médico-social communautaire (CMSC) de Toronto ouvre ses portes le 23 octobre 1989 et devient la première institution du genre en Ontario. Outre les services d'une clinique médicale, le Centre offre les services d'une clinique d'aide juridique à partir de 2003. Le CMSC et le Centre francophone de Toronto procèdent à une fusion en 2004 ; le nouveau Centre francophone de Toronto regroupe maintenant toute une gamme de services : santé, aide juridique, petite enfance, nouveaux arrivants, programmation culturelle, etc.

24 octobre
Journée des Nations Unies

1682 NAISSANCE DE PIERRE-FRANÇOIS-XAVIER DE CHARLEVOIX, HISTORIEN ❖ Né à Saint-Quentin (France), Pierre-François-Xavier de Charlevoix vient en Nouvelle-France dès 1705. Ordonné prêtre en 1713 à Paris, il est invité en 1719 à faire enquête et à formuler des recommandations sur l'épineuse question des frontières de l'Acadie. L'année suivante, il se voit confier la mission d'examiner l'hypothèse de l'existence de *la mer de l'Ouest* et entreprend un voyage d'étude qui le mène jusqu'à l'embouchure du Mississippi en passant par les Grands Lacs. Cette exploration lui permet de recueillir de nombreuses notes qui vont lui servir dans la publication d'*Histoire et description générale de la Nouvelle-France* (1744). On lui doit aussi *Vie de Marie de l'Incarnation* (1724). Décédé à La Flèche (France) le 1er février 1761. Une région sise immédiatement au nord-est de la ville de Québec

porte son nom. De plus, un groupe d'études franco-ontariennes, qui prend le nom de Société Charlevoix, rappelle sa contribution historiographique.

1877 CONVENTION LITTÉRAIRE DU CANADA FRANÇAIS À OTTAWA ❖ Lors du 25e anniversaire de l'Institut canadien-français d'Ottawa, de grandioses fêtes sont organisées, au cours desquelles on tient une convention littéraire. Une pléiade d'hommes de lettres, de littérateurs, d'historiens et de savants du Canada tout entier y participent. C'est lors de ces assises que des délégués (notamment Alphonse Benoît, Benjamin Sulte, Joseph-Charles Taché et Joseph Tassé) fondent La Société littéraire du Canada, qui sera le précurseur de la Société royale du Canada créée en 1882.

1893 NAISSANCE DE ROSAIRE BARRETTE, JOUR-NALISTE SPORTIF ❖ Originaire d'Ottawa, Rosaire Barrette est admis au barreau de l'Ontario en 1920 mais n'exerce la profession d'avocat que pendant un an. Premier rédacteur sportif au quotidien *Le Droit*, il collabore pendant vingt-cinq ans aux pages sportives, tout en écrivant aussi pour *Le Soleil* de Québec et le *Sudbury Star*. En 1936, Rosaire Barrette publie le premier historique du club de hockey Les Canadiens, intitulé *Halte-là : Les Canadiens sont là*. En 1952, il récidive en publiant la biographie d'un propriétaire du Tricolore, *Léo Dandurand, sportsman*. En collaboration avec Wilfrid Michaud, il est aussi l'auteur d'un dictionnaire anglais-français de la langue et de l'argot sportifs (manuscrit conservé à l'École des traducteurs et interprètes de l'Université d'Ottawa). Membre du comité responsable de la création des trophées sportifs Gil-O.-Julien et Jean-Charles-Daoust, qui sont décernés pour la première fois en 1949, Rosaire Barrette en devient l'animateur principal pendant trente ans. Décédé à Ottawa le 14 août 1982.

25 octobre

1802 L'HOMME FORT JOS MONTFERRAND ❖ Né à Montréal (Québec), Jos Montferrand s'inscrit très tôt dans la tradition des hommes forts qui font l'admiration de tous au XIXᵉ siècle. Il excelle à la boxe, à la lutte et dans les bagarres. Il est difficile de dire lesquels de ses exploits relèvent de la légende et de l'histoire. Jos Montferrand contribue grandement à faire respecter ses compatriotes canadiens-français, notamment dans le milieu de la drave où des tensions existent entre francophones et anglophones à Bytown (Ottawa). Le biographe Benjamin Sulte vante non seulement la force herculéenne de cet homme, mais également sa bonté d'âme et sa générosité. Ses exploits font partie du folklore de la région de l'Outaouais québécois et ontarien. Jos Montferrand est décédé à Montréal le 4 octobre 1864. Gilles Vigneault lui a consacré une chanson éponyme.

1910   NAISSANCE DU DÉPUTÉ JEAN-MARC CHAPUT ❖ Natif de Mattawa, Jean-Marc Chaput est un hôtelier et un conseiller municipal qui se fait élire député provincial de Nipissing lors d'une élection complémentaire en 1954. Il est réélu en 1955, sous la bannière conservatrice.

1913   NAISSANCE DE PHIL MARCHILDON, ATHLÈTE ❖ Originaire de Penetanguishene, Phil Marchildon commence à jouer au base-ball dans sa ville natale, puis à Creighton Mines, près de Sudbury, où il travaille dans une mine de charbon. Recruté par des dépisteurs professionnels pour jouer avec les Maple Leafs de Toronto, qui font partie de la Ligue internationale de base-ball, Phil Marchildon évolue avec cette formation de 1938 à 1940. Puis il est invité à se joindre aux Athletics de Philadelphie, comme lanceur. Il remporte dix-sept victoires contre quatorze revers en 1941-1942. Marchildon interrompt sa carrière pour s'enrôler dans l'aviation des Forces armées canadiennes. Après avoir accompli avec succès 25 attaques contre l'armée hitlérienne, il est capturé le 16 août 1944 et envoyé au camp Stalag Luft III (105 miles au sud-est de Berlin). Libéré le 2 mai 1945, il revient aussitôt au base-ball. En 1946, il remporte 13 parties contre 16 revers ; en 1947, c'est 19 victoires contre 9 défaites. Puis sa carrière prend un mauvais tournant : souffrant de

troubles nerveux qui seraient des séquelles de son expérience dans les camps de prison, le lanceur ne remporte que 9 victoires sur 24 parties. À la fin de la saison de 1950, les Athletics mettent fin à son contrat. Il joue brièvement pour Buffalo, Boston et Toronto. Élu membre du Temple de la renommée des sports du Canada (1976) et du Temple canadien de la renommée du base-ball (1982), Phil Marchildon est décédé le 10 janvier 1997.

1951   CRÉATION DU JOURNAL L'OBSERVATEUR DU NOUVEL-ONTARIO ❖ Hebdomadaire francophone de Timmins, L'Observateur du Nouvel-Ontario vient en aide aux familles canadiennes-française « sur le point d'être subjuguées à jamais par une vague d'américanisme ». Les nouvelles locales abondent dans ce journal, qu'elles proviennent de Fauquier, Jogues, Moonbeam... ou de Val Rita, Ramore et Timmins. L'entreprise de presse semble avoir pris fin en mars 1961.

1975   NAISSANCE DE LA COMÉDIENNE NOÉMIE GODIN-VIGNEAU ❖ Native de Hull (Québec), Noémie Godin-Vigneau étudie le chant au Centre d'excellence artistique de l'École secondaire De La Salle, à Ottawa. Diplômée de l'École nationale de théâtre du Canada (1997), cette comédienne joue à la télévision, au théâtre et au cinéma. C'est son rôle d'Arianne dans la télésérie Diva 1-2-3 (1997-1999) qui la révèle au grand public et qui lui vaut une nomination aux Métrostars en 1998. Elle joue ensuite dans les émissions Bunker et Le Cirque (2001). On la retrouve dans le film Je n'aime que toi (2003) où elle tient le premier rôle, puis dans l'énorme production de Nouvelle-France (2004), de Jean Beaudin, où elle joue le rôle de l'héroïne Marie-Loup Carignan.

1993   ÉLECTION FÉDÉRALE ❖ Lors du scrutin fédéral tenu le 25 octobre 1993, les candidats franco-ontariens suivants sont élus : Réginald Bélair (Cochrane-Supérieur), Eugène Bellemare (Carleton-Gloucester), Don Boudria (Glengarry-Prescott-Russell), Raymond Bonin (Nickle Belt), Jean-Robert Gauthier (Ottawa-Vanier), Diane

Marleau (Sudbury), Gilbert Parent (Welland-St.-Catharines-Thorold), Paul DeVillers (Simcoe-Nord) et Benoît Serré (Timiskaming-Rivière des Français).

26 octobre

1908   ÉLECTION FÉDÉRALE ❖ Lors du scrutin général tenu le 26 octobre 1908, deux députés francophones sont élus : Wilfrid Laurier (Ottawa) et Edmond Proulx (Prescott).

1920   « JE METTRAI TOUT À FEU. » ❖ Le ministre de l'Éducation dans le gouvernement des Fermiers unis, R. H. Grant, écrit au député Georges Tisdelle (v. 5 avril) pour lui signaler l'avertissement que Mgr Michael Francis Fallon, évêque de London, avait servi à l'administration du premier ministre Hearst : « Si vous enlevez la barre d'un *t* ou le point d'un *i* du Règlement XVII *[Regulation 17]*, je mettrai tout à feu. »

27 octobre

1642   MORT DE L'EXPLORATEUR ET INTERPRÈTE JEAN NICOLET ❖ On sait que Jean Nicolet est né en 1598 à Cherbourg (France) mais on ne connaît pas le jour exact. Il arrive en Nouvelle-France en 1618 et devient interprète entre les Français et les Amérindiens. Lors de la prise de Québec, Nicolet se réfugie en Huronie où il tente d'intercepter le commerce entre les Anglais et leurs alliés amérindiens. Il est le premier à explorer le Nord-Ouest américain. Nicolet meurt à Sillery (Québec) le 27 octobre 1642. Un comté, une ville, une rivière et un lac portent son nom.

28 octobre

1900   NAISSANCE DU BIBLIOTHÉCAIRE AUGUSTE MORISSET, O.M.I. ❖ Natif de Fall River (Massachusetts), Auguste Morisset est ordonné prêtre oblat en 1922. Directeur des bibliothèques de l'Université d'Ottawa (1934-1958), il fonde et dirige l'École des bibliothécaires de 1938 à 1971.

La bibliothèque centrale de l'Université d'Ottawa porte le nom de Pavillon Morisset. Auguste Morisset est nommé officier de l'Ordre du Canada en 1976. Décédé à Ottawa le 17 juillet 1989.

1923   L'ÉCOLE LIBRE DE PEMBROKE ❖ Face au refus des commissaires irlandais d'autoriser l'enseignement en français à Pembroke, les Canadiens français ouvrent une école libre, payée par leurs deniers, en confient la direction à Jeanne Lajoie (v. 2 février) et lui donnent le nom d'École Sainte-Jeanne-d'Arc. Le 28 octobre 1923, l'institutrice accueille les élèves dans la maison de Moïse Lafrance et leur souhaite la bienvenue en ces termes : « Vos parents font pour vous de grands sacrifices. Ils veulent que vous soyez de bons petits catholiques, de bons Canadiens français. Il faut que vous travailliez bien. Vous me le promettez ? Je vous y aiderai de mon mieux. »

1928   LES MISSIONNAIRES DU CHRIST-ROI ❖ La communauté des Missionnaires du Christ-Roi doit son existence à Mgr François-Xavier Ross, évêque de Gaspé. À la fois contemplatives et missionnaires, ces religieuses arrivent en Ontario en 1945 pour diriger une école et offrir des soins infirmiers à Longlac. Elles s'établissent dès lors sur la réserve indienne. C'est la seule localité ontarienne où les Missionnaires du Christ-Roi exercent une présence.

1955   NAISSANCE DE LOUISE L. GAUTHIER, JUGE ❖ Native de Timmins, Louise Lilliane Gauthier est admise au barreau de l'Ontario en 1981. Elle est nommée à la Cour de justice de l'Ontario en 1992 et en devient la juge principale de la région du nord-est en 1995. L'honorable Louise L. Gauthier est ensuite nommée juge de la Cour supérieure de justice de l'Ontario le 2 juillet 1999.

1994   FONDATION DU GROUPE DES ARTS BASSAN ❖ Organisme des arts de la scène, le Groupe des arts Bassan voit le jour à Toronto sous la direction de quatre artistes de la Côte d'Ivoire qui s'établissent à Toronto en 1994 : Yolande Séry, Justine Djoleï Gogoua, Jean-Paul Ako et Emmanuel

Gnéon. Ce groupe pluridisciplinaire allie diverses formes artistiques : danse, chant, musique, théâtre, conte, poésie, marionnette, masque et peinture. Le mot *bassan* signifie *balaie* dans le dialecte attié (sud de la Côte d'Ivoire) et représente un symbole d'unité. Aujourd'hui établi à Mississauga, le Groupe des arts Bassan présente ses spectacles dans toutes les régions de l'Ontario et effectue à l'occasion des tournées interprovinciales et internationales.

29 octobre

1925 ÉLECTION FÉDÉRALE ❖ Lors du scrutin général tenu le 29 octobre 1925, les députés franco-ontariens suivants sont élus : Léo Chabot (Ottawa), Gustave Évanturel (Prescott), Alfred Goulet (Russell), Edmond Lapierre (Nipissing) et Raymond Morand (Essex-Est).

1940 NAISSANCE DE MGR JEAN-LOUIS PLOUFFE ❖ Natif d'Ottawa, Jean-Louis Plouffe est ordonné prêtre le 12 juin 1965. Il est tour à tour curé des paroisses Saint-Rémi et La Nativité, puis recteur de la cathédrale Notre-Dame d'Ottawa. En septembre 1982, il devient vicaire judiciaire du Tribunal ecclésiastique régional d'Ottawa. Le 17 décembre 1986, Jean-Louis Plouffe est nommé évêque auxiliaire de Sault-Sainte-Marie, et sacré le 24 février 1987. Le 14 décembre 1989, Mgr Plouffe devient le cinquième évêque titulaire du diocèse de Sault-Sainte-Marie.

1953 NAISSANCE DE L'ATHLÈTE DENIS POTVIN ❖ Natif d'Ottawa, Denis Potvin est un joueur de défense qui entame sa carrière de hockeyeur en 1967-1968 avec le club junior Ottawa 67. Récipiendaire du trophée Jean-Charles-Daoust en 1973, il est le premier choix au repêchage et est embauché par les Islanders de New York. Pendant cette même année, il remporte le trophée Calder comme meilleure recrue. Il obtient aussi le trophée Norris à trois reprises, à titre de meilleur défenseur de la Ligue nationale de hockey. Potvin est capitaine de son équipe lors des quatre victoires de la Coupe Stanley (1980, 1981, 1982 et 1983). Pendant ses

15 saisons avec les Islanders, cet athlète franco-ontarien établit non seulement le record du plus grand nombre de passes (310), mais aussi celui des pénalités avec 1 353 minutes de punition !

30 octobre

1889 NAISSANCE DE MGR ROSARIO BRODEUR ❖ Né à Acton Vale (Québec), Rosario Brodeur est ordonné prêtre le 17 juin 1916 dans le diocèse de Saint-Boniface, où il remplit diverses charges pastorales jusqu'en 1941. Il est élu évêque coadjuteur d'Alexandria, et sacré le 30 juin 1941. Évêque titulaire un mois plus tard, il demeure en fonction pendant vingt-cinq ans. Décédé le 7 février 1986 à Cornwall.

1910 NAISSANCE DE GEORGETTE LAMOUREUX, ÉCRIVAINE ❖ Née à Ottawa, Georgette Lamoureux travaille pour le ministère des Affaires extérieures, notamment à la légation canadienne à Cuba, ainsi qu'aux ambassades du Canada au Chili, en France et en Autriche. Elle participe à la fondation de la Société des écrivains canadiens et est active dans plusieurs organismes, dont la Société d'histoire et de généalogie d'Ottawa, l'Association française des écrivains d'outre-mer, le Cercle des femmes journalistes et l'Alliance française. Parmi ses publications, on trouve : *Visage de la Havane* (1962), *Visage du Japon* (1969), *Bytown et ses pionniers canadiens-français* (1978), *Ottawa 1855-1876 et sa population canadienne-française* (1980), *Histoire d'Ottawa : Ottawa et sa population canadienne-française, 1876-1899* (1982), *Ottawa et sa population canadienne-française, 1900-1926* (1984), *Ottawa et sa population canadienne-française, 1926-1950* (1989). Georgette Lamoureux reçoit le prix Lescarbot (1992), le prix Docteur J.-Émile-Major (1990), le Prix littéraire de la Municipalité régionale d'Ottawa-Carleton (1983) et le Prix de l'Ottawa Historical Society. Décédée à Ottawa le 28 juillet 1995.

1929 ÉLECTION PROVINCIALE ❖ Lors du scrutin ontarien tenu le 30 octobre 1929, les candidats franco-ontariens suivants sont élus : Charles-Avila

Séguin (Russell), Joseph St-Denis (Prescott), Paul Poisson (Essex-Nord), Louis Côté (Ottawa-Est), Henri Morel (Nipissing) et Albert Aubin (Sturgeon Falls).

1935   NAISSANCE DU JUGE BERNARD MANTON ❖ Né à Eastview (Vanier), Bernard J. Manton est admis au barreau de l'Ontario en 1962. Il exerce le droit civil à Ottawa de 1962 à 1997, puis est nommé juge de la Cour supérieure de justice de l'Ontario le 18 mars 1997.

1952   NAISSANCE DE L'ATHLÈTE RONALD LALONDE ❖ Natif de Toronto, Ronald Lalonde est un joueur de centre qui fait son entrée dans la Ligue nationale de hockey en 1972, évoluant avec les Penguins de Pittsburgh. Il passe chez les Capitals de Washington en 1975 et y demeure jusqu'en 1979. En 397 parties, il marque 45 buts et réussit 78 passes.

1972   ÉLECTION FÉDÉRALE ❖ Lors du scrutin général qui se tient le 30 octobre 1972, les députés franco-ontariens suivants sont élus : Jean-Robert Gauthier (Ottawa-Est), Denis Éthier (Glengarry-Prescott-Russell), Lucien Lamoureux (Stormont-Dundas), Jean-Jacques Blais (Nipissing) et Jean Roy (Timmins).

1976   NAISSANCE D'ANNIE BERTHIAUME, CHANTEUSE ❖ Native de Hawkesbury, Annie Berthiaume est auteure, compositeure et interprète. Elle réalise trois vidéo-clips (Sauvée, Une seule chance, Libre) et

un album intitulé Le Secret (1997). Cette artiste donne un spectacle aux Jeux panaméricains de Winnipeg, en 1999, et tient le rôle de Lucy dans la comédie musicale Jekyll and Hyde en tournée américaine (2000-2001).

31 octobre

1887   NAISSANCE D'ÉDOUARD LALONDE, ATHLÈTE ❖ Né à Cornwall, Édouard Lalonde est embauché par les Canadiens de Montréal dès 1909. Pendant treize ans, il est joueur de centre, entre Didier Pitre (v. 29 juillet) et Jack Laviolette (v. 27 août) ; ce trio est surnommé The Flying Frenchmen. Sur 116 parties disputées dans la Ligue nationale de hockey, Lalonde marque 139 buts et réussit 45 passes. Son sobriquet Newsy lui vient du fait que, à sa sortie de l'école, il était reporter et imprimeur à l'hebdomadaire The Freeholder, à Cornwall. Formidable au hockey, Édouard Newsy Lalonde est sensationnel à la crosse. En 1950, les journalistes l'élisent joueur de crosse par excellence du demi-siècle. Il est élevé au Temple de la renommée des sports du Canada, pour la crosse, en 1965, et au Temple de la renommée du hockey en 1950. Édouard Newsy Lalonde meurt le 21 novembre 1970, à Montréal.

1955   NAISSANCE DE L'ATHLÈTE CLAUDE NOËL ❖ Natif de Kirkland Lake, Claude Noël est un joueur de centre qui lance de la gauche. Il évolue dans la Ligue nationale de hockey pendant la seule saison de 1979-1980, avec les Capitals de Washington.

JANVIER

FÉVRIER

MARS

AVRIL

MAI

JUIN

JUILLET

AOÛT

SEPTEMBRE

OCTOBRE

NOVEMBRE

DÉCEMBRE

NOVEMBRE

1955 FONDATION DU JOURNAL *LE BULLETIN* ❖ Créé par Charles Arsenault, directeur de la librairie Champlain à Toronto, *Le Bulletin* se veut d'abord l'organe officiel du Club acadien. En mars 1956, l'hebdomadaire élargit ses horizons et se voue « au service de la population de langue française de Toronto ». Devenu bimensuel, le journal disparaît le 15 avril 1957.

1976 LANCEMENT DU JOURNAL *LE HAMILTON EXPRESS* ❖ Sous-titré *le reflet de la vie francophone dans la région*, *Le Hamilton Express* est d'abord un mensuel, puis un bimensuel et finalement un hebdomadaire à partir de juillet 1977. Cette entreprise éphémère se distingue à peine du *Toronto Express*, son propriétaire-éditeur.

1984 LA REVUE *RAUQUE* ❖ Fondée par les Éditions Prise de parole à Sudbury, la revue de création *Rauque* paraît de 1984 à 1987. Dès le premier numéro, les éditeurs Michel Dallaire et Gaston Tremblay écrivent que « *Rauque* cherche à présenter les œuvres des nos créateurs qui témoignent d'un monde évoluant au rythme des courants littéraires et artistiques d'ici et d'ailleurs ». Au fil de ses sept livraisons, *Rauque* publie des textes poétiques, des nouvelles, des études, des œuvres d'artistes visuels, des bandes dessinées et des entrevues. À trois reprises, la préparation d'un numéro est confiée à des directeurs invités : Pierre Paul Karch et Mariel O'Neill-Karch (n° 4), Paul-François Sylvestre (n° 5) et Brigitte Haentjens et Suzanne Martel (n° 6).

2003 LANCEMENT DU PÉRIODIQUE *ENTR'ACTE* ❖ Revue de réflexion sur le théâtre franco-ontarien, *Entr'Acte* est le produit de l'organisme provincial Théâtre Action (v. 7 mai), qui avait lancé en 1978 le bulletin d'information *Liaison*, devenu par la suite la revue des arts en Ontario français (v. 11 mai). *Entr'Acte* se veut un outil d'analyse des réalisations du milieu théâtral à l'intérieur et à l'extérieur des frontières de l'Ontario.

1er novembre

1879 FONDATION DU JOURNAL *LE TRIBOULET* ❖ Hebdomadaire qui se veut comique, politique et bilingue, *Le Triboulet* paraît à Ottawa durant quelques semaines seulement.

1895 NAISSANCE DE BÉATRICE DESLOGES, INSTITUTRICE ❖ Native d'Ottawa, Béatrice Desloges est embauchée en septembre 1915 pour enseigner à l'école Guigues d'Ottawa. Avec sa sœur Diane (v. 5 novembre), elle s'oppose au Règlement XVII. Lorsque les autorités refusent de verser leur salaire et menacent de retirer leur brevet d'enseignement, les sœurs Desloges ouvrent des classes clandestines dans un magasin désaffecté de la rue Dalhousie et dans une chapelle de la rue Murray. Leur courage leur vaut l'admiration des Franco-Ontariens et fait d'elles un symbole de la résistance au Règlement XVII. Béatrice Desloges est décédée à Ottawa le 24 septembre 1957. Une école secondaire catholique porte son nom à Ottawa.

1924 NAISSANCE DU DÉPUTÉ JEAN-LUC PÉPIN ❖ Originaire de Drummondville (Québec), Jean-Luc Pépin a longtemps été professeur de science politique à l'Université d'Ottawa. Membre du parti libéral, il est élu député fédéral au Québec en 1963, 1965 et 1968. Président de la Commission anti-inflation (1975-1977), coprésident de la Commission sur l'unité canadienne (1977-1978), il se fait élire député fédéral d'Ottawa-Carleton en 1979 et de nouveau en 1980. Nommé ministre des Transports en 1979, il accepte aussi la responsabilité des Relations extérieures et de la Francophonie en 1983. Jean-Luc Pépin est un des rares députés québécois à se faire élire en Ontario. Il est décédé à Ottawa le 30 septembre 1995.

1927 LE RÈGLEMENT XVII DEVIENT INOFFENSIF ❖ Les recommandations d'une commission d'enquête sur les écoles bilingues en Ontario (adoptées par l'Assemblée législative le 22 septembre 1927) entrent en vigueur le 1er novembre 1927. Ce jour-là, le français acquiert un statut valide et juridique dans les écoles primaires, des écoles secondaires bilingues sont créées, des inspecteurs canadiens-français surveillent les instituteurs francophones et une école normale est créée à l'Université d'Ottawa. C'est la mort du Règlement XVII, qui ne disparaîtra cependant qu'en 1944 des statuts de l'Ontario.

1928   NAISSANCE DE L'ARTISTE RITA LETENDRE ❖ Née à Drummondville (Québec), Rita Letendre est une artiste visuelle qui vit à Toronto depuis 1970. Peintre-graveur, elle explore plusieurs styles et techniques au fil des ans, créant des tableaux qui se distinguent par les lignes et les couleurs, mais aussi par leur dimension. Son œuvre la plus grande (60 pieds sur 60) s'intitule *Sunrise* (1971) et se dresse sur le mur extérieur de l'immeuble Neill-Wycik de l'Université Ryerson à Toronto. Ses œuvres sont présentées dans de nombreuses collections privées et publiques : Musée des beaux-arts du Canada, Musée d'art contemporain de Montréal, Musée des beaux-arts de l'Ontario, Toronto Transit Commission, Banque Toronto Dominion, Banque Royale du Canada, Vancouver Art Gallery, San Diego Art Gallery et Long Beach Museum of Fine Arts (Californie).

1932   NAISSANCE DE L'ATHLÈTE ALGER ARBOUR ❖ Natif de Sudbury, Alger Arbour est un joueur de défense qui poursuit une brillante carrière dans la Ligue nationale de hockey. Connu sous le nom d'Al *Radar* Arbour, il évolue tour à tour avec les Red Wings de Détroit (1953-1958), les Black Hawks de Chicago (1958-1961), les Maple Leafs de Toronto (1961-1966) et les Flames d'Atlanta (1966-1971). Après avoir accroché ses patins, Arbour devient entraîneur pour les Blues de St. Louis, puis pour les Islanders de New York qu'il conduit à l'obtention de quatre Coupes Stanley.

1947   NAISSANCE DE MARIE-ANDRÉE DONOVAN, ÉCRIVAINE ❖ Native de Timmins, Marie-Andrée Donovan vit à Ottawa depuis une cinquantaine d'années. Elle est l'auteure d'un recueil de nouvelles intitulé *Nouvelles volantes* (1994), du conte pour enfants *Les Bernaches en voyage* (2001) et de

quatre récits : *L'Envers de toi* (1997), *Mademoiselle Cassie* (1999, Prix littéraire *Le Droit* 2000), *L'Harmonica* (2000) et *Les Soleils incendiés* (2004, Prix des lecteurs Radio-Canada 2005).

1954   NAISSANCE DE L'ATHLÈTE MICHEL BABIN ❖ Originaire de Kapuskasing, Michel Babin est un joueur de centre qui lance de la gauche. Il évolue dans la Ligue nationale de hockey durant une seule saison, en 1975-1976, avec les Blues de St. Louis.

2 novembre

1910   ENQUÊTE SUR LES ÉCOLES BILINGUES ❖ Au début du XXᵉ siècle, les protestants et catholiques anglophones de l'Ontario considèrent que leur province est un territoire anglais et que le français demeure une langue étrangère. À leurs yeux, toutes tentatives par les Canadiens français pour atteindre l'égalité dans n'importe quelle sphère de la vie ontarienne passent pour des agressions étrangères et méritent qu'on leur oppose toutes les armes disponibles. Face aux demandes de l'Association canadienne-française d'éducation de l'Ontario, pour une plus grande reconnaissance du français dans le système scolaire, le gouvernement invite le Dr F. .W. Merchant à faire enquête sur les écoles dites bilingues. Son rapport sera présenté quinze mois plus tard (v. 24 février).

1916   NAISSANCE DE J. CONRAD LAVIGNE, ENTREPRENEUR ❖ Natif de Chénéville (Québec), Conrad Lavigne grandit chez un oncle à Cochrane, exploite un petit commerce, puis s'engage dans l'armée en 1942. Après la guerre, il rentre au Canada et s'installe à Kirkland Lake où il achète un hôtel. En 1952, Lavigne obtient le premier permis pour opérer un poste de radio francophone hors Québec, CFCL-Timmins. Dans les années qui suivent, l'homme d'affaires met sur pied le réseau de télévision Mid-Canada, dont il sera le propriétaire de 1955 à 1980. Ce réseau s'étend à tout le Nord-Est ontarien avec des stations à Sudbury, North Bay et Elliot Lake, puis, plus tard, à Pembroke et à Ottawa. Reconnu comme l'un des pionniers de la radiodiffusion au Canada, Lavigne reçoit un docto-rat *honoris causa* de l'Université Laurentienne qui souligne ainsi son dévouement dans le développe-ment des communications. Ancien président de l'Association canadienne des télédiffuseurs de lan-gue française, il reçoit l'Ordre du Canada (1983), l'Ordre des francophones d'Amérique (1985) et l'Ordre de l'Ontario (1994). Plusieurs médailles lui sont remises, notamment celle du Conseil de la vie française en Amérique. En 1993, il publie son auto-biographie intitulée *Tours de force*, où il raconte ses nombreux souvenirs d'orphelin, de jeune homme d'affaires, de soldat, de radiodiffuseur, d'entrepre-neur, d'administrateur et de millionnaire. J. Conrad Lavigne est décédé à Timmins le 16 avril 2003.

1916 NAISSANCE DU DÉPUTÉ ET JUGE MARCEL LÉGER ❖ Originaire de Plantagenet, Marcel Léger enseigne à Hearst de 1937 à 1946. Candidat con-servateur, il se fait élire député provincial de Cochrane-Nord lors d'une élection complémen-taire en 1949. Il ne se représente pas en 1951. Le gouvernement le nomme plutôt juge de la Cour provinciale, fonction qu'il assume jusqu'en 1976.

3 novembre

1894 FONDATION DU QUOTIDIEN *LE TEMPS* ❖ Tantôt libéral, tantôt conservateur, le journal *Le Temps* paraît à Ottawa. Il fait une large place à la lutte contre le Règlement XVII et dénonce le double inspectorat. Le quotidien fait aussi écho à la résis-tance dans le Nord de la province, notamment à Warren et Bonfield. *Le Temps* cesse de paraître en mars 1916.

1904 ÉLECTION FÉDÉRALE ❖ Lors du scrutin géné-ral tenu le 3 novembre 1904, deux députés franco-ontariens sont élus : Napoléon-Antoine Belcourt (Ottawa) et Edmond Proulx (Prescott).

1921 FONDATION DE L'HEBDOMADAIRE *LA PRESSE-FRONTIÈRE* ❖ Créé par le sénateur Gustave Lacasse (v. 7 février), *La Presse-Frontière* entend demeurer « à l'écart des clans et des factions mesquines qui

mettent trop souvent en péril le triomphe d'une grande idée ». En 1922, le journal publie une série de notes biographiques sur les maires de la région, soit ceux de Ford City, Walkerville, Sandwich, Riverside, Tecumseh, St. Clair Beach et Tilbury. Cet hebdo disparaît le 22 juin 1922.

4 novembre

1871 NAISSANCE DU CHEF DE FILE CHARLES CHARLEBOIS, O.M.I. ❖ Natif de Sainte-Marguerite-du-Lac-Masson (Québec), Charles Charlebois est ordonné prêtre oblat en 1895. Curé à Mattawa (1897-1898) et à Saint-Paul-des-Métis en Alberta (1899-1901), il s'établit à Ottawa et y fonde la paroisse Sainte-Famille, où il est curé de 1901 à 1917. Le père Charlebois figure au premier plan des luttes scolaires soutenues par les Franco-Ontariens et prend une part active à la fondation et à la direction de l'Association canadienne-française d'éducation de l'Ontario. En 1913, il préside à la fondation du quotidien *Le Droit* (v. 27 mars) et en assume la direction pendant dix-huit ans. Sous son leadership, le journal devient un organe de revendi-cation et de sensibilisation à la question scolaire. Décédé à Montréal le 5 octobre 1945.

1929 NAISSANCE DU SOUS-MINISTRE SYLVAIN CLOUTIER ❖ Originaire de Trois-Rivières (Québec), Sylvain Cloutier grandit à Ottawa et fait ses études aux universités d'Ottawa, de Montréal et de Harvard. Comptable agréé, vérificateur et analyste financier aux ministères canadiens du Revenu (Impôts) et des Finances, il est nommé l'un des trois commis-saires de la Commission de la fonction publique du Canada en 1965. Il occupe de hauts postes de ges-tion au gouvernement canadien de 1967 à 1979 : sous-secrétaire du Conseil du Trésor, sous-ministre du Revenu national, sous-ministre de la Défense nationale et sous-ministre des Transports. On le retrouve aussi à la présidence de la Société pour l'expansion des exportations (1979-1986) et de la Société canadienne des postes (1987-1991). Tour à tour membre du bureau des gouverneurs du Collège Algonquin, de l'Université d'Ottawa et de l'Hôpital Montfort, il reçoit de nombreuses décorations, dont la Médaille du Centenaire (1967), la Médaille du Jubilé d'argent de la Reine (1977), l'Ordre du Canada (1979), l'Ordre de mérite des Hautes Études commerciales (1986) et l'Ordre de mérite des anciens de l'Université d'Ottawa (1987). Sylvain Cloutier meurt à Ottawa le 1er février 1991.

5 novembre

1892   NAISSANCE DE DIANE DESLOGES, INSTITUTRICE ❖ Originaire d'Ottawa, Diane Desloges est embauchée en septembre 1915 pour enseigner à l'école Guigues d'Ottawa. Avec sa sœur Béatrice (v. 1er novembre), elle s'oppose au Règlement XVII. Lorsque les autorités refusent de verser leur salaire et menacent de retirer leur brevet d'enseignement, les sœurs Desloges ouvrent des classes clandestines dans un édifice de la rue Murray. Leur courage leur vaut l'admiration des Franco-Ontariens et fait d'elles un symbole de la résistance au Règlement XVII. Diane Desloges est décédée à Chambly (Québec) le 14 août 1945.

1933   NAISSANCE DU DÉPUTÉ ET MINISTRE RENÉ FONTAINE ❖ Né à Hearst, René Fontaine est un homme d'affaires qui devient conseiller municipal (1963-1966), puis maire (1968-1980) de Hearst. Il fonde l'Ontario Lumber Manufacturers Association qu'il préside en 1982 et 1983. Candidat libéral, René Fontaine est élu député provincial de Cochrane-Nord en 1985 et nommé ministre du Développement du Nord et des Mines. Face à un présumé conflit d'intérêts, il se voit contraint de démissionner, puis se représente lors d'une élection complémentaire qu'il remporte haut la main en août 1986. Toutefois, il ne réintègre pas le cabinet provincial.

1954   NAISSANCE DU JUGE NORMAND GLAUDE ❖ Natif de Sudbury, G. Normand Glaude est admis au barreau de l'Ontario en 1980. Il est nommé juge à la Cour provinciale de l'Ontario en 1990. Il siège à Elliot Lake. Le 18 avril 2005, le procureur général de l'Ontario nomme le juge Glaude au poste de commissaire pour l'enquête publique indépendante sur les allégations de mauvais traitements de la part de membres du clergé et de notables envers des jeunes à Cornwall.

6 novembre

1841   NAISSANCE DE JOSEPH-THOMAS DUHAMEL, ÉVÊQUE ❖ Natif de Contrecœur (Québec), Thomas Duhamel est ordonné prêtre le 19 décembre 1863. Vicaire à Buckingham (Québec), puis curé pendant dix ans à Saint-Eugène-de-Prescott, il accompagne Mgr Bruno Guigues au premier concile du Vatican. Il lui succède comme évêque d'Ottawa le 28 octobre 1874. Mgr Duhamel devient le premier archevêque d'Ottawa le 8 juin 1886. Après avoir ordonné 70 clercs, le 5 juin 1909, il meurt subitement à Casselman au moment de commencer sa visite pastorale. Une école d'Ottawa et un canton du Québec portent son nom.

1885   CRÉATION DU JOURNAL MESSAGER COMIQUE ❖ Troisième journal humoristique à voir le jour à Ottawa, Le Messager comique veut « amuser le lecteur qui passe aujourd'hui, et recommencer demain ». À la question « Quelles sont les personnes qui ont le plus de caractère ? », le journal répond que ce sont... les imprimeurs !

1926   NAISSANCE DU JUGE JEAN-EUDES DUBÉ ❖ Originaire de Matapédia (Québec), Jean-Eudes Dubé s'établit au Nouveau-Brunswick, puis en Ontario. Ancien député fédéral de Restigouche (N.-B.), ministre des Affaires des anciens combattants (1968-1972) et ministre des Travaux publics (1972-1975), il est nommé juge de la Cour fédérale du Canada (1975-2001). Il est l'auteur de trois romans publiés en Ontario : Beaurivage : les eaux chantantes (1996), Beaurivage : l'affaire MacTavish (1998) et Le Second Poignard (2005).

1926   NAISSANCE DE FERNAND OUELLET, HISTORIEN ❖ Originaire de Lac-Bouchette (Québec), Fernand Ouellet est d'abord professeur d'histoire à l'Université Laval, puis à l'Université Carleton, à l'Université d'Ottawa et enfin à l'Université York de Toronto. Membre de la Société royale du Canada (1967), Ouellet est l'historien qui a le plus contribué à transformer l'histoire canadienne-française depuis la Seconde Guerre mondiale, en rompant avec les interprétations nationalistes qui dominaient auparavant la discipline et en remplaçant les méthodes traditionnelles par des techniques quantitatives et scientifiques inspirées des études françaises modernes. Il publie nombre d'articles de revues et quelques livres parmi lesquels on trouve *Histoire économique et sociale du Québec, 1760-1850* (1966) et *Le Bas-Canada, 1791-1840* (1976). Officier de l'Ordre du Canada (1979), Fernand Ouellet est élu à la Société Charlevoix en 1993.

1933 NAISSANCE DE ROGER LE MOINE, PROFESSEUR ET ÉCRIVAIN ❖ Né à La Malbaie (Québec), Roger Le Moine est chercheur, historien de la littérature et professeur à l'Université d'Ottawa de 1965 à 1999. Membre de la Société des Dix (1988) et de la Société royale du Canada (1993), il s'intéresse à deux domaines : la littérature et les idéologies au Canada français du XIXe siècle, et les rapports littéraires entre la France et l'Amérique française aux XVIe et XVIIe siècles. Collaborateur à la *Revue de l'Université d'Ottawa*, à la *Revue d'histoire de l'Amérique française* et à la *Revue de l'Université Laval*, il publie, entre autres, *Joseph Marmette, sa vie, son œuvre* (1968, prix Champlain 1969), *L'Amérique et les poètes français de la Renaissance* (1972) et *Napoléon Bourassa, l'homme et l'artiste* (1974). Roger Le Moine meurt à Ottawa le 12 juillet 2004.

1947 NAISSANCE DE LA FEMME DE THÉÂTRE POL PELLETIER ❖ Née à Ottawa, Nicole (Pol) Pelletier commence à jouer, en français et en anglais, dès son adolescence. On la remarque sur des scènes d'Ottawa, de Stratford, de Toronto, de Québec et de Montréal. En 1974, Pol Pelletier s'engage dans la recherche théâtrale avec Jean-Pierre Ronfard et Robert Gravel. Le travail de ce trio aboutit à la naissance en 1975, du Théâtre expérimental de Montréal. En 1979, elle fonde le Théâtre expérimental des femmes avec Louise Laprade et Nicole

Lecavalier. Pol Pelletier y joue un rôle de premier plan en tant qu'auteure, comédienne, metteure en scène, animatrice et organisatrice d'événements spéciaux. Après son départ du Théâtre expérimental des femmes en 1985 et à la suite de nombreux voyages, Pol Pelletier fonde en 1988 le Dojo pour acteurs, lieu qui se donne pour objectif de promouvoir le concept d'entraînement continu. En 1992, elle écrit et interprète *Joie*, aboutissement de 20 ans de travail, de réflexion et de recherche. L'année suivante, elle fonde la Compagnie Pol-Pelletier pour assurer la diffusion du spectacle qui connaît de nombreuses versions et qui est joué dans diverses villes de France et du Québec, et même à Tunis et à Sao Paulo. En 1996, Pol Pelletier écrit, interprète et met en scène *Océan*, puis *Or* (1997). Le spectacle *Océan et Joie* lui vaut un Masque de l'interprétation féminine (1998). En 1999 naît le spectacle solo *Cérémonie d'adieu*.

7 novembre

1837 ARRIVÉE DES FRÈRES DES ÉCOLES CHRÉTIENNES AU CANADA ❖ Fondée en 1680 par saint Jean-Baptiste de La Salle, la communauté des Frères des écoles chrétiennes arrive au Canada en 1837, à Montréal, et s'établit en Ontario à partir de 1864. Jusque vers 1930, on retrouve ces religieux dans des écoles d'Ottawa seulement. Puis ils enseignent dans des écoles à Alfred (1932), Hawkesbury (1934), Sturgeon Falls (1949) et Hearst (1967). À Ottawa, les Frères dirigent l'Académie De La Salle de 1895 à 1968. Des religieux de cette communauté ont aussi œuvré dans des institutions de langue anglaise à Toronto, Kingston et Windsor.

1884 CRÉATION DU JOURNAL *LA VALLÉE D'OTTAWA* ❖ La devise de ce quotidien est *Par la croix et la charrue*. Conservateur en politique, il devient hebdomadaire en août 1888 et disparaît en mars 1896.

1900 ÉLECTION FÉDÉRALE ❖ Lors du scrutin général qui a lieu le 7 novembre 1900, deux députés franco-ontariens sont élus : Isidore Proulx (Prescott) et Napoléon-Antoine Belcourt (Ottawa).

8 novembre

1856 NAISSANCE DU JUGE JOSEPH A. VALIN ❖ Natif d'Ottawa, Joseph Alphonse Valin est admis au barreau de l'Ontario en 1884. Il pratique le droit à Ottawa jusqu'en 1895. Nommé premier juge de la Cour du district de Nipissing, à North Bay, le 13 mai 1895, le juge Valin occupe ce poste jusqu'à sa retraite le 29 mars 1934. Le gouvernement ontarien le nomme ensuite un des quatre tuteurs des jumelles Dionne. Décédé à North Bay en janvier 1945.

1879 NAISSANCE D'ADÉLARD TROTTIER, DÉPUTÉ ❖ Originaire de Lacolle (Québec), Adélard Charles Trottier est un médecin qui s'établit à Tilbury, puis à Windsor. Candidat libéral, il se fait élire député provincial d'Essex-Nord en 1934 et de nouveau en 1937. Il subit la défaite lors des élections de 1943.

1957 NAISSANCE DE L'ÉCRIVAINE DANIÈLE VALLÉE ❖ Originaire de Sherbrooke (Québec), Danièle Vallée est poète, dramaturge, romancière, nouvelliste et conteuse. Observatrice de la scène théâtrale franco-canadienne, elle est aussi critique de théâtre à la revue *Liaison*. Danièle Vallée vit à Ottawa depuis 1976. Ses écrits incluent un recueil de contes, *La Caisse* (1994), et un roman intitulé *Le Café de la Bonne-Femme-Sept-Heures* (1997). Elle publie 21 nouvelles et contes dans un album illustré par Virgini Bédard : *Debout sur la tête d'un chat* (2002, Prix des lecteurs Radio-Canada 2003). En 2004, elle publie *Le D2ux*, un album de nouvelles illustrées par Christian Quesnel (v. 11 décembre).

1958 NAISSANCE DE L'ATHLÈTE PAUL GRATTON ❖ Originaire d'Orléans, Paul Gratton se distingue au volley-ball. Il participe aux Jeux olympiques de 1984, à Los Angeles où l'équipe canadienne se classe en quatrième place. Il concourt aussi au championnat du monde en 1982, aux Jeux pan-américains en 1983 et à la Coupe du Canada en 1983. Sa carrière se poursuit au niveau professionnel depuis 1988.

1965 ÉLECTION FÉDÉRALE ❖ Lors du scrutin général qui a lieu le 8 novembre 1965, les députés franco-ontariens suivants sont élus : Jean-Thomas Richard (Ottawa-Est), Viateur Éthier (Glengarry-Prescott), Paul Tardif (Russell), Lucien Lamoureux (Stormont), Carl Legault (Nipissing), Paul Martin (Essex-Est) et Joseph-Anaclet Habel (Cochrane).

1988 FONDATION DE PERSPECTIVES 8 ❖ Collectif d'artistes de diverses disciplines, le groupe Perspectives 8 est mis sur pied par des créateurs du Nord ontarien, à savoir : Clément Bérini (Timmins), Pierre Albert (Fauquier), Claude *Butch* Bouchard (Moonbeam), Maurice Gaudreault (Fauquier), Normand Fortin (Kapuskasing), Gilles Davidson (Timmins), Claudette Sauriol-Bue (Timmins) et Claudette Harris (Timmins). En 1989, Laurent Vaillancourt (Hearst) remplace Gilles Davidson ; en 1990, Colette Jacques (Larder Lake) se joint au groupe, alors que Claudette Harris et Claudette Sauriol-Bue se retirent. Le collectif tient divers *happenings* en région et lors d'événements provinciaux. Ses interventions ont lieu, entre autres, dans des centres d'achat à Kapuskasing et Hearst, à la mine de Virginia Town, au moulin à scie de Kapuskasing, à Contact ontarois, au congrès de fondation du Bureau des regroupements des artistes visuels de l'Ontario ainsi qu'au Théâtre du Nouvel-Ontario à Sudbury. En septembre 1990, le groupe effectue un voyage au Québec dans le cadre d'un échange entre le Centre culturel Louis-Hémon de Chapleau et le Musée de la littérature de Péribonka, au Lac Saint-Jean. Après la mort de Clément Bérini (1996) et de Maurice Gaudreault (2000), les activités de Perspectives 8 prennent graduellement fin.

9 novembre

1899 NAISSANCE DU TRADUCTEUR ET ÉCRIVAIN PIERRE DAVIAULT ❖ Né à Saint-Jérôme (Québec), Pierre Daviault arrive à Ottawa en 1925 comme traducteur au Service des débats de la Chambre des communes. Chef de ce service en 1946, il devient surintendant du Bureau des traductions (1955-1964) et, parallèlement, professeur de traduction à l'Université d'Ottawa (1936-1963). Critique littéraire au quotidien *Le Droit* (1934-1940), cofondateur de *La Nouvelle Revue canadienne* (1951), auteur de traités et d'essais sur la traduction, Pierre Daviault publie, entre autres, *La Grande Aventure de Le Moyne d'Iberville* (1934), *Langage et traduction* (1961), *Dictionnaire canadien français-anglais, anglais-français* (en collaboration, 1962), *Le Baron de Saint-Castin, chef abénaquis* (1939) et *Le Mystère des Mille-Îles* (roman paru en 1945 sous le pseudonyme de Pierre Hartex). Il est le premier récipiendaire de la médaille Chauveau décernée par la Société royale du Canada (1952). Président général de la Société des écrivains canadiens, de 1958 à 1961, il meurt à Ottawa le 18 novembre 1964.

1937   MORT DU CHEF DE FILE ALFRED LONGPRÉ ❖ En 1921, les Canadiens français de Pembroke n'ont pas droit à un traître mot de français dans leurs écoles, même s'ils sont majoritaires dans leur ville. La commission scolaire applique à la lettre le Règlement XVII. En désespoir de cause, le commissaire Alfred Longpré engage une institutrice, Jeanne Lajoie, et fonde une école libre. Harcelé, poursuivi en justice, Longpré y engloutit toutes ses économies. Le journal *Le Droit* lance un appel à l'aide et alerte le Québec tout entier. Les conseils municipaux de Montréal, Québec et Trois-Rivières envoient des fonds. Les 600 élèves du Séminaire de Chicoutimi donnent les sous qu'ils s'apprêtaient à dépenser pour leur réveillon de Noël. On amasse enfin assez d'argent pour construire une nouvelle école. Héros de la résistance au Règlement XVII, Alfred Longpré meurt à Pembroke le 9 novembre 1937.

10 novembre

1877   FONDATION DU *PROGRÈS* ❖ Hebdomadaire publié à Ottawa par A. Bureau, *Le Progrès* est « un journal littéraire, de nouvelles et d'annonces » distribué gratuitement pendant environ un an.

1899   NAISSANCE DE WILLIAM BOUCHER, ATHLÈTE ❖ Natif d'Ottawa, William Boucher est un ailier droit qui fait son entrée dans la Ligue nationale de hockey en 1921, avec les Canadiens de Montréal. Il est échangé en 1926 aux Bruins de Boston et évolue avec cette formation pendant deux ans. Au cours de sa carrière dans la Ligue nationale, Bill Boucher marque 90 buts et réussit 34 passes. Frère des hockeyeurs Frank, Georges et Robert, il meurt à Ottawa le 10 novembre 1958.

1903   NAISSANCE DE LORENZO CADIEUX, S.J., HISTORIEN ❖ Natif de Granby (Québec), Lorenzo Cadieux est ordonné prêtre jésuite en 1937. Docteur en philosophie et en histoire, il enseigne au Collège du Sacré-Cœur de Sudbury (1940-1957). Il devient professeur et directeur du Département d'histoire à l'Université de Sudbury (1957-1960). Lorsque l'Université Laurentienne est créée, il y enseigne de 1960 à 1969. Deux ans seulement après son arrivée à Sudbury, Lorenzo Cadieux est convaincu qu'il importe de mieux faire connaître l'histoire de sa région d'adoption. Avec le docteur Raoul Hurtubise (v. 1er juillet), il cofonde la Société historique du Nouvel-Ontario en 1942. Auteur de *Fondateurs du diocèse de Sault-Sainte-Marie* (1944) et de *Frédéric Romanet du Caillaud, « comte » de Sudbury* (1971), il met sur pied la Société canadienne de l'histoire de l'Église catholique ; il est aussi l'éditeur de *Lettres des nouvelles missions du Canada, 1843-1852* (1973). Une biographie intitulée *De l'aviron... à... l'avion : Joseph-Marie Couture, S.J.* lui vaut le prix Champlain en 1958. Décédé à Sudbury le 7 décembre 1976.

1920   FONDATION DE L'ASSOCIATION DES TRADUCTEURS ET INTERPRÈTES DE L'ONTARIO ❖ D'abord connue sous le nom d'Association technologique de langue française d'Ottawa, l'Association des traducteurs et interprètes de l'Ontario (ATIO) réunit tous les traducteurs et interprètes de profession, qu'ils soient patrons, employés ou travailleurs indépendants. L'ATIO entend défendre les intérêts professionnels de ses membres, favoriser la formation de traducteurs et d'interprètes compétents, améliorer la qualité de la traduction et de l'interprétation, entretenir des relations amicales et professionnelles avec les groupements analogues du Canada et de l'étranger.

1961 NAISSANCE DE DANIEL MARCHILDON, ÉCRIVAIN ❖ Né à Penetanguishene, Daniel Marchildon est romancier, traducteur et journaliste. Il signe de nombreux articles, critiques littéraires et textes de création, entre autres dans le journal *Le Goût de vivre*, de Lafontaine, et dans les revues *Liaison*, *Clik*, *Imagine* et *Virages*. En 1984, il publie un manuel d'histoire intitulé *La Huronie*. Son premier roman, *Le Secret de l'île Beausoleil*, remporte le prix de littérature-jeunesse Cécile-Rouleau de l'ACELF en 1989. Suivent deux romans pour adolescents, *Le Prochain Pas* (1997) et *Le Pari des Maple Leafs* (1999, finaliste du prix Christine-Dumitriu-Van Saanen). Son premier roman pour grand public, *Les Géniteurs* (2001), est finaliste du Prix des lecteurs Radio-Canada en 2002. Daniel Marchildon publie aussi *Fait à l'os !* (2001), un roman pour jeunes écrit avec 17 adolescents fransaskois, et un roman pour grand public intitulé *Les Exilés* (2003).

11 novembre
Jour du souvenir

1953 NAISSANCE DE DANIEL ROBITAILLE, ATHLÈTE ❖ Natif de Val d'Or (Québec), Daniel Robitaille est un haltérophile qui mène sa carrière principalement en Ontario. Lors des Jeux panaméricains de Mexico, en 1975, il remporte trois médailles de bronze. Il détient alors le titre canadien à l'arraché chez les 75 kilos avec un poids de 282,5 kilos. En 1980, Daniel Robitaille est nommé entraîneur adjoint aux championnats du monde junior en haltérophilie.

12 novembre

1857 NAISSANCE DE L'HISTORIEN LOUIS LE JEUNE, O.M.I. ❖ Natif de Pleybert-Christ (France), Louis Le Jeune est ordonné prêtre oblat le 24 juin 1883. Il arrive au Canada en 1896 et enseigne à l'Université d'Ottawa jusqu'en 1935. Il y fonde la *Revue littéraire de l'Université d'Ottawa* (1900-1907) et

publie une œuvre maîtresse en trois volumes, intitulée *Dictionnaire général du Canada* (1931). Le père Louis Le Jeune est décédé le 4 février 1935 à Ottawa.

1893 NAISSANCE DE JOSEPH-OMER GOUR, DÉPUTÉ ❖ Né à Alfred, Joseph-Omer Gour est un marchand général qui devient maire de son village (1930-1935), puis député fédéral de Russell en 1945. Ce candidat libéral est réélu en 1949, 1953, 1957 et 1958. Il meurt à la tâche le 22 mars 1959.

1923 NAISSANCE DE L'ENTREPRENEUR ET DÉPUTÉ JEAN ROY ❖ Natif de Timmins, Jean Roy est un homme d'affaires qui œuvre dans diverses compagnies de construction. Directeur général de Roy Construction & Supply, copropriétaire de la chaîne d'hôtels Senator, il se fait élire député fédéral de Timmins en 1968. Ce candidat libéral est réélu en 1972 et 1974. Il est décédé le 28 décembre 1996.

13 novembre

1843 NAISSANCE DE MGR CHARLES GAUTHIER ❖ Natif d'Alexandria, Charles-Hugues Gauthier est ordonné prêtre le 28 août 1867 et enseigne pendant sept ans au Collège Regiopolis, de Kingston. Curé dans cinq communautés entre 1874 et 1891, il devient vicaire général du diocèse de Kingston. Il est élu archevêque de Kingston le 29 juillet 1898, et sacré le 13 octobre suivant. Nommé archevêque d'Ottawa le 6 septembre 1910, il n'entre en fonction que le 11 février 1911. Mgr Charles-Hugues Gauthier est décédé à Ottawa le 19 janvier 1922.

1907 NAISSANCE D'ALBERT FORTIER, ENTREPRENEUR ❖ Originaire de Sainte-Eulalie (Québec), Albert Fortier suit sa famille à Cochrane et s'intéresse aux produits laitiers. Le 1er janvier 1952, il achète la compagnie Bottling Works qui devient Fortier Beverages Ltd en 1965. L'entreprise se porte ensuite acquéreur de Timmins Bottling Works et de Northern Lights Beverages, de Cobalt. À la mort d'Albert Fortier, le 9 novembre 1971, le fils aîné Raymond devient président et propriétaire de l'entreprise familiale et lui assure un développement considérable. En 1994-1995, les ventes de la compagnie s'élevaient à plus de quinze millions de dollars.

1920   FONDATION DE L'HEBDOMADAIRE *L'ORDRE*
❖ Journal publié à Ottawa, *L'Ordre* emprunte sa devise à sir George-Étienne Cartier : *La Confédération fut un compromis*. On ne trouve aucune publicité dans ce journal créé pour prêter son concours « aux efforts sérieux des vrais patriotes qui cherchent à rétablir la concorde en ce pays ».

1926   NAISSANCE DE JEAN-PAUL LALONDE, ATHLÈTE
❖ Natif d'Ottawa, Jean-Paul Lalonde s'adonne à plusieurs sports : boxe, hockey, crosse et football. Sa carrière professionnelle débute en 1948 lorsqu'il se joint aux Rough Riders d'Ottawa, puis aux Alouettes de Montréal (1951-1952). *Lally* Lalonde, comme on le surnomme, joue à la crosse pendant 25 ans et remporte le championnat canadien senior ainsi que la Coupe Mann en 1951. Durant une douzaine d'années, il est entraîneur pour la Ligue de hockey junior du Québec. Jean-Paul Lalonde est nommé au Temple de la renommée sportive d'Ottawa en 1983.

1962   NAISSANCE DE L'ARTISTE BABEK ALIASSA ❖
Né à Ispahan (Iran), Babek Aliassa est un cinéaste et un artiste visuel qui arrive au Canada en 1996. Il s'établit à Toronto et participe à plusieurs expositions de groupe à la Galerie Céline-Allard. Côté cinéma, on lui doit les courts métrages suivants : *Suicide différé* (1997), *Le Faisan* (1999) et *Greffe* (2000). Babek Aliassa participe en 2002 à une intervention artistique dans plusieurs localités ontariennes, en collaboration avec quatre artistes : Paul Walty, Massimo Agostinelli, Laurent Vaillancourt et Tony LeBaron. Par la suite, il produit le film *Sphères : tournée mondiale en Ontario* (2005).

14 novembre

1907   NAISSANCE DE GEORGES CHÉNIER, ATHLÈTE
❖ Originaire de Hull (Québec), Georges Chénier

fait surtout carrière en Ontario. De 1947 à 1970, il est champion nord-américain de *snooker* (une variante du jeu de billard). Ce joueur exceptionnel se classe bon second à deux reprises au championnat du monde Fred Davis, en Angleterre. En 1950, Chénier remporte le record du monde lors d'un match l'opposant à Walter Donaldson. Il maintient le record du monde en 1955 contre le Montréalais Leo Levitt. Cet athlète franco-ontarien établit un autre exploit en 1963, contre le champion du monde Irving Crane, lorsqu'il fait entrer successivement 150 boules de snooker dans leurs poches. En 1966, une paralysie restreint l'usage de son bras gauche, mais il participe néanmoins au titre nord-américain de 1968 et de 1970. Élevé au Temple de la renommée des sports du Canada, Georges Chénier meurt à Toronto le 16 novembre 1970.

1950   NAISSANCE DE PAUL BÉLISLE, GREFFIER DU SÉNAT ET GREFFIER DES PARLEMENTS ❖ Originaire de Saint-Joachim, Paul Charles Bélisle est diplômé en droit de l'Université d'Ottawa. Il gravit tous les échelons au sein de l'Administration du Sénat, occupant tour à tour les postes de greffier du Comité mixte spécial sur la Constitution du Canada, greffier du Comité mixte spécial sur la réforme du Sénat, greffier du Comité mixte spécial sur les relations extérieures du Canada et directeur adjoint des comités et de la législation privée. Il est nommé greffier du Sénat et greffier des Parlements en 1994. Paul C. Bélisle remplit aussi les fonctions de secrétaire exécutif de l'Association interparlementaire Canada-France (1989-1991) et de secrétaire-trésorier exécutif de la section canadienne de l'Association parlementaire du Commonwealth (depuis 1995). Membre de l'Association des greffiers parlementaires du Canada, de la Society of Clerks-at-the-Table des parlements du Commonwealth, de l'Association des secrétaires généraux des Parlements et de l'Association des secrétaires généraux des Parlements francophones, il est décoré du grade d'officier de l'Ordre de la Pléiade par la section canadienne de l'Assemblée internationale des parlementaires de langue française, le 20 mars 1997.

1980 FONDATION DE L'ASSOCIATION DES JURISTES D'EXPRESSION FRANÇAISE DE L'ONTARIO ❖ C'est à Ottawa que l'Association des juristes d'expression française de l'Ontario voit le jour. Son premier président est Me Robert Paris (1980-1983). L'Association regroupe des avocats, des juges, des professeurs, des traducteurs et des étudiants de droit, ainsi que du personnel des tribunaux. Elle a pour objectifs de promouvoir l'utilisation des services juridiques bilingues en Ontario et d'accroître le nombre de services offerts en langue française dans la province.

15 novembre

1898 NAISSANCE DU JUGE JEAN C. GENEST ❖ Né à Ottawa, Jean Charles Genest est le fils de Samuel Genest (v. 10 juin). Admis au barreau de l'Ontario en 1922, il devient conseiller juridique du quotidien *Le Droit,* de l'Université d'Ottawa, de l'Union Saint-Joseph du Canada et de la Banque canadienne nationale en Ontario. Membre du Parti libéral, président de l'Association Saint-Jean-Baptiste d'Ottawa et de l'Institut canadien-français d'Ottawa, Genest siège au Ottawa Collegiate Institute Board de 1926 à 1932. Il est le premier Franco-Ontarien à être élu bâtonnier du comté de Carleton. Genest est nommé juge à la Cour suprême de l'Ontario le 30 octobre 1946. Décédé à Ottawa le 15 juillet 1952.

1925 NAISSANCE DE L'ÉCRIVAIN JEAN ÉTHIER-BLAIS ❖ Né à Sturgeon Falls, Jean-Guy Blais est lauréat du premier Concours provincial de français en 1938 (v. 25 mai), et reçoit une bourse couvrant tout son cours classique au Collège du Sacré-Cœur de Sudbury. Il étudie ensuite à Montréal, à Paris, à Munich et prépare un doctorat ès lettres à l'Université Laval. Il opte d'abord pour la carrière diplomatique et occupe des postes à Paris, Varsovie et Hanoï, avant de devenir professeur de lettres aux universités Carleton et McGill. Jean-Guy Blais devient Jean Éthier-Blais en ajoutant le nom de sa mère. Critique littéraire, il signe une chronique dans *Le Devoir* de 1960 à 1989 ; plusieurs articles figurent dans les trois volumes de ses *Signets* (1967

et 1973). Éthier-Blais est l'auteur de trois essais : *Dictionnaire de moi-même* (1976), *Autour de Borduas* (1979) et *Le Siècle de l'abbé Groulx* (1993). On lui doit trois recueils de nouvelles : *Le Manteau de Rubén Darío* (1974), *Le Désert blanc* (1987) et *Le Christ de Brioude* (1990). Il signe aussi quatre romans : *Mater Europa* (1968), *Les Pays étrangers* (1982), *Entre toutes les femmes* (1988) et *Minuit, Chrétiens* (1994). Ses souvenirs d'enfance et de vie collégiale sont relatés dans *Fragments d'une enfance* (1989) et *Le Seuil des vingt ans* (1992). Jean Éthier-Blais est décédé à Montréal le 12 décembre 1995. Une école élémentaire publique de Sudbury porte son nom.

16 novembre
Journée mondiale du diabète

1868 NAISSANCE DE LA CHEF DE FILE ALMANDA WALKER-MARCHAND ❖ Originaire de la ville de Québec, Almanda Walker suit sa famille à Ottawa. En 1892, elle épouse l'homme d'affaires Paul-Eugène Marchand (v. 24 juin) et, en même temps que lui, la cause franco-ontarienne. En août 1914, en réponse à un appel lancé par l'épouse du gouverneur général, Almanda Walker-Marchand réunit des femmes et organise les premières activités de l'Association des dames canadiennes-françaises, en vue d'apporter des secours aux soldats, ainsi qu'aux victimes de la guerre. En 1918, cette Association devient la Fédération des femmes canadiennes-françaises (v. 16 août). Sous la direction d'Almanda Walker-Marchand, la Fédération devient un organisme national ayant pour mission d'assister la femme dans son œuvre de mère de famille, d'éducatrice, de gardienne de la race et des traditions françaises. La fondatrice meurt à Ottawa le 4 janvier 1949. Aujourd'hui, la Fédération accorde une bourse annuelle qui porte son nom.

1869 NAISSANCE DU DÉPUTÉ ET JUGE JEAN-BAPTISTE-THOMAS CARON ❖ Originaire de Sainte-Perpétue (Québec), Jean-Baptiste-Thomas Caron est un avocat qui s'établit à Ottawa vers 1896, année où il devient greffier à la Chambre des communes. Lors d'une élection complémentaire dans le comté fédéral d'Ottawa, le 23 décembre 1907, Caron est élu député libéral. L'année suivante il se porte candidat dans le comté de L'Islet (Québec), mais est défait. Capitaine au sein du 22e Régiment royal durant la Première Guerre mondiale, Jean-Baptiste-Thomas Caron est nommé juge pour le district de Cochrane le 29 mars 1923 et demeure en fonction jusqu'au 28 septembre 1939. Décédé à Ottawa le 7 août 1944.

1927 NAISSANCE DE L'ENTREPRENEUR ANDRÉ PAQUETTE ❖ Né à Hawkesbury, André Paquette devient journaliste sportif pour *Le Carillon* en 1947. L'année suivante, il achète cet hebdomadaire et, en 1958, se porte acquéreur de l'imprimerie Prescott-Russell. En 1977, il fonde le *Journal de Cornwall* et, au fil des ans, la Société de gestion André-Paquette devient propriétaire d'une demi-douzaine de journaux des deux côtés de la rivière des Outaouais. Membre fondateur de l'Association de la presse francophone du Canada (v. 26 février), André Paquette reçoit l'Ordre du Canada en 1982 et devient chevalier de l'Ordre de la Pléiade.

17 novembre

1873 NAISSANCE DE MGR LOUIS RHÉAUME, O.M.I. ❖ Originaire de Lévis (Québec), Louis Rhéaume est ordonné prêtre oblat le 2 avril 1904. Supérieur du Grand Séminaire d'Ottawa, de 1913 à 1915 et de 1920 à 1923, il devient recteur de l'Université d'Ottawa de 1915 à 1920. Il est élu évêque de Haileybury le 8 juin 1923, et sacré le 18 octobre suivant. Au printemps de 1938, Rome transfère le diocèse à Timmins et l'évêque prend possession de la cathédrale Sainte-Croix le 13 juin 1939. Mgr Louis Rhéaume assume aussi la tâche d'administrateur du diocèse de Hearst en 1952. Décédé à Ottawa le 8 mai 1955.

1930 NAISSANCE DE MIREILLE DESJARLAIS-HEYN-NEMAN, ÉCRIVAINE ❖ Née à Montréal (Québec), Mireille Desjarlais-Heynneman est poète, nouvelliste, chroniqueuse littéraire et membre honoraire du Salon du livre de Toronto. Collaboratrice au journal *L'Express* de Toronto, elle publie un recueil de poésie intitulé *Le Bestiaire* (1993) et est la directrice de l'ouvrage *Autour de Paul Savoie* (1997). Elle contribue aussi à divers collectifs, dont *Émergence* (1985), *Poèmes du lendemain* (1992) et *Estuaire* (1998). Auteure de plusieurs nouvelles dans différents périodiques, elle remporte le deuxième prix des Jeux floraux du Québec (1981) et le premier prix du Concours de poésie *Vécrire*, du Département de français de l'Université de Toronto (1984). Elle est aussi une des lauréates du Concours de nouvelles de la revue *Stop*, en 1995.

1944 FONDATION DE L'ASSOCIATION FRANÇAISE DES CONSEILS SCOLAIRES DE L'ONTARIO ❖ Créée sous les auspices de l'Association canadienne-française d'éducation d'Ontario, l'Association des commissaires des écoles bilingues de l'Ontario devient l'Association des commissions des écoles bilingues d'Ontario en 1962, puis l'Association française des conseils scolaires de l'Ontario (AFCSO) en 1972. Lors de sa fondation, l'Association veille aux intérêts scolaires, religieux et linguistiques des écoles bilingues de l'Ontario. En 1982, son mandat est d'assurer le plein épanouissement de la population scolaire franco-ontarienne des conseils d'écoles séparées, des conseils d'éducation, de toutes institutions d'éducation et de tous les corps administratifs chargés d'éducation. En 1992 s'ajoute l'objectif d'améliorer les conditions et la qualité de l'éducation en langue française. Vers 1960, l'Association regroupait les commissaires et les secrétaires-trésoriers de quelque 350 commissions scolaires ; en 1982, ses effectifs provenaient de 36 conseils d'écoles séparées et de 40 conseils scolaires. Aujourd'hui, l'AFCSO représente les conseillers scolaires et les directions générales des douze conseils scolaires de langue française en Ontario. Elle collabore étroitement avec l'Association canadienne-française de l'Ontario, l'Association canadienne d'éducation de langue française, l'Ontario School Trustees' Council et l'Ontario Separate School Trustees' Association.

1963 Naissance de l'artiste Brian St-Pierre ❖ Originaire de Moose Creek, Brian St-Pierre est auteur, compositeur, interprète, directeur musical et enseignant. Finaliste au concours Ontario pop en 1988, il remporte le prix Choix du public lors de ce même concours en 1997. On lui doit quatre albums de chansons : *Vice Versa* (1994), *St-Pierre* (1999), *Les Messages de l'amour* (2001) et *Libre* (2003). Il participe à plusieurs événements, dont le Festival franco-ontarien, La Nuit sur l'étang, le 350e anniversaire de Montréal, le Festival canadien des tulipes, L'Île en fête, le Festival de la montgolfière de Gatineau et le Festival d'été de Québec. Brian St-Pierre assure la première partie de spectacles donnés par des artistes tels que Laurence Jalbert, France d'Amour, Vilain Pingouin, Breen Lebœuf et Brasse Camarade. Le point culminant de sa carrière demeure la composition et la direction musicale du spectacle à grand déploiement de Francoscénie, *L'Écho d'un peuple* (v. 26 juin).

1991 Fondation du Bureau des regroupements des artistes visuels de l'Ontario ❖ Mieux connu sous le nom de BRAVO, le Bureau des regroupements des artistes visuels de l'Ontario rassemble quelque 130 artistes visuels, y compris des cinéastes et vidéastes, dc toutes les régions de la province. BRAVO est d'abord et avant tout un organisme voué à la défense des intérêts individuels et collectifs de ses membres. Les activités du Bureau répondent à des besoins de représentation et de formation, ainsi qu'à des stratégies de diffusion et de commercialisation des arts visuels. BRAVO cherche à créer un climat socio-économique favorable à la diffusion des arts visuels en Ontario et ailleurs. L'organisme effectue de la recherche en matière de promotion, de diffusion et de défense des intérêts des arts visuels et des artistes visuels. Il s'engage dans la formation de ses membres et dans l'éducation du public en général.

18 novembre

1838 Rapport Durham sur l'éducation ❖ L'enquête sur l'éducation menée sous l'autorité de John George Lambton, premier comte de Durham et gouverneur des provinces anglaises en Amérique du Nord (v. 31 mars), donne lieu à un rapport en date du 18 novembre 1838. On y recommande l'anglicisation des Canadiens français par la voie des écoles publiques de langue anglaise. Un plan d'enseignement religieux est prévu, mais défense est faite au clergé d'exercer l'inspection ou la surintendance des écoles. La loi scolaire Sydenham, qui suivra en 1841, ne sera pas aussi drastique (v. 18 septembre).

1881 Naissance de l'athlète Percy Lesueur ❖ Né dans la ville de Québec, Percy Lesueur fait surtout carrière en Ontario. À ses débuts, ce hockeyeur est ailier droit, mais devient par la suite gardien de but. De 1906 à 1913, cet athlète joue pour le club Ottawa Silver Seven (qui devient les Sénateurs) et remporte la Coupe Stanley en 1909, puis de nouveau en 1911. À partir de 1914, il évolue avec les Toronto Arenas. Tour à tour entraîneur, gérant, arbitre, directeur d'aréna et chroniqueur sportif, Percy Lesueur devient même dessinateur de filets et de gants pour les gardiens de but. Il est élevé au Temple de la renommée du hockey en 1961 et au Temple de la renommée sportive d'Ottawa, à titre posthume en 1965. Décédé à Hamilton le 27 janvier 1962.

1915 La Cour suprême de l'Ontario statue sur le Règlement XVII ❖ Le juge en chef de la Cour suprême de l'Ontario, sir William Meredith, déclare le Règlement XVII valide et affirme qu'il ne peut trouver aucun fondement naturel ni constitutionnel aux droits du français en Ontario. Les Franco-Ontariens en appellent au Comité judiciaire du Conseil privé de Grande-Bretagne.

1949 Naissance de Mgr Luc Bouchard ❖ Né à Cornwall, Luc A. Bouchard est ordonné prêtre le 4 septembre 1976. Après vingt-cinq ans au service du diocèse d'Alexandria-Cornwall, il est élu évêque du diocèse de Saint-Paul (Alberta). Son ordination épiscopale a lieu le 9 novembre 2001.

Jean-Luc Pépin (au premier plan) et John Robarts
1er novembre 1924

Charles Charlebois, O.M.I.
4 novembre 1871

Pol Pelletier
6 novembre 1947

Paul Bélisle
14 novembre 1950

Jean Éthier-Blais
15 novembre 1925

Almanda Walker-Marchand
16 novembre 1868

Dominique Demers
23 novembre 1956

Séraphin Marion
25 novembre 1896

1986 ADOPTION DE LA *LOI SUR LES SERVICES EN FRANÇAIS* (ONTARIO) ❖ La *Loi sur les services en français* (ou Loi 8) garantit au public le droit de recevoir des services en français par le gouvernement provincial, et ce dans 23 régions désignées. Adoptée par le gouvernement libéral de David Peterson, cette loi reconnaît que la présence francophone en Ontario remonte à plus de 350 ans et que quelque 550 000 francophones habitent la province, formant la plus grande communauté francophone canadienne hors Québec. Par la Loi 8, le gouvernement de l'Ontario salue l'apport du patrimoine culturel de la population francophone et clame qu'il entend le sauvegarder pour les générations à venir. Les services en français doivent être offerts aux quartiers généraux des ministères et organismes gouvernementaux ainsi que dans les bureaux locaux des régions désignées par la loi. À titre d'exemple, ces services incluent l'obtention d'un permis de conduire, d'un certificat de naissance ou de mariage.

1990 FONDATION DU REGROUPEMENT DES INTERVENANTES ET INTERVENANTS FRANCOPHONES EN SANTÉ ET SERVICES SOCIAUX DE L'ONTARIO ❖ Créé pour aider ses membres à améliorer la prestation de services en français en Ontario, le Regroupement des intervenantes et intervenants francophones en santé et services sociaux de l'Ontario (RIFSSSO) est incorporé le 4 mars 1992. Les organismes membres du Regroupement sont : l'Association des éducatrices et éducateurs francophones des services à l'enfance de l'Ontario, l'Association francophone de psychologie de l'Ontario, l'Association des travailleuses et travailleurs sociaux de l'Ontario, le Groupe des infirmières et infirmiers francophones de l'Ontario, le Regroupement des diététistes francophones de l'Ontario, le Regroupement des ergothérapeutes francophones de l'Ontario, le Regroupement des hygiénistes dentaires francophones de l'Ontario, le Regroupement des audiologistes et orthophonistes travaillant en français en Ontario, le Regroupement des physiothérapeutes francophones de l'Ontario et le Regroupement des techniciennes et techniciens en éducation spécialisée de l'Ontario.

19 novembre

1929 NAISSANCE D'ÉLISABETH J. LACELLE, THÉOLOGIENNE ❖ Originaire de Hawkesbury, Élisabeth Jeannine Lacelle est la première Franco-Ontarienne à devenir théologienne. Docteure ès sciences religieuses de l'Université de Strasbourg, elle enseigne à l'Université d'Ottawa à partir de 1967. En 1978, elle crée le Groupe d'études interdisciplinaires sur les femmes et les religions et la collection Femmes et religions aux Éditions Bellarmin, de Montréal. Elle fonde en 1987 le Centre de recherche en sciences des religions à l'Université d'Ottawa, dont elle est la première femme à occuper le poste de direction. Élisabeth Lacelle publie *Le Mouvement des femmes dans les Églises nord-américaines et ses enjeux* (1985), et dirige un ouvrage collectif intitulé *La Femme et la Religion au Canada français : un fait socioculturel* (1978). Elle contribue aussi à des ouvrages tels que *Sciences sociales et Églises : questions sur l'évolution religieuse au Québec* (1980), *La Production des catéchismes en Amérique française* (1986) et *Women and the Church: A Sourcebook* (1986).

1936 NAISSANCE DE MADELEINE GOBEIL, ANIMATRICE DES ARTS ❖ Née à Ottawa, Madeleine Gobeil fait des études doctorales en sociologie à l'Université de Tours et enseigne la littérature française à l'Université Carleton de 1964 à 1971. Elle participe à la création du Centre national des Arts, en 1969, et siège à son conseil d'administration pendant quelques années. Chargée de programmes à l'UNESCO, à Paris, de 1975 à 1997, elle est tour à tour responsable de la promotion des arts, chef de section de la promotion artistique et directrice de la division des arts et de la vie culturelle. À partir de 1997, elle devient consultante auprès du directeur général de l'UNESCO. Elle met sur pied l'Académie mondiale de la poésie à Vérone (Italie). Journaliste à ses heures, Madeleine Gobeil est à l'origine de la réalisation de trois films sur Jean-Paul Sartre et Simone de Beauvoir, pour la Société Radio-Canada. En 2005, pour souligner le centième anniversaire de la naissance de Sartre, elle donne une conférence et présente le film documentaire *Portrait croisé de*

Jean-Paul Sartre et Simone de Beauvoir, tant en Europe qu'au Canada. Organisée par l'Alliance française et soutenue par la Commission canadienne auprès de l'UNESCO, la tournée canadienne inclut les villes de Montréal, Ottawa, Toronto, Vancouver, Edmonton et Moncton.

1979 LA COMPAGNIE VOX THÉÂTRE ❖ D'abord connue sous le nom de Théâtre Cabano, la Compagnie Vox Théâtre voit le jour à Ottawa, sous l'impulsion de Pier Rodier (v. 21 novembre) et de Marie-Thé Morin (v. 5 août). Elle a pour objectif de faire découvrir le théâtre musical, tant au jeune public qu'aux adultes. La compagnie diffuse d'abord ses productions à Ottawa, puis en Ontario et au Canada français. Par la présentation de stages et d'ateliers pour tous les groupes d'âge, elle maintient un volet de formation et de ressourcement artistique. Au printemps 1999, Vox Théâtre et trois autres compagnies ouvrent les portes d'une nouvelle salle de diffusion à Ottawa : La Nouvelle Scène (v. 10 avril).

20 novembre
Journée mondiale de l'enfance

1841 NAISSANCE DU DÉPUTÉ WILFRID LAURIER ❖ Originaire de Saint-Lin (Québec), Wilfrid Laurier est parlementaire de l'Ontario français un peu par accident. À titre de premier ministre du Canada, sir Wilfrid Laurier se présente souvent dans deux circonscriptions à la fois. C'est ce qui se produit lors des élections fédérales du 26 octobre 1908. Il est élu député libéral d'Ottawa et de Québec-Est. Une élection complémentaire aura lieu le 29 janvier 1910 dans le comté d'Ottawa et Laurier sera remplacé par Albert Allard.

1869 FONDATION DU JOURNAL *L'IMPARTIAL* ❖ Hebdomadaire fondé dans la ville d'Ottawa par Médéric Lanctôt, *L'Impartial* ne paraît que dix fois.

1891 FONDATION DU JOURNAL *LE DRAPEAU NATIONAL* ❖ Publié à Windsor par C. Vekeman, l'hebdomadaire *Le Drapeau national* précise qu'« aucun

écrit hostile à la religion ou contraire aux mœurs ne paraîtra dans notre journal ». Sous le contrôle d'aucun parti politique, cet hebdo fait une large place à la cause sacrée de la colonisation. Il ne semble pas avoir paru pendant plus d'un an.

1892 NAISSANCE DE PHILIPPE CORNELLIER, O.M.I. ❖ Natif de Saint-Rémi-de-Napierville (Québec), Philippe Cornellier se fait remarquer au football, au base-ball et au hockey. Joueur-étoile de l'équipe de football de l'Université d'Ottawa, il la conduit au championnat canadien en 1911. Ordonné prêtre oblat en 1918, le père Cornellier devient entraîneur du club de football Champion du Canada. Il est tour à tour professeur, doyen de la Faculté de philosophie, secrétaire de l'Université d'Ottawa, vice-recteur et recteur de l'institution (1942-1946). Le père Philippe Cornellier, O.M.I., meurt à Ottawa le 25 septembre 1960.

1894 NAISSANCE DU JUGE JOACHIM SAUVÉ ❖ Né à Bourget, Joachim Sauvé est admis au barreau de l'Ontario en 1919. Membre fondateur de l'Ordre de Jacques-Cartier (v. 22 octobre) et de la Société Richelieu, il est nommé magistrat de la Cour municipale d'Ottawa en 1940. Il est le premier Franco-Ontarien à assumer cette fonction. Il se retire en 1975 et meurt à Ottawa le 27 juillet 1990.

1942 NAISSANCE DU DÉPUTÉ RAYMOND BONIN ❖ Originaire de Sudbury, Raymond Bonin est un enseignant au Collège Cambrian de Sudbury. Il est tour à tour président de la Commission des écoles séparées de Sudbury (1976-1985) et conseiller municipal de la Ville de Sudbury (1988-1991). Élu député libéral du comté fédéral de Nickel Belt lors des élections générales de 1993, il est réélu en 1997, 2000 et 2004. À la Chambre des communes, il assume la présidence du Comité permanent des Affaires autochtones, du Grand Nord et des Ressources naturelles.

1947 FONDATION DU JOURNAL *LE CARILLON* ❖ Hebdomadaire fondé à Hawkesbury par Antoine Buisière, *Le Carillon* rappelle, par son titre, « la poignée de Français [qui] donnèrent leur vie pour sauvegarder la survivance d'un peuple » sous Dollard des Ormeaux à Carillon. Noël Bazinet en est le premier rédacteur en chef. André Paquette devient propriétaire du *Carillon* le 23 septembre 1948. Journal familial de forte pénétration (92 % des foyers francophones de Hawkesbury et 62 % des foyers du comté de Prescott), cet hebdo demeure un outil essentiel de développement communautaire, social et économique dans l'Est ontarien.

21 novembre

1643 NAISSANCE DE L'EXPLORATEUR RENÉ-ROBERT CAVELIER DE LA SALLE ❖ Natif de Rouen (France), René-Robert Cavelier de La Salle arrive en Nouvelle-France en 1667 et le gouverneur Frontenac le délègue en mission au lac Ontario où il est autorisé à construire un fort à Cataracoui (fort Frontenac). Le 15 septembre 1678, avec le récollet Louis Hennepin qui sera le premier à décrire et à dessiner les chutes du Niagara, La Salle fait ériger le fort Conti (ou Niagara) et bâtit un brigantin, *Le Griffon*, qui part le 7 août 1679 en direction de Michillimakinac. En route, l'explorateur baptise le lac Sainte-Claire et poursuit en canot l'exploration du lac Michigan. À l'embouchure de la rivière Saint-Joseph, il fait dresser le fort Miamis. En janvier 1680, La Salle construit du fort Crèvecœur (Illinois). En février 1682, ses hommes atteignent le Mississippi, où La Salle fait bâtir le fort Prud'homme. Il arrive au delta du Mississippi le 6 avril et, trois jours plus tard, il prend officiellement possession du territoire et le nomme Louisiane en l'honneur du roi Louis XIV. En 1684, La Salle s'aventure trop loin dans le golfe du Mexique et n'arrive plus à retrouver l'embouchure du Mississippi. Il ordonne à ses hommes de débarquer sur la côte (dans l'actuel Texas). La Salle fait face à une mutinerie et, le 19 mars 1687, il est assassiné.

1929 NAISSANCE DU SÉNATEUR LAURIER LAPIERRE ❖ Originaire de Lac Mégantic (Québec), Laurier L. LaPierre est journaliste, historien, commentateur et écrivain. Il est nommé sénateur pour une désignation de l'Ontario le 13 juin 2001 (son mandat s'est terminé le 21 novembre 2004). De 1959 à 1978, LaPierre enseigne à l'Université Western Ontario (London), au Collège Loyola (Montréal) et à l'Université McGill (Montréal). De 1962 à 1978, il acquiert une réputation nationale à titre d'animateur des émissions *This Hour Has Seven Days*, *Inquiry* et *Midnight* à la télévision anglaise de Radio-Canada. Laurier LaPierre publie *1759: The Battle for Canada* (1990), *Sir Wilfrid Laurier and the Romance of Canada* (1996) et *Quebec: A Tale of Love* (2001). Il est fait officier de l'Ordre du Canada en 1995.

1944 NAISSANCE DU SOCIOLOGUE ET ÉCRIVAIN ROGER BERNARD ❖ Né à Departure Lake, Roger Bernard est un chercheur qui enseigne d'abord au Collège universitaire de Hearst, puis à l'Université d'Ottawa. Il publie *De Québécois à Ontarois* (1988), *Le Travail et l'Espoir* (1991), *Le Canada français : entre mythe et utopie* (1998), *À la défense de Montfort* (2000). Il effectue aussi des recherches démographiques et sociologiques pour le compte de la Fédération de la jeunesse canadienne-française. Il est membre de la Société Charlevoix de 1993 à 2003. Roger Bernard meurt subitement le 12 juillet 2000 à Alexandria. La collection Roger-Bernard, aux Éditions du Nordir, et un prix décerné par le Regroupement des organismes du patrimoine franco-ontarien honorent la mémoire de ce chercheur émérite de l'Ontario français.

1946 NAISSANCE DE L'ETHNOLOGUE JEAN-PIERRE PICHETTE ❖ Natif de la ville de Québec, Jean-Pierre Pichette dirige le Département de folklore de l'Université de Sudbury, de 1983 à 2004. Directeur de la *Revue du Nouvel-Ontario* (1982-1987), directeur et rédacteur en chef de *La Criée* (1982-2002), président du Centre franco-ontarien de folklore (1989-2002) et président de la Société historique du Nouvel-Ontario (1989-2002), il publie *L'Observance des conseils du maître* (1991), *Le Répertoire ethnologique de l'Ontario français : guide bibliographique et inventaire archivistique du folklore franco-ontarien* (1992) et de *L'Œuvre de*

Germain Lemieux, S.J. : bilan de l'ethnologie en Ontario français (1993). Cofondateur de la Société Charlevoix, Jean-Pierre Pichette est nommé titulaire de la Chaire de recherche sur l'oralité et les traditions populaires des francophonies minoritaires et directeur du Centre acadien à l'Université Sainte-Anne (Nouvelle-Écosse) en 2005. La même année, il reçoit l'Ordre des francophones d'Amérique.

1955 NAISSANCE DE DANIEL CHARTRAND, HUMO-RISTE ❖ Originaire d'Ottawa, Daniel Chartrand acquiert d'abord une expérience de comédien au Théâtre de l'Île, au Théâtre des Lutins, au Théâtre du Nouvel-Ontario et au Théâtre de La Corvée (aujourd'hui Théâtre du Trillium), dont il est le cofondateur. Il participe à plusieurs créations collectives, notamment à *La Parole et la Loi* (1980). Entraîneur dans les ligues d'improvisation, animateur d'ateliers en arts de la scène, Daniel Chartrand s'invente un style personnel d'humour et se taille une place de choix parmi les humoristes de l'Ontario français. Avec Luc Thériault (v. 8 juin), il forme le duo DDT qui connaît un succès retentissant durant les années 1980.

1962 NAISSANCE DE L'ARTISTE PIER RODIER ❖ Né à Ottawa, Pier Rodier est comédien, chanteur, dramaturge, metteur en scène et animateur des arts de la scène. En 1979, il cofonde le Théâtre Cabano (aujourd'hui la Compagnie Vox Théâtre) et en assume la direction. Pier Rodier participe à plusieurs créations collectives, dont *Banlieue* (1984), *Pinocchio* (1986 et 1990) et *Cendrillon 23 h 59* (1988). Il est le créateur de plusieurs spectacles, dont *Les Doux Délires* (1988), *Parano par amour* (1993), *Duos pour voix humaines* (1994), *72 miroirs cassés* (1995), *Sauvage* (1997) et *Les Carnets du ciel* (2000). Il signe de nombreuses mises en scène, dont celle de *Duel* et *Infinito* (1996), *Jacques Brel, toujours vivant* (1998), *La Miss et la Madame* (2002), *La Belle et la Bête* (2002) et *Les Sept Péchés capitaux* (2003). Membre du conseil d'administration de La Nouvelle Scène (1994-2001), président de Théâtre Action (1995-2000), membre du conseil d'administration de la Fondation de la Cour des arts

(1992-1996), vice-président de l'Association des professionnels de la musique et de la chanson franco-ontariennes (1991-1992), Pier Rodier reçoit le Prix d'excellence de Théâtre Action en 2000. Il est le sujet du film documentaire *Les Murs de Pier* (1992) de Léon Laflamme, dans la série *L'Urgence de se dire* (Productions Aquila et ONF).

1988 ÉLECTION FÉDÉRALE ❖ Lors du scrutin fédéral tenu le 21 novembre 1988, les candidats franco-ontariens suivants sont élus : Réginald Bélair (Cochrane-Supérieur), Eugène Bellemare (Carleton-Gloucester), Don Boudria (Glengarry-Prescott-Russell), Jean-Robert Gauthier (Ottawa-Vanier), Diane Marleau (Sudbury), Gilbert Parent (Welland-St. Catharines-Thorold) et Cyril Samson (Timmins-Chapleau).

22 novembre

1904 LE PREMIER FRANCO-ONTARIEN AU CABINET ONTARIEN ❖ C'est à Alfred Évanturel, député de Prescott (v. 31 août), que revient l'honneur d'avoir été le premier Franco-Ontarien à faire son entrée au conseil des ministres de l'Ontario. Il est ministre d'État de 1904 à 1905.

1948 NAISSANCE DE LA DÉPUTÉE ET MINISTRE MADELEINE MEILLEUR ❖ Originaire de Kiamika (Québec), Madeleine Meilleur est une infirmière qui s'établit à Ottawa, qui devient avocate et qui se fait élire au conseil de la municipalité régionale d'Ottawa-Carleton, en 1991, puis comme échevin de la nouvelle ville amalgamée d'Ottawa. Elle préside le comité des transports en commun ainsi que le groupe d'étude sur le réaménagement de la rue Rideau. Elle siège au Conseil régional de santé du district Ottawa-Carleton, au Conseil régional de santé Champlain, à la Société d'aide à l'enfance d'Ottawa-Carleton et à la Société de logement de Vanier. Madeleine Meilleur représente le conseil municipal au Comité consultatif sur les services en français et est tour à tour membre des conseils d'administration de La Cité collégiale, du Centre d'accueil Champlain et de l'Opéra Lyra d'Ottawa.

Lors des élections provinciales de 2003, elle se présente comme candidate libérale dans le comté d'Ottawa-Vanier. Élue, Madeleine Meilleur est aussitôt nommée ministre de la Culture et ministre déléguée aux Affaires francophones.

1951 ÉLECTION PROVINCIALE ❖ Lors du scrutin ontarien tenu le 22 novembre 1951, les députés franco-ontariens suivants sont élus : Daniel Nault (Russell), Louis Cécile (Prescott), Osie Villeneuve (Glengarry), Arthur Rhéaume (Essex-Nord) et Aurèle Chartrand (Ottawa-Est).

1979 PREMIER DISQUE DES SŒURS MARLEAU ❖ À Cornwall, Diane, Denyse et Marie Marleau commencent à chanter publiquement en 1973, notamment à l'antenne de la télévision communautaire où elles animent une émission hebdomadaire. Le nom du groupe, Les Sœurs Marleau, s'impose sur le champ, suivi de DIADEM (acronyme de DIAne, DEnyse et Marie, et nom de leur compagnie de production de disques). Le premier microsillon des Sœurs Marleau, *Viens aimer rire et chanter*, paraît le 22 novembre 1979 ; au fil des ans, elles enregistrent *Comme il fait bon* (1981), *Ma vie... la musique* (1982), *Fêtons et chantons à l'école et à la maison* (1984), *Chansons de paix et d'amitié* (1986), *Fêtons et chantons, thèmes et occasions* (1988), *Notes de sagesse* (1993), *Denyse, Marie et Diane Marleau* (1999), *Si on tissait ensemble* (2000). Les trois sœurs Marleau ont chanté dans toutes les régions de la province et à travers tout le pays ; elles ont aussi effectué quatre tournées en France.

23 novembre

1818 ÉRECTION CANONIQUE DU DIOCÈSE DE KINGSTON ❖ C'est le pape Pie VII qui crée le vicariat apostolique du Haut-Canada le 23 novembre 1818 ; il est alors suffragant de Québec. Ce vicariat est ensuite érigé en diocèse du Haut-Canada par Léon XIII, le 27 janvier 1826. Il devient diocèse de Kingston, suffragant de Toronto, en 1870, puis est élevé au rang de siège métropolitain (archidiocèse) le 29 juillet 1889. Deux évêques francophones y

ont œuvré : Rémi Gaulin (1833-1840) et Charles Hugues Gauthier (1898-1910).

1815 NAISSANCE DE L'ÉVÊQUE PIERRE-ADOLPHE PINSONEAULT ❖ Né à Saint-Philippe-de-Laprairie (Québec), Pierre-Adolphe Pinsoneault est ordonné prêtre de Saint-Sulpice à Paris le 19 décembre 1840. Il quitte sa communauté et devient chanoine en 1849. Il est élu premier évêque de London le 18 février 1856, et sacré le 13 mai suivant. En 1859, il transfère le siège épiscopal à Sandwich (Windsor). Affligé de surdité, Mgr Pinsoneault démissionne en 1866 et se retire à Albany jusqu'en 1870, puis à Montréal où il meurt le 30 janvier 1883.

1858 NAISSANCE DU GÉOLOGUE HENRI AMI ❖ Né à Belle Rivière, Henri Marc Ami est géologue et paléontologue diplômé de l'Université McGill. De 1882 à 1912, il est un scientifique à l'emploi du Service de géologie du Canada, à Ottawa. De 1895 à 1900, il est directeur du *Naturalist*. Après sa retraite, il fonde l'École canadienne de préhistoire, en France. Membre de la Société royale du Canada, Henri Ami est l'auteur de plusieurs articles scientifiques et du premier volume du *Compendium of Geography* de Stanford, intitulé *North America* (1893), qui constitue son œuvre majeure.

1867 NAISSANCE DU MAGISTRAT DANIEL DANIS ❖ Né à Sainte-Justine-de-Newton (Québec), Daniel Danis est un avocat qui s'établit à Cornwall vers 1895. Membre organisateur du congrès de 1910 qui donne lieu à la création de l'Association canadienne-française d'éducation d'Ontario, il est un ardent partisan de sir Wilfrid Laurier et organisateur politique pour le Parti libéral dans les comtés de Stormont et de Glengarry. Il est nommé magistrat de police à Cornwall en 1898 et occupe ce poste jusqu'à sa mort, survenue le 17 avril 1921. Daniel Danis est le père de René-Alexandre Danis (v. 29 septembre).

1935 NAISSANCE DU DÉPUTÉ GASTON DEMERS ❖ Natif de Sturgeon Falls, Gaston Demers est un agent d'assurance qui se lance en politique lors des élections provinciales de 1963. À l'âge de 26 ans, il se fait élire député conservateur de Nickel Belt ; il est alors le plus jeune député de l'Assemblée législative. Il est aussi le premier à prononcer un discours entièrement en français devant la législature. Demers obtient de nouveau la faveur de ses électeurs en 1967. Décédé à Sudbury le 7 février 2004.

1947   NAISSANCE DE JEAN BOYLE, CHEF D'ÉTAT MAJOR ❖ Né à Ottawa, Jean Édouard Boyle est diplômé du Collège militaire royal de Kingston. Tour à tour commandant des bases militaires canadiennes à Baden-Soellingen et à Lahr, en Allemagne, et du Collège militaire royal de Kingston (1991-1993), sous-ministre adjoint responsable des Ressources humaines, puis des Politiques au ministère de la Défense nationale, il devient le premier Franco-Ontarien à occuper le poste de chef d'État major des Forces armées canadiennes (1995-1997). De 1997 à 1999, Boyle assume les fonctions de vice-président aux affaires internationales à la compagnie Boeing, puis celles de directeur de Boeing International-Europe à Bruxelles (1999-2001). Depuis 2002, il siège au conseil d'administration de Simula Inc., un fabricant de produits destinés au monde de l'aviation. Il est commandeur de l'Ordre du mérite militaire depuis 1995.

1956   NAISSANCE DE DOMINIQUE DEMERS, ÉCRIVAINE ❖ Née à Hawkesbury, Dominique Demers écrit des romans pour les jeunes et les adultes ; elle signe aussi régulièrement des articles dans la revue *L'actualité*. Plusieurs de ses romans jeunesse remportent le très convoité prix M. Christie ; c'est le cas de *Un hiver de tourmente* (1992), *Les grands sapins ne meurent pas* (1993), *La Mystérieuse Bibliothécaire* (1997) et *Vieux Thomas et la Petite Fée* (2000). Dominique Demers obtient le prix Livromagie de Communications-Jeunesse pour *La Nouvelle Maîtresse* (1994) et le prix Signet d'or pour *Ils dansent dans la tempête* (1994). Le Prix Québec/Wallonie-Bruxelles lui est remis en 1995. *Les grands sapins ne meurent pas* et *La Mystérieuse Bibliothécaire* sont inscrits sur la liste d'honneur de l'International Board on Books for Young People.

24 novembre

1934   NAISSANCE DE L'ATHLÈTE HECTOR LALANDE ❖ Natif de North Bay, Hector Lalande est un joueur de centre qui lance de la gauche. Il fait son entrée dans la Ligue nationale de hockey à l'âge de 19 ans. Il évolue avec les Blackhawks de Chicago (1953-1957), puis il passe chez les Red Wings de Détroit (1957-1958). Au total, il dispute 151 parties dans la Ligue nationale, marque 21 buts et réussit 39 passes.

25 novembre
Fête de la Sainte-Catherine

1866   NAISSANCE DU DÉPUTÉ SÉVERIN DUCHARME ❖ Natif de Saint-Félix-de-Valois (Québec), Séverin Ducharme est un cultivateur qui s'établit à Belle Rivière où il devient notaire, banquier, greffier du canton, puis préfet du village. Il tente de se faire élire député libéral d'Essex-Nord lors des élections provinciales de 1911, mais est défait par seulement 44 voix. En 1914, après la mise en œuvre du Règlement XVII, Ducharme réussit aisément à faire passer le comté d'Essex-Nord dans le camp libéral. Il siège à l'Assemblée législative pendant un seul mandat.

1893   NAISSANCE DU JOURNALISTE ET ADMINISTRATEUR EDMOND CLOUTIER ❖ Natif de Saint-Narcisse de Champlain (Québec), Edmond Cloutier s'engage dans une carrière au quotidien *Le Droit*, d'Ottawa, devenant journaliste (1918), éditorialiste (1919-1921) et gérant général (1932-1940). Secrétaire de l'Association canadienne-française d'éducation d'Ontario (1920-1927), il est nommé imprimeur du roi (1940-1967). Témoin de la lutte contre le Règlement XVII, il rédige un texte intitulé *Quinze Années de lutte (1910-1925) : catéchisme de la question scolaire ontarienne*. Ce document inédit est conservé aux archives du Centre de recherche en civilisation canadienne-française de l'Université d'Ottawa. Décédé à Ottawa le 2 avril 1977. Il est le père de Suzanne Cloutier (v. 10 juillet) et de Sylvain Cloutier (v. 4 novembre).

1896 NAISSANCE DE SÉRAPHIN MARION, ARCHI-
VISTE ❖ Né à Ottawa, Séraphin Marion enseigne
le français au Collège militaire de Kingston (1920-
1923), puis devient traducteur aux Archives publiques du Canada (1923-1953). Dans son travail
archivistique, il découvre une mine de renseignements, soit le corpus littéraire canadien-français
peu exploité à cette époque. Dès lors, il enseigne
la littérature canadienne-française à l'Université
d'Ottawa et rassemble le fruit de ses recherches
dans une vingtaine d'études, dont les neuf volumes
d'une collection intitulée *Les Lettres canadiennes
d'autrefois* (publiés entre 1939 et 1958). Membre
de la Société royale du Canada (1934), de l'Académie canadienne-française et de la Société des Dix
(1962), Séraphin Marion parcourt le Canada et
prononce de nombreuses conférences sur les droits
des minorités francophones du Canada. Ce chercheur et écrivain reçoit plusieurs distinctions et
honneurs au fil de sa carrière : médaille d'or de
l'Académie de Lutèce (1933), médaille d'argent du
Conseil de la vie française en Amérique (1972),
Officier de l'Ordre du Canada (1976) et membre
de l'Ordre de Saint-Grégoire-le-Grand (1982).
Séraphin Marion est décédé le 29 novembre 1983 ;
une école primaire et une rue portent son nom à
Ottawa. La Société Saint-Jean-Baptiste de Montréal
décerne annuellement le prix Séraphin-Marion.

1943 NAISSANCE DE RÉMY BEAUREGARD, ADMI-
NISTRATEUR ❖ Natif de Granby (Québec), Rémy
M. Beauregard passe presque toute sa vie en
Ontario. Il est actif au sein de nombreux organismes, dont l'Association de la jeunesse franco-
ontarienne (1962-1964), le Conseil canadien des
associations d'éducation de langue française (1964-
1969), la Conférence consultation de la jeunesse
d'expression française hors Québec (1965-1969),
l'Association canadienne d'éducation de langue
française (1965-1976) et le Comité d'enquête sur
la vie culturelle des Franco-Ontariens (1967-
1969). Secrétaire général de l'ACFO (1971-1978), il
devient directeur général de l'Office des Affaires
francophones de l'Ontario en 1986, puis de la
Commission des droits de la personne de l'Ontario

en 1994.) Émissaire des Nations-Unies au Rwanda
et au Congo, Rémy M. Beauregard a aidé la Commission des droits de la personne de l'Uganda à
rédiger son plan d'affaires 2004-2009.

1997 NAISSANCE DU GROUPE KONFLIT DRAMATIK
❖ C'est le 25 novembre 1997, à l'École Sainte-Marie,
d'Azilda, que le groupe musical Konflit Dramatik
donne son premier spectacle. Les membres de cette
formation sont Christian Berthiaume (voix), David
Poulin (guitare, voix), Guy Coutu (basse), Alain
Tremblay (batterie) et Josée Poulin (violon, clavier
et voix). Le premier album de Konflit Dramatik
s'intitule *Hors d'œuvre* (2001).

26 novembre

1934 NAISSANCE DU DÉPUTÉ ÉLIE MARTEL ❖
Natif de de Capreol, Élie Martel est un enseignant
et directeur d'école qui siège au conseil municipal
de Sudbury, puis qui se fait élire député néo-
démocrate de Sudbury-Est lors des élections provinciales de 1967. Il est le premier Franco-Ontarien
élu sous la bannière du NPD. Élie Martel est réélu
en 1971, 1975, 1977, 1981 et 1985. Il est le père de
la députée Shelley Martel (v. 8 avril).

1938 NAISSANCE DE L'ATHLÈTE VINCENT VIELE
❖ Natif de Niagara Falls, Vincent Viele pratique les
arts martiaux dès sa jeunesse, d'abord le judo, puis
le tae kwon do et le jiu-jitsu. En 1979, l'Ontario lui
décerne un trophée pour reconnaître son excellence
dans cette dernière discipline. En 1980, Vincent
Viele remporte la médaille de bronze aux compétitions Randori du Canada.

1975 CRÉATION DE LA FÉDÉRATION DES COMMU-
NAUTÉS FRANCOPHONES ET ACADIENNE DU CANADA
❖ Connu d'abord sous le nom de Fédération des
francophones hors Québec, cet organisme voit le
jour à Ottawa et porte son nom actuel depuis juin
1995. La Fédération se veut le porte-parole privilé-
gié auprès du gouvernement fédéral et du gouvernement du Québec sur les questions relatives aux
francophones de l'extérieur du Québec ; elle cherche

à convaincre les autorités politiques du bien-fondé des revendications des francophones qu'elle représente. Ses champs d'intervention englobent les communications, la constitution, l'économie, les loisirs, les sports et les services gouvernementaux. Au fil des ans, la Fédération publie divers documents ou dossiers tels que *Les Héritiers de Lord Durham* (1977-1978), *Pour ne plus être sans pays* (1979), *À la recherche du milliard* (1981), *Un espace économique à inventer* (1981), *Deux poids, deux mesures* (1983) et *État de la recherche sur les communautés francophones hors Québec* (1985).

1998 PREMIER SALON DU LIVRE DE L'EST ONTARIEN ❖ C'est à Casselman, du 26 au 29 novembre 1998, que se tient le premier Salon du livre de l'Est ontarien. Petit à petit, cette activité devient un événement qui réunit des auteurs des deux rives de l'Outaouais et des éditeurs de l'Ontario et du Québec. Des personnalités telles que le député Don Boudria, la commissaire aux langues officielles Dyane Adam et l'écrivain-artiste Pierre Raphaël Pelletier s'associent à ce Salon pour en faire un important carrefour culturel en Ontario français.

27 novembre

1936 NAISSANCE DE NORMAND FRENETTE, PROFESSEUR ❖ Né à Toronto, Normand Frenette est professeur à la Faculté d'éducation de l'Université de Toronto et à l'Institut d'études pédagogiques de l'Ontario (1979-1999). Directeur du Centre de recherche en éducation franco-ontarienne, de 1979 à 1984, il est auteur ou coauteur d'une dizaine de manuels scolaires ; il effectue plusieurs recherches sur la transition entre les niveaux secondaire et postsecondaire chez les élèves francophones ainsi que sur le taux de participation de ces derniers aux études postsecondaires. De 1979 à 1989, il participe à une recherche sur l'accessibilité aux études postsecondaires pour les francophones de l'Ontario et cosigne le rapport final préparé pour le ministère des Collèges et Universités de l'Ontario. En reconnaissance des mérites de Normand Frenette en tant que chercheur et auteur, le Centre de recherche en

civilisation canadienne-française de l'Université d'Ottawa lui accorde le Prix CRCCF 2005.

1961 NAISSANCE DE JOËLLE ROY, CHANTEUSE ❖ Née au Témiscamingue québécois, Joëlle Roy suit sa famille qui s'établit dans le Témiscamingue ontarien. Artiste autodidacte, elle remporte la palme du concours provincial Ontario Pop, en 1987, à titre d'auteure-compositeure-interprète et, en 1996, elle lance un premier disque éponyme. L'Assemblée des centres culturels de l'Ontario lui remet en 1998 la bourse André-Paiement, pour la réalisation du premier opéra blues franco-ontarien, *Capitaine*. Joëlle Roy se produit sur plusieurs scènes, notamment au Festival franco-ontarien, à La Nuit sur l'étang et au Centre national des Arts. Elle participe aux disques compilations de l'APCM, du 25e anniversaire de La Nuit sur l'étang et des Artistes pour Montfort. À l'automne 2001, Joëlle Roy produit, avec Michel Payment (v. 6 août), un disque intitulé *Noël à Bethléem, Ontario*.

1992 MANIFESTATION EN FAVEUR DE LA CRÉATION DE COLLÈGES COMMUNAUTAIRES DE LANGUE FRANÇAISE ❖ Sous l'égide de la Fédération de la jeunesse franco-ontarienne, des milliers d'ados participent simultanément à neuf manifestations pour la création de collèges communautaires de langue française en Ontario. Les manifestations se déroulent d'un bout à l'autre de la province : Windsor, Sault-Sainte-Marie, Kapuskasing, Sudbury, Ottawa, Mississauga, Elliot Lake, Timmins et Sturgeon Falls. Six mois plus tard, le gouvernement de l'Ontario annonce la création du Collège des Grands Lacs (Sud), du Collège Boréal (Nord) et d'un nouveau campus pour la Cité collégiale dans l'Est ontarien.

2000 ÉLECTION FÉDÉRALE ❖ Lors du scrutin général tenu le 27 novembre 2000, les députés franco-ontariens suivants sont élus : Réginald Bélair (Timmins-Baie James), Mauril Bélanger (Ottawa-Vanier), Eugène Bellemare (Ottawa-Orléans), Raymond Bonin (Nickel Belt), Don Boudria (Glengarry-Prescott-Russell), Paul De

Villers (Simcoe-Nord), Diane Marleau (Sudbury) et Benoît Serré (Temiskaming-Cochrane).

28 novembre

1924   FONDATION DU JOURNAL *LE CANADIEN D'OTTAWA* ❖ Hebdomadaire qui affiche la devise *Soyons Canadiens d'abord*, *Le Canadien d'Ottawa* entend « commenter avec probité les questions qui s'agitent en marge des événements ». Le journal publie le roman-feuilleton *Fiançailles tragiques*, de Charles Folëy. Cet organe cesse de paraître le 29 janvier 1926.

1952   NAISSANCE DU CINÉASTE JACQUES MÉNARD ❖ Natif d'Alexandria, Jacques Ménard est réalisateur pigiste à Télé-Québec Outaouais (1980-1983), producteur et réalisateur pigiste pour Nunacom inc. (1983-1995), producteur du Studio Ontario-Ouest de l'Office national du film (1995-1997), directeur général adjoint, section documentaire, du programme français de l'ONF (1997-2000), producteur responsable des régions à l'ONF (2000-2002) et producteur-réalisateur à la pige depuis 2002. Parmi les œuvres qu'il signe à titre de réalisateur, on retrouve *Rien qu'en passant* (1976), CANO, *notes sur une expérience collective* (1978), *Le Fils du bijoutier* (1990) et *Canada au jour le jour* (1992). À titre de producteur, on lui doit, entre autres, *Il était deux fois une élection*, d'Yves Bisaillon (1995), *Maman et Ève*, de Paul Carrière (1996), *Après...*, de Lisa Fitzgibbons (2001) et *Sentence vie*, de Marie Cadieux (2003).

1968   PUBLICATION DU RAPPORT BÉRIAULT ❖ Face aux revendications des Franco-Ontariens pour un régime scolaire financé adéquatement, le gouvernement crée un Comité sur les écoles de langue française en Ontario, présidé par Roland Bériault (v. 4 juillet). Ce dernier remet son rapport le 28 novembre 1968 et ses recommandations conduisent à l'adoption des lois 140 et 141, l'une instituant des écoles secondaires publiques de langue française, l'autre créant des Comités consultatifs de langue française pour faire entendre la voix des Franco-Ontariens auprès des conseils scolaires majoritairement anglophones.

29 novembre

1938   NAISSANCE DE L'ARTISTE VISUELLE CLAIRE GUILLEMETTE LAMIRANDE ❖ Native de Timmins, Claire Guillemette Lamirande est une artiste dont la carrière prend son envol en 1979 avec *Contes et couleurs de l'Ontario français*, une série d'aquarelles inspirées des contes *Les Vieux m'ont conté*, publiés par Germain Lemieux, S.J. Coordonnatrice d'un diaporama sur la vie culturelle en Ontario français (1982) et première artiste à enseigner les arts visuels à la Concentration Arts de l'École secondaire De-La-Salle d'Ottawa (1983), elle commence à exposer en 1989 des photographies tirées de sa collection d'environ 8 000 diapositives consacrée à la flore sauvage au Canada.

1949   NAISSANCE DE L'ATHLÈTE YVON LABRE ❖ Natif de Sudbury, Yvon Labre est un joueur de défense qui fait son entrée dans la Ligue nationale de hockey en 1970, avec les Penguins de Pittsburgh, puis avec les Capitals de Washington (1974-1981). Il dispute 371 parties, marque 14 buts et réussit 87 passes.

1958   NAISSANCE D'ESTHER BEAUCHEMIN, FEMME DE THÉÂTRE ET ARTISTE ❖ Originaire de Montréal (Québec), Esther Beauchemin est comédienne, dramaturge, scénariste et illustratrice. Elle joue, entre autres, pour le Théâtre de la Vieille 17 (*Le Nez, Naufrages, Les Inutiles, La Machine à beauté, Maïta*), le Théâtre de l'Île (*Appelez-moi Stéphane, Première classe*), le Théâtre du Trillium (*Marcel poursuivi par les chiens*) et le Théâtre la Catapulte (*La Meute*). Elle signe plusieurs scénarios de la série télévisée *Science Point Com* (1999-2001) et est l'auteure de la pièce de théâtre *Maïta* (2001) qui remporte le prix Christine-Dumitriu-Van-Saanen du Salon du livre de Toronto en 2002.

1972   NAISSANCE DE LA COMÉDIENNE COLOMBE DEMERS ❖ Née à Toronto, Colombe Demers joue en français et en anglais. Elle évolue sur les scènes des festivals Stratford *(The Little Foxes)* et Shaw *(You Can Take It With You)* ; elle joue au Canadian Stage *(Romeo and Juliet,* finaliste à un prix Dora), à la Société de musique contemporaine du Québec *(Stacheldraht)* et au Théâtre français de Toronto *(La Demande en mariage, Les Femmes savantes).* Colombe Demers interprète aussi des rôles au cinéma et à la télévision *(The Age of Dorian, Louis Braille, La Femme Nikita, Kane and Abel).*

1999 VICTOIRE DE SOS MONTFORT DEVANT LES TRIBUNAUX ❖ Les juges James Carnwath, Robert Blair et Michel Charbonneau, de la Cour divisionnaire de la Cour supérieure de justice de l'Ontario, donnent gain de cause aux requérants de Montfort, sur la base que la Constitution canadienne protège les minorités de langues officielles. Toutefois, le gouvernement de l'Ontario, en désaccord avec ce jugement, décide d'interjeter appel (v. 7 décembre).

30 novembre

1824 DÉBUT DE LA CONSTRUCTION DU CANAL WELLAND ❖ Les premiers coups de pioche marquant les débuts de la construction du canal Welland ont lieu le 30 novembre 1824.

1906 NAISSANCE DU DÉPUTÉ ARTHUR RHÉAUME ❖ Originaire de Sandwich (Windsor), Arthur John Rhéaume devient conseiller (1930), puis préfet (1931) de Sandwich. Il est élu maire de 1932 à 1935, année de l'amalgamation des Villes-Frontières pour former l'actuelle ville de Windsor.

Défait lors des élections générales de 1940, il est élu maire de Windsor de 1941 à 1954. Candidat conservateur lors des élections provinciales de 1943, il essuie une autre défaite. Rhéaume revient à la charge en 1945 et en 1948, sous la bannière libérale, mais mord toujours la poussière. Il réussit enfin à se faire élire député libéral d'Essex-Nord lors des élections provinciales de 1951. Il est réélu en 1955, 1959 et 1963.

1949 NAISSANCE DE L'ARTISTE JOSEPH MUSCAT ❖ Né à B'kara (Malte), Joseph Muscat est un artiste visuel torontois qui expose depuis 1981. Ses œuvres sont exposées en solo dans des galeries de Toronto, New York, Ottawa, Sherbrooke et Peterborough. Il participe à des expositions collectives tenues à Toronto, Ottawa, Sudbury, Waterloo, Hamilton, Peterborough et Moncton. Plusieurs prestigieuses collections renferment des œuvres de Joseph Muscat, notamment Ernst & Young, Imperial Oil, Ultramar et Toronto Hydro. En 1999, il remporte le Grand Prix (concept visuel) du concours international des Jeux de la Francophonie. Joseph Muscat enseigne tour à tour à la Faculté d'architecture de l'Université de Toronto et dans les écoles du Conseil d'éducation de North York.

1957 NAISSANCE DE L'ATHLÈTE DANIEL CHICOINE ❖ Originaire de Chatham, Daniel Chicoine est un ailier droit qui fait son entrée dans la ligue américaine de hockey en 1977-1978, saison au cours de laquelle il joue pour les Barons de Cleveland. L'année suivante, il arbore les couleurs des North Stars du Minnesota.

JANVIER

FÉVRIER

MARS

AVRIL

MAI

JUIN

JUILLET

AOÛT

SEPTEMBRE

OCTOBRE

NOVEMBRE

DÉCEMBRE

DÉCEMBRE

1610 LE PREMIER BLANC À VOIR LES GRANDS LACS ❖ Le jeune Étienne Brûlé passe l'hiver de 1610-1611 chez les Algonquins, en Huronie ; il est le tout premier Blanc à contempler les Grands Lacs.

1975 FONDATION DU THÉÂTRE DU TRILLIUM ❖ Connu d'abord sous le nom de Théâtre d'la Corvée, le Théâtre du Trillium voit le jour à Ottawa et produit tantôt des œuvres de création collective ou individuelle, tantôt des œuvres tirées du répertoire contemporain d'ici et d'ailleurs. Il cherche à mettre en valeur la pratique de la mise en scène en explorant toutes ses frontières. En plus de ses productions, le Trillium offre des laboratoires de mise en scène et des lectures-spectacles. En 1999, le Théâtre du Trillium et trois autres compagnies ouvrent les portes d'une nouvelle salle de diffusion à Ottawa : La Nouvelle Scène (v. 10 avril). En 2004, la compagnie remporte le Masque de la production franco-canadienne pour sa présentation de *Jean et Béatrice*, de Carole Fréchette, du 12 au 22 novembre 2003.

1983 LANCEMENT DE *L'EXPRESS D'ORLÉANS* ❖ Dès ses débuts, *L'Express d'Orléans* est publié dans un format bilingue. Cet hebdomadaire devient une publication entièrement de langue française en 1993. Le journal est membre de l'Association de la presse francophone.

1999 FONDATION DE RÉSEAU ONTARIO ❖ En vue d'assurer une diffusion stratégique des artistes francophones de l'Ontario dans toutes les régions de la province, l'Association des professionnels de la chanson et de la musique, Théâtre Action, l'Assemblée des centres culturels de l'Ontario, le Conseil des arts de l'Ontario et le Bureau du Québec à Toronto jettent les bases d'un réseau de salles de spectacles professionnels : Réseau Ontario. L'organisme étend rapidement son rayonnement et en vient à regrouper plus de vingt diffuseurs et une demi-douzaine de conseils scolaires desservant plus de 240 écoles à travers la province. Parmi les membres de Réseau Ontario, on retrouve La Nouvelle Scène (Ottawa),

le Théâtre du Nouvel-Ontario (Sudbury), les centres culturels ou communautaires des localités suivantes : Orléans, Kingston, Embrun, Hawkesbury, Alexandria, Pembroke, New Liskeard, Timmins, Chapleau, Kapuskasing, Hearst, Pain Court, Sarnia, Penetanguishene, Oshawa et Mississauga. Il dessert aussi les conseils des écoles publiques de l'Est et du Nord-Est de l'Ontario, de même que les conseils scolaires de district catholique du Centre-Est, du Centre-Sud, du Sud-Ouest, du Nouvel-Ontario et des Grandes Rivières.

2003 FONDATION DU MENSUEL *L'ACTION* ❖ Au service des francophones de la région de London, *L'Action* est un mensuel qui a pour devise *Un journal qui nous ressemble, un journal qui nous rassemble.* Fondé par Denis Poirier, du groupe Alto inc., *L'Action* « vise à rester indépendant de toute affiliation ». Sa directrice générale est Christiane Beaupré et ses premiers collaborateurs sont Caroline Verner, Dominique Millette, Richard Caumartin et Nicol Simard.

1er décembre
Journée mondiale du sida

1802 NAISSANCE D'ARMAND-FRANÇOIS-MARIE DE CHARBONNEL, ÉVÊQUE ❖ Né dans le château de Flachats de Monistrol (France), Armand-François-Marie de Charbonnel est ordonné prêtre en 1825. Devenu sulpicien l'année suivante, il enseigne aux séminaires de Lyon, Paris, Bordeaux et Versailles. Il décline l'invitation à devenir évêque et se rend aux États-Unis, puis au Canada. Rentré en France, il est mandé par Pie XI qui le sacre évêque de Toronto le 26 mai 1850, dans la chapelle Sixtine. En 1856, Mgr de Charbonnel obtient la division de son territoire pour l'érection des diocèses de London et de Hamilton. C'est lui qui installe le chemin de la croix dans la cathédrale St. Michael's ; les stations sont importées de France et les inscriptions sont en français seulement. Il démissionne le 26 avril 1860, retourne en France et entre dans l'ordre des Capucins. Il refuse divers honneurs, mais accepte finalement de servir d'auxiliaire au cardinal de Bonald pendant vingt-deux ans. Mgr Armand-François-Marie de Charbonnel est décédé à Crest (France) le 29 mars 1891.

1909   NAISSANCE DU JUGE LAURENCE DÉZIEL ❖ Originaire de Windsor, Laurence A. Déziel est admis au barreau de l'Ontario en 1936. Commandant du régiment Essex Scottish durant la Seconde Guerre mondiale, puis colonel, il joue un rôle actif dans sa communauté où il est conseiller municipal, membre de la commission de police et conseiller scolaire. Laurence Déziel est nommé juge à la Cour de comté en 1963. Il reçoit le prix Mérite aux anciens de l'Université de Windsor en 1965.

1911   LES DÉBUTS DE TIMMINS ❖ Noé-Antoine Timmins fonde la ville qui porte son nom le 1er décembre 1911. Dès 1913, des familles francophones des Cantons de l'Est se dirigent vers ce centre minier. Une deuxième vague de migration a lieu entre 1937 et 1942 à la suite de la décision du président américain de hausser considérablement le prix de l'or.

1926   ÉLECTION PROVINCIALE ❖ Lors du scrutin ontarien tenu le 1er décembre 1926, les candidats franco-ontariens suivants sont élus : Paul Poisson (Essex-Nord), Edmond Proulx (Prescott), Aurélien Bélanger (Russell), Joseph Pinard (Ottawa-Est), Henri Morel (Nipissing) et Théodore Legault (Sturgeon Falls).

1940   NAISSANCE DE L'ATHLÈTE ALBERT LEBRUN ❖ Natif de Timmins, Albert Lebrun est un joueur de défense qui fait son entrée dans la Ligue nationale de hockey en évoluant avec les Rangers de New York durant les saisons de 1960-1961 et de 1965-1966.

1955   NAISSANCE DE LISE PAIEMENT, ARTISTE ET ANIMATRICE ❖ Née à Sturgeon Falls, Lise Paiement poursuit une carrière dans l'enseignement de l'art dramatique à Ottawa depuis 1977 et en animation culturelle depuis 1978. Elle offre de la formation aux membres de la Fédération de la jeunesse franco-ontarienne, lors des camps de leadership à Couchiching et lors des Jeux franco-ontariens. Spécialiste en animation culturelle, elle participe aux programmes de formation à la direction à la Faculté d'éducation de l'Université d'Ottawa et à l'École des sciences de l'éducation de l'Université Laurentienne et de l'Université de Moncton. Agente de formation pour les sessions de perfectionnement de l'ACELF depuis 1992, elle est membre du bureau des gouverneurs depuis 2004. Auteure-compositeure-interprète, Lise Paiement lance le disque *Tour de trapèze* en 1999. Coauteure du spectacle *L'Écho d'un peuple,* elle en assume la direction théâtrale en studio. Elle est récipiendaire d'un des Prix de la francophonie de l'ACELF, à savoir celui du concours national Profs engagés, élèves comblés ! (2001), et du prix Bernard-Grandmaître de l'ACFO d'Ottawa (2001). L'Association des enseignantes et des enseignants franco-ontariens lui remet le Mérite franco-ontarien en éducation (2002) et elle reçoit, en 2003, le Prix du Premier ministre du Canada pour l'excellence en éducation. L'année suivante, elle remporte le Prix d'excellence du Réseau socio-action des femmes francophones.

1959   NAISSANCE DE LINDA SAVARD, ADMINISTRATRICE ❖ Native de Québec, Linda Savard est une gestionnaire qui devient conseillère commerciale au consulat canadien de Cleveland (Ohio, 1983-1987), conseillère commerciale au ministère du Tourisme et des Loisirs de l'Ontario (1987-1989), directrice des communications et du marketing chez Rhéal Leroux et Associés (1990-1991), directrice du développement économique pour les Comtés unis de Prescott-Russell (1991-1996) et présidente-directrice générale de la Chambre économique de l'Ontario (1996-2004). Elle joue un rôle actif au sein de nombreux conseils d'administration, notamment ceux du Festival franco-ontarien, de l'Hôpital Montfort, du Regroupement du développement économique et d'employabilité de l'Ontario, et du Comité de l'Entente Canada Communauté ontarienne. En 2003, Linda Savard devient membre de l'Ordre des francophones d'Amérique.

1963   Naissance de Margaret Michèle Cook, poète ❖ Originaire de Toronto, Margaret Michèle Cook publie cinq recueils de poésie aux Éditions du Nordir : *Envers le jour* (1994), *L'Espace entre* suivi de *Soirée en jeu* (1996), *La Lenteur du sourire* (1997), *À l'ombre de Pénélope* (2001), *En un tour de main* (2003). Ancienne professeure de littérature française à l'Université d'Ottawa, elle est aujourd'hui psychothérapeute à Ottawa.

1988   Toronto obtient un Conseil scolaire francophone ❖ Suite à l'adoption de la Loi 75 par l'Assemblée législative de l'Ontario, en 1986, le Conseil des écoles françaises de la communauté urbaine de Toronto est créé. Il entre en vigueur le 1er janvier 1989.

2 décembre

1868   Naissance du député Georges Pharand ❖ Originaire de Saint-Clut-de-Soulanges (Québec), Georges Pharand est un marchand et un agent du CPR qui se fait élire de justesse lors des élections provinciales de 1908. Candidat conservateur, il défait le député sortant par quatre voix seulement. Son séjour à Queen's Park est de courte durée puisqu'il mord à son tour la poussière en 1911.

1901   Naissance d'Ernest J. Lajeunesse, c.s.b., historien ❖ Natif de LaSalle, Ernest Lajeunesse est ordonné prêtre basilien en 1927. Il devient professeur de français au Collège St. Michael's de l'Université de Toronto, au Collège Assomption de Windsor et à l'Université de Windsor. Il remplit aussi les fonctions de recteur du Séminaire Saint-Basile de Toronto. Le père Ernest J. Lajeunesse se consacre activement à l'histoire de la région de Windsor-Essex, sous les régimes français et anglais, et publie une imposante collection de documents dans un ouvrage intitulé *The Windsor Border Region: Canada's Southernmost Frontier* (1960). On lui doit aussi *Strawberry Island in Lake Simcoe* (1962). Décédé le 23 décembre 1991 à Windsor. Une école secondaire française de Windsor porte aujourd'hui son nom.

1949   Naissance du cinéaste Paul Lapointe ❖ Né à Saint-Laurent de l'Île d'Orléans (Québec), Paul Lapointe étudie à l'Institut Ryerson et travaille à la Société Radio-Canada, à Toronto. Il réalise son premier long métrage documentaire intitulé *J'ai besoin d'un nom* (1978), puis assume les fonctions de producteur responsable du Programme français de l'Office national du film du Canada à Toronto (1980-1991). Durant cette période, il produit, entre autres, *Un Père Noël d'occasion* de Pierre Vallée (1981), *Un Gars de la place* de Valmont Jobin (1983), *Métallo Blues* de Michel Macina (1983), *Deux voix comme en écho* (1987) et *Franchir le silence* de Claudette Jaïko (1993), et *Jean-Yves Thériault : la rage de vaincre,* de Jacques Giraldeau (1995). Paul Lapointe joue aussi un rôle clé dans trois séries documentaires en Ontario français, soit *20 ans Express, Transit 30-50* et *À la recherche de l'homme invisible*. En 1996, il crée la société de production indépendante Erzi, spécialisée dans le cinéma documentaire d'auteur. Ses plus récentes productions dans le cadre de cette société sont *Vue du Sommet* de Magnus Isacsson (2002), *Pendant que court l'assassin* de Magnus Isacsson (2004), *Édith et Michel* de Jocelyne Clarke (2004) et *Opération retour* de Luc Coté (2005).

1951   Naissance de Marcel Bénéteau, chanteur ❖ Natif de Rivière-aux-Canards, Marcel Bénéteau est à la fois musicien, interprète, folkloriste et ethnologue. Il enregistre plusieurs vieilles chansons du Détroit qui font l'objet de trois disques : *Les Filles de Sandwich* (vol. I), *Les Vieilles Chansons du Détroit* (vol. II) et *À la table de mes amis* (vol. III). Marcel Bénéteau signe les textes historiques de *Trois Siècles de vie française au pays de Cadillac* (2002). Ancien membre du conseil d'administration du Regroupement des organismes du patrimoine franco-ontarien et du Centre franco-ontarien de folklore, il dirige le Centre d'études sur la francophonie du Détroit à l'Université de Windsor ; il est également chargé de cours à l'Université de Sudbury. En 2001, il soutient à l'Université Laval (Québec) une thèse novatrice intitulée « Aspects de la tradition orale comme marqueurs d'identité culturelle : le vocabulaire et la chanson traditionnelle des francophones du Détroit ».

3 décembre
Journée internationale des personnes handicapées

1895 NAISSANCE DE MGR GEORGES-LÉON LANDRY ❖ Né à Pomquet (Nouvelle-Écosse), Georges-Léon Landry est ordonné prêtre le 24 juin 1921 et œuvre dans diverses paroisses de sa province natale. Il est élu évêque de Hearst le 22 février 1946, il est sacré le 1er mai suivant. Mgr Landry démissionne le 14 janvier 1952 et meurt vingt-cinq ans plus tard à Pomquet, le 29 décembre 1977.

1938 CRÉATION DU DIOCÈSE DE MOOSONEE ❖ C'est le pape Pie XI qui crée le vicariat apostolique de la baie James le 3 décembre 1938, lequel est transformé en diocèse de Moosonee par Paul VI le 13 juillet 1967. Ce diocèse est suffragant de l'archidiocèse de Keewatin. Les trois évêques titulaires sont tous des oblats francophones : Mgr Henri Belleau, O.M.I. (1939-1964), Mgr Jules Leguerrier, O.M.I. (1964-1991), Mgr Vincent Cadieux, O.M.I. (depuis 1992).

1946 NAISSANCE DE L'HOMME DE THÉÂTRE PAUL LATREILLE ❖ Né à Ottawa, Paul Latreille est comédien, dramaturge, metteur en scène et traducteur. Il joue, entre autres, au Théâtre du Trillium (*Eddy, Poe*) et dans *La Trilogie des dragons* mise en scène par Robert Lepage. On le retrouve à la télévision dans les productions de *Science Point Com, On se branche* et *Histoire Max* (TFO). Paul Latreille signe plusieurs textes dramatiques, notamment pour le Musée canadien des civilisations, Postes Canada et la Commission de la capitale nationale. Il reçoit le prix Dora Mavor Moore en 1982 pour son rôle dans la pièce *Un pays dont la devise est je m'oublie*, et le prix d'excellence de l'Association des critiques d'Ottawa-Hull en 1991 pour sa prestation solo dans les versions anglaise et française de la pièce *Poe*. Décédé à Ottawa le 23 avril 2004.

4 décembre

1886 ARRIVÉE DES SŒURS DE SAINTE-MARIE DE NAMUR EN ONTARIO ❖ C'est après avoir œuvré aux États-Unis que les Sœurs de Sainte-Marie de Namur recrutent des Canadiennes à leur noviciat de Lockport (New York). Cela leur vaut une invitation à s'établir à Vankleek Hill. L'archevêque d'Ottawa donne sa bénédiction à ce projet et les religieuses arrivent le 4 décembre 1886. On leur confie une école anglaise, puis une classe française. Au fur et à mesure que la population francophone s'accroît, l'enseignement des religieuses se fait exclusivement dans la langue de Molière. Leur présence en Ontario se manifeste dans deux diocèses : Ottawa et Hearst. Entre 1886 et 1986, les Sœurs de Sainte-Marie de Namur enseignent à Vankleek Hill, Saint-Eugène, Ottawa, Chapleau, Geraldton, Longlac et Nakina.

1924 NAISSANCE DE MGR JEAN GRATTON ❖ Né à Wendover, Jean Gratton est ordonné prêtre le 27 avril 1952. Il enseigne au Petit Séminaire d'Ottawa, devient curé d'Alfred et de Saint-Charles à Vanier, puis vicaire général. Le 10 mai 1978, ce Franco-Ontarien est élu évêque de Mont-Laurier (Québec), et sacré le 29 juin suivant. À l'âge de 75 ans, Mgr Gratton remet sa démission au pape, mais n'est remplacé que le 9 septembre 2001. Il demeure évêque émérite de Mont-Laurier.

1949 CRÉATION DE L'ASSOCIATION DE LA JEUNESSE FRANCO-ONTARIENNE ❖ Fondée sous les auspices de l'Association canadienne-française d'éducation d'Ontario, aujourd'hui l'Assemblée des communautés franco-ontariennes, l'Association de la jeunesse franco-ontarienne vise à grouper et à unir les jeunes francophones de la province en vue de développer chez eux une mentalité canadienne-française et catholique par l'étude et par l'action. L'Association obtient sa charte provinciale le 24 novembre 1949. Elle s'associe à l'Assemblée provinciale des mouvements de jeunes de l'Ontario français pour créer Direction-Jeunesse en octobre 1970.

5 décembre

1885   NAISSANCE DE L'ENTREPRENEUR ADÉLARD LAFRANCE ❖ Né à Chapleau, Adélard Lafrance s'engage pour la compagnie Réveillon Frères, apprend le métier de pelletier, puis s'installe à Sudbury en 1921, où il ouvre un commerce de fourrures. Adélard Lafrance crée une succursale à North Bay en 1940 et une autre à Sault-Sainte-Marie en 1951. Il prend sa retraite en 1958, non sans avoir légué à ses fils un commerce florissant. Décédé à Sudbury en 1967.

1954   NAISSANCE DE L'ATHLÈTE GÉRARD CASSAN ❖ Natif d'Ottawa, Gérard Cassan est un champion au patinage de vitesse, qui se distingue d'abord au Jeux de l'Ontario en triomphant neuf fois à l'anneau intérieur et 22 fois à l'anneau extérieur. Au début des années 1970, il devient champion canadien de patinage de vitesse, fracasse plusieurs records aux 500 mètres et est choisi pour faire partie de l'équipe canadienne aux Jeux olympiques d'hiver de 1972. Cassa décroche la médaille d'or aux 500 mètres lors du championnat junior du monde en 1974 et la médaille de bronze à deux reprises aux compétitions senior de Lake Placid en 1983. Gérard Cassan reçoit à deux reprises le trophée Jean-Charles-Daoust, soit en 1966 et 1968, respectivement à l'âge de 11 et 13 ans.

1971   NAISSANCE DE L'ARTISTE AURÉLIE RESCH ❖ Originaire de Toronto, Aurélie Resch poursuit une carrière en cinéma, théâtre, télévision et littérature. Elle écrit des pièces et des scénarios, et collabore à diverses revues d'art en Ontario et au Québec comme critique de film et de théâtre. En 2003, elle produit quatre photo-romans pour le compte du Centre de toxicomanie et de santé mentale : *L'Alcool*, *Le Jeu*, *La Drogue* et *La Dépression*. On lui doit aussi deux recueils de nouvelles : *Les Yeux de l'exil* (2002) et *Obsessions* (2005). Côté cinéma, Aurélie Resch produit les courts métrages *Stan Parker* et *Sensation* ; elle scénarise et réalise *Les Héroïnes de l'ombre* (2005).

1975   NAISSANCE DU CHANTEUR ÉRIC DUBEAU ❖ Né à Penetanguishene, Éric Dubeau enregistre un premier album à l'âge de 22 ans : *Par chez nous* (1997). Son deuxième album, *Cœur et âme* (2001), est produit avec la collaboration, entre autres, de Marcel Aymar, François Lamoureux et John McGale. Éric Dubeau est élu président de l'Association des professionnels de la chanson et de la musique franco-ontariennes en 1999. Il devient responsable du secteur des arts franco-ontariens au Conseil des arts de l'Ontario en avril 2003.

6 décembre

1921   ÉLECTION FÉDÉRALE ❖ Lors du scrutin général qui se tient le 6 décembre 1921, les députés franco-ontariens suivants sont élus : Edgar Chevrier (Ottawa), Edmond Lapierre (Nipissing) et Joseph Binette (Prescott).

1940   NAISSANCE DE RENÉ ROZON, ANIMATEUR DES ARTS ❖ Originaire d'Ottawa, René Rozon est d'abord critique d'art et de cinéma pour *Beaux Arts Magazine*, puis pour la revue *Vie des Arts*, où il exerce deux mandats au poste de rédacteur en chef adjoint, soit de 1972 à 1985. Entre 1971 et 1984, il enseigne le cinéma dans plusieurs universités, dont l'Université d'Ottawa, l'Université McGill et l'Université du Québec à Montréal, ainsi qu'au Collège Marianopolis de Montréal. En 1981, il publie *Répertoire des documents audio-visuels sur l'art et les artistes québécois*. La même année, René Rozon fonde le Festival international du film sur l'art de Montréal et en devient le directeur général. Reconnu comme le plus prestigieux événement du genre, ce festival demeure l'unique compétition spécialisée dans le domaine du film sur l'art de tout le continent américain. René Rozon est membre de l'Académie canadienne du cinéma et de la télévision, de l'Association internationale des critiques d'art et du Conseil international des musées pour l'audiovisuel et les nouvelles technologies de l'image et du son. Il est fait membre de l'Ordre du Canada le 9 mai 2003.

7 décembre

1958 FONDATION DE LA FÉDÉRATION DES CLUBS SOCIAUX FRANCO-ONTARIENS ❖ C'est sous les auspices de l'Association canadienne-française d'éducation d'Ontario (aujourd'hui l'ACFO) que la Fédération des clubs sociaux franco-ontariens (FCSFO) voit le jour à Toronto. Créée pour favoriser l'épanouissement social, culturel, économique et sportif des Franco-Ontariens, la FCSFO cherche surtout, au début, à encourager l'entraide entre des clubs établis dans le sud de l'Ontario. Elle vise également à dépister les francophones, à les regrouper et à les inciter à implanter des écoles de langue française là où il n'en existe pas. La Fédération souhaite augmenter graduellement le nombre de clubs affiliés afin de doter chaque localité d'au moins un organisme qui réponde aux aspirations des francophones.

2001 LA COUR D'APPEL DE L'ONTARIO SE PRONONCE SUR MONTFORT ❖ Les juges Karen Weiler, Robert Sharpe et Paul Rivard, de la Cour d'appel de l'Ontario, sont unanimes dans leur décision de maintenir le jugement de la cour de première instance (v. 29 novembre). Ils rappellent que les minorités de langues officielles doivent être respectées et protégées en vertu des principes non écrits de la Constitution du Canada. Cette protection s'étend à l'Hôpital Montfort qui constitue, selon les juges, une institution essentielle à la survie de la collectivité franco-ontarienne menacée d'assimilation. De plus, la Cour statue que le gouvernement de l'Ontario a enfreint sa propre *Loi sur les services en français* car il n'était pas « raisonnable et nécessaire » de réduire les services de santé en français. Le ministre de la Santé, Tony Clement, annonce le 1er février suivant que son gouvernement ne contestera pas cette décision devant la Cour suprême du Canada.

8 décembre

1934 PREMIÈRE COMPAGNIE DE GUIDES FRANCOPHONES EN ONTARIO ❖ C'est à Ottawa qu'une première compagnie de guides catholiques francophones voit le jour en Ontario. Cela se produit dans la paroisse Saint-Jean-Baptiste. La cheftaine est Marguerite Deslauriers, les assistantes sont Marie-Jeanne Gay, Juliette Bourque et Bernadette Tarte, l'aumônier est le père Vincent Daviault, O.P. Le premier camp a lieu en 1935, à Luskville, chez les pères dominicains. Aujourd'hui, il y la Fédération des guides franco-ontariennes qui œuvre dans les diocèses de Toronto, Alexandria-Cornwall, Ottawa, Sault-Sainte-Marie, Timmins et Hearst (v. 11 octobre).

1950 NAISSANCE DU SOUS-MINISTRE DONALD OBONSAWIN ❖ Né à Sudbury, Donald Obonsawin est tour à tour sous-ministre à sept ministères du gouvernement de l'Ontario sur une période de quinze ans, notamment au ministère des Affaires municipales, au ministère des Affaires intergouvernementales, au Bureau du Solliciteur général, au ministère du Développement du Nord et des Mines, au ministère du Tourisme, des Loisirs et de la Culture. Récipiendaire d'un doctorat honorifique de l'Université Laurentienne (1999), il est lauréat d'un Prix Phénix de la Chambre économique de l'Ontario en 2002. Donald Obonsawin quitte la fonction publique ontarienne en 2002 et devient membre du conseil consultatif de la Société de gestion des déchets nucléaires, de même que président et chef de la direction de Jonview Canada. Depuis juin 2004, il préside le Comité consultatif provincial sur les affaires francophones de la ministre de la Culture de l'Ontario.

1956 NAISSANCE DE L'ATHLÈTE GINETTE BLAIS ❖ Née à Cochrane, Ginette Blais est une gymnaste qui excelle au trampoline. En 1972, elle décroche le titre national junior chez les femmes en trampoline synchronisé. Championne nationale senior chez les femmes en 1976 et 1978, Ginette Blais reçoit en 1978 un trophée d'excellence remis par Sports Ontario.

1957 ENTRÉE EN ONDES DE CFBR ❖ À Sudbury, la première station bilingue de radio entre en ondes en 1947 ; il s'agit de CHNO. Dix ans plus tard, celle-ci est scindée en deux. C'est ainsi qu'est fondé CFBR, le deuxième poste de radio française privé de la province. En 1990, CFBR est rebaptisé CHYC après être passé aux mains du groupe Pelmorex.

9 décembre

1874 NAISSANCE DE MGR JOSEPH HALLÉ ❖ Natif de Lévis (Québec), Joseph-Jean-Baptiste Hallé est ordonné prêtre le 19 septembre 1897. Professeur de philosophie et de théologie, puis chanoine titulaire de Québec, il est nommé préfet apostolique de l'Ontario-Nord le 19 mai 1919. Premier vicaire apostolique, Mgr Hallé est sacré évêque le 17 avril 1921. Il mène une œuvre remarquable de colonisation dans son vicariat qui devient le diocèse de Hearst le 3 décembre 1938. Décédé à Québec le 7 octobre 1939.

1895 NAISSANCE D'ERNEST DÉSORMEAUX, ÉDUCATEUR ❖ Natif de Salem (Massachusetts), Ernest Charles Désormeaux est encore jeune lorsque sa famille s'installe à Embrun. Diplômé de l'École normale d'Ottawa (1913), il devient secrétaire-trésorier de la Commission des écoles séparées d'Ottawa (1913-1940), puis secrétaire de la Commission canadienne d'assurance-chômage (1940-1962). Président de l'Association canadienne-française d'éducation d'Ontario (1944-1953), président-fondateur de l'Association canadienne des éducateurs de langue française (1947) et président du Conseil de la vie française en Amérique (1947-1949), il est conseiller spécial (1962-1964) auprès de la Commission d'enquête sur la structure et les buts de la Société nationale des Acadiens et de l'Association acadienne d'éducation du Nouveau-Brunswick (Commission Pichette). En 1952, Ernest Désormeaux est récipiendaire d'un doctorat *honoris causa* de l'Université Laval. Décédé à Ottawa le 22 avril 1977.

1951 NAISSANCE DE LOUISON DANIS, FEMME DE THÉÂTRE ❖ Originaire d'Ottawa, Louison Danis est comédienne, dramaturge, metteure en scène et traductrice. Au début de sa carrière, elle joue dans la première production du Théâtre de l'Île (Hull), puis travaille avec le Théâtre des Lutins (Ottawa), l'Atelier d'Ottawa et le Théâtre français du Centre national des Arts. Au fil des ans, elle se produit sur les scènes québécoises du Théâtre d'Aujourd'hui, du Théâtre Les Gens d'en Bas, du Théâtre populaire du Québec, de La Nouvelle Compagnie théâtrale, de la Compagnie Jean Duceppe, du Théâtre du Nouveau Monde, d'Espace Go, du Théâtre du Rideau vert, du Théâtre de Quat'Sous et du Saidye Bronfman Centre. Elle écrit pour la scène, la radio et la télévision où elle participe à plusieurs séries, notamment *Virginie*, *Marilyn* et *Les Bougons*. Son interprétation du rôle de la marâtre dans la pièce *Aurore, l'enfant martyre*, mise en scène en 1984 par René Richard Cyr, lui vaut le Prix de la critique. En 2005, Louison Danis remporte le Masque de l'interprétation féminine dans un rôle de soutien pour sa prestation dans *Avec Norm*, de Serge Boucher, jouée au Théâtre d'Aujourd'hui (Montréal).

1967 NAISSANCE DU COMÉDIEN MARTIN DAVID PETERS ❖ Né à Montréal (Québec), d'origine antillaise, Martin David Peters est un acteur et un auteur. Diplômé du Conservatoire d'art dramatique de Montréal, il s'installe à Toronto en 1998. On le retrouve à l'antenne de TFO dans l'émission *Mégallô* et dans diverses productions du Théâtre français de Toronto *(Un air de famille, La Critique de l'École des femmes, Contes urbains, contes torontois, Le Visiteur)*. Il interprète aussi des rôles pour la Compagnie Jean-Duceppe *(Des hommes d'honneur)* et pour le Théâtre du Nouveau Monde *(Le Voyage du Couronnement)*. Martin David Peters est mis en nomination pour le prix d'excellence de Théâtre Action 2003.

10 décembre
Journée des droits de l'homme

1978 FONDATION DE L'ASSEMBLÉE DES CENTRES CULTURELS DE L'ONTARIO ❖ C'est à Toronto que l'Assemblée des centres culturels de l'Ontario (ACCO) voit le jour. Elle regroupe et représente aujourd'hui trente-huit centres culturels ou communautaires à travers la province, de Thunder Bay jusqu'à Windsor, en passant par des endroits bien connus tels que Hearst, Timmins, Sudbury, Toronto, Oshawa, Rockland et Ottawa. Des centres membres existent aussi dans des communautés plus isolées, notamment à Geraldton, Longlac, Chapleau, Blind River, Burlington, Pointe-aux-Roches et Pembroke. Au total, on retrouve quatorze centres dans le Nord, quatorze dans le Sud et dix dans l'Est. L'Assemblée des centres culturels de l'Ontario offre des services d'information et de formation à ses membres, et favorise le développement ainsi que la promotion de toutes activités culturelles d'expression française en Ontario. L'ACCO sensibilise les instances politiques et les divers paliers gouvernementaux en intervenant au nom des intérêts collectifs de ses trente-huit organismes membres.

11 décembre

1911   ÉLECTION PROVINCIALE ❖ Lors du scrutin ontarien tenu le 11 décembre 1911, les candidats franco-ontariens suivants sont élus : Damase Racine (Russell), Gustave Évanturel (Prescott), Napoléon Champagne (Ottawa-Est), Octave Réaume (Essex-Nord), Zotique Mageau (Sturgeon Falls) et Henri Morel (Nipissing).

1923   NAISSANCE DE Mᴳᴿ LAURENT GUIBORD, O.F.M. ❖ Né à Ottawa, Laurent Guibord est ordonné prêtre franciscain le 29 juillet 1950. Missionnaire en Amazonie, curé à Lima (Pérou), supérieur de son couvent, observateur au concile Vatican II, il est élu vicaire apostolique auxiliaire de San José de Amazonas (Pérou) le 14 septembre 1967, et sacré le 30 novembre suivant. En 1968, Mᵍʳ Laurent Guibord devient évêque de San José de Amazonas. Il démissionne en février 1998 pour des raisons de santé.

1941   NAISSANCE DE L'ATHLÈTE JEAN-PAUL PARISÉ ❖ Né à Smooth Rock Falls, Jean-Paul Parisé est un ailier droit qui passe quatorze ans dans la Ligue nationale de hockey. Il débute avec les Bruins de Boston en 1965, joue une saison avec les Maple Leafs de Toronto, puis évolue chez les North Stars du Minnesota pendant sept ans. En 1975, Parisé rejoint les Islanders de New York ; il se retrouve à la fois chez les Barons de Cleveland et les North Stars en 1978. Au total, il dispute 975 matchs, marque 265 buts et réussit 386 passes.

1941   NAISSANCE DE L'ATHLÈTE JEAN ROCHON ❖ Originaire de Cadillac (Québec), Jean Rochon élit domicile à Elliot Lake, s'entraîne au tir au pistolet et se joint à l'équipe canadienne en 1985. Lors des championnats nationaux, style libre, il se classe deuxième en 1987, premier en 1988 et deuxième en 1989. Lors de la Coupe de France en 1987, il se hisse à la deuxième place. On retrouve Jean Rochon aux Jeux du Commonwealth de 1990, en Nouvelle-Zélande.

1964   NAISSANCE DE L'ATHLÈTE DAVID GAGNER ❖ Natif de Chatham, David Gagner est un joueur de centre qui évolue dans les ligues ontarienne, américaine, nationale et internationale. Il fait également partie de l'équipe olympique canadienne en 1984. David Gagner dispute 946 parties dans la Ligue nationale de hockey, marque 318 buts et réussit 401 passes. Il porte tour à tour le chandail des Rangers de New York, des North Stars du Minnesota, des Stars de Dallas, des Maple Leafs de Toronto, des Flames de Calgary, des Panthers de la Floride et des Canucks de Vancouver.

1971   NAISSANCE DU GRAPHISTE ET BÉDÉISTE CHRISTIAN QUESNEL ❖ Originaire de Saint-Pierre-de-Wakefield (Québec), Christian Quesnel est un créateur qui publie quatre bandes dessinées aux Éditions du Vermillon : *Le Crépuscule des bois-brûlés* (1995), *La Quête des oubliés* (1998), *Le Grand Feu* (1999) et *L'Exovedat* (2003). Il illustre aussi des textes des Danièle Vallée *(Le D2ux)* et de Paul-François Sylvestre *(69, rue de la Luxure)*. Christian Quesnel donne régulièrement des ateliers sur la bande dessinée, souvent lors de sa participation à des salons du livre.

12 décembre

1885   NAISSANCE DE L'ÉCRIVAINE SŒUR PAUL-ÉMILE ❖ Née à Matane (Québec), Louise-Marie Guay suit sa famille à Lowell (Massachusetts), puis à Ottawa. Elle entre chez les Sœurs de la Charité d'Ottawa, prend le nom de Sœur Paul-Émile, puis enseigne dans des écoles franco-ontariennes à Ottawa, Sudbury et Hawkesbury. Sœur Paul-Émile obtient son doctorat de l'Université d'Ottawa et sa thèse « Le renouveau marial dans la littérature française depuis Chateaubriand » lui vaut un prix de l'Académie française, dont elle est la première lauréate canadienne. Sœur Paul-Émile est l'auteure d'une quinzaine d'ouvrages, dont les plus connus sont : *Histoire du diocèse d'Ottawa* (1949), *La Baie James, trois cents ans d'histoire militaire, économique, missionnaire* (1952) et *Les Sœurs Grises de la Croix d'Ottawa, 1876-1967* (2 vol., 1967). Archiviste de sa communauté de 1940 à 1971, elle est décédée à Ottawa le 20 février 1971.

1895   NAISSANCE DU DÉPUTÉ ROMÉO BÉGIN ❖ Natif d'Eastview (Vanier), Roméo Bégin consacre quinze ans de sa vie aux affaires municipales de sa ville natale où il est tour à tour trésorier, secrétaire et greffier. Il siège aussi à la commission scolaire pendant six ans, dont quatre à la présidence. Élu député provincial de Russell en 1937, sous la bannière libérale, Roméo Bégin est réélu en 1943 et 1945.

1927   NAISSANCE DE MGR ADOLPHE PROULX ❖ Né à Hanmer, Adolphe Proulx est ordonné prêtre le 17 avril 1954. Chancelier du diocèse de Sault-Sainte-Marie, il siège au tribunal matrimonial, dirige l'Action catholique, puis devient vicaire général. Le 2 janvier 1965, il est élu évêque auxiliaire et sacré le 24 février suivant. Promu évêque d'Alexandria le 28 avril 1967, Mgr Proulx devient évêque de Hull (Gatineau) le 13 février 1974. Il meurt le 23 juillet 1987 à Cornwall.

1936   NAISSANCE DE L'ÉCRIVAIN MAURICE HENRIE ❖ Né à Rockland-Est, Maurice Henrie fait d'abord carrière dans la fonction publique fédérale à Ottawa, puis devient romancier, nouvelliste et essayiste. Son premier ouvrage, un recueil de nouvelles intitulé *La Chambre à mourir* (1988), remporte le Prix du livre de la Municipalité régionale d'Ottawa-Carleton. Il fait ensuite paraître deux ouvrages humoristiques : *La Vie secrète des grands bureaucrates* (1989) et *Le Petit Monde des grands bureaucrates* (1992). Un deuxième recueil de nouvelles, *Le Pont sur le temps* (1992), remporte le Prix du livre de la Municipalité régionale d'Ottawa-Carleton. Son roman *Le Balcon dans le ciel* (1995) lui vaut le Grand Prix du Salon du livre de Toronto, le prestigieux prix Trillium et le Prix du livre de la Municipalité régionale d'Ottawa-Carleton. Parmi les autres ouvrages de Maurice Henrie, on trouve le roman *Une Ville lointaine* (2001) ainsi que les recueils de nouvelles *La Savoyane* (1996), *Mémoire vive* (2003, Prix du livre d'Ottawa) et *Les Roses et le Verglas* (2004, Prix du livre d'Ottawa).

1953   NAISSANCE DU JUGE YVON RENAUD ❖ Natif de Hearst, Joseph André François Yvon Renaud est admis au barreau de l'Ontario le 14 avril 1982. Il est nommé juge à la Cour de justice de l'Ontario le 15 novembre 2000. Il siège à Sudbury.

13 décembre

1933   NAISSANCE DU DÉPUTÉ MAURICE MANTHA ❖ Originaire de North Bay, Maurice Mantha est un joueur de hockey et un homme d'affaires qui se tourne vers la politique municipale en 1975, année où il est élu préfet de Springer. Réélu sans opposition en 1976, 1978, 1980 et 1982, il se tourne vers la politique fédérale en 1984 et se fait élire député conservateur de Nipissing. Maurice Mantha mord la poussière lors des scrutins de 1988 et de 1993.

1946   NAISSANCE DE LOUISETTE DUCHESNEAU-MCLACHLAN, JUGE ❖ Née à Montréal (Québec), Louisette Duchesneau grandit à Sudbury et à Timmins. Elle est admise au barreau de l'Ontario en 1973. Avocate à North Bay, elle est juge adjointe de la Cour provinciale (section civile) de 1979 à

1986. Nommée juge de la Cour provinciale de l'Ontario, division de la famille, en 1986, elle siège au district de Nipissing à North Bay.

1946   NAISSANCE DE PIERRE RAPHAËL PELLETIER, ARTISTE ET ÉCRIVAIN ❖ Natif de Hull (Québec), Pierre Raphaël Pelletier passe toute sa vie active en Ontario. Poète, romancier, essayiste, artiste visuel, animateur de la scène culturelle, il est tour à tour président de l'Alliance culturelle de l'Ontario, de l'Association des auteures et auteurs de l'Ontario français et de la Fédération culturelle canadienne-française. Il publie plusieurs recueils de poésie, dont *Zinc or* (1986), *Sur les profondeurs de l'île* (1990), *La Donne* (2000) et *Même les fougères ont des cancers de peau* (2002). Ses romans incluent, entre autres, *Le Premier Instant* (1992), *La Voix de Laum* (1997, Prix du Consulat général de France 1998), *Il faut crier l'injure* (1998, prix Christine-Dumitriu-Van-Saanen 1999), et *Le Retour de l'île* (2003). Parmi ses essais, on trouve *Petites Incarnations de la pensée délinquante : propos sur les arts et la culture* (1994) et *Pour une culture de l'injure*, coécrit avec Herménégilde Chiasson (1999). Pierre Raphaël Pelletier reçoit le Prix du Nouvel-Ontario en 1997 pour l'ensemble de son œuvre.

1969   NAISSANCE DE L'ÉCRIVAIN STEFAN PSENAK ❖ Originaire de Joliette (Québec), Stefan Psenak est poète, auteur dramatique, romancier et nouvelliste. Actif dans le milieu littéraire franco-ontarien depuis 1994, il est directeur des Éditions L'Interligne et rédacteur en chef de la revue *Liaison* (1997-2003), fondateur de *Virages, la nouvelle en revue*, et président de l'Association des auteures et auteurs de l'Ontario français (1998-2000). Ses recueils de poésie incluent, entre autres, *Pour échapper à la justice des morts* (1994), *Du chaos et de l'ordre des choses* (1998, prix Trillium 1998) et *La Beauté* (2001, finaliste du Prix littéraire du Gouverneur général). Parmi ses romans, on retrouve *Les Corps en sursis* (1998) et *Vers le Nord* (1996). On lui doit aussi deux pièces de théâtre : *Les Champs de boue* (1999) et *La Fuite comme un voyage* (2001, prix Odyssée 2002), toutes deux produites par le

Théâtre du Trillium. Lors des Quatrièmes Jeux de la Francophonie (Ottawa-Hull 2001), Stefan Psenak obtient la médaille d'argent en littérature (poésie).

1985   NAISSANCE DE LA CHANTEUSE MANON SÉGUIN ❖ Native de L'Orignal, Manon Séguin est une interprète qui chante en français et en anglais. En 1999, elle enregistre le disque *Voyages*, suivi de *J'ai rêvé Céline* (2000), où elle interprète douze succès de Céline Dion. Manon Séguin représente l'Ontario aux Jeux de la francophonie (2001). Elle se produit sur plusieurs scènes nationales et internationales. En 2002, elle remporte le prix Thomas-Godefroy de l'ACFO de Prescott-Russell.

14 décembre

1939   NAISSANCE DE L'ATHLÈTE FRANCIS SAINT-MARSEILLE ❖ Natif de Levack, Francis Léo Saint-Marseille est un ailier droit qui débute dans la Ligue nationale de hockey en 1967-1968 avec les Blues de St. Louis. Au cours de la saison 1972-1973, il passe chez les Kings de Los Angeles et évolue avec cette formation jusqu'en 1977. Sur un total de 795 matchs, il marque 160 buts et réussit 305 passes décisives.

1945   NAISSANCE DE GEORGES LALONDE, ATHLÈTE ❖ Originaire d'Ottawa, Georges Lalonde étudie en médecine sportive tout en poursuivant une carrière dans deux disciplines : le ski et le canot-kayak. À la fois participant et entraîneur, il participe à plusieurs marathons canadiens de ski de fond. Entraîneur en chef de 1976 à 1978 pour l'équipe nationale féminine de ski alpin, il est également à la tête du groupe médical pour l'équipe nationale. En 1981, Georges Lalonde décroche le titre de maître canadien de canot-kayak et se classe sixième, en 1983, aux épreuves nationales senior. La même année, il figure aussi au Championnat du monde de canot-kayak. De 1981 à 1984, il est entraîneur de slalom pour l'équipe canadienne de canot-kayak.

Mgr A.-F.-M. de Charbonnel
1er décembre 1802

L'hôpital Montfort à Ottawa
7 décembre 2001

Louison Danis
9 décembre 1951

Pierre Raphaël Pelletier, v. 1982
13 décembre 1946

Daniel Poliquin
18 décembre 1953

Stéphane Paquette
18 décembre 1973

Samuel de Champlain
25 décembre 1635

Augustin Laperrière
28 décembre 1829

SOURCE DES ILLUSTRATIONS

Mgr Armand-François-Marie de Charbonnel : Université d'Ottawa, CRCCF, Collection générale du Centre de recherche en civilisation canadienne-française (C38), Ph123ph1-I-195. Reproduit de Gérard Brassard, *Armorial des évêques du Canada* (Montréal, Mercury Publishing Co. Limited), 1940, p. 210.

L'hôpital Montfort à Ottawa : courtoisie de l'institution.

Louison Danis : Société Radio-Canada (photo de l'émission *Les Bougons*).

Pierre Raphaël Pelletier : Université d'Ottawa, CRCCF, Fonds Pro-Arts inc. (C129), Ph246-1/199, v. 1982.

Daniel Poliquin : Salon du livre de Toronto.

Stéphane Paquette : www.apcm.ca.

Statue de Samuel de Champlain devant l'édifice Sigmund Samuel, 94 Queen's Park Crescent, Toronto, Archives publiques de l'Ontario, I0009103.

Augustin Laperrière : Université d'Ottawa, CRCCF, Fonds Institut canadien-français d'Ottawa (C36), Ph38-76.

15 décembre

1973   L'AVENT DE LA POÉSIE ❖ Pour clore l'année qui a donné naissance à la maison d'édition Prise de parole, des écrivains de Sudbury organisent une soirée intitulée L'Avent de la poésie. Gaston Tremblay s'occupe de la logistique et Fernand Dorais en signe la mise en scène. Il s'inspire du texte *Touprara* (la sorcière), de Tiphaine Dickson qui est âgée de 5 ans. Luc Robert crée une affiche dans son atelier de sérigraphie. Les auteurs qui lisent des textes poétiques le 15 décembre 1973 incluent Suzanne Hurtubise, Suzie Beauchemin, Robert Dickson et sa fille Tiphaine.

1998   CRÉATION DE LA FONDATION BAXTER-ET-ALMA-RICARD ❖ À la mort de l'homme d'affaires Baxter Ricard (v. 25 septembre), son épouse Alma met sur pied une fondation pour « aider les Canadiens francophones vivant en situation minoritaire à poursuivre des études supérieures sans pour autant s'endetter ». La Fondation Baxter-et-Alma-Ricard dispose d'un fonds de dotation qui s'élève à vingt-trois millions de dollars.

2000   FONDATION DU JOURNAL *LA NOUVELLE* ❖ D'abord mensuel, *La Nouvelle* d'Embrun devient un hebdomadaire en 2002. La fondatrice et éditrice est Diane Roy. Le journal vise à « donner une information éclairée aux gens afin de leur permettre de prendre des décisions éclairées ». Il couvre les localités suivantes : Embrun, Casselman, Saint-Albert, Limoges, Marionville, Russell, Saint-Isidore, Vars, Sarsfield, Bourget, Hammond, Carlsbad Springs, Crysler et Moose Creek.

16 décembre

1930   NAISSANCE DE L'HOMME DE THÉÂTRE JEAN HERBIET ❖ Né à Namur (Belgique), Jean Herbiet arrive au Canada en 1956 et enseigne le théâtre à l'Université d'Ottawa de 1958 à 1970, tout en dirigeant la troupe universitaire La Comédie des deux rives. Directeur artistique du Théâtre français du Centre national des Arts (1970-1981), il présente

180 spectacles et, grâce à des tournées, il cherche à accroître le rayonnement du Centre à travers le pays. De 1981 à 1985, Jean Herbiet est directeur du Centre culturel canadien à Paris.

1965   NAISSANCE DU CHERCHEUR ET ÉCRIVAIN JEAN YVES PELLETIER ❖ Natif d'Ottawa, Jean Yves Pelletier s'intéresse à tout ce qui touche l'histoire et le patrimoine franco-ontariens. Il est membre fondateur des régionales d'Ottawa (1982) et de Toronto (1995) de la Société franco-ontarienne d'histoire et de généalogie, de l'Association des familles Pelletier (1986), du Conseil des organismes du patrimoine d'Ottawa (1988) et du Regroupement des organismes du patrimoine franco-ontarien (1989). Expert-conseil en ressources historiques et agent aux subventions, il œuvre tour à tour à la Fondation du patrimoine ontarien, au ministère de la Culture de l'Ontario, au Commissariat aux langues officielles du Canada, au Bureau d'information du Canada et à la Fondation Trillium de l'Ontario. Jean Yves Pelletier publie de nombreuses monographies, dont *L'Âge d'or de Kirkland Lake* (1988), *Le Noir et le Blanc : l'œuvre photographique de J.-Alex Castonguay* (1989), *Nos magistrats* (1989), *Nos entrepreneurs* (en collaboration, 1996), *Travail et Concorde : l'Institut canadien-français d'Ottawa (1852-2002), 150 ans d'histoire* (2002) et *La Société franco-ontarienne d'histoire et de généalogie : vingt ans d'histoire* (2002). Il est récipiendaire en 1991 du certificat d'honneur de la Société franco-ontarienne d'histoire et de généalogie.

17 décembre

1841   ÉRECTION CANONIQUE DU DIOCÈSE DE TORONTO ❖ C'est le pape Grégoire XVI qui crée le diocèse de Toronto le 17 décembre 1841 ; ce dernier est alors suffragant de l'archidiocèse de Québec. Le 18 mars 1870, Pie IX élève ce diocèse au rang de siège métropolitain ou d'archidiocèse. Un seul francophone a occupé le siège épiscopal de Toronto, soit Mgr Armand-François-Marie de Charbonnel, de 1850 à 1860 (v. 1er décembre).

1917 ÉLECTION FÉDÉRALE ❖ Lors du scrutin général tenu le 17 décembre 1917, deux députés franco-ontariens sont élus : Léo Chabot (Ottawa) et Edmond Proulx (Prescott).

1958 NAISSANCE DE L'ATHLÈTE DAVID POULIN ❖ Natif de Timmins, David Poulin est un joueur de centre qui lance de la gauche. Il fait son entrée dans la Ligue nationale de hockey en 1982, avec les Flyers de Philadelphie. Sur une période de sept années, il dispute 502 matchs, marque 169 buts et réussit 247 passes. Poulin fait partie de l'équipe étoile en 1986 et 1988. Le trophée Frank J. Selke lui est remis en 1987 à titre de joueur avant qui se soucie le mieux de l'aspect défensif du jeu.

18 décembre

1908 VERS UN CONGRÈS NATIONAL DES CANADIENS FRANÇAIS DE L'ONTARIO ❖ L'idée de réunir les chefs de file canadiens-français de tous les coins de l'Ontario pour discuter de l'avenir du fait français dans la province, apparaît pour la première fois dans un article qu'Alexandre Beausoleil, curé de Fournier (v. 7 octobre), signe dans l'hebdomadaire *Le Moniteur* de Hawkesbury le 18 décembre 1908. L'article de l'abbé Beausoleil paraît sous le pseudonyme de J. B. Ontario et précise d'abord qu'il y a 235 000 Canadiens français dans la province, mais que seul un congrès national de leurs représentants pourrait donner « plus de force à la revendication de leurs droits ». L'auteur rappelle à ses lecteurs que de telles assises ont déjà eu lieu tant en Nouvelle-Angleterre qu'en Acadie, et qu'elles permettent « d'envisager l'avenir avec confiance ». Il importe, à son humble avis, d'étudier sans plus tarder les conditions sociales des Canadiens français d'Ontario, « au triple point de vue économique, politique et religieux ». Alexandre Beausoleil reconnaît qu'une telle entreprise est hérissée d'obstacles, mais il est convaincu qu'un « comité de dévoués partisans du projet doit se réunir sous peu pour faire la somme des difficultés à vaincre, et les vaincre si possible » (v. 28 décembre).

1917 NAISSANCE DE L'ARTISTE ROGER LARIVIÈRE ❖ Natif d'Ottawa, Roger Larivière est un artiste visuel formé à l'atelier du peintre-paysagiste Henri Masson. Il participe à des expositions de groupe de 1955 à 1961, notamment à la Galerie Robertson d'Ottawa, à l'Exposition nationale du Canada, au Royal Canadian Academy of Arts et au Musée des beaux-arts de l'Ontario. Professeur d'arts à la Polyvalente de Hull, à l'école française Saint-Patrick et au Cégep de Hull, Roger Larivière expose une toile intitulée *Fleurs fanées* lors des fêtes soulignant le 75e anniversaire de l'incorporation municipale de Toronto (1953) ; cette création est couronnée de quatre prix. Il remplit aussi les fonctions de critique d'art pour la *Revue de l'Outaouais* et pour l'émission radiophonique *Présent* de Radio-Canada.

1927 NAISSANCE DU JUGE PIERRE MERCIER ❖ Originaire d'Ottawa, Pierre Mercier est admis au barreau de l'Ontario en 1953. De 1963 à 1972, il siège au Conseil des écoles séparées catholiques d'Ottawa et en assume la présidence à trois reprises. On le retrouve au conseil d'administration de l'ACFO provinciale, du journal *Le Droit*, de la Commission de la capitale nationale, de l'Hôpital général d'Ottawa et du Centre de santé Élisabeth-Bruyère. Pierre Mercier est nommé juge de la Cour de comté et de district de l'Ontario, à Ottawa, le 15 février 1982.

1953 NAISSANCE DE L'ÉCRIVAIN DANIEL POLIQUIN ❖ Natif d'Ottawa, Daniel Poliquin est romancier, nouvelliste, essayiste et traducteur. Parmi ses premières œuvres, on trouve les romans *Temps pascal* (1982) et *L'Obomsawin* (1987, finaliste du premier prix Trillium), ainsi que le recueil *Nouvelles de la capitale* (1987). Avec *Visions de Jude,* son troisième roman, Daniel Poliquin obtient le Grand Prix 1990 du *Journal de Montréal* et le Prix littéraire *Le Droit,* en 1991. Premier lauréat du Prix du Salon du livre de Toronto, en 1993, il reçoit cet hommage pour l'ensemble de son œuvre. En 1994, Daniel Poliquin publie le roman *L'Écureuil noir,* qui lui vaut le prix Le Signet d'Or 1994 et le Prix littéraire *Le Droit* 1995. Suivent un recueil de nouvelles, *Le Canon des gobelins* (1994), et une biographie romancée de *Samuel Hearne, le marcheur de l'Arctique* (1994). En 1999, il reçoit le prestigieux Prix Trillium pour *L'Homme de paille*. L'année suivante, il publie un essai intitulé *Le Roman colonial*. Deux de ses romans, *Visons de Jude* et *L'Homme de paille*, sont traduits par Wayne Grady et publiés chez Douglas & McIntyre. Daniel Poliquin est un traducteur prolifique : *Pic* et *Avant la route*, de Jack Kérouac ; *Le Vieil Homme, la Femme et l'Enfant*, de W. O. Mitchell ; *L'Évangile selon Sabbitha*, de David Homel ; *Oh Canada ! Oh Québec ! : requiem pour un pays divisé*, de Mordecai Richler ; *Monsieur Vogel* et *Les Mémoires barbelées*, de Matt Cohen ; *Le Récit de voyage en Nouvelle-France de l'abbé peintre Hugues Pommier*, de Douglas Glover. Membre de l'Ordre de la Pléiade en 1999, Daniel Poliquin devient membre de l'Ordre du Canada en 2004.

1973   NAISSANCE DU CHANTEUR STEF PAQUETTE ❖ Natif de Sudbury, Stéphane Paquette met sur pied le groupe Les Chaizes muzikales, à Hawkesbury, en 1994. Lors de la 24ᵉ Nuit sur l'étang, en 1997, cette formation remporte le prix de l'Université Laurentienne décerné à l'artiste ou au groupe le plus prometteur de l'année. Stef Paquette devient ensuite artiste solo et lance, le 13 octobre 2000, un disque solo comprenant « Je suis comme Je suis » et « Le silence est mieux que... » De novembre 2001 à février 2002, il donne sept spectacles dans le cadre d'une tournée organisée par Réseau Ontario. En mars 2003, il devient le plus jeune récipiendaire du mérite Horace-Viau pour la personnalité francophone de l'année. Le 18 août 2003, il est lauréat de la catégorie auteur-compositeur-interprète au Festival international de la chanson en fête de Saint-Ambroise ; il est le premier artiste franco-ontarien à être couronné lauréat de ce festival. En septembre 2003, il est finaliste, dans la catégorie interprète, au Festival international de la chanson de Granby. Stef Paquette remporte plusieurs honneurs, dont le Prix Réseau Ontario, le prix de *La Presse* Jacques-Cossette, le prix de la Meilleure présence sur scène, le prix Zoom sur la relève et le prix Trille Or 2005 pour la chanson primée « L'homme exponentiel ».

En mars 2005, dans le cadre de la Journée de la Francophonie, il fait une tournée de 12 jours au Liban, en Égypte et en Arabie Saoudite.

1976   NAISSANCE DE VÉRONIC DiCAIRE, CHANTEUSE ❖ Originaire d'Embrun, Véronic DiCaire se fait d'abord remarquer en remportant les honneurs au concours Ontario pop de 1994, puis au Festival franco-ontarien, en 1995, où elle chante en duo avec Claude Dubois. Elle chante ensuite pour les Forces armées canadiennes en Bosnie, au Moyen-Orient et à Haïti. Puis elle fait partie des comédies musicales *Grease* (1998), *Five Women Show* (1999) et *Chicago* (2004). On la voit ensuite sur scène aux côtés de Kevin Parent, Robert Paquette, Breen Lebœuf et Jean-Guy Labelle. En juin 2001, sa prestation aux Jeux de la Francophonie à Ottawa-Hull attire l'attention des représentants de la compagnie Warner Music Canada qui la prennent sous leur aile. L'année suivante, Véronic DiCaire lance un premier album éponyme de douze chansons, qui remporte le Trille Or du Gala de la chanson et de la musique franco-ontariennes dans les catégories meilleur album, meilleure pochette et meilleur réalisateur de disques. L'artiste reçoit aussi le Trille Or dans les catégories interprète par excellence et Chanson primée (pour *Feel Happy*). Le 5 mars 2005, elle reçoit le prix jeunesse Thomas-Godefroy de l'ACFO de Prescott-Russell. En 2005, Véronic DiCaire lance le disque *Sans détour* et anime la série télévisée *Le Garage* à l'antenne de Radio-Canada.

19 décembre

1928   NAISSANCE DU JUGE ELMER SMITH ❖ Natif de Windsor, Elmer Smith est admis au barreau de l'Ontario le 24 juin 1954. Il pratique le droit d'abord à Kapuskasing, puis à Timmins. Conseiller municipal de cette ville pendant six ans, maire suppléant, Elmer Smith tente sans succès de se faire élire député fédéral en 1965. Nommé juge puîné à la Cour du district de Cochrane, à Timmins, le 11 décembre 1969, il est muté à la Cour de comté d'Ottawa-Carleton le 1ᵉʳ août 1973. Elmer Smith est promu à la Cour suprême de l'Ontario le

16 juillet 1981. Il publie un roman autobiographique sous le titre *Le Franco-Ontarien : une histoire de prostitution* (1996).

1975 LE GROS SHOW CANO EN CONCERT ❖ C'est à Sudbury, dans le bistro La Slague, qu'a lieu « Le gros show CANO en concert » les 19 et 20 décembre 1975. Par la suite, CANO-Musique enregistrera les albums suivants : *Tous dans le même bateau* (1976), *Au nord de notre vie* (1977), *Éclipse* (1978), *Rendez-vous* (1979), *Spirit of the North* (1980), *Visible* (1985) et *The Best of CANO* (2003). Parmi les membres fondateurs de CANO-Musique, on retrouve André Paiement, Marcel Aymar, Rachel Paiement, David Burt et John Doerr. En 1979, Jacques Ménard réalise, pour le compte de l'Office national du film, un documentaire intitulé *CANO, notes sur une expérience collective*.

20 décembre

1887 NAISSANCE DU PATRIOTE DAMIEN SAINT-PIERRE ❖ Né à Moose Creek, Damien Saint-Pierre est un médecin qui s'établit à Windsor en 1914. Il participe à la fondation des journaux *La Défense* (1918) et *La Presse-Frontière* (1921), s'engage dans la lutte contre le Règlement XVII et prend parti contre Mgr Fallon, évêque de London. En 1933, il s'installe à Ottawa et devient directeur médical de l'Union du Canada. Jusqu'à la fin de sa carrière, Damien Saint-Pierre participe activement à la vie franco-ontarienne. Il est décédé à Ottawa le 25 juin 1966.

21 décembre

1865 FONDATION DU JOURNAL *LE CANADA* ❖ Publié trois fois par semaine à Ottawa, *Le Canada* est un journal fondé par les frères Duvernay qui sont propriétaires de *La Minerve* (Montréal). Parmi les rédacteurs, on retrouve d'abord Elzéar Gérin, puis Benjamin Sulte et ensuite Joseph Tassé. *Le Canada* épouse les intérêts canadiens-français et catholiques de ses lecteurs, et se fait « un honneur de servir la cause nationale dans les rangs du grand parti libéral-conservateur qui a fait notre pays ce qu'il est aujourd'hui ». Le journal cesse de paraître en décembre 1869.

1882 CONSTRUCTION DU CANADIEN PACIFIQUE ENTRE MATTAWA ET NORTH BAY ❖ Dans une lettre que le missionnaire Jean-Marie Nédélec, O.M.I., adresse à Mgr Narcisse Zéphirin Lorrain en date du 21 décembre 1882, il décrit une facette de la colonisation du Nouvel-Ontario : « Nous avons environ deux mille catholiques sur la ligne depuis Mattawa jusqu'en haut de la Nipissing. La grande majorité sont des Canadiens du diocèse de Rimouski. En général ils sont bons [...] religieux et ménagers. Comme la boisson est interdite sur la ligne on fermera la porte à bien des désordres. La compagnie nous aide et nous favorise [...]. Elle fait tout ce qu'elle peut pour nous rendre la situation agréable et diminuer nos dépenses. »

1914 POUR LES BLESSÉS DE L'ONTARIO ❖ Dans leur lutte contre le Règlement XVII, les Franco-Ontariens se tournent vers le Québec pour un appui financier. Les chefs nationalistes Henri Bourassa et Armand Lavergne, les sénateurs Napoléon Belcourt, Raoul Dandurand et Philippe Landry, ainsi que l'archevêque Paul Bruchési se retrouvent sur la même estrade à Montréal, le 21 décembre 1914, pour recueillir des fonds destinés aux « blessés de l'Ontario ».

1995 MORT DE MGR PIERRE FISETTE, P.M.E. ❖ À peine quelques mois après son installation comme évêque de Hearst, Mgr Pierre Fisette trouve tragiquement la mort dans un accident de la route.

22 décembre

1932 PREMIER REGROUPEMENT D'ARTISTES EN ONTARIO FRANÇAIS ❖ Fondé en 1932 à Ottawa, Les Artistes-confrères du Caveau constitue le premier regroupement d'artistes francophones en Ontario. Il comprend trois corporations : celle des arts décoratifs (peinture), celle des lettres et celle des diseurs (théâtre et poésie). Le fondateur est le père Raymond-Marie Voyer, O.P. L'organisme est créé sur le modèle des corporations du Moyen-Âge qui regroupaient des artisans de différentes disciplines. Dès 1933, des expositions, des lectures de poésie et des vernissages sont organisés, mais ce sont surtout les représentations de pièces de théâtre qui font connaître le mouvement. Certaines pièces remportent des prix au Festival canadien d'art dramatique. Incorporé le 7 juin 1947, Le Caveau réunit une centaine d'artistes au cours de ses vingt ans d'existence ; plusieurs sont rattachés à la paroisse Saint-Jean-Baptiste d'Ottawa. On y retrouve, entre autres, Léopold Desrosiers, Marie-Rose Turcot, Florence Castonguay, Marcelle Barthe, Léopold Richer, Laurette Larocque-Auger, Thérèse Tardif, Georges Ayotte et Henri Masson, ainsi que des membres des familles Beaulne, Benoît, Bilodeau, Colonnier, Gay, Meloche et Schuller. Le Caveau cesse ses activités à la fin de 1951.

1941   NAISSANCE DU DÉPUTÉ MARCEL BEAUBIEN ❖ Natif de Cadillac (Québec), Marcel Beaubien est un homme d'affaires qui est actif dans les affaires municipales du comté de Lambton et de la ville de Petrolia pendant plus de vingt-cinq ans. Maire de Petrolia durant neuf ans, il se fait élire député provincial de Lambton-Kent-Middlesex en 1995, sous la bannière conservatrice. Le premier ministre Mike Harris le nomme adjoint parlementaire au ministre de l'Agriculture, de l'Alimentation et des Affaires rurales, de juillet 1995 à avril 1997. Réélu député en 1999, Marcel Beaubien est défait lors du scrutin de 2003.

23 décembre

1921   NAISSANCE DE L'HOMME DE THÉÂTRE GUY BEAULNE ❖ Originaire d'Ottawa, Guy Beaulne étudie au Conservatoire national supérieur d'art dramatique de Paris. De 1950 à 1963, il œuvre comme réalisateur à la radio et à la télévision de Radio-Canada, tout en poursuivant une carrière de critique d'art au journal *Le Droit* et à la revue *Points de vue* (il est le premier réalisateur de *La Famille Plouffe*). Guy Beaulne est directeur du Grand

Théâtre de Québec (1970-1980) et du Conservatoire d'art dramatique de Montréal (1981-1987). Membre de la Société royale du Canada (1972), il reçoit l'Ordre du Canada en 1975 et l'Ordre du Québec en 1993. Guy Beaulne meurt à Montréal le 1er octobre 2001.

1958   NAISSANCE DE JOHANNE MORISSETTE, JUGE ❖ Originaire de Sherbrooke (Québec), Johanne N. Morissette est admise au barreau de l'Ontario en 1985. Elle est nommée juge à la Cour supérieure de justice de l'Ontario, à London, en 2002.

24 décembre

1947   NAISSANCE DE L'ÉCRIVAIN MICHEL THÉRIEN ❖ Natif d'Ottawa, Michel Thérien est un poète qui publie *Fleuve de mica* (1998), *Corps sauvage* (2000, finaliste du prix Trillium), *Eaux d'Ève* (2002) et *L'Aridité des fleuves* (2004, Prix du livre d'Ottawa). Il publie également des textes poétiques dans les revues *Envol* et *Art le Sabord*.

1953   NAISSANCE DU JUGE RONALD BOIVIN ❖ C'est en 1985 que Ronald D. Boivin est admis au barreau de l'Ontario. Il est nommé juge à la Cour de justice de l'Ontario, à Cochrane, en 2003.

25 décembre
Joyeux Noël !

1635   MORT DE SAMUEL DE CHAMPLAIN ❖ Surnommé *le père de la Nouvelle-France*, Samuel de Champlain serait né entre 1567 et 1570 à Brouage, petite ville sur la côte ouest de la France. Il s'établit en Amérique du Nord en 1604, d'abord en Acadie, puis à l'intérieur des terres en naviguant sur le fleuve Saint-Laurent qui le conduit là où il fonde la ville de Québec en 1608. En 1612, il se rend jusqu'à l'emplacement actuel d'Ottawa. Ses explorations sont racontées dans des carnets et récits de voyages. Il meurt à Québec le 25 décembre 1635.

1641   PREMIER CANTIQUE DE NOËL EN *ONTARIO* ❖ Le père Jean de Brébeuf, jésuite à la mission

Sainte-Marie-des-Hurons sur les bords de la baie Georgienne, rédige un cantique intitulé *Noël huron*, dont voici le premier couplet : « Chrétiens, prenez courage, / Jésus Sauveur est né ! / Du Malin les ouvrages / À jamais sont ruinés / Quand il chante merveille, / À ces troublants appâts / Ne prêtez plus l'oreille : / Jésus est né : *In excelsis gloria !* »

1956 NAISSANCE DE ROBERT YERGEAU, PROFESSEUR, ÉCRIVAIN ET ÉDITEUR ❖ Né à Cowansville (Québec), Robert Noël Yergeau est poète, éditeur et universitaire. Professeur au Département des lettres françaises de l'Université d'Ottawa depuis 1989, cofondateur des Éditions du Nordir, en 1988, il publie plusieurs recueils de poésie, dont *L'Oralité de l'émeute* (1981), *Déchirures de l'ombre* (1982), *Le Tombeau d'Adéline* (1987) et *Prière pour un fantôme* (1991). Il est aussi l'auteur de deux essais intitulés respectivement *À tout prix : les prix littéraires au Québec* (1994) et *Art, Argent, Arrangement : le mécénat d'État* (2004). Le prix Gaston-Gouin est remis à Robert Yergeau en 1980 pour *L'Oralité de l'émeute*.

26 décembre

1970 CRÉATION DU BUREAU DU COORDONNATEUR DES SERVICES EN FRANÇAIS ❖ Pour veiller à la coordination des services qu'il doit offrir à la population, le gouvernement de l'Ontario crée le Bureau du coordonnateur des services en français. Ce bureau sera remplacé en 1985 par l'Office des affaires francophones. (La création du Bureau ayant eu lieu en décembre 1970, la présente notice est arbitrairement fixée au 26 décembre.)

27 décembre

1852 JEAN-ÉTIENNE FOURNIER, PREMIER MAIRE DE SUDBURY ❖ Né à Trois-Pistoles (Québec) le 27 décembre 1852, Jean-Étienne (Steven) Fournier se dirige vers le Nord ontarien en 1884, où il devient le premier maître de poste dans la ville naissante de Sudbury. Il y ouvre le premier magasin général en 1885 et remporte les élections qui en

font le premier maire de l'histoire de Sudbury. Jean-Étienne Fournier joue un rôle de premier plan dans la fondation du Collège du Sacré-Cœur (v. 4 septembre). Mort à Sudbury le 11 février 1929.

1878 FONDATION DU JOURNAL *LA GAZETTE D'OTTAWA* ❖ Hebdomadaire politique, littéraire, agricole et commercial, *La Gazette d'Ottawa* est publiée par des citoyens qui adhèrent « depuis longtemps au principe conservateur ». Le journal a pour devise *In scriptis et in ore simplex veritas*. Il rapporte les débats politiques à la Chambre des communes et à *la législature locale*. Devenue semi-quotidienne, *La Gazette d'Ottawa* paraît pour la dernière fois en octobre 1879.

1982 FONDATION DES ÉDITIONS DU VERMILLON ❖ Créées à Ottawa par Jacques Flamand et Monique Bertoli, les Éditions du Vermillon publient des ouvrages dans tous les genres littéraires. On y propose quinze collections : Les Cahiers du Vermillon (collectifs), Romans, L'aventure (romans), Parole vivante (poésie, récits, nouvelles), Rameau de ciel (poésie), Pour enfants, Soleil des héros (bandes dessinées), Pædagogus (pédagogie et didactique), Visages (monographies), Essais et recherches, Langue et communication, Rompol (nouvelles et romans policiers), Les inédits de l'école flamande (collectifs), Transvoix (collection d'œuvres traduites présentées en version bilingue) et Science. De 1993 à 1999, les Éditions du Vermillon publient 28 numéros de la revue de poésie *Envol*.

28 décembre

1829 NAISSANCE DU DRAMATURGE AUGUSTIN LAPERRIÈRE ❖ Né à Québec, Augustin Laperrière est un bibliothécaire et un écrivain à qui on doit quelques-unes des premières pièces de théâtre en Ontario français. Président de l'Institut canadien-français d'Ottawa, de 1878 à 1880, il écrit des comédies qui sont jouées à l'Institut : *Les Pauvres de Paris* (1877), *Monsieur Toupet ou Jean Bellegueule* (1884) et *Une partie de plaisir à la caverne de Wakefield ou Un monsieur dans une position critique*

(1881). Membre fondateur de la Société de colonisation du Témiscamingue, Augustin Laperrière est décédé à Ottawa le 20 avril 1903.

1886   ÉLECTION PROVINCIALE ❖ Lors du scrutin ontarien tenu le 28 décembre 1886, trois candidats franco-ontariens sont élus : Alexandre Robillard (Russell), Alfred Évanturel (Prescott) et Gaspard Pacaud (Essex-Nord).

1908   COMITÉ ORGANISATEUR D'UN CONGRÈS NATIONAL ❖ Une douzaine d'hommes se réunissent à Ottawa pour jeter les bases d'un comité organisateur qui veillera à convoquer le Congrès d'éducation des Canadiens français d'Ontario. On y trouve un juge, deux médecins, trois prêtres, quelques inspecteurs d'écoles et le président de la Société Saint-Jean-Baptiste d'Ottawa. L'inspecteur Aurélien Bélanger lance la discussion en abordant « l'avenir de nos écoles séparées [...] qui ne repose pas sur un lit de roses ». Ce sujet d'actualité pousse l'abbé Beausoleil (v. 18 décembre) à lancer son idée d'un congrès national des Canadiens français d'Ontario. En dépit du manque de solidarité qui caractérise si souvent la communauté francophone minoritaire, il est décidé d'aller de l'avant et de convoquer un plus grand nombre de personnes intéressées à un tel projet d'assises nationales. Le juge Albert Constantineau et l'abbé Alexandre Beausoleil sont respectivement président et vice-président du comité du Congrès des Canadiens français d'Ontario, qui se tient les 18, 19 et 20 janvier 1910 et qui donne lieu à la fondation de l'Association canadienne-française d'éducation de l'Ontario (aujourd'hui l'ACFO).

1950   NAISSANCE DE ROBERT SANSCARTIER, ENTREPRENEUR ❖ Originaire d'Eastview (Vanier), Robert Sanscartier grandit à Rockland. Entrepreneur en électricité, il fonde la compagnie S & S Electric en 1973 à Clarence Creek. Il s'installe à Ottawa vers 1979 et son commerce prend rapidement de l'expansion. Dans les années 1980 et 1990, S & S Electric acquiert presque tous ses compétiteurs et crée de nombreuses filiales et divisions dans les secteurs des installations électriques et du câblage sou-

terrain. Propriétaire et président-directeur général de S & S Bolton Electric, Robert Sanscartier devient l'entrepreneur en électricité le plus important de la région d'Ottawa. Ses compagnies offrent la gamme complète de services en électricité et elles comptent environ quatre cents employés en 2004. Président de l'Ottawa-Carleton Home Builders' Association, Sanscartier est membre du conseil d'administration de la Fondation de l'Hôpital Montfort, de la Fondation de la Cité collégiale et du bureau des gouverneurs de l'Université d'Ottawa. La Chambre économique de l'Ontario, le Regroupement des gens d'affaires et la Chambre de commerce d'Ottawa le nomment entrepreneur de l'année. En 2002, Robert Sanscartier reçoit le prix Colonel Boss de l'Ottawa-Carleton Home Builders' Association.

29 décembre

1879   NAISSANCE DE JOSEPH HENRI MARCEAU, DÉPUTÉ ❖ Originaire de Pont Rouge (Québec), Joseph Henri Marceau s'établit à North Bay où il devient entrepreneur en bois de construction. Conseiller municipal et commissaire d'école, il se fait élire député provincial de Nipissing en 1919, sous la bannière libérale. Défait lors du scrutin de 1923, Marceau est réélu en 1935 lors d'une élection complémentaire.

1904   NAISSANCE DU DÉPUTÉ LÉODA GAUTHIER ❖ Natif de Copper Cliff, Léoda Gauthier est un marchand de bois qui se fait élire député libéral de Nipissing lors des élections fédérales de 1945. Il est réélu en 1949 dans le comté de Sudbury et en 1953 et 1957 dans le comté de Nickel Belt. Il meurt à Sudbury le 16 janvier 1964.

1945   NAISSANCE DE FRANÇOISE LEPAGE, PROFESSEURE ET ÉCRIVAINE ❖ Originaire de Saint-Amand-Mont-Rond (France), Françoise Lepage arrive au Canada en 1969 et s'établit à Ottawa en 1976. Bibliothécaire, traductrice et professeure, elle s'intéresse à la littérature pour la jeunesse et publie une *Histoire de la littérature pour la jeunesse (Québec et francophonies du Canada),* suivie d'un *Dictionnaire des auteurs et des illustrateurs* (2000, prix Gabrielle-Roy, prix Champlain et Prix du livre de la Ville d'Ottawa). On lui doit aussi *Paule Daveluy ou la passion des mots : cinquante ans au service de la littérature pour la jeunesse* (2003). Françoise Lepage signe trois romans jeunesse : *Le Chant des loups* (2003), *Le Montreur d'ours* (2003) et *Le Héron cendré* (2004), ainsi qu'un conte, *Le Noël de Florent Létourneau* (2004). Directrice-fondatrice de la collection Voix didactiques - Auteurs aux Éditions David, elle présente des études d'auteurs francophones hors Québec, d'auteurs pour la jeunesse et d'auteurs québécois contemporains. Elle publie elle-même *Daniel Mativat* (2003) dans le cadre de cette collection. Françoise Lepage reçoit l'Ordre de la Pléiade en 2005.

1964   Naissance de la juge Lise Maisonneuve ❖ Native de Port Arthur, Lise Maisonneuve est admise au barreau de l'Ontario en 1991. Elle est nommée juge à la Cour de justice de l'Ontario, à Ottawa, en 2003.

30 décembre

1947   Naissance de l'écrivain Paul-François Sylvestre ❖ Originaire de Saint-Joachim, Paul-François Sylvestre est un écrivain et journaliste. D'abord fonctionnaire au Secrétariat d'État du Canada et au ministère fédéral des Communications (1971-1981), il joue un rôle actif dans le milieu de l'édition franco-ontarienne. De 1987 à 1997, il est rédacteur en chef de la revue des arts *Liaison* et directeur des Éditions L'Interligne. De 1997 à 2002, il remplit les fonctions de responsable du secteur franco-ontarien au Conseil des arts de l'Ontario. Parmi ses quelque trente livres, on retrouve les romans *Des œufs frappés...* (1986), *Obéissance ou Résistance* (1986), *Terre natale* (1990), *Le Mal aimé* (1994), *Sissy* (2000) et *69, rue de la Luxure* (2004), ainsi que les recueils de poésie *Homoportrait* (1995) et *Homoreflet* (1997). Les essais de Paul-François Sylvestre incluent *Les Homosexuels s'organisent* (1979), *Penetang : l'école de la résistance* (1980), *Les Communautés religieuses en*

Ontario français (1984), *Nos parlementaires* (1986), *Les Évêques franco-ontariens, 1833-1986* (1986) et *Le Concours de français* (1987). En tant que journaliste, il signe de nombreuses critiques littéraires et chroniques historiques dans les hebdomadaires franco-ontariens. Paul-François Sylvestre reçoit la Médaille du Conseil de la vie française en Amérique, en 1987, pour services rendus à la francophonie ontarienne, le *Chantecler* de la littérature en 1991 et le Prix du Nouvel-Ontario en 1994, attribué pour couronner l'ensemble de son œuvre.

1962   Naissance de Micheline Marchand, écrivaine ❖ Originaire de Lafontaine, Micheline Marchand est une adepte de l'histoire ; elle détient une maîtrise dans cette discipline et l'enseigne à l'École secondaire Le Caron de Penetanguishene. Lauréate nationale du Prix de la Francophonie 2000 de l'Association canadienne d'éducation de langue française, Micheline Marchand s'intéresse de près aux racines françaises de sa région, à l'ancien pays des Ouendats, mieux connu sous le nom de Huronie. Cette passion l'inspire à écrire *Les Voyageurs et la Colonisation de Penetanguishene (1825-1871) : la colonisation française en Huronie* (1989) et *Une aventure au pays des Ouendats* (2003).

1971   Naissance de Michel Bock, écrivain et historien ❖ Natif de Sudbury, Michel Bock est professeur au Département d'histoire de l'Université d'Ottawa, chercheur postdoctoral au Centre de recherche en civilisation canadienne-française de l'Université d'Ottawa et codirecteur de *Mens, revue d'histoire intellectuelle de l'Amérique française*. Ses domaines de recherche et d'enseignement comprennent l'histoire des idées, du nationalisme et des minorités françaises. En 2001, Michel Bock publie *Comment un peuple oublie son nom : la crise identitaire franco-ontariennes et la presse française de Sudbury (1960-1975)*, suivi de *Quand la nation débordait les frontières : les minorités françaises dans la pensée de Lionel Groulx* (2004, prix Champlain 2005). Il est corédacteur du manuel scolaire intitulé *L'Ontario français : des Pays-d'en-Haut à nos jours* (2004).

31 décembre

1948 NAISSANCE DE JULES RÉMI VILLEMAIRE, ARTISTE ❖ Né à Ottawa, Jules Rémi Villemaire est un photographe qui s'intéresse au reportage social et culturel. Sa couverture des événements artistiques, notamment pour la revue *Liaison* et pour Contact ontarois, lui vaut le qualificatif de *l'œil de l'Ontario français.* En collaboration avec Marc Haentjens (v. 16 juin), il signe un ouvrage intitulé *Une génération en scène* (1992). Villemaire explore aussi le traitement de l'image photographique par l'infographie et participe à divers projets pour le compte de la Fédération canadienne pour l'alphabétisation, le Bureau des regroupements des artistes visuels de l'Ontario, l'Association des professionnels de la chanson et de la musique, le ministère du Patrimoine canadien, le Centre national des Arts, la Commission de la capitale nationale, Postes Canada et l'Agence spatiale du Canada.

1998 DÉCÈS DU MUSICIEN GILLES CHAMPAGNE ❖ Né à Ottawa en 1929, Gilles *Champ* Champagne est musicien, chef d'orchestre, compositeur, interprète, arrangeur et écrivain qui fait sa marque sur la scène musicale nationale et internationale. Durant les années 1950, il fonde le Canadian Jazz Quartet et l'Ottawa Saxophone Quartet, deux formations largement diffusées par la radio de CBC et de Radio-Canada, et figurant parmi les meilleurs groupes de jazz de l'époque au pays. Tour à tour à la tête d'un orchestre swing, d'un trio de jazz et d'un *big band*, *Champ* Champagne interprète plusieurs pièces musicales en compagnie des grands noms que sont Louis Armstrong, Oliver Jones et Chuck Mangione. Il est directeur musical de la station de télévision CJOH-Ottawa de 1961 à 1971. On lui doit le thème musical de l'émission *The Galloping Gourmet* et un éventail de cours sur la théorie de la musique, notamment *The Real Chord Changes and Substitutions.*

BIBLIOGRAPHIE

❖ Ressources imprimées

ALBERT, Pierre. *Paul Demers,* Ottawa, Éditions L'Interligne, 1992.

ASSOCIATION CANADIENNE-FRANÇAISE D'ÉDUCATION D'ONTARIO. *Congrès d'éducation des Canadiens-français d'Ontario,* Ottawa, s.é., 1910.

ASSOCIATION DES AUTEURES ET AUTEURS DE L'ONTARIO FRANÇAIS (AAOF). *Plus de 1000 titres dans le catalogue de l'AAOF,* Ottawa, AAOF, 2001.

BEJERMI, John. *Canadian Parliamentary Handbook / Répertoire parlementaire canadien,* Ottawa, Borealis Press, 1999.

BOCK, Michel, et Gaétan GERVAIS (rédacteurs). *L'Ontario français : des Pays-d'en-Haut à nos jours,* Ottawa, Centre franco-ontarien de ressources pédagogiques, 2004.

BRUNET, Lucie. *Femmes de vision : fiches biographiques et stratégies d'intervention pédagogique,* Ottawa, Association des enseignantes et enseignants franco-ontariens, 1991.

—. *Almanda Walker-Marchand (1868-1949) : une féministe franco-ontarienne de la première heure,* Ottawa, Éditions L'Interligne, 1992.

BUREAU, Brigitte. *Mêlez-vous de vos affaires : vingt ans de luttes franco-ontariennes,* Ottawa, Association canadienne-française de l'Ontario, 1989.

CHEVRIER, Bernard. *Lionel Chevrier : un homme de combat,* Ottawa, Éditions L'Interligne, 1997.

CHOQUETTE, Robert. *Langue et Religion : histoire des conflits anglo-français en Ontario,* Ottawa, Éditions de l'Université d'Ottawa, 1977.

—. *L'Ontario français, historique,* Montréal, Éditions Études vivantes, coll. L'Ontario français, 1980.

CLOUTIER, Edmond. *Quinze Années de lutte ! 1910-1925 : catéchisme de la question scolaire ontarienne,* Ottawa, s. é., s. d.

COTNAM, Jacques, Yves FRENETTE et Agnès WHITFIELD (s. la dir. de). *La Francophonie ontarienne : bilan et perspectives de recherche,* Ottawa, Éditions Le Nordir, 1995.

DIONNE, René. *Histoire de la littérature franco-ontarienne des origines à nos jours,* t. I *(1610-1865),* Sudbury, Éditions Prise de parole, 1997.

—. *Histoire de la littérature franco-ontarienne des origines à nos jours,* t. II *(1865-1910),* Ottawa, Éditions du Vermillon, 2000.

—. *Bibliographie de la littérature franco-ontarienne, 1610-1993,* Ottawa, Éditions du Vermillon, 2000.

DUFRESNE, Charles, *et al. Dictionnaire de l'Amérique française, Francophonie nord-américaine hors Québec,* Ottawa, Presses de l'Université d'Ottawa, 1988.

DUMOUCHEL, Madeleine. *Les Pionniers français du sud-ouest de l'Ontario,* Toronto, Conseil des Affaires franco-ontariennes, 1979.

HAMEL, Réginald, John HARE et Paul WYCZYNSKI. *Dictionnaire des auteurs de langue française en Amérique du Nord,* Montréal, Éditions Fides, 1989.

JEAN, Sylvie. *Nos athlètes : premier panorama,* s. la dir. de Paul-François Sylvestre, Ottawa, Éditions L'Interligne, 1990.

JOHNSON, J. K. (s. la dir. de). *The Canadian Directory of Parliament, 1867-1967,* Ottawa, Public Archives of Canada, 1968.

LAJEUNESSE, Ernest J., C.S.B. *The Windsor Border Region: Canada's Southernmost Frontier, A Collection of Documents,* Toronto, The Champlain Society for the Government of Ontario, University of Toronto Press, 1960.

LAMOUREUX, Georgette. *Histoire d'Ottawa et de sa population canadienne-française, 1900-1926,* t. IV, Ottawa, s. é., 1984.

—. *Histoire d'Ottawa et de sa population canadienne-française, 1926-1950,* t. V, Ottawa, s.é., 1989.

LAND, R. Brian (s. la dir. de). *Legislators and Legislatures of Ontario,* t. I, II et III, Toronto, Bibliothèque de l'Assemblée législative, 1984.

LAVIGNE, J. Conrad. *Tours de force,* Ottawa, Éditions L'Interligne, 1993.

LEVASSEUR, J. L. Gilles, Jean Yves PELLETIER et Paul-François SYLVESTRE. *Nos entrepreneurs,* Ottawa, Centre franco-ontarien de ressources pédagogiques et Éditions L'Interligne, 1996.

LUMELEY, Elizabeth (éd.). *Canadian Who's Who 2003,* vol. XXXVIII, Toronto, University of Toronto Press, 2003.

—. *Canadian Who's Who 2004,* vol. XXXIX, Toronto, University of Toronto Press, 2004.

PAQUETTE, Gilberte, S.C.O. *Dans le sillage d'Élisabeth Bruyère,* Ottawa, Éditions L'Interligne, 1993.

PELLETIER, Jean Yves. *Nos magistrats,* Ottawa, Éditions L'Interligne, 1989.

—. *Travail et Concorde : l'Institut canadien-français d'Ottawa (1852-2002), 150 ans d'histoire,* Ottawa, s.é., 2002.

RAYMOND, Danielle *et al.,* en collab. avec France BEAUREGARD. *Guide des archives conservées au Centre de recherche en civilisation canadienne-française,* 3ᵉ éd., Ottawa, Université d'Ottawa, CRCCF, 1994, documents de travail du CRCCF, n° 36.

Répertoire des ressources franco-ontariennes 1978 [éd. par Gérard Lévesque], Ottawa, Francophonie ontarienne, 1978.

Répertoire des ressources franco-ontariennes 1982 [éd. par Gérard Lévesque], Ottawa, Francophonie ontarienne, 1982.

SAVARD, Pierre (s. la dir. de). *Explorations et Enracinements français en Ontario (1610-1978),* Toronto, ministère de l'Éducation, 1981.

SYLVESTRE, Paul-François. *Les Communautés religieuses en Ontario français : sur les traces de Joseph Le Caron,* Montréal, Éditions Bellarmin, 1984.

—. *Les Journaux de l'Ontario français (1858-1983),* Sudbury, Société historique du Nouvel-Ontario, 1984.

—. *Les Évêques franco-ontariens (1883-1986),* Hull, Éditions Asticou, 1986.

—. *Nos parlementaires,* Ottawa, Éditions L'Interligne, 2e édition, 1987.

—. *Répertoire des écrivains franco-ontariens,* Sudbury, Éditions Prise de parole, 1987.

—, et Guy MORRISSETTE. *Agenda historique de l'Ontario français,* Ottawa, Centre franco-ontarien de ressources pédagogiques, 1984.

TREMBLAY, Gaston. *Prendre la parole : le journal de bord du grand CANO,* Ottawa, Éditions du Nordir, 1996.

VALLIÈRES, Gaetan. *L'Ontario français par les documents,* Montréal, Éditions Études vivantes, coll. L'Ontario français, 1980.

—. *La Voix de l'Ontario (1913-1920), guide d'utilisation,* Montréal, Éditions Études vivantes, coll. L'Ontario français, 1980.

—. *La Voix de l'Ontario (1920-1929), guide d'utilisation,* Montréal, Éditions Études vivantes, coll. L'Ontario français, 1982.

Who's Who in Ontario. A Biographical Record of the Men and Women of our Time, 1995-1999, 1re éd., B & C List (1982) Ltd, Vancouver, 2000.

❖ Ressources électroniques

Archeion (Réseau d'information archivistique de l'Ontario)
www.archeion-aao.fis.utoronto.ca/francaise/index.html

Centre de documentation virtuel sur la littérature et les écrivains québécois
www.litterature.org

Centre de recherche en civilisation canadienne-française
www.uottawa.ca/academic/crccf

Dictionnaire biographique du Canada en ligne
www.biographi.ca/FR/index.html

Encyclopedia of Canadian Theatre
www.canadiantheatre.com

Encyclopédie de la musique au Canada
www.collectionscanada.ca/emc/

Fédération de la jeunesse franco-ontarienne
http://fesfo.net/PDF/FASCFIERS.pdf

Francophonies canadiennes : identités culturelles
www.francoidentitaires.ca

L'Encyclopédie canadienne
www.thecanadianencyclopedia.com

Parlement canadien
www.parl.gc.ca

Regroupement des organismes du patrimoine franco-ontarien
     www.ropfo.ca/rfo/accueil.html
Temple de la renommée du hockey
     www.legendsofhockey.net
TVOntario / Tꜰᴏ
     www.tfo.org

INDEX PAR DOMAINES D'ACTIVITÉS

Un index par domaines d'activités et un index onomastique ont été dressés pour permettre de retrouver aisément une notice se rapportant à telle personne, tel organisme, telle institution, tel média ou tel événement historique. Les noms mentionnés dans le présent Index par domaines d'activités *renvoient à ceux de l'*Index onomastique *(pages 319-333) et ils sont abrégés : l'initiale n'est indiquée que dans les cas d'un patronyme commun à plus d'une personne, et le prénom est fourni uniquement lorsque la même initiale s'applique à plus d'une personne. L'*Index par domaines d'activités *regroupe les sujets de notice selon un ensemble de soixante catégories qui facilitent la recherche.*

Agriculture et foresterie

Agricom ; Chauvin, P. ; Collège de technologie agricole et alimentaire ; Union des cultivateurs franco-ontariens ; Reesor ; Séguin, J.-F.

Arts et culture

❖ ARTS ET CULTURE – ANIMATION ET GESTION
Dubeau ; Gagnon, P. ; Gobeil ; Grisé ; Haentjens, M. ; Malavoy ; Marchildon, G. ; Obonsawin ; Paiement, L. ; Pelletier, P. R. ; Sabourin, J. ; Saint-Cyr ; Sylvestre, P.-F.

❖ ARTS ET CULTURE – ARTS VISUELS
Asselin ; Bado ; Bahrami ; Bérini ; Besner ; Cadieux-Vien ; Castonguay, J.-A. ; Demers, S. ; Demonsand ; Doucet ; Forand, M.-T. ; Forest ; Fortin ; Gaudreault ; Goulet, L. ; Goulet, Y. ; Gravel ; Guillemette Lamirande ; Jacques ; Larivière, R. ; Larocque, Y. ; Leclerc, D. ; Letendre ; Masson ; Mayer ; Muscat ; Pelletier, P. R. ; Perspectives 8 ; Poulin, B. ; Poulin, Roland ; Quesnel ; Robert, L. ; Saint-Denis, R. ; Tanguay ; Vaillancourt, L. ; Villemaire.

❖ ARTS ET CULTURE – CHANSON ET MUSIQUE
Afrique Nouvelle Musique ; Afro Connexion ; Aymar ; Backo ; Baudot ; Beaudoin, Louise ; Beaulieu, J. ; Bédard, D. ; Bénac ; Bénéteau ; Berthiaume ; Bonhomme ; Bouchard, C. ; Brunet ; CANO-Musique ; Carrière, B. ; Champagne, G. ; Demers, P. ; Deux Saisons ; DiCaire ; Doyon ; Dubeau ; Dufault ; Fanfare de Rockland ; Flahaut ; Gignac ; Garolou ; Gauthier, É. ; Gauthier, F. ; Godard ; Godin, R. ; Groupe des arts Bassan ; Jean-Gilles ; Konflit Dramatik ; Labelle, J.-G. ; Lalonde, B. ; Lalonde, J.-M. ; Lalonde, L. ; Lalonde, M. ; Lamoureux, F. ; Lamoureux, P. ; Landry, J. ; Landry, R. ; Lanois ; LeBœuf ; Lemay ; Marleau, Denyse ; Marleau, Diane ; Marleau, M. ; Mathé ; Monette ; La Nuit sur l'étang ; Paiement, A. ; Paiement, L. ; Paiement, N. ; Paquette, R. ; Paquette, S. ; Payment ; Pichette, D. ; Pitre, L. ; Poliquin, Donald ; Poulin, D. ; Prévost, C. ; Roy, Joëlle ; Saij ; Saint-Pierre, Dominique ; Séguin, M. ; St-Pierre ; Swing ; Topp ; Trudeau, J. ; Viau ; Vollé.

❖ ARTS ET CULTURE – CINÉMA ET TÉLÉVISION
Aliassa ; Barsive ; Bensimon ; Bisaillon ; Cadieux, M. ; Caloz ; Centre ontarois de l'ONF ; Charbonneau, Marc ; Cloutier, Suzanne ; Danis, L. ; Devlin ; DiCaire ; Fitzgibbons ; Forest ; FranCœur ; Gobeil ; Godin-Vigneau ; Jaïko ; Khanjian ; Larivière, J. M. ; Lapointe ; Ménard, Jacques ; Resch ; Robert, D. ; Rozon ; Saleh ; Sorgini.

❖ ARTS ET CULTURE – DANSE
Bennathan ; Bouchard, S. ; Bouvrette, A. ; Corpus Danse ; Danzon ; Dromard ; *L'Écho d'un people* ; Groupe des arts Bassan.

❖ ARTS ET CULTURE – ENQUÊTES
Comité franco-ontarien d'enquête culturelle ; Groupe d'étude des arts dans la vie franco-ontarienne ; Groupe

de travail pour une politique culturelle des francophones de l'Ontario ; Rapport « RSVP ! » ; Rapport
Saint-Denis ; Rapport Savard ; Saint-Denis, R.

❖ ARTS ET CULTURE – HUMOUR
Chartrand, D. ; Festival national de l'humour
de Hearst.

❖ ARTS ET CULTURE – LITTÉRATURE (AUTEURS)
Amprimoz ; Andersen ; Aubry ; Bassolé-Ouédraogo ;
Baudot ; Bernard ; Bessette ; Bock ; Bouissac ;
Bouraoui ; Branda ; Breton ; Brochu ; Brodeur, H. ;
Caron, R. ; Casavant ; Cavenne ; Champeau ;
Chantal ; Chevrier, R. ; Christensen ; Cloutier, C. ;
Cook ; D'Alfonso ; Dallaire ; Dalpé ; Daviault ;
DeCelles ; Demers, D. ; Demers, E. ; Denis ;
Desbiens ; Desjarlais-Heynneman ; Dickson ;
Dionne, R. ; Donovan ; Dorais ; Duhamel, R. ;
Dumitriu - Van Saanen ; Éthier-Blais ; Fahmy ;
Flamand ; Forand ; Gaboury ; Garigue ; Gaulin, M. ;
Gay ; Germain ; Gervais, G. ; Godbout, A. ; Gravel ;
Grisé ; Groulx ; Guay, L.-M. ; Guérin ; Guilmain ;
Guindon, A. ; Haentjens, B. ; Hémon ; Henrie ;
Hertel ; Karch ; Kavungu ; Lacelle, A. ; Lacerte ;
Lacombe ; Laframboise, M. ; Lamontagne ;
Lamoureux, G. ; Leclair ; Leduc, A. ; Lemieux, G. ;
Le Moine ; LeMyre ; Léon ; Lepage ; Leroux, P. ;
Levac ; Lizotte ; Lortie ; Major, J.-L. ; Major, R. ;
Marchand, A. B. ; Marchand, M. ; Marchildon, D. ;
Marinier ; Marion, S. ; Martin, C. ; Martin, J. ;
Matteau ; Mbonimpa ; Ménard ; Messier ;
Mohtashami-Maali ; O'Neill-Karch ; Ouellette, M. ;
Paiement, A. ; Paré ; Pelletier, J. Y. ; Pelletier, P. R. ;
Pelletier, P. ; Pilon-Delorme ; Poirier, J. ; Poliquin,
Daniel ; Porée-Kurer ; Potier ; Poulin, G. ; Poulin,
Richard ; Prud'homme ; Psenak ; Quesnel ;
Renaud, R. ; Resch ; Rièse ; Robidoux ; Roy, Lucille ;
Roy, R. ; Rudel-Tessier ; Savoie ; Scott ; Simard ;
Somain ; Stephens ; Sylvestre, G. ; Sylvestre, P.-F. ;
Tatilon ; Thérien ; Thério ; Thibault ; Tremblay, G. ;
Tremblay, J. ; Tremblay, R. ; Trudel ; Turcot ; Vallée, D. ;
Vallières ; Vickers ; Villeneuve, J. ; Voldeng ; Whissell-
Tregonning ; Wyczynski ; Yergeau ; Young.

❖ ARTS ET CULTURE – LITTÉRATURE (ÉDITION
   ET SALONS DU LIVRE)
Centre franco-ontarien de ressources en alphabétisa-
tion ; Centre franco-ontarien de ressources pédagogi-
ques ; Éditions David ; Éditions du GREF ; Éditions du
Vermillon ; Éditions Le Nordir ; Éditions L'Interligne ;

Éditions Prise de parole ; Salon du livre de Hearst ;
Salon du livre de l'Est ontarien ; Salon du livre de
Toronto ; Salon du livre du Grand Sudbury.

❖ ARTS ET CULTURE – ORGANISMES ET ÉVÉNEMENTS
Assemblée des centres culturels de l'Ontario ;
Association des auteures et auteurs de l'Ontario
français ; Association des professionnels de la chanson
et de la musique ; L'Avent de la poésie ; Bureau des
regroupements d'artistes visuels de l'Ontario ;
Le Caveau ; Colloque des écrivains et éditeurs franco-
ontariens ; Contact ontarois ; Convention littéraire
d'Ottawa ; Coopérative des artistes du Nouvel-Ontario ;
L'Écho d'un peuple ; Festival de la chanson et de la
musique en milieu scolaire ; Festival franco-ontarien ;
Festival national de l'humour de Hearst ; Galerie du
Nouvel-Ontario ; Institut canadien-français d'Ottawa ;
Institut franco-ontarien ; Jeux de la Francophonie ;
Ontario pop ; Perspectives 8 ; Prix Christine-Dumitriu-
Van-Saanen (v. Salon du livre de Toronto) ; Prix des
lecteurs Radio-Canada ; Prix Trillium ; Regroupement
culturel franco-ontarien ; Théâtre Action.

❖ ARTS ET CULTURE – THÉÂTRE
Beauchemin ; Beaudoin, Louise ; Beaulne, G. ;
Beaulne, L. ; Beddows ; Bellefeuille ; Blais, L. ;
Bouchard, D. ; Castonguay, F. ; Castonguay, R. ;
Le Caveau ; Chartrand, D. ; Cloutier, Suzanne ;
Compagnie Vox Théâtre ; Dalpé ; Danis, L. ;
Demers, C. ; Demers, E. ; Devlin ; Faubert ;
Fontaine, M.-H. ; Forgues ; Gagnon, P. ; Gauthier, F. ;
Gauthier, H. ; Godin, R. ; Gonçalves ; Guilmain ;
Haentjens, B. ; Herbiet ; Landry, G. C. ;
Laperrière, A. ; Latreille ; Leclerc, V. ; Léger, A. ;
Léger, R. ; Leroux, P. ; Mansour ; Marinier ;
Martin, J. ; Mignault ; Morin, M.-T. ; Naubert ;
Nolan ; La Nouvelle Scène ; O'Neill-Karch ;
Ouellette, M. ; Paiement, A. ; Pelletier, P. ; Perrier ;
Peters ; Pitre, L. ; Pouchot ; Provost ; Psenak ; Riel ;
Rodier ; Roy, R. ; Sabourin, J. ; Simpson ; Sorgini ;
Théâtre de la Vieille 17 ; Théâtre des Lutins ; Théâtre
du Nouvel-Ontario ; Théâtre du Trillium ; Théâtre
français de Toronto ; Théâtre la Catapulte ; Théâtre
La Tangente ; Thériault, L.

Communications

❖ COMMUNICATIONS – JOURNALISTES, ÉDITEURS,
   ANIMATEURS ET ADMINISTRATEURS
Barrette, R. ; Barrette, V. ; Barthe ; Boutet ;

Burroughs ; Cantin, A. ; Charpentier ;
Charlebois, C. ; Cléroux ; Cloutier, E. ; Daoust,
J.-C. ; Devlin ; Hébert ; Héroux, O. ; Julien, G.-O. ;
Lacasse, G. ; Laperrière, H. ; Lavigne, J. C. ;
Paquette, A. ; Pelletier, J. ; Poliquin, J.-M. ;
Ricard, B. ; Séguin, A. ; Séguin, R. ; Terrien ;
Tremblay, J. ; Tremblay, R. ; Turcot.

❖ COMMUNICATIONS – PRESSE ÉCRITE
Acadianité ; *L'Action* ; *Africana* ; *Agricom* ; *L'Ami du
peuple* (Chatham) ; *L'Ami du peuple* (Sudbury) ;
Les Annales ; *La Boîte à nouvelles* ; *Bonjour chez-nous* ;
Le Bulletin ; *Le Bulletin du commerce* ; *Le Canada*
(Ottawa, 1865) *Le Canada* (Ottawa, 1879) ;
Le Canadien (Chatham) ; *Le Canadien* (Windsor) ;
Le Canadien d'Ottawa ; *Le Carillon* ; *Le Clairon* ;
Clik ; *La Colonisation* ; *La Concorde* (L'Orignal) ;
La Concorde (Ottawa) ; *Le Courrier* ; *Le Courrier
d'Essex* ; *Le Courrier d'Ottawa* ; *Le Courrier
d'Outaouais* ; *Le Courrier fédéral* ; *Courrier fédéral* ;
Courrier Sud ; *La Défense* ; *Le Drapeau national*
(Ottawa) ; *Le Drapeau national* (Windsor) ;
Le Droit ; *L'Écho d'Ottawa* ; *Entr'Acte* ; *L'Express* ;
L'Express d'Orléans ; *Le Fantasque* ; *Le Fédéral* ;
La Feuille d'érable ; *Le Foyer domestique* ;
Francophonies d'Amérique ; *Franco-Tem* ;
Le Frou-Frou ; *La Gazette* ; *Le Goût de vivre* ;
Le Hamilton Express ; *L'Impartial* ; *L'Indépendant
du Canada* ; *L'Interprète* ; *Le Jeune âge* ; *Journal
Canora* ; *Journal de Cornwall* ; *Le Journal pour tous* ;
La Justice ; *Liaison* ; *Le Lien économique* ;
Le Messager comique ; *Le Métropolitain* ; *Le Moniteur* ;
La Nation ; *Le Nord* ; *La Nouvelle* ; *Nouvelle
publication populaire* ; *Les Nouvelles françaises
de Toronto* ; *Nouvelles politiques* ; *L'Observateur
canadien* ; *L'Observateur du Nouvel-Ontario* ;
L'Ontario français ; *L'Ordre* ; *Le Pionnier* ; *Le Point* ;
La Presse-Frontière ; *Le Progrès* (Ottawa) ; *Le Progrès*
(Ottawa) ; *Le Progrès* (Windsor) ; *Le Ralliement* ;
Rauque ; *Reflets* ; *Le Régional* ; *Le Rempart* ; *Revue
du Nouvel-Ontario* ; *La Semaine agricole* ; *Sentinel
de Prescott* ; *La Sentinelle* ; *Taloua* ; *Le Temps* (ACFO) ;
Le Temps (Ottawa) ; *Toronto Presse* ; *Le Triboulet* ;
La Tribune de Toronto ; *La Vallée d'Ottawa* ; *Virages* ;
Le Voyageur.

❖ COMMUNICATIONS – PRESSE ÉLECTRONIQUE
CBEF ; CBEFT ; CBLFT ; CBOF ; CBOFT ; CBON ; CFBR ;
CFCL ; CHNO ; CJBC ; TFO ; TVONTARIO.

Économie

❖ ÉCONOMIE – ENTREPRENEURS
Arsenault ; Aubé, J.-P. ; Aumond ; Beauregard, G. ;
Bélanger, L. ; Bertrand, Elizabeth ; Besserer ; Bosc ;
Campeau ; Cantin, N. ; Comeau ; Côté-O'Hara ; Cyr ;
Daunais ; De Courville Nicol ; Derouin ; Desmarais, L. ;
Desmarais, P. ; Fortier, A. ; Gauthier, J.-C. ;
Grandmaître, D. ; Grenier, R. ; Guertin ; Janisse ;
Labadie ; Laberge ; LaBine, C. L. ; LaBine, G. A. ;
Lacasse, P. ; Lafrance, Adélard ; Lamoureux, Maurice ;
Landry, Y. ; Larocque. O. ; Lavigne. J. C. ; Leroux, R. ;
Lévesque, L.-P. ; Mageau ; Major, A. ; Malette ;
Marchand, P.-E. ; Michaud, J. ; Paquette, A. ; Paradis, P. ;
Patry ; Regimbal, L. ; Ricard, B. ; Ricard, F. ; Rousson ;
Roy, Jean ; Roy, N. ; Roybon d'Allonne ; Sanscartier ;
Savard ; Théberge ; Trudeau, F.-H.

❖ ÉCONOMIE – ORGANISMES ET COMPAGNIES
Alliance des caisses populaires de l'Ontario,
Caisse populaire (première) ; Chambre économique
de l'Ontario ; Chrysler ; Conseil de la coopération de
l'Ontario ; Fédération des caisses populaires
de l'Ontario ; Fondation Baxter-et-Alma-Ricard ;
Fondation franco-ontarienne ; Forum Ontario
(v. Mondial de l'entreprenariat) ; Mondial de l'entreprenariat ; Regroupement franco-ontarien de développement économique et d'employabilité ; Union
du Canada.

Éducation

❖ ÉDUCATION – ADMINISTRATION
Adam ; Bériault ; Carrier-Fraser ; Chauvin, P. ;
Desjarlais ; Garigue ; Gauthier, R. ; Guindon, R. ;
Héroux, G. ; Lajeunesse ; Lamoureux, C. ;
Lamoureux, R. ; Major, R. ; Michaud, L. ; Morisset ;
O'Neill-Karch ; Raymond, A. ; Raymond, G. ; Saint-
Jacques.

❖ ÉDUCATION – ÉCOLES, COLLÈGES ET UNIVERSITÉS
La Cité Collégiale ; Collège Assomption ; Collège de
technologie agricole et alimentaire ; Collège du Sacré-
Cœur ; Collèges communautaires de langue française ;
École élémentaire de l'Ontario (première) ; École
secondaire de la Huronie ; Écoles secondaires de
langue française ; Green Valley ; Lajoie, J. ; Longpré ;
Pembroke ; Penetanguishene ; Université de Hearst ;
Université de Windsor ; Université d'Ottawa ;
Université Laurentienne.

❖ ÉDUCATION – ENQUÊTES
Commission d'enquête sur les écoles bilingues en
Ontario ; Commission royale d'enquête sur l'éduca-
tion ; Commission Symons ; Merchant ; Rapport
Bériault ; Rapport Durham ; Rapport Hope ;
Rapport Merchant ; Rapport Scott-Merchant-Côté ;
Rapport Symons ; Saint-Jacques.

❖ ÉDUCATION – LOIS ET RÈGLEMENTS
Lois 140 et 141 (v. Bériault) ; Règlement XVII ;
Règlement XVIII ; Ryerson ; Sydenham.

❖ ÉDUCATION – ORGANISMES, PROGRAMMES
    ET CONCOURS
Association canadienne-française de l'Ontario
(v. Assemblée des communautés franco-ontariennes) ;
Association canadienne-française d'éducation
d'Ontario (v. Assemblée des communautés franco-
ontariennes) ; Association des commissaires d'écoles
bilingues de l'Ontario (v. Association française des
conseils scolaires de l'Ontario) ; Association des enseignantes et enseignants franco-ontariens ; Association
française des conseils scolaires de l'Ontario ; Assemblée
des communautés franco-ontariennes ; Centre d'excellence artistique ; Concours provincial de français ;
Conseil scolaire de Toronto ; Conseils scolaires
francophones ; Groupe de recherche en études francophones ; Jeux franco-ontariens.

❖ ÉDUCATION – PROFESSEURS
Amprimoz ; Archibald ; Baudot ; Beddows ; Bernard ;
Bessette ; Bock ; Bouissac ; Bouraoui ; Cardinal, L. ;
Carrière, J. M. ; Carrière, L. ; Charbonneau, L. ;
Choquette, R. ; Cloutier, C. ; Cazabon, B. ; Daviault ;
Denis ; Desjarlais ; Dionne, R. ; Dorais ; Éthier-Blais ;
Frenette, N. ; Frenette, Y. ; Gaboury ; Garigue ;
Garon ; Gaulin, M. ; Gay ; Gervais, G. ; Godbout, A. ;
Grisé ; Guindon, A. ; Guindon, R. ; Hare ; Herbiet ;
Karch ; Lacelle, É. ; Lajeunesse, C. ; Lamontagne ;
Lemieux, G. ; Le Moine ; Léon ; Lortie ; Major, J.-L. ;
Major, R. ; Marion, S. ; Mbonimpa ; Ménard ;
Michaud, L. ; Morand, R. ; O'Neill-Karch ; Ouellet ;
Paré ; Pichette ; Poulin, Richard ; Poulin, Roland ;
Rièse ; Robidoux ; Saint-Denis, R. ; Tatilon ;
Wyczynski ; Yergeau ; Young.

Jeunesse

Assemblée provinciale des mouvements de jeunes de
l'Ontario français ; Association de la jeunesse franco-
ontarienne, Direction Jeunesse ; Fédération de la
jeunesse franco-ontarienne ; Fédération des élèves du
secondaire franco-ontarien (v. Fédération de la
jeunesse franco-ontarienne) ; Fédération des guides
franco-ontariennes ; Fédération des scouts de
l'Ontario ; Jeux franco-ontariens.

Leadership

❖ LEADERSHIP – NATIONAL
Bourassa ; Gagnon, P. ; Lalonde, G. ; Pelletier, P. R. ;
Saint-Denis, Y. ; Séguin, J. ; Walker-Marchand.

❖ LEADERSHIP – PROVINCIAL
Beausoleil ; Bélanger, Aurélien ; Belcourt ; Bériault ;
Bertrand, H. ; Charbonneau, L. ; Constantineau ;
Deslauriers ; Desloges, B. ; Desloges, D. ; Désormeaux ;
Faucher ; Gauthier, R. ; Genest, S. ; Lalonde, G. ;
Larose, F. ; Leduc, J. ; Lévesque, G. ; Mouvement
C'est l'temps ; Richer ; Saint-Denis, Y. ; Saint-Pierre,
Damien ; Séguin, J. ; Séguin, R. N. ; Vincent.

Organismes gouvernementaux

Bureau du coordonnateur des services en français ;
Centre ontarois de l'ONF ; Comité consultatif de
la politique francophone de l'Ontario ; Commission
royale d'enquête sur le bilinguisme et le biculturalisme ; Conseil des affaires franco-ontariennes ;
Office des affaires francophones.

Organismes nationaux et international

Association canadienne d'éducation de langue
française ; Association de la presse francophone ;
Association des fonctionnaires fédéraux d'expression
française ; Centre afro-canadien d'échange social ;
Fédération culturelle canadienne-française ; Fédération
des communautés francophones et acadienne du
Canada ; Fédération des francophones hors Québec
(v. Fédération des communautés francophones
et acadienne du Canada) ; Fondation Baxter-et-Alma-
Ricard ; Richelieu international.

Organismes provinciaux

Alliance des caisses populaires de l'Ontario ; Assemblée
des centres culturels de l'Ontario ; Assemblée des communautés franco-ontariennes ; Assemblée provinciale
des mouvements de jeunes de l'Ontario français ;

Association canadienne-française de l'Ontario
(v. Assemblée des communautés franco-ontariennes) ;
Association canadienne-française d'éducation
d'Ontario (v. Assemblée des communautés franco-
ontariennes) ; Association de la jeunesse franco-
ontarienne ; Association des auteures et auteurs de
l'Ontario français ; Association des commissaires
d'écoles bilingues de l'Ontario (v. Association
française des conseils scolaires de l'Ontario) ;
Association des enseignantes et enseignants franco-
ontariens ; Association des juristes d'expression
française de l'Ontario ; Association des professionnels
de la chanson et de la musique ; Association des
traducteurs et interprètes de l'Ontario ; Association
française des conseils scolaires de l'Ontario ;
Association française des municipalités de l'Ontario ;
Bureau des regroupements des artistes visuels
de l'Ontario ; Centre franco-ontarien de folklore ;
Chambre économique de l'Ontario ; Conseil de la
coopération de l'Ontario ; Direction Jeunesse ;
Fédération de la jeunesse franco-ontarienne ; Fédération des aînés francophones de l'Ontario ; Fédération
des associations de parents et instituteurs (v. Fédération des associations de parents francophones de
l'Ontario) ; Fédération des associations de parents
francophones de l'Ontario ; Fédération des caisses
populaires de l'Ontario ; Fédération des clubs sociaux
franco-ontariens ; Fédération des élèves du secondaire
franco-ontarien (v. Fédération de la jeunesse franco-
ontarienne) ; Fédération des femmes canadiennes-
françaises ; Fédération des gens de la presse de
l'Ontario ; Fédération des guides franco-ontariennes ;
Fédération des scouts de l'Ontario ; Fédération des
Sociétés Saint-Jean-Baptiste de l'Ontario ; Fondation
franco-ontarienne ; Ordre de Jacques-Cartier ; Ordre
franco-ontarien ; Regroupement des organismes du
patrimoine franco-ontarien ; Société franco-ontarienne
d'histoire et de généalogie ; Table féministe francophone de concertation provinciale ; Théâtre Action ;
Union culturelle des Franco-Ontariennes ; Union des
cultivateurs franco-ontariens ; Union provinciale des
minorités raciales et ethnoculturelles francophones
de l'Ontario.

Patrimoine

❖ PATRIMOINE – FOLKLORE
Barbeau ; Bénéteau ; Carrière, J. M. ; Centre franco-
ontarien de folklore ; Lemieux, G. ; Maheu ;
Marchildon, T. ; Montferrand ; Perron ; Pichette, J.-P.

❖ PATRIMOINE – HISTOIRE
Bock ; Brault ; Cadieux, L. ; Carrière, G. ; Centre de
recherche en civilisation canadienne-française ;
Charlevoix ; Choquette, R. ; Dionne, R. ; Frenette, Y. ;
Gervais, G. ; Lajeunesse, E. ; Lanctôt ; Le Jeune ;
Ouellet ; Parent, H. ; Pelletier, J. Y. ; Prévost, M. ;
Regroupement des organismes du patrimoine franco-
ontarien ; Société franco-ontarienne d'histoire et de
généalogie ; Sulte ; Sylvestre, P.-F.

Politique

❖ POLITIQUE – ADMINISTRATION PUBLIQUE
Adam ; Beaulne, Y. ; Beauregard, R. ; Boyle, J. ;
Champagne, N. ; Charpentier ; Chevrier, L. ; Cloutier,
Sylvain ; Deslauriers ; Duhamel, R. ; Kingsley ;
Labelle, H. ; LaRocque, J. ; Marin, A. ; Raymond, G. ;
Sylvestre, G.

❖ POLITIQUE – CONSEILLERS, ÉCHEVINS, MAIRES, PRÉFETS
Beaubien ; Bélanger, Maurice ; Bélisle, R. ; Bellemare ;
Bertrand, Élie ; Binette ; Bonin ; Boudria ; Chaput ;
Chénier, R. ; Desmarais, R. ; Déziel ; Ducharme ;
Fontaine, R. ; Fournier, J.-É. ; Gervais, A. ;
Godin, O. ; Goulet, A. ; Gour ; Grandmaître, B. ;
Guibord, O. ; Habel ; Héroux, G. ; Lalonde, G. ;
Lalonde, J.-M. ; Larocque, O. ; Lavigne, A. ;
Legault, C. ; Legault, T. ; Legris ; Lévesque, L.-P. ;
Mageau ; Mantha ; Marceau ; Martel, É. ; Martin, V. ;
Meilleur, M. ; Morin, J. ; Odette ; Piché ; Pinard ;
Poisson ; Proulx, I. ; Racine, D. ; Rhéaume, A. ;
Robillard, A. ; Robillard, H. ; Saint-Germain ;
Serré, G. ; Smith, E. ; Spooner ; St-Denis ; St-Jean ;
Tardif ; Tellier ; Tisdelle ; Trudeau, F.-H. ; Turgeon ;
Villeneuve, O.

❖ POLITIQUE – DÉPUTÉS FÉDÉRAUX
Auger ; Bélair ; Bélanger, Mauril ; Belcourt ; Bellemare ;
Bertrand, Élie ; Binette ; Blais, J.-J. ; Bonin ; Bossy ;
Boudria ; Bradette ; Bruneau ; Caron, J.-B.-T. ;
Chabot ; Chénier, R. ; Chevrier, E. ; Chevrier, L. ;
De Cotret ; De Villers ; Éthier, D. ; Éthier, V. ;
Évanturel, G. ; Gauthier, J-R. ; Gauthier, L. ;
Gervais, A. ; Godbout, M. ; Godin, O. ; Goulet, A. ;
Gour ; Habel ; Harney ; Hurtubise ; Lamoureux, L. ;
Lapierre, E. ; Laurier, W. ; Lauzon ; Lavigne, A. ;
Legault, C. ; Mantha ; Marleau, D. ; Martin, Paul
(fils) ; Martin, Paul (père) ; Morand, R. ; Odette ;
Parent, G. ; Pépin ; Pinard ; Proulx, E. ; Proulx, I. ;
Richard, J.-T. ; Robillard, H. ; Routhier ; Roy, Jean ;

Samson ; Serré, B. ; Serré, G. ; St-Jean ; Tardif ; Tassé ; Villeneuve, O.

❖ POLITIQUE – DÉPUTÉS PROVINCIAUX
Aubin, Albert ; Aubin, Azaire ; Baby, F. ; Beaubien ; Bégin ; Bélanger, Albert ; Bélanger, Aurélien ; Bélanger, Maurice ; Bélisle, R. ; Bisson ; Bossy ; Boudria ; Boyer ; Brunelle ; Carrère ; Cécile ; Champagne, N. ; Chaput ; Chartrand, A. ; Côté, L. ; Demers, G. ; Desrosiers, A. ; Ducharme ; Évanturel, A. ; Évanturel, G. ; Fontaine, R. ; Goulet, A ; Grandmaître, B. ; Guibord, O. ; Guindon, F. ; Guindon, L. ; Habel ; Labrosse, L. ; Lalonde, J.-M. ; Lamarche ; Lapierre, E. ; Laurier, R. ; Leduc, P. ; Legault, T. ; Léger, M. ; Mageau ; Marceau ; Martel, E. ; Martel, S. ; Martin, V. ; Meilleur, M. ; Michaud, J. ; Morel ; Morin, G. ; Morin, J. ; Nault ; Pacaud ; Parent, A. ; Pharand ; Piché ; Pinard ; Poirier, Jean ; Poisson ; Pouliot ; Proulx, E. ; Racine, D. ; Racine, H. ; Réaume, J.-O. ; Rhéaume, A. ; Robillard, A. ; Robillard, H. ; Roy, A. ; Samis ; Séguin, C.-A. ; Smith, M. ; Spooner ; St-Denis ; Tellier ; Tisdelle ; Trottier, A. C. ; Villeneuve, N. ; Villeneuve, O.

❖ POLITIQUE – ÉLECTIONS
Assemblée législative de l'Ontario ; Élections fédérales ; Élections provinciales.

❖ POLITIQUE – GREFFIERS PARLEMENTAIRES
Bélisle, P. ; Caron, J.-B-T. ; DesRosiers, C. ; LaRocque, J. ; Marleau, R.

❖ POLITIQUE – LOIS ET ACCORDS
Accord de coopération Ontario-Québec ; Acte constitutionnel de 1791 ; Acte de l'Amérique du Nord britannique ; Acte d'Union du Haut et du Bas-Canada ; Loi sur les langues officielles ; Loi sur les services en français.

❖ POLITIQUE – SÉNATEURS
Belcourt ; Bélisle, R. ; Bradette ; Casgrain ; Choquette, L. ; Côté, L. ; Desmarais, J. N. ; Gauthier, J.-R. ; Hurtubise ; Lacasse ; Landry, P. ; LaPierre ; Martin, Paul (père) ; Poulin, M.-P. ; Tassé.

Premières

Brébeuf (premier cantique de Noël) ; Casgrain (premier sénateur franco-ontarien) ; Centre médico-social communautaire de Toronto (premier centre médico-social francophone de l'Ontario) ; CFCL (premier poste de radio de langue française) ; Club Richelieu (première fondation) ; La Cité collégiale (premier collège communautaire de langue française) ; Denaut (première visite épiscopale en Ontario) ; École élémentaire de l'Ontario (première école de la province) ; École secondaire publique de langue française (première) ; Élections provinciales, 21 août (premier scrutin) ; Festival franco-ontarien (première édition) ; *FranCœur* (premier téléroman franco-ontarien) ; Gaulin, R. (premier évêque francophone) ; Guides franco-ontariennes (première troupe) ; Huronie, 12 août (première messe) ; Institut canadien-français d'Ottawa (premier organisme socioculturel de langue française en Ontario) ; Jumelles Dionne (premières quintuplées au monde à avoir vécu jusqu'à l'âge adulte) ; La Nuit sur l'étang (première édition) ; Meilleur, M.-L. (première et seule Franco-Ontarienne à devenir doyenne de l'humanité) ; Paroisse de l'Assomption de Windsor (première paroisse) ; Prix Trillium (premier prix de langue française) ; *Le Progrès* (Ottawa), 20 mai 1858 (premier journal de langue française) ; Robillard, H. (premier député franco-ontarien au niveau provincial) ; Roy, L. (premier imprimeur) ; St-Jean (premier député franco-ontarien au niveau fédéral) ; Turgeon (premier maire francophone en Ontario) ; Vanier (premier chancelier laïc de l'Université d'Ottawa).

Professions libérales

❖ PROFESSIONS LIBÉRALES – DROIT (JUGES ET JURISTES)
Addy ; Aubé, J.-F. ; Arbour ; Beaulieu, L. ; Beaulne, J.-P. ; Bélanger, P. ; Bellefontaine ; Bertrand. G. ; Blouin ; Boissonneault ; Boivin, R. ; Bordeleau ; Brûlé, J.-A. ; Caron, J.-B.-T. ; Caza ; Charbonneau, Michel ; Charron, L. ; Chartrand, O. ; Chevrier, E. ; Cloutier, J.-L. ; Cousineau ; Couture, D ; Cusson ; Danis, D. ; Danis, R.-A. ; Desmarais, R. ; Déziel ; Dorval ; Doyle ; Duchesneau-McLachlan ; Dubé ; Dupont, W. ; Duranceau ; Fleury ; Forget ; Fournier, R. ; Garon ; Gauthier, Louise ; Genest, J. ; Genest, P. ; Girard ; Glaude ; Goulard ; Gratton, F. ; Guay, A. ; Huneault ; Joyal ; Labrosse, J.-M. ; Lacourcière ; Lafrance-Cardinal ; Lajoie, R. ; Lalande, R. ; Lalonde, P. ; Lambert ; Landreville ; Lebel ; Léger, M. ; Legris ; Lévesque, G. ; Lévesque, R. ; Maisonneuve ; Manton ; Maranger, R. ; Maranger, R. L. ; Marin, R J. ; Marion, C. ; Masse ; Matte ;

Mercier ; Métivier ; Michel, G. ; Michel, J.-P. ;
Milllette ; Morand, D. ; Morissette ; Nadeau ;
Olivier ; Paris ; Perras ; Plouffe, J.-A.-S. ;
Renaud, G. ; Renaud, Y. ; Richard, J. ; Riopelle ;
Rivard ; Rouleau, P. ; Rouleau, P. U. C. ; Roy, A. ;
Saint-Aubin ; Sauvé ; Serré, L. ; Sirois ; Smith, E. ;
Smith, R. ; Soublière ; Taillon ; Vaillancourt, C. ;
Valin ; Vincent.

❖ PROFESSIONS LIBÉRALES – SANTÉ
Casgrain ; Chabot ; Chevrier, R. ; Colonnier ;
Dubois ; Lanteigne ; Lefebvre ; Loyer ; Paquette, G. ;
Poisson ; Rouleau, G.

❖ PROFESSIONS LIBÉRALES – SCIENCES
Ami ; Charron, A.-T. ; LaMarre ; Lévesque, H. ;
Mackay-Lassonde ; Marion, L. ; Rouleau, G.

Province de l'Ontario

❖ PROVINCE DE L'ONTARIO – NOUVELLE-FRANCE
Barrin ; Boucher de Boucherville ; Brûlé, É. ;
Cadillac ; Champlain ; Charlevoix ; Compagnie de
la Baie d'Hudson ; Daumont de Saint-Lusson ; Des
Groseilliers ; Détroit ; Érié, lac ; Fort Frontenac ;
Fort Pontchartrain ; Fort Rouillé ; Goyau ;
Hennepin ; Huronie ; La Galisonnière ; La Salle ;
Le Caron ; Niagara, chutes ; Nicolet ; Potier ;
Pouchot ; Radisson ; Roybon d'Allonne ; Sainte-
Claire, lac ; Saints-Martyrs canadiens.

❖ PROVINCE DE L'ONTARIO – HAUT-CANADA
Acte constitutionnel ; Baby, F. ; Baby, J. ; Bertrand,
Elizabeth ; Haut-Canada ; Point ; Puisaye ;
Rousseaux ; Ryerson ; Saint-Georges.

❖ PROVINCE DE L'ONTARIO – CANADA-OUEST
Acte d'Union du Haut et du Bas-Canada ; Bytown ;
LaFontaine.

❖ PROVINCE DE L'ONTARIO – CONFÉDÉRATION
   ET POSTCONFÉDÉRATION
Acte de l'Amérique du Nord britannique ;
Assemblée législative de l'Ontario ; Canadien
Pacifique ; Fournier, J.-É. ; Incendie de 1911 ;
Incendie de 1916 ; Incendie de 1922 ; Nouvel-
Ontario ; Nédélec ; Robarts ; Romanet du Caillaud ;
Sault-Sainte-Marie ; Testament en français ; Timmins ;
Welland ; Windsor.

Religion

❖ RELIGION – COMMUNAUTÉS RELIGIEUSES
Capucins ; Clercs de Saint-Viateur ; Filles de la
sagesse ; Frères des écoles chrétiennes ; Frères
du Sacré-Cœur ; Institut Jeanne d'Arc ; Jésuites ;
Missionnaires du Christ-Roi ; Oblats de Marie-
Immaculée ; Religieuses hospitalières de Saint-Joseph ;
Religieux de Saint-Vincent-de-Paul ; Sœurs Blanches
d'Afrique ; Sœurs de la Charité d'Ottawa ; Sœurs
de Miséricorde ; Sœurs de Sainte-Marie de Namur ;
Sœurs de Sainte-Marthe ; Sœurs des Saints-Noms
de Jésus et de Marie ; Sœurs du Bon-Pasteur
d'Angers ; Sœurs du Sacré-Cœur ; Sulpiciens.

❖ RELIGION – DIOCÈSES ET ARCHIDIOCÈSES
Archidiocèse de Keewatin-Le Pas ; Archidiocèse
de Kingston ; Archidiocèse de Toronto ;
Archidiocèse d'Ottawa ; Diocèse d'Alexandria-
Cornwall ; Diocèse de Hearst ; Diocèse de London ;
Diocèse de Moosonee ; Diocèse de Pembroke ;
Diocèse de Peterborough ; Diocèse de Sault-Sainte-
Marie ; Diocèse de Timmins.

❖ RELIGION – ÉVÊQUES
Audet ; Bélisle, G. ; Belleau ; Bouchard, L. ;
Brodeur, R ; Cadieux, V. ; Cazabon, G ;
Charbonneau, J. ; Charbonneau, P.-É. ; Charbonnel ;
Charlebois, O. ; Couturier ; Deschamps, G. ;
Despatie ; Desrosiers, D. ; Dionne, G. ;
Duhamel, J.-T. ; Durocher ; Émard ; Fisette ;
Forbes ; Gaulin, R. ; Gauthier, C.-H. ; Gervais, M. ;
Gratton, J. ; Guibord, L. ; Guigues ; Hallé ; Jamot ;
Landriault ; Landry, G.-L. ; Langlois, U ;
LaRocque, E. ; Latulipe ; Leblanc, A. ; Leguerrier ;
Lemieux, M.-J. ; Lévesque, L. ; Lorrain ;
Marchand, P. ; Morand, B. ; Pinsoneault ;
Plouffe, J.-L. ; Plourde ; Proulx, A. ; Rhéaume, L. ;
Tessier, M. ; Vachon, A. ; Vallée, A.

❖ RELIGION – MISSIONS, PAROISSES ET ÉVÉNEMENTS
Congrès marial d'Ottawa ; Ford City ; Huronie ;
Mission de Quinté ; Paroisse de l'Assomption de
Windsor ; Paroisse du Sacré-Cœur de Toronto ; Saint-
Jean-Baptiste ; Saint-Joachim.

❖ RELIGION – PRÊTRES, RELIGIEUX ET RELIGIEUSES
Beaudoin, Lucien ; Bertrand, H.-L. ; Brébeuf ;
Bruyère ; Cadieux, L. ; Cornellier ; Couture, J.-M. ;
Denault ; Guindon, R. ; Lemieux, G. ; Marchildon, T. ;

Paradis, C.-A. ; Paquette, G. ; Parent, H. ; Point ; Potier ; Raymond, A. ; Regimbal, A. ; Regimbal, J.-P.

Santé et services sociaux

Centre médico-social communautaire de Toronto, Centres d'Accueil Héritage ; Club Richelieu ; Deslauriers ; Lalonde, G. ; Lantaigne ; Loyer ; Montfort ; Paquette, G. ; Regroupement des intervenants francophones en santé et services sociaux de l'Ontario.

Sports et loisirs

❖ SPORTS ET LOISIRS – ATHLÉTISME
Boucher, A ; Duhaime ; Gareau ; Lafrance, G. ; Pilon, J. ; Rousseau ; Séguin, Raymond.

❖ SPORTS ET LOISIRS – ENTRAÎNEMENT ET PROMOTION
Cornellier ; Daoust ; Julien, G.-O. ; Leduc, J.-M. ; Lefaive ; Martin, J. ; Montpetit ; Regimbal, M. ; Saint-Germain.

❖ SPORTS ET LOISIRS – FOOTBALL
Bélec ; Boucher, G. ; Desjardins, P. ; Lalonde, J.-P. ; Pilon, C. ; Racine, M. ; Robillard, E.

❖ SPORTS ET LOISIRS – HALTÉROPHILIE
Cardinal, M. ; Robitaille ; Roy, A. ; Roy, K. ; Varaleau.

❖ SPORTS ET LOISIRS – HOCKEY
Arbour, A. ; Babin ; Barbe ; Bastien ; Bélisle, D. ;

Boivin, L. ; Boucher, F. ; Boucher, G. ; Boucher, W. ; Bourgeault ; Bouvrette, L. ; Boyle, D. ; Branchaud ; Champagne, A ; Charlebois, R. ; Chèvrefils ; Chevrier, A ; Chicoine ; Cloutier, R. ; Corriveau ; Croteau ; D'Amour ; Daoust, D. ; Désilets ; Desjardins, G. ; Desmarais, L. ; Drouillard ; Duguay ; Dupont, J. ; Dussiaume ; Fortier, D. ; Fortier, M. ; Gagné ; Gagner ; Gariépy ; Gérard ; Godin, S. ; Joliat ; Joly ; Julien, C. ; Labine ; Labre ; Laferrière ; Laframboise, P. ; Lafrance, A. ; Lalande, H. ; Lalonde, É. ; Lalonde, J.-P. ; Lalonde, R. ; Lamothe ; Lamoureux, Léo ; Lamoureux, Mitch ; Laprade ; Larocque, D. ; Larose, C. ; Laviolette ; Lebrun ; Lemelin ; Lessard, R. ; Lesueur ; Loiselle ; Mantha ; Marini ; Noël ; Ouellette, A. ; Paiement, R. ; Paiement, W. ; Parent, R. ; Parisé ; Payette ; Picard ; Pitre, D. ; Potvin, D. ; Potvin, J. ; Poulin, D. ; Primeau ; Quenneville ; Réaume, M. ; Renaud, M. ; Rioux ; Sabourin, R. ; Saint-Marseille ; Séguin, D. ; Tessier, O. ; Thibeault ; Trottier, D. ; Turcotte ; Vaive ; Yelle.

❖ SPORTS ET LOISIRS – AUTRES DISCIPLINES
Amyot ; Beauchamp, G. ; Bédard, E. ; Bélanger, Albert ; Blais, G. ; Cassan ; Chénier, G. ; Côté, C. ; Deschamps, C. ; Deschâtelets ; Gratton, P. ; Grenier, L. ; Lalonde, É. ; Lalonde, G. ; Lalonde, J-P. ; Laviolette ; Lavoie ; Leblanc, J. ; Leblanc, L.-M. ; Lecours ; Lessard, L. ; Marchildon, P. ; Ouellette, G. ; Perreault ; Pilon, C. ; Pitre, D. ; Robillard, E. ; Rochon ; Thériault, J.-Y. ; Therien ; Tremblay, T. ; Vachon, B. ; Viele.

INDEX ONOMASTIQUE

Un index par domaines d'activités et un index onomastique ont été dressés pour permettre de retrouver aisément une notice se rapportant à telle personne, tel organisme, telle institution, tel média ou tel événement historique. L'Index onomastique énumère, par ordre alphabétique, tous les sujets qui font l'objet d'une notice, qu'il s'agisse d'un individu, d'un organisme, d'une institution, d'un média ou d'un événement historique. L'Index par domaines d'activités (pages 311-318) regroupe ces mêmes sujets selon un ensemble de soixante catégories qui facilitent la recherche.

Centre de recherche en civilisation canadienne-
  française : 2 octobre
Centre franco-ontarien de folklore : 5 février
Centre franco-ontarien de ressources en alphabétisa-
  tion : 25 juillet
Centre franco-ontarien de ressources pédagogiques :
  7 janvier
Centre médico-social communautaire de Toronto :
  23 octobre
Centre ontarois de l'ONF : 6 février
Centres d'Accueil Héritage : 22 août
CFBR : 8 décembre
CFCL : 14 janvier
Chabot, Léo John : 23 février
Chambre économique de l'Ontario : mai
Champagne, André : 10 septembre
Champagne, Gilles : 31 décembre
Champagne, Napoléon : 14 mai
Champeau, Nicole V. : 1er janvier
Champlain, Samuel de : 27 mai, 25 décembre
Chantal, René de : 27 juin
Chaput, Jean-Marc : 25 octobre
Charbonneau, Joseph : 31 juillet
Charbonneau, Louis : 10 août
Charbonneau, Marc : 26 août
Charbonneau, Michel : 2 janvier
Charbonneau, Paul-Émile : 4 mai
Charbonnel, Armand-François-Marie de :
  1er décembre
Charlebois, Charles : 4 novembre
Charlebois, Ovide : 12 février
Charlebois, Robert : 27 mai
Charlevoix, Pierre-François-Xavier de : 24 octobre
Charpentier, Fulgence : 29 juin
Charron, Alphonse-Télesphore : 8 mars
Charron, Louise : 2 mars
Chartrand, Aurèle : 14 octobre
Chartrand, Daniel : 21 novembre
Chartrand, Omer : 31 juillet
Chauvin, Paul : 4 juillet
Chauvin, Philippe : 5 avril
Chénier, Georges : 14 novembre
Chénier, Raymond : 17 août
Chèvrefils, Réal : 2 mai
Chevrier, Alain : 23 avril
Chevrier, Edgar : 5 octobre
Chevrier, Lionel : 2 avril
Chevrier, Rodolphe : 5 avril
Chicoine, Daniel : 30 novembre
CHNO : 24 juin

Choquette, Lionel : 6 mars
Choquette, Robert : 1er octobre
Christensen, Andrée : 16 avril
Chrysler : 17 juin
La Cité collégiale : septembre
CJBC : 1er octobre
Le Clairon : 25 septembre
Clercs de Saint-Viateur : 31 mai
Cléroux, Richard : 14 mars
Clik (revue) : février
Cloutier, Cécile : 13 juin
Cloutier, Edmond : 25 novembre
Cloutier, Jean-Louis : 19 avril
Cloutier, Réjean : 15 février
Cloutier, Suzanne : 10 juillet
Cloutier, Sylvain : 4 novembre
Club Richelieu (premier) : 19 septembre
Collège Assomption : 10 février
Collège de Bytown (v. Université d'Ottawa)
Collège de technologie agricole et alimentaire :
  septembre
Collège du Sacré-Cœur : 4 septembre
Collège universitaire de Hearst (v. Université
  de Hearst)
Collèges communautaires de langue française :
  27 novembre
Colloque des écrivains et éditeurs franco-ontariens :
  12 juin
La Colonisation : janvier
Colonnier, Marc : 12 mai
Comeau, Luc : 16 février
Comité consultatif de la politique francophone
  de l'Ontario : 15 mars
Comité franco-ontarien d'enquête culturelle : janvier,
  8 mai
Commission d'enquête sur les écoles bilingues en
  Ontario : 22 septembre
Commission royale d'enquête sur l'éducation :
  21 mars
Commission royale d'enquête sur le bilinguisme
  et le biculturalisme : 19 juillet
Commission Symons : 1er octobre
Compagnie de la Baie d'Hudson : 2 mai
Compagnie Vox Théâtre : 19 novembre
La Concorde (L'Orignal) : 5 octobre
La Concorde (Ottawa) : 22 juillet
Concours provincial de français : 25 mai
Congrès marial d'Ottawa : 18 juin
Conseil de la coopération de l'Ontario : 7 juin
Conseil des affaires franco-ontariennes : 25 septembre

Fédération des élèves du secondaire franco-ontarien
  (v. Fédération de la jeunesse franco-ontarienne)
Fédération des femmes canadiennes-françaises :
  16 août
Fédération des francophones hors Québec
  (v. Fédération des communautés francophones et
  acadienne du Canada)
Fédération des gens de la presse de l'Ontario : 27 avril
Fédération des guides franco-ontariennes : 11 octobre
Fédération des scouts de l'Ontario : 23 août
Fédération des Sociétés Saint-Jean-Baptiste de
  l'Ontario : 26 mars
Festival de la chanson et de la musique en milieu
  scolaire : 26 février
Festival franco-ontarien : juin
Festival national de l'humour de Hearst : 17 septembre
La Feuille d'érable : 29 janvier
Filles de la sagesse : 29 septembre
Fisette, Pierre : 21 décembre
Fitzgibbons, Lisa : 3 juin
Flahaut, Philippe : 28 mars
Flamand, Jacques : 12 juillet
Fleury, Jean-Jacques : 13 août
Fondation Baxter-et-Alma-Ricard : 15 décembre
Fondation franco-ontarienne : 30 janvier
Fontaine, Marie-Hélène : 26 mai
Fontaine, René : 5 novembre
Forand, Claude : 5 septembre
Forand, Marie-Thérèse : 7 octobre
Forbes, Joseph-Guillaume : 19 août
Ford City : 7 juin, 19 août
Forest, Denis : 5 septembre
Forget, Jean : 24 juin
Forgues, Jocelyn : 24 juillet
Fort Frontenac : 13 mai, 20 juillet
Fort Pontchartrain : 24 juillet
Fort Rouillé : février
Fortier, Albert : 13 novembre
Fortier, David : 17 juin
Fortier, Marc : 26 février
Fortin, Robbert : 14 mars
Forum Ontario – Francophonie mondiale (v. Mondial
  de l'entreprenariat)
Fournier, Jean-Étienne (dit Steven) : 27 décembre
Fournier, Robert : 9 avril
Le Foyer domestique : 1er mai
FranCœur : 13 février
Francophonies d'Amérique : mars
Francoscénie (v. *L'Écho d'un peuple*)
Franco-Tem : 24 janvier

Frenette, Normand : 27 novembre
Frenette, Yves : 12 avril
Frères des écoles chrétiennes : 7 novembre
Frères du Sacré-Cœur : 2 septembre
Le Frou-Frou : 2 mai

Gaboury, Placide : 5 octobre
Gagné, Paul : 6 février
Gagner, David : 11 décembre
Gagnon, Alain (v. Cavenne, Alain)
Gagnon, Paulette : 28 avril
Galerie du Nouvel-Ontario : 27 septembre
Gareau, France : 15 avril
Gariépy, Raymond : 4 septembre
Garigue, Philippe : 13 octobre
Garolou (v. Lalonde, Michel)
Garon, Alban : 4 mars
Gaudreault, Maurice : 28 septembre
Gaulin, Michel : 19 août
Gaulin, Rémi : 30 juin
Gauthier, Charles Hugues : 13 novembre
Gauthier, Éva : 20 septembre
Gauthier, France : 8 juin
Gauthier, Henry : 15 octobre
Gauthier, Jean-Claude : 20 janvier
Gauthier, Jean-Robert : 22 octobre
Gauthier, Léoda : 29 décembre
Gauthier, Louise L. : 28 octobre
Gauthier, Robert : 10 avril
Gay, Paul : 3 janvier
La Gazette : 27 décembre
Genest, Jean : 15 novembre
Genest, Pierre : 11 avril
Genest, Samuel : 10 juin
Gérard, Eddie : 22 février
Germain, Doric : 10 février, 14 avril
Gervais, Aurèle : 1er février
Gervais, Gaétan : 10 août
Gervais, Marcel : 21 septembre
Gignac, Marguerite : 17 juillet
Girard, Marc : 19 août
Glaude, Normand : 5 novembre
Gobeil, Madeleine : 19 novembre
Godard, Gilles : 13 juillet
Godbout, Arthur : 8 mars
Godbout, Marc : 8 juin
Godin, Osias : 6 mai
Godin, Robert : 2 octobre
Godin, Samuel : 20 septembre
Godin-Vigneau, Noémie : 25 octobre

La Galissonnière, Roland-Michel Barrin de (v. Barrin, Roland-Michel, comte de La Galissonière)

La Salle, René-Robert Cavelier de : 13 mai, 21 novembre

Labadie, Joseph T. : 7 octobre

Labelle, Huguette : 15 avril

Labelle, Jean-Guy *Chuck* : 18 mars

Laberge, Joseph Alfred : 16 février

LaBine, Charles Léo : 11 avril

LaBine, Gilbert Adélard : 10 février

Labine, Léo : 22 juillet

Labre, Yvon : 29 novembre

Labrosse, Jean-Marc : 2 juin

Labrosse, Louis : 20 juin

Lacasse, Gustave : 7 février

Lacasse, Philippe : 31 août

Lacelle, Andrée : 30 janvier

Lacelle, Élisabeth : 19 novembre

Lacerte, Emma-Adèle : 22 mai

Lacombe, Gilles : 31 mai

Lacourcière, Maurice : 8 octobre

Laferrière, Richard : 3 janvier

LaFontaine, Louis-Hippolyte : 8 septembre

Laframboise, Michèle : 14 juillet

Laframboise, Pierre : 18 janvier

Lafrance, Adélard (athlète) : 13 janvier

Lafrance, Adélard (entrepreneur) : 5 décembre

Lafrance, Gilles : 17 septembre

Lafrance-Cardinal, Johanne : 2 octobre

Lajeunesse, Claude : 20 juin

Lajeunesse, Ernest : 2 décembre

Lajoie, Jeanne : 2 février

Lajoie, Richard : 7 janvier

Lalande, Hector : 24 novembre

Lalande, Roch : 16 avril

Lalonde, Bobby : 22 mai

Lalonde, Édouard : 31 octobre

Lalonde, Georges : 14 décembre

Lalonde, Gisèle : 28 juin

Lalonde, Jean-Marc (artiste) : (v. Deux-Saisons)

Lalonde, Jean-Marc (député) : 19 août

Lalonde, Jean-Paul : 13 novembre

Lalonde, Luc : 29 avril

Lalonde, Michel : 15 juillet

Lalonde, Paul : 4 juin

Lalonde, Ronald : 30 octobre

Lamarche, Charles : 17 juillet

LaMarre, Jonathan : 10 juin

Lambert, Martin : 9 juillet

Lamontagne, Léopold : 8 juillet

Lamothe, Marc : 27 février

Lamoureux, Claude : 20 septembre

Lamoureux, François : 5 janvier

Lamoureux, Georgette : 30 octobre

Lamoureux, Léo : 1er octobre

Lamoureux, Lucien : 3 août

Lamoureux, Maurice : 14 avril

Lamoureux, Mitch : 22 août

Lamoureux, Pierre : 13 juillet

Lamoureux, René : 28 mars

Lanctôt, Gustave : 6 juillet

Landreville, Léo A. : 23 février

Landriault, Jacques : 23 septembre

Landry, Georges-Léon : 3 décembre

Landry, Glen Charles : 27 février

Landry, Jeanne : 3 mai

Landry, Philippe : 15 janvier, 22 mai

Landry, Rosemarie : 25 avril

Landry, Yves : 15 février

Langlois, Ubald : 24 janvier

Lanois, Daniel : 19 septembre

Lantaigne, Simone : 29 septembre

Laperrière, Augustin : 28 décembre

Laperrière, Henri : 10 avril

Lapierre, Edmond Antoine : 25 janvier

LaPierre, Laurier : 21 novembre

Lapointe, Paul : 2 décembre

Laprade, Edgar : 10 octobre

Larivière, Jean Marc : 31 janvier

Larivière, Roger : 18 décembre

Larocque, Denis : 5 octobre

LaRocque, Eugène P. : 27 mars

LaRocque, Judith : 27 septembre

Larocque, Onésime : 22 février

Larocque, Yves : 4 juillet

Larose, Claude : 2 mars

Larose, Ferdinand : 1er avril

Latreille, Paul : 3 décembre

Latulipe, Élie-Anicet : 3 août

Laurier, Robert : 31 mars

Laurier, Wilfrid : 20 novembre

Lauzon, Guy : 6 avril

Lavigne, Albert : 9 octobre

Lavigne, J. Conrad : 2 novembre

Laviolette, Jean-Baptiste : 27 août

Lavoie, Marc : 29 avril

Le Caron, Joseph : 12 août

Le Jeune, Louis : 12 novembre

Le Moine, Roger : 6 novembre

Lebel, Jean-Gilles : 2 juillet

Leblanc, Albini : 1er mai

Regimbal, Maurice : 22 août

Le Régional : mai

Règlement XVII : 2 janvier, 8 janvier, 31 janvier,
   14 février, 24 février, 22 mars, 8 avril, 13 avril,
   27 avril, 29 avril, 25 juin, 16 août, 4 septembre,
   19 septembre, 22 septembre, 8 octobre, 9 octobre,
   13 octobre, 26 octobre, 1er novembre, 18 novembre,
   21 décembre

Règlement XVIII : 8 octobre

Regroupement culturel franco-ontarien : 21 mai

Regroupement des intervenants francophones en santé
   et services sociaux de l'Ontario : 18 novembre

Regroupement des organismes du patrimoine franco-
   ontarien : juin

Regroupement franco-ontarien de développement
   économique et d'employabilité : 4 février

Religieuses hospitalières de Saint-Joseph :
   septembre

Religieux de Saint-Vincent-de-Paul : 22 juin

Le Rempart : 19 octobre

Renaud, Gilles : 29 mai

Renaud, Marc : 21 février

Renaud, Rachelle : 7 février

Renaud, Yvon : 12 décembre

Resch, Aurélie : 5 décembre

Réseau Ontario : décembre

Revue du Nouvel-Ontario : octobre

Rhéaume, Arthur : 30 novembre

Rhéaume, Louis : 17 novembre

Ricard, Baxter : 25 septembre

Ricard, Félix A. : 22 juillet

Richard, Jean-Thomas : 22 août

Richard, John : 30 juillet

Richelieu international : 21 février

Richer, Gisèle : 26 mai

Riel, Anne-Marie : 23 avril

Rièse, Laure : 28 février

Riopelle, Robert : 5 juillet

Rioux, Gérard : 17 février

Rivard, Paul : 10 août

Robarts, John : 5 février, 24 août

Robert, Denise : 23 septembre

Robert, Luc : 10 mars

Robidoux, Réjean : 24 juin

Robillard, Alexandre : 2 septembre

Robillard, Eugène : 15 janvier

Robillard, Honoré : 12 janvier, 27 février

Robitaille, Daniel : 11 novembre

Rochon, Jean : 11 décembre

Rodier, Pier : 21 novembre

Romanet du Caillaud, Frédéric Nicolas Julien :
   22 mars

Rouleau, Guy : 12 avril

Rouleau, Paul U. C. : 20 septembre

Rouleau, Paul : 29 août

Rousseau, Yves : 5 avril

Rousseaux, Jean-Baptiste : 4 juillet

Rousson, Louis : 8 juin

Routhier, Félix : 21 mai

Roy, Albert : 22 février

Roy, Aldo : 22 mars

Roy, Jean : 12 novembre

Roy, Joëlle : 27 novembre

Roy, Kevin : 21 avril

Roy, Louis : 18 avril

Roy, Lucille : 24 avril

Roy, Napoléon : 16 mai

Roy, Régis : 16 février

Roybon d'Allonne, Madeleine de : 24 août

Rozon, René : 6 décembre

Rudel-Tessier, Joseph : 23 avril

Ryerson, Egerton : 15 février, 24 avril, 23 mai

Sabourin, Jeanne : 4 octobre

Sabourin, Robert : 17 mars

SAIJ : février

Saint-Aubin, Alibert : 14 juillet

Saint-Cyr, Micheline : 6 juin

Saint-Denis, Roger : 2 mars

Saint-Denis, Yves : 28 avril

Sainte-Claire, lac : 12 août

Saint-Georges, Laurent Quetton de : 4 juin

Saint-Germain, Charles : 2 avril

Saint-Jacques, Henri : 8 septembre

Saint-Jean-Baptiste, fête de la : 25 février, 24 juin

Saint-Joachim, église : 21 février

Saint-Marseille, Francis : 14 décembre

Saint-Pierre, Damien : 20 décembre

Saint-Pierre, Dominique : 14 août

Saints-Martyrs canadiens : 29 juin, 16 octobre

Saleh, Fadel : 5 juillet

Salon du livre de Hearst : 4 mai

Salon du livre de l'Est ontarien : 26 novembre

Salon du livre de Toronto : 21 octobre

Salon du livre du Grand Sudbury : 6 mai

Samis, Georges : 24 mars

Samson, Cyril : 26 janvier

Sanscartier, Robert : 28 décembre

Sault-Sainte-Marie : 29 janvier

Sauvé, Joachim : 20 novembre

TABLE DES ILLUSTRATIONS

N. B. *Les sources des illustrations figurent au verso des pages indiquées ci-dessus. L'auteur et l'éditeur ont fait tous leurs efforts pour assurer l'exactitude et la validité de l'information contenue dans ces sources ; toute erreur ou omission éventuelle serait en l'occurrence involontaire.*

ৎᏨᎧৡ

TABLE DES MATIÈRES

ℰℴℂℬ

(Suite de la p. II.)

DU MÊME AUTEUR

POÉSIE

Homoportrait, illustrations de Pierre Pelletier
Hearst, Éditions du Nordir, 1995

Homoreflet, illustrations de Pierre Pelletier
Ottawa, Éditions du Nordir, 1997

TEXTES DE NON-FICTION

Propos pour une libération (homo)sexuelle, journal intime
Montréal, Éditions de l'Aurore, 1976

Les homosexuels s'organisent, essai
Montréal, Éditions Homeureux, 1979

Agenda gai 1980
Montréal, Éditions Homeureux, 1979

Penetang : l'école de la résistance, essai
Sudbury, Éditions Prise de parole, 1980

Bougrerie en Nouvelle-France, essai
Hull, Éditions Asticou, 1983

Les Journaux de l'Ontario français (1858-1983), essai
Sudbury, Société historique du Nouvel-Ontario, 1984

Les Communautés religieuses en Ontario français, essai
Montréal, Bellarmin, 1984

Le Discours franco-ontarien, choix de textes annotés,
Ottawa, Éditions L'Interligne, 1985

Nos Parlementaires, essai
Ottawa, Éditions L'Interligne, 1986

Les Évêques franco-ontariens (1833-1986), essai
Hull, Éditions Asticou, 1986

*Cent-trente Ans au service de l'excellence : le conseil des écoles
séparées catholiques d'Ottawa / One Hundred and Thirty Years
of Dedication to Excellence: The Ottawa Roman Catholic
Separate School Board,* Album souvenir, Ottawa, 1986

Le Concours de français, essai
Sudbury, Éditions Prise de parole, 1987

Répertoire des écrivains franco-ontariens
Sudbury, Éditions Prise de parole, 1987

Nos Athlètes (par Sylvie Jean,
sous la direction de Paul-François Sylvestre), essai
Ottawa, Éditions L'Interligne, 1990

Nos Entrepreneurs (en collaboration avec Gilles LeVasseur
et Jean Yves Pelletier), essai
Vanier, Éditions L'Interligne et Centre franco-ontarien
de ressources pédagogiques, 1996

« Vingt ans de cheminement », témoignage, dans *Écrire gai,*
Montréal, Éditions internationales Alain Stanké, 1999

Lectures franco-ontariennes
Toronto, Éditions du Gref, 2005

DOCUMENTS PÉDAGOGIQUES
(publiés au Centre franco-ontarien
de ressources pédagogiques, Ottawa)

Pain Court et Grande-Pointe, historique, 1983

Mattawa, historique, 1984

Agenda historique de l'Ontario français, 1984

Cornwall, historique, 1985

Casselman, historique, 1985

Contour, jeu socio-éducatif, 1984

ÉDITIONS DU GREF
Extrait du catalogue

DANS LA MÊME COLLECTION (INVENTAIRE)

Sylvie Arend et Julianna Drexler
*Sir Wilfrid Laurier : une bibliographie choisie
et annotée / Sir Wilfrid Laurier:
An Annotated and Selected Bibliography*

Alain Baudot
Bibliographie annotée d'Édouard Glissant
Prix de l'Association des professeurs de français
des universités et collèges canadiens

COLLECTION DONT ACTES

Édouard Glissant
Discours de Glendon

Sylvie Arend et Gail Cuthbert Brandt (éds)
*Vingt Ans de relations entre le Québec et l'Ontario (1969-1989) /
Twenty Years of Ontario–Quebec Relations 1969-1989*
Actes du Colloque de Glendon (11 nov. 1989)

Sandra Beckett, Leslie Boldt-Irons et Alain Baudot (éds)
Exilés, Marginaux et Parias dans les littératures francophones
Actes du Colloque international de l'Université Brock
(St. Catharines, Ontario, 23-24 oct. 1992)

Agnès Whitfield et Jacques Cotnam (éds)
La Nouvelle : écriture(s) et lecture(s)
Actes du Colloque de Glendon (12-14 nov. 1992)
En coédition avec XYZ, Montréal

Michel Dupuy
Culture canadienne et Relations internationales
Les Conférences John-Holmes de Glendon, 1994

Georges Bérubé et Marie-France Silver (éds)
*La Lettre au XVIII*e *siècle et ses avatars*
Actes du Colloque international de Glendon (29 avr. - 1er mai 1993),

Jean-Marie Klinkenberg
*Sept Leçons de sémiotique et de rhétorique : leçons données à l'Université Libre
de Bruxelles dans le cadre de la Chaire Francqui au titre belge (1995-1996)*
Publié sous les auspices de la Fondation Francqui (Belgique) et en partenariat
avec l'Université libre de Bruxelles

Michel Biron et Pierre Popovic (éds)
Écrire la pauvreté
Actes du VIIᵉ colloque international de sociocritique
(Université de Montréal, sept. 1993)

Mireille Desjarlais-Heynneman (éd.)
Autour de Paul Savoie
Actes de la séance en l'honneur de Paul Savoie
(Salon du livre de Toronto, 18 oct. 1996)

François-Xavier Chamberland (entrevues radiophoniques
réalisées et présentées par), *L'Ontario se raconte : de A à X*

Alain Baudot et Christine Dumitriu - Van Saanen (éds)
*Mondialisation et Identité : textes commémoratifs de la Grande Réunion
des écrivains francophones du Canada et d'autres pays*
(Huitième Salon du livre de Toronto, 12-15 oct. 2000)

Claude Tatilon et Alain Baudot (éds)
La Linguistique fonctionnelle au tournant du siècle
Actes du XXIVᵉ Colloque international de linguistique fonctionnelle
(Glendon, Université York, Toronto, 23-27 juin 2000)

COLLECTION ATHÉNA

Jean-Jacques Van Vlasselaer
Pour une pédagogie de la séduction

Pierre Léon
Le Pied de Dieu : lecture irrespectueuse de la Bible

Christine Dumitriu - Van Saanen
Sur la réalité : réflexions en marge d'un monde

Philippe Garigue
*Les Lieux de ma mémoire :
une introduction à la poésie de la Société-Monde*

Shodja Eddin Ziaïan
*Contes iraniens islamisés, suivis de Critique historique
de l'origine des contes et de leur morale*

Hédi Bouraoui
Illuminations autistes : pensées éclairs

Jean-Louis Grosmaire
Les Petites Âmes : histoires d'animaux de France et du Canada

COLLECTION QUATRE-ROUTES

Édouard Glissant
Fastes, poèmes

Jean-Claude Masson
Le Chantimane, poèmes

Jean Mineur
La Lumière cachée, poèmes

Philippe Garigue
Le Temps de l'intelligence, poèmes

COLLECTION ÉCRITS TORONTOIS

Paul Savoie
Amour flou, poèmes

Roseann Runte
Birmanie Blues, suivi de *Voyages à l'intérieur*

Mireille Desjarlais-Heynneman
Le Bestiaire, poèmes pour des tableaux de Mirča

Lélia Young
Entre l'outil et la matière, textes poétiques

Philippe Garigue
De la condition humaine, poèmes

Hédi Bouraoui
Nomadaime, poèmes

nathalie stephens
hivernale, poème

Pierre Léon
Le Mariage politiquement correct du petit Chaperon rouge,
contes pour adultes nostalgiques et libérés

Cécile Cloutier
Le Poaimier, poèmes

Arash Mohtashami-Maali
La Tour du silence, suivi de *Retours fables,* poèmes

Vittorio Frigerio
La Dernière Ligne droite, roman

Dominique Lexcellent O'Neill
Invocations, poème

Tsipora Lior
Semainiers, poèmes et nouvelles

Monique Maury Léon et Pierre Léon, *La Nuit la plus courte,*
drame en trois actes • Finaliste du prix Christine-Dumitriu-Van-Saanen

Lucienne Lacasse-Lovsted
Puisque les fleuves nous conduisent..., poème

Christine Dumitriu - Van Saanen
Mémoires de la Terre, poèmes

Marcelle McGibbon
La Rumeur du fleuve, pièce en dix-huit tableaux

Paul-François Sylvestre
Sissy ou Une adolescence singulière, roman
Finaliste du Prix des lecteurs Radio-Canada

Anne Nenarokoff - Van Burek
Vies de femme, suivi de *Confidences,* poèmes

Serge Bennathan
Julius, le piano voyageur, conte illustré pour enfants

COLLECTION LE BEAU MENTIR

Claude Tatilon
Les Portugaises ensablées, roman
Finaliste du Prix des lecteurs Radio-Canada

Pierre Léon
Un Huron en Alsace, roman
Finaliste du Prix des lecteurs Radio-Canada

Hédi Bouraoui
La Femme d'entre les lignes, roman

Jean-Claude Masson
Les Chats du Père-Lachaise, nouvelles

Éveline Caduc
Un et un égale un, nouvelles

HORS COLLECTION

Pierre Léon
Le Papillon à bicyclette : croquis, bestiaire, fables

Chantal Robillard
Hôpital Cendrillon, roman par nouvelles

Paul-François Sylvestre
69, rue de la Luxure, roman

*Cet ouvrage, qui porte le numéro quatre
de la collection « Inventaire », est publié
aux Éditions du Gref à Toronto
(Ontario), Canada. Réalisé d'après les
maquettes de Paul-François Sylvestre
et Alain Baudot, et composé en caractère
Garamond, il a été tiré sur papier sans
acide et recyclé, et achevé d'imprimer le
vendredi neuf septembre deux mille cinq
sur les presses de l'imprimerie AGMV
Marquis à Cap-Saint-Ignace (Québec),
pour le compte des Éditions du Gref.*